巨赞法师（1908～1984）

巨赞法师全集

張瑞齡題

第五卷

主编·朱哲

副主编·李千 马小琳

社会科学文献出版社
SOCIAL SCIENCES ACADEMIC PRESS (CHINA)

对《中国哲学概论》之批注

编者按：

《中国哲学概论》，日人宇野哲人著，王璧如翻译，陈立夫作序，1935年12月上海正中书局出版。

1940年10月间，巨赞法师购于桂林书肆。法师为学谨严，才思敏捷，时当大武汉保卫战前夕，长沙告急，桂林空袭频仍，风声鹤唳。法师忧心如焚，既要忙于《狮子吼》编务、操心省佛协工作，又要应酬"漓江雅集"诗友，但百忙中仍能采撷诸说，覃思精研，发微抉隐，推本穷源，在这本《中国哲学概论》原著上钩玄摄要，补苴罅漏，密密麻麻写下数万字的批注。学而不思则罔，思而不学则殆，凡见过法师手稿者无不钦佩，叹为观止。

以下楷体小字（有的用※作标记）全是巨法师写在原书上的眉批或夹注，大字是原著本文。

※胡适《中国哲学史大纲》上卷，论《老子》者虽不能尽，有可取者。其论《孔子》简直莫名其妙。欲以易、象、辞三"基本观念"笼括《孔子》之学说，尤属荒诞。孔子弟子一篇，论孝论礼，犹是打倒孔家店口气，完全没有理出儒家思想的系统和流弊来。论《墨子》一段，尚简要，别墨之论，是其最精彩者。论《庄子》亦太简率，惟论其流弊则切中要害。其论《中庸》《大学》，可算外行。论《孟子》无大可取。论《荀子》尚周详（论到深处，胡适就无法开口。

蒋维乔、杨大膺合编《中国哲学史纲要》，虽深处可略补胡著之不足，然犹不能直示各家思想之本原，其分六派（自然主义派，人为主义派，享乐主义派，苦行主义派，神秘主义派，理性主义派）亦有可取（其分为六者，或袭印度六派之名）。论苦行主义之认识论、方法论，皆合《墨经》、《公孙龙子》、《尹文子》而言，颇可参考。其论理性主义派所云："此派以理为万物形而上的根源，故以性为后天地而生，也不主有生于无说。"（他以为佛家唯心，以心法起灭天地，故性先天地而生，这实在受了天台贤首末学之影响，佛无是说也。至六道家尚无，认虚无为天地之始，故主有生于无，则有明文可证不差）云云，大都近于穿凿附会，然尚知条贯。故此书实优于胡著，颇可参考。又此书所述唯六派，如汉之王充、王通，唐之李翱及明清诸子都未言及，不免过略。又就文中批评佛理者究之，可见蒋维乔并不真懂佛；又其无理地反对佛说唯心，恐为讨好于唯物论者，唯生之说，是否与陈氏唯生论有关，很难说。

钱穆《先秦诸子系年》用力甚深，而单证曲解甚多（如论老子，屈原等），须更治一番，方堪论定。

※二九年（1940年）十月十七日购于桂林，照定价加两倍。因同乡关系，打九折，共价一元二角八分。巨赞志于广西佛教会

※关于《孟子》之参考书：

汉赵岐注十四卷，宋孙奭《音义》二卷（通志堂本），又疏十四卷，（朱子云邵武人假托），宋朱熹《集注》，清焦循《孟子正义》。尹焞《孟子解》，黄宗羲《孟子师说》，张栻《孟子解》，后汉赵岐《章指》二卷《篇叙》一卷（玉函山房本），后汉程曾《章句》一卷，高诱《章句》一卷。刘熙注一卷，郑玄注一卷，唐陆善《经注》一卷，张镒《音义》丁公著手音各一卷（皆玉函山房本），后汉秦母邃注一卷（拜经楼本），宁熙时子注（海函本），宋刘攽（艺海珠尘本），《群经平义》卷三十二（春在堂本）陈士元《孟子杂记》（湖海楼本）——以上解释义理

阮元《孟子校勘记》（经解本），俞樾《古书疑义举例》，蒋仁荣《孟子音异考证》，翟灏《孟子考异》（经解本）校勘考异，陈沣《东塾读书记》卷三，戴震《孟子字义疏证》，胡适《中国哲学史》上卷，梁启超《先秦政治思想史》，东顾远《孟子政治哲学》（泰东本），郎擎霄《孟子学案》——以上讨论问题

阎若璩《孟子生卒年月考》（经解本），狄子奇《孟子编年》，□子升《孟子年谱》，黄本骥《孟子年谱》，汪椿《孟子编年》，任启运《孟子考异》，周广业《孟子四考》，任兆麟《孟子时事略》，崔述《孟子事实录》（东壁遗书），魏源《孟子编年》，林春溥《孟子时事编年表》，吕元善《圣门志》。——事迹考证

清赵大浣《增补苏批孟子》，高步瀛《孟子文法》（直隶书局本）——文法研究

宋朱子《孟子要略》五卷（传忠书局本），缪天绶《选注孟子》——选择精要

※关于《荀子》之参考书：王先谦《荀子集解》，熊公哲《荀卿学案》，汪中《荀卿通论》，杨倞注（杨唐武宗时人，汾州刺史）胡元仪《荀卿别传》，谢墉《荀子笺释》，日久保爱之《荀子增注》（用宋元本校勘）

※关于《老子》的参考书：杨树达《老子解诂》。

中国哲学概论序

※日高濑武次郎之《支那哲学史》，把古代兵书也当作哲学。

这本宇野哲人著的中国哲学概论，现由王璧如同志译成。著者自己说："想从时代的变迁，以问题的推移为中心，作为了解中国哲学的要领之津梁。"由这

种志愿，他于是担任写这本概论了。译者亦说："就数量言，虽非巨制，但能将中国哲学加以系统的组织的叙述，在彼邦出版界中，尚属仅见之作。"因此他取而译之以飨国人。的确，能将中国哲学加以系统的组织的叙述，不但在彼邦，就是在我国，也尚为仅见之作，这本书之所以值得一译，也就在这地方了。

中国哲学的内容，与西洋哲学不同，与印度哲学亦不同。中国哲学所涉及的范围，以伦理说是最多，其次为政治哲学，亦属伦理说的扩展；再其次为宇宙论。认识论，除《周易》外，则几乎绝少有系统的著述。这是中国哲学的内容，与西洋哲学或印度哲学宇宙论和认识论占特多的领域所不同的地方。著者于"主要问题概说"里边，把中国哲学划分宇宙论、伦理说及政治说三大部分，总算能够认取了中国哲学的特质。不过，我常觉得，近代日本学者之勤于著述，颇有我国汉学家的风味，所谓著作等身，原不算希奇的事。但亦只如此而已；其有精辟的见地和独到的造诣，殆如凤毛麟角，大都是浅尝涉猎，人云亦云，求一佳作而不可得。宇野哲人这本书，比较已能减少这些毛病，但终难免有隔膜之处。

究竟我们中华民族伟大的精神在何处呢？中山先生告诉我们：

"中国更有一种极好的道德，是爱和平。现在世界上的国家，只有中国是讲和平，外国都是讲战争……中国人几千年酷爱和平都是出于天性；论到个人便重谦让；论到政治，便说不嗜杀人者能一之；和外国人便有大大的不同。所以中国从前的忠孝仁爱信义种种的旧道德，固然是驾乎外国人，说到和平的道德，更是驾乎外国人，这种特别的好道德，便是我们民族的精神。"

"中国有一段最有系统的政治哲学，在外国的大政治家还没有见到，还没有说到那样清楚的，就是《大学》中所说的格物致知诚意正心修身齐家治国平天下那一段话，把一个人从内发扬到外，由一个人的内部做起，推到平天下止，像这样精微开展的理论，无论外国甚么政治哲学家都没有见到，都没有说出，这就是我们政治哲学的智识中的独有的宝贝。"

这些宝贝，日本学者虽治汉学特勤，但有几个能对汉学的精微认得清楚，买中国的椟而遗中国的珠，这是多么愚笨的事！日本学者如果不再作进一步的研究，将永久如粗鲁的人，只知道狼吞，不能够尝到其中的味道。

不但如此，近来日本的政治家，日益狡猾，假借王道的名，而肆行霸道的实，有许多学者还替他们张目，这不仅贬损学者的人格，且足以阻碍学术的进步而难于自拔。

写这篇序文，拉杂纵论及此，并非将日本学者一律抹煞。我对日本学者劬学的精神仍然是极佩服的；不过顺便把我们的感想，亦写在这上边，用以警醒日本的学者。

陈立夫

译者弁言

吾国自清季以还，外侮频乘，国几不国；及至最近，所谓"国难"，益有水深火热之感。因此一般忧时之士，对于国人之立国能力，辄复怀疑。换言之，即国人之自信力，殆已为之丧失大半矣。译者以为此种自信力之有无，所关极巨；而吾族在过去数千年来所赖以维系而不败者，固亦别有所在。此无他，即吾族伊古以来所具有之哲学或文化是也。吾人生当今世，固不可因过去的收获而妄自尊大，却亦不必因一时的挫败而妄自菲薄；复兴之机，要在吾人之努力如何耳。努力之道，莫如征诸既往，将吾先民所苦心焦思，借以构成吾族文化之精粹者，陈列于吾人之前，俾可坚定其自信力，以谋将来之发扬光大。此则译者以此书供献国人之微意也。

原书著者宇野哲人博士，现任东京帝大教授，为现今日本研究中国哲学之唯一学者，著述甚富。此书题名《支那哲学概论》；就数量言，虽非巨制，但能将中国哲学加以系统的组织的叙述，在彼邦出版界中，尚属仅见之作。爰取而译之，以飨国人。倘因此而有同类的著作出现，则此书或亦为大辂之推轮也已。

此书译成以后，复承陈立夫先生于百忙中，赐作序文，极深铭感。谨此致谢。

译者识于南京

二三年（1934 年）七月九日即国民革命军誓师八周纪念之日

著者原序

当《现代语译中国哲学大系》的刊行之议，起于同人之间之时，我自己遂担任了《概论》的事了。我在以前，原出有《中国哲学史讲话》一书，但系列传体。固然具有说明各个人的学说的要旨之便利，然通乎大体而得到要领的事，却是颇为困难。因此之故，我自己曾亦想到：拟从时代的变迁，以问题的推移为中心，写一稍有系统的东西，与以前的那种《讲话》相互辅助，藉以作为了解中国哲学的要领之津梁。由此种事情，于是我遂担任写此《概论》了。

惟是对于既经担任了的东西，一旦执笔起稿，则计划安排，如何是好的一事，又成为问题了。在设想着：这样抑是那样之间，岁月竟如流水地逝去。原来欲得中国哲学，尤其是诸子百家并起的春秋战国时代的哲学，如彼之西洋哲学那样地，用问题中心的方法，巧妙地归纳起来的事，果否可能的疑问，亦自发生。而我自己遂终于将此小著，分为前后二篇：前篇题为《历史的概观》，务依问题中心的方法，记述中国哲学的起原，迄至清代为止；后篇题为《主要问题概说》，分为宇宙论，伦理说，政治说的三项而叙述之了。

　　我对于此种方法，究竟得体与否，固不暇问；惟因此倘能几分地使之易于了解中国哲学的要领，则属望外之幸了。

宇野哲人识

目 次

前篇　历史的概观

※世谱等	杜子春	《周易》郑玄注	贾公彦疏

《连山》——神农　　伏羲——墨家——连山似山出内气——以纯艮为首，艮为山，山上山下是名
　　　　　　　　　　　　　　　　　　　　　　　　　　　　连山（是否中亚高原所用之易？）

《归藏》——黄帝　　同——道家——万物莫不归藏其中——以纯坤为首，坤为地，故万物归藏（是
　　　　　　　　　　　　　　　　　　　　　　　　　　　　否冰期初由高原而归于平地之易？）

《周易》——文王　　同——儒家——以纯乾为首，乾为天，又能周匝于四时，故名《周易》。
　　　　　　　└──钱基博《〈周易〉解题及读法》之说，又孔颖达引郑玄易赞及易
　　　　　　　　　论云："夏曰《连山》，殷曰《归藏》，周曰《周易》……《周易》
　　　　　　　　　者，言易道周普，无所不备。"钱故力破孔颖达周系朝代名之说。

第一章　中国哲学的起原

素朴的哲学思想，在中国民族方面，亦和在其它的民族之场合相同，从上古即行存在的事，自不待言。伏羲，神农，皇帝等，过于悠远，文戏之足征者颇少，其事迹不可得而详。固然相传伏羲为画《易》之八卦的人。黄帝为道家所主张的道德说之创始者，但其详细亦不可得而明。因此之故，倘谓中国哲学，系本于伏羲氏，虽然不能即刻地加以否定；但是又无可以肯定的材料，流传于世。至如尧、舜、禹、汤、文、武、周公等历代圣人，其言行都各个被当时的史官所记录，即所称为《书经》及《诗经》的，传之于后世；后人亦视为万古不磨的大训，而崇仰之。因此之故，虽说不很充分，然而各个的事赜，尚可得而知悉。就中如尧、舜，乃孔子※（孟子）所认为理想的圣人；如禹，则系由天启而作洪范九畴，而认为将上古以来流传着的政治之大法，加以组织了的人；文王则为《周易》的作者；周公则为鉴于夏殷的二代，加以损益，从而制定了周之礼乐的人；因而都博得后世的尊崇。故谓中国哲学，始于尧、舜，则无论何人对之，都将不能有何异论吧。

足以窥知唐、虞三代的哲学思想之资料，固为《书经》、《诗经》※（高本汉 B.Karlgren）谓：研究《诗经》之韵，乃知不是真正的民歌，而是在朝的诗人收集了各地的短篇、民歌、史事之颂辞等，制成了符合于他们自己诗篇（朝宴·祭赞等）的一种语言和诗格，因之《诗经》便获有他的一致的严密的韵系，《楚辞》和《象传》的韵系乃亦恰和《诗经》的韵系符合，即荀子《成相篇》、《赋篇》亦然。（《说文》月刊一卷二期）及《周易》三种；但以《周易》一书，最能涵盖一切，而文字又极明了，故就此略加叙述于次。

《周易》原为卜筮之书。据《史记》及《汉书》所载，则为伏羲氏画卦，文王周公著卦爻之辞，（即《周易》的经文）孔子※十翼之说隋唐以前不论作《彖上下》、《象上下》、《系辞上下》、《说卦》、《文言》、《序卦》、《杂卦》的十翼。※太史公、杨雄、王充皆谓：伏羲画八卦，文王重卦，孔子系词。孔颖达则谓：伏羲既画八卦，即自重为六十四卦（采王弼说），文王作卦辞，周公作爻词（采马融，陆绩等说），孔子作十翼（钱基博据《孔子世家》谓：孔子序彖系象说卦文言，今之系词，孔子弟子所作，（说卦亦出孔子门徒手云）但是到了宋之欧阳修开始对于十翼怀抱疑问以来，许多的学者，乃从事于《易》的研究；迄于今日，遂有以十翼并非孔子所作，或者以为文王周公著卦爻之辞的事，亦成问题的了。关于此等问题，姑置弗论；总之对于《史记》《孔子世家》所谓：孔子晚而喜《易》，至于韦编三绝之说，倘能置信，则《周易》为孔子以前的经典，且为最重要的经典之事，自不容疑。

伏羲氏所画的卦，果为八卦（即乾、兑、离、震、巽、坎、艮、坤）呢，抑为六十四卦呢？关于此点，固有各家之说，但此姑且不论。假定仅为八卦，而由其画卦之时，设为一与一之别的地方看来，则所见于经文的大小，十翼的阴阳刚柔等二元的思想，已很明了。以大小往来而判断吉凶的事，原为《易》之作者的最初的动机；但对之加以研究，而大感兴趣，遂至于添著经文的周初的伟人——通常称此为文王周公——之思想，其以《周易》认为处世的要术之点，又随处可以窥见。故《易》之伦理观，实可因经文而充分地得以窥见。所谓孔子晚而喜《易》，至于韦编三绝云，殊有足以首肯的理由存在也。如此说来，纵然认为十翼非孔子所作，亦可认为系成于孔子的诸弟子之手。盖于十翼之内儒家的伦理观，大半包含其间。《易》之所以认为六经之一，而成为儒家之经典的，或者即系此故。至于老子，虽然并无所谓爱读《周易》的传说，但是见于《易》的伦理观，处世法，却最能传达周初的伟人之思想；因此老子的思想，类似于《周易》的地方，亦不在少。而且往往又有谓老子之学，系出于《周易》者，自然亦非毫无理由。※胡适谓：天地间本有阴阳两种力互相激荡，生种种变化，故曰一阴一阳之谓道。孔子大概受了老子影响，故他说万物变化，完全是自然的，唯物的，而非唯神的。又在天成象，在地成形之说，与老子先有象，后有物之说同。

又云：孔子于卜筮之易得三重要观念：一、万物变动不穷，由简至繁。二、一切器物制度，都起原于"象"。人类文明史，只是此法象实现为制度文物之历史。（如系辞云：重门击柝以待暴客，盖取诸豫☷☳）三、这种种意象变动作用时，有各种吉凶趋向，可用"辞"（含断义辨义）表示出来，使人明知利害，不敢为非。

屠孝实云：八卦乃一种标意文字（ldcoyram）用代结绳。据社会学家Blackmar、Gillin二氏言："此种文字，美西南部印第安人今尚用之。埃及古代之标音文字（phonogram）即从此蜕化。见所著

《社会学大纲》——《汉俗西来说考证》。

既系以大小刚柔阴阳的消息往来，而判断吉凶祸福的卜筮之书，乃一变而认为伦理之书，则在当时尊崇此书的学者，即孔子的诸弟子之中，因不满于阴阳二元论，进而阐述太极一元论，其结果遂至于完成了十翼的《易》哲学者，亦为当然之情势吧。

惟于此有须注意的一点，即《周易》的经文，虽为周初之物，但所谓《周易》哲学之哲学的体系，竟至于完成了的，却系由于孔子的诸弟子之手的一事。因此素朴的哲学思想，固然胚胎于上古；但至于成为哲学的体系的，实以约在二千四五百年以前，孔子、老子、墨子及其他有数的学者辈出的春秋战国时代为嚆矢。

孔子系祖述尧舜，宪章文武，集古来之教而大成的，故其教学遂及天下后世以很大的影响，以至于永远地支配中国民族了。许多中国学者之以孔子为祖的儒教，认为中国的思想之正统的，原属当然之事。此外较孔子稍为后出，对于儒教的尊重礼乐，加以攻击，而主张俭素节用的墨子，以大禹为宗，尊尚无为自然，排斥知慧技巧的老庄学派，更溯而上之，如所谓以黄帝为宗的各种学派，固然都各个标榜其所宗；但此不过为中国民族的尚古思想之表现。实则在黄帝、尧、舜、大禹之时，如后来的儒、墨、道三家的哲学体系，都不曾具备的事，自不待言。

第二章　春秋战国时代

周之文王、武王，统一天下，周公制定礼乐，于是周代的文化，灿然大有可观；孔子亦叹美之，而曰："周鉴于二代，郁郁乎文哉！吾从周"了。成康之间，刑措而不用者，互数十年之久。其后未几何时，纲纪废弛，周室逐渐衰微，到了幽王，因极其暴虐无道之故，民心遂终于完全叛离了。尤其是幽王溺于号称褒姒的妇人，失政特多，终被犬戎所杀，文武的创业，遂亡于此了。及幽王之子平王立后，乃迁都于东方洛阳，谓之东周。不过从此以后王室衰微，号令不能行于天下，竟至于成为虽有若无的状态了。孔子慨之，为欲将百王的大法，垂于天下后世之故，于是修鲁史而作《春秋》。《春秋》始于鲁之隐公元年，终于哀公十四年，记录着十二公，二百四十二年间的事实。而鲁之隐公元年，正当于周之平王四十九年。此种被记于春秋的时代，称为春秋时代。次于此的时代，即到秦之始皇统一天下为止，谓之战国时代。此等春秋战国时代，又因其在秦的统一以前之故，亦称为先秦时代。

当王室衰微，诸侯放恣之时，齐之桓公，晋之文公，秦之穆公，楚之庄王、宋之襄公等，迭兴其间，而主持诸侯的会盟，称为五霸。当是时，强大之国，渐次地并吞了弱小之国，故在春秋时代，列国之主要者，尚为周、鲁、卫、晋、郑、吴、燕、齐、宋、秦、楚、越等十二诸侯，降至战国时代，竟成为秦、楚、燕、齐、韩、魏、赵的七雄，互相争强的状态了。在这样天下纷纷毫无宁日的状态之时代，孔子、老子、墨子及其它有数的学者，辈出其间，而中国哲学的灿然之花，遂为之开放而又结实了。

关于先秦时代的诸子百家，在《史记》的《太史公自序》之中，固列举着阴阳、儒、墨、名、法、道德等六家；※庄子《天下篇》分六家：一、墨翟，禽滑厘，二、宋钘、尹文，三、彭蒙、田骈慎到，四、关尹、老子，五、惠施，六、庄周。其前有云："其在诸诗书礼乐者，邹鲁之士，搢绅多能明之"。蒋维乔谓指儒家，可见庄子推尊儒术，不与六家并。（《天下篇》非庄子作，故不可谓庄子推尊儒术。）而在《汉书・艺文志》之中，却列举着儒、道、阴阳、法、名、墨、纵横、杂、农、小说、诗赋、兵、数术、方技等十四家。原来《汉志》方面，系于《史记》的六家之外，更数以纵横以下之八家的。※《汉书・艺文志》本刘歆七略而谓儒家者流出司徒之官，道家出史官、阴阳家出羲和之官、法家出理官，名家出礼官，墨家出清庙之守，纵横家出行人之官，杂家出议官，农家出农稷之官，小说家出稗官，然周末诸子之论，如《天下篇》，非十二子。司马谈论六家要指，《淮南要略》皆无诸子出于王官之说，《淮南》且谓："有儒学之敝，礼文之烦挠，而后墨者之教起。"云云。故胡适谓：《艺文志》所分九流及汉儒陋说。近人说诸子出于王官者，惟章太炎最详（《诸子学略说》），恐亦不能成立。蒋维乔折衷其说，以为合则两是，分则两非。人为主义派自己说祖述尧舜，宪章文武；墨则以宗禹。至于周、秦思想勃兴之原因，梁启超《中国古代学术思想变迁史》有七点：一、蕴畜宏富，二、社会变迁，三、思想言论自由，四、交通频繁，五、人材见重，六、文字趋简，七、讲学风盛。蒋则以为第五适得其反，如孔墨因不见用故，率众讲学，否则官高何来门徒？而当时政治不统一，致天下无同一之信仰，井田制度破，经济混乱，人民穷困等，鼓动学者起而研究。不过在此八家之内，小说、诗赋、两家，以其直接地无关于哲学思想，加以省略；而杂家亦暂从省略。于是先秦时代的思想家，计为十一学派。后世学者之中，固然亦有将儒、道、阴阳、法、名、墨、纵横、杂、农等，称为九流的；但在此处，拟就此十一学派，叙述其要旨，借以阐明春秋战国时代的思想之概要。

※诸子与六艺——《汉志》论诸子云："今异家者，各推所长，穷知究虑，以明其指。虽有蔽短，合其要归，亦六经之支与流裔。"《天下篇》云："诗以道志，书以道事，礼……其数散于天下，而设于中国者，百家之学，时或称而道之。"庄子之意亦谓六艺出于史，诸子出于六艺。（诗之失愚，书诬，乐奢，易贼、礼烦、春秋乱。

《中庸》谓：君子之道，造端乎夫妇，故屡叹美关雎，故知儒家出于六艺，而尤出于诗。

易言阴阳吉凶升降飞伏之道，皆以相反对为言。道家言道，常以有无虚实，彼此祸福两端对举实本此。孔子于易取其相对之两端而用其中，老子取其相对之两端而用其反，故曰：反者，道之动。是道家亦出于易。法家为礼之支与流裔，名家（伦理之名与论理之名）中公孙龙、惠施之徒，旨在去名，可谓破名家，不得谓之名家，得名家之正传者，唯荀、墨，盖礼家与春秋家之支裔。

尚书多称天以治，墨则之，书中多引尚书文，而有天志之说，故墨出于尚书，又儒出六艺之原，杂家出六艺之流。

《史记》先黄老而后六经，道家之史，前汉折衷儒学。儒家之史，后汉文学家之史，而原出于纵横家。三国为法家之史，晋书为小说家之史，新五代史，法严辞约经学家之史。新唐书辞章家之史。宋史表章道学，理学家之史，皆儒家流派。北史为考据家之史，金史为文献家之史，皆杂家流派。宋书为音律家之史，为小说家之流派。元史喜言兵事，为权谋家之史，兵家之流派。

文学中韩、李、欧曾儒家之文，柳名家之文，老泉兵家之文，长公纵横家之文，介甫法家之文，子建、杜甫儒家之诗，渊明、子瞻道家之诗，太冲、太白纵横家之诗，山谷法家之诗。又西汉之文，多阴阳家言，汉魏多法家言，六朝多道家言，隋唐以来，多小说家言，宋文多儒家言，明末文多纵横家言，近代文多名家言。

老庄可为道家，孔子可为德家，孟仁、荀礼、墨义、商韩信、孙智家。

以上陈柱之说，见《说文月刊》一、八。

夏曾佑曰：六艺为儒家一家之言，必不足以概九流之说。二刘云尔者，在以六艺为史，故其排列之次，自古至今为易书诗礼乐春秋（古人以六艺为课本，列依浅深，诗书礼乐易春秋），此宗教之一大变，又何以自解于附《论语》，《孝经》于其后乎？诸子虽号十家，其实老孔墨三家而已，而皆为师弟，同出史官。

※钱穆曰：先秦学派不出墨儒两宗，而其得名由，尽系当时实际生活之流品（儒只是术士，术犹艺也，即通习六艺之士，古人习礼、乐等六艺者，即得进身贵族，为之家宰小相，称陪臣焉）与后起所谓道法名等诸称绝不类，可定汉志九流十家之无据。而先秦学派，渊源九门，在前不容复有一为道家宗之老子，儒墨所以称家，盖别于王官，公私之分也。《七略》先六艺，即古之王官学，某家出每官之学言虽非的，非漫之说者。——古史辨——又云《七略》之说，犹知官学既衰，家言始起，析之过细，遂有云云。

胡适曰：古代学在王官是一事，诸子之学是否出于王官又一事，徒以古代为学皆以求仕，故智能之士或多萃于官府。当周室盛时，教育之权，或尽操于王官。惟其所谓教育，不外乎祀典卜筮之文，礼乐射御之末。其所谓师儒，亦如近世训导教授之类，其视诸子之学术正如天壤，果诸子出王官，亦定不为所容而必为所焚烧坑杀耳。（按此言非是，既学者萃于官府，而当时民间复无现今之教育制度，安能有学术？则学术必出王官。学说成立之后，方能引起当局之注意，若不酝酿期，何能害之？出者，酝酿之意也）

□实斋曰：本人不著书，古人未尝离事而言理，六经皆先王之政典。罗根泽乃作《战国前无私家著述》一文。谓古者，政教不分。书在官府，欲得诵习，非易。如季札，必俟至鲁，始得闻各国之诗与乐，平民更无□，又春秋及春秋以前，所以经纬万端者，无不以礼，故各种学说无产生之必要与可能。及至战国，世乱人伪，学者见先王之礼不能维持和平，于是各就所见，求所以维系改善之方。惟儒家仍思以礼治天下（益以裁制力，不若先王之只恃歆动力）……则百家思救世弊，应时而出，亦如希腊之智者……自春秋以前为封建时代，于时之人，分贵族农奴两阶级，农奴无学识，不能著书，贵族不须要，抑且反对著书，战国时封建势沦丧，中产阶级卒有求学之机会，学说因之蔚起。

　　从春秋以至战国，如上的各种学派，相前后而出世的原因，或者由于所谓周室衰微的一事吧。当周室的权力，尚称强盛的时期，周礼盛行于世，而造言之刑，乱民之刑，亦普行着。质言之，即对于蔑视当时所认为典据的思想，而为新奇之言论者，加以惩罚，谓之造言之刑；又对于异言异服，淆惑人民，扰乱治安者，加以惩罚，谓之乱民之刑。及至周室衰微，此等造言乱民之刑，因不能施行之故，于是诸子百家，遂自由地，任意地，发表其自说了。又因周室衰微，同时诸侯放恣，以其相互争强，竞相招聘人材之故，而人材登庸之途，遂为之大开了。此种所谓因周室衰微，而造言乱民之刑废，人材登庸之途开等等，实为诸子白家辈出的原因。

　　当时列强对峙：各各企图自国的富强，而以侵略他国为念的情态，正和今日欧洲的列强对峙之形势相类。当时列强的君主，倘以今语状之，正为军国主义者，或帝国主义者。从而战争之事，始终无有绝息。故人民实处于感受涂炭之苦的状态。即如租税，在夏殷周的三代，都仅征收所谓地租，即农作物的收获之一成；但在春秋战国时代，因政费或军费增多之故，原来所征收的一成，自然到底不够了。试一翻阅《论语》，则知孔子的时代，即已征收二成，而尚且不足，似又征收了种种杂税的。人民的困苦，自可推而知了。在这样的时代，苟系有志之士，自然要想到欲如何而救人民的困苦吧。同时怀抱有为之志，而野心勃勃的人们，当此风云际会，又必想到如何发挥自己的手腕吧。质言之，因周室的衰乱，遂至惹起了两种思想：一为乘天下的丧乱，大大地发挥自己的手腕，而欲实行其抱负的英雄豪杰；一为哀天下的丧乱，而欲拯救生民涂炭之苦的志士仁人。前者主系以自身的荣达为目的的；后者主系以救济天下万民为目的的。干是英雄豪杰，乃帮助当时的诸侯，使之大大地遂行其所志之帝国主义，或军国主义；志士仁人，则游说当时的诸侯，或者采取平和主义，人道主义的立场，使之增进国利民福。

　　春秋战国时代的诸侯，当其互相争强之时，所往来于彼等之胸中的，惟为国力的振兴之一事。彼等实不绝地热中于富国强兵，以谋国内的统一。而且因列国对峙的形势，又互相采用外交政策，对于企图势力的平均之一事，决不懈怠。质

言之，在内治方面，富国强兵统治的三项，在外交方面所谓合纵连横的二事，实有
当时的诸侯所寸时不能忘怀的问题。因此之故，苟欲乘此风云而实行其抱负者，自
不得不于上述之内的任何一项，具有练达的才干了。先就讨论富国之法的而言，则
有专门主张农本主义的一派，与主张殖产兴业的一派。上古时代，尤其在像中国这
样国土广汛，而农产丰富的地方，就富国的方法言，农本主义，自系最为适宜。而
强烈地主张此种农本主义者，为魏之李悝，秦之商鞅二人。李悝固为农家者流，但
专门倡其所谓尽地力之教，欲由适当的方法，使人尽地力之所有，以求农产物的丰
富。此外农家者流的主张，固亦有关系于其它方面的，但此则让之后文再说。至于
商鞅，则采用所有的方法，保护而又奖励农民，压迫商工业者，且劝其转业于农业，
尽其所能，努力于农产物的丰富。其主张，详述于《商君书》的《农战》，《垦令》
二篇之中。商鞅原为法家者流，但为此点，却和农家者流相同，而采取了农本主义
的。反之而奖励殖产兴业，以谋国富之充实的，则为所认为法家之祖的齐之管仲。
不待言，管仲亦并不完全蔑视农业，不过除此以外，他却主张由山采矿，煮海为
盐，以及山林的经营，牧畜的奖励。而且建立过很大的功绩。齐之桓公之所以成霸
业于天下，而为五霸之第一的，实为管仲之力。秦之孝公之所以雄视天下，而使之
做到的为后来统一天下之基础的，则为商鞅之力。李悝的著书，虽然不传于世；而
管仲、商鞅的著书，则流传至今，而且颇有可观者。※高本汉《老子韵考》（The pretical
parto in lao — taii）从韵的方面证明老子一书存在于西元前第三第二世纪时，其全部符合于司马
迁所说五千余言的。而盖尔斯（H、A、Giles）谓：真正老子之文句仅为古代著述，如韩非子等
所引证者，其余皆是东汉人伪造之说，为不足信。由此而证明《管子》中一部分，尤其是头八
章，完全是老子式的押韵，决不是汉以后之作，故马伯乐（H、maspero）在中国古代史（In China
Antique)中说："管子一书几乎完全是西元后四至五世纪所伪造"之说不足信。（以上见《说文月
刊》123 期）

其次讲到强兵之策，则当时大多数的人们，对于兵学的研究，实不会懈怠。因为
始终发生战争，故兵学的研究，遂以非常之势，勃兴起来；而所谓兵家者流，从而发
生了。就中如孙武、吴起，乃系最为杰出之人，被后世所仰为兵学之祖的。至如孙
膑、范蠡等，则遗流著书于世。即在法家的商鞅，以及墨子那样的平和主义者，亦似
乎有关于兵学的著述之模样。当楚王将伐宋之时，墨子在旅行中，闻知其事，乃昼夜
兼程，跑到楚国于楚王之前，主张其平和论，遂将公输般的攻城之具，与自己的防御
之法，使之假设地作战，竟完全得以防御，而使楚王停止战争了。可知在当时，就是
平和论者的墨子，尚且使之至于讲究兵法了。孔子亦通兵法，例如门人冉有，即为战
功赫赫的人物。据《汉书·艺文志》所载，兵家的著书，分为兵权谋、兵形势、阴

阳、兵技巧等四种，又可谓为暗示着当时兵学的发达了。※法家：法理学家名法家，孔子之正名论，老子之天道论，墨家之法的观念，皆法理学之基本观念。管仲（《管子》大约是前世纪人所假造，乃是把战国末年一些法家的议论，和一些儒家的议论——如《内业》、《弟子职》——和一些道家之说——如《白心》、《白术》——等杂凑而成）商鞅（今所传《商君书》乃商死后人所假讬，如书中称长平之胜在前二六〇年，商死已七十八年，他是实行的政治家，无法理学书），申不害（《申子》已不传，据《韩非·定法篇》所说，申子是一有手段的政治家，而非主法治之，故诸书所引《申子》佚文，似非原著）皆政治之实行家，都有成效，因此才有学理的法家。此中除慎到、尹文外，有尸佼（楚人，传曾为商君之客。《尸子》二十卷，向列杂家。今所见者，一为孙星衍所辑，一为汪继培所辑，而汪者佳。据之以论尸子是一个儒家的后辈）。韩非（《韩非子》五十五篇，最可靠者为显学、五蠹、定法，难势、诡使、六反、问辩诸篇，解老喻老另是一人所作。主道，扬榷另一派法家所作，外储说左上亦有一部分可取。初见秦乃张仪说秦王之语）而以韩为最有见地。韩信历史进化之人，故其法治观念，也是进化的，所谓："法与时转则治，时移而治不易者乱。"故其学说，最重实验，一切言行，若不以功用为目的，便是妄发。故其"功用主义"比墨的应用主义更激烈，乃以商、管、孙、吴之书亦看作无用，李斯焚书、或受其影响。此是狭义的功用主义之大害。蒋维乔谓：管子倡三纲领，三本、四固、五事治国之意见。申不害从而主张用术（君主御臣下之方法）。商鞅出而主用法治（齐天下之动的一种规律）。慎子又主张用权势治天下，韩非主联合术法权势三者治天下，而不敢伤仁智之行，故法家至韩非而登峰造极，复与儒家结合为一。（前此未结合）。又韩非子不但主性恶，且认人是自私自利而性不可塑，其治此恶，一用威势以抑制，二用利去顺诱，一禁一诱，故主严行赏罚，而不必用感化，主张不法古，反对人治主义，但如《扬权篇》所说，亦主正名。

熊公哲云："《史记》谓韩非归本黄老，然非要为荀子门人。一非之虚静，执一以静，执一者君操其名，臣效其形，执此以名责效之一道以为静也。同荀所谓以一行万，以礼为纲。二、荀以辨合符验为贵，非以无参验为愚。三、非谓言法事最适者也，此荀子礼者立隆为极，而天下莫能损益之意。

至于李斯，殆合荀、韩而为用者。李本一隆之意而定一尊，参顺上之旨（墨家尚同之意）而禁议令，故诗书烧。又尚功用之说，发于墨、衍于荀（以坚白同异为无益），传韩非而义偏（管、商、孙、吴皆无用），得李斯而事行。（以势临刑禁之道，不中用者尽去之）"

关于国家统治的问题，第一必要的事，即为君权的确立。尤其在像中国这样的自由平等，几无阶级之别的国体，所谓"王侯将相，宁有种乎！"一旦得志，则昨日的农夫，可忽然出为王侯的状态，因此之故，倘非看到帝王神权说的确立，则为国家统治之上，颇有不安定之感了。惟其如此，故对于君主的尊严使之进于至高无上的努力，从古以来，即非常地被人注意，关于此点，在儒家方面，固系同样地极力主张；而对之特加重视的，则为以管仲为祖的法家者流。主权既经确立，则由君主个人的爱憎好恶，随意地制御臣民，又到底为臣民所难以堪受之处；于是又不可不有所谓君民共同遵守，断乎不可移易之国法了。国法一旦制定而后，则罚有罪，虽亲戚不避，赏有功，虽疏远不弃，所谓"信赏必罚"者是也。而且又以臣民常常干犯君主，以求自己的私利者多，故又须使之严守服务规程，而采用统御臣民之术了。上术之主权的尊严、国法、服务规程、统御之术等四者，在国家统治之上，实为不可缺的要件。法家者流如商鞅，固然对于国法，特加重视；如申不害，固然对于统御之术，特加重视；但是法家之大成者韩非，则更就上述的四者，加以最精细的议论。

但于此须加注意的，即由国家统治之上，其于重视君主的尊严，遵奉国法，而说以务须实行信赏必罚的诸点，儒家与法家，殆可谓为完全相同。但关于服务规程与统御之术的问题，则大有差异。法家固然对之极端重视，而儒家却不怎样重视。从法家的立场说来，因为人类仅系企图满足自己之私欲的，故倘不以统御之术而临臣民，则立即有被欺的忧虑。又倘不严重地使之遵守服务规程，则必至于伴随着干犯国法的危险。但由儒家的立场说来，则君主因系以身为臣民的模范，而推心置腹的，故足以使臣民不忍欺负君主。因此在儒家方面，无论是统御术，是服务规程，都不怎样地认为重要。

复次：再就外交问题而言，中国从古以来，对于外交问题，即很努力地加以研究。从周之时代，或者尤在以前，对于北方蛮族的外交政策，即曾经大为讲究；到了春秋战国的时代，十二诸侯以及七雄前后对立，更是相互地发挥其外交的手腕。例如郑国，因介在强大国家之间，故其外交术，尤为发达。《论语》有"为命，裨谌草创之，世叔讨论之，行人子羽修饰之，东里子产润色之，"等语，可知郑之外交文书，系这样地有数的外交家，集合众智而做成的，故会无丝毫的缺漏。此固不过一例，而外交之在当时，果系如何地被人重视，却可推知了。当外交之局的官，谓之行人。倘就见于《左传》或《战国策》的记事，从而想象当时的事情，则颇具兴趣的外交问题，似乎殊不在少。及至战国时代，又有所谓合纵连横的发生了。合纵云者，系中国的中部，从此到南，罗列着的诸侯之同盟；连横云者，系由东至西，罗列着的诸侯之同盟。盖当时的秦国，逐渐地进于强大，故其它的六国同盟而当秦的，为合纵。此系苏秦所主张。他以所谓"宁为鸡口，勿为牛后"的有名之言词，游说诸侯，遂至于一时而兼佩六国的相印了。反之以秦为宗主，其它的六国与之同盟的，为连横。此系张仪所主张。苏秦与张仪，都系同学于鬼谷子，大大地研究过辩论术之人。所谓纵横家，即为苏秦、张仪，以及汲其流的人们。因列国对立的形势，此一派，遂从而兴起了。

由此辩论术的研究，而学界亦遂议论纷纭，以至促成论理学的勃兴了。所谓名家者流是也。名家，——详言之，则为形名家，系对于物之名的研究，以及物之名与实质的一致与否之研究的。故尹文子所谓"名以检形，形以定名"之语，正可谓为系说明名家或形名家之所以得此名称之处，此种学派的议论，第一则见于墨子之《经》，《经说》，以及《大取》《小取》等篇。次于墨子而起的名家者流，则为邓析、惠施、公孙龙之徒，曾经大挥其诡辩。惟邓析、惠施的著书，今所存者，仅不过其断片而已。至于公孙龙的著书，幸尚流传于世。兹将其代表的议论，即白马非马论与坚白论之要旨，撮录于次。

所谓白者，为色之名，所谓马者，为形之名；故白马为色与形之名，马则仅为形之名。因此所谓白马的概念，和所谓马的概念，自然不同；即所谓白马非马也。此系试行概念的分析，而说以论理学上的外延与内包之关系的。复次：所谓坚白论者，即设有坚白石于此，则所谓坚石云者，系依触觉而知的，所谓白石云者，系依视觉而知的；故坚白石云云，非一概念，而为坚石与白石之二者。此种议论，系试行知觉之分析的。名家之所说，固与国家的统治问题，或外交问题，全然无关。但是如前所述，系由辩论术研究之流行所惹起的一派。当时的学界，既是在这样的议论纷纭之状态，故庄子遂著《齐物论》，说述其欲齐一物论。其后荀子又忧名家的诡辩，足使名实为之混乱，以至著述《正名篇》了。凡此种种，姑置弗论；总之战国时代，一般策士的议论，果系如何地巧于辞令。而鼓动当时之人士的事，试就韩非子的《说难》一篇，详细地述着辩说之法看来，则当时辩论术的一斑，或者可以知悉吧。

※又《荀子·天论篇》云，慎子有于后无见于先（群众无门），老子有见于绌，无见于信（贵贱不分），墨子有见于齐，无见于畸（政令不施），宋子有见于少，无见于多（群众不化）。又《解蔽》云，墨蔽于用而不知文（道尽利），宋蔽于欲而不知得（道尽嗛），慎蔽于法而不知贤（道尽数），申蔽于势而不知智（道尽便），惠蔽于辞而不知实（道尽论），庄蔽于天而不知人（道尽因）。按邓析子有云："天于人无厚也，君于民无厚也"云云，颇似老子"天地不仁"之语，含激烈的政治思想，（其余之言多后人假托，考《吕氏春秋》）故与老子皆可称为极端破坏派。

荀子《非十二子》。

它嚣、魏牟——纵情性，亦恣睢，禽兽之行，不足以合文通治。

陈仲、史䲡——忍情性，綦谿利跂，苟以分异人为高，不足以合大众明大分。

墨翟、宋钘——不知一天下建国家之权称，上功用，大俭约，慢差等，曾不以容辨异，君臣

慎到、田骈——尚法而无法，不循而好作，上则取听于上，下则取从于俗，终日言成文典反

训察之，则偶然无归宿，不可以经国定分。

惠施、邓析——不法先王，不是礼义，而好治怪说，甚察而不急，辩而无用，不可以为治纲纪。

子思、孟子——略法先王而不知其统，材剧志大，闻见杂博，案往旧造说谓之五行，甚僻违而无类，幽隐而无说，闭约而无解，饰其词而祗敬之曰此真先君子之言，世俗之沟，犹瞀儒嚾嚾然不知其所非也，遂受而传之。

以上所述的农家、法家、兵家、纵横家、名家等等，除名家外，其除的诸学派，都系乘国家的骚乱，际会风云，而欲实行自己之抱负的。试以表列举出来，则如次：

内治
- 富国
  - 农本主义——李悝　商鞅
  - 殖产兴业——管仲
- 强兵——兵学研究——兵家　商鞅　墨翟
- 统治
  - 君主权
  - 法——商鞅
  - 术——申不害 ⎬ 韩非
  - 服务规程

外交
- 合纵——苏秦
- 连横——张仪 ⎬ 纵横家——名家的勃兴 ⎰ 齐物论／正名篇

复次：由于如上所述的骚乱，一般人民，遂受着涂炭之苦，故苟为志士仁人者，自然不忍坐视，从而想到着无论如何，必以自己之道来救济了。不过以当时的形势，正所谓天下纷纷，殊非容易地得而救济。因此之故，既有竭尽自己的全力，而怀抱死而后已之大勇猛心的；亦有知道自己的微力，终于莫可如何，知难而退，从而独善其身的。倘称前者为积极的，则后者可称为消极的了。而此种无论如何，必欲救济世之乱离之积极的学派，又可分为政治上与思想上两方而说明之。

※墨子名翟，姓墨，孙诒让定为鲁人，或曰宋人。《史记·孟、荀列传》谓并孔子时。毕沅《墨子序》谓六国时人，周末犹存。孙氏驳之，汪中又补足孙说，故墨子大约生当孔子五十至六十之间，死在周威烈王元年与十年之间，前于吴起之死四十年。据《淮南》《吕氏春秋》当染篇，可知墨子曾学儒者之业，目击十儒纷争于细节故自创新说。儒不信鬼故明鬼，儒厚葬久丧故节葬，儒重礼乐故非乐，儒信天命故非命。又目见当时征战之惨，故非攻，兼爱而志天，天之志，就是要人兼爱。至于《墨子》今本五十三篇，胡适分为五组（有谓墨家之先有史佚为成王师，墨亦受学于史角。

1.自亲士至三辩，凡七篇，皆后人假造，前三篇全无墨家口气，后四篇乃据墨家余论所作。

2.尚贤、尚同、兼爱，非攻，天志，非命各三篇，节用两篇，节葬，明鬼，非乐，非儒各一篇，大抵墨者演墨子学说之作，其中有后人加入之材料，非乐，非儒更可疑。

3.经上下，经说上下，大取小取六篇，非墨子书，或惠施、公孙龙时代之"别墨"做的。惠施、公孙龙之学说全在内。

4.耕柱、贵义、公孟、鲁问、公输五篇乃墨学后人所辑墨氏言行，如《论语》，故有若干材料甚重要。

5.自备城门以下至杂守，凡十一篇，皆墨家守城备敌之法，无关学理。

墨子哲学之方法，处处在求为什么，故是应用主义者，亦可名"实利主义"，故墨子之论证法有"三表"：一、本之者，上本之于古者圣王之事。二原之者，下原察百姓耳目之实。三用之者，发以为刑政，观其中国家人民之利，此亦可见墨之注重实际应用。总之，他处处把人生行为上的应用作为一切是非善恶之标准，兼爱、非攻等都不过是几种特别的应用，他又知人大都明小物而不明大物，故主张贤人政治，要使人上同而不下比，故又主张把天的意志作为天下之明法，要使天下的人都上同于天。

杨朱之时代，或以为上可以见老子，或可以下可以见梁惠王。但《杨朱篇》记与禽滑厘问答，故可假定其年代为西纪前440～360之间。杨子激于时事，倾向于老子之自然主义，而主无名，谓："实者，固非名之所与"。又主为我，谓："智之所贵，存我为贵，力之所贱，侵物为贱……人人不损一毫，不利天下，天下治矣。"此皆时代之反动思想。故又有厌世的悲观论，而主养生。其养生不求不生，不求速死，只是"从心而动，任性而游"的自然主义。）

※别墨　韩非《显学篇》云：自墨子之死，有相里氏，相夫氏，邓陵氏之墨。《庄子·天下篇》云：相里勤之弟子，五候之徒；南方之墨者，苦获，己齿，邓陵子之属，俱诵墨经，而信谲不同，相谓别墨，以坚白同异之辩相訾。故今之墨经等六篇，是别墨之书，（晋鲁胜为经经说四篇作注，名《墨辩注》），决非墨子所作。孙诒让亦谓："似战国时墨家别传之学，不尽墨子本旨。"然其中包含算学、几何、光学、力学、心理学、人生哲学、政治学、经济学之问题。胡适称为古代第一奇书。可考张惠言《墨子经说解》，孙诒让《墨子间诂》卷十及十一、章氏《国故论衡下原名篇》，梁启超《墨经较释》。

惠施　据《吕氏春秋》、《战国策》，惠施曾相梁惠王，故其时代约在纪前380～300年，彼谓一切空间时间之分割区别都非实有；一切同异，都非绝对，故曰"天地一体"，因天地一体，故"泛爱万物"，故惠施是一科学的哲学家，其学说所传，尽在《庄子·天下篇》中。

公孙龙　据《吕氏春秋》、《战国策》，胡适以为其年代在纪前三二五或三一五至二五〇年左右。今所传《公孙龙子》六篇，第一乃后人所加传略，第二最易读，第三有许多脱误，第四、五、六错误更多，须与墨辩参考。又《天下篇》之二十一事，《列子·仲尼篇》之七事，皆其学说，总其所说：一、空间时间一切区别非实有，二、一切同异非绝对，三、区别同异皆心神之作用，

四、正名。大旨与惠施相同。但惠施归于"泛爱万物"的人生哲学，而公孙龙则归于"正名"之名学。惟公孙龙到处劝人偃兵，大概也可算墨家一派。

慎到　《汉艺文志》有慎子四十二篇，今惟后人集成五篇。《天下篇》谓："彭蒙、田骈、慎到……齐万物以为首，曰：天能覆不能载，地能载不能覆，大道能包不能辩。知万物皆有所可有所不可（各有个性之不齐），故曰选则不遍，教则不至，道（因势利导）则无遗。是故弃知，去己，而缘不得已，泠汰（听放）于物以为道理……不师知虑，不知前后，魏然而已"。故慎子比老子更进一层要人做到土块一般的无知之物，"无知之物，无建己之患，无用知之累，动静不离于理（如权衡）"，用之于政治哲学，便主张去主观之私意，建物观的标准，此其主张法治之理由，故从慎子弃知之哲学根本观念，发展为两种结果：一、用无知法治代人治（儒家主人治），第二是因势主义，此又有二：1.因人之情，如慎子云："因也者，因人之情，人莫不自为也，化而为我，则莫可得而用。"2.势位观念，《韩非》《难势篇》云："尧为匹夫，不能治三人，桀为天子能乱天下，吾以此知势位之足恃而贤智之不足慕"，此在古代政治思想发达史上很重要，儒家始终是人治主义，不能把政权与君主分开。"故曰"徒法不能以自行"、"惟仁者宜在高位"。

慎子要使政权（势位）全在法度，使君主弃知去己，做"虚君主宪制"，君主成为虚君，故不必要贤智的君主，此为推翻人治主义之第一步，田骈《汉志》有田子二十五篇，与彭蒙之说大旨同于慎到，时代大概当前三世纪初年。

宋钘（牼）、尹文　宋与孟子同时，尹曾说齐湣王《吕氏春秋·正名篇》死在孟子后。《汉志·宋子》十八篇列小说家；《尹文子》一篇，列名家。《宋子》今不传。现行《尹文子》有上下两篇。《天下篇》云："不累于俗，不饰于物，不苟于人，不忮于众，愿天下之安宁以活民命，人我之养毕足而止……宋、尹闻而悦之作华山之冠以自表，接万物以别囿（辨别一切蔽囿心思之事物）为始……见侮不辱，救民之斗，禁攻寝兵……以禁攻寝兵为外，以情欲寡浅为内……"故胡适谓宋、尹是墨家一支而偏于宗教的墨者，非科学的别墨，其言人之情欲寡者，大约对杨朱主义而发。宋子要人寡欲，因说人情本来要寡浅的，故节欲并不逆天拂性。顾颉刚云："宋以墨学做事业，以杨学修身心"。

尹文子名学，似得力于儒之正名主义，故主张名中含褒贬之意，故云："善名命善，恶名命恶……使善恶画然有分"，如此则"定此名分，则万事不乱。"但孔子只想用春秋笔法正名，荀子想用国家威权来制名，多不主用法律。尹文则谓："以名稽虚实，以法定治乱……以万事皆归于一，百度皆准于法，顽嚚聋瞽可与察慧聪明同其治也。"此从儒之名学一变为纯粹之法治主义，为中国法理学史之一大进步。

驺衍　齐人。据《史记集解》引刘向《别录》，知与公孙龙同时。《史记》亦说后于孟子。《汉志》有《驺子》四十九篇，又《驺子》终始五十六篇，皆佚。《史记·孟荀列传》云："驺衍睹有国益淫侈不尚德……乃深观阴阳消息而作怪迂之变，终始大圣之篇，十余万言，其语闳大不经，必先验小物推而大之至于无垠。先序今以上至黄帝……推而远之，至天地未生，窈冥不可考而原也。知列中国名山大川……因而推之及海外人之所不能睹。"他又附会五行之说，以为五行相生相胜，演出五德转移之说（墨辩有破）于是阴阳五行说成，至汉更甚，从此儒学遂成道士之儒学了。（考马骕绎史卷一百十九）

杨朱　蒋维乔云："杨之思想以享乐为主旨，故法老子轻名利，不为物役，主张自然无为，虚静以养生，但他却不禁止天付予人之六欲，因此主张好色、好酒，以及凡足以给人生快乐之欲无不为，此与老子之主禁六欲者反。

魏晋六朝之玄学派，虽高标老、庄，却在杨之圈套内，因他们否定宇宙独立存在之真理，而主张自我之肯定，不是宗仰老、庄思想者所宜有也。杨受老子自然无为，道常不变思想之影响，肯定了他的宿命思想，从此演出他的乐天安命思想，大唱享乐主义。于是主张肆六欲而勿壅勿阏，六欲之中最重酒、色。又主张务实去名，不羡寿，不羡位，不羡货，但不主张速死，所以像胡适说他是厌世快乐者，还不如说他是功利的快乐者。因为他计算着名位势利的空虚，不值得吃苦，所以主为我，主张各个人努力求自性的表现，为自己个人打算，不要分工夫去管他人，故云："悉天下奉一身不取也，人人不损一毫，人人不利天下，天下治矣。"自然派对于自然，是尊重化的必然的法理，而享乐派对于自然，却是欣赏和爱护他的美和乐，故前者对于自然有不满人意之小而无大碍的法理，还可以加以人意的改换，老、庄禁欲，就是一例。

又杨之出世先于庄，庄之齐生死，是以杨的思想做前导。不过庄拿物化说解齐生死，比杨拿暂来暂去说解生死要好得多。"又云："人为主义派以仁道做标准，享乐派以我为思想标准。"

论墨子　蒋云："苦行主义派（墨、宋、尹、惠、公孙）以天志为标准，兼爱之，兼"总体"之义，故兼爱即爱整个社会，非无等差之谓，无父之驳不合理。孔孟用纵切面的方法施爱，墨则用横切面的方法施爱，故孔、孟先爱亲。又墨以天为欲义而不欲恶，故主张义政，其所谓义即正，即利。其义政之纲领：一、国家昏乱时，尚同尚贤；二、贫困时节，用节葬；三、熹音湛湎时，非乐非命；四、淫僻无礼时尊天事鬼；五、务夺侵凌时兼爱。故由此可证明墨之义政，即正政，或矫正不正当的政治。墨之民主思想，十分发达。《墨经》有云："君臣民通约"，又证以《尚同上》之文，几与卢梭《民约》同一原则。墨之人生思想，一修身，二强志，三信言，四分财，五守道博物，察辩是非，六务实，七慎染，八自苦利人（关于经及经说，蒋以为墨所自作。证：一、文字古奥，非公孙龙时之文格，二白马论等与公孙龙不同，三墨子各篇，虽不免粗鄙，恐系说教之用，且必在墨经之后）。

兹先就政治的方面而言，则第一，为君主权的尊重。对于此点，其主张特别显著的，为孔子的大义名分说。盖孔子以为当时天下的骚扰之所以甚者，实因王室衰微，诸侯跋扈之故。假使王室的权力，能无遗憾地推行于天下，昔之周公所制定之礼，又能完全施行，各个诸侯，都守其分，则天下泰平了。因此，孔子乃作《春秋》而大一统，换句话说，即系力说君主权之必须尊重。试就《论语》以观，足以知道孔子系如何地注重大义名分的语句，实不在少。到了孟子时代，周室愈加衰微，殆成若有若无的状态；故孟子遂不像孔子那样地说以尊重王室。但是降至荀子，却又高唱着君主的尊严了。关于此点，法家的主张实和儒家一致。不过法家所主张的君主权，系本于老子的无为自然之说。依彼等之说，刚以凡为臣民者，大抵用尽所有的方法，企图君主的恩宠；故为君主者，务须不以自己的好恶示人，藉使臣民无採用虚饰的余地，因而识别臣民所原来具有的才能，而将各个置于相当的位置。至于儒家的君主观，则与此完全不同。从儒家之说，则以凡为君主者，在国民中原系最高之道德家，而受皇天之命，具有代天教养国民的责任；故君主的言行，立即成为国民的模范。又因君主系以德感化臣民，而推心置腹之故，臣民乃自然地心服而不忍欺其上。《论语》所谓"道之以政，齐之以刑，民免而无耻"云云，正系指法家之法治主义而言。所谓"道之以德，齐之以礼，有耻且格"云云，即系指儒家之德治主义而言。法家与儒家，虽然同样地说以君主权的尊严，而又有如此差异的地方，亦不可不知也。而且在专制政治方面，既主张君主的尊严，则对于做君主的资格，又不得不加以限定了。儒者的主张，如前所述，系以君主为一国最高的道德家，务须视民如保赤子的。墨子的主张，对于此点，亦完全相同。不过崇尚俭素，而反对儒家的所谓礼乐之政；但是对于道家的无为自然，亦反对之。至于道家，其以君主为国民中最高之道德家，固不待言。不过又以为君主者，仅仅君临臣民而已；务以绝对不干涉的态度，而放任之，使臣民生活于自己之所好，而与儒家的主张制度文物之整备，实取正反对的立场。要之对于君主的资格，要求其为最高的道德家之一点，儒、墨、道三家，固系一致；但关于君主的政治方针，则三家为三样的议论了。为君主者，只要具有了其应备的资格，固无何等问题发生；倘使有背反其资格者出，而对之不讲求相当制裁之道，则臣民将归于徒然蒙受暴虐，而无所诉的状态了。不待言，君主既为最高之权力者，则为臣民的，虽欲抑制之，却又无施之之术。因此之故，儒者遂以天视为宇宙最高之主权者。意谓君主系受天命而君临天下的，假使君主暴虐，而漠视其保民之职时，则天必罚之，夺其君主之位，更命其他之明德的君子，使之君临天下。可谓革命者，即此之谓。关于此点，墨子亦同其说。老子固然不曾用过革命一语，但由其所谓"王法天"的地方看来，又似乎亦为同样的意见。

第二，为王道的实现。此为儒家所极力主张之点。关于其具体的方法，孔子固然仅有极简单的说述，但是孟子却颇为精密地加以讨论；至于荀子则更一层地，加以详说了。不过仅就其具体的方法看来，则孟荀所说，又大半与管仲之论相一致。

所不同者，惟儒家之所说的为王道，管仲之所取的为霸道而已。王道系以德临民，而民自然心服的；霸道系以力临民，而民得不服从的。王道公明正大，固不需要何等的政策；而霸道则往往使用权术，需要相当的技巧。王道尊尚正义，而霸道则以功利为目的。是为五霸之辨。至于见于孟子的王道之具体的方法，系依所谓井田法而以一夫妇为单位，各给与百亩之田，使之耕作，藉使以其收获，支持一家族的生活；又以人家为一组，使之共同耕作另外的百亩之田，将其收获，征收之于国库，以充政府的费用；政府于此项收入以外，其它一切的收入，例如营业税、厘金税、房屋税、人头税一类的杂税，概不征收。而且除农闲之时以外，决不役使农民，藉使充分地用力于耕作。又于宅地之傍，使之植桑养蚕，又使之畜牧鸡豚狗彘等家畜。禁止使用细目之网，以谋鱼类的繁殖。当春夏树木发育的时期，禁止山林的采伐，以图木材的丰富。凡此种种，都系所以使人民的衣食住之资，归于丰富，而除去生活的不安，且从而加之以孝弟忠信之教，于是人人都得而安堵了。此即所谓王道之始。不待言，此外又须注意水利，讲究运输，以及促进交易等等。但此等事项，未曾一一述及。当王道实现之时，上述的井田法，既经实行，则富之分配，亦大礼归于平均，故自然无特别的贫富之差了。至如鳏寡孤独的穷民之存在，原不可免；但对于此等人们，国家又以相当的方法，而抚养之，故所谓社会政策自然亦系施行着的。

第三，则为标榜社会政策的学派。此为墨子或农家者流所主张着的。墨子原系以社会一般的幸福为目的的学者，恰如英国的功利主义者一样。不过其关于社会政策的议论，并无特别可言之处。惟反对当时的厚葬久丧，主张节葬，又说以节用。此种所谓生活改善的议论，似乎足以纪录于此。至于农家者流之中，例如见于《孟子》的许行※许行（与孟子同时），乃社会革命家，无政府主义者，在许行之理想社会中，无钱币，只用物品类似之数量假定价格交换应用，惜其并耕之方法，与交换之标准不得其详，未能见其学说之全。庄子之无政府主义，只是混混沌沌梦想太古而已。许行之道，则更进一步，定一种可以着手实行之法。郎擎霄又谓陈仲子（亦称田仲、田、陈古同音）亦系无政府主义者，反对阶级制度，破毁家族制度，实行劳工主义云云，恐不足信。陈仲子性情怪僻之人，故出于此耳。《於陵子》一书未见，是否出于其手，亦一问题也。

胡适谓许行主张约有三端：一、人人自食其力，无贵贱上下，人人都该劳动；二、主张互助的社会生活，虽以农为主而不废他种营业，故谷可换履。三，因主互助社会，故主张不用政府，汉书所谓："无所事圣王，欲使君臣并耕"，此与托尔斯泰之主张最相近。（考江瑔《读子卮言》论农家）钱穆曰：许行、陈仲主张君民并耕，尚未主无政府主义，此派思想，往往注意社会问题而忽略了政治情态，陈仲子之生活，真是近世托尔斯泰晚年所想慕也。**即为其铮铮者。**

依彼之所说，则以君主须与人民并肩而共耕，以治天下，市场售物的价格，务必一定，即所谓"布帛长短同，则价相若；谷麦多少同，则价相若；履大少同，则价相若；"是也。其详细的说法，见于《孟子·滕文公》上篇：亦即今之所谓不劳动者不得食之论。而其物价政策，则为极端的无差别平等论。孟子之对于许行※（陈相）的此种主张，加以驳击，而不遗余力的，自属当然。《汉书·艺文志》论农家之弊，有曰："使君民并耕，乱上下之序"云云，盖系指许行之辈而言。

※按《韩非、显学篇》云：孔子死有子张、子思、颜氏、孟氏、漆雕氏、仲良氏、孙氏（顾广圻云即孙卿）乐正氏之儒，又云："孔、墨之后，儒分为八，墨离为三"，熊公哲云：曾子、子夏为孔学正传，不在八儒之中。

胡适谓：墨学之亡有三原因：一儒家之攻击，二、墨学遭政客猜忌，三、末流诡辩，不切实用。

复次：再由思想的方面而言，则儒者说仁义，墨子说兼爱，而欲试行其救济当时的骚乱了。关于儒者之所谓仁义，在后篇更当详为叙述，兹姑不加深论。要之倘以今语说来，或者可谓仁即人道，义即正义吧。兼爱原系墨子所极力主张的，即视人之亲如视己之亲，如人之妻如视己之妻，视人之国如视己之国，其间毫不置以何等的差别；有反乎此者，则为别爱。所谓人之亲与我亲异，人之妻与我妻异，人之国与我国异云云，即为别爱。一般人们，都因被囿于别爱的观念，因而不顾他人，或害他人，夺他人的国家，以谋自己的利益，此世之骚乱所以不绝也。故吾人务宜实行兼爱交利，即所以适合天之意志的地方；而天下的泰平，亦可期而待之了。此为墨子所说之大略。惟此处之所谓别爱，又如清之阵澧之所指摘：似系指杨朱的个人主义而言。不过杨朱亦由自己的立场，对于墨子的兼爱，加以冷评的事，由《列子》的《杨朱》篇，得以窥知。至于孟子对于杨墨的别爱兼爱，又加以批评，而曰："杨子为我，是无君也；墨子兼爱，是无父也。"盖墨子的兼爱，系无差别的博爱，而缺乏义的观念；杨朱的为我，则为纯然的个人主义，不将国家社会置于眼中，而为忘却仁爱的观念之故。除此以外，又别有所谓平和论者，其议论散见于《管子》、《庄子》、《孟子》、《荀子》等书；至为其铮铮者，则为墨子与宋牼。墨子主张非战论，极言战争之有百害而无一利。至如宋牼则以为虽被侮而不以为辱。换句话说，就是虽然被侮，而只要自己主观的不认为受了耻辱，岂不完事么？此二人者，固然同为非战论者；但是墨子乃系武装的平和论者；宋牼则为无抵抗主义的平和论者；又不可不知也。

以上所述的各种思想，同时并起，遂都积极地而欲如何以救济人民的困苦了。

所谓"孔席不暇暖，墨突不暇黔，"乃系这样地周游天下，而说以自己之道的。兹以表列之，则如次：

政治上 ⎰ 君权尊重——《春秋》大一统论
　　　　 王道实现——孔、孟
　　　　 社会政策——墨子、农家

思想上 ⎰ 仁爱——儒家
　　　　 兼爱——墨子
　　　　 平和主义——墨子、宋牼

※孔子

子张（弟佗其冠，神禪其辞，禹（《非十二子》之论）行而舜趋）

子夏（正其衣冠，齐其颜色，嗛然而终日不言）
　　　　仲弓（子弓）汪中荀卿通论之说——荀卿 ⎰ 韩非／李斯
　　　　田子方（韩愈之说）庄周

子游（偷懦惮事，无廉耻而嗜饮食，必曰君子固不用力。）

漆雕（据《韩非·显学篇》儒而侠者，或谓传礼为道，为恭俭，庄敬之儒）

曾子 ⎰ 子思——孟子（或谓传书为道，疏通知远之儒）
　　　　乐正氏（或谓春秋为道，属辞比事之儒）

○——颜氏（传诗为道，讽谏之儒）

○——仲良（梁）氏（传乐为道，以和阴阳为移风易俗之儒）

○——公孙氏（传易为道，絜静精微之儒）

　　再次：说到消极的方面，则以为天下的骚乱，到底非自己的微力所得而救之的。故如老子即以天下之乱，由于多知多欲之故，而说以无知无欲，无为自然，则天下治。且谓世之所谓圣人，有有为之志，谓礼乐刑政，而欲治天下，但此却为国家骚乱之基。故曰："圣人不死，大盗不止，剖斗折衡，则民不争。"又曰："绝圣弃智，民利百倍。"都系说明凡执无为而化的方法，则天下治平的。此种说法，自然无从入于当时采用帝国主义，请求富国强兵的诸侯之耳。故虽则愤慨而谓"大言不入俚耳，"亦终于无效。于是老子遂出走西关，而独善其身了。老子之主张无为自然，而说以一切制度文物，须加破弃的地方，似乎不得不谓其颇具有虚无的色彩。不过老子之与虚无主义不同的，即老子尚承认君主，而大加尊敬的一点。试从其所谓"道大、天大、地大、王亦大，域中有四大，王居其一。"又谓"公乃王、王乃天、天乃道"等语看来，自不得不谓其与虚无主义，有很大的差异了。老子对于天下的政治，尚有加以讨论之处，至于汲老子之流的，如杨朱、庄周辈，则专以独善其身为主张了。庄子系以所谓无用之用，认为处世之法的，盖谓对于世间，毫无用处，即所谓无用，在保全自己的一身之上，实系最为有用。例如橘、柚、瓜一类的东西，其果实常被吞食，即以有用之故；而欲采取果实者，或折其枝，或切其蔓，又如油能燃，故人遂燃之，而油遂归于乌有了。又如漆，以其有用，故割干，而取其汁，遂不得不感受痛苦了。又如樗栎那样的无用之木，因其不适用于栋梁，故亭亭然成为耸天的大木，因此之故，庄子乃说明无用之用，而叹惜着："人皆知有用之用，而不知无用之用。"《史记·庄周列传》所载，又有下列一段：

> "楚威王闻庄周贤，使使厚币迎之，许以为相。庄周笑谓楚使者，曰：千金，重利；卿相，尊位也。子独不见郊祭之牺牛乎？养食之数岁，衣以文绣，以入太庙。当是之时，虽欲为孤豚，岂可得乎？子亟去，无污我。我宁游戏污渎之中，以自快，无为有国者所羁，终身不仕，以快吾志焉。"

此乃最能阐明他的无用之用之说的。杨朱的为我主义，亦全系独善其身的主张。质言之，即正所谓"拔一毛而利天下不为也"的那种极端的个人主义。至于将孔子比之凤凰，看到孔子席不暇暖地周游天下，从而歌之曰："凤兮凤兮，何德之衰！"的楚狂接舆以及长沮、桀溺、荷篠丈人等隐者，亦都带着同样的倾向。此等人们，都系看到天下事之不可为，从而由其欲苟全性命于乱世的设想，遂至于采取了独善其身之主张的。

对于当时的骚乱而悲观的结果，又有所谓希求永生的神仙家，以及种种迷信，遂之而起。大凡所谓迷信，概盛行于文化低级的无智的人之间，固不待言；但在有相当的文化程度，而又较高的知识阶级方面，到了竞争激烈，浮沉无定之际，则所谓迷信，却亦意外地盛行起来。由春秋以至战国，因思想动摇，生活不安的结果，种种迷信，遂极为流行了。例如孔子固然不语怪力乱神，常常努力于迷信的破除；但是终于亦非孔子之力所能及。仅就见于《左传》、《墨子》、《荀子》等书中的记事，即可知当时的迷信，果系如何地盛行了。神仙家之流之起于战国时代的，或者即由于战国之际，人的生命，非常恐慌的缘故吧。原来神仙家之流，主系起于山东省方面；此则由于濒临东海，因而想到海外或有所谓蓬莱山的理想乡的吧。又有时或者看见了蜃气楼之类，遂竟以为海中有神山了。在当时最为盛行的迷信之中，则有阴阳家、五行说、方技、术数等等。所谓阴阳家的本来的目的，乃系依据《易》之哲学，厘定历事的。一年分为十二月，一月分为三十日，一日分为十二时；又于春夏秋冬的四季，各各规定所应做的行事，称为月令，所谓顺之者昌，逆之者亡，故究其本根，原系人生所必须的学问。——尤其在以农本主义立国的中国。——不过假使遇着拘泥极甚的人，则种种迷信，遂随之而生了，五行说系战国之际，驺衍驺奭等所创倡的。※《盐铁论》卷五十三云："邹衍非圣人作怪，误惑六国之君，以纳其说，此《春秋》所谓匹夫荧感诸侯者也。孔子曰，未能事人，焉能事鬼！近者不达，焉能知瀛海，故无补于用者，君子不为。无益于治者，君子不由。"这充分代表儒家顽固的思想。故该书议论大都不足取。以视王符《潜夫论》之知理之本末，事之终始，不可相提并论。

据《史记》，庄子与梁惠、齐宣王同时，和惠施往来而死在惠后，约在纪前二七五年左右，其哲学的起点，只在一个万物变迁的问题。《秋水篇》里的进化论即是说明这一点。不过他的进化论只认得被动的适合，却不去理会那更重要的自动的适合，（Adaptation to envinonment）故完全是被动的天然的，生物进化论。故其名学虽亦有黑格尔之说法，而结果则为不谲是非的达观主义。胡适云："即极端的守旧主义。又因他把一切变化看作天道的运行，又把天道看得太神妙不可思议，故一切达观，而成为出世主义者。又他以"万物与我一"，就是说，种种不同之中，寻出一个同的道理。把一切是非同异的区别都看破了，说泰山不大，秋毫不小，尧未必是，桀未必非，粗看见地固然高超，其实可使社会国家的制度，习惯思想永远没有进步，同时可以养成一种阿谀依违，苟且媚世的无耻小人，或造成一种不关社会痛痒，不问民生痛苦，乐天安命，听其自然的废物。因此，庄子虽说天道进化，却实在是守旧党的祖师。他的学说，实在是社会进步和学术进步的大阻力（此胡适之说）。蒋维乔说，老子的一生二、二生三、三生万物；庄子的齐物论，是辩证法，马克思由之鼓起了阶级斗争的思想，老庄由之创立了他们之泯灭是非争辩的思想，而主张齐物（永远离开矛盾现象而过那不为物先，听凭自然处置的生活），因为中西文化根本不同，走的方向却背道而驰。中西文化分成两截，永远合不在一起。又庄子主生物自化说，故以死非渐灭，不过是物的变化，"万物出于几入于几"的话，颇似物质不灭之说，但庄子说生死为物化，不是向人说学理，而是用此理去齐生死。乃以水火金木土的五星为中心，初在政治的方面，说明了革命的问题；及至后来，即对于伦理道德的问题，或人类的身体，遂都以此种五行说而说明之了。而且与阴阳家又构成了密切不离的关系。至于方技、术数，以及古来原有的龟卜占筮之外，又有所谓传达司掌人相、家相、方位、寿夭、贫富、贵贱、穷达等神的意志的人们。其弊害所及，实不堪言。凡此种种，要之都系由于时代精神不健全的结果而兴起的。兹将以上所述，列表明之，则如次：

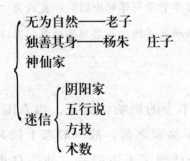

以上既将春秋战国时代的大势，分为三段而叙述之了。即第一：为乘国家的骚乱，际会风云，而欲实行自己之抱负者，农家、法家、兵家、纵横家等属之。第二：为忧国家的骚乱，欲举全力而救济之，始终如一者，儒家、墨家等属之。第三：为忧国家的骚乱，但看到虽欲救济，而终于不可能，从而陷于独善其身者，道家、神仙家、阴阳家等属之。要而言之，春秋战国时代的思想界之具有共通的背景一事，则为无论何人所容易认知的吧。此无他，即周室衰微，天下骚乱，人民困苦是也。各派、各样的思想家，几乎毫无例外地，无不以救济人民的困苦为怀抱的，亦无不以救济人民相标榜的。虽在最有利己之嫌的第一的场合，如法家、兵家、纵横家等，亦非仅以言听计从，获得自己的荣达为最后之目的的。盖其根柢，仍然具有所谓天下的治平之大目的的。第二的场合，即儒、墨两家之忧生民的困苦，而欲救济之的，更是不待说明，而为自明之事。第三的场合，固然号称独善其身；但是即如杨朱、庄子，亦仍然以为他自己的主张，果能实行，则天下必臻治平的。《史记·太史公自序》引《易》之《大传》之文，有曰："天下一致而百虑，同归而殊途"云云，最能说明当时各派的主张虽然各不相同，但是同系努力于天下之治平的一点。尹文子的《大道篇》有曰："虽弥纶天地，牢笼万品，但为治道之外，而非群生之所餐挹，则圣人措而不言"云云，殆亦系说述同样的意义的。

※李斯之政策，一、注重功用，二、主张革新变法，三、主用专制手段。后因一班守旧的博士如淳于越等反对而酿成焚书坑儒之变，说者谓中古哲学中绝之原因，实不尽然。盖书未焚尽，而所坑者，仅四百六十多个望星气求仙药之方士也。胡适谓：中绝之原因：一、庄子一派怀疑主义不认真理为可知，不认是非为可辩的态度，故自庄子以后，中国名学一无进步，名学是哲学的方法，方法不进步，哲学科学自然不会进步。二、狭义的功用主义把学问知识的范围缩小，自荀子以后，至李斯，其流弊日益显。三、专制的一尊主义。荀子谓"学者，固学止之，恶乎止之，至诸至足，曷谓至足，曰圣王"。因此其弟子李斯乃有"别黑白而定一尊"之政策。董仲舒出而百家罢。四、方士派迷信之盛行，墨子明鬼，儒之丧祭，战国时代之仙人迷信（兵乱出世幻想，神仙传说由各民族交流而成），阴阳五行说，炼仙药求长生说混合而造成此方士的宗教。燕昭王、齐威王，宣王、秦始皇都是信徒，遂使老子到韩非三百年哲学科学的中国，一变成为方士的中国。蒋维乔云：自秦而后，一般学者墨守陈法，无新方法研究学问，故思想不进步。宋以后采用佛家精细之分析法才有理学出现。

第三章　秦之统一

秦灭六国而统一天下的事，对于思想界发生了不少的影响：第一，当六国对峙互争雄长之时，因为曾无一日的和平，人民受尽了涂炭之苦，故一般志士仁人，乃都苦心于如何地完成其救济天下的大业。但是一旦到了天下归一，战事息止，平明之治，殆可期待，而为一般思想家之共通问题的经世济民之问题，于是一朝得到解决；因而天下的人心逐渐向内之端，遂为之开启了。此为后来促成道教的发达原因之一。第二，秦背天下的期待，并不率由旧章，改古之封建制度而为郡县制度，废井田而开阡陌，承认土地的私有，以及其它改废了许多法令之结果，于是惹起了所谓处士的横议，而又不堪其烦，乃用李斯之策，焚书坑儒，根据法治主义，采用愚民政策；从而在先秦时代极其全盛的思想界，未几何时，遂归于烟消雾散的状态，竟至无论何人，都有恐于触犯刑罚，而钳口不言了。质言之，秦之统治策，遂构成了破坏先秦的文化，压迫思想的自由了。

当始皇之南面而王天下也，聚天下之兵于咸阳，销而为金人十二，统一律度量衡，车同轨，书同文，自号始皇帝，以为由二世、三世、以至万世，而传之无穷；但是仅至三世孺子婴之时而竟亡了。盖用苛法而不施仁义，滥兴不急的工事，而不体恤人民，实为其忽告灭亡的原因。贾谊的《过秦论》所谓"仁义不施而攻守之势异也"云云，就大体说，殊为允当的批评。

第四章　两汉思想界

自汉高祖承秦之后而统一天下，以至后汉的献帝让位于魏之文帝为止，通乎前汉后汉约四百年间的思想界，可以分为五期：即第一，为汉初的时代；第二，为武帝的时代；第三，为前汉之末哀帝平帝的时代；第四，为后汉明帝的时代；第五，为后汉之末桓帝灵帝的时代。

汉初的时代，苦于秦之虐政，遂至民不堪命，及陈胜吴广一旦发难，天下响应，豪杰并起，所谓"秦失其鹿而汉得之"，从而统一了天下的时代，因为系在受尽了非常的困苦，疲于奔命之后，故无论如何，必先加以休息，于是黄老的无为自然说，大受欢迎的事，自属当然。试举二三之例而言：当汉高祖伐秦而入关中，擒了孺子婴以后，乃与关中的父老，约法三章，即于杀人者死，伤人及盗抵罪的三个条件之外，其它一切的秦之苛政，都为之删除了。关于此点，原可认为系根据无为而化的黄老主义而来，但是却大大地得到当时的欢迎了。从而汉之统一天下的基础，即谓为基于此种约法三章，亦无不可。高祖在位八年而崩，惠帝即位。惠帝原为仁柔之人，其辅佐之臣，又为继承萧何之后的曹参与汲黯之辈，都施行着无为之政。故《史记》之中，亦记述惠帝之君臣，为无为之政。即如当时德望殊高的盖公，亦以无为之政最适于今世为言。像这样地黄老的思想流行于汉初的理由，如前所述，第一因系对于为秦之苛政所困而不堪其苦的人心，给与以慰安的；但是第二又因汉之高祖，原为沛之亭长，乃一极其微不足道的官吏，不独学问，连甚么也没有的一个木强汉而已，从而所谓简易一事，遂大合高祖的心意；且豪语着："吾得天下于马上，又何事诗书耶！"或有戴儒冠而来者，乃摘其冠而溺之，由此一事看来，亦足证明其爱好简易了。质言之，即为建国之祖的其人的人格，好尚黄老的无为之故。此等两种理由，或即为黄老思想流行的原因吧。但与此同时又有不能漠视的第三种原因，则为当战国的末期，正如韩非子的《显学篇》所云：当时显著的学说，为儒墨二者，儒于孔子之后，分为八派；墨于墨子之后，分为三派。固然儒家在思想界保有了三分天下有其二的势力，但儒家的德治说，却因与秦始皇的法治说正相反对之故，及秦统一天下，遂对于儒家加以非常的压迫，竟至焚书坑儒，因此儒家的经典人物，两俱消失，竟一时呈现非常的衰颓。至于第四的原因，则为儒家系主张所谓礼乐之政的，与黄老的无为自然，大不相同，而说以烦琐的制度文物。倘借司马迁之父司马谈的话而言，则为"儒者博而寡要，劳而少功"了。这样的学说，其不能容于戎马匆促，亟思休息的时代，自不待言。综上所述，质言之，即对于黄老流行的方面，其有两种有利的条件；对于儒家不流行的方面，具有两种不利的条件；合之而为四种原因，参伍错综其间，于是在汉初的时代，黄老之学，遂大为流行了。因此之故，虽是对于高祖鼓吹儒教，竟使其倾心于儒教了的所谓可称为汉初之儒宗的陆贾之流，而观其所著《新语》，亦仍然以政治的根本在乎无为，而说以无为为道之基。又如司马谈，其论阴阳、儒、墨、名、法、道德等六家之要旨，亦以为其他的五家，固然各有一长一短，惟独道德，即黄老之学，洵属完全无缺，而批评其为"与时迁移，应物变化，立俗施事，无所不宜，指约而操易，事少而功多"了。※刘安为混老子与方士为一者，据《汉书》淮南王传、刘向传可知。而老子乃由哲学而趋于神仙化。（汉艺文志老子列道家，神仙列方技，尚未混合）奉老子为道教始祖，始于张道陵，组成宗教仪式，亦张道陵，注重斋祠拜跪，并统辖古代一切诸神，以及金丹符箓，无一样不包括在内。乃所以对抗佛教者，（亦含政治作用，考《魏书》张鲁传可知）至于研究思想的书，除《淮南子》外，有魏伯阳《参同契》、《抱朴子内篇》三书，其本体论和自然派之老子相似，不承认有人格的天，悬一形而上的道以为出生天地万物的根本，尚有哲学意味。张道陵出，又复回到人格神方面，认宇宙本体为元始天尊了。其宇宙观：一、宇宙从无而生，二、从阴阳二气生万物，三、万物之元素惟五行。魏伯阳则主二气根于太极，是唯物的一元论，其人生思想则以人皆可长生，长生在修养，内功养性，外功养形。养性要诀在于形神气志各守其位。魏伯阳之修炼方法：一、调和精气神三宝，二、颠倒阴阳搏合五行，三、服食。葛洪又益三法：一、有信仰而勤求明师，二、行善积德，三、不必求神保佑。蒋维乔云：神秘主义之前各学派，都是讨论人生以外之事，此却是讨论人生的，把人生问题看得非常郑重。此亦中外思想进展之常例。又我国古代治病之术，一祈祷，二服食。此派绝少使用祈祷法，而极端主张用药石，炼丹长生即从此出。惜炼丹之说，太神秘化，故不能进步为化学耳。**汉代黄老学的代表者，固为淮南子；但其除主张黄老学以外，又触着种种问题，而颇有兴趣的记事，亦不在少。至与淮南子相对立，而可称为儒家之代表的董仲舒，亦说以人主宜以无为为道。而在《礼记》之中，亦有许多的黄老之说，混和其间。**※蒋维乔谓：吕不韦、刘安、王充皆自然主义之信仰者，刘、王无创见，王则著《论衡》，高唱自然之说，阴阳五行之说乃日渐消灭。

到了武帝的时代，形势乃为之一变了。自武帝嘉纳董仲舒的《贤良对策》，禁止诸子百家，专门奖励儒术以后，儒教遂一跃而占到国教的地位了。儒教之极其盛大的事，通乎古今，实以此时为第一。至于武帝奖励儒术的原因，似乎又有种种：第一，即如《贤良对策》之中，亦有"今者每师异道，每人异论，百家殊方，指意不同，以是上无以持统一，法制数变，而下不知所守"等语，可知当时各种思想，纷然杂出，因而遂迫于有统一的必要了。第二，在汉初黄老无为之教，固然大被尊崇；但就维持君主的尊严而言，却又决非适当。第三，创业以来，既已经过数世，当此国库充实之际，像武帝那样发扬国威于四方的有为之君，其不好黄老无为之教，自是当然。第四，君主在统治天下的必要上，欲能采用适当的学说，原来自以强烈地主张君主的权力宜加尊重的法家之说，为最适宜；但是又因景帝之时，采用了晁错的法治说，以致惹起吴楚七国之乱，一时发生非常的扰乱，竟完全归于失败了的苦痛的经验，故武帝之不再采用法治之说的，自属当然。第五，主张忠孝一致的儒教，在统治天下方面，实系最为合宜。君主之统一天下，维持其尊严一事，原为重大的目的；故于儒教的经典之中，说以大义名分的《春秋》，尤其是主张大一统的《春秋公羊传》，遂认为儒教之代表的经典，从而非常地受人尊敬了。第六，汉兴十有二年，即到了惠帝四年，始废挟书之律，诏示天下而求遗书；从此以后，在朝廷方面，固然非常地努力于经典的搜集，而在他一方面，如河间献王，亦非常地努力搜集了多数的经典，一般学者。亦以非常的努力，阐明训诂，整理书籍，因而殆达于完全之域了。此则因为虽欲奖励儒术，倘将其经典不加以整理，则无论如何，仍系无小法之事。第七，窦太后原为酷好黄老之学的人，却适于此时崩去，亦为武帝奖励儒术的好机会。第八，当时的宰相武安君田蚡，又为最喜儒术之人。由以上的八种理由，相待相成，于是竟使儒教占到国教的地位了。至于武帝的儒教奖励法，则系教育天下的学生，而对于能通一经以上者，补以文学掌故；其高第者，又任以郎中；此即为后世的进士考试之始。例如公孙弘以《春秋》学者，由白衣起而为天子的三公，竟至被封为平津侯，于是耸动了天下的耳目，从而所谓"获得利禄的捷径在此"之思想，遂至风靡一世了。不过当局者既以名誉与利益，奖励学生，学生亦以获得名誉与利益之故，而从事于学，故一旦考试及第，名利两得以后，则所谓儒教的精神云云，遂完全为之忘却了。惟其如此，故儒教虽一时极其盛大，但又系恰如无根之花一样的了。

第三，为前汉之末哀帝平帝的时代。当此时代，谶纬之学又发生了。谶纬云者，分而言之，则谶系所谓未来记之谓，即豫言未来之事的；纬乃对于经的名称，经为六经，纬则系做其横筋而补助经的。纬书之中，有种种迷信的记事，亦有与谶相类似的，故合而言之，谓为谶纬之学。例如当周武王欲伐纣而渡黄河之时，有白鱼飞入王之舟中；又有火飞来将止于王之军营之时，忽流为乌，于是以此等认为天命降于武王之兆。如此云云，原不过所谓英雄欺人之谈。因而稍有某种事变发生，遂认为鼓舞部下的士气之材料而已。汉代的儒者，乃竟谓此等事项，为受命之符。当武帝以有无受命之符为问之时，董仲舒即以确有受命之符相对。武帝之以有无受命之符为问的事，或者即为当时学者之间，曾有关于受命之符的议论之证据吧。而董仲舒则系认为确有的论者。据董氏说来，则以《春秋》哀公十四年，鲁人西狩获麟的事，即为孔子所受的天命之符。至于纬书之中，种种奇怪的记事，固然很多，但今则无暇一一列举。总之董仲舒之流之所谓受命之符，固不过为白鱼、朱雀、黄龙、麒麟等等出现的事；但是到了王莽恣行权势之时，遂有谶的出现了。例如在所谓武功的地方，由井户之中掘出了上圆而下方的白石，乃以上圆象天，下方象地；而书于石上的，则有"告安汉公莽为皇帝"之八字。在《汉书》中系书为符命之题，自此而始，而在《未来记》（即谶），则谓为始于王莽之时。原来此系当时的学者，为欲献媚于王莽之故，从而制作了这样的东西，自不容疑，但当时的人们，却都认为天命降于王莽了。因此王莽乃据此谶文，而为天子了。由是成为流行，种种的谶文，相继而出。但因王莽既已达到了即皇帝位的目的，故又大大地对于谶讳，采取抑压政策。即采取凡奏禀谶纬者，处之以罪的方针。虽然如此，但是一度即经发生的东西，自不能即刻地为之停止。故当所谓刘秀即位的谶文出世之时，就是刘歆那样的大学者，亦有改名为"秀"的事；而后汉之光武帝，竟依此谶文而为皇帝了。因此之故，谶纬之学，到了后汉遂愈益成为流行了。唐孔颖达于《泰誓疏》中，所以论述谶纬之学，起于汉哀帝、平帝之世的，固系根据以上的事实而言；但是后汉的荀爽则既已论述谶纬的起原，系在前汉之末，即哀、平之际的事，实见于荀悦的《申鉴俗嫌篇》。至如所谓卢生录谶文而上的事，固然见于《史记·秦本纪》，但我自己（著者）对之，却宁存疑，而置之不论。

第四，为后汉明帝的时代。据《魏书·释老志》，则佛教在明帝的永平年间，始行东来；又据《佛祖统记》，则佛教又似乎既于先秦时代，即已传来中国了。但此种说法，却是疑问。原来无论何种事物，概以渊源愈古，愈觉尊贵。因此关于佛教的传来一点，在后世所出版的资料之中，反记着从古以来即传来了。但据《释老志》所载：则有明帝梦见金人，乃遣使西域载经典于白马而归之语。假使斯言而信则所谓梦见金人云云，乃系一种口实；实则对于佛教之事，明帝一定听到何人说过，而且在入于天子之耳以前，在民间方面，一定从相当早的时期，即已普及了。当前汉武帝之时，即有张骞使于西域的事，故中国人对于佛教，一定在很早以前，即已知悉，从而到了明帝之时，始正式地成为佛教之传来的吧。但是佛教虽已传来，而其普及于一般中国人之间了的，欲又为经过了相当的年月以后之事，自不待言。质言之，即在由于布教的僧侣之热心，而许多经典的翻译，已有很多数的完成了以后。至于佛教传来以后，竟至于看到中国的大乘佛教之发达的，又不得不谓系由于中国国民的心地，相当地大为开拓，从而培植种子的准备，殆已完全成功之故。既如前述，在汉初的时代，实为黄老之学，风靡上下，极其全盛的状态。此种黄、老之学，又与发生于战国末期的神仙说，联为一气，而所谓长生不老之事，又很旺盛地被人研究了。秦之始皇，既命徐福载童男童女五百人于船，而使之求神仙不死之药于蓬莱山；汉之武帝，亦有焚烧反魂香于仿佛之间，看见李夫人之灵，或求神仙不死之药的事。此种神仙说所以勃兴的原因：第一，则为如佛教之厌弃秽土，欣求净土似地，此种欲脱离现世不快的土地，而求净土之境的希望，在骚乱之际，自系必然发生的思想。第二，秦汉之际，国家统一的大业，既经完成，别无甚么不如意的事；惟独寿命一层，虽以帝王之力，却是终于莫可如何，于是千方百计，遂有所谓长生不老的希望了。帝王既好神仙，则上之所好，下必有甚，竟至滔滔然成为风气的，自不待言。基于上述的两种原因，而神仙说遂为之勃兴起来了。至于说到其与黄老学相一致的理由，又如何呢？原来老子既以长生久视为言，又谓善摄生，则无受猛兽之害的事，无受兵刃之害的事，而成为不死之人云云，其真意所在，乃系谓由修养的结果，而与绝对无限相一致的。即所谓死而不亡者为寿之意义。到了继承老子之后的列子庄子，则说以藐姑射山之神人，不食五谷，吸风饮露而生，肌肤若冰雪，绰约若处女，而谓修养之极，吾人亦得以如此。因此神仙说与黄老学，遂很容易地联为一气了。此种所谓吾人的寿命固短，而由修养却得以成为神仙的思想，原系基于当时的人生观而来，故其根柢颇为深厚。不过黄老之学，就全体言，系以厌世思想为出发点，所谓生寄也，死归也，以及谓现世为假居的思想，随处可见；

而与佛教将人生譬诸泡沫梦幻，完全相同的思想，又由老庄学而述说着。老子庄子之流，固然由此厌世观出发但是终于达到了以死生为一之超越的人生观；惟凡俗之人，一旦归依老庄，则流为厌世观了。不过所谓神仙所谓长生不老，在事实上原为不可能之事；往往纵然服用了长生不老之药，亦不过徒伤生命而已。于是又因欲获得超越的人生观，亦不可得，从而遂陷于自暴自弃，而成为极端的快乐主义，现世主义，刹那主义了。此为通乎前后汉之一般的倾向。像这样地逢着生死的大问题，原是希求着安心立命之地，乃终于成为迷而不知所归的状态了。换句话说，当时的人心，实依黄老学而充分地为之开拓了。在后汉明帝的承平年间，佛教传来以后，遂立即以旺盛之势，得以扶植了的，实系由于此种准备早已完成之故。

第五，为后汉之末，桓帝、灵帝的时代。汉光武帝见于当王莽篡夺天下之时，一般士大夫毫无崇尚节义之念，惟以阿附迎合权力是图，乃大为愤慨，于是治国欲以儒教振作鼓舞天下之士，而着眼于养成其节义之心了。例如对于故友严子陵特加优遇，而示天下以尊崇节义，因此儒风振于一时，以至大学生数百人，结为一团，主张正论，批评当时的政治，而无所忌惮了。惟其如此，故虽到了后汉之末，桓帝灵帝之时，又有所谓党锢之祸发生；当其首领李膺、陈蕃等以下数百人，一朝被杀或被黜之际，而趋仁蹈义，舍命不顾者，实不在少。不过因此党锢，而节义之士被杀以后，一般人们遂都以苟全性命于乱世为务，而士风又为之一变了。

要而言之，汉代的思想界，固系儒、道、法三家的思想，迭为消长但是到了汉末，却表示着儒教衰微，老庄学归于盛大之势。

第五章　魏晋时代

※蒋维乔云："七贤本来没有思想可说，只因想避世乱，藉老、庄、《易经》掩饰以逃避当时注意。在谈论上往往把当时流行的佛家眼光——空宗——去解释老庄，但是又不是佛家思想的方式，而是另外一种非道非佛的玄学思想，大部分和杨朱相同。但他们却由适性做立场，再染以万物皆空的唯心色素，主张唯我的肯定——或称唯感觉——反对宇宙有绝对独立存在之真理（和希腊诡辩学派相同），如郭象注《庄子》二虫何知一段，即违反庄子原来主张客观界有绝对真理独立存在之道理，同时又不主张唯心，而只求适自性，与道佛皆异趣，故支道林就批评郭注《庄子》不彻底（而认为所以无大小之分，是心无大小之分之故，则完全佛家的话了）其人生观，放旷似庄子，而并没有达到超人思想，知人生之无常，而又没有佛家的出世思想，故如《酒德颂》等，虽似旷达，而并不是在修养方面用功，不过靠酒力以成之，或仅是一种口头禅作为清谈之资料。其养生，既不是杨朱顺人欲的自然，追求美和乐，又不完全似老庄的清静无为，而兼采神仙服食法，完全拿快乐长寿为最后目的，此荒唐的快乐思想，侵入我国诗人思想中，变为热情的快

乐思想，陶潜、李白、白居易、三人皆此思想之信仰者。"

有云："南朝时代，因江南学术思想及物质环境优越，学术思想乃再繁兴，以老、庄、易之哲理，经义，佛典为其研究内容，而精微阐扬，不可磨灭。其它如文学，美术、书法亦甚发展。至于清谈玄想并非空谈，南朝专门之学如医、律、算等，得玄想之助非常深邃。《太炎文录》《五朝学篇》云："五朝所以不竞，由任世贵，又以言貌取人，不在玄学。"

魏曹操之占有冀州也，再三下令，而以"纵负污辱之名，非笑之行，不仁不孝，但有治国用兵之术者，登庸之"为言，因此天下之士，对于墨守节义者，遂认为旧敝固陋，而加以冷评了。当魏晋之际，如所谓竹林七贤者，实可谓为时代精神之权化。竹林七贤云者，为阮籍、山涛、稽康、向秀、刘伶、阮咸、王戎等七人。由彼等所描于画，所咏于诗的看来，固能想像其为风流闲雅，宛如神仙。但大体上，倘将彼等的性格，列举起来，则第一为嗜酒。例如阮籍嗜酒，常饮二斗；山涛饮酒，八斗方醉；刘伶一饮至于一斛五斗，且作《酒德颂》一文。第二为弹琴。例如阮籍能啸善弹琴；阮咸妙解音律，善弹琵琶。第三为忘形骸。例如阮籍当得意之时，忽忘形骸，时人多谓之痴；刘伶常乘鹿车，携一壶酒，使人荷锄以随，而曰：若死，便埋我！此种行为，固亦可谓为炫示超脱之处，总之却系忘其形骸了。第四为不拘礼教。例如阮籍当临终之时，与人围棋，及闻母殁，与之对弈者原欲中止，而他却强留之，以决胜负，且饮酒二斗；又当葬式之际，食肉而饮二斗之酒。他又善为青白眼，看到礼俗之士，则以白眼对之；对于臭味相投之人，则以青眼相加；因此礼俗之士，遂嫉之如仇雠了。至于王戎之流，居母之丧不拘礼制，饮酒食肉，或观弈棋。要之此七贤者，都系排斥世俗之形式的道德，放任性的自然，恬淡无欲，而以超然物外为学的。

七贤之徒，所以至于出此行为之哲学的根据，不待言，自为老庄的思想。阮籍、山涛、稽康、向秀等，都好老庄之学。阮籍著有《达庄论》、《大人先生传》。尤其在《大人先生传》中，痛骂世之所谓君子，谓为"无异于虱之处于裈中，"即为其以白眼看世人的地方。刘伶著《酒德颂》示以超然物外之趣。向秀为《庄子》，《隐解》，而发明奇趣，振起玄风，读之者为之超然心悟。然则彼等果系以如上的行为视为正当的么？是又不然。阮籍尝有戒其子浑的事。据本传：子浑，字长成，有父风，少慕通达，不饬小节，籍谓之曰：仲容既与吾流，汝不得复尔。云云。仲容为其兄之子，即阮咸，为竹林七贤之一。又如山涛批评王衍，而谓"何物老姬，生此宁馨儿！误天下苍生者，未必非此人也。"云云。王衍终日以清谈为事，耸动一世到了后来，果为对于晋之天下，招致大害，其自身亦为被石勒所杀之人了。试由竹林七贤的两大首领之言以观，则似乎决不以如上的行为为是的了。而王衍当临死之际，亦颇后悔前非。盖人性本善，彼等固不认此为善良的行为，乃系矫揉造作，反乎本性了的。至如阮籍居母之丧，虽然饮酒食肉；但一旦发声号泣起来，则又吐血数升，哀毁骨立，殆将灭性。由此看来，实系勉强掩人耳目，而假装磊落的；其内心的悲苦，实系更一层地激甚了。

然则又有何种必要而出以如此行为呢？此则由于所谓苟全性命于乱世之故了。例如阮籍原有济世之志，但当魏晋之际，政局缺少安定，名士而全其身者甚少；因此籍乃避于世事而隐于酒了。当晋之文帝欲为其子武帝订娶其女之时，籍念与武帝订结婚姻，则恐有背于魏，拒绝婚姻，则又恐招当时有势力者之怨，而畏祸之及身；于是泥醉六十日，因不得言，而其事遂寝。又如山涛亦为避曹爽之难，而全其身的一人。王戎之流，则以生当晋室方乱之际，慕蘧伯玉之为人，与时浮沉，曾不为侃侃谔谔之言。至如嵇康因被当时的权臣钟会所陷，遂为晋文帝所杀了。其子嵇绍，当文帝之子武帝即位之际，隐居而不欲仕之时，山涛劝其出仕，彼乃曰："虽天地四时，犹有消息，况于人乎？"云云，当时后人传诵，而称为名言。凡此种种，彼等之所由这样地不顾败义伤名，而仅思以全其身的事，大可推知了。

※嘉庆十七年，桐城方维甸校刊《抱朴子内篇》序云："道家宗旨，清净冲虚而已，其弊或流为权谋，或流为放诞，无所谓金丹仙药，黄白玄素，吐纳导引禁咒符箓之术也。秦汉方士，绝不附会老子，即依托黄帝，亦非道家之说。汉志以黄帝诸篇，分属道家神仙，盖本七略，七略又本于别录。刘子政固诵习鸿宝，笃信神仙者，而典校，秘书，仍别方伎于诸子之外，不相淆也。东汉之季，恒帝好神仙，祠老子，张陵之子衡，使人为祭酒，主以老子五千文都习，神仙之附会道家，实昉于此。抱朴子内篇，古之神仙家言也，虽自以内篇属之道家，然所举仙经神符二百八十二种，绝无道家诸子，且谓老子之泛论较略，庄子、文子、关尹喜之徒，祖述黄老，永无至言，去神仙千亿里。寻其旨趣，与道家判然不同。又后世学仙者，奉魏伯阳为正宗，是书偶及伯阳，内篇之中，并无一语称述，惟神仙传中言参同契假爻象以说作丹之意而已，是稚川之学，匪特与道家异，并与后世神仙家无几微之合。余尝谓汉之仙术，元与黄老分途。魏晋之世，玄言日盛，经术多歧，道家自诡于儒，神仙遂溷于道，然第借假其名，不易其实也，迨及宋元，乃缘参同炉火而言内丹，炼养阴阳，混合元气，斥服食胎息为小道，金石符箓为傍门，黄白玄素为邪术，惟以性命交修为谷神不死，羽化登真之诀。其说旁涉禅宗，兼附易理，袭微重妙，且欲併儒释而一之，自是而汉晋相传神仙之说，尽变无余，名实交溷矣。然则葛氏之书，墨守师传，不矜妙悟，譬之儒者说经，其神仙家之汉学乎？"按：称葛为神仙家之汉学甚当，故该书外篇虽自托于儒而实非儒，其说理处亦无可取。

※《颜氏家训·勉学篇》云："何晏王弼，祖述元宗，递相夸尚，景附草靡，皆以农黄之化，在乎己身，周孔之业，弃之度外，而平叔以党曹爽见诛，触死权之网也。辅嗣以多笑人被疾，陷

好胜之阱也。山巨源以蓄积取讥，背多藏厚亡之文也。夏侯元以才望被戮，无支离拥肿之鉴也。苟奉倩丧妻，神伤而卒，非鼓盆之情也。王夷甫悼子，悲不自胜，异东门之达也。嵇叔夜排俗取祸，岂和光同尘之流也。郭子元以倾动专势，宁后身外己之风也。阮嗣宗沉酒荒迷，乖畏途相诫之譬也。谢幼舆赃贿黜削，违弃其馀鱼之旨也。彼诸人者，并其领袖元宗所归，其余枉楛尘滓之中，颠仆名利之下者，岂可备言乎？直取其清谈雅论，辞锋理窟，剖元析微，妙得入神，宾主往复，娱心悦耳，然而济世成俗，终非急务。洎于梁世，兹风复阐《老》、《庄》、《周易》，总谓三元。武皇、简文，躬自讲论，周宏正奉赞大猷，化行都邑，学徒千余，实为盛美，引帝在江荆间，复所爱习，故置学生，亲为教授。(又《涉务》篇云：举世怨梁武父子，爱小人而疏士大夫，……梁世士大夫，皆尚褒衣博带，大冠高履，出则车舆，入则扶持，郊郭之内，无乘马者。周宏正为宣城王所爱，给一梁下马，常服御之，举朝以为放达。至乃尚马郎乘马，则纠劾之，及侯景之乱，肤脆骨柔，不堪行步，体羸气弱，不耐寒暑，坐死仓猝者，往往而然。建康令王复，性既儒雅，未尝乘骑，见马嘶歕陆梁，莫不震慑，乃谓人曰：正是虎，何故名为马乎？)——梁亡之原在此。颜黄门博达识理体，其言可取。《归心篇》所言更为尽理，如：缺行之臣，犹求禄位，毁禁之僧，何惭供养乎？其于戒行，自当有犯，一披法服，已堕僧数，岁中所计，斋讲诵持，比诸白衣，犹不啻山海也。内教多途，出家自是其一法耳。若能诚孝在心，仁惠为本，不必剃落须发，岂令罄井田而起塔庙，穷编户以为僧尼也，皆由为政不能节之，遂使非法之寺，妨民稼穑，无业之僧，失国赋算，非大觉之本旨也。至若释夸诞所提出宇宙内之种种问题，又较天问为具体。

第六章　六朝时代

继竹林七贤之后，而具有同样的倾向的人士，实不在少。例如阮籍之子浑，从子修，阮咸之子赡，王戎之从弟衍，以及被称为四友的王澄、王敦、庾凯、胡母辅之，和被称为兖州之八伯的阮放、郗鉴、胡母辅之、卜壶、蔡谟、阮孚、刘绥、羊曼等等，都是。彼等皆以清谈为事，不曾稍顾世务；而且当时的人士，反推赏之为高洁，为风雅，故天下之乱，实不得不谓为当然之事了。

于是晋遂灭而东迁，中原地方，用听任夷狄的蹂躏，由此以后，天下分为南北两朝。北朝为魏、齐、周相传；南朝为晋、宋、齐、梁、陈、隋、相传。故称此时代为六朝。南朝与北朝，其好尚虽有几分的差异；但是佛教渐次归于盛大，道教与佛教互相竞争，道教的组织即渐次归于完成，同时佛教亦达到极其全盛的事，却系南朝与北朝共同类似之点。道教原为后汉的张道陵所始倡的；居于蜀之鹤鸣山而作道书，而以自称遇着老子而授以秘书，借以惑乱愚民为开始。凡为弟子而受道者，又对于乞求治疗的病人，使之出五斗米，故又谓之五斗米道。到了张道陵之孙鲁，竟称王于汉中，后为曹操所灭。至其子盛，始居于江西的龙虎山，其子孙遂永远地称为张天师了。此外别有葛洪仙以下数十家，曾为道家的研究。但是到了北魏的寇谦之，梁之陶景弘等，由佛教的教理组织，得到暗示，遂完成道教的组织了。※蒋维乔云："中国思想在佛教未来之前，并不是惟心，也不是惟物，是心物浑沦而偏于物。自然主义派思想，普遍都认为唯心，然而仔细审核乃偏于物的。从先秦到魏晋，因佛之影响变了性质，但非心非物更非心物浑沦论，由宋至明，中国思想渐就唯心，但还是唯理，不是一切唯心造之唯心。"

佛教系于汉明帝的永平年间传来的事，既如前述。但是又依渡来的布教僧侣之热心的努力，经典亦渐次翻译出来，中国人之归依于此者，亦逐渐加多。到了晋的时代，慧远的白莲社，遂极一时的盛况。由是次第发达，竟至如天台、华严、禅宗等那样的大乘佛教，亦为之兴起了。

道教与佛教，因互相接触之故，其间又发生争论。佛教徒既谓老子为释迦的弟子，而道教徒又称释迦为老子的替生。当时争论的大要，固见于《弘明集》，《广弘明集》等书；但吾人所宜注意者，则为此二书的编纂，都系成于佛教徒之手的一事。倘使道教徒方面，亦有此种书籍的编纂，则所谓佛老优劣论之中，或者又当有较今稍为不同的记事存在着吧。据《南史》所载：

"周敬王元年，老子骑青牛入关，之天竺维卫国，国王夫人名曰净妙，老子因其昼寝，乘日精入净妙口中。翌年四月八日夜半，剖右腋而生，坠地即行七步，于是佛道兴焉"。

或者此即为老子《化胡经》的要领吧。佛教徒对之，乃加以辩驳，以为佛之诞生，系在老子以前，而谓老子实无可以成佛的理由。到了唐高宗的统章元年，遂使僧侣与道士，会于百福殿，而使其辨正老子《化胡经》的真伪。僧明法曰：

"老子化胡成佛之时，用华言化导乎？用胡语化导乎？若为华言，则胡人无从索解，自必使用胡语；果为胡语，则此《化胡经》，又于何朝何代而为何人翻译乎？"

而道士方面，对此加以答辩的竟无一人；于是使之焚烧《化胡经》了。此事见于《续文献通考》。此固为唐高宗时代的一段故事，但对于南北朝时代的争论之一端，或亦可为仿佛之一助吧。

南北朝时代的儒者，继承汉儒的训诂之学，埋头于经典的解释；对于汉儒的注释，更热中于制作义疏了。或者系从道教的流行，杂以道家之说而解释经典；或者则从佛教的流行，混以佛教之说而解释经典。但是儒者却与道佛二家，并无特别的冲突，此则又系何故呢？原来道教与佛教，同为宗教，都关系于信仰问题。故信仰道教者，必排佛教；信仰佛教者，又排道教。其互相冲突的事，自然很多。至于儒教，则与其它的二教不同。因系关系于道德政治方面的，故在利害关系上，别无冲突之事。信仰道教者，既不舍弃儒教，信仰佛教者，亦不排斥儒教。宋仁宗之所谓"以佛治心，以儒治国"的说法，岂非即为说述其间之消息的吗？

第七章　唐代的思想

到了唐代，佛教愈益盛大；起于六朝的三论、天台、禅等宗派之外，又有华严、密、法相等宗派加入了。道教则以其开祖老子与唐朝的天子同姓之故，固然颇受其保护；但是到底终不及佛教之盛大。当时的士大夫，殆在无不学佛的状态，因而诗人文士学者等，亦大半崇信佛教。

先是儒、道、佛三教合一论，又依南齐的顾欢，隋之王通等而主张了。顾欢著《夷夏论》，而谓："五帝三王，不闻有佛；国师道士，无过老庄；儒林之宗，孰出周孔。"但又论断孔老即佛。至于王通，始则谓佛固为金人，但其教为西方之教，本可用于中国；又谓三教并之，政恶多门，似乎具有排斥佛教之意。但是后来因读《洪范谠议》，却又谓"三教于是乎可一矣"了。及有门人询问其意者，则答以"使民不倦"云云。此外北齐的颜之推所作家训之中，有谓"内外两教，本为一体，渐极为异，深浅不同；内典初门，设五种禁，外典仁义礼智信，皆与之符；仁者不杀之禁也，义者不盗之禁也，礼者不邪之禁也，智者不淫之禁也，信者不妄之禁也。"云云，而论断儒佛之为一致。及至唐代，佛教之极其盛大的事，已为上述。柳子厚曾明白地主张三教合一之说，其在《送元十八山人南游序》之中，并谓老子亦为孔子的异流，释氏固为学者之所怪骇舛逆，要之与孔子同道。其时韩退之以明道为己任，欲仿孟子之辟杨墨、而排斥佛老，乃著《原道》，阐明儒教的道德仁义，说明其所以排斥佛老之故。又当宪宗迎佛骨于宫中之际，奉上一表，主张烧佛骨以解天下之惑，实给与了后世以不少的影响。例如宋之欧阳修的《本论》，即系被《原道》的精神所刺激而作的；释契嵩的《辅教篇》，乃为反驳《原道》而作的。而且韩退之又看到柳子厚的《送元十八山人南游序》之不斥浮屠，又托陇西的李生础而责子厚了。子厚则于《送僧浩初序》之中，申述佛氏所以不可排斥之故，而谓："浮屠语有不可斥者，往往与《易》、《论语》合，诚乐之；其于性情，爽然不与孔子异道。"又谓："而斥焉以夷，非所谓去名求实者矣；……退之所罪者，其迹也，曰：髡而缁无夫妇父子，不为耕农蚕桑，而活于人；若是虽吾亦不乐也；退之怒其外，而遗其中，是知石而不知韫玉也。"云云。复次：到了韩退之的门人李翱，又作《复性书》三篇，而倡复性灭情之说。但宋之欧阳修乃对之加以批评，谓为不过《中庸》之义疏，而为无用之长物。虽然如此，总之《复性书》，即或怎样地无异于《中庸》的义疏，但是他之使性情两相对立，以性为定静不动，以情为本无邪妄，无虑无思，而灭情以复本性之清明为说的，却系本于佛教的真如无明之说而来。质言之，他之所说，系以佛教的精神，而解释儒教之经典的，正可谓为宋学之先驱了。

原来唐之文化，系感受了六朝浮华之风，殊有尊诗文而轻经学的倾向。因此之故，诗人文学者方面，虽然名家辈出；但是经学家方面的人物，却比较地为少。当唐朝之初，天子以南北朝经学之有异同，而欲加以统一之故，固然命孔颖达等编纂了《五经正义》，但其结果，一方面对于学者的研究上，固有很多的便宜；而同时却因并无博涉典籍的必要之故，反招致了学术的沉滞了。玄宗的《御注孝经》，固可认为与《五经正义勅选》为同样的精神之表现；但由他面说来，则又可认为古典批判的精神之表现。因此之故，果然到了天宝年代，李鼎祚、啖助约略同时而出。李著《周易集解》，啖著《春秋例统》，都不依据《五经正义》，而各为一家之言。尤其在啖助之门，又有赵匡、陆惇等，出而鼓吹其说，以开宋代的春秋学之端绪。

要而言之，唐代的思想界，殆为佛教所支配；固然道教亦有相当的势力，但是儒教却达于萎靡不振的极端了。惟李鼎祚，啖助等，对于经典开启了批判的研究之端绪，以及李翱将佛教的研究法，应用于经典的两点，实系酿成次之时代的儒教勃兴之机运的。

※蒋维乔云："诗之唯天之命于穆不已""天生蒸民，有物有则；民之秉彝，好是懿德"易之"穷理尽性，以至于命"，大学之"明明德"，孟子"存心养性"，即理性派思想之纲领。汉以前，儒家一贯地用综合方法研究学问，说起话起浑圆模棱，故不能发现新思想。宋代学者应用佛家的分析法，才能有新的发见，自来学者以为佛学和理学根本上有深切的关系，实则只是方法上表面的类似，根本上一是世间法，一是出世间法，如水火之不相容。至于理学家受道家的熏染，也不在根本思想，而在对己和处世的态度，故亦主洁身自爱，与世无争。至于程朱，陆王两派，或以为程朱唯理，陆王唯心，实则彼此都是唯理，所不同在方法。程朱归纳，主先向外研事物之理，然后向内发明吾心之理。陆王反是，故其方法是演绎的。《传习录》卷下云："吾说与晦庵时有不同者，为入门下手处，有毫厘千里之分，不得不辩，然吾心与晦庵之心，未尝异。"

第八章　宋代哲学

汉魏之际，黄老流行，六朝至唐，佛教又极全盛；及至宋代，儒教乃蔚然勃兴了。不过宋代的儒学之为汲孔孟之流的事，固不待言；但是与原始儒教，即孔孟之教，颇异其趣的事，却为天下的定论。关于果由何故而至于看到具有特色的宋代哲学之勃兴的一点，则其如下所述的各种原因。

第一，为对于儒教经典之批评的研究之勃兴。固然依唐之李鼎祚、啖助等而传统的解释以外之研究，为之发表，新学的机运，藉以兴起了的事，既如前章所述；但是宋之孙明复，又根据啖助之说而著《春秋尊王发微》，立一家之见。而且他又说不独《春秋》，即在诵读一切的经书，都不可仅依古来的解释。至于欧阳修，从一面说来，则为历史家，为考古学之创立者；因此，遂自然地成为当时的批评的研究之先驱者。其著《诗本义》，则对于《毛诗》的序文而插疑义；其著《春秋论》三篇，则订正《春秋三件》之误；其著《易童子问》及《易或问》，则论断《十翼》非孔子所作。这样的批评的研究之勃兴，遂给与儒教以活气了。

第二，为儒教研究的态度，归于著实。汉代以来，朝廷励奖儒教，都有以名利诱惑学生之风；由六朝以至唐代，因崇尚浮华，专门奖励诗文之故，学生又有疏于经学的研究之倾向。但是自与孙明复同时的胡安定为湖州的教授，而以经义治事二者指导学生，藉以养成器局疏通，处理实务之士，后来天子又登庸胡氏，使之采取其法，推行大学教育以后，天下的学风，遂为之一变，以至完全归于着实了。

第三，为儒与道的融和。自汉以后，因老庄学的盛行，同时汉代的学者如陆贾、董仲舒之流，虽为儒家的代表者，却仍是混同儒教与道教的形势。《礼记》固为五经之一，但因辑纂于汉代之故，混入老庄思想的地方，殊不在少。至于魏之王弼的《易注》，河晏的《论语注》，其间混入了老庄的思想，尤为周知的事实。盖儒道的融和，在宋以前，固系早经普行了的。

第四，为佛教的影响。佛教之由六朝迄唐而极其全盛了的事，既述如前。又因其高妙的实相论，精密的性理说，较之古来之说，遥为优胜之故，遂至苟为有志于学的人，都必从事于佛教的研究了。因此，佛教对于宋代哲学，遂给与了两种影响：其一，在积极的方面，佛教的教理，被其采用而可称为其先驱的，即为前章所述之李翱。其二，在消极的方面，刺激儒者之对抗的精神，遂谓佛教之所说，亦为我儒教古来所既已论述的了。

以上所述的四个条件，实为宋代哲学勃兴的原因；就中尤以佛教的影响，不得不认为最大的原因。

宋代最重要的哲学者，为濂、洛、关、闽。原来所谓濂、洛、关、闽者，都系各哲学者出身地之名。濂为周濂溪，洛为程明道、程伊川两昆弟，关为张横渠，闽为朱晦庵。由其年龄而言，则以周子为最长，生于真宗的天僖元年；张子较周子小三岁；明道与伊川，彼此虽仅差一岁，但明道较之张子则小十二岁。此四人都为北宋之人；而朱子则为南宋之人，于明道之殁后四十五年而生。就学问方面而言，周子为宋学的开祖，张、程继承其业，及至朱子乃从而大成了。

宋儒为欲对抗佛教，而求其根据于儒教的经典之结果，遂得之于《周易》、《礼记》、《论语》及《孟子》了。见于《易》的性命之说，所谓穷理尽性，以至于命，所谓成性存存，道义之门，所谓太极说，见于《礼记》的所谓天理人欲，尤其如《中庸》及《大学》，在以儒教对抗佛教之上，实与《论语》、《孟子》同样地大加重视了的，更不容疑。盖见于《中庸》的哲理，比之佛教，并无何等逊色；而见于《大学》的治国平天下之论，在认为儒教的特色而高调着其与佛教大异其趣之上，更是极为适当了。因此之故，从二程子以至朱子，遂将《礼记》中的《大学》、《中庸》二篇，与《论语》、《孟子》并例，以至于称为《四书》了。从而《四书》的称谓，实以《大学》、《论语》、《孟子》、《中庸》挨次排置，为正当的顺序。

周子著《太极图》说，以无极而太极，为宇宙的本体，由是而为阴阳的两仪，而为水火金木土的五行，从而说以生生万物，且树立其主静慎独之伦理说。通乎宋儒而有寂静之倾向的，都系本于周子的主静说而然。关于此点，或者正可谓为道教和禅学的影响吧。复次：在张子之说之中，又以人性分为天地之性与气质之性二者，从而述着变化气质，而矫其偏归于本之时，则谓之天地之性；此又为后来伊川和朱子的本然气质论之张本。伊川的理气二元论，因可比之于西洋的物心二元论；但就其所说，系以理为形而上，为实在，以气为形而下，为现象，从而吾人之心，亦配当于理气二元，分为人心道心的二者，性亦分为本然气质的二者，至于朱子，其博览多闻，固然旷乎古今，但就学说而言，却不过系综合周张程诸子，而为宋学之大成者而已；故谓其并无特别新的意见，亦无不可。惟于此须注意者，即在宋代的哲学，固然关系于种种方面，但为其重要的，却为如上所述的理气心性之问题。此则系与原始儒教异趣的主要点之一。

从宋儒说来，吾人之欲学为圣人，换言之，即吾人的修养法，不可不由内外两方面着手。例如张子，则说以内宜虚心，外宜从礼；明道则说以敬以直内，义以方外。虚与敬，其内容似无大差；但是虚系老庄的常套语，敬为儒家的惯用词，从而后之学者，都不用虚而用敬之一字了。礼者固然既为孔子之所谓博文约礼，或克性复礼之礼；但一说到礼，则如戒律或规范似地，稍稍带有他律的色彩；一说到义，则为自己所信为正义之意，似乎带有自律的色彩。关于礼的意义，尚希读者参照后篇所述。至于伊川，则说以涵养须用敬，进学在致知。朱子之所谓居敬穷理，其造语虽与伊川相异，但其内容，却全然相同。在内面的尊崇敬的一事，明道与伊川，固然相同，但在外面的，则明道崇义，伊川重经验的知识，又不得不谓为少异了。朱子的穷理，与伊川的致知，完全相同；

而陆象山之所谓先立乎其大者，又有近于明道之处。所谓大者小者云云，原系孟子之语。而大者正为康德之所谓理性。小者正为康德之所谓感性。先确立其大者，依其指导而从事，则小者自不能夺了。换句话说，即从理性的统制，则感性自无陷吾人于恶的事了。象山所说，虽有千言万语，却可要约之于此"先立乎其大者"的一语之中。朱子之说，倘借《中庸》的话来说，则一面并用着尊德性与道问学之二法，而又有置重于道问学的倾向；至于象山，却系专主尊德性一面的。象山之说，正各禅学之所谓顿悟；朱子的居敬穷理之说，则如禅学之所谓渐吾。此为朱陆二子的重大差异之点。象山与朱子同为南宋之人，后于朱子九年而生。由其学说方面而言，系与明之王阳明并称，而谓陆王之学以为常。至于宋学的要旨，则具备于朱子与其友人吕东莱共同编纂的《近思录》一书之中。

※蒋维乔云："张子立太和为宇宙根源，生出理以及神与气，由气之凝聚生万物，由神之清通开发人知，此与周子之说大致相同。惟周之所谓气，是抽象的，这是因为他以无极形容太极之故，由气生成万物，先要经过"变合"而成五气，再由五气之顺布，才能四时行，百物生。张之气，完全实有的，即空中大气，由气生为物，只须凝聚一番就是。（《张子正蒙太和篇》）。故周张之本体论皆一元的。二程并不认气与理是从一种东西所生，只认为理气互为助长，相混不离，万物形成，不可缺理（其专名为中），亦少不了气，故是理气二面论，《程遗书·二先生语》六云："立清虚一大为万物之源，恐未安，须兼清浊虚实乃可言"即评张子者，至理气之功用。理是使万物所以为万物，以及万物各得其当的道理，气则是生成万物的形质，其言曰："万物之始皆气化之气，既化后更不化，便以种生去。"（《伊川语》五、四），惟张子认气由太和所生，气的自身本质，就是太虚，程则以为人气由真元之气所生，天之气自然而生。故张以为气自太和分散出来以后，只有聚散没有生灭。气的变化聚散乃是一种客形。程则以为气有生灭。（考《伊川语》卷一）"。

程子云："有理则有气，从则字上可见理气是互立的，先互立而后对立，故是二面论。朱子云："天地之间有理有气"（《朱全书》卷四九），中间少一则字，故是对立的，故称之曰理气二元论。但虽对立，彼此却不互相抵拒，常相依附，故结果还是互立。如云："所谓理气，决是二物，但在物上看，则二物浑论不可分开…理与气本无先后可言，然必欲推其所从来，则须说先有是理，然理又非别为一理，即存乎是气之中，无气，理亦无挂搭处。"（《朱语类》卷一）

邵子偏于现象之讨论，应属于宇宙观内，虽亦以理为物之本体，如曰：天下之物莫不有理，但无特创之见。这派的"人生观"和宇宙观同出一辙。宇宙观是唯生的，人生观也是唯生的，这与孔子之人生观不大相同。孔子在人生观中注重人字，此派注重生字，就是注重人、我、物生命的延长，不要轻自毁灭，故这派的人定出一种规律，为宇宙人生之实践道德，即仁。仁本涵生之意义，于是直截了当就说仁就是生。《通书》顺化云："生仁也"，《传习录》中云："仁者造化生生不息之理"。故为求唯生观之实现，乃主张求仁。同时《正蒙》、《大易》、《二先生语》皆以仁为万善之统体，至于实行的主要关键，在乎以万物为一体，就是视天下为一家，视中国为一人，使万物各得其生，而为仁的主要功夫。一言以蔽之曰："公"，去私乃亦为求仁之功夫。总结此派之人生观，其唯生不是以个人主义为基础，乃是以伦理做基础，即生之范围，不应限于一己之身，要从自身推广到和我们同体之全部人物方面去，而谋社会的生，反之即为个人主义，自私自利的。

关于认识的发生，程朱没有谈到，只有阳明申述得明白，有与荀子及佛家相同之主张，即知识发生要经过根尘接触，以及心的辩证之过程。但王说尘之明暗，随根尘接触与否而表出，并没有说尘之有无，随本质而变化，凭这一点，所以不可说王是唯心论者。（此因《传习录》卷下论花而来）。至于知识之种类，程朱分二：一深知即真知，二浅知即常知。王亦分二：一凡能行者为真知，二不能行者假知。因此程、朱、陆主先知后行与知难之说。王主知行并进和知行合一。

第九章 明儒之学

明代的学问，固然由刘基、宋濂开始；但是从哲学的立场以观，则刘宋之所说，却无特别可以论述之处。燕王起兵弑惠帝而即位，谓之世祖文皇帝，时则有明一代的大儒方孝孺殉节而死，其门人等，亦多有殉之者。因此，所谓读书的种子，几为之告绝；其残留着的，仅为二三流之辈而已。惟其如此，故世祖之时所勅撰的《四书五经大全》，亦自然有瑜不掩瑕之评了。明代的学术之所以久不振兴，实以在国初杀方孝孺的一事，为最大的原因。固然亦有如薛敬轩的《读书录》，胡敬斋的《居业录》之类的大有可观的著书，但大体上，不过为宋儒之学的注释罢了。及至吴康斋与其门人陈白沙者出，遂开所谓与宋学异趣的明儒之学之端了。吴康斋原为人格方面的人物，别无著述流传。陈白沙又专以静坐为事，例如所谓惺惺、调息、定力、完全与禅学中之座禅、惺惺、数息、禅定相类似。故在当时，即有批评白沙为禅学者。虽然白沙曾加以种种辩解，但是确为感受了禅学的影响，又殊不能讳言。

继之而起的，即为王阳明。明儒之学，到了王阳明，遂告大成了。原来朱子之学，系以居敬穷理为主，而说以一面须以敬涵养精神，同时又须广为研究事物之理的。故其流弊所及，失之支离，容或有之；偏于固陋，尚不至此。至于明代的朱子学派，则陷于支离而且固陋了。盖彼等固然专一说述穷理，但在实际方面，却仅仅研究《近思录或问》等书而已；并无广为涉猎经典的事。至其证据，则为当阳明反对朱子的《大学章句》本而刊行古本《大学》之际，当时的学者，竟于朱子的《大学章句》之外，并不知别有古本的一事。由此看来，彼等之为如何的固陋，自然可推而知了。而且彼等虽然专说居敬，但是反省于心的事，又绝未做过。因此之故，阳明遂为其反动而兴起了。从而阳明乃以象山的心即理之说为基础，以致良知相标榜，而说以知行合一了。

阳明的学说，具备于《传习录》一书。兹于此处，仅将其致良知说的要领，简单地加以叙述而已。良知云者，固为先天的良知之意；但是系由吾人之心的虚灵明觉的地方，而名之的。故良知实即为心之本体。惟此处之所谓本体，又毋宁系可以了解其实质或内容之意义的，所谓"心即理也。"我心既为宇宙的实在，故为心之实质的良知，自不得不谓其即为宇宙的实在了。换句话说，即阳明系以良知一语而名实在的，亦即良知不仅为吾人之心的实质，又实为宇宙的实在自身；良知为一切万物之本，一切万物则为良知的表现。此较之孟子所谓人之所不虑而知的良知，实尤为博大，尤为哲学的。

吾人之心的本体（即内容）固为这样伟大的良知；但是吾人同时又具有肉体，常因气质之偏，而蔽于私欲不能纯乎天理，此则致良知之所以为必要了。而且致良知云者，又非仅为知悉吾人所固有的良知，究为如何的性质而已；乃系真正地得以知悉的一事。质言之，即系将得以知悉了的，完全地加以实行。加以体验的一事。此为阳明之所由强烈地主张知行合一说的缘故。而且此又为与朱子的先知后行说所不同之处。朱子惟其为先知后行说，故以格物致知为言，即广为穷格事物之理，推究知识，然后诚意正心的事，亦能达到了。阳明惟其为知行合一说，故非常地注重实行。因此，他又将物解为意之所在；而谓意在事亲，则事亲为一物；意在事君，则事君为一物。又谓凡对于意之所在之物，而正其不正者，谓之格物。例如欲奉养亲为意，奉养亲之事为物，知奉养之道为知，完全奉养之而无遗憾，则谓之格物，而同时又可谓为致知，亦可谓为意诚了。即从阳明说来，格物致知诚意三者，不过系将同样的事项，表以差异的言词罢了。因此，阳明遂将朱子之注重格物致知，而代以注重诚意了。

宋代的儒者，一般都具有寂静的倾向之一点，既经略述于前；及至象山的门人杨慈湖乃竟主张不起意之教了。此则纯系所谓形如槁木，心如死灰的道佛之教。原来吾人之类，在生活的期间以内，则有意念之迭起，外则有外物的交互刺激；而所谓全然不起意云云，实为到底不可能之事。此为阳明的诚意说所由发生之故。盖所谓不禁止意念的兴趣，而禁止妄念妄想的兴趣，即为诚意说。而且仅注意于此一念所由起之处，而常使诚之的方法，正系由朱子对于《中庸》的慎独之解释：所谓独者，人所不知而已所独知之地脱化而来，亦为吾人所宜注意之点。

阳明又谓圣人之学，为心学。从而心学一语，盖本于此。宋代的儒者，固然不曾明白地用过所谓心学一语；但是有将圣人之学认为心学的思想，却又充分地得以认知。例如对于《书经·大禹谟》的"人心惟危，道心惟微，惟精惟一，元孰厥中"之四句十六字，竟称之为虞廷的传心诀，而朱子且申论之曰："尧舜禹天下之大圣，以天下相传，天下之大事，以天下之大圣，行天下之大事，其授受之际所丁宁告诫者，不过如此，则天下之理，无加于此者矣。"且于吾人修养之法，又辨明孰为本乎性命之正的道心，孰为本乎形气之私的人心，而谓"常须守其本心之正而不失"云云。由此看来，则虽谓宋儒亦为心学亦无不可了。

第十章 清代的思想

清代的学问，系依明之遗臣孙奇逢、黄宗羲、顾炎武、李颙、王夫之等五人，开其端绪。孙奇逢、黄宗羲以阳明学为主；顾炎武、王夫之以宋学为主，而同时又都兼治汉唐训诂之学。至于李颙的改过日新之说则颇富于耶稣教的色彩。尤其是黄宗羲、顾炎武二人，实可称为开辟了清代的考证学之人。继之而起的阎若璩、胡渭二人，固然都被推为清代考证学之祖；但迄今至康熙时代为止，朝廷方面，乃在所谓尊崇宋学，折衷汉学的情状之下。及至乾隆时代，惠栋、戴震先后出世以后，始一般地进于纯然的汉学了。惠栋为吴派之祖；其门下则有余萧容、江声、王鸣盛、钱大昕、王昶等辈出其间。戴震虽曾师事惠栋，但在很早时，既已蔚然成为大家，而别为皖派之祖；其门下则有王念孙、段玉裁等辈出其间。吴派与皖派，称为汉学的两大派；其所宗主的，彼此稍有不同。吴派系依汉唐的注疏，而以从事于经书的解释为务；皖派则更进一步，从事于文字语言的研究，而对于此一方面，实有伟大的贡献。清代学术之所以极其精密，实为此种汉学勃兴之赐。彼等对于宋明的理气心性之学，评为如风如影，空疏不足取，而其自己所主张的，系以汉唐训诂之学为主，务依考证以明经书的真意，从而自谓其为实事求是之学。例如戴震所著的《孟子字义疏证》系由汉学的立场而攻击宋学的；方东树所著的《汉学商兑》，系由宋学的立场而痛驳汉学的。但是考证愈加精密，乃次第地入于歧途；虽有所谓训诂派、音韵派、金石派、校勘派、辑佚派者相继兴起，而往往忘却了考证系阐明圣人之道的手段一事，竟反有专门理头于考证其物之中的了。原来此所谓考证学者，乃系搜集正确的资料，依此而阐明古代的文字言语的用法，和制度文物的真相，颇类似于现今之科学的研究法。倘欲论述考证学的起原，固然或者亦可追溯到宋代的新研究法勃兴的时代；但是由明末到清初渡来的西洋人的学风，对于清代的考证学方面，至少却给与了几分之影响。如此说法，似乎亦无大差吧。

于是汉学依惠栋、戴震及其门下等之努力，遂发达而臻于极点了。后之学者，纵或具有有为之才而超出于惠、戴之上的事，似乎到底难以达到吧。因此，试行了局面转换的，即为西汉今文学派。最初著眼于此点的，为庄方耕；其外甥刘逢禄受其学，乃大为推广；于是龚自珍、魏源、宋翔凤、凌曙、戴望、皮锡瑞、王闿运、廖平、康有为等，相继而出了。据彼等说来，则以惠戴所主张的汉学，系东汉古文之学；惠戴所尊崇的马融、郑玄、许慎等，都为东汉之人；东汉的学问，原系参酌诸家的经说而成一家之学的。例如郑玄之学，则有郑玄一己的见识，混入其间。至于西汉今文之学，则为前汉时代的；因其注重师传，即注重由先生的口传，故最为确实可信。苟欲阐明孔孟的真意，则无论如何，非西汉今文之学不可。惟古文云者，系所谓蝌蚪文字；今文云者，则为前汉时代通用之文字。一般经书，大抵都有古文今文的二种。而今文经说，通行于前汉；古文经说，则通行于后汉。

今文的经典，自东汉古文之学，尤其是郑玄之学，通行而后，到了后世，几至全归散佚了。今幸完全存在的，仅为《春秋公羊传》。因此，西汉今文学派，乃以《公羊传》为中心，而主张自己的学说，渐次地以全发表其对于《诗书》、《论语》等的今文经说之研究了。

《春秋》一书，原系孔子因周室衰微，而忧诸候放恣，藉欲阐明大义名分而作的。惟其如此，故孟子亦谓"孔子成《春秋》而乱臣贼子惧"。至于《公羊传》，固然有二三缺点，可加指摘；但是因为原系阐明孔子之大义名分的，故《春秋》大一统之语，出于《公羊传》之中。及至汉之河休，又根据董仲舒的《春秋繁露》而作注，加以奇怪的解释；清代的公羊学派，因系以何休之注为中心，故又从而尊崇董仲舒了。至于公羊学与公羊传本身相差异的地方，并不在少之一点，亦为吾人所不可不知者。

在公羊学方面，则以为《春秋》有所谓三科九旨之事。而此三科九旨的解释，又有二说：依何休之说，则以新周、故宋、春秋，而当新王，是为一科三旨；所见异辞，所闻异辞，所传闻异辞，是为二科六旨；内其国而外诸夏，内诸夏而外夷狄，是为三科九旨。依宋氏之说，则以张三世、存三统、异外内、是为三科；时、月、日、王、天王、天子、讥、贬、绝，是为九旨。清代的公羊学者，则于三科九旨之内，而以张三世认为最重要，而欲以之综合一切。乃将鲁之隐公以至哀公十二代二百四十二年，分为三世；而以隐、桓、庄、闵、僖的五代，认为传闻之世，据乱之世；文、宣、成、襄的四代，认为所闻之世，升平之世；昭、定、哀的三代，认为所见之世，太平之世。据乱为乱世，在此时代，则内其国而外诸夏；升平之世，即《礼记·礼运篇》所谓小康之世，在此时代，则内诸夏而外夷狄；太平之世，即《礼运篇》所谓大同之世，在此时代，则一视同仁无内外之别。世界虽乱，却是次第地进步而为升平小康，及至孔子出现，则为太平大同之世了。此为彼等所说之要点。据彼等说来，则以为在小康之世，系国家主义，君主主义，家族主义，通行其间的。如昔之禹、汤、文、武、成王、周公的治世，即是。在大同之世，系世界主义，自由平等主义，社会主义，毫无遗憾地通行其间的。孔子的理想，必为太平大同之世。至于孔子之说以君臣大义的，乃系就升平小康之世而言。质言之，即所谓小乘的教理。因而又可谓荀子之注重君权，即系得到孔子之小乘的教理的；孟子之轻君而重民，乃系得到孔子之大乘的教理的了。要之在彼等的此种主张的根柢之中，欧美的共和思想之精神，横互其间的事，自不待言。

惟就我个人（著者）看来，则以上所述的春秋公羊学，却又断非孔子的精神。兹分为数项，记述于次，藉以指摘彼等所说误谬。

第一，春秋系以过去为据乱，而谓渐次地由升平推进于太平；将理想置之于将来。《礼运篇》则以现在为乱世，而谓渐地由小康追溯于大同；将理想置之于过去，今乃欲使彼此归于一致，正不得不谓为首尾颠倒了。

第二，《礼运篇》的思想，断非孔子的意见。盖孔子祖述尧舜，宪章文武，尤其是以周公为理想，常常梦见周公，而曰"周监于二代，郁郁乎文哉！吾从周。"故决无以禹、汤、文、武、成王、周公为小康的君主，而使之堕于第二义的事。此为其一证。而且孔子重视礼义，雅言诗书执礼；教颜回则以克己复礼；又主张以礼让治国。故决无以礼为小康而蔑视之的事。此为其二证。所谓"老吾老以及人之老，幼吾以及人之幼"原为儒教的博爱之真义。孔子决不承认无差别的博爱一事。此为其三证。孔子固然以尧舜的禅让为美，而对于汤武的放伐，表示遗憾之意；但又决不以世袭制度为非，而且重视君主的尊严一事。此为其四证。原来先儒既有以《礼运篇》谓为非孔子之言者，或者系有见于此等诸点而为此说的吧。

第三，《礼运篇》的思想，毋宁为老庄的思想。老子所谓"大道废，有仁义"又以"礼为忠信之薄而乱之首，"正与《礼运篇》所谓："大道之行也……"云云，和以礼义为纪，认为小康的相一致。此为其一证。《礼运》之"谋闭而不兴，盗窃乱贼而不作"云云，与老子之尚无为自然相一致。此为其二证。大同一语，见于《庄子》的《在宥》篇，其言曰："大同而无已，无已恶乎得有有，睹有者昔之君子，睹无者天地之友"云云，正与《礼运》的大同之说相一致。此为其三证。然则这样的老庄思想，果又何故而被记为孔子之言的呢？此则系庄子之所谓寓言，原为老庄学者的惯用手段；将自家的意见，假托于孔子，藉欲以博世人之信用的。

第四，《礼记》固为儒教的经典，后世认为五经之一而尊崇之；但是原系成于汉儒之编纂的，故不能悉数地加以信从。当在汉代，儒道二教渐相接近，而有互相融合的倾向。老庄学者，既通达儒家的经典，儒者方面，亦明了老庄学的要旨。因之自然地并用二教，以构成自己之说的事，既经叙述于前，从而在汉儒所编纂的《礼记》之中之有老庄思想，混入其间，自非无理之事了。

由以上列举的理由看来，春秋公羊学者的主张之为误谬，自然归于明白了。不过此一派的思想，到了清代的末季，遂完成了革命的大业，以至于看到中华民国的建立，竟成为政治上的大变革之哲学的基础了。

后篇　主要问题概说

※胡适谓：中国古代宗教的迷信：一、有意志知觉能赏善罚恶的天。二、崇拜自然界种种质力的迷信，如祭天地日月山川之类。三、鬼神之迷信，以为人死有知，能作祸福，故必须祀祭供养。古时天子即奉行此宗教之教主，观其祭天地祭社稷，祭宗庙等礼节，可想见当时半宗教半政治之社会阶级。周衰，政治权力与宗教权力渐渐销灭，政教从此分离，巫觋之类散在民间，哲学发生以后，宗教迷信更受一打击，如老子提出自然无为之天道观念，打破天帝之迷信，（此天道观念成为自然哲学如庄子、杨朱、淮南、王充以及魏晋时代哲学家之中心观念。孔子、荀子亦都受其影响）又云："其鬼不神，其神不伤人，儒家有无鬼神之论（见墨子），春秋时人叔孙豹说"死而不朽"以为立德立功立言是，至于保守宗庙，世不绝祀，不可谓不朽。这已根本推翻了祖宗的迷信。故中国哲学几乎完全没有神话迷信，是一大特色。

第一章　宇宙论
第一节　总论

大空覆我，大地载我，仰观日月星辰之灿烂，俯察山川草木之繁盛，于是太古蒙昧的人民，推己及物，遂以为天地间的万物，亦和人类一样，而为有意志有感情的东西了。所谓动物神教者是也。高山大川，自不必论，就是草木禽兽，凡认为伟大而非人力所可及，人智所可图的，均对之发生恐怖，以至仰之若神明，此为任何国民所同然的。

其在中国，则于崇奉天地间的许多神明之内，尤其对于天地及名山大川风雨雷电等等，视为重要之神。例如《易》之八卦，乾、兑、离、震、巽、坎、艮、坤等，倘视为自然现象而言，则为天、泽、火、雷、风、水、山、地；而此等八者，在天地间的现象中，实系最显著的，而为彼等所崇奉之神。所谓八卦，实即八大神。故于窥伺神意之处，自然含有占筮的意义了。

于是一大为天，高显莫如天，天者至高无上等等，都可得而言了。惟其如此，故以天认为最高之神，以地配之，而使其它的诸神，从属于天，从而一种组织的信仰，为之成立了。拜天之风，既见于《书经》的《舜典》；而此种对于天的信仰，实为中国文明的根柢，所有政治、道德、哲学、都莫不发生于此。但在老庄学派，则于天之上，更拿出一个所谓道的东西，而倡导其独特的哲理。后来到了宋儒，竟称"天即理也"云云，又由人格的神之思想，一转而至于说述泛神教的哲理了。兹拟逐次而说明之。

※据郭沫若《卜辞通纂》、《先秦天道观之进展》、《殷契粹篇》，王国维《观棠集林》，商承祚《殷契佚存》等书言，从甲骨中，可考见殷人卜的对象有天，上帝，高祖夔（即帝舜，帝喾），又有自然崇拜之习俗，皆以所祀者为有很大的力量。可降祸福。周人虽承继了殷人的天的思想，但进步了，以为人类生活的吉凶祸福，不单是天，还有人的行为，亦一重大要素。此考大盂鼎可知，又凡有德者，不单是自得其寿、禄，而且可以延泽子孙，此考师望鼎等可知。又修德一方面为己，一方面也为人，此考秦公钟，大克鼎等可知。中国政治思想史上的德治主义，实已肇基于此，故《礼记·表记》云："周人尊德尚施，事鬼敬神而远之。"

第二节　　古代对于天的信仰

天为最高之神；而其称呼，则或以天，或以帝。试将天或帝的各种名称，列举起来：在天的方面，则有皇天、昊天、苍天、旻天、上天等等；在帝的方面，则有上帝、皇皇后帝、皇天上帝、古帝等等。或将两者连续起来，称为皇天上帝，昊天上帝。要之都系指在天之神而言。但亦有解为天以体言，帝以德言的。即指天之为物之时，谓之天；而表示天为主宰宇宙的意义之时，则谓之帝。换句话说，称天之时，于其人格的含义，殊不显然；称帝之时，则于其人格的含义，颇为明瞭，再依汉代的今文学派之说，则以天的称呼，系依四季而异：即春为昊天，夏为苍天，秋为旻天，冬为上天。但由古文学派之说，则以尊而为君，谓之皇天；元气广大，谓之昊天；仁覆闵下，谓之旻天；由上降鉴，谓之上天；远视苍苍，谓之苍天。如此说来，似以古文学派之说，较为正当。

固然天系指在天之神而言；但除此以外，又被用于种种的意义：即一为形体的，二为形容的，三为科学的，四为哲学的。第一，在形体的场合，例如《诗》之《鹤鸣篇》"鹤鸣于九皋，声闻于天；"《旱麓篇》"鸢飞戾天，鱼跃于渊，"此种指肉眼所得见的青空而言的，即为形体的天。第二，在形容的场合，乃以君父之尊，犹天之尊，臣子对于君父，则谓之天。例如《鄘风·柏舟篇》"母也天只，不谅人只；"《春秋》宣四年《左传》，则有"君者天也，天可逃乎！"此外如妻对于夫，谓之所天；民则以食为天。《鄘风·君子偕老篇》，则以如天如帝，称妇人之美。凡此种种，都系用于形容的方面的。第三，在科学的场合，独有荀子以天解作自然。此由《荀子·天论篇》，可以窥知。至于第四，在哲学的场合，当古代时，并无此种思想；后来到了宋儒，乃首唱其说，例如"天即理也"云云。关于此点，后文再当详论。

要之天除被用于皇天上帝，即人格的神之意义以外，又被用于上述的四种意义。兹更进而对于天之宗教的意义，详加叙述，从而就天人的关系，藉以窥知中国古代的思想。

原来天为万物之父。吾人人类，亦系由天而生。《礼记·郊特牲》谓："万物本于天；"《庄子·达生篇》，则谓"天地为万物之父母；"《泰誓》又有"惟天地为万物之父母"的话。不过《泰誓》乃系伪古文，不能引作证据。此外则有"天生烝民"一语，见于《诗》之《烝民篇》及《荡篇》。而且天既生斯万民，又必赋与以懿德，故《烝民篇》遂谓"天生烝民，有物有则，民之秉彝，好是懿德。"《皋陶谟》亦谓"天叙有典，敕我五典五惇哉！"都系就此意义而言。换句话说，盖谓人类的德性，乃为天赋的。

既以天为万物之父，则人民皆为天之子，从而天与人民，遂形成亲子的关系了。取譬来说，正如做父母的，必须教养其子，使之全其幸福一样，天亦须教养人民，使之全其幸福。民者，冥也，原系睡眠着的；故无论如何，须唤醒之，而加以教养。不过天固充分地具有意志，但其自身，却无从实行；故于人民之中，见有聪明睿智之人，则命之为万民之君或师，使之助成天所当为的事业。《皋陶谟》所谓"天工，人其代之，"即指此义而言。关于此点，尚有多数例证，可以列举。例如《孟子·梁惠王》下篇所引的《泰誓》之言，"天降下民，作之君，作之师，惟曰其助上帝，宠于四方；"《春秋襄》十四年《左传》，亦有"天生民而立之君，使司牧之，毋失其性；"《孟子·万章》下篇，"伊尹曰：天之生斯民也，使先知觉后知，使先觉觉后觉，予，天民之先觉者也，予将以斯道觉斯民也；"等等都是。

君主既系代天而治理人民，故常须奉戴天意，无敢或违，以治理天下。于是祭天而望其专门服从天意，因而祭天一事，逐为政治上的重大事件。故在古代竟演成祭政一致了。《礼运篇》所谓"夫政必本于天效以降命，"即系此义。而且当祭之时，必须慎明德，备供物，自不待言；但是俗使供物虽丰，而不明德忠信，仍属无效。《周书》所谓"皇天无亲，惟德是辅，"即系此义。至于惟独天子才有祭天的特权，诸侯以下，都不能祭天的理由，乃系为表明尊卑之别的一种规定。而君主之所由称为天子的，《春秋》庄三年《谷梁传》所谓"称为母之子可，天之子亦可，尊者取尊称，卑者取卑称，"云云，此种说法，固亦有表明尊卑之别的意义；然在王者的心中，似乎又有一种自觉：即以为予为天之子，故从顺天意，不得不如子之对于其亲一样的一种自觉。

天既任命王者担任亿兆的君师，原可安心过去；然又须常加监督，以观其果应完成其任务。质言之，即虽任命王者，而监督万民的一事，却非藉此即告中止。《高宗肜日》所谓"惟天监下民"云云，即系此义。但是直接地监督王者之果应尽其任务，却最为简便而有效。何以故呢？盖王者，倘能尽其任务，则其下的人民，自必归于正直；而天欲尽督王者，藉以窥见其功过，最好以民心之归服与否而判断之。《皋陶谟》所谓"天之聪明，惟我民聪明；天之明畏，惟我民明威；"《孟子·万章》上篇所引泰誓之言，"天视自我民视，天听自我民听，"都属此义。从而中国民族之民本的倾向，于此盖发其端了。

天既对于王者和人民加以监督，则其善者赏之，不善者罚之，自不待言。《周语》所谓"赏善罚淫；"《皋陶谟》所谓"天命有德，五服五章哉，天讨有罪，五利五用哉；"即属此义。五服即天子、诸侯、卿、大夫、士之服；五刑即墨、劓、剕、宫、大辟。五服依尊卑而有种种文彩的区别，而且都为天子之所赐；刑罚则系司法官奉天子之命，依罪之轻重，而施以惩罚的，此为天之赏罚。

君主果系德高者，则大抵克尽鬼任务；福祉瑞祥，即系所以赏之。但有时作奸犯科，背反自己的责任之事，亦说不定。倘果犯罪，则先降以天灾地变而警告之；如仍无改悔之意，则处罚之；甚者则废弃之，另行任命其它明德的君子，使之担任王者。是即所谓革命。

第三节　孔子的根本思想

据《史记》所载："孔子晚而喜易，至于韦编三绝；"又尝以"假我数年，卒以学易，可以无大过矣"为言。不过《易》之《十翼》果系孔子之作与否，实为急切难决的问题。因此，今暂措此不言。仅欲专就《论语》一书，以窥测孔子的根本思想。

原来中国民族，一面既具有如前节所述的天之信仰，一面又具有灵魂不灭的思想，而有祖先崇拜的风习。所谓鬼者，乃系归于幽界的不灭的灵魂之谓。孔子亦同样具有天及鬼的信仰。关于此点，墨子亦属同然。兹先就鬼的方面，可以窥知孔子的思想之语而言，则见于《论语》中者，例如所谓"非其鬼而祭之谄也"云云，即可窥其一斑。原来鬼为人之灵魂；而此所谓鬼者，乃为吾辈祖先之鬼之意义。祖先和子孙，原系一脉的血气相连续着的。故在子孙方面，一面既有祭其祖先的义务，而同时祖先之鬼，又仅能享受其子孙之祭。俗使毫无任何缘由，而祭其它的灵魂，则不独全无效力，而鬼自亦不享受其祭典。然而世人往往非其鬼而祭之者，不过系一种谄媚而欲侥幸邀其幸福罢了。至于吾辈的祖先之鬼，却不可不祭，自不待言。所谓"祭如在，祭神如神在"的话，即系就此而言。实则孔子之以入太庙每事问之为尽礼，即其以虔敬之情而事鬼神之处。再就其推称大禹而谓为无间然的理由之一，乃系"菲饮食而致孝乎鬼神，恶衣服而致美乎黻冕"（即祭服）的地方以观，更可谓孔子实具有灵魂不灭的思想了。但是关于生死的问题，却又避而不谈。当季路问事鬼神之时，乃答以"未能事人，焉能事鬼？"及其改问死，则又答以"未知生，焉知死？"是又以事人知生两事，认为急务了。固然可以这样解释，即倘真能事人，或既已知生，则事鬼与知死二者，自然立即明白；但就其对于死之一事，别无所述之处看来，似乎可认为系避而不谈，自亦无妨吧。至如《礼记》所谓"死者息也"之说，正为老庄的思想，殊不能视为孔子之说。

不待言，孔子亦和当时一般的人们相同，承认有上下神祇之存在。例如乡人举行追傩之式的时候，孔子则必朝服而立于阼阶，以期正神依自己而安息。不过当时迷信甚深，例如像子产那样聪明的政治家，亦不能脱却当时的迷信。惟孔子则不语怪力乱神，从而极力主张完全脱却迷信的生活，而实行伦理的生活。因此，答门人之问，则曰"务民之义，敬鬼神而远之，可谓智矣。"此所谓永远云者，乃以任意渎神，认为非是之意。

孔子的根本思想，既非鬼，亦非神，实为天之其物。就孔子之关于天的思想，试由其顺序而为说明：则第一，以为天系昭昭然不可欺的。当孔子卧病而濒于危笃的时候，子路料理后事而使门人为臣，及后病稍痊可，得悉其事，乃责子路曰："无臣而为有臣，吾谁欺，欺天乎？"此一例也。第二，则为畏天敬天。既知天之不可欺，又知天意之所存，实非人力所莫可如何，自必畏天敬天，努力于毋敢或违了。所谓"君子畏天命"是也。第三，则为信天。盖既畏敬天命而毋敢或违，则虽曰他人不知，然在自己的胸中，却有唯天知之的信念，确乎不拔地存乎其间。故曰"不怨天，不尤人，下学而上达，知我者其天乎！"此盖具有绝大的信念，故虽当危难之际，亦能泰然自若。于是或曰"天生德于予；"或曰"文王既没，文不在兹乎？"由此遂入于天人合一之域了。故第四，则为则天。孔子的一言一行，皆以天为模范。《论语》载"子曰，予欲无言，子贡曰，子如不言，则小子何述焉？子曰，天何言哉！四时行焉，百物生焉，天何言哉！"云云。故孔子之所谓不言，乃系则乎天之不言，而曰时行百物生的。

当上古时代，关于天人的关系之观察，殊极单纯；如以天道系与善者以幸福，降恶者以灾祸，实为普通的解释。在《洪范》则以寿、富、康、宁、攸好德、考终命谓之五福；凶短折、疾、忧、贫、恶、弱谓之六极。此则或系以五福乃天之所与善者的恩赏，六极则其所加于恶者的天罚吧。又见于《洪范》的庶征，即雨、阳、燠、寒、风等等，时之得其宜或失其宜，亦系同样地所以表示天之对于人君的行为感觉满足或不满足之处。因而各种祥瑞，国民皆受其庆；各种灾异，国民皆受其殃。所谓"一人有庆，兆民赖之。"此之谓也。而五福六极，乃系当局者个人所受的赏罚。

及至社会事情，渐次进于复杂，从而善者未必即受幸福，恶者亦未必即被灾祸。例如孔子因为信天法天而又与天为一体之故，固然并无何等的疑惑烦闷；但在信仰薄弱的人们，则对于天人之际，自必怀疑，以至于发生"天道是耶非耶"的叹声了。而孟子对于此点，则又以为正人君子之所以沉沦于不幸的，乃天之将降大任于是人之故，从而与以锻练人格之机会的。所谓"天之将大任于是人也，必先苦其心志，劳其筋骨，饿其体肤，空乏其身，行拂乱其所为，所以动心忍性，增益其所不能，"即此之谓。后来宋之张横渠所作的《西铭》，即系祖述孔孟的此种精神而毫无遗憾的大文章；以之和老庄学派之极端的宿命观相比，实可谓为健全的人生观。

第四节　老子之道

※蒋维乔谓：自然主义派哲学，起自黄帝，其后伊尹、鬻熊、姜尚皆宗仰这派思想，应用这派思想成就大业，故俨然由天子提倡，以便遗教后人。周东迁后，渐离天子而渐沦亡，老子素来宗仰此思想，目见渐趋沦亡，故著书把这派思想记载下来，这派思想也就日盛一日。老子之后，关尹，列子，庄子皆其信徒，老子可谓这派的第一个人，彼谓："人法地，地法天，天法道，道法自然，"自然即指宇宙内整个活动而言，此活动完全是无主宰的自动，所以能永生不灭，永化无穷，故又曰"道常无为."无为，非呆若木鸡，乃听其自然，不裁制不帮助之意。此自然无为之思想，乃这派的宇宙观，为思想之中心。（道即宇宙万事形成的必然的原理，德即为保持已成万事的势力，故道与德不可分离，又道即原于，德即联合原子而成之爱力）

郭沫若曰：老彭即老聃考马夷初《老子核诂》，关尹即环渊，纂集老子遗说而为上下篇，因他是文学趣味太浓厚的楚人，故把老子遗说加了些润色和修饰（他约与孟子同时）——《先秦天道观之进展》——钱穆亦以关尹为环渊，而以《老子》作者为詹何。

高本汉《老子韵考》中云："《庄子·庚桑楚》中'老子曰：卫生之经，能抱一乎？能勿失乎？能无卜筮而知凶吉乎？……'这种显明的《老子》辞句，却没有列入《道德经》中，所以我们推想，并非有一个古代圣者造成完书的，应当推知早先有某道家的哲学者以短短箴言的形式教人，后来的继承者集合成为一书。"

又"《列子》书中不过从《老子》中引四句，那四句的开始便为老聃曰，第四句为《黄帝书》云，而没有从《韩非》、《淮南》中采取暗示，把《老子》中所得的各句包罗在内，以求其书似真为古代的道家的，故《列子》非汉人之作，而是出于较早时期的。"

儒家的宇宙观，如前所述，系继承上代的思想，即所谓皇天上帝，创造宇宙，主宰万物之思想的；而老子之道，则为宇宙的实在，乃系先天地而生，亘乎往古来今，无始无终的。倘以孔孟之天，称为宗教的，则老子之道，却为哲学的了。天既为人格的，故具有意志及目的，司理赏罚，主宰万物。至于道，则毫无何等意志与目的，虽然生长万物，却又听各目的自由而放任之，决无所谓主宰的事。惟其如此，老子乃述其意义而曰："生而不有，为而不恃，长而不宰，是谓玄德。"要而言之，在上古的中国哲学，老子的宇宙观，实和其它的诸学派如儒、墨等等，全然也另作一种解释。故于此处，欲就老子哲学之所谓道，叙述其大要。

老子之所谓道，乃被用于两种意义：一为宇宙的实在之意义，一为天地自然的法则之意义。例如"道之为物，惟恍惟惚，"云云，即系说明实在之状况的。又如"功成名遂而身退，天之道也"云云，乃系说明天地自然的法则之意义的。不待言，此二者又并非别物；盖既为实在，自不得不为一切万物的法则。换句话说，道之意义有二：即被用于道之自身之意的场合，和被用于道之作用之意的场合。倘以体用来说，则所谓道，乃系就体用两方面而言的。

道既为实在，故不待言，乃系一元的，绝对的。原来现象界的一切事象，都为相对的。例如美丑、善恶、难易、长短、高下等等相对的关系，都为现象界的事象；而道则超越此等相对的关系，既无美，亦无丑，既无善，亦无恶。质言之，道乃无始无终，而超越时间的。所谓"有物混成，先天地生，"系指道之无始而言；所谓"自古及今，其名不去，以阅罪甫，"系言其至今依然存在的。至于叙述无终之义的话，虽不得见；但在老子之意，却系明白地以道认为无始无终的。道又无所不在，遍满充塞于宇宙之间，所谓"迎之不见其首，随之不见其后，"即系就此而言。关于此点，在庄子方面，更可看到颇为详细的说明。今姑略而不论；要之道又系超越空间的。

既以道为生成万物的东西，则万物一切，自当取法乎道，自不待言。又以道生一，一生二，二生三，三生万物的顺序，表明万物都由道而生。倘以生成的万物，都视为己之物，则或者将主宰之而加以干涉的吧。然而老子之道，却是生成万物，而不视为己有，完全放任而不加以何等干涉的。而且道既无何等的目的与方针，又无欲生的意志，万物只是自然地生长出来的。质言之，道即无为自然也。因此之故，吾人人类，固不待言，就是一切万物，都系无为自然的。所谓君主当君临天下之际，宜放任人民，不应稍加干涉之说，即根据此种理由而然。

如上所述，道乃惟恍惟惚，其形状之可得而见的，并无其物。吾人虽得而闻道，却不能以手取道。故又称之为虚无。惟此所谓虚无，又并非全无之谓。盖吾人之于道，虽不可得而知觉，而道却是俨然存在。根据此种虚无的思想，则所谓君主者，自然是虽有若无了。换句话说，即不得不好像人民全然不知有君主的存在了。彼所谓"不识不知，顺帝之则，"所谓"帝力何有于我"云云，正为老子的理想。此种思想，究其极，在政治的方面，自然是破坏一切的施设；在伦理的方面，自然是蔑视一切的礼法了。单就此点而言，老子的思想，固为一种虚无主义。不过老子却是承认王者，且又以之合道与天地，称为域中四大，从而尊重王者的。由此说来，则与所谓虚无主义，自又不同了。

关于老子之道的思想，其大要具述如上。从老子说来，道即天道；天道既然如此如此，则吾人人类，自亦不能不同样如此了。儒家之道，系人之所以为人之道，非天之道，非地之道，乃人之道。不待言，此种人之道，却并非圣人所作为的。固然亦有以为道系圣人之所作为的学者；但就全体而言，儒家之所谓道，乃系根据人的本性的。更进一层说来，则以为系本乎天的东西。详言之，老子之道，为哲学；儒家之道，为道德。此为儒道二家的见解所以相异之一点。关于儒者之道，其详细尚待后文说明。

第五节　六天说

儒家之所谓天，乃系人格的神之一点，既已具述于前了。到了战国之时，因邹衍，邹奭等所主张的五行说之盛行，于是将向来当做惟一无二的天，配以五行而为五帝了。试将其名称列记起来，则如次：

木…………苍帝　　灵威仰
火…………赤帝　　赤熛怒
土…………黄帝　　含枢纽
金…………白帝　　白招矩
水…………黑帝　　叶光纪

依五行说说来，系将一年配以五行，即春为木、夏为火、中央为土、秋为金、冬为水；天则顺乎四时，而发挥各异的能力，即春生、夏长、秋收、冬藏是也。又将此等能力，各个地为之人格化，而为苍帝、赤帝、黄帝、白帝、黑帝之五帝，从而各各附以不可思议的名称。

既经分为五帝，则是将天之能力，由各方面以观察，决非视为全体而为观察了。从而对于视为全体而观察的天之自身，又名之为皇天耀魄室。于是从来惟一无二之天，遂依五行说的影响，·变而为五天，再变而为六天了。所以皇天耀魄室，系在北辰紫微宫，五室帝则在北斗大微宫；于是天帝所居住的宫殿，亦为之划定了。

以上的六天说，固系汉儒的定说，例如郑玄即系采取此说，而注释经书的。但是到了魏之王肃，则加以辩驳，以为天乃惟一的，何得有六？（《礼祭法疏》）诚如王肃之说，天乃惟一的，自不待言；不过在汉代，六天说，曾经流行过了，却系不可掩的事实。而和此六天说相关联而起的，又有感生帝之说。

由天生万民，从而希望得以遂行其圆满的发育之结果，于是所谓使聪明睿智的君子而即君师之位的古代思想，由一方看来，固系一种帝王神权说，欲藉此而主张帝王之尊严的。但此种思想，乃又一转以为天为欲以其子孙为君主之故，遂预先生长王者的祖先，更以之配以五行说，以为王统的更迭，系依五行的配列之顺序的。如上所述的五帝的子孙，遂交互代更地而即帝位。试就所引于《礼记·大传》的孔颖达疏而言，据元命苞则有夏为白帝之子，殷为黑帝之子，周为苍帝之子。又据《河图》，则有尧赤精、舜黄、禹白、汤黑、文王苍之言。是即所谓感生帝说的要旨。至于见于《诗经》的神婚传说，如《大雅·生民篇》所谓：姜嫄履巨人之足迹而生后稷，又如《商颂·玄鸟篇》所谓：简狄吞玄鸟之卵而生契等传说，都系以感生帝之思想而解释着的。

第六节　程朱的宇宙观

对于天之为人格的观念，到了汉代，遂达于具体化的极点了。但即在先秦时代，亦非无抽象化的倾向；如《易》之哲学，即其一例。倘以将天之视为人格的，称为主宰论，则《易》实为流行论了。换句话说，倘以彼为宗教的，则此为哲学的了。原来《易》系以阴阳二元的消息往来，而说明一切的；除道家以外，即在儒家，于其经典（即《易》）之内，而有哲学论的一点，实为儒教发生一转化之内在的原因。

而在另一方面，到了汉以后的时代，因儒道二教的融合和佛教的影响，遂成为使儒教发生一转化之有力的外来的原因之一事，既于前篇《历史的概观》之中，叙述过了。至于宋儒则一反以天之信仰认为根本义的孔孟之教，为之一语道破，而曰："天即理也。"从而以所谓天理的哲理为基础，而组织其自身的哲学了。质言之，彼等系以尊崇人格的具体的天之思想，而代以理想的抽象的哲理，以为自家之立脚地的。

例如在古代视为神明而被人敬畏的鬼神，到了宋代，则所谓天神人鬼的意义，既已无存；或称为造化之迹，或认为阴阳二气之固有的屈伸消长之义，而解释之。又如见于《中庸》的所谓《鬼神之德》的一章，原系明明白白地指神明而言；宋儒则以鬼神为造化之迹，或称为二气的良能。朱子曰："以二气言，则鬼神阴之尽，神为阳之震；以一气言，则至而伸者而为神，反而归者为鬼，其实仅一物耳！"（《中庸章句》）此乃以《易》之流行论而解释鬼神的。换句话说，即系不认人格的神明，而加以万有神教的解释的。此种解释方法，对于天的方面，亦属同样。原始儒教，系以天为神明，宋代哲学，则以天非神明而为理了。

《易》曰："一阴一阳之谓道，"此乃一度成阴，一度成阳，谓之道之谓。从而称阴阳二气屈伸消长，而万物生生不已者，谓之道。换句话说，就一元气之屈伸消长的现象而考察之，其屈而消者谓之阴，其伸而长者谓之阳。由一元气的一进一退，一屈一伸，遂分之为阴阳二气。一切万物，都由此阴阳二气的相交而生。而此阴阳二气相互交错而发生万物的一事，是即道也。

程伊川却不以此为满足；以为道系形而上，器乃形而下，阴阳为气，即为形而下。因此之故，不能说阴阳即道，而说以所以成为阴阳的为道。换句话说，由阴阳二气，固然构成万物之形；但阴阳原系质料，故又不能不有使此阴阳二气所以能够构成万物的法则。而此种法则，称之为理。倘无此理，则气之作用不得而行；倘无此气，则理亦将无所依存。因此之故，道与阴阳，或理与气，固然分而为言，但此二者又并非相离而可以独立的，乃必相依存的。如此说来，伊川系欲以理气二元而说明一切的。质言之，万物由理气二元而成，依气而形成万物之形，理乃从而赋与之。吾人人类，固不待言；上自日月星辰，下至禽兽草木，无不皆然。不过惟人系受秀气而生，万物系受杂气而生罢了。

至于朱子，则一面继承程伊川之说，而主张理气二元论，同时又采用周子的太极说。质言之，朱子系以太极认为本体，同是又承认理气二元的。因此之故，朱子虽然未曾明言，却是可以推测：系曾经试行了欲以太极综合理气二元的了。大概朱子曾以二元论认为不彻底，而有以之综合于一元论的考虑，亦未可知。倘以太极综合理气二元，则有：（一）太极果否为理气以外的某物？（二）太极是否即为理？（三）太极是否即为气？等三种场合。质言之，即太极一元论呢？理一元论呢？气一元论呢？等三种场合。倘为太极一元论，则对于太极果为何物，与理气二元的关系如何，而与理气既全然别为一物，又将如何而综合理气二元等问题，自不得不加以说明。而朱子对于太极一元论，却未曾采用。至于气一元论，则对于由气而派生理的方法如何，而与理气相对之气的关系又如何等问题，亦不得不加以说明。周子的太极说，固然未曾明言；但就其以内在于太极的动静二方面，视为阴阳二气的一点看来，则所谓太极即气之说，却可推知了。而朱子对于此说，亦未曾采用。

※朱解太极又谓："太极只是天地万物之理，在天地言，则天地中有太极，在万物言，则万物中各有太极。未有天地之先，毕竟是先有此理。"至此理何以名之曰太极者，则谓："究竟至极，无名可名，故特谓之太极。"

理，《朱子语类》卷六云："理如一把线相似，有条理…大而天地万物，小而起居食息，皆为太极阴阳之理。"故理是形而上的本质，形成宇宙万物的实理，阴阳，是宇宙变化相对的两现象之总称。《朱子全书》卷四十九云："阴阳虽是两字，却只是一气之消息，一进一退，一消一长，因此做出古今天地间无限事来。故阴阳做一个说亦得，做两个说亦得。"

道，是事物形成所必要之路线，与理相同，但理就实体言，道就应用言。《皇极经世观物内篇》云："道无形，行之则见于事。"朱《语类》卷六云："道字包得大，理是道字里面许多理脉"。性命，《朱语类》卷五云："命则就其流行而赋于物者言之，性则就其全体而万物所得以为生者言之。"阳明《礼记·纂言序》云：性也者，命也，惟天之命，于穆不已，而其在于人也，谓之性"，即天以是理命乎人物谓之命，人物受其理于天则谓之性。心，《朱语类》卷六云："灵处只是心，不是性"。又《朱全书》卷四十四云："心属火，缘是个光明发动的物，所以具得许多道理。"阳明《传习录》卷下亦云："心只是一个灵明，"故心为身的主宰，性为心之本体（具得许多道理者性也）。诚，《朱语类》卷六云："诚只是实…诚只是理。"

朱子乃采用理一元论，而谓"太极只是一个理字。"既以太极为理，则又须说明：由理而派生气的方法如何，理气相对之理和太极之理的关系又如何了。或曰：当天地尚未判剖以前，毕竟先有此理；又曰：有是理，而后生是气；又曰：天地山川，虽然完全毁灭，而此理却终于存在其间的等等说法，都系说明由太极之理而派生气，气虽有时消灭，而理却依然存在之意义的。此就承认绝对的理的方面说来，自为当然的说明。

其次：关于太极之理，和理气相对之理的关系，固然并无详细的说明；但是朱子却系将理区为绝对的与相对的二者，而设想了的，又系事实。至如理气先后论，即所谓理在先抑气在先，或理气二者无先后之可言等等，欲答此问，倘将绝对的理和相对的理区别起来而论，则自能明白地得到了解。所谓有是理而后生是气者，系指绝对的理而言；所谓理与气无先后之可言者，系指相对的理而言。在理气相对的场合，则理为形而上，气为形而下，理为生物之本，气为生物之具；理气二者，在时间的方面，并无先后之可言。所谓不可说今日有是理，明日却有是气的，即此之谓。

固然，区别为绝对的和相对的二者而为设想，但又非谓二者为全然别物的。盖理惟一而已，以之认为绝对其物而观察之时，则谓之太极；以之认为支配万物生成的作用而观察之时，则谓为理气相对之理。所谓理与气原无先后之可言云云，固为相对的理；但在其文之次，而有虽然倘必欲推其所从来，则又须说先有是理云云，却是指绝对的理而言的了。质言之，朱子的宇宙论，由说明绝对其物的方面而言，固为理一元论；但由说明现象的方面而言，则即称为理气二元论，似亦无妨，惟其如此，在说明万物生成的场合，乃全然和伊川相同，以为万物系由理气二元而成，依气而形成万物之形，理乃从而赋与之。又依气之清浊偏正，而人物的贤愚之别以生。总之理系通乎万物，而为同一的。

要而言之，程朱的宇宙观，系以天为理，以理为一切万物之本原的；而将古代之以天为人格的神之宗教的解释，一变而为以天为理之哲学的解释了。

第七节　陆王的宇宙观

不以天为皇天上帝，而认为理的，不独程朱为然，陆王亦是如此。此为近代哲学的共通的思想。不过程朱系主张理气二元论，而陆王则以心即理为其立脚点，稍有差异罢了。

陆象山曰："充塞宇宙者，一理而已，学者之所以学，亦欲明此理而已"云云，倘以之和那种在天即人格的神之信仰之上，藉以获得安心立命的原始儒教相比，自不得不认为极大的变化了。程朱将性分为本然和气质二者，推溯性的本原，则曰"性即理也；"而象山却立即说以"心即理也。"所谓"心为一心，理为一理，至当归于一，精义原无二，则此心此理，实不可有二"云云，实为主张心即理的根据。因为心即理之故，遂不问智愚贤不肖，不问古今东西，总之此心实系唯一不二，此心即为宇宙。故曰："宇宙内事，乃己分内事，己分内事，乃宇宙内事。"

王阳明亦承象山之后，而以心即理为其立脚点。盖以理为遍满无漏，亘乎古今，而无终始，又为绝对至善的。在朱子则名之为太极。基于张横渠，程伊川的理一分殊说，以为吾人固为一太极，同时万物亦一太极，理固备于吾人，同时事事物物，都无不具有此理。故吾人的修养，在一方固宜从事于居敬的工夫；同时在他方，又宜广穷事事物物之理，借以为明吾心的全体大用之助。至于阳明则立即发见其说的破绽，以为广明事事物物之理，藉以明吾心之说，仍是分心与理为二的。于是乃说以"圣贤之学，明吾心，斯足矣！"云云。关于此点，阳明的议论，与象山同。

但是陆子虽然述说心即理，而他却为理 元论者；毋宁系详说本体的理，而以此理即为吾人之心。故虽偶或论及气，而以罪恶的原因归之于气；但其结局，仍是详述着理，从而具有几分寂静的倾向。阳明固和象山相同，述说心即理，但其所注重的，毋宁为心。至其就理气的关系方面，则说以理为气之条理，气为理之运用，殆又采取气一元论了。从而较之象山，确为活动的。

阳明固然高调着心的方面，但是犹以为未足，乃更进一步，而以良知为心的本体，良知即为天理。原来从现时吾人的常识说来，倘将心与良知，区为体用二者，则可谓心为本体，而良知为其作用吧。然而阳明却反以良知认为心之本体。在此种场合所谓本体的一语，和体用之体，其意义实不相同；毋宁系就本质实质内容等意义而言。质言之，盖系以良知解作心之本质的意义的。既然谓心即理，则为心之本质的良知，亦即为理的一事，自不待言。从而良知即天理，自不得不谓为宇宙的实在了。

※蒋维乔云："唯理思想，孔孟书中已见端倪。孔曰：天生德于予。孟曰：万物皆备于我。然未明白说出宇宙确有独立存在之理，故孔孟还是一种心物浑沦而偏于物的思想。程、朱一般人认为唯理的人物，即被指为唯心派领袖之陆象山亦谓：'此理充塞宇宙…此心同此理同。'故实亦唯理派，非唯心派，彼等既主唯理，认为理外无物，物外无理，或道外无物，物外无道，但他们对于存在人心中的理，叫做性，故可称彼等为理性主义派。(《朱语类》卷五云："性即理也，在心曰性，在事曰理")

又云："这派宇宙观可分三点。一、宇宙活动之意义，二、宇宙活动之规律，三、宇宙活动之力。"

一、彼等认宇宙活动之意义是"生"，那么他们当然注重"动"。一般人以为他们主静而反动，大谬。盖主静对修养说，非对宇宙活动和人生活动说，且其所谓静，不过欲人免除妄动而已。（考《道书》、《顺化》、《皇极经世》观物内篇、《正蒙》天道、《程氏遗书》卷二、十一，《朱全书》卷四十七，《陆集卷二十九》，《天地设位篇》）

二、论宇宙活动之规律，乃我国哲学史上一特点，西洋哲学史上虽亦有讨论，但最初非常神秘，后来又过于进化入于物理范围。惟我国关于这方面之思想，始终在哲学范围内。在《易》中，宇宙活动规律，是对偶而带复叠开展性的，此派就把对偶而复叠开展性的，渐渐变为稳定的对偶律。周子《太极图说》中开其端，张程则认定宇宙活动规律为阴阳二法则，朱、陆、王三人所说亦同，并且说得更明显（考《朱全书》卷四十九、《陆集》卷二与朱子书《传习录》中答陆原静）

邵子由阴阳刚柔分出四时（时间）四维（空间），以四时四维加入事物运动过程中去算，和《易》不大相同，而与爱因斯坦之原理正相同。

三、他们以为宇宙活动的力，即感（Action）与应（Reaction）考《伊川语》卷一、《近思录》卷一、《通书》圣篇，《正蒙》天道，《陆集》卷二十九，《传习录》卷下，《尹川文集》卷五。这派人物，认为理对于万物之生成没有大小之分，贵贱之等，而气却有偏正，故《西铭》云："民吾同胞，物吾与也。"程子称之曰："理一分殊"，故天下之物，无不足之理，而有清浊偏正之气，故物有厚薄。朱子又名之"理同气异"（《朱集》卷四十三）陆、王亦附和其说。考《陆集》三十二《主忠信》，《传习录》卷上。理一分殊说为他们伦理思想所本，理同气异说即"天性善，气质性恶"思想之所本。理性派哲学之根本思想，还是站在儒家的立场，因用佛家的方法，故表面上充满了佛家的色彩，其实何尝阳儒阴佛呢？

※蒋维乔引《陆集》卷六与《包象道书》："人生天地间，气有清浊，心有智愚……"之说，以为心即理，与气对，亦气理二元论者。又引《传习录》卷下："风雨露雷日月与人……只为同此一气，故能相通"之说以为王说气为万物本体，然又云："陆、王对于本体论，语焉不详，盖理性派思想，其始偏于宇宙问题之讨论，陆、王出世较迟，乃注意认识问题之讨论，对于本体问题，只传承了前人之观念，未加阐发，故语焉不详。"

第二章　伦理说

第一节　个性的研究※（蒋维乔云："性是人们先天遗传下来的心理活动，也就是行为的抽象总称。"）

一　性论勃兴的原因

性之一字，固然早已见于诗书；至于讨论人类的生性之为如何的，则属孔子以后的事。《诗·大雅·烝民篇》所谓"天生烝民，有物有则，氏之秉彝，好是懿德"等语，屡屡被孟子所引用，以为性善之证；但在《诗》之作者，却不是为欲主张性善论之故，而有此等说法也。《书召诰》所谓"节性"一语，亦有为后来主张性恶论的根据之说；但在《书》之作者，却非因主张性恶论而然也。

至如老子之以返于婴儿为其理想，固可谓其为预想了性之为善；但亦不能断定老子曾有讨论人性的意志。由《论语》看来，孔子之关于人性的谈话极为鲜少。《论语》载"子贡曰：夫子之言性与天道，不得而闻也"云云，确是实情。然亦非无二三，如曰"性相近也，习相远也，""有教无类，""十室之邑，必有忠信如丘者焉"之类。盖谓人之本性，彼此原无大差；惟因教育修养的如何，而发生差异罢了。至于承认上知中人下愚之分，从而说以有生知学知困学之别，又可谓其对于人之本性，没有等差了。要之关于此点，孔子的意见，在崇信《论语》的范围以内，可以说是不甚明了。※蒋谓："孔子认性是纯而无所谓善恶的，不过可以随环境变善变恶。告子信仰此说。"

在孔门诸弟子之中，关于人之本性的意见，似乎可以分为二派。例如尊敬孔子，而曰："仲尼，日月也，夫子之不可及，犹天之不可陛而升也"的子贡之流，乃称孔子为天纵之圣人。再由孔子亦以"予非生而知之者"为言以观，可知曾有人以孔子为生知了。此等人们，都系以孔子为与一般常人差异的特别之人，或先天的圣人之一派。见于《论语》中的性有差等的语句，似系出于此派之手。※章氏《国故论衡》云："儒者言性五家：无善无不善告子，善孟子，恶荀卿，善恶混杨子，善恶以人异殊上中下漆雕开、世硕、公孙王充。"梁任公《读孟子界说》云："孔子言性三义，乱世民性恶，升平世民性有善恶，亦可为善恶，太平世民性善，荀子传其乱世之言，宓子、漆雕子、世子传其升平之言，孟传其太平世之言。"《日知录》陈澧《东塾读书记》皆谓孔子性相近之言，即性善说之证。

然在他方，其于尊崇孔子或认为难能可贵的一点，自不待言；但有一派论者，却以为依努力的如何，学孔子亦未必非不可能。例如以"舜何人也，予何人也"为言的颜回，以"仁以为己任"为言的曾子，即是如此。见于《论语》中的人性无大差别的语句，大概系出于此派之手。

以上两派的议论，即推尊孔子认为天纵的论者，和以"舜何人也"为言的论者，似都存在于孔门诸子之中。因此之故，在继承七十子之流的人们之间，对于所谓人之本性果为如何，而成为一问题的，自属当然的结果。

二　性三品论

将人之本性分为三品而立论者，乃系和子贡之说相一致的，既已见之于《论语》中了。孔子之所谓"惟上智与下愚不移，"又谓"中人以上，可以语上，中人以下，不可以语上"等语句，似即可以认为三品论的代表。至于所谓"生而知之者，上也，学而知之者，次也，困而学之者，又其次也，困而不学，民斯为下矣"之说，似乎又可认为分为四级而言的了。※春秋繁露《实性篇》云："圣人，斗筲之性不可名性，性者中民之性。"此惟认中人之性可塑，其余二者不可塑。

至于《中庸》，系祖述《论语》之所说，遂亦将人之资性，分为三品了。

例如所谓"或生而知之，或学而知之，或困而知之，及其知之一也；或安而行之，或利而行之，或勉强而行之，及其成功一也"等语句，即为其要旨。至其首章之所谓"天命之谓性"云云，系以三品之性，都为天禀的事，自不待言。到了孟子，祖述《中庸》之处，固不在少；但关于性论，却系主张性善说，而和三品论为反对的意见。后来到了汉之荀悦，又继承此种三品说，唐之韩退之，亦著有《原性》一篇，主张性有三品之说。不过韩退之的三品说，乃系欲将孟子的性善论，荀子的性恶论，以及扬雄的善恶混论，加以综合的一种尝试。从而以上品惟善，孟子之所说是也；下品惟恶，荀子之所说是也；中品善恶混，扬雄之所说是也。要之彼等都系知其一而遗其二罢了。

三 性有善有恶论

所谓人性有善有恶；养其善性则为善，养其恶性则为恶。质言之，即各个性之阴阳善恶的，全在所养的如何之说，乃周人世硕、宓子贱、漆雕开、公孙尼子等所主张。※蒋维乔谓："宋儒分本性之性与气质之性，而气质之性又可变化就善，是从王充之说。关于此事，曾载于王充的《论衡》※《率性篇》之中。固然世硕所著的《养性》书一篇，世无传本，而除《论衡》以外，世硕等之论，亦不见他处有所引用；不过王充乃系极其博览多识之人，其言必有所据。惟此所谓性有善有恶之说，亦可被解为一个人之性，具有善恶之意；倘果如此，则又和后之扬雄的性善恶混说相同了。依王充说来，世子等之说，实宜解为系依人而有性善者，亦有性恶者之意。在《孟子》的《告子篇》中，公都子于告子之说以外，曾列举两种性论，即性可以为善，可以为不善之说，和有性善，有性不善之说；而此有性善有性不善之说，正和世硕之所说相同。要之此等说法，在当时曾经盛加讨论过的事，实可想象而知。

王充又于列举孟子、告子、荀子、陆贾、刘子政、扬雄等的性论之后，摘指各个的缺点，而认世子之说最为正当。从而申述着彼之意见，以为：凡人皆禀一元气而生，但其所禀之气，却有厚薄多少之别，故性逐有善恶贤愚之别。正如九州的土地之质之有善恶之别一样。土地之质，纵或不良，便是倘能施以肥料，善为耕种，则谷物的收获，自亦不少。否则土地之质，纵属善良，倘不施以肥料，又不善耕种，则谷物的收获，亦必不多。至于人性亦然，并不关于其本质的善恶，乃依教养如何，既可以为善，又可以为恶。此为彼之所说的要旨。

四 生之谓性论

生之谓性之说，系告子所主张。告子之论。见于《孟子》·《告子篇》中。※告子论性，误在以仁义为非固有。非固有则人性犹犬牛之性耳。孟子必指出仁义礼智为吾人固有，故人之为善，有自然之势，毫无待于矫饰。

《东方杂志》第八、五期简百诚《性辨》有云："性无善恶，善恶性外之事。曰善、曰恶、曰混、曰三品，皆知其然而未知其所以然。告子生之为性，其庶几乎然知一未知二。夫善恶，皆以遂其欲而已。不然，性固不可矫揉造作使之为善为恶也。杞柳湍水之喻，是矫揉造作使之为善为恶也。是则告子终未及知人之性也。性相近，而或为恶以遂其欲，或为善以遂其欲，故曰习相远。灵者以善为可遂其欲，劝之为恶不从。顽者以恶为可遂其欲，劝之为善不听。故曰惟上智与下愚不移，以才言，非以性言也。"关于此说，孟子和告子曾有数次的辨难。兹撮其要旨如次：

第一，告子曰：性，犹杞柳也，义犹桮桊也，以人性为仁义，犹以杞柳为桮桊。孟子乃驳之曰：将顺杞柳之性而为桮桊乎？抑将戕贼杞柳而为桮桊乎？如将戕贼杞柳而为桮桊，亦将戕贼人而为仁义与？

第二，告子曰：性犹湍水也，决诸东方则东流，决诸西方则西流，人性之善不善，犹水之分乎东西也。孟子乃驳之曰：水信无分于东西，然亦无分于上下乎？人性之善也，犹水之就下也，人无有不善，水无有不下。

第三，告子曰：生之谓性。孟子曰：生之谓性，犹白之谓白与？曰：然。白羽之白，犹白雪之白，白雪之白，犹白玉之白与？曰：然。然则犬之性，犹牛之性，牛之性，犹人之性与？

在以上三回问答之中，第一的杞柳桮桊，朱子之注所谓：告子言人生原无仁义，必待矫揉而后成云云，固为至常；但在其次，又谓：如同荀子性恶说云云，却不当了。原来彼谓人性无所谓善，同时亦无所谓不善，和荀子性恶说，固自不同。告子盖谓顺杞柳屈曲之性而为桮桊，故未必即为戕贼杞柳。不过既经招致了孟子的批评以后，其批评亦具有理由，遂别设譬喻，为欲明示其真意之故，乃设为湍水之说，而孟子对于此点的批评，却完全为无的放矢了。盖告子既说了水无分于东西，倘欲加以反对，自应说明譬性于水之不当，或则既经譬性于水，在未曾证明分乎东西以前，虽然如孟子说着分乎上下，却属风马牛不相及了。至于朱子评其近于扬子善恶混之说云云，尤为误谬。盖告子所主张的，正和杞柳的场合一样，即在湍水的场合，固仍是谓性无善无不善也。

第三的生之谓性说，盖谓人性无善无不善；人之生而具有的，即为性，此和经验学派所谓人性如白纸之说，完全相同。后来宋之程明道，亦采此说。而孟子对之所下的批评，乃系一种推论的乱用。惟其如此，故在温公的《疑孟》之中，对于此节，亦加以批难。至如日本的太宰春台，则评为争吵时声高者胜；孟子正所谓声高的人。以人性为白纸之说，尚有相当批难的余地，固不待言；而孟子乃急于求胜，却又未免可惜了。

五　性善论

性善的思想，古已有之的事，既述如前了。但是倡导性善之说的，实为孟子。所谓"孟子道性善"是也。他之说述性善，乃采用演绎的及归纳的两种方法。※郎擎霄《孟子学案》云：孟子言性善，其主旨仅曰性可以为善，初不在凡性皆善，或必善。…孟子所谓善，乃情之可以为善，如象见舜而忸怩，情者性之动，窥人情之所向有可以为善者在，故窥性之可以为善。故孟子性善有三解：一、圣人之性纯善，常人之性皆有善，恶人之性仍有善，故说性善。恻隐是非羞恶之心，亦不过人情之所向而人莫不有之，故性善，恻隐等心之所以合于性善者，以其合于仁义礼智故，如《公孙丑》云：恻隐之心仁之端也，而仁等世之目为善者，故性善。性善论于伦理思想上有莫大之助，盖伦理学者，本人性全部之知识，而尤注重于其关乎精神，关乎社会之两部，用以发展人类种种之生活，使达于完全。故性善说实在伦理思想上放一线曙光，于教育思想上当更有关系，又性善故，是非羞恶非由外铄，不学而能，不虑而知，无须经验。人之情欲，都受制于此良知良能之善性，判断其动机邪正，以为行为之标准。此与 Kant 直觉说相似。故在心理学上有其相当之价值。在演绎的方法方面，他特将《诗经·大雅·烝民篇》所谓"天生烝民，有物有则，民之秉彝，好是懿德"等语句，屡屡引用着。又由《中庸》之所谓"天命之谓性，率性之谓道，"及"诚者天之道也"云云，从而说述人之本性为诚的意义。彼乃由此类推，而曰人性善。次在归纳的方法方面，彼则列举例证，以证明人性之善。例如看到赤子将入于井，则无论何人，都将趋而救之，遂将其时的心理分析以观，所谓"非所以内交于孺子之父母也，非所以要誉于乡党朋友也，非恶其声而然也，"乃系由于纯粹动机而救之的。质言之，即人皆有不忍人之心，此之谓恻隐之心。恻隐之心，仁之端也；羞恶之心，义之端也；辞让之心，礼之端也；是非之心，智之端也；人皆有是四端，于是人性之为善，自不容疑了。※又人同具良知良能，如孩提之莫不知爱其亲（或谓爱亲之源，未始非因利己之故，而救赤子于入井，其初亦不过要弃去己心内之悲感，而求己心内之喜悦而已。则起首即有利己之心在，故不可为性善之诚证。

尤其可以注意的，乃系他主张万人同性的一点。他说："口之于味也，有同嗜焉；耳之于声也，有同听焉；目之于色也，有同美焉；至于心，亦有所同然者，理义是也"云云，此和《中庸》上面的三品论，大不相同。在孔门方面说来，可以说是继承了颜回等之主张的。而于所谓万人同性的一点，即在主张性恶论的荀子，亦系同其意见。

至于性之定义，即性是甚么一事，孟子并未说明。若从他对于告子的生之谓性，加以非难，而区别生与性的一事看来，似乎生系指形骸而言，性系指精神而言。再由所谓："若夫为不善。非才之罪也，"以及"非天之降才尔殊也，"

等语句看来，又似乎将才与性，视为同一意义了。要之他或者以为此系人的先天之谓，在常识的方面，即可了解，原无特别说明的必要吧。而将性的定义，明了地加以说明了的，实为荀子的功绩。

此外善之意义，亦不明了；仅有"可欲之谓善"的一语而已。原来此系对于何谓善人的质问之说明，仅据此句，其意义，殊不明了，又不能谓为善之定义。从董仲舒说来，则以"性有善端，动之而爱父母，较禽兽为善，是之谓善，此孟子之言也。"采取此种解释的，为日本的伊藤仁斋，及中国清代的诸儒。至于汉之王充，以为孟子的性善论，※孟子明知食色欲之为性而不谓性而谓命，恐人之藉口于性，因以放纵而无忌惮，知性中有命则人自然安身立命于一切嗜欲毫无染著，此则孟子言性善微意，实则孟子固明言性可以为善可以为恶也。系就中人以上而言，是又与朱子相同，将善解作完全无缺之义了。此即所谓四端之心，究为仁义礼智的四德之端绪呢！抑系积聚修养，而可进为仁义礼智的四德之端绪的两种议论所由分之处。要之孟子自身对于此点，并未曾明言。而对此加以明了的说明了的，亦为荀子。

性既为善，则恶的原因为何之疑问，自必发生。孟子则以为此系物欲陷溺人之本性使然。然则更进一步，询以物欲果何由陷溺人之本心呢？则仍不得不说是吾人有此肉体之故了。所谓"食色性也，"又曰："口之于味也，目之于色也，耳之于声也，鼻之于嗅，四肢之于安佚也，性也，有命焉，君子不谓性也。"此则纯以肉体的欲望，认为恶之原因了。※人之不善，皆由于"不能尽其才"一、受环境之影响，二、自暴自弃，三、由于以小害大，以贱害贵。质言之，孟子乃系将性之一字，用之于精神的谓之善，用之于肉体的则为恶之原因；是这样地用于两种方式的。但是孟子又以性善的方面，称为大者，欲望的方面，称为小者；而说以宜确立大者，统制小者。荀子的性恶论，乃系以孟子之所谓小者为中心而为说的。

六　性恶论

性恶的思想，古已有之的事，亦既述于前了。但是主张性恶论的，却为荀子。他说："人之性恶，其善者伪也。"他与孟子不同，系一一将用语的定义，明白揭出。最初他说："不可学，不可事，之在天者，谓之性。"※（依顾千里校）又曰"生之所以然者，谓之性。"其次又说："可学而能，可事而能之在人者，谓之伪。"此外又就性与伪的关系，以为"性者本始材朴也，伪者文理隆盛也；无性则伪之无所加，无伪则性不能自美"了。要之他系以性为天赋的东西，伪为人为的东西。仅仅天赋，不得谓之善，而以人为修饰之，则为善了，故曰："人之性恶，其善者伪也。"

※正名篇云："生（依王先谦校）之和所生，精合感应，不事而自然，谓之性。性之好恶喜

怒哀乐谓之情。情然而心为之择，谓之虑。心虑而能为之动谓之伪（伪字本训人为），虑积焉，能习焉而后成谓之伪。”

荀子性恶论之根据：一、人之性生而有好利疾恶与耳目之欲，二、人之性，饥而欲饱，寒而欲暖，劳而欲休，（让则非其情）三、人之性好利而欲得，四、人之性偏险而不正，悖乱而不治。此是谓人性有种种情欲，若顺情欲为之必有恶事，故必设礼义法度以化其性（礼义等正为性恶而设），是以人之善行，全依人为。综其所言，谓性可以为恶，而仍不足以破性可以为善。荀子又谓人之为善，由于积靡而成。又心能制性而不为性所惑。然荀子谓性得礼义然后治，而此礼义为人性所固有，是则人性之可以为善也，审矣，性恶云乎哉。总之，孟子虽言性善，实言性可以为善可以为恶。荀子虽言性恶，实亦言性可以为善可以为恶，徒以言有轻重，浅人不察，遂以为不相通。（赞按：虽作是说，而何以有善恶则仍未说明也。

关于善恶的标准，孟子之所说，固不明了；而荀子对于此点，则明白的加以说明。他说：“凡古今天下之所谓善者，正理平治也；所谓恶者，偏险悖乱也；是善恶之分也已。”而以行为的结果，天下平治，则谓之善；倘天下乱，则谓之恶。此则明明为结果论了。

荀子和孟子相同，认为圣凡同性。但是对于既是性恶，则善又何由而发生的质问，却穷于说明。亦和孟子一方面主张性善，而穷于说明恶之起原的相似。质言之，荀子在暗暗里，又不得不承认人性之有善的方面了。所谓“途之人也，皆有可以知仁义法正之质，皆有可以能仁义法正之具，”云云，即此之谓。

七　性善恶混论

孟子的性善论，固有理由；荀子的性恶论，亦有理由；想到人性既有善的方面，同时又有恶的方面，于是汉之扬雄，遂倡导性善恶混论了。曰：“人之性，善恶混，修其善者为善人，修其恶者为恶人。”宋之司马光，又加以解释，曰：“混之云者，乃善恶杂处于心之谓。”此则正当于扬子之意了。换句话说，即凡人之性，都有善恶二者，杂处其间之谓也。

由王充说来，则以为孟子的性善论，系就中人以上者而言；荀子的性恶论，系就中人以下者而言；扬子的性善恶混论，系就中人而言。果如所说，则又仍不得不承认性三品说了。此在宋咸的《法言注》之中，亦大略和王充之说，为同样的解释。但以我个人（著者）看来，认为扬子承认性三品说的证据，并不存在；而以扬子系认中人之性为善恶混的证据，亦不存在。扬子毋宁系以凡人之性，都系善恶混，从而主张着万人同性之说的。周人世硕等之所谓性有善有恶说，倘如王充的解释，而为有性善者，亦有性恶者之意，则和性三品论，固无大差；但是倘系在一人之性，有善有恶之意，则和扬子的善恶混论，亦无大差了。

固然，扬子既未说明性之定义，亦未说明善恶的标准；但从其说以"天下有三门，依情欲则由禽门入，依礼义则由人门入，依独智则由圣门入"云云看来，则所谓善恶的意义，似乎亦得以推测了。

八　本然气质论

关于人性的议论，除以上所列举的以外，固然还有一二不很重要的主张，但是今则逐行叙述宋儒所主张的本然气质论。

如前在宇宙论所述及过的一样，程朱系以理气二元论，而说明现象界之事象的。质言之，所谓人性，即系由理气二元而成的，气相集而成此形，理亦赋与之而成精神，于是由理言，则万物一原，并无人与物的区别；所谓本然之性是也。由气言，则气之聚合得其宜则为人，失其宜则为物；虽在同样的人类，却是圣人之气清，凡人之气浊。即由气质而言，人与物二者，不独大有区别，而圣人与凡人，亦大有不同。气质云者，一言以蔽之，肉体是也。本然之性云者，精神是也。在议论上，固将本然之性和气质，分别说明；但此二者，不独不是各别地独立存在的，又必系相依相待而存在的。倘使将本然之性，譬之于水，则气质正如盛水之器一样；苟无器则水固不可得而盛，苟无气质，则本然之性，亦将无所依了。从而称此盛于器中的水，谓之气质之性。质言之，本然之性，实宿于气质之内，而名其全体，则谓之气质之性。惟具体的存在着的，仅为气质之性而已。各个人的气质，原系各不相同；故气质之性，当然亦为个别的。至将气质的影响除外，而抽象地考察人之本性，则称之为本然之性。圣人的气质，惟其清澈，故本然之性，无有隐蔽；凡人的气质，惟其昏浊，故本然之性，不能完全表现。正如盛于不净的器中之水，不能透视的一样，人类之有不善，即系由于气质昏浊之故。如此说来，似乎孟子的性善论，系就本然之性而言；《中庸》的三品论，扬雄的性善恶混论，荀子的性恶论，都系就气质之性而言。于是从来关于性的议论，到了程朱，遂都为之综合了。

九　性与情的关系

性与情的关系，正如水与波的关系一样，倘以性譬诸水。则情为波了。波为水的作用，离水则波不能单独存在，情为性之动相，离性而情亦不存在。质言之，性为体，情即其用也。从而性之善者，其情亦善，性之恶者，其情亦恶，乃属必然。孟子为欲证明本性为善之故，以为系有恻隐、羞恶、辞让、是非的四端之心。实则恻隐、羞恶、辞让、是非等等，固明明为情，故亦可谓为系认情为善的了。但是又承认人类原有欲望的存在，乃以"养心莫善于寡欲"为言。因此，故又可谓为系认欲为恶的了。在老庄方面，系以欲为绝对的恶，从而主张无欲；而孟子则不曰无欲，而曰寡欲。由此看来，又似乎不全然认欲为恶了。以情欲认为恶的，在古代惟老庄与荀子。至如汉之董仲舒之流，则以"天有阴阳，人有性情，以性为阳，以情为阴"云云，似乎亦系同样认情为恶，而与佛教徒之以情为恶的，并无殊异。不过认情欲全然为恶，却属误谬。原来情欲方面，乃系有善有恶；倘更一层地正确说来，则所谓喜怒哀乐的情欲其物，原无善恶可言；惟其发而中节者，谓之善，或过或不及之时，则谓之恶罢了。宋儒之论，即属此类。关于此点，实为较之其它学派之说，殊胜一筹的地方。

从宋儒说来，性既分为本然气质二者，故其发而为情※（《程氏萃言》二云："情者性之动也"），亦自然可以别为系本然之性的表现，或系气质之性的表现的二者了。本然之性，既为纯粹至善，则其发而为情的场合不待言，亦必为纯粹至善。至于气质之性，原来未必为善，故其发而为情的场合，亦未必为善，或者竟不免于为恶。※蒋维乔云："孟性善，情与才亦善。荀性恶，情亦恶，宋明儒者则以为情与才皆有善恶，完全从张子分性为二，以及说气质性恶之思想而来。"圣人的气质，原系清澈，则其情当然为善；凡人的气质，原系昏浊，故其情亦恶。试以图示之，则如下：

在以上的场合，性之发而为情，不待言，乃系吾人具有肉体（即气质）而然。既已为情，自无不受气质的影响之理。※蒋云"人为派认性为行为的抽象总称，用归纳法从行为的动机及结果，找出或善或恶的证据，决定性善性恶。荀子是注重结果的人，故主性恶。理性派认性是由天所赋而在人们心中之理，演绎地先认定性善为前提，去说明一切善的行为。故周、程、张、朱、陆、王，无不曰"人性本善"。

"性"是以生为意义，那么生就是善的标准。凡利于生的叫善，反之为恶。程子曰："天只是以生为道，继此生理者即是善。"（《二先生语》卷二上）然性分二：一天地之性，二气质之性。一善一恶，此说发端于《太极图说》。张、程张大之，朱、陆、王皆主之，但天地之性，又不能离气质而独存，必须寄托在气质上面才能表现出来，那么人的行为，自然不能没有恶，气质之性所以恶者，则是理同而气殊之故，气殊有厚薄偏正，于是天地之性寄托在那气质上，也随之而有厚薄偏正。从此而可知气质播弄为恶，和孔子所说环境熏染的恶不同，环境熏染在后天，气质之恶是先天的，故程子曰："善固性也，然恶亦不可不谓之性"（《二先生语》卷一）此意即谓就性之根源说，只有善是性，就生的时候说，恶也可谓之性，故气质之性可澄治而令之反善，故此派主反性或复性，即以天地之性为性，不以气质之性为性，反性之基本工作是"学"。学可以变化气质，学之基本工作在"致知"，致知在"格物"，由致知格物而穷理尽性，尽性便能养气，反其本而不偏，是为合天。"格物致知"本《大学》，"穷理尽性"本《易》，程朱训格为至为穷，训物为事，故其格物工夫，乃向外界穷求万物之理。陆王训格为去，物为非即去不正之意，故其格物工夫，乃向心里去做，把那心所包涵的理尽量向外发展，程主向外，所以事物虽多，不能尽穷，亦必多积累而后已。陆王向内，故事物虽多，但其理则在心中，苟能求得心中之理，万物之理自然明白，因格物工夫之不同，所致之知亦异。程朱所致之知，是经验的学识，陆王者即超经验之良知。但这派都认人有良知良能如《正蒙》、《诚明》云："夫良能本吾良能"《伊川语》卷十一云："夜气之存者良知良能也。"惟程朱以为吾人之良知良能少，只有一二种（如鸟能做巢，小儿知吃乳），其余一切知识，都要从学经验来。陆王则以为良知良能多，一举一动都是，因致知之不同，故所穷之理亦异。程朱所穷者宇宙间事事物物之理，陆、王所穷者内心之理，然对于尽性，却是同一目标。程朱主张致知在穷理，就是先穷理而后致知之意，至于格物则等于穷理，两者一而二，二而一，在致知前（《程氏萃言》卷一训格为穷，训物为理），陆、王则主先格物，次致知，后穷理，故朱等以尽心知性为因，格物致知为果，陆王以格物致知为因，尽心知性为果。通常所谓某一种之情，果基于本然之性与否，乃系抽象的地概念的地而为考察的；至于具体的说来，则一切之情，又都系几不基于气质之性的了。

十 心——人心、道心

※蒋维乔云："理性主义派以理为人性命所本，气为人形体所从，二者合而人乃以形成，但人能推理则气清，物不能推理则气昏，人物之分在此，而宇宙本体亦理气二者，故吾人为小宇宙，因其一本一末不能说等于宇宙，但吾人之心，却包涵宇宙万理，此心中之理名之曰性，（理包事物之理）则心是能藏之具而性是所藏之物，朱子曰："性是理，心是包涵该载，敷施发用底。"阳明曰："性是心之体。"故说心必有性，说性必有心，自然可以说"心即理"但程朱主用精密之归纳法的，乃说性即理。陆王乃主用简易的演绎法的，故说"心即理"。而程亦尝谓："理与心一"，王亦尝谓"性即理"，故二派之分别，乃在方法之不同，不在"唯理""唯心"之别也。

孟子又有将心用于情的意义之场合，例如所谓四端之心云云，即是如此。恻隐之心，用现今的语说来，正即所谓同情是也。但是所谓本心、所谓良心、所谓存心、所谓养心等等，又非情的意义，乃系吾人的精神的意义。荀子则有将心用于意志的意义之场合，例如所谓"心之容无其择与禁，"正系指意志的选择作用而言。但是又如所谓"心者形之君也，神明之主也，出令而无所受令，自禁自使，自夺自取，自行自止"云云，却为吾人的精神之意义。至于宋儒，则将心用于知的意义，例如张横渠所谓"合性与知觉而有心之名"云云，即此之谓。关于此点，固系和朱子相同；而明之王阳明，亦属同然。阳明由心之为虚灵明觉，而名之为良知，并谓良知为心之本体；但其有将心用之于吾人的精神的意义之场合，自不待言。张子之所谓大其心，则心物外无物，与天为一体；伊川之所谓心即性，朱子之所谓道心，阳明之所谓心即理，皆此之谓。要之心除被用于精神的意义以外，或用于知的意义，或用于情的意义，又或用于意的意义。

在将心用于精神的意义以内，则所谓吾人的本心与天为一体，与圣人无差别，吾人苟能明其本心，即能进为圣人等议论，因之而起，自属当然。孟子之所谓"存其心，养其性，所以事天也"云云，即其一例。故由某一意义说来，孟子之学，实即心学。朱子于《中庸章句》的序文之中，谓"使道心常为一身之主，人心每须听命，则吾人之行动，自无过不及之差；"又由其认舜将传天下于禹之时，被称为教训的"人心惟危，道心惟微，惟精惟一，允执厥中"等语句，认为虞廷的传心诀之一事看来，可知朱子之学，亦为心学。到了阳明，竟明白地道破圣人之学为心学了。

所谓人心道心云云，依清之阎若璩的参证，乃系《荀子·解蔽篇》中所引用的《道经》之语，并非舜的教训，固已极其明了。但是迄至宋明时代为止，实都相信其为舜的教训；故遂成为学界的问题。于是程伊川乃以之和《礼记乐记》篇中的天理人欲之语相配合，而谓道心为天理，人心为人欲。朱子，则将心解为系依理气二元的妙用，故认为有本乎理的心，和本乎气的心二者；从而谓本乎理的心为道心，本乎气的心为人心。不待言，道心乃系纯粹至善，至于人心，则依气禀的清浊之影响，固未必即为恶，但亦不免于有不善的事。凡属人类，都赋着此理，故不独圣人，即在凡人，亦具备着道心。又因人类无不受此气以成形，故不独凡人，即在圣人，亦具备着人心。倘如程伊川之言，而以人心为人欲，则不独凡人，即圣人亦具有人欲了。因此，朱子为欲补其缺陷起见，遂以人心之得其正者，不失为天理，不得其正者，人欲也；圣人之所有的人心，为天理。凡人之所有的人心，为人欲了。而在凡人方面，人心和道心的关系，必须如何的事，此于朱子的《中庸章句》的序文所述，固极明白。其语句既经列举于前，兹不再赘。但是倘以之和康德之说比较起来，则所谓道心，又可称为理性，人心又可称为感性吧。所谓常须依理性而统制感性的康德之说，和所谓道心常为一身之主，人心每须听命的朱子之说，二者实相酷似。

陆象山乃由心即理的立场，而谓心为惟一无二，并说以将心分为人心道心二者，道心即天理，人心即人欲的伊川之说，实为不当之论。即就《乐记》之所谓天理人欲其物而言，他亦大加反对。盖倘以天即理，人即欲，则是将天人分而为二了。并谓此种说法，原为老庄的思想，并非我儒所采取的。不过人心道心二语，在当时既都认为舜的教训，而崇信之，故又不得不加以何种解释；于是他乃以为道心云者，系由道体而言，人心云者，系由备于人的而言。用现今的话来说，则象山之说，所谓道心即大我，人心即小我的意义。

象山的此种说法，固系极有兴趣的解释；但仅止于象山个人的解释而已。而认道心为天理，人心为人欲之说，在大体上，乃系被一般所承认了的。实则王阳明之流，关于此点，亦完全采用着伊川之说。

※蒋维乔云："人为主义派与理性主义派之伦理思想目标虽同——亲亲而仁民，仁民而爱物，以自己为出发点，然然普及万物，但基础不同，人为派由于归纳的推论法，理性派则是从"理一分殊"之宇宙论而来，以己为始，以万物一体为终之思想实始于《中庸》之"能尽其性则能尽人尽物之性，乃至赞天地之化育"特言之简，不若张子《西铭》显著，这派既以理一分殊为伦理思想之基础，而树立从己及物有差等之伦理思想，其唯一之实践道德即"仁"。从此种伦理思想发为政治思想，以个人良善的修养为治国平天下之手段，而治国平天下为个人良善修养之目标，即《大学》之思想。至其哲学原因或根本观念是感应说，因此政治目的是以完全人格感化人民为善，非以刑法迫民为善，如无感应说为根本观念，则必无济于事，此与孔子政者正也之说同。但孔未推到正心诚意格物致知上去。

他们实现政治思想之方法，一、止、所谓止，即万物各正其所之意，即《大学》止于至善。孔子所谓正名之意，亦即程子所说，建立纲纪，分正百职之方法。二、"充足民力"，即使人民先解决生活问题，然后能一心向善。三、立志，又举贤才，尚德不尚刑等同人为主义派之说。

第二节 义务论

一 总论

像儒、墨、法术，那样的世间的学派，其所说，固然各各互有几分的异同，但是都有其所谓义务论；至于像老庄那样的出世间的学派之说，则自然别无所谓义务论了。在老庄学派之中，尤其是如杨朱之流，因系纯然的个人主义者，故漠视国家或社会，而履行其对于此等义务的意志，几乎丝毫不复存在。所谓"拔一毛而利天下不为也，"即为彼之主义。因此，老庄方面，有时尚述着关于义务论的意见。但于此处，仅主以儒教为中心而叙述之。

见于《书经》的《舜典》《皋陶谟》之中所谓"五典"一语，实为义务论之见于文献的嚆矢。而五典究系何物呢？就《舜典》所载：

"帝曰：契，百姓不亲，五品不逊，汝为司徒，敬敷五教在宽！"

将此等语句综合想来，五品之教，即为五教。倘五教原可认为人民一般的典则，则又得称之为五典。然则五教又系何物呢？于此则有两种解释：据《春秋》文十八年《左传》所载，则列举太史克之说，而为父义、母慈、兄友、弟恭、子孝；是则五品为父、母、兄、弟、子，五教为义、慈、友、恭、孝，亦即为五典。此一说也。又据孟子所载，则为父子有亲，君臣有义，夫妇有别，长幼有序，朋友有信之五者；是则五品为父子、君臣、夫妇、长幼、朋友的五伦；五教为亲、义、别、序、信。此又一说也。原来所谓品之一字，乃系三口相集，实即众庶之义，今则转而指其一个了。伦者系指两两相对的关系而言。单由此点说来，将五品认为父、母、兄、弟、子，的方面，较之认为父子、君、臣、夫妇、长幼、朋友之五伦的方面，遥为允当。而且谓人伦为五的事，孔子亦未曾说过。到了《中庸》始有五达道的说法。而此五达道或五伦，荀子对之，又加以攻击，谓为系将孔子所未曾说过的东西，造作出来的，殊不能认此即为舜之时代的五教。就此等理由以观，舜之五教的意义，似乎以太史克之说，较为允当。

要之由父、母、兄、弟、子的五教而开始的义务论，随着国家社会的演进，为此种仅为家庭的道德，遂感到不足；到了《中庸》，乃有五达道之说，而列举君臣、父子、夫妇、昆弟、朋友，到了《孟子》，又转而为五伦，列举着父子、君臣、夫妇、长幼、朋友了。于是中国的义务论，遂不得不认为因此而决定了。

于此可注意的，即子思系列举君臣为第一，而孟子改变其次序，而以父子列为第一的一事。关于此点，或者子思系继承孔子之尊王论的，故以君臣列为第一；孟子乃系以人类的至情为基本，而且又为民主的倾向之学者，故以父子列为第一的吧。此外又如单称昆弟，则系仅指同父的兄弟而言，其范围殊为狭小，因而改为长幼了的吧。

在《礼记》的《五制篇》，又有七教云说。七教云者，即父子、兄弟、夫妇、君臣、长幼、朋友、宾客之谓。此外唐之韩退之又说以六位，列举着君臣、父子、师友、宾主、昆弟、夫妇。此等七教六位，原为补充五伦说之不备的，意义实极明白。不过到了后世，对之七教六位之说，却都不加承认，而淹没以终了。

此外成为汉儒的通说的，则为三纲之说。此系于五伦之内，对于君臣、父子、夫妇特加重视的。《白虎通》所载："三纲云者，何谓也？谓君臣、父子、夫妇；君为臣纲，父为子纲，夫为妻纲。"此种三纲说，亦长久地支配了后世之人。此所谓纲者，大纲之谓，乃系纲举而众目毕张的意义。换句话说，即系一说到纲，则预想到目了。纲一而目众，君父惟一，臣子则为多数；故所谓君为臣纲，父为子纲云云，自属当然之事。不过夫为妻纲云云，倘系一夫多妻的意义，则在今日的标准说来，殊不能采用了。

以下原欲顺次地就五伦而为说明。但在便宜上，姑分为个人与家族，个人与社会，个人与国家等三项而叙述之。

二 个人与家族——夫妇父子兄弟

《易》之《序卦》有曰："有天地然后有万物，有万物然后有男女，有男女然后有夫妇，有夫妇然后有父子，"可知夫妇实为人伦的大本。故在说明个人与家族的关系之际，以夫妇列为第一，次为父子，再次则为兄弟。

原来男女之道，虽远而实近；故在古代，对于男女之别，务必特加严重。例如《曲礼》所谓"男女不杂坐，不同椸枷，不同巾栉，不亲授，嫂叔不通问"等语句，即系重男女之别而防止淫乱的。至于《内则》又有"男女七岁不同席"之诫，亦系严于男女之别之故。此种教训，在今日说来，似乎过于严格，而被一般视为不当的说法。固然，到了七岁即加限制，未免失之太早。但是果能了解同席的意义，则此种教训，亦自然属于正当了。《曲礼》有"群居五人，则长者必异席"之语，郑注则解为席以四人为节。盖于仅能容坐四人的蒲团，对于年龄已长的男女，禁止其坐在一处，又岂非当然的事吗？

抑丈夫生而愿为之有室，女子生而愿为之有家，原为人类的本能，且为必然不可避的义务。故古之所谓仁政，常以内无怨女，外无旷夫，为第一义。换句话说，即使人人莫不有其配偶，实为仁政的第一义。所谓结婚，为男子迎妻，女子嫁夫，自不待言；但其目的，却决非仅为满足自己的感情而已，又必为产生健全的子孙，以图自己的发展，同时又图家族的发展。换句话说，即妻固为我之妻，同时又为家之妇。所谓合卺之后，必见父母，或谒祖先之庙，而后昏礼告成，即为此故。再则迎妇必以黄昏，故谓之昏礼。至如所谓依媒妁而始相互知名，或备礼而聘者为妻，不依礼而奔者为妾云云，皆系所以防止淫奔也。在中国对于同姓结婚，向所严禁，溯其理由，第一乃系以为同姓婚媾，其生不繁；第二，则以同姓结婚，近于禽兽。鲁之昭公娶于吴而忌其同姓，称之为吴孟子，当时众人皆加以非难；虽孔子亦未曾有何辩解之辞。此观于《论语·述而篇》可知。

妇人谓嫁曰归，此乃系以丈夫的家，认为自己可终其身的真正之家之意。据《士昏礼》所载："女之将嫁之时，母送于中门，教之曰：汝至其家，戒之敬之，夙夜勿背夫心。"要之妇人之道，以顺为正。《大易》亦曰："乾为健，坤为顺。乾者，君道也，父道也，夫道也；坤者，臣道也，母道也，妇道也。"妇人既宜以从顺为道，故有所谓三从之说。三从云者，谓幼而从父，嫁而从夫，老而从子也。此种说法，在今日妇人解放论者之间，自系最受抨击之语。但是冷静地加以考察，此所谓三从，却又决非不当之论。兹述其理由于次：

三从之中，第一之幼而从父的一项，此不独限于女子，即在男子，亦属当然之事；故别无成为问题之必要。第三之老而从子的一项，亦未必专限于妇人。原来在从前隐居制度存在的时候，固不待言；即在今日，既已成为老人，虽是父亲，自亦须听从青年人的意见。盖老人为回顾的，固善于称述既往，而对于现今的时势，却不明悉；故必须听从青年人的意见，自不待言。因此在三从之内成为问题的，惟嫁而从夫的一项而已。倘使将从之一事、解为绝对盲从，或如奴隶之服从主君一样，则此种说法，固系蔑视妇人的人格，而为吾人所决难赞同的了。假使解为夫唱妇随的意义，则在东洋伦理方面，又毋宁系极为当然的事。而此所谓嫁而从夫云者，不待言，自宜解为夫唱妇随的意义。故予敢断言：三从决非不当之论。

为妻的最重贞操，一般所谓贞女不更二夫，（贞女云云，见于《史记·田单传》。）夫妇原有偕老同穴之义，故夫没则妻称为未亡人，（未亡人一语，见于《春秋》庄二十八年《左传》。）不更二夫云者，系绝对地不再婚之义。在男子方面，不独不禁止再婚，而在某种场合。毋宁认再婚为必要。兹由所谓宗子虽到了七十岁，倘无主妇，则祖先祭祀之礼不备，仍必有再婚的义务看来，其为不公平，自不待言。但是对于女子所以特别责以贞操的，乃系由家族主义的立场，藉欲防止血统的混乱而然。似又不得不加以谅解了。

又如夫妻好合，如鼓瑟琴，固系最所希望的事。然而果欲成就内助之功，则妇人的学德，又须同时增高。故《周礼》有九嫔而掌妇学之法，教以妇德、妇言、妇容、妇功。至如文王之后大姒正为理想的妇人之一，诗人美而歌吟之，而曰："窈窕淑女，君子好逑"。此外又如《诗·齐风·鸡鸣篇》：

"虫飞薨薨，甘与子同梦，会且归矣，庶无予子憎！"

等辞，乃系劝夫出席朝会的，真可谓贤夫人了。白乐天咏李夫人之诗有曰：

"生亦惑兮死亦惑，尤物惑人不得忘；人非木石皆有情，不如不遇倾城色。"

此谓男子惑之之非，固不待论；但亦由于妇人德薄而然。《论语》所谓"惟女子与小人为难养也"云云，似系就此种德薄的妇人而言的。原来小知小慧的妇人，大抵误事。故《书》之《牧誓》引古语曰："牝鸡之晨，惟家之索；"《诗》之《大雅·瞻印篇》则曰："妇有长舌，维乱之阶"。

家族主义之在中国，盖认为无子孙，则祖先之祭祀绝，而以无后为不孝之大者。后者，嗣子之意。惟其如此，故于离婚的七个条件之中，而以无子列举为第一。此外第二为淫佚，第三为不事舅姑，第四为多言，第五为盗窃，第六为妒忌，第七为恶疾。此谓之七出，又曰七去，所谓无子一事，果为男女那一方面之罪，固不明了；但以无子而认为离婚的理由，从现在看来，其为不当，自不待言。又有所谓三不出者，即与更三年丧，前贫贱后富贵，有所娶无所归等三者，皆认为离婚禁止的理由。无嗣子则为不孝，而妻又不生子；再由人情说来，又不能随意离婚，且依三不出的条项，既属绝对地不能离婚，则不得已，只有出于纳妾一途了。所谓一夫多妻，倘由这样的家族主义的立场说来，似乎亦有正当的理由。至于专责妇人以贞操，而放任男子之为不公平，乃系极端的家族主义之弊。

如此说来，中国果完全为男尊女卑吗？又未必然。所谓"夫者扶也，妻者齐也"，夫有扶助妇人之意，妻则为与夫对等之意；而将夫妇一事，称为匹偶，配偶，伉俪云云，都系夫妇平等之意。《义礼·丧服传》，又有"夫妻半合也"之语，亦系认男女为平等的。《大易》则有"家有严君，父母之谓。"至如所谓"天无二日土无二王"云云，则虽在家庭，亦须夫唱妇随，又不待言了。

舜的五教之内，有父义、母慈、子孝之语；义慈系对于父母之教，孝系对于子之教，正如日本的俗谚所谓："亲烦恼，子畜生"一样，子的孝行，纵然竭尽心力，而较之父母的恩爱之亲切，却尚难当其万分之一。《诗·蓼莪篇》谓："欲报之德，昊天罔极。"盖以父母之德，比于天之无极。孟郊的《游子吟》谓："难将寸草心，报得三春晖。"又以亲之德，比于三春之晖。此都系当然之事。因此，说述孝的方面，较之对于父母之教，特别详细，似乎决非不当。而一般论者之所批评，大抵谓儒教责父宽，而责子严，又最为不通之论了。

父之一字，原为象形文字；乃系持捧于手之意。或者家长对于家族行其指挥，加以赏罚，系依捧乃能表现的吧。所为家族，固未必仅限于自己的子女，故义之一事，即正义，遂成为为人父者的最要之心得了。关于义的观念，且俟后文再述。总之父以正义而临家族之时，往往不免有过严之嫌；母之慈爱，即所以调剂之的。盖严父慈母，正是所以宽猛相济，恩威并行，而为治家的必须条件。《易》曰："家有严君，父母之谓。"盖谓此也。

为子之道为孝。盖家族主义之在中国，对于孝道特加重视。例如舜以大孝之故，遂被举而为天子了。《周礼·六德》为孝、友、睦、姻、任、恤，而以孝列为第一。至于八刑，则以不孝之刑列为第一。《孝经》更谓"五刑之属三千，罪莫大于不孝。"孔子说孝，极为详尽，此由《论语》看来，即可知悉。到了曾子，更对之加以评论了的事，又见之于《大戴礼》。并且著述《孝经》，而认为系孔子所语于曾子的，永远地受着天下后世的尊崇。若将关于孝的诸说，综合起来，从而分析其概念。固然依时代而有多少的差异，但大要则可归纳为下列的三项：

第一，　善事父母；

第二，　立身行道；

第三，　谨奉丧祭；

试就各项而为简单的说明。

第一，为子者必须善事父母。原来"孝"之一字，系由"老"字省去"匕，"而将"子"字拼合而造成的；即由制作的意匠说来，亦系子负老人，或尊敬老人之意。《礼记·祭法》曰："孝子之有深爱者，必有和气；有和气者；必有愉色；有愉色者；必有惋容；"盖孝子之爱其亲深者，正宜如《祭法》之所云。至如仅仅供给酒食，使物质上无何等之不足的，固然较之懒惰不顾父母之养，或博弈饮酒，不顾父母之养，或好货财，私妻子，不顾父母之养的那种不孝的人，胜过万万；但尚不能谓之真孝。《论语》曰："今之孝者，是谓能养；至于犬马，皆能有养；不敬，何以别乎？"说以爱与敬之必须同时存在，即为此也。原来凡奉养父母者，冬温而夏清，昏定而晨省，固为不可移易的原则；但又必须如曾子之养志。故《内则》引曾子之语曰："孝子之养老也，使之乐其心，不违其志。"

父母慈爱而子孝顺，则一家之内，自然是和气霭然吧。但是不幸而父母不慈爱，亦难保不有其事。当此场合，则只有父虽不父，子不可以不子，即为子者，惟宜绝对服从而已。《孟子·离娄》上篇有曰："不得其亲，不可以为人；不顺乎亲，不可以为子。舜尽事亲之道，而瞽瞍底豫；瞽瞍底豫而天下化，瞽瞍底豫而天下之为父者定。"此之谓大孝。盖谓果能如舜之孝顺父母，则其诚意所及，虽顽父嚣母，亦必使之感化也。所谓"至诚而不动者，未之有也，"即此之谓。

倘使万一父母有过之时，则为子者，又不得不为之谏言。孔子曰："事父母，几谏；见志不从，又敬不违，劳而不怨。"（《论语·里仁》）曾子亦陈述君子之孝而曰："微谏不倦，听谏不怠。"（《大戴礼·曾子立孝》）微谏云者，即几谏也。然在《孝经·谏诤章》，则曰："父有诤子，则身不陷于不义。"故当不义，子不可不与父争。此所谓谏诤较之几谏微谏，固然颇露圭角；要之当有过之时，即须为之谏言，乃系当然。

倘为父者犯了天下之法的时候，则如何呢？叶公语孔子曰："吾党有直躬者，其父攘羊，而子证之。"而孔子则曰："吾党之直者，异于是；父为子隐，子为父隐，直在其中矣。"孔子此语，遂久为后世的教训。自唐之《六典》以至《大清律》，均因此而设有亲属宜互相容隐的条文了。至于孟子和桃应的问答，则有瞽瞍杀人，法官倘欲逮捕，则舜虽为天子，亦不能枉法，其将弃天子之位，窃父而逃，处于海滨之地，终身欣然乐而忘天下的说法，固然似乎失之于矫激，要之在正义与孝道相冲突的场合，而谓孝道乃系超绝正义的。但又有所谓"大义灭亲"之语，此不待言，乃谓苟事有关乎大义之时，则又断然不可容许的了。

第二，则为立身行道。《孝经》说明孝之终始，有曰："身体发肤，受之父母，不敢毁伤，孝之始也；立身行道，扬名于后世，以显父母，孝之终也。夫孝始于事亲，中于事君，终于立身。"盖以吾人之希望立身上进，并非为得利禄，以恣自己的私欲也；吾人既经修学成德，自不能不有所贡献于天下国家。立身即系藉以行道，而行道的结果，倘竟至于扬名于后世，以显父母，是即所以为孝亲了。《礼记·祭义篇》有曰："事君不忠，非孝也；莅官不敬，非孝也；战阵不勇，非孝也。"即此之谓。说到临战而勇，当然视身命等于鸿毛之轻了。乍看起来，似乎与《孝经》所谓"身体发肤，受之父母，不敢毁伤，孝之始也"的思想，两相矛盾；但是道虽二，却系并行而不相戾的，所谓"求忠臣必于孝子之门也。"虽然和日本同样地主张忠孝一致，但是中国的思想，以之和日本相较，却又有几分不同。在日本系注重忠道，而以孝认为包含于忠的概念之中；在中国则不然，乃系注重孝道，而于忠包含于孝的概念之中。《孝经》中所谓"资乎事父以事母，则爱同；资乎事父以事君，则敬同；故母取其爱，君取其敬，兼之者父也。"即此之谓。是则在中国那样地实行革命风的国家，自系当然之事了。

第三，为谨奉丧祭的一事，《论语·为政篇》有曰："生事之以礼，死葬之以礼，祭之以礼。"《礼记·祭统篇》亦曰："孝子之事亲有三道：生则养，没则丧，丧毕则祭，养则观其顺，丧则观其哀，祭则观其敬，丧致其哀，祭致其敬，孝子之事亲终矣。"此即曾子所谓慎终追远者是也。

当父母亡故以后，则自天子至于庶人，皆服三年之丧。所谓三年，实则只为二十个月，正如日本之所谓三回忌而止。据郑玄之说，则谓二十七个月而吉服；王肃则谓二十五个月而行吉服。大抵因时制宜，或从郑说，或从王说。至于天子，则称服丧期间为谅阐；《书》所谓"高宗谅阐 三年不言"是也。至如《仪礼》之《士丧礼》以及《礼记》所载关于丧祭诸篇，对于丧祭的规定，记述特别详尽，兹姑从略，总之由法制上说来，则为吉凶军宾嘉的五礼之一；由社会上说来，则为冠婚丧祭的四礼之一。居父母之丧，宜尽其哀，原系当然。倘使居父母之丧而行婚嫁，或作乐，或穿吉服，或隐秘父母之丧而不举哀，或诈称父母之死等等，则都认为不孝之罪，而斥为十恶之一。

"丧毕则祭，"其注重父母之祭，固不待言；而祖先之祭，亦视为重大之事。盖祭者原系所以根本返始也。故《孝经》之中，于说述天子诸侯卿大夫士庶人五等之孝以后，又常说以祖先之祭之宜重视。《中庸》亦以以大王、王季、文王而配上帝，子孙永不失宗庙的祭祀，而称武王、周公之所以为达孝。像这样地自天子以至于士庶人所以以不绝祖先的祭祀，认为孝之必须的条件的，盖以祖先的灵魂，倘非子孙的祭祀，则不享受，子孙的祭祀，倘不举行，则成为不祀之鬼了。原来祖先与子孙，乃系一气相通；因此，子孙的天诚，最能和祖先在天之灵,互相感应。倘非一族,则血气原不相通,故虽祀亦无所感应。所谓"神不歆非类,氏不祀非族,"即属此义。以无后认为不孝之大者,亦为此故,列举无子而视为七出之一者,亦为此故。

原来在中国系以孝为百行之本。最后更谓"夫孝,天之经也。地之谊也,民之行也,天地之经而民是则之。"是则对于孝道,又赋以形而上的意义了。亲之宜爱其子,子之宜孝其亲,原为天地的大经,而超越着一般的理论。倘读《诗·蓼莪篇》所谓:"哀哀父母,生我劬劳,欲报之德,昊天罔极!"等辞,而自然不觉泪下的,正为纯孝之人。近来往往有以孝的必须之理由为问者,此等人们,实对于较海尤深,较山尤高的父母之恩,毫无感其为恩之情也。从而对于彼等单以报恩感谢为言,而说服之,自不可能。不过亲之爱子,子之爱亲之情,又有自然而然地油然涌于胸际,虽欲禁而不能禁者。《孝经》则谓此为"父子之性,天性也;"《庄子·人间世》篇,则谓此为"子之爱亲,命也,不可解于心。"换句话说,父子亲爱之情,仍系先天的具备于吾人的。如此说来,则那种不知孝道的人们,恐亦将恍然而有所觉悟吧。

至于兄弟,原系同根而生。譬之一身,正如左右手,譬之一木,正如相前后的枝干,其宜互以友爱相接,自属当然。《诗·小雅·棠棣篇》有曰:"兄弟阋于墙,外御其侮。"盖以兄弟相争,大半为利欲之故,故在古代,竟至禁止为子弟者有其私财。到了今日,禁止其有私财,固不可能;但是退而相互不以图谋私利为事,则兄弟相争的丑态,或将归于无有吧。此外兄弟不和的原因,则为各各娶妻成家以后,其间缺乏感情之融洽而然。所谓"刑于寡妻,至于兄弟;"所谓"妻子好合,如鼓瑟琴,兄弟既翕,和乐且耽"等语,倘都认为系由兄弟本人的悬念而然,则此种以有妻子之故,乃至缺乏兄弟的友爱的事,或亦为士君子之大大的耻辱吧。

三 个人与社会——朋友

固然同门谓之朋,同志谓之友;不过在通常,亦殊无将朋与友特加区别而说明的必要。朋友之交宜以信,原为不可移易的法则;但如孔子之所谓"忠告而善导之,"亦必为朋友相互间的心得。朋友又宜互相切磋琢磨,故曾子乃以"以友辅仁"为言。至于择友,又必知道有益友、损友的区别、直、谅多闻为益友;便辟、善柔、便佞为损友。"人之患在好为人师,"故又有"毋友不如己者"的训诫。孟子答万章之问,而以"不挟长、不挟贵、不挟兄弟而友,友也者,友其德也,不可以有挟也"为言,乃系最适切的教训。凡是以友辅仁,而热心于修进自己的学德的人们,更须明了孟子的所谓尚友。《孟子·万章》篇载:"孟子谓万章曰:一乡之善士,斯友一乡之善士;一国之善士,斯友一国之善士；天下之善士，斯友天下之善士。以友天下之善士为未足，又当论古之人，诵其诗，读其书，不知其人，可乎？以是论其世也。"是谓尚友。

个人与社会的关系，原非仅为朋友之交。关于此点，儒家的义务论，即五伦说，似乎感到不完不备。因此之故，《王制》的七教，韩退之的六位说，遂代之而起。此则既经叙述于前了。社会的组织，到了近世，尤其在发生急激的大变化的今日，虽是七教六位，仍觉不备，自系当然。不过即对于极其复杂的今日之社会，倘以为后文所叙述的仁义的精神相接，又自然地将有解决之途吧。

四　个人与国家——君臣

中国在今日，固然已为民国；但是从古以来，却为实行革命风的君主国。而且不待言，又为专制政治。故中国哲学，虽有学派之别；而彼等所说，却都由此基础的立场出发。而对于君主特加尊崇的，则为儒家、墨家、法家。至于老庄则说以为君主者，宜执绝对不干涉主义，无为而化。从而在老庄学方面，关于君臣间的义务，自无多加叙述的必要。至如杨朱则为纯然的个人主义者，而置国家社会于不顾的；故孟子评之曰"杨子为我，是无君也。"

君子一字，《说文》从尹口，盖谓以口发号也。尹字和父字，同为持杖于手的象形文字；故君字又有手执指挥之杖，而号令天下的意义。至于臣字，乃系表示人之跪而拜的意义，即为受俸禄而服从者；不受俸禄的，则谓之民。故在臣与民之间，固明白地设置着区别。是则和日本由于国体的关系，而不认知臣民之别的，大为不同。

古有所谓君虽不君，臣不可以不臣之语。如此说来，似乎待君颇宽，而责臣独严了。但是如前在宇宙论略加说述了的一样，中国古代的思想，系以君主为奉天命而君临亿兆，又有代天而教养人民的重大的责任的。为君主者，常须战战兢兢地奉戴天意，以身而作万民的模范，质言之，其对待君主，又决不能谓为宽大了。

君主既系奉戴天意，在能尽其重责的范围以内，则臣之仕君，自必正如对天一样了。倘使君主有罪过而不知改，一旦天意与之脱离，则倏忽地失却君主的资格，降为匹夫；而臣民对之，亦无所谓服从的义务了。故君臣的关系，乃系有条件的，相对的，并非绝对的。惟其如此，在统治天下的方面，遂不免于不安定。故经过夏殷以至周代，为欲使君臣的关系进于绝对的之故，曾有过相当的努力。《书》之《洪范》谓："天子作民父母，以为天下王。"《诗·小雅·北山篇》，则谓"普天之下，莫非王土，率土之滨，莫非王臣。"此等说法，即为其努力的一种表现。

孟子之谓君臣的关系为义的，系基于《论语》而然。《论语·微子》篇，"子路曰：不仕无义。长幼之节，不可废也。君臣之义，如之何其废乎？欲洁其身，而乱大伦。君子之仕也，行其义也，道之不行也，已知之矣。"此等语句，盖系述孔子之意而告丈人的二子，使之通知于丈人的。质言之，即系以君臣认为人之大伦；而君臣的关系，则以义合的。庄子于天下的大戒之一，列举着君臣之义，认为无所逃于天地之间，亦全然和子路之言相一致。

既认为系以义合，则不义而苟合，以贪图禄位的事，自属不可。盖所以仕者，乃为行义之故，并非为禄也。《论语·八佾》篇有曰："君使臣以礼，臣事君以忠。"忠者，由中心二字合成。朱子则解为"尽己之谓忠。"故《论语》之所谓忠信，所谓忠恕，大都以用于尽心之意为多。到了后世，一说到忠，即解为臣之事君的义务的，盖基于此。

第三节　德论
一　总说

将以上所述的各项义务，完全履行，是即为吾人之德了。但在东洋伦理方面，大抵于前节五伦之外，又列举德目以为常。何以故呢？盖所谓五伦，原系表示吾人应乎位置境遇所当履行的规范，而所以完全履行此规范，即为吾人之德。《中庸》所谓"天下之达道五，所以行之者三，"是也。五达道，即五伦；三，即知、仁、勇的三达德。

"德者得也，谓得于身也。"此为见于《礼记》的《乐记》或《乡饮酒之义》等篇的解释。关于德的解释，尽于此矣。质言之，所谓德者，盖为构成吾人人格的内容之意。故古代有明德，又有昏德；有吉德，又有凶德；有善德，又有恶德。韩退之的《原道》篇所谓"道与德为虚位，故道有君子小人，而德有凶有吉，"云云，自属当然。虚位云者，并非虚伪之意，乃系谓除掉内容的形式的名称之意。因此之故，自然可以说有君子之道，亦有小人之道；有吉德，又有凶德了。但在通常，说到有德之人，大抵都解为系有高尚的人格之人之谓。

从古以来，所谓德目的，又有种种区分。舜以"直而温，宽而栗，刚而无虐，简而无傲，"为四德（见《舜典》。）皋陶则陈述人的性行实有九德，即于舜的四德之外，加以"柔而立、愿而恭、乱而敬、扰而毅、强而义"的五德（见《皋陶谟》。）《洪范》又谓正直、刚克、柔克为三德。但是倘从孔颖达之说，则此三德乃系人君统治臣民的方法，故不能和此处所叙述的德目，相提并论。见于《周礼》大司徒之职的六德，系列举着知、仁、圣、义、忠、和。见于左传的高阳氏的八寸子，系以齐、圣、广、渊、明、允、笃、诚之八德被称的。至于散见于《论语》的德目，则有仁、知、孝、弟、忠、信、温、良、恭、俭、让、刚、勇、清、直等名称。《孔子》最重视仁，从不随意以仁许人，但有时又以知、仁、勇三者并称；所谓"知者不惑，仁者不忧，勇者不惧，"是也（《子罕·宪问》）。

于此遂发生知、仁、勇的三德论了。《中庸》乃祖述之而曰："知、仁、勇三者，天下之达德也。"到了孟子，则说以仁、义、礼、智的四德，而特别重视仁义。故在《离娄》上篇有曰："仁之实，事亲是也；义之实，从兄是也；智之实，知斯二者弗去者也，礼之实，节文斯二者是也。"而以礼与智，认为系在节文仁义之实而不去的了。此乃由于对抗当时盛行的杨墨之学之必要而然，经略述于前了。

到了汉之董仲舒，则称述五常之道，而说以仁、义、礼、智、信的五德。董子之所以于孟子的四德以外，加以信而为五常的理由，固不甚详。但是第一的理由，恐怕系看到五典、五品、五教、五礼等名目，既见于《书经》，五达道，五伦之名，又见于《中庸》《孟子》；由此感受着暗示，遂至以德目亦认为五了的吧。第二的理由，或者系由于当时特别流行的五行说，因而将德目配以五行，而为五德了的吧。例如《春秋繁露·五行相生》篇，即将东方之木配以仁，南方之火配以智，中央之土配以信，西方之金配以义，北方之水配以礼；到了后世，又将南方之火配以礼，北方之水配以智，而与董子南北的配当，正属反对。全于宋儒，因为人都采用五常说，故儒家的德论，至此遂归于一定了。以下即就此五常顺次地加以说明。

二　仁

※《吕氏春秋》有云："老子贵柔，孔子贵仁。"孔子之道仁而已矣，熊公哲云："荀子之学亦归于仁，学者未必知，荀子之仁要于礼，学者知之。孔子之仁亦要于礼，学者未必知。"

仁为孔子所最重视的；所谓一贯之道，似亦不外仁之一字。在孔子以前，《周礼》的六德之中，固然和知、圣、义、忠、和并称；《诗经·郑风·叔于田》篇，又称大叔段为"洵美且仁，"但是并不怎样重视。依孔颖达之说，则解为行的美名。惟孔子之所谓仁，虽在孔子自身，亦言"若圣与仁，则吾岂敢。"又从殆无以仁许人的事看来，则究系如何地重视此仁可知了。不过《论语》中说及仁的地方，虽有五十余章，但对于仁的自身之定义，却未曾述及；仅不过说着为仁的方法，仁的效果，仁者的客观态度，仁者的心理等等。而且关于仁的说明，又因时而异，因人而异；故古来解释仁的，遂各各依其所见而不同了。

程伊川对于《易传》中的元、亨、利、贞之元，解为四德之元，犹如五常之仁。偏言之，则为一事；专言之，则兼四者。偏言即狭义的解释法，专言即广义的解释法。孔子将知仁勇并称之时之仁，可认为狭义之仁；未曾以仁许人之仁，可认为广义之仁。故孔子所谓仁之有偏言专言的区别，确系和伊川之说一样。要之广义地解释的仁，则系包含义、礼、智、信的；狭义地解释的仁，则系和义、礼、智、信相对立的。

关于仁的意义，诸儒之说，今固未能一一列举出来；兹仅述其二三，则如前所述：唐之孔颖达谓为行的美名；宋之邢昺谓为善行的大名。此所谓行的美名，和善行的大名，其意义，似乎大体相同。惟既将仁解为善行的大名，则义、礼、智、信，亦同样可谓为善行的大名了。而且此种说法，又不过仅为形式的说明，而究为何种善行之具体的说明，并不存在。故吾人对于此种说明，自然不能满足。至于程明道，则说明仁的内容，谓为生生之德，正如谓杏仁等果实之核为仁的一样。此为彼一家之哲学的解释。因为若如所说，则所谓"巧言令色，鲜矣仁"之仁，倘亦解为生生之德，则将毫无意义了。谢上蔡谓仁为觉；又说以主人公常为惺惺的状态，谓之仁。乃系感受佛教的影响而然。其不当于孔子的真意，自不待言。至如日本的物徂徕，则谓仁为安民长人之德。盖彼即谓先王之道为礼、乐、刑、政、主系由政治的方面而为议论的学者，故对于仁的解释，自然亦为政治的。倘使仁者果然即了君上之位，或者必能安民而长人吧。但是仁却非仅为主权者之德，又具有伦理的意义；故徂徕之说，亦不能采用。朱子则将仁解为"心之德，爱之理。"质言之，盖系备于心的德，宜发而为爱的原理之意义。此则对于韩退之所谓"博爱之谓仁"的解释，更进了一步的。惟说到博爱，究系指博爱的行为呢？抑系指博爱的感情呢？又或系备于心中的博爱之德呢？殊不明了。就大体言，韩退之之说，似系就博爱的行为而言。倘属如此，则是仁的结果，并不能谓为仁的自身。或者朱子为顾虑着上述诸点之故，而曰："心之德爱之理"的吧。此外又如日本的伊藤仁斋，虽与孔子之说，无大差异；但又直率地谓"慈爱之德，远近内外，充实通彻，无所不至者，谓之仁。"却似更一层地明快了。远近内外云云，乃系说明仁之广大的。

佛陀说慈悲，耶稣说爱，孔子说仁，此三圣人者，固然时、所、位、都各不相同；但其所说，却同系置重于情的方面。倘依知情意的三分法而言，则置重于意，固有果断的长处，同时或将失之于冷酷吧。置重于知，固有明察的长处，同时或将流于刻薄吧。置重于情，固有温籍的长处，同时或将有优柔之失吧。固然，各方面互有一长一短，不过惟情却有最能动人的力量。三圣人之置重于情，正为其所以永远感动天下后世的地方。但是佛教与耶教，皆为宗教，而孔子之道，乃为道德。宗教系因说明神与人之关系的，故在神的面前，必为万人平等。佛教和耶教之说以纯然的平等，就宗教的立场而言，原属当然。至于道德，乃系说明人与人之关系的，故不得不说以差别的平等，等杀的博爱，此为孔教与佛耶两教相异之点。至如墨子之兼爱说，在大体上，固和耶教的平等博爱相类似，倡导者无差别的平等论；但因其并非就宗教的生活方面而言，乃于社会生活之上，直率地主张其无差别的平等论，故不免于误谬。又如老子，则谓"天地不仁，以万物为刍狗；圣人不仁，以百姓为刍狗。"又谓"大道废，有仁义。"则系以仁认为第二义的了。

《论语》之中，亦有类似于无差别的博爱之语。例如子夏安慰司马牛之忧，则有"君子敬而无失，与人恭而有礼，四海之内，皆兄弟也"之语。孔子亦有"泛爱众，而亲仁"之语。此所谓四海兄弟，所谓泛爱，似乎和耶教无甚差别；但是仔细地看来，前者系以所谓"敬而无失，与人恭而有礼"的条件之下，而说以四海兄弟；后者系主张泛爱，而同时又亲仁的，决非纯粹的平等博爱。又当被问"以德报怨则何如"之时，孔子则答以"何如报德，以直报怨，以德报德。"此所谓以德报怨，正为耶教的说法。在纯然的博爱论者的立场，如此云云，自属当然。然而孔子则以为非是，可知孔子决非无差别论者了。原来儒教系依亲疏之别，而主张宜由亲及疏，由一族而及邻里乡党，由邻里乡党而及国家天下的。所有人类，无论在精神的或肉体的方面，乃系千差万别的，决非平等。从而无差别的平等，实为恶的平等。关于此点，儒教的主张之最为正当，自不容疑。

复次：仁为慈爱之德，而仁之一德，又可从两方面而观察之：即政治的治人的方面，和伦理的修己的方面。例如《大学》所谓"自天子以至于庶人，壹是皆以修身为本"云云，系以修己，即伦理的方面为本，治人，即政治的方面为末。因此之故，先由伦理的方面而叙述之。孔子答颜回之问，而曰："克己复礼为仁。"关于克己，原有种种异说；但予则从朱子之说，而以"克者胜也，已为私欲之意"为解。日本蟹江义丸博士，曾谓在英语谓自己为 Self，谓利己的为 Selfish，正和中国将己之一字解为自己与利己的之二义相似。此种说法，实为名言。盖倘有一点私欲之念，则对于他人的同情，自亦不免于不纯了。故说以"克己复礼为仁，"乃系以制胜私欲一事，为修得仁德的方法之意。但是又如王阳明所谓"破山中贼易，破心中贼难；"因此克己云云，又需要大的勇气。所谓"仁者必有勇，勇者不必有仁，"即此之故。次则仁者之容貌态度，必为重厚而非轻薄。所谓"巧言令色，鲜矣仁。"系就轻佻浮薄者之少仁而言。所谓"刚、毅、木、讷、近仁，"系就仁者之为重厚而言。而且仁者的胸中，常是公明正大，仰不愧于天，俯不怍于人，故又常不胜其乐。所谓"仁者不忧，"所谓"仁者寿，"所谓"君子坦荡荡"等语，皆系述说此种意义的。

仁者既有慈爱之德，则当其对人之时，自必爱人无疑。樊迟问仁，孔子答以"爱人"即此之谓。而当其对人之时，由中心发生的同情，又必洋溢于外，表现之而为恕。故曰："仁者，己欲立而立人，己欲达而达人，能近取譬，可谓人之方也已。"此系言仁者积极地将己之所欲而施于人之意。又如孔子答仲弓之问仁，而曰："己所不欲，勿施于人。"此则就消极的而言。要之体验己身，而对待他人，即曾子之所谓忠恕，《大学》之所谓絜矩之道。

次就政治的方面而言；有仁德者，倘为家长，则必能齐家；倘为君主，则必能治国而平天下。所谓"如有王者，必世而后仁，"即系就此而言。三十年为一世，盖谓王者施行仁政，则三十年而德泽遍于四海，万民无不得其所了。孔子批评管仲，虽然说道："管仲之器小哉！"但又推称之曰："如其仁，如其仁！"盖以管仲相桓公，纠合诸侯，不以兵力，以及攻退夷狄，使民得免于被发左衽的两种理由而然。换句话说，即系依管仲之政治的功业，而使天下后世，永远被其恩泽而然。※蒋维乔云：孔子之所谓仁，即"理想的完全人格"，为人生活动之目标。又孔子先有一性纯可塑的观念，故创仁道说，所谓"性相近，习相远，"创立仁的理想模型，来塑染人的性，此人为主义思想之焦点，也是人为精神之表现处。其后孟子又添出一个"义"，荀子又添出一个"礼"。孔子虽亦言及"义"、"礼"，似属于仁的。孟子以义礼与仁并立而侧重义，荀子，则侧重礼。又孟子以仁义礼为先天的范畴，荀子则以为是后天的法则，此由于其性说不同之故。

试将以上所述，以图表之，则如下：

```
                        ┌ 对己的 ┌ 克己——勇气
              ┌ 伦理的（修己）┤        ┤ 重厚（外貌）
              │         │        └ 愉快（内心）
              │         └ 对他的 ┌ 慈爱
仁——慈爱之德 ┤                  └ 忠恕——絜矩之道
              │                ┌ 家
              └ 政治的（治人）┤ 国 ┤ 安民长人——恩泽
                              └ 天下
```

※意志——坚强不动（刚毅木讷近仁）

理智——要善推要着实（举一反三，先难后获）

感情——爱人（惟仁者能爱人）

修身——复礼，敬恕（一日克己复礼天下归仁）

求学——勤博返约。

技艺——丰富（依于仁游于艺）

待人——恭宽信敏惠

事亲——孝

孝——敬亲及顺亲之志

由孔子之说，而将包含于仁之中的思想，加以分析，则大体如上所列举的了。而其最为重要之点，则为伦理的方面，尤其是对他的方面，即慈爱忠恕之二者。对己的方面，则仅止于说述修仁的方法，仁者的容貌态度，仁者的心理而已。至于政治的方面，乃系仁德的效果。子思之所谓"仁者人也，"最为允当。而慈爱之德所以发而为慈爱的行为的，盖以其对人之时，忠恕之念，必油然而生之故。曾子曰："夫子之道，忠恕而已矣！"倘由此点看来，实为颇有意义之语。

三　义

义为《周礼》六德——知、仁、圣、义、忠、和——之一。孔子亦屡屡说及义，孟子更是高唱仁义。然则义者果何谓耶？《中庸》解为"义者宜也，"似乎最为稳当。倘以今语说来，则为正义。《春秋》僖二十七年《左传》，有"诗书义之府也"之言，或者系以诗书系记录先王的大训的，遵从其大训，即为正义；因而谓诗书为义之府库吧。

《书》《舜典》有舜使契为司徒，敬敷五教于天下的事。五教的第一，即为父义，以及父之对待家族，必临以义的理由，既经具述了前了。实则义不独为父之所宜留意的德目，即在君主之下临国民，亦为同样地所宜留意的德目。盖家长之临家族，君主之临臣民，都必须公平无私，决不可因爱憎而为赏罚。在家族臣民之中，原有知愚贤不肖之别。对于贤知者，重用之，对于愚不肖者，怜悯而教导之，及系为君父者之义。倘以亲故而将愚不肖者置之高位，以疏故而将贤知者投之闲散，则不得谓为义了。所谓君父之义的内容，要即归着于此。《中庸》所谓"义者宜也。尊贤为大；"《礼记·丧服》四制所谓"贵之尊贤，义之大者也；"《大戴礼·盛德》篇所谓"义所以等贵贱，明尊卑也，"以及《朝事》篇所谓"古者圣王明义以别贵贱，以序尊卑，以体上下"等等，都系就此意义而言。

复次：依贵贱尊卑而设置次第顺序，各各给以相当的待遇，正是所以是注重秩序，亦即为礼。换句话说，义与礼，又有密切的关系。在某种意义上，亦可谓礼由义生。《中庸》曰："仁者人也，亲亲为大；义者宜也，尊贤为大。"又曰："此二者，礼之所由生也。"《孟子》亦有"仁之实，事亲是也，义之实，从兄是也，礼之实，节文斯二者是也"等语，都系指此意义而言。关于仁的方面，姑置弗论。而礼与义，既有如上所述之密切的关系，故所谓礼义的一成语，遂自然发生了。

义者宜也，又正义也。故为人臣子者，当然亦须遵守。子弟方面，姑置弗论。专就臣下而言，则《孟子·离娄》上篇有曰："事君无义，进退无礼，言则非先王之道者，犹沓沓也。"沓沓云者，朱子解为怠缓恍从之貌。《礼记》的《表记》，亦有"小心而畏义，欲求以事君也"之语。此外《大戴礼》的

《小辨》篇，则有"大夫学德别义矜行以事君"之语。凡此所云，都系说明为臣下者，务宜重义也。

君主以义临臣下，臣下亦以义事君主；因而义遂成为表示君臣相互之关系的德目了。故孟子曰："君臣有义。"此外说明君臣之义的语句，除《论语》外，又散见于《礼记》，《春秋》，《公羊传》等书。《庄子》的《人间世》篇，亦有"天下有大戒二，其一命也，其一义也"之语。命的方面，既述于前；又与此处无直接的关系，姑置弗论。义的方面，则正和儒家之说相一致。庄子谓君臣的关系为义，而说以为在天下所不能避免的大戒，又和《诗·小雅·北山》篇所谓"普天之下，莫非王土，率土之滨，莫非王臣，"同其意义了。据《论语·微子》篇所载："……子路从而后……子路曰：不仕无义。长幼之节，不可废也；君臣之义，如之何其废乎？欲洁其身而乱大伦。君子之仕也，行其义也；道之不行也，已知之矣。"此所谓"君臣之义，不可废也"的观念，正和庄子的"无所逃于天地之间，此之谓大戒"之说相一致。

义的观念，既由父之义，而转为君之义，又进而为君臣之义；而义者宜也，又正义也，因而任何地方，遂无不有义了。《礼记·昏义》有所谓父之义，母之义；《大戴礼·盛德》篇有所谓夫妇之义；左传又有所谓子之义，诸侯之义，大夫之义。此等说法，都系谓应乎各各的身分之正当的本务的意义。此外《礼记》又有昏义、燕义、射礼之语、亦系就昏、燕、射等等正当的意义而言。如此说来，义实应用于种种方面。不过在国家方面，最为重大的，为君臣之义。故又名之曰大义。大义一语，最初见于《左传》隐公四年，即所谓"大义灭亲"是也。此外在《左传》又有"求诸侯莫如勤王，诸侯信之，且大义也"之语。

如上所述，义固用于种种场合；但能通乎各种场合的，实以《中庸》之"义者宜也"的解释，最为适当。换句话说，即由时处位的三方面看来，无不适宜的，即为义。《论语》中见有义之一字者，凡十六章。兹列举二三：例如《学而》篇之"信近于义，言可复也；"《为政》篇之"见义不为，无勇也；"《里仁》篇之"君子之于天下也，无适也，无莫也，义之与比；"《宪问》篇之"见利思义，""义然后取，人不厌其取；"《阳货》篇之"君子义以为上"之类，都可解为"义者宜也"之意。故朱子曰："义者事之宜也"云云，实属正当。

由时处位的三方面看来，凡事之适宜者，又必适于道，而不背于理，自不容疑。故谓道义，所谓义理的成语，遂发生了。例如孟子说明浩然之气，而曰："配义与道；"又曰："是集义所生者，非义袭而取之也"云云，亦可解为"义者宜也"之意。

　　孔子惟说一个仁，而孟子则开口即说仁义。其有相当的理由，既经说明于前了。孔子之仁，原为差别的平等，等杀的博爱，且又包含着义之观念，自不待言。但在仁义并称的场合，倘以仁为平等的，则义为差别的；谓仁为一视同仁，则义为等杀的；谓仁为人道，则义为正义了。※钱穆于《国史大纲》中云："孟子于仁外言义，因仁字稍有偏于内在性，与软性，可以用此补正，使之外立与硬化"。

　　既如所述，君之义的内容，为尊贤的一事。不过关于其它的场合之义，尚未曾说明其内容。实则即在经典之中，对之亦无若何的说明；惟谓义之云者，系依时处位的如何，而各各所当行之道而已。孟子所谓"义人之大路也"云云，即系表示此种意义的。此则正和康德的格律相同，不得不谓为形式的道德了。

　　从而以义在外的告子之义外说，遂发生了。如上所述，义者系依时处位的如何，而各各使之适宜的，例如对于长者，则以长者而尊敬之；对于叔父，则以叔父而尊敬之；（？）为尸（即为代表）之时，亦以代表而尊敬之。这样地自己的态度，系依种种场合，而各不相同的。质言之。义系依对象的如何，而为支配的。义既依对象即客观的事实之如何，而为支配，则自不得不谓义在外了。此为告子义外说的要旨。至于孟子，则全为主观论者。故对于告子的义外说，加以辩驳，而曰："长者义乎？长之者义乎？"换句话说，即对象其物为义呢？抑系应乎对象的如何而变更主观的态度一事为义呢？不待言，对象其物，并不是义，而变更主观的态度一事，乃为义。既然如此，则应乎时处位而决定适度之态度的，自为自己之心了。义之具体的事实，固然依对象而为支配；但是决定此义的，却为主观的作用。质言之，即义内也，非在外也。此为孟子义内说的要旨。总之义外说为他律的，义内说为自律的。即由道德的价值批判起来，义内说却系较高一层；而由纯理论说来，义内说，亦属正确允当，从而仅谓"义者事之宜也"云云，又不足以表现此种意义了。故朱子又曰："义者心之制，事之宜也。"

　　于此须加以注意的，即在儒教方面，系以义利对照为言；而于义利之辨分别极严的一事。例如《论语》所谓"见得思义"，所谓"见利思义"，所谓"不义而富且贵，于我如浮云，"皆此之谓。尤其是孟子，竟以"王何必曰利，亦有仁义而已矣"为言了。到了董仲舒则谓"君子正其谊不谋其利，明其道不计其功。"可知儒教决非功利主义。然则果又系以利视为罪恶吗？是又不然。盖漠视了经济方面，则不独天下的治平不可期，就是所谓齐家，亦不得顺利而行了。因此之故，《大学》之中，乃讨论理财的大道，并谓"国不以利为利，以义为利也。"以利益为目的的功利主义，固系儒者之所排斥；但以正义为目的，而利益从而伴随之的，自属当然。此则原为儒者之所期待，而宜加以排斥的理由，断不存在。

关于此点，墨子的思想，却有非常的差异。墨子原系主张兼爱交利之人；以今语说来，则为唯物论的社会主义者。固然，《墨子》一书，亦有所谓《贵义》篇的文章，说述着义之可贵；或者说述天志，而以天系好义而恶不义的，故吾人亦须好义而恶不义为言。乍看起来，似乎和儒家相类似。但墨子之所谓义，与儒家之所谓正义、道义、义理、礼义等等，完全不同；系全由利益的立场而决定义与不义的。质言之，即以为天下一般之利益的为义，为天下一般之不利的为不义也。因此之故，墨子虽然采用了义之一字，但其精神，却全然为功利主义，正如英国的边沁、弥尔等之以最大多数的最大幸福为善的一样。

固然，义为心之制，事之宜，主观的色彩，既极浓厚；道德的价值，亦极高超。但又不仅止于以义为人之大路，（即吾人行为的指针，）而所谓为吾人先天所具备之德的观念，且从而发生了。关于孟子的四端说之所谓端，固有种种异说；但从朱子之说，则所谓"羞恶之心，义之端也"云云，即系表示以义为先天的具备于吾人的德性之意义。因此之故，虽在迫于所谓"一箪食，一豆羹，得之则生，不得则死"的饥饿之际，但是仍然"嘑尔而与之，行道之人弗受，蹴尔而与之，乞人不屑也。"质言之，即仍系具着羞恶之心，而以义自守的。盖生死之事虽大，然在吾人的心中，却有较生死尤为重大的事，存在其间。即所谓羞恶之心，虽在乞丐亦具备着；虽迫于饥饿，亦不能易其所守。换句话说，即系尊重自己的人格，决不迷于利害，而陷于不义的。

这样的人格尊重的观念，在董仲舒的《春秋繁露》之中，更明白地为之道破，曰："仁者人也，义者我也，"云云。仁者人也之说，殊不稳妥。倘欲强加解释，则仁为慈爱之德；慈爱人的精神，固然具备于我之心，但是慈爱的行为，则系及于他人的，故曰"仁者人也。"义者心之制，即为自己的人格尊重，故曰"义者我也。"原来义之一字，系由羊我二字而成。羊加以示旁，则为祥，在古文羊祥，原系通用。又如美之一字，书为羊大；善之一字，亦与羊有关。可知羊又用于美或善之意。羊我云者，即为善我之意，质言之，义之一字，实有自己的人格完成之意。故董仲舒曰："义者我也。"

要而言之，义原为父之所宜履行的德目，乃一转而成为君主之所宜履行的德目；未几又以为臣下亦须同时履行，而所谓君臣之义的观念以起。此外在种种场合，都采用着；从而遂将君臣的场合，称之为大义了。义既为事之宜，故告子的义外说，因之发生；对之又有所谓义者心之制的孟子的义内说，倡导其间。到了董仲舒，则义为自己的人格尊重之意，更加明白了。

四 礼

礼之一字，古文作"禮"。《说文》解为"礼，履也，所以事神而致福也。"礼履也云云，本于《荀子·大略》篇。至事神云云，或系基于制作"礼"字的意匠而解释的吧。据《说文》，示从二从川，二系上的意义，川则系日月星的三光垂示光线之意。礼之一字，于示旁书以豊字，豊者原为豆之意，即将供物盛于祭器之意。要之礼的本义，原属神事：从来乃以吉凶军宾嘉，谓之五礼。从而政治的法制，亦谓之礼；伦理的辞让恭敬之德，亦谓之礼了。质言之，大别起来，则礼具有下列的三义：

第一，政治的法制。例如《周官》原系记录古之周代的法制之书，而谓之《周礼》。盖古代乃系声政一致；君主的命令，即被认为天意，从而政治即祭事了。故谓法制为礼，自属当然。此外在儒教方面，所谓以礼乐之政，认为理想的场合之礼，即为此也。关于礼乐之政，且俟后文叙及。

第二，社会的典礼。经典之中，《仪礼》或《礼记》所记录的，大抵即为此种社会的典礼。所谓古、凶、军、宾、嘉的五礼，冠、婚、丧、祭的四礼等等，都属此类。至通常所谓礼仪，礼式，亦主系此种社会的典礼。此外所谓风俗习惯等等，亦属于此。

第三，伦理的礼义。例如五常之内之礼，即属此种。不过虽号称伦理的礼义，但与政治的法制，或社会的典礼，又非全然独立，而为别物的。盖于政治的法制或社会的典礼之内，认知其伦理的意义，从而谓为伦理的礼义的。

礼不独为形式的仪式，又具有更为重要的伦理的意义一事。当在《春秋》之际，即有述其意者。《春秋》昭五年《左传》公叔齐评昭公曰："鲁侯焉知礼！……此不可谓为仪礼；"而说以"礼所以守其国，行其政令，不失其民也，"云云。又《春秋》昭二十五年《左传》，当赵简子问揖让周旋之礼之时，子太叔答之曰：是仪也，非礼也。先大夫子产曰：夫礼，天之经也，地之义也，民之行也，天地之经，而民实则之。此等语句，都系说明此种意义的。孔子所谓"礼云礼云，玉帛云乎哉？"亦为同样的意义。

礼之精神，尽于敬之一字。《曲礼》所谓"毋不敬，俨若思，"即系表示《礼记》一书全体之精神的。故孟子以恭敬之心或辞让之心，谓为礼之端，实为正当。不过假使真是俨然若思，或当事而无不敬之时，又往往有失其节文，而毫无从容之趣。故有子又说以"礼之用，和为贵。"朱子解礼，谓为"天理之节文而人事之仪则"云云，则系本于孟子的"仁之实，事亲是也。义之实，从兄是也。礼之实，节文斯二者是也"之说，以及荀子的"礼者人道之极也"之说而来。

就大体言，可谓允当。惟其为节文，故礼最能使人各守其分。荀子所谓"分莫大于礼，"即此之谓。盖守分则不争，不争则物不穷。故又曰："礼者养也。"

从孟子之说，则以礼系人心所固有的；而荀子则反对之，以为礼系圣人所作，其目的一为矫正人性之恶，二为图谋天下国家的治平。日本的物徂徕亦继承荀子之说，而说以"礼为道之名，先王之所制作也"云云。但是究极说来，礼原系具备于人性之自然的。至其形式，既非成立于某时，亦非何人所制定，乃系逐渐地发生成立，而圣人仅为之辅相裁成而已。故后来荀子亦承认其说之为误谬，而谓"礼以顺人心为本。"又谓："凡礼事生以饰欢，送死以饰哀，祭祀以饰敬，师旅以饰威，是为百王之所同，古今之所一，尚无知其所由来者。"又曰："公输不能加以绳，圣人不能加以礼，礼法众人而不知，圣人法而知之，"云云。

五　智

《论语》之中，既认上智中人下愚之分，又认生知学知困学之别；《中庸》亦承受其思想，而述着有生知学知困知的三阶级。质言之，是即认人有先天的具备完全之智者，和由学问修养而后进于智者。孔子自己固然说过："我非生而知之者"的话，但是后人却以孔子为生知之人者甚多。总之在《论语》《中庸》之中，系以各人各样为言。到了孟子，乃由万人同性论的立场，而说以"人之所不虑而知者，其良知也。"至于程朱，则一面承认吾人有先天的良知之存在，同时又说以由后天的修养，亦能磨练智慧。到了王阳明，却又高唱先天的良知，而不承认后天的智。可知虽然同为儒家，而对于智之为先天为后天，竟有这样的异说之存在。此外如荀子，又认有知识与智德之别；而以人之所以知者谓之知，有所知者谓之智。区别知与智而应用之。不过到孔孟，不待言，即后之学者，似乎亦无特别加以此种区别的。

在儒教方面，无论其为先天论者或后天论者，总之都很尊重智之一德。所谓玉不琢，不成器；人不学，不知道。而开学校，务在民智的开发。反之在老庄学派，则谓智为争之器，又以智为罪恶之本。因此之故，老子遂以"知慧出，有大伪；绝圣弃智，民利百倍；民之难治，以其智多也"为言了。是为儒道两家的差异之一。至如法家者流之愚民政策，原系本于老子的此种思想而然。关于此点，后文再为详述。

《论语·尧曰》篇有曰："不知命，无以为君子；不知礼，无以立，不知言，无以知人也"云云。此所谓知命、知礼、知言，皆为天子之德。孔子谓"五十而知天命。"吾人修学，亦须勉达于知命之域。《诗》曰："人而无礼，胡不遄死！"此为知礼之所以必要。孟子则自谓"我知言，"而说以"波辞知其所蔽，淫辞知其所陷，邪辞知其所离，遁辞知其所穷。"假使如果明晰，则当事之时，自无所惑了。《论语》所谓"知者不惑，"即系此意，董仲舒之以知配于五行之火者，或者系以如火烛物之明相譬喻的吧。《中庸》之所谓"质诸鬼神而不疑，百世以俟圣人而不惑者，"亦由于知之明之故。果能如此，则通达事理而不穷，将正如水之流而不滞吧。"知者乐水，"盖此之谓。后世的五行说之配知于水的，或由于此。总之事理明晰，始能辨别是非。故孟子曰："是非之心，知之端也。"

六 信

信为会意的文字。《说文》谓人言为信。盖以凡属人类，自无诳言之理。故书人言而为信也。古代中国民族之以人性为善的事，由此或可推知了。孔子曰："朋友信之。"曾子曰："与朋友交，而不信乎？"子夏曰："与朋友交，言而有信。"从来儒家方面，对于以信认为朋友间之义务的孟子之说，而持异论者，几乎无有。但是信又未必仅限于朋友间的义务。

由孔子谓"言忠信，行笃敬，"有子谓"信近于义，言可复也"等语看来，信系关于言的方面，自不待言。朱子之注，则说以"信者言之有实也。"物徂徕则谓"信为言必有征，"亦属同一意义。兹就有子之语而言：古注引着所谓尾生有信的一场说话；即"尾生尝与女子期于梁下，女子不来，水至不去，抱梁柱而死"（见《庄子》。）尾生之忌避人目而欲与女子会于桥下的，恐系认为有背于义的约会吧。

孔子屡屡说及忠信，例如谓"主忠信；"谓"十室之邑，必有忠信；"以及"子以四教，文、行、忠、信、"之类皆是。忠者忠实之意。朱子则解为尽己之谓忠。兹姑弗论。总之孔子之重视信，可谓至矣尽矣。故曰："人而无信，不知其可也；大车无輗，小车无軏，其何以行之哉？"

此外又以信为政治家所不可缺之德，例如谓"道千乘之国，敬事而信；"又如子夏谓"君子信而后劳其民；"都系说明此意的。至于更一层地痛切言之的，则为孔子与子贡的问答。"子贡问政，子曰：足食，足兵，民信之矣。子贡曰：必不得已而去，于斯三者何先？曰：去兵。子贡曰：必不得已而去，于斯二者何先？曰：去食。自古皆有死，民无信不立。"盖谓宁死亦不忍弃信也。其重视信之一事，可以推知了。故又曰："朝令暮改，非所以伸信义于天下也。"

但在《论语》又以言必信，行必果为小人；在《孟子》又曰："大人者，言不必信，行不必果，惟义所在。"如此云云，是则所谓权道。就经常言，乃系人而无信，不知其可的。

第四节　理想论

在老庄方面，其终极的理想，为进于神人的一事。而庄子又于神人之外，采用至人、真人、圣人等名称。所谓以万物为一体，死生一如，超然物外，逍遥自适，即为彼等所理想的境地。至于儒家的终极的理想，则为进于圣人的一事。然则圣人云者，果何谓耶？圣之一字，初见于《洪范》；所谓"思曰睿，睿作圣，"是也。此外又有"圣则时风若，蒙则恒风若"之语。由圣蒙相对而言的看来，圣之为不很重要可知。《书》之《多方》篇，有"惟圣罔念作狂，惟狂克念作圣"之语，则将圣狂对称。《秦誓》又谓"彦圣。"《左传》称八恺为齐、圣、广、渊、明、允、笃、诚。周官六德，谓为知、仁、圣、义、忠、和，以及《诗》之所谓"人之齐圣，"所谓"皇父孔圣，"所谓"母氏圣善"等语，要皆不能视为重要的意义。郑玄以圣为通而先识之谓；孔传则解为于事无所不通谓之圣。《春秋》襄二十二年《左传》，有臧武仲去晋之时，晋人评之曰圣人的话。原来因为臧武仲乃极为多智之人，故从而称之为圣人的。如此说来，郑孔之说，似属允当。此外如《论语》所载：太宰问于子贡曰："夫子圣者欤，何其多能也？"云云，或亦系如称臧武仲为圣之类吧。总之在当时一般所谓圣人云者，大体都属此类。

到了孔子，则圣人一语，完全有了理想化了。所谓"若圣与仁，则吾岂敢？"是则虽孔子亦曾不敢以圣人自居了。当子贡以"如有博施于民，而能济众，可谓仁乎？"相问之时，孔子答以"何事于仁，必也圣乎！尧舜其犹病诸。"由此看来，圣人难能可贵，足以推知了。孔子虽不以圣自居，但子贡却推称孔子谓为天纵的圣人。《中庸》亦有"仲尼祖述尧舜，宪章文武，上律天时，下袭水土，譬如天地之无不持载，无不覆帱，譬如四时之错行，如日月之代明"等语，而极口称颂着孔子。原来并不怎样重要的所谓圣人，竟至于全然为之理想化，而为无上之称了。

孟子对于圣的定义，则曰："大而化之之谓圣。"盖谓其德浑然融化而极大之意。惟其如此，故曰："圣人，百世之师也；"又曰："规矩，方圆之至也，圣人，人伦之至也。"《中庸》亦有"大哉！圣人之道，洋洋乎发育万物，峻极于天"之语。

《中庸》又谓"诚者，天之道也，诚之者，人之道也，诚者不勉而中，不思而得，从容中道，圣人也，诚之者，择美而固执之者也。"云云。盖谓圣人系生知，安行，与天一体，从容而中道者；较之学知，利行以下者，自有差别。但是到了论其知之或成功之时，则无论学知、利行，或困知、勉行，却都和生知、安行者，完全同一。似又承认凡人亦可学而为圣人了，关于此点，孟子亦同其说。孟子谓：乃"所愿则学孔子；"又谓："尧舜与人同耳！"又引颜回之言曰："舜何人也，予何人也"云云，似系认圣人必可学而至的。荀子亦谓："学始于为士，终于为圣人；"又谓："积善成德，则神明自得，圣心具备。"至于宋儒，亦以圣人为生知安行之人，孔子乃生而知之者；至谓由学而至云云，乃所以勉励后人使之前进的。但同时亦说吾人以可由修养而为圣人。

惟日本的物徂徕，却从《乐记》"作者谓之圣"之说，而以制作礼乐的尧、舜、禹、汤、文、武、周公等七人，称为圣人；至对于附会《论语》的作者七人之语，以至于以德称圣人的，则断为始于子思、孟轲。《中庸》有"非天子不议礼，不制度，不考文"等语，郑注则解为制作礼乐者，必为圣人而在天子之位的。由此说来，故可谓作者必为圣人。固然，有大德者，必得其位，必受命；但是到了后世，却又未必如此。盖虽以孔子之大德，却不曾得其位；故圣人亦未必即为作者。而且孔子曾谓"舜其大孝也欤！德为圣人，尊为天子，富有四海之内，宗庙飨之，子孙保之，"云云，实系以德称圣人的。由此等理由说来，故徂徕之说，殊不可信。

圣与仁在孔子自身，既不曾以之自居，则圣人以仁者认为理想的一事，似系如同望着终生不能达到的彼岸，追着到底不能捕捉的影像一样的了。果真如此，则又难保不限于自暴自弃吧。《论语》载"冉求曰：非不悦子之道，力不足也。子曰：力不足者，中道而废，今女画。"以称为孔门十哲之一的冉求之贤，倘且如此自画，其他的人们，可推知了。因此之故，乃又以较之圣与仁稍有卑近之感的君子，而为直接的目标了。所谓"圣人吾不得而见之，得见君子者，斯可矣！"云云，即此意也。但是进于君子的事，亦决非容易。虽在孔子，尚且以"躬行君子，吾未之有得，"以及"君子之道三，我无能焉"为言。不过再从其批评子贱，而曰："君子哉若人！"一事看来，为君子之难，却不如为圣人之难了。

说到君子，则有以位言和以德言的二种。在上古政教一致之世，固然有德者必有位，有天爵者必有人爵。但是到了后世，有德者却未必有位。故虽同为君子，遂发生有德与有位的两种区别了。例如"君子之德风，小人之德草，草上之风，必偃"云云，即系有位的君子。今则专依《论语》而就有德的君子叙述于次。

第一，君子为德行之人。盖"君子无终食之间违仁，造次必于是，颠沛必于是。"故厚重而不轻薄，其言行决不苟且。"庸德之行，庸言之谨，""讷于言而敏于行，"其志常在修德方面；故无食则求饱，居则求安之暇。

第二，君子为知德之人。"子曰：君子博学于文，约之以礼，亦可以弗畔矣夫！"盖既重约礼，同时亦不忽于博文，故以学诗书，多识前言往行，广知禽兽草木之名为务。

第三，君子为情德之人。即不褊狭，而富于同情，且为理解趣味之人。所谓"君子贞而不谅，"即谓其不褊狭固陋也。又谓"君子成人之美，不成人之恶，小人反是，"云云，即系谓其富于同情也。从而君子又未尝有与人相争的事。例如《论语》谓："君子无所争，必也射乎！揖让而升，下而饮，其争也君子。"盖競射之时，不挟私欲，而以道争，虽谓无争，亦无不可。又曰："质胜文则野，文胜质则史，文质彬彬，然后君子。"系谓其于先天的美质之上，又宜加以情操的教养也。孔门的教育，注重音乐，而琴瑟之声不绝者，即为此故。

第四，君子为意德之人。即系具有确固不拔的意志，在任何场合，决不误于判断，而服从义理之正的人。所谓"君子义以为上；"又谓"君子之于天下也，无适也，无莫也，义之与比，"是也。又因当处事时，必从正义，决不与人妥协或苟合；故曰："君子周而不比；"又曰："君子和而不同。"

要而言之，君子在知、情、意的三方面，务须都为圆满发达的人。故曰："君子之道有三：知者不惑，仁者不忧，勇者不惧。"

第五，君子又为知命之人。故《论语》开始，即曰："人不知，而不愠，不亦君子乎！"而最后又谓："不知命，无以为君子也。"既系知命，故决无因荣枯穷达而变其志的事，从而"不怨天不尤人"了。当孔子被困于陈蔡之际，"子路愠见曰：君子亦有穷乎？"孔子乃从容答之曰："君子固穷，小人穷斯滥矣！"即其例也。又因君子处任何境遇，并无何等疑虑，何等忧愁，内省亦无所疚，仰不愧于天，俯不怍于人，故其胸中常不胜其愉快。故曰："君子不忧不惧；"又曰："君子坦荡荡，小人长戚戚。"即此之谓。

将以上所述，约而言之，则君子为德行之人，知、情、意的三个方面，都极圆满发达；又为知命之人。从而君子对于一切事务，决不偏于一方。故曰："君子不器"。这样地将其内容叙述起来，则君子又与圣人或仁者，似无大差了。故后人或有以君子与圣人或仁者，混同采用的事。例如《中庸》所谓"君子之道费而隐，夫妇之愚，可以与知，及其至也，虽圣人亦有所不知焉"云云，即其一例。因此，圣人与君子的差异之点，倘使大而化之，则又具体而微了。

第五节　修养法

一　老庄的修养法.

老庄以为务须取法于天地自然的大道，而无为自然。至于吾人之所以不能无为而化的系以有知识，有欲望之故。故第一，即须无知无欲。果真无知，则自然地以其食为甘，以其服为美；既无望外之欲，亦无羡人之念，从而又无与人相争之事了。

　　但是吾人在有肉体的限度以内，例如目之于色，耳之于声，口之于味，鼻之于嗅，种种的欲望，自不能禁其发生。老子曰："我之所以有大患者，以有我身之故；苟无我身，我何忧乎？"此即以肉体为吾人第一的病源也。故老子又以务须忘却我身为言。尤其到了庄子，更极力说以肉体之不足道。盖有我，则必有对于我之彼；既有彼我之别，从而我执及种种妄念，都为之发生了。因此，庄子遂以为宜去我执，舍弃毁誉得丧之念。此在庄子谓之"去成心"。成心既去，彼我之别自忘。此则谓之"丧我"，或谓之"丧耦"。耦为匹耦之耦，即所谓相对的意义。既已丧我，则形如槁木，心如死灰，忘却肉体，无知无欲，而入于绝对无差别之域了。此则名之曰"坐忘。"何以谓之坐忘呢？曰：堕肢体，黜聪明，离形去知，同于大通，此谓坐忘。"堕肢体云者，即为离形，亦即忘却肉体；黜聪明云者，即为去知，亦即无知无欲；大通云者，即万物一体，生死一如，而于是非得丧，都同一而视也。※胡适谓：老子激于时事，故人生哲学归于无知无欲，混混沌沌，自寻乐趣，故常劝人知足。要知足除非毁除一切知识，故其人生哲学又有不争主义。因为他深信自然法或损之而益，或益之而损，强梁者总不得好死，故尽可逆来顺受，且看天道之自然因果。蒋维乔谓：他们认为人生之意义，不在违反自然以求虚伪的快乐，而在顺自然以求自在的快乐，其处世法，是不加入世俗集团，而各自清静无为，顺时安命，以听自然的处置。而对生死荣辱，心中也毫不加以过虑，到庄子而稍变。老主静，庄主自在，老偏于庄敬，庄偏于旷达，其养生也是顺乎自然，清静无为以达到长生的目的。一、养气，老子曰：专气致柔。庄子大宗师曰：真人之息以踵。二、明心，老子曰："归根曰静，静曰复命，复命曰常，知常曰明。"庄子曰："至人用心若镜，不将不迎，应而不藏，故能胜物而不伤。"三、养成圆满人格，老子曰："善摄生者陆行不遇凶虎……"庄子有藐姑始神人之说。

　　要之老庄的修养法，一言以蔽之，则为丧我的一事。既无小的自我，则必能取法天地自然的大道，而归于无为自然了。

　　二　孔子的修养法※蒋维乔云："孔子的修养方法，是不分内外浑然一体的，只要实践许多应实践的道德就够了。"又孔子主性纯可塑，故其教育思想主张后天学习创造出天才来。又注重环境的选择，其目的超出狭义的教人求知，而为求仁之实现，方法主张用启发式而因材施教，与现在行为主义派教育思想相似。

　　※蒋维乔谓：人为主义派的方法论是经验的推演法，或归纳的推演法。孟子主先天良心论者，故主先天经验的推理，如"老吾老以及人之老"等。孔荀完全注重后天经验，如："己所不欲勿施于人"。又一以贯之云云，是说：把那经验中得来的一贯条理去贯串宇宙的万事万物。后曾子对此加以解释，所谓"忠"乃周以察物即归纳的意思，"恕"乃推己及人即推

理之意，故其说可说归纳的推理（Induction in Eelenece）。孟子则是演绎推理。又孔子主张"视其所以，观其所由"之普通观察法，以及荀韩的实验法，即科学方法的精神，惜其后无人注意，以至失传。

又云："《大学》《中庸》上承孔子下启周程，实为理性主义派思想之先河。《中庸》之宇宙本体是诚，故曰"诚者天之道"，"诚者物之终始不诚无物。"但却是理想的形而上，非实体的。所以他兼两方面：一是万物之本质，一是万事之原理，同时他自身的意义，要从用上才见得着。那么要创出有形的万物，即到形而下的器，其中缺少一实质的媒介。因此《中庸》作者乃把诚神秘化，认为诚的创造万物，是必然的神化，如"至诚如神，""至诚无息，…不见而章，不动而变，无为而成。"至周子出以太极为本体。太极的意义比诚大，除包涵了原来的诚以外，或能生诚以外，还能生出"神"与"气"（二气）由神的开发而出生人的知，由气的变合而生出形而下的万物。（周子于太极上更冠无极，其意是说太极之为本体，无声无臭，不可拿近小的去看他）就把《中庸》灵空的毛病免除，而着实起来。

"传我以文？约我以礼"二语，在《论语》中，认为孔子之言。曾见于两处地方。称为孔门第一高弟的颜回，亦以"夫子循循然善诱人，博我以文，约我以礼"为言。由此看来，孔子的修养法，可以推定为博文约礼二者。据《论语》所载："子所雅言，诗书执礼，皆雅言也。"雅言云者，无论从古注解为正言，或从新注解为常言，总之孔子之置重诗书执礼的事，极为明了。诗书即为博文，执礼即为约礼。盖礼并非仅诵经文而已，又必须为执行的，故谓之执礼。陈亢所答于伯鱼者，为诗与礼，亦即为博文约礼二者。至于说到博文（即诗书）的研究法，究如何呢？书为先王的大训，故无特别加以说明的必要。关于诗的方面，系依所谓断章取义的方法的事，又可由其与子贡子夏的问答，得到概略。至于约礼的要义，则可由其答颜渊以克己复礼的话，推察而知。

礼之得由政治的社会的伦理的三方面，分别说明的事，既述于前了。此所谓约礼之礼，主为伦理的方面，自极明白。而孔子之所谓礼，又可从内外的两方面而为观察。外的形式，即应对进退之节，自然都须适于法度；但若徒拘于形式之末，而于其精神内容，缺乏敬意，则又不得称之为礼了。例如所谓"礼云礼云，玉帛云乎哉？"又谓"礼与其奢也宁俭，丧与其易也宁戚"等语，都系谓宜注重礼之内面的精神而言，"有子曰：礼之用，和为贵。"又如孔子固然庄敬而守礼，但同时却是"申申如也，夭夭如也"决不流于迂拘。故有子之言，可谓善能得孔子之意的了。而所谓和者，又系由乐而后得到的。故礼与乐，实具有密切不离的关系。所谓"兴于诗，立于礼，成于乐"云云，倘以诗为博文，礼为约礼，而乐则包含于约礼之内，似乎未必为不当吧。兹将上述各项，列表以明之，则如下：

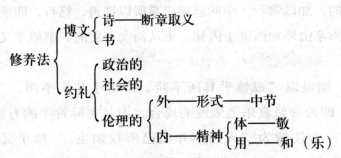

※大学之修养方法及目的：

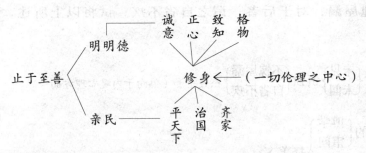

自外而推及于内，而内本外末，可谓心理的教育哲学最初产物。所谓齐家等，本诸孔子君君臣臣之伦理学说，正心诚意致知格物，虽似创见，仍未完全脱离伦理观念。所谓至善，不过伦理上之标准而已。《大学》中论教育方法最重要者："物有本末，事有终始，知所先后，则近道矣。"

三　子思的修养法

《中庸》一书，开始即言："天命之谓性，率性之谓道。"盖谓吾人的本性。原系天之所命；果率由此本性，则自然能适于道了。倘属如此，则吾人的行为，系和一切的自然法则相同，而为超越于伦理之范围的了。从而又自然无修养的必要了。但是《中庸》于上述二语之后，却有"修道之谓教"一语。至于修养之所以必要者，子思则基于《论语》，而以人性原有生知安行，学知利行，困知勉行的三品。凡为生知安行者，所谓"不勉而中，不思而得，从容中道，圣人也。"固无修养的必要。但在学知以下者，即所谓诚之者，乃系"择善而固执之者也。"自然须有修养的必要。

※胡适谓："儒家到了《大学》《中庸》时代，已从外务（极端伦常主义，极端实际的人生哲学）的儒学进入内观的儒学，故有尊重个人，鼓吹民权的孟子，又生性善恶之论……《大学》之"正"，即《中庸》之"中"，但"和"却进一层，若如大学所云心要无忿懥，无好乐，岂不成了木石？所以中庸只要喜怒等发而中节，便是和。譬如饮食，只是要学那知味的人适可而止，不当吃坏肚子，也不当打饿肚子。

见于《中庸》的修养法，为尊德性与道问学二者。关于道问学之法，据彼之所教，为博学、审问、慎思，明辨，笃行之五者。博学系学于人，审问系问于人；倘以此称为外的知识，则慎思与明辨，即自己思辨，似可称为内的知识吧。至于笃行，乃系将所学习而得的，加以实行。学问思辨，系所以择善，笃行，即所以固执之者也。而其顺序，倘谓为系由外知而进于内知，更从而实行之的，则似乎又可认为先知后行说了。

至其对于尊德性的方法，则说以"戒慎乎其所不睹，恐惧乎其所不闻。"所不睹所不闻云者，换句话说，即为喜怒哀乐之未发的场合。而其实际着手的方法，则为慎独的工夫。独之云者，朱注解为"人所不知而己所独知也。"似乎又可称为闲居独坐，或者虽在众人稠坐之间，而萌于一念之微，亦谓之独。在《中庸》对于前者，谓之不愧屋漏；对于后者，谓之自省不疚。试将以上所述，列表于次：

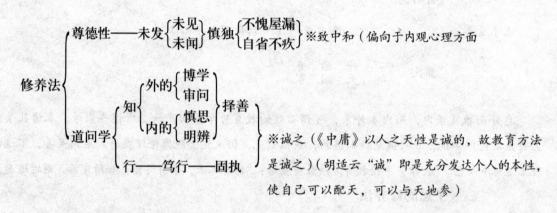

再将子思的修养法，和孔子的修养法，比较看来，则所谓道问学，正相当于博文；而所谓尊德性，似又可比之于约礼。不过道问学与博文，固然完全相等；但是尊德性与约礼，却系大同小异。盖礼系于自己以外，认有规范，欲由此而律自己之行为的。因此，倘以恐有背于规范之故，而盲从之，则纯然为他律的；倘以服从规范，系由自己心中的欲求，而感到满足，是则当然为自律的了。孔子的思想，不待言，原为自律的。但是尊德性，乃系自觉自己的德性之为完全，而欲加以尊重之的，则又明明白白地为自律的。如此说来，所谓尊德性，至少较之约礼云云，其自律的意义，又似乎更明白地得以表现了。

四　孟子的修养法

※蒋云："孟认人之良心即大宇宙之缩影（小宇宙）。所以宇宙具备万物，而万物亦备于我，故其求知之目标，不是向宇宙外求，而是反身而诚，所谓诚，即是继良心之善而不以物欲，而授他，则对一切事物，即不求知亦能自知了。"

孟子系由性善论立场，而说述其修养法的。既以人性为善，故具有良知良能。

"人之所不学而能者，其良能也；所不虑而知者，其良知也；孩提之童，无不知爱其亲也，及其长也，无不知敬其兄也"等语，即为良知良能的解释。此外又以吾人都具备着：恻隐、羞恶、辞让、是非的四端之心。质言之，此所谓四端，不独圣人有之，乃系万人同具，即为任何人所固有也。然在通常，却又有不德不义，几与禽兽无异的行为者，则系以物欲之故，而陷溺其良心使然。故曰："牛山之木尝美矣，斧斤以伐之，牛羊又从而牧之，是以如彼其濯濯也。"不过又以"人皆可以为尧舜，"吾人自能由修养而进为圣人了。※孟子之父相传名激公宜，母仉氏《续文献通考》谓娶田氏生子罩、七篇有谓孟子自作有谓门人作，有谓弟子所记经孟子改成者。至于外书四篇（性善辩，文说，孝经，为政）系伪托。丁杰《孟子外书疏证》：翟灏《四书考异》《孟子外书》言之最详。

孟子时代之背景：诸侯攻伐，暴政横行，异端并作，民不聊生。孟子人生哲学，根据于其性善论，其方法：一、扩充固有良知良能，尚志、养气、尽心、求放心。其在伦理学上所注意者：一、孝弟，二、辩义利，三、大丈夫。

又孟子既道性善，故其教育方针，主消极的存养此性，而反对改造，积极扩充此性而不认增加。易言之，即利导人之本性使之明善以复其初而已，故辟告子杞柳喻性之说，辨仁义外铄之谬，而有操存舍亡之箴，四端扩充之训。故其教育原则，主：自动（如勿忘勿助之论）养性，标准，养气以坚定意志，（如詹姆士之说）人格之活动（如至诚未有不动之论），故其教授方法：一、正身，二、诚意，三、审慎，四、施以规矩。学习有八：知耻，尽力，用心，虚己，循规，忍耐，守序，守常。

然则其修养法，究如何呢？"孟子曰：学问之道无他，求其放心而已矣。"盖谓求其放失了的本心（即良心，）即为学问；正与《中庸》之所谓尊德性相同了。孟子原为精通诗书之人；试读《孟子》七篇，诗书之文，几有冲口而出之概。但是当其说述修养之际，对于诵读诗书的事，却未曾说过一次。在《论语》开始，即曰："学而时习之，不亦说乎！"又曰："予尝终日不食，终夜不寝，以思无益，不如学也。"至于孟子，则不过仅说过一次"博学而详说之，将以反说约也"的话而已。其他则为："人有鸡犬放，则知求之，有放心而不知求，亦不思之甚矣！所谓思则得之，不思则不得也"等语。盖以思考作用，原为吾人天赋的能力；故孟子述着思的必要。至于吾人所以放其本心的理由，则以多欲之故。而一切欲望，又不能悉数而尽去之；故又曰："养心莫善于寡欲，"而倡导制欲之说。是则较之老庄的无欲说，实为稳健的思想了。此外又以夜阑人静，则心气落着，自己反省之念，因之而起。孟子称之为"夜气，"而说以夜气之宜加保存。※蒋维乔云：孟子专向内心用工夫，扩充先天的良知良能，其次就是养气。养气之法：1、持志。2、寡欲。3、存夜气。而教育方法，1、求放心。2、诚。

恻隐、羞恶、辞让、是非，称为四端之心，原为吾人之所固有；但此等诸心，却系临机触变，而后表现的。例如看到赤子将入于井，则恻隐之心，为之表现。而吾人果能扩充其心，则在当初，虽然仅如火之始燃，泉之始达；但在最后，却是终于不可向迩，而白浪滔天了。此外又说以养气的工夫，务须使之浩然而塞于天地之间。

要而言之，孟子的修养法，乃系因求放心之故，而说以思，寡欲，存夜气，扩充，以及养气等等，殆与尊德性一流完全相同。

五　荀子的修养法

※荀子生于赵，游学于齐，一入于秦而仕于楚，卒于兰陵，葬焉。西纪前二三〇年左右。荀年五十至齐西纪前二六五至二六〇年稷下，犹修列大夫之缺，而三为祭酒（为赵上卿故以卿名）被谗适楚，春申君以为兰陵令。春申君死，遂废、因家焉。唐仲友云："《荀子》二十卷三十二篇。初刘向校雠中孙卿书凡三百二十一篇，除复重定三十二篇为孙卿新书十二卷，至杨倞分易卷第更名《荀子》，今本是。"

※熊公哲云："荀子言义以利者义之和，义者利之大，或蜕于墨子义利之说，又墨宗禹，孟言尧舜，荀称尧禹，《性恶篇》且重言为禹，是其参于墨而不觉者也。"又云："自墨发为义自贵者智者出。"孟以为礼义由贤者出，荀则以为自王者出，故其正名亦自王者正。又荀主以礼正国，礼之所以正国也如，衡之于轻重，犹慎子法如权衡之说，故荀之礼，法家之所谓法也。其非慎子谓尚法而无法者，亦曰不知以礼为法耳，此其所以与孔子异。故曰礼者法之大分（孔门有以礼为坊矣，坊也者使无失也。此荀之所由以礼为法欤）。又礼用于正国，在于分贵贱长幼等之宜，与慎子所谓分定将毋同，此亦与孔子异，窃尝言之：战国之国，杂学并起，大抵邹、鲁慕仁义，燕齐迂怪，陈、宋、荆、楚则老墨并行，郑、卫三晋则法术相风。荀与慎并生于赵，故归于儒而不能不参于法。因此而百家之说，遂由裂而寝一。（参于墨、法"道有一隆参取墨善无不可用之意），反乎名"辨合符验为贵益理为中所以矫坚白之辩，"道"至足为止，王制为隆，所以正知也无涯，不谲是非之失而一之者也。其与孟子非其说之果不同，所以言学之道异耳。荀之言学，贵于辨合符验，是以言而必征于人，言古则必节于今。言天而必征于人，故谓性恶。言古而必节于今，故法后王、此其所以与孟异。"

荀子主张性恶，但又说以人性虽恶，然以礼义师法而修养之，亦可化而为善。礼义云云，即所谓礼的义；师法云云，即因师而取法。故约言之，即为礼与师。所谓"礼所以正身，师所以正礼；"又谓"学莫近于其人之所便，学之经，莫速于其人之所好，而隆礼次之"等语，乍看起来，似乎最为重师而礼次之；但仔细想来，则师之所以重，系由教吾人以礼之故。从师仅为知礼的手段，而礼则为终极的目的。质言之，其所重者，自然仍为礼了。知礼，固以从师最为捷径；但直接地就经典而学习，亦为重要的方法。他之所以重视学问的，即为此故。他在《劝学》篇中，论学问的终始，有曰："学恶乎始，恶乎终？曰：其数（术，即方法，）则始于诵经，终于读礼；其义，则始于为士，终于为圣人。真积力久则入，学至于没而后止。"诵经，即为孔子的博文；读礼，则为约礼。不过博文与诵经，固然完全相同；但将孔子之所谓约礼或执礼，而代以读礼，似多少具有不足之感。然而孔子却谓："君子之学，由耳入而著于心，布于四体，形于动静，端而言，蝡而动，一可以为法则；小人之学，由耳入，由口出，口耳之间，则四寸耳，曷足以美七尺之驱哉？"※（儒效篇）此种说法，正为他之骂倒那种徒以记诵博闻为主的人们而无遗之处。因此，虽以读礼为言，却非仅是读读就算了事的，自不待言。

※荀子学系（据荀卿通论）

诗 {
毛——子夏——曾申——魏人李克——鲁人孟仲子——根牟子——孙卿——鲁人大毛公（作诗故训）——小毛公（经典叙录说）
鲁——孙卿——浮邱伯（包邱子）——鲁穆生，白生，申公（据《汉书·楚元王传》、《儒林传》、《盐铁论》）
韩——《韩诗外传》引荀子说诗者四十四
}

春秋 {
左氏——左丘明——曾申——卫吴起——吴期——楚铎椒——赵虞卿——孙卿——武威张苍——洛阳贾谊（经典叙录）
穀梁——孙卿——浮邱伯——申公——瑕邱汪公（《儒林传》，《穀梁序疏》）
公羊——孙卿——董仲书（《荀卿学案》）
}

曲台礼——二戴礼并传自兰台孟卿，卿传后苍疏广，刘向叙云：兰陵多善为学，盖以荀卿，后苍授戴德延君是大戴，又授戴胜次君是小戴。后氏在曲台宫校书著记，故名。

（荀子《富国》《乐论》驳墨之节用非乐，《正论》驳宋子，《性恶》驳孟子，《正名》驳"杀盗非杀人"诸说。）

荀子《天论》主不求知天，不慕其在天者，而所谓道，《儒效》云："道者，非天道，天道，人之所以道也，君子之所道也"。此儒家本来之人事主义，故不但要人不与天争职，不但要人能与天地参，还要能征服天行以为人用。如《天论》云："大天而思之，孰与物畜而制裁之……"此几与倍根之戡天主义（征天说）（Conquest of nature）相同，然彼只要裁制已成之物以为人用，却不耐烦作科学家"思物而物之"的工夫，故反对当时的科学家，反对生物进化论，以为古今一度，决无万物以不同形相禅之理。其法后王，非因后王胜先王，乃因先王制度都不可考。

荀子之教育学说，以为学问须变化气质增益身心，不能如此，不足为学。而礼乐可以涵养节制人之情欲。此性恶论之结果，其末流就老老实实主张用刑法治国，主张用严刑重罚来裁制人之天性了。

荀子说性恶，单指情欲方面，此外还有心。《正名》云："心也者道之主宰也。"《解蔽》云："心者形之君而神明之主，出令而无所受令。"人先须有一"所可中理"之心作主宰，欲之去不去，不成问题。欲求心中理，须知道，"心知道然后可道，可道然后能守道以禁非道。"此荀子人生哲学之根本观念。"人何以知道？曰心，心何以知道，曰虚一而静……虚一而静谓之大清明。"是故一切谬误都由于中心不定，不能静思，不能专一，而外物扰乱五官，官能失其作用，心不能知物，亦能生种种谬误。因知识易有谬误，故不能不有个可以取法的模范，故曰："圣也者尽伦者也，王也者，尽制者也。"此法圣王乃被看作一教育之捷径。

正名亦荀子所注重，彼知单恃史官之一字褒贬，决不能做到正名之目的。故其方法，先立一个"隆（中也）正"做标准大前提，合于此者是，不合者非。故是演绎法的名学，是儒法过渡时代之学说。制名之法，循于旧名，及作新名。其言曰："后王之成名，刑名从商，爵名从周，文名从礼，散名之加于万物者，则从诸夏之成俗。曲期远方异俗之乡，则因之而为通。"（正名）制定之后，不得更改。

至于正名之故，因无名则贵贱不明，同异不别，志必有不喻之患，事必有困废之祸，至名之所以有同异者，由于耳目心体之异，（如声音清浊以耳异）故制名之枢要，只是"同则同之，异则异之"。故荀子知名有社会性，故云："约定俗成谓之宜"。正名的事业，不过用法令以维持约定俗成之名而已，故用名以乱名如："杀盗非杀人"，用实以乱名如"山渊平"，用名以乱实如"白马非马"之说皆须禁止。

蒋维乔云："荀子之修养法：1、治气养心（调节心与气保持平衡，使身体康健，非孟子之养气说）。2、修意志。3、原德行。4、明知虑（《修身·不苟》篇）。至于荀子之政治思想，主用刑法以补礼义教化之所不足，如《议兵》《王霸》《宥坐》所说。同时还把孔、孟诸人所主张人存政举，有治人无治法的思想极力阐扬，将人为之精神表现无遗。因此我国历代政府不重法制之审定，只重人材的考选，数千年来还没有固定的宪法或以此。荀子制名之枢除同同异异之外，又有：单足以喻则单，单不足以喻则兼，如羊、白羊。单名与兼名不能相避时，可用共名，如"六畜"，一共名可包犬马等。是以物的外延最大的叫做大共名，内包最大的叫做大别名。荀认为人生而有欲，与性同由天赋，故欲是性之具（伴）故欲不可去，不能尽，尽就是满足，但欲的本身有满足之要求。惟欲盲目又如烈火，故必有方法调之。一，制礼以分欲。二，使欲中理。三、令欲中理者是心。此生而有欲之思想，与叔本华尼采之意志思想，及柏格森矮伊铿之生命力思想相近。

荀主物体单独存在，但亦非心物二元论，只是心物浑沌论者。认识之发生，亦如佛家之根尘相接，而佛家完成认识之发生乃意识之自证作用。荀则以为由于后天经验的积集，如经火烧痛才知火会烧。至于认识之目的，是求最高无上的道，而此道体，如《解蔽》云："夫道者体常而尽变，一隅不足以举之。"

※熊公哲云："荀子重言人道，归本礼义，折衷圣王。其于礼则曰：所贵乎学者二：一曰知，二曰行。所以成其知与行者三：求、积、尽。《儒效篇》曰：志忍私，然后能公、行忍情性，然后能修，可谓小儒矣。志安公，行安修，通知统类可谓大儒。安者行而安之，通者知而通之也。又荀以礼义非生于人之性，故于行求之而得，则以积忍而进于安礼，为尽其言礼也。又曰：礼者立隆以为极而天下莫之能损益，故于知求之而得矣，则以积知而至于通类为善。由是言之，荀子所谓心不可以不知道者，其义有二：其始也，可而行之，所谓众人法而不知是也。其继也行而通之，所谓圣人法而知之是也，是则荀子也已。"又云："荀法先王，隆礼义，魁然为战国大儒，特恶坚白之辩，参取墨子可用之意，发为有益无益之论，惟学者之为愚为妄，至欲以势临刑禁之道，以率民而一于先王之旧，而其弊乃至于尚功用。定一尊，而烧诗书，此岂其本旨哉！然遂谓非荀之说，有以致之不可也。斯则荀学所偏所当知也。苏子论荀卿明王道，李斯以其学乱天下，良信。姚惜□乃谓斯未尝以其学事秦，非。"又后序云："荀子合墨法而为儒，其于道与名则相反而相成。韩非李斯合儒墨而为法，其于道与名则相倚而相参。是故战国学术，始孕于魏（子夏田子方季克），中盛于齐、楚，终汇于秦。而荀实为之辐毂焉。董仲舒黜百氏而崇六艺，亦荀子道有一隆之旨，董亦私淑荀者也。"又云："荀之法后王者，是要观先王于后王。这是因荀要以类行杂，要辨合符验。"孟子却没有这等方法，故他笑孟曰："略法先王而不知其统"。又云："孟之言学执其端，荀之言学察其究，故言先王也。孟言遵之，荀更言观之后王，而言性也。孟言可以善则是性善，荀又更言未必能则是性恶，故其学所归，所以各异者，操术然也。孟性善故称仁义，仁义自内出者也。荀性恶故隆礼义，礼义者自外入者也，大致则同，独怪宋儒之非荀，一若荀为鬯学安说者，亦独何哉？"

六 程朱的修养法

孟荀以后，固然学者辈出；但在便宜上，都从省略。兹进而叙述程朱的修养法。

既如所述，程朱系将人性分为本然与气质而论述的，本然之性，原为至善，初无圣凡之别，气质之性则圣凡不同，系依气质的清浊，有为善者，亦有为不善者。但又说以藉修养而变化气质，则人人皆可为善人。关于此点，正和荀子化性之说相同。然其修养法果何如呢？

程伊川的修养法，尽于"涵养须用敬，进学则在致知"的二语。朱子又承受伊川之意，而主张居敬穷理。用敬与居敬，致知与穷理，用语方面，固然有异；但其内容，却系完全同一。倘以之和孔子所说相比，则致知穷理，相当于博文；用敬居敬，相当于约礼了。博文，主系学诗书而广知鸟兽草木之名；而致知穷理，则为广究事物之理。故其范围，可谓更一层的广大。约礼系依规范而整肃容貌态度，藉以修养精神；至于用敬，则系整肃心思而及于容貌态度的。故二者稍有不同。毋宁与《中庸》之所谓尊德性相类似。

程朱的主敬，原系祖述《书经》之所谓"钦"，《易》、《礼》、《论语》之所谓"敬"，本诸经文，而又加以几分的新意。敬之云者，伊川的说明，系以主一之谓敬，一者，无适之谓。所谓敬为主一无适一事，实凡为程朱学者之所遵奉。主一无适云者，倘以今语说来，或即系指精神统一的状态而言的吧。阳明尝和朱子学派的某人相语曰：说到主一无适，然则主博奕，主酒色，亦无妨吗？朱子学派的某人，竟哑口无言了。周茂叔固然以为：一者无欲之谓；但是伊川之所谓一，却未必即为周子之所谓无欲。固然，此或近于当时最为流行的禅家之说，抑或至少系感受了其暗示，都难断定；但就我自己的见地说来，却可认为天理无疑。盖以心倘无所主，则常因外物的刺激而动摇，将无所定处了。因此，乃以天理为主，精神既经安定，则自能寂然不动，感而遂通天下之故了。

至于主一之实际的着手的方法，伊川则认静坐为最有效。他自身似乎时常静坐，又看到门人们静坐，则叹赏其热心于学问。此则又可说系因周茂叔以主静而立人极为言，感受了主静说的影响；或可说系由于当时最为流行的禅学的座禅之工夫而然的吧。

朱子的居敬，系完全承袭着伊川之说；不过其说明，愈加详细而已。他以为尧之所以治天下，在一"钦"字；全部《书经》可以"钦"之一字当之。孔子之所谓"克已复礼；"所谓"出门如见大宾，使民如承大祭；"《中庸》之说尊德性，孟子之求放心，说存心养性，都可归纳于"敬"之一字。又谓省察为敬之内面的方法，静坐为敬之外面的方法。至如罗豫章以及朱子的先生李延平主张其所谓"观察未发前的气象"之方法，亦仍然为静坐。而且其事，又颇类于禅家的说述父母未生以前。因此之故，朱子乃极力排斥禅家的座禅入定，而以专求无事，以无念无想为主的，谓之死敬；至于兼乎动静，不问事之有无，而未尝间断的，谓之活敬。我们之所谓敬，为活敬；禅家之座禅入定，乃系死敬。云云。要而言之，他的居敬工夫，和孔子的约礼，大异其趣。似又参加了佛教的色彩，极为明白。

凡人之气质所以为昏浊的，系因陷于物欲而不知天德，故又须致知穷理，藉以明了其所当进的目标。此为程朱所以主敬，同时又说以致知穷理的缘故。关于此点，程朱之说，固然完全一致；但在所谓《大学》的补传所云，却最能尽其大要。兹举其全文于下：

"所谓致知在格物者，谓欲致吾之知，即物而穷其理也。盖人心之灵，莫不有知；而天下之物，莫不有理。唯于理有未穷，故其知有不尽也。以是大学始教，必使学者即凡天下之物，因其既知之理，而益穷之，以求至乎其理。至于用力之久，而一旦豁然贯通，则众物之表里精粗无不到，吾心之全体大用亦无不明矣。此之谓物格，此之谓知之至。"

※蒋叙理性主义派之教育思想，一、教育之意义——不仅在求知识技术，而在能实现完全人格，故反对辞章训诂之学，而主张义理心性之学。二、教育之效果——变化气质（复性）。三、目的——造就人格完善之人材，促进国家之文化保持社会之安定。四、求学之工夫——致知力行。二程朱陆主先致知而后力行。王主知行合一，即知行同时并进。五、求学之方法——先立志，专一。六、求学之态度——务实、敬、要怀疑、切近，则毅，自立。七、学之原则——以用为贵。综上各点，可知此派教育思想，是以人格教育为中心，故注重人格之陶冶，而陶冶最上的工具，就是礼乐。所以他们主以礼乐陶冶学者。

又此派修养法，完全以心理学原理为基础，即以心理上之反省法及分析法做修养的方法，如伊川教目畏尖者室中置尖物，病见狮子者教捉狮子，即精神分析法，使自己心理有一正确之观念，则做事不致失常。此与苏格拉底"知识即道德"（凡有充分之知识者做事就不会差）及荀"知明而行无过"之说同。此派亦如西洋心理学家分心理要素为知情意三者。他们用精神分析法去解除心中疑惑，就是从知的方面去用工，知发达至圆满名曰"智"，或曰"达德"。至于仁与勇，前者是情发达到圆满之状态，后者是意发达到圆满之状态，与智同为人生之道德标准，故曰达德。

他们又用反省或内省的方法修养，名之曰思。用思的方法去驾驭思虑叫正的思虑继续增长，邪思不至绵延，并不主张屏绝思虑，故和佛家不同。

又用主敬之方法，主一无适之谓敬。程子曰："有诸中者谓之敬"，即唤起内在状态，响导反应目标之刺激，而遏抑与目标之反应无关之反动，故《明道先生语》卷一云："敬胜百邪"，"敬则无间断，体物而不可遗者，诚敬而已。"惟程朱认为主敬应济之以义方有用，似乎把居敬穷理分作两截。陆王把居敬穷理看做一事，认居敬是穷理专一处，穷理是居敬精密处，故敬自身不但有持己之力，也有辨是非之动能，所以敬之主一，即使一心在天理上也。则陆王认居敬就是存天理，程朱把居敬当作存天理之手段，而以存天理为修养之归宿，则彼此相同。天理之说创于明道。朱子主理气二元，乃把天理人欲分作两事，且对立。程王则认为一事之纯杂，而非两件对立之东西。《二先生语》卷一云："人心道心浑然一也。"《传习录》中云："心一也，未杂于人谓之道心，杂于人伪谓之人心，人心之得其正者即道心，道心之失其正者即人心"。至于陆则以为天理人欲之言非至论。（考《全集》卷三十四）。但亦有以天理为修养归宿之意。总之，此派人既以主敬为修养方法，自然要时时觉醒，不肯疏忽，与孟子"必有事焉"同，其限度为：勿正（不着急），勿忘（不要无物而惟我），勿助（不造作求速效）。这派人只要无欲，静固无妨，动亦无不可到了无欲的境界，就是《明道文》卷一所谓："动亦定，静亦定"。故以此派人主静者不足信。

又此派主张凡喜怒哀乐，酬酢事变都以客观环境如何而定，并不任一己之私心去乱做。此与释氏三界唯心，万法唯识之说相较，相差远了。至于他们主张实的各种道德，与人为主义派同，而特别注重"诚"。

广究事物之理，固系所以增进知识的方法：但其所谓研究草木之理，而与吾人之道德的修养，有直接之关系的，又果为如何的理由呢？盖从程朱说来，系以宇宙万物，都由理气二元而成。吾人人类，固不待言，即下至草木禽兽，亦系依气而成其形，而理从而赋与之的。其详细的说明，既已具述于前，兹不复赘。要之人与草木的差异，仅系依气质的偏正而然；至在理的方面，则人与草木，原无区别。因此之故，对于草木之理的研究，即直接地为备于吾人之心之理的研究。从而对于吾人之道德的修养，自然有其关系了。

居敬与穷理，正如车之两轮，鸟之两翼，务须两两相待，缺其一而不可的。但是又有所谓一心具备万理，宜以存心而穷理（《语类》卷九）的那样置重于心之语。因此之故，阳明遂由《朱子文集》之中，摘出内省的文字，凡三十四条，又附以元之吴草庐之语一条，而著《朱子晚年定论》，以为格物穷理之说，乃朱子中年未定之说。不过此种说法，其为谬论，先儒既已论之极详，兹不具述。要之朱子毋宁系以穷理为先，而有偏于此方的倾向。试翻阅其答项平父书，有谓"子思以来，教人之法，惟以尊德性道问学两事，以为用力之要；今子静所说，专是尊德性之事；其平日所论，却是道问学为多，"云云，即可推知了。子静即为陆象山。

要而言之。程朱的修养法，固极类似于《中庸》的尊德性，道问学；但又参加了禅家之思想的。

七 陆王的修养法

陆象山系主张心即理的，此已具述于前了。原来我心既为天理，又为圣贤之心，则只要保存我心就好了，自然别无修养的必要。不过吾人又每为私欲所蔽，与天理相背驰而不知反；故修养的必要，遂发生了。

吾人之心，所以竟至和天理相背驰的理由，在主观的方面，系由于气禀的昏浊；在客观的方面，则为恶习陋俗使然。所谓气禀的清浊，原系程朱所常言，而象山亦同样地加以承认的。既已承认气禀的昏浊，自不得不承认其变化的可能了。《语录》所谓"学能变化气质"云云，即为此意。至于恶习陋俗，倘吾人的懈怠，稍一发生，则其势力，将即刻旺盛起来，足以丧失本心之良。故必须严重地加以防御。此种将气禀与习俗同时列举的事，和禅家之所谓习气，极为类似，又为可以注意之点。

尤其对于读书人方面，更有科举之害与讲学之弊的二原因，参加其间，而遗误吾人。关于科举之害，他则对于所谓白鹿洞讲义，痛加排抵。以为有为之士，苟能行其道于天下，则科举或者亦为不得已；但若埋头于此而不能自拔，则虽终日读圣贤之书，而惟以官位的高下与俸给的多寡为念，不能尽心于国事，则其志有和圣贤大相背谬者。至于讲学，原为矫正气质之偏，而务去习俗之陋的；但是倘依谬误的学风，则流于支离灭裂，遂终于不能达到目的了。昔者臧与穀共同牧羊，而俱亡羊；虽曰臧系游于博弈，穀系耽读书籍，但其亡失了要紧的羊，却是同一。倘使象山说来，则朱子的穷理之说，正为读书而亡羊之类了。

如上所述，吾人因种种障碍之故，以致不能明其本心；故修养之法，惟在明其本心，就够了。所谓"学苟知道，六经皆我注脚"云云，此则殆有类于禅家之不立文字了，《语录》曰："近顷有议吾者，谓除先立乎其大者一语，别无伎俩；吾闻之，曰：诚然。"此所谓先立乎其大者，原为孟子之语，象山听到除此一语，别无伎俩的批评，乃曰诚然，而加以承认，实系最为允当。朱子对于象山所说，亦评为专系尊德性的方面。原来象山的修养法，极为简短明白；他于述其自身的学风之诗，有曰："易简工夫终久大，"即此之谓。

当时之人，既评象山之学，谓为禅学；但于詹阜民之所录，又有这样的话："先生谓学者常瞑目为好。故自己当无事之时，安坐瞑目，专务存养，夜以继日者半月。一日忽下楼，觉此心沉着，窃以为怪，而瞥见先生，先生目而逆之，曰：此理既已显矣。"此类说话，尤其似乎和禅家的参禅之法相类似了。

阳明亦系采取心即理之立场的。据阳明说来，朱子的穷理之说，系将心与理分而为二的；吾人惟明其心，斯足矣。质言之，即吾人之心，原为天理，亦即为圣人之心。所以有圣凡的区别的理由，并非心之有何区别，乃由蔽于私欲和纯乎天理之故。凡人之心之所以蔽于私欲，系以气习（即气禀）与习俗之故。故吾人务须变化气质，去气俗之陋，去人欲而纯乎天理，而立反于本心，此为阳明之说。从而阳明又谓"圣人之学为心学"了。

如上所述，在大体上，似与象山无大差别。不过阳明之所异于象山者，为关于明心的方法，较之象山更一层地有具体的说明之一点。一言以蔽之，阳明的修养法，尽于"致良知"的三字。良知云者，正如在宇宙论所叙述的一样，即为天理，为实在，为心之本体，吾心之良知，纵或为私欲所蔽，却并非为之消灭的；不过因为吾人不知保存，故有时遂放恣而不之求了。故学问之要，即为知私欲之蔽，而致吾心之良知的一事。《大学》所谓致知，即系致此良知。

例如要知道如何做法，才算是温清之节，奉养之宜，此则所谓知，不能谓之致知。务须将其关于温清奉养所知道的，实际地努力去做，始能谓之致知。故阳明之所谓致，系和体得、体验等语，为同样的意义而使用之的。由此看来，阳明之唾弃徒知，而注重实行，又可推知了。从而他之主张知行合一，又决不足怪了。

《大学》有"致知在格物"一语，朱子将格物解为穷理，而说以穷格事物之理；阳明却反其说，而训格为正，将物解为意之所在，盖谓意在事亲，则事亲即为一物；意在事君，则事君即为一物；意在视听言动，则视听言动即为一物，换句话说，凡为吾人的意识之对象，注意之焦点的，即为一物。从而格物云者，系将为其意识之对象，注意之焦点的物，在道德上正当地加以处置之谓。例如事亲一事，果在道德上正当地加以实现，即为格物了，然而将事亲在道德上正当地加以实现的一事，如前所述，又可谓为致知。故从阳明说来，格物与致知，不过系就同样的事项，而以不同的言词表现之罢了。

又如四言教所说："无善无恶，是心之体；有善有恶，为意之动。"因此，周子乃述其勤慎之教。但是到了象山的门人杨慈湖，竟主张不起意之教了。盖以意一生起，恶即随之，故限制其不起意。此则确为佛教的槁木死灰，无念无想之影响。但是人类既为含生赋气之伦，所谓不起意云云，自系不可能之事。原来意动之时，固有正与不正；假使无论何时，都属于正，则意虽动，自亦无妨了。正其意者，即为诚意，而格物系就意之所在之物，而正其不正也。故格物与诚意。又不外系就同样的事项，而表以差异的言词罢了。

因此，阳明之所谓致良知，在《大学》上，又可谓为系以格物、致知、诚意的三言词而表现之的了。而此三者，其名虽异，其实又系相同的事，既经具述于前。质言之，格物系将意之所在之物，加以是正；致知系就意之所在之物，实现其所知。故无论为格物，为致知，要之都可归着于诚意一语。所谓"诚意之说，自是圣门教人用功之第一义"云云，即属此意。

儒家的修养法，自孔子说以博文约礼而后，以至于程、朱、陆、王，固然构成了种种说法，彼此互有异同，但都不能脱其范围，或者又可以说：程朱之说，系依据《中庸》，而类似荀子；陆王之说，则全系祖述孟子的吧。

第三章　政治说
第一节　老庄的政治说

※蒋维乔谓，老子云："处无为之事，行不言之教"。即对于国家的治乱，听其自然而已。故又曰："不以智治国，国之福。"至于所谓不言之教，却是灌输人们大智慧，用直觉的方法得之于大自然中的。故他们不但不如许由之流之忘情家国，而且有治国平天下之大纲，如小国寡民之

说。庄子亦有《大宗师》《应帝王》等文，以"内圣外王"之思想，表出其用行藏舍的心事，和孔子几同一态度。

※胡适谓：老子之时社会，政治紊乱已极，故反对有为之政治，主张无为无事之政治，乃当时政治之反动，由此而打破从来天有意志知识之观念，而曰不仁，不仁即说天地无有恩意，天人同类说（Anthropomorphism）即不成立，为后来自然哲学之基础。又老子以为最高的道是无名朴，后来制有名字。民智日多，乃以大乱，故反对知识，而要用无名朴来镇压，其理想中之国家（小国寡民）即无名观念之实际应用。又老子之天道即西洋哲学之自然法（Law of nature），凡深信自然法绝对有效的人，必为极端放任主义者。

老庄学派，既主张宜取法天地自然的大道，而吾人又须无为自然；则严密的意义之政治说，自不存在。老子谓"天地不仁，以万物为刍狗；圣人不仁，以百姓为刍狗。"刍狗云者，束草作狗云谓；系用于祭祀之时的供物。因祭礼告终，即归无用，故放弃刍狗于道路，任车马的蹂躏。天地之生万物，殆亦和此相同，仅仅生长出来，毫不加以爱护，圣人之君临百姓，亦任百姓的随意，毫不加以干涉。从世俗的见地看来，所谓天地与圣人，都似乎好象不仁。但又可谓为系说明无为自然，绝对不干涉之意的。至于庄子，则谓"闻在宥天下，不闻治天下。"在宥云者，即听其自然而不干涉之谓。盖任人之天性，原所以成全其天性。今者因徒以名利搅乱人心，创设礼乐刑政而制御之之故，而世乃益乱。此种说法，在庄子书中，随处述及。如《马蹄》篇所述，即其一例。意谓当马随意地游于山野之时，喜则交颈相靡，怒则分背相蹄，马知此而已；及至加之以衡扼，齐之以月题，则马之死者，十二三矣。最后竟至于"而马知介倪闉扼鸷曼诡衔窃辔"的地步了。故曰："绝圣弃智，民利百倍；"又曰："圣人不死，大盗不止。"

要之倘将礼乐刑政之类的一切文化的施设，或一切的拘束，完全撤废，而归于无为自然，则天下治了。质言之，即使民无知无欲，则天下太平了。故老庄的思想，不得不谓为具有显著的虚无的色彩。惟其与虚无主义之所异的，则为老子承认君主，而称说君主的尊严之一点。此则既述于前了。老子既颇企望人民之无知无欲，诅咒文化之开发，故对于像今日这样的大的国家组织，决非所好，乃系以小国寡民，有什器而不用，有舟车而不乘，有甲兵而不陈，使民复于结绳之政，返于太古素朴之世为理想的。故又可称为纯然的复古主义者。

第二节 法家的政治说

老庄之所谓使民无知无欲者，盖以如此正系所以全人民的天性，同时又为所以取法天地自然之大道的缘故。至于法家的愚民政策，乃系将老庄的哲学，利用于政略的方面，藉以使民易于制御的。故虽同系采用愚民政策，而老庄和法家，其在动机方面，不得不谓为有云泥之差。不过法家的政治说，因系以老庄的哲学为基础之故，于此试略述其要旨。而法家到了韩非子，乃归于大成，故于此又仅述韩非子的政治说。

国家的统治，系以统治权的确立和维持其尊严二者，最为重大。故韩非子说以做君主的心得方面，极为详尽。第一，他以为君主关于登庸人才的心得，不可不实行参验之法。意谓臣民之仕君主，全系欲得利益而然；故臣民不惜利用所有的机会，运用所有的手段，务求得到君主的欢心。因此之故，君主务宜虚静，不轻于表示自己的爱憎好恶，而专用参验之法。此种尊重虚静的思想，即为本于老子的学说之点。参验，亦谓之参伍，又谓之形名参同；即系申不害所以治韩之术。质言之，系将臣民所标榜的才能，和其实际所表现的功绩，加以比较参照。至如官吏的服务规程，在同样的趣意之下，亦须严重地加以遵奉。

第二，他以为君主制定国法，务须绝对地遵奉，决不可以违背。盖治理国家，倘不以法律，则是譬如衡量轻重而不以权衡，决无不差误的道理。法律正如镜之照物，倘此镜而有动摇，则物之形状无从知了。又如秤之衡量轻重，倘此秤而有动摇，则物之重量无从知了。因此之故。既经规定某法以上，则务须信赏必罚，毫无亲疏之别。申言之，即倘为恶事，虽亲必罚；倘有善行，虽疏必赏。

第三，他以为君主不可将赏罚之权假于人。即如商鞅者流，亦谓"权者君主独制之于上，而下所以使群臣也。有权则有威，失权则被侮于臣民，其地位亦危。"韩非子则以赏罚的二权，谓之二柄。失此二柄，固然不好；即仅失其一，亦足以危害国家。并列举许多实例而说明之。

要之韩非子的政治说，系主张为人主者，宜虚静而不轻于表示自己的好恶；运用参验之法以察群臣的才能；尊重国法，实行信赏必罚；不假二柄于人，从而统御群臣的。

第三节　儒家的政治说

一　德治主义

《书》之《洪范》，有"皇建其有极"一语。皇谓君主，有极系模范之意。质言之，即君主须以身为万民的模范之意。此正为儒家的政治说之出发点。

原来所谓政者，系正己而正人之意。为君主者，须先正己而后正人。故孔子对于季康子问政，而曰："政者正也，子帅以正，孰敢不正。"此外在《论语》一书，说述此义的，例如所谓"其身正，不令而行；其身不正，虽令不从。"所谓"苟正其身，于从政乎何有，不能正其身，如正人何"之类，实不在少。

※胡适谓："孔子论政之中心学说，是政者正也，所谓爸爸政策，（Patererlism）只要人正经

规矩，要人有道德。孟子在孔子后百年，受了杨墨影响，故不但尊重个人，且尊重百姓过于君王，所谓妈妈政策（maternalikm），要人快活安乐，要人享受幸福。"蒋维乔云："孔子据其性纯可塑论唱感应说，主张感化而不主张赏罚，故其全部政治思想如次：1.感化，2.不采政刑治民，而以礼德化民，3.为政者重在以身作则，而不重在以政治力量约束人民。（民可使由之，不可使知之，恰合知难行易之说。4.正名主义，5.贤人政治。又其政治目的，在使国民养成完全人格，而不是个个能得到物质的享乐。故有"自古皆有死，民无信不立"之说。

孔子尝将君主与臣民的关系，譬之风与草的关系，故曰："君子之德风，小人之德草，草上之风，必偃。"又谓"上有好礼，则民莫敢不敬；上有好义，则民莫敢不服；上有好信，则民莫敢不用情。"至于《大学》之所谓"尧帅天下以仁，而民从之，桀纣帅天下以暴，而民从之，其所令及其所好，则民不从"等语，都系说明上之所好，下无不从之意的。

要之人君须以身为天下的模范。故在政治的原则方而，当然主张德治主义了。所谓"为政以德，譬如北辰，居其所，而众星拱之。"所谓"道之以政，齐之以刑，民免而无耻；道之以德，齐之以礼，有耻且格。"云云，都系说明德治使人心服，法治使人苟免于耻之意的。不待言，就在所谓德治主义，亦并非谓法律为无用也。盖尧舜之际有五刑，《周官》亦有五刑，周穆王之时，则有吕刑。不过对于专门任法，如后来的法治论者申不害韩非子之流，则为所深恶而已。再由郑之子产铸刑鼎之时，尚不免于识者的非难看来，似乎以政刑御民，原为古来识者所不取的。

二　礼乐之政

因主张德治主义的结果，故儒者遂以礼乐之政为理想了。礼系所以规定国家社会的阶级，维持秩序，而使人人各守其分的；而乐则系所以融和人心，缓和阶级之观念的。故一言及礼，乐必随之。至如墨子那样的无差别主义，因不认礼之必要，故对于乐，亦从而加以否定；此则既已具述于前了。

所谓"能以礼让为国，何有？不能以礼让为国，如礼何！"以及"上好礼，则民易使也"之类，都系说明以礼治国之效验，极为显著也。孔子因志于礼的研究，故谓"夏礼吾能言之，殷礼吾能言之。"又谓"殷因于夏礼，所损益，可知也；周因于殷礼，所损益，可知也。"这样地比较研究的结果，遂认周礼最为完备。所谓"周监于二代，郁郁乎文哉！吾从周。"竟有主依周礼而治天下之意了。

不过在当时，礼乐的真义，既已不明；故孔子曰："礼云礼云，玉帛云乎哉？乐云乐云，钟鼓云乎哉？"至于老子，更极言"夫礼，忠信之薄而乱之首也。"墨子又著《非乐篇》，以攻击当时之乐，而且极口非难着繁文缛节。因此之故，孔子在大体上，固遵从周制，藉明礼乐的真义；同时又鉴于时势的推移，而极其变通之妙了。例如所谓"麻冕、礼也，今也纯俭，吾从众"云云，即系表示虽为古礼，亦不可徒然墨守之处。又尝因颜回之问，而答以"行夏之时，乘殷之辂，服周之冕，乐则韶舞"云云，又可认为此系孔子表示其将周制加以损益了的大方针。时者历也，在历之中，而有夏殷周三代的历法。谓为三正。夏正谓之人正；即在黄昏初见星影之时，而以斗柄（即北斗之柄）建寅之月为岁首，适当太阴历的正月。殷正谓之地正；系以建丑之月，即太阴历的十二月为岁首。周正谓之天正；系以建子之月，即太阴历的十一月为岁首。孔子则系以夏正认为最适宜的。辂者、车也；冕者、冠也。采用殷之车，周之冠者，似亦系认为各适其当也。韶为舜的音乐，孔子尝闻之，竟至于三月不知肉味，而评为尽善尽美。又为吴季札之流所极口推奖的。

秦汉以后，固然礼乐最为崩坏；但是礼尚记载于《仪记》、《礼记》、《大戴礼》、《周礼》，或散见于《孟子》、《荀子》、《公羊传》、《左传》等书。古礼的面目，尚能仿佛得见。至于乐，则因《乐经》湮灭，古乐的面目，遂全然不能认知了。不过历代以来，都以制乐为粉饰太平之具。"今之乐，犹古之乐也。"故苟说到政治，则必言及礼乐，实为孔子的遗法。

三 大义名分论

※《春秋》正名之方法有三：一正名字，二定名分，三寓褒贬。其影响于学术思想者，1.无形中含有提倡训诂书之影响，故公穀含字典气味，2.名学因以产生，3.历代正统说。

孔子之注重大义名分的事，前既略有所述；而在常有革命易世的中国，孔子的大义名分论所由发生的理由，亦已说明于前了。但是关于此一问题，向有更加详说的必要。孔子为欲明示尊王的大义，抑制诸侯的僭越，企图国家的统一之故，曾注其毕生的心血，而作《春秋》一书。孟子曰："世衰道微，邪说暴行有作，臣弑其君者有之，子弑其父者有之，孔子惧而作《春秋》。"又谓"孔子成《春秋》，而乱臣贼子惧。"即系说述此事的。

《春秋》的开卷第一，即曰："元年春王正月，"所以特用王之一字的，盖为所谓天无二日，土无二王之意，亦即系孔子寓以尊王之意也。董仲舒的春秋大一统云者，即此之谓。《公羊传》亦解曰："王谓文王；王正月者，大一统也。"殊属允当。固然，汉儒有以仲尼为孝王之说者；近代中国的公羊学者，亦有基于此说而为言者。但是此系出于尊孔子之余而然，其实却是有背于孔子之意的。盖就《论语》所载："子疾病，子路使门人为臣；子曰：无臣而为有臣，吾谁欺，欺天乎？"孔子既是这样，倘使看到有尊称其为素王者，则又将如何而为之说呢？

抑所谓正朔云者，乃系明示天子奉承天命而君临亿兆之事的。昔者尧告于舜，而曰："咨尔舜！天之历数在尔躬"云云，正系说述此意的。故天子即位，则必改元，而每岁必颁正朔于天下，即系明示奉承天命而君临天下之一事的。而天下亦谨而奉行之者，又系所以表示臣服于天子，而无敢或渝的。正朔的意义，既是这样重大；因此，孔子之于《春秋》，亦遂主以揭正朔为事了。到了后世，前朝的遗臣，往往袭用前朝的年号，或者单记以干支的，都为此故。

当子路对于孔子以"卫君待子而为政，子将奚先"为问之时，孔子则答以"必也正名乎！"原来卫灵公的夫人，号曰南子；太子蒯聩，因故而欲杀南子。但因失败而出奔了。灵公怒，遂以少子郢立为后嗣。灵公卒后，郢逊位而不闻其立，故出公被国人所推而为君了。蒯聩闻灵公之卒也，欲于晋的后援之下而入国；但出公乃出兵以防之。当子路质问孔子之时，正为其事发生之际。既曰正名，则出公之不宜以子而防父蒯聩的事，自属明了。故子路遂以正名之说，认为迂阔而不切于事情了。阳明对于此事，曾有具体的议论。以为处此时际，孔子于正名方面，究应采取如何的方法呢云云，颇有可见之处。兹于此处，仅正于说述孔子之有正名的思想一事而已。

舞乐之时，原以天子八佾，诸侯六佾，大夫四佾，士二佾为礼。季氏以大夫之身，而僭天子之礼，当其舞八佾于庭之时，孔子乃极言"是可忍也，孰不可忍也。"又鲁之大夫孟孙、叔孙、季孙的三家，僭天子之礼，而以雍彻，孔子亦斥其僭越，且指摘其无意义，而言曰："相为辟公，天子穆穆，妄取于三家之堂。"此外又如"陈成子弑简公，孔子沐浴而朝，告于哀公曰：请讨之"之类，都系由于重视君臣的大义而正名分之故。

《论语·泰伯》篇，又有"泰伯其可谓至德也已矣！三以天下让，民无得而称焉"之语。泰伯为周太王的长子，其末弟为季历，文王则为季历之子，太王起自西戎，来到东方，养其势力于歧阳之地，遂渐有伐殷而取天下之志了。《鲁颂·閟宫》之诗有曰：

"后稷之孙，实维太王，居歧之阳，实始翦商。"

即此之谓。毛传谓"翦者齐也，"故诸儒多以翦商解为势力与商相齐之意。但此种说法，殊不能。信从盖在《春秋》僖五年《左传》，有"泰伯虞仲，大王之昭，泰伯不从，是以不嗣"之语，此即谓不从太王翦商之志也。孔子之所以称泰伯为至德的，亦为此故。孔子又评文王曰："三分天下有其二，以服事殷，可谓至德矣！"如此看来，孔子之不以放伐为是，自可推知了。

礼谓居其国不讥其大夫；而况其国君，又况其国君之祖。孔子生于鲁，鲁为武王之弟周公所封的地方。倘讥武王，则系讥鲁君讥之祖了。孔子当"陈司败问昭公知礼乎"之时，乃答以知礼。至如昭公背于同姓不婚之礼，而娶吴孟子的一事，在孔子原是明明知悉；但终于讳言国君之非了。像这样的孔子之不讥武王，或系当然的吧。同姓结婚之为非礼，固不待言；但革命又为人伦的大变。倘使明言，则有讥国君之祖之嫌；倘不明言，却又似乎加以许可了。故以微言而评泰伯文王为至德。文王既为至德，则武王之非至德，正系言外自明之处。朱子对于此点，解之曰："其旨微"云云，最称允当。

孔子评韶，谓为"尽美矣，又尽善也；"评武，则曰："尽美矣，未尽善也。"韶为舜之乐，孔子曾为之心醉，吴季札亦加以激赏的事，既述于前了。尽善尽美之评之为允当，自不待言。武为武王之乐，武王系主持灭商的人物，其事详载于《乐记》。舜继尧而致天下于太平，武王伐纣，而救其民，此二人者，功绩相同，故其乐皆尽其美。但是又因舜系以圣德受让，故其乐又尽善也。武王系以征伐取天下，故其乐遂不至于尽善了。吴季札评汤之乐，谓为"圣人之弘，而犹有惭德，圣人之难也！"云云，是则武王亦不得不谓为同样地有惭德了。因而其乐之不为尽善，或属当然。要之孔子对于革命的见解，由上所述，当可窥知其真意了吧。

中国原为易姓革命的国家；故虽在孔子，亦无从否认革命的事实。而且孔子又以为即在将来，革命的发生，亦可得而有。所谓"天下无道，则礼乐征伐，自诸侯出；自诸侯出，盖十世希不失矣。"又如答子张之问，而曰："其或继周者，虽百世可知也"云云，即为此故。

《易》之《革卦象传》，有"天地革而四时成，汤武革命，顺乎天而应乎人，革之时义大矣哉"等语。《象传》为《十翼》之一，《十翼》从来即被称为孔子之作。但予则毋宁相信为欧阳修所首倡，后之学者亦多表赞同的《十翼》非孔子所作之说。不过在中国，倘临到万不得已的场合，或者革命亦系万不得已的事吧。

此外关于此种问题，韩非子在《忠孝》篇中，断为尧舜的禅让，与汤武的放伐，同为反于君臣之义，而乱后世之教。汉之黄生，又谓"汤武非受命，而杀也。"且论曰："冠虽敝，必加于首；履虽新，必贯于足。何也？上下之分故也。今桀纣虽失道，君上也；汤武虽称圣人，臣下也。夫王有失行，臣宜正言而匡过。不以天子为尊，反因过而诛之。代而南面，非杀而何！"云云，是又可谓为将孔子的大义名分论，更加彻底的了。后之儒者，例如孟子及其他人们，都革命为之辩护的，则系易姓革命国体使然。

四　王道论

孔子的德治主义，具体说来，则归着于富国而使万民安堵，与振兴国民教育使知人之所以为人之道的二项。例如所谓"节用而爱人，使民以时，"以及非难聚敛等等，都为富民的手段。又如看到子游之治武城，而以礼乐孔子乃为之莞尔而笑等等，都系谓宜教民的。不过更一层地具体的方法论，在《论语》中，殊不能看到。

于此有须附带说明的，即近代的学者，看到孔子曾说过"民可使由之，不可使知之"的话，遂往往有谓孔子亦系采用愚民政策的；此为大大的误解。原来所谓可不可者，固然亦有解为宜不宜之意义的；但在此处，却为能不能的意义。实系古来任何人，毫无异议之点。《朱子集注》，引程子之说，而曰："圣人设教，非不欲人之家喻而户晓，然不能使之知之，但能使之由之"云云，实系正当的解释。正如以前所述的一样，法家者流，乃真系采用愚民政策的。至于儒家，欲系采用教育人民，而使之去其旧染之污的新民政策的。

试读管子的《牧民篇》，则关于治国的方法，其所述的，有三个条件。第一，即所谓"务在四时，守在仓廪，"此则与《论语》之"节用而爱人，使民以时，"全然为同一意义。质言之，即所以富民也。第二，即所谓"上之所服度，则六亲固，四维张，则君令行，"此为君主以身率民，而张礼义廉耻的四维，以临民之事。质言之，即所以教民也。第三，即所谓"使顺民之经，在明鬼神，祇山川，敬宗庙，恭祖旧，"此系说以敬鬼崇祖之意的。凡此种种，似乎都可谓为与儒家的主张，完全相同。但在《管子》书中，关于民政方面，却有详细的议论，例如《立政》篇的五事，即述着下之五事：

一、修山泽之政，而计草木的蕃殖；

二、修沟渎，而周灌溉之便；

三、植桑麻，以务五谷之耕作；

四、育六畜，备果菜；

五、不竞竞刻镂文章。

此外又据《幼官》篇，《外言五辅》篇之所述说，而将上述五事以外所论及的，列举起来，则有下之四项：

一、修道路，开交通之便，统一度量权衡，使之繁盛有无交易；

二、薄税敛；

三、恤鳏寡孤独废疾者；

四、薮泽以时，而禁发之。

孟子之所谓王道，必先制民之产，使之仰足以事父母，俯足以畜妻子，乐岁终身饱，凶年免于死亡，而后乃教以孝弟忠信之道。质言之，即为孔子之所谓富与教的二者。至其所认为制民之产的方法而述说着的，则为下之六项。

一、实行井田法；

二、减轻租税，不征收关市等杂税；

三、不夺农时；

四、计桑麻家畜之繁殖；

五、设山林川泽之法；

六、恤鳏寡孤独。

综上所述，其类似于管仲之说之处很多。或者孟子久游于齐，盖有几分取法于管仲的遗规吧。但是主张井田法的一项，实为孟子的独持之论。关于租税，亦较管仲之烦琐的税法，大为减少。

关于井田之法，孔子虽然不曾言及；但曾经行于古代了的，却系事实。而孟子固然主张井田法，却又像遗漏着详细之点的样子，似乎令人想到或系不很充分的知悉吧。秦孝公之用商鞅，在周显王八年（西纪前三六一，）未几何时，即依商鞅之策而定变法自强的国是，废井田，辟阡陌了。像中国这样保守的国民，欲以政府一纸的法令，而使之改易旧习，原属困难。故商鞅之辟阡陌，殊令人想到或系古代的土地国有主义，归于废止，土地私有之实，既经实行，而井田法废止以后，又经过了相当的年代的吧。秦之地界，原为周之镐京的故址。镐京之地，既已如此，则其它诸侯之地，自不待言了。孟子见梁惠王，系在魏迁都于大梁之年，即较之周显王的二十九年。尤为以后之事。孟子之不充分知悉井田法的，原属当然；从而其实行之为困难，自亦为当然吧。

至于荀子所说，与孟子原系大同小异；不过略较详细而已。今姑从略。

※孟子以为人类平等（人皆可以为尧舜），而君贵民轻之思想弊害甚大，故主张民权主义，邦国之主权在民，民有对君不服从之义，政事以民为归，用人以民意为准，君主所行所为，须顺乎民意，君主以保民为职分。孟子政治哲学中最大价值在排斥功利主义（如何必言利等，董仲舒正其谊不谋其利，明其道不计其功所自出），反对权利观念。孟子以为凡从权利观念出发者皆罪恶之源泉，故主张最大多数人之最大乐利，此之谓乐利主义。

※又儒家政治论本，有唯心主义倾向，此唯心主义亦可谓心治主义，或主心主义。孟子主张最力，故正人心，格君心等文句，书中屡见不一。孟子所以认心力如此伟大者，皆从性善论来。

又孟子有统一主义，因统一后方能保民方能施仁政，不嗜杀人而能一之语，则所以救统一主义之弊，施仁政之方针，采君民同乐主义（与边沁、约翰穆勒普遍快乐说相合）施行仁政之纲要：

※行仁政纲目

- 制产
  - 分田——使民有恒产（先富后教）——井田制度（集产主义 Colleel）iuikm 土地资本公有，个人所生产物私有）
  - 班禄——世禄，圭田（在公田之中，公家转与大人士等私人）
- 养民
  - 不重税——用助法
  - 不尚刑
  - 不自利
- 教民
  - 谨教化
  - 申孝弟
- 经济
  - 价值论——每一物件本身附有相当之价格，不受外界影响，故非欲望支配的。
  - 分工——生产之主张与 lonis Blang 之主各尽所能略同，分配之法则与 Saint Simon 认秉性不齐，比例各人劳动以分配之主义相近（孟认劳心是精神劳动）
  - 自由贸易
  - 移民
- 非战

※重农

- 原因——救济当时不安之现象，助礼治之推行，解决人民生计问题
- 方法——不违农时，限制采伐，利用隙地以从事蚕桑牧畜。
- 功效——实行爱国主义，养成社会互助之习惯，施行食力主义，提倡服劳主义，促成养志恤寡之风尚。

结论

※蒋维乔云："先秦时中国哲学以政治为中心，宋明哲学以伦理为中心，孔孟荀三人之思想以心理学为根据，宋明派以形而上学为根据。中国哲学既以政治伦理为中心，故其特征是实用的，重道德之追求。西洋以科学为中心，重知识之探讨，于知识论及方法论特发达。印度以宗教为中心，重信仰，宗教哲学特发达。"

我自己当叙述《中国哲学概论》之际，以之分为前后两篇：在前篇，述以历史的概观；在后篇，则将主要问题，加以解说，务求使之仿佛其大要了。尚望读者参照前后两篇，藉此领略中国哲学的要旨之所在。惟于此拟就中国哲学的特征，列举我自己所见及之点，以代结论。

中国哲学，概系以人生为研究的对象。固然，亦非无因震惊于宇宙的广大无边，而对之加以议论的事；但此不过为研究之一手段，其终极的目的，仍为人生。上代的六派哲学之内，阴阳、儒、墨、法的四派，固不待言；即在道家

之流，虽一面论述天道，却终于归着人道。质言之，并非为研究道的自身而说道的，乃认为吾人的人生观之立脚点而说之的。从而中国哲学，概为实用的，或实际的。至于名家之流，试行其论理的游戏，而表示其不可羁束之态度的，实为特别的例外。尹文子的《大道》篇所谓"虽弥纶天地，牢笼万品，但为治道之外，而非群生之所餐挹，则圣人措而不言"云云，在大体上，乃系述说中国哲学的一般之倾向的。此则或可谓为正是中国哲学的特征吧。

中国哲学，固然亦有二三的例外，但是就一般言，则概为断片的记述，而其发表法，又系艺术的。关于此点，固亦关系于中国的语言及文字之性质；但大都富于含蓄，而令人想象的余地，又非常丰富。例如孔子在川上，而曰："逝者如斯夫，不舍昼夜！"如此云云，既可认为系说明流水的无昼无夜，不断地流而不尽；亦可认为系叹息岁月之如流，而功业的难成；更可认为系阐明如程朱之所说："天地之化，无一息之停，是即道德；君子宜取法之，而自强不息。"总之熟读玩味起来，自然使人为之兴趣无穷。

与此相关联的，即中国哲学，有时又漠视论理之为飞跃的事，并非稀有。除了墨子韩非子等二三以外，大都如此；因而令人视为最大矛盾的事，亦不在少。不过关于中国哲学的著书，尤其是先秦时代的经书或诸子之类，传写之误，或者亦属不少；而当汉代的学者加以整理之时，或者又有误将彼与此为之混同的事。即在同一人的意见，临机触变，所言或亦不免少有所异；又或依少壮时代与老成时代，而为之变化。试一推想：凡此种种杂然地而成为一部之书的事，则其具有矛盾的地方，自亦为不得已之事。

要之中国哲学，其表现的方法，既非精密的事实，又非亲切的指南，实有使人仿佛地望见雾中的殿堂之感。但是到达其殿堂的道路之终点，又为云雾遮蔽而不明了，惟赖吾人一意向此殿堂迈进，则眼界将倏然地为之开朗，从而发见坦坦的大道，接续于此殿堂了。一般先哲，固然大都述着自己之所体得；至于将单纯的想象，而为事实似地说述了的事，乃属绝无。故一旦悟入以后，则有不知足之蹈手之舞之之概了。

禅修摄生

禅修的医疗作用及其可能发生的生理和心理现象

一

禅修，指禅定的修习而言，包括的项目很多，范围很广。唐窥基法师著《瑜伽师地论略纂》卷五，说有七种不同的名称：第一种是"三摩四多"，义为"等引"，谓离弃了昏沉掉举两种妨碍禅修的病态以后，心意平等，能够引发功德，包括一切有心定和无心定。第二种是"三摩地"，义为"等持"，以前译作"三昧"，通摄一切有心定位中的心一境性。第三种是"三摩钵底"，义为"等至"，即一切有心无心诸定位中所有的定体。第四种为"驮衍那"，就是通常所说的"禅"，其实正确的意译应为"静虑"，通有心无心、有漏无漏、染与不染，而一般经论上都只就色地有心的清净功德称为静虑。第五种"质多翳迦阿羯罗多"，即"心一境性"，旧云"一心"，以等持为体。第六种"奢摩他"，义为"寂止"。第七种"现法乐住"，则是单就四种静虑的根本说的。

这里面所说的"心意平等"、"心一境性"都是在禅修的过程中可能发生的心理现象。"有心"、"无心"也是心理现象而是就总的情况说的，例如"静虑"这一个名词，就是说明静定之中还有思虑的心理活动，所以属于有心位。无心睡眠（即无梦的熟睡）、无心闷绝、无想定、灭尽定等，或者心理的活动不显着，或者已经把心理活动压伏下去，所以属于无心位。但有人说，无心睡眠和无心闷绝不能包括在无心位中，因为还有第七识和第八识，只有无想定和灭尽定才是真正的"无心"，因为在这两种定中，"行与心违"[1]、"诸心心法灭"[2]，这说明禅修入定可能达到灭却心理活动的一种现象。"有漏无漏"、"染与不染"是就禅修的性质说的，如为名利恭敬而修禅定是"污染"或"杂染"的，也是"有漏"的，为追求真理解决宇宙人生方面的问题修禅定，则不是"染污"的，可能成为"无漏"。"色地"一名词，说明禅修的范围，因为佛教把世间分为三大区域，第一是欲界，第二是色界，第三无色界。欲界有欲界的禅定，色界和无色界也各有其与环境相适应的禅定。我们这个人间属于欲界范围之内，而能发生上地（或上界，即色界无色界）的定，大乘经典如《大般若经》卷第五百九十一，还鼓励大家多修欲界定而不要贪着色界定和无色定。因为修欲界定生欲界，能够很快地圆满"一切智智"，而贪着色界定和无色界定上生色界或无色界就没有这样的功德。这是大乘教理的特点，此地不谈。

隋智者大师在其所著的《释禅波罗蜜次第法门》一书中，根据"世间"、"出世间"两种方向，又把禅修分为四大类：

一、世间禅相——四禅、四无量、无想定、四无色定。

二、亦世间亦出世间禅相——六妙门、十六特胜、通明观。

三、出世间禅相，又分为四种：

甲，观——观坏法（九想、八念、十想）、观不坏法（八解脱、八胜处、十遍处）。

乙，炼——九次第定。

丙，熏——狮子奋迅三昧。

丁，修——超越三昧。

四、非世间非出世间禅相——法华三昧、般若三昧等。

智者大师这样分类，虽然还有可以商量之处，但他指出禅定有使修习者趋向于"出世间"的作用，则是非常重要的。佛教认为具有争执、爱昧、耽嗜、可毁坏、可对治等性质的是"世间法"[3]，与此相反的是"出世间法"。世间法必定是"有漏"的，出世间法必定是"无漏"的，所以世间禅又称有漏禅，出世间禅又称无漏禅（余类推）。有漏禅不依境作观、引伸智慧，也不针对着烦恼，发挥断治的作用[4]；但无漏禅却能引伸智慧，断治烦恼，改变世间法的爱昧耽嗜等性质而为无爱昧无耽嗜的出世间法，因此有"非禅不智"、"由定生慧"的说法。亦世间亦出世间禅可能发生的作用，介于二者之间；非世间非出世间禅的性质，其实也是无漏的，应该属于无漏禅，不过因为它所引伸的"中道"观慧，超过小乘人所执着的无漏法，所以另立一类。

禅定是人类心理生理上可能有的一种现象，它可能发生的作用也很微妙，所以古代印度的各种宗教都注重禅修，佛教自亦不能例外。如无著菩萨的《六门教授习定论》云："由习定故能获世间诸福以及殊胜圆满之果。"智者大师的《释禅波罗蜜》卷一亦云"若欲具足一切诸佛法藏，唯禅为最，如得珠玉，众宝皆获。"这说明无论是印度或中国的佛教大师，对于禅修，都是怀着很大的希望的。

二

不过就普通的生理学和心理学来说，禅修中的生理和心理现象不属于"常态"，要在生理或心理方面不断加上功力才能逐渐得到，得到了如不加以巩固也很容易退失。如《成实论》卷十四《定难品》说，身有冷热等病或疲极失眠，心有忧嫉等烦恼，都是"定难"，妨碍禅修。又用功的时候过于紧张，或者意志不集中，也是"定难"。此外还有粗喜定难、怖畏定难、颠倒定难、不仅相定难、不乐定难等等，都是说明禅修不是很简单的事情，要有充分的准备才能有所成就，因此《摩诃止观》卷四有二十五方便的说法。

二十五方便都是禅修前后应该准备的事项，即具五缘（持戒清净、衣食具足、闲居静处、息诸缘务、得善知识），呵五欲（色、声、香、味、触），弃五盖（贪欲、嗔恚、睡眠、掉悔、疑），调五事（调食、调眠、调身、调息、调心），行五法（欲、精进、念、巧慧、一心）。这无非是要禅修者在安静的环境和正常的生活中，放下一切不必要的攀缘和杂念，以便集中精神，用调身、调息、调心的方法，进行不断的修习。否则物质上精神上毫无准备，禅修是不可能有成就的。

调身就是在禅修的时候调整身体的姿势，佛教通常主张结跏趺坐。如《大智度论》卷七云："问曰，多有坐法，佛何以故唯用结跏趺坐？答曰，诸坐法中结跏趺坐最安稳，不疲极，此是坐禅人坐法，摄持手足，心亦不散。"《禅秘要法经》卷上也说："沙门法者，应当静处结跏趺坐，齐整衣服，正身端坐，左手着右手上，闭目以舌拄腭，定心令住，不使分散。"这里所说的都非常简单，而在智者大师的修习止观坐禅法要上说得比较详细，大约可以分为下列六项：

一、安坐处

在比较硬的床或方凳上，铺上软垫子，当臀部坐着的地方，要垫高一些，务使人坐之后，两股前后平正，否则发麻或发痛。

二、正脚

两腿盘膝而坐，称为跏趺，有双盘和单盘两种方式。双盘先用左腿加于右腿之上，然后再用右腿加于左腿之上，两膝紧压软垫，全身自然端直，各骨节间也略有舒适之感。年龄比较大的人双盘而坐如有困难，可以采取单盘坐法。单盘或用左腿加于右腿之上，或用右腿加于左腿之上，都可随人的习惯而定，不拘一格。又实在不能盘膝的人，可以两腿交叉而坐，女人还可以把两膝相迭而坐，都比垂脚而坐为安稳。

三、解宽衣带

衣带不宜太紧，太紧妨碍调息；也不宜太松，太松衣服容易脱落而着凉。

四、安手

以左手置右手掌上，贴于小腹之前，顿置小腿上。或以一手轻握他手四指，两拇指结成交叉之形，或以左手握右手，右手握左手也都可以。顿置的地方可以在腹下，也可在腹上，不必一定。但通常都是用的第一种方式。

五、正身

先把身体和两手挺动七八次，然后端坐，胸部微向前俯，使心窝降下，臀部宜向后稍稍凸出，使脊骨不曲不耸。

六、正头颈、眼、舌等

鼻与脐相对，则头颈自然不偏不斜，不低不昂，端直而坐。然后闭口（或在闭口之前，开口吐出浊气一次至三次），舌抵上腭，轻闭眼，才使断外光（或微开眼），总以"不宽不急"为度。

息即呼吸，调息就是把呼吸调柔入细，引短令长的意思。后汉安世高译《大安般守意经》卷上云："息有四事：一为风，二为气，三为息，四为喘。有声为风，无声为气，出入为息，气出入不尽为喘也。"后来智者大师在修习止观坐禅法要里解释道："坐时鼻中息出入觉有声是风相；坐时息虽无声而出入结滞不通是喘相；坐时息虽无声亦不结滞而出入不细是气相；不声不结不粗，出入绵绵，若存若亡，资神安隐，情抱悦豫是息相。"又说："守风则散，守喘则结，守气则劳，守息则定。"所以风、气、喘，都不是呼吸调柔的相状，应该逐渐改进，达到"不涩不滑"的标准。

调心主要是调伏乱想，使注意力集中而脑筋得到充分的休息，通常和调息结合在一起修习。西晋竺法获译《修行地道经》卷五云："数息守意（按即调息调心的旧译）有四事：一谓数息，二谓相随，三谓止、观，四谓还、净。"这就是调伏心息的六种方法，后来称为"六妙门"。"数息"即当呼吸的时候，系心在记数上，或以吸气为一呼气为二，或以第一次的呼吸为一，第二次的呼吸为二，这样从一数到十，又再从头数起，有时还可以从一数到一百，或者逆数，能够祛除昏沉、掉举（即杂念纷纭）两种毛病，初步做到"不沉不浮是心调相"的程度。数是熟纯，心相渐细，就不用数息而一心依随呼吸出入，摄心缘息，称之为"随"。随息纯熟之后，不随呼吸出入而凝寂其心为"止"。"观"是观察微细的出入息相，"还"又反观观察的心，"净"则不起妄想分别。六妙门注重在调心，如果还不能用以克服昏沉的毛病，则可系心缘中（两目齐平处的中间），眉间、额上、鼻端(5)或顶及心处(6)。如果杂念纷纭，无法制止，还可以系心脐中。这就是通常所说的"守窍"，也是一种集中注意力调伏心息的有效方法。

三

在静坐的进修，身息及心三事调适，除了可以达到禅定的境界之外，还能够治病和保健(7)。这又有九种说法。

一、系心脐中像豆子那么大，能治诸病，也能发生诸禅。因为息从脐出，还入至脐；又人托胎的时候，带系在脐，是肠胃的根源(8)。

二、上气胸满、两胁痛、背脊急、肩井痛、心热懊痛、烦不能食、心悸、脐下冷、上热下冷、阴阳不和、气嗽十二种病，可以用止心丹田(9)的方法治疗。因为"丹田是气海，能销吞万病"。如果止心丹田仍觉痛切的话，可以移心三里穴（在膝盖下三寸，胫骨左右各一寸的地方），如还不能止，则可以移心两脚大拇指甲的横文上，以愈为度(10)。

三、心缘两脚之间，可以治愈头痛、眼睛赤疼、唇口热、绕鼻胞子、腹卒痛、两耳聋、颈项强七种病。

四、经常止心在足，能治一切病。因为我们平常用脑的时候多，"气强冲腑藏，翻破成病"，心如缘下，则五藏顺而消化力增强，众病自愈。

五、身上有病，一心止于病处，如果没有特殊的障碍，不出三日，都能痊愈。

六、不以病为意，但寂然止住，心意和悦，也能治病(11)。

七、偏用出息，可治肿结沉重、身体枯竭、痰阴胀满、饮食不消、腹痛下痢等病。偏用入息，可治煎寒壮热、支节皆痛、身体虚悬、肺闷胀急、呕逆气急等病(12)。

八、吹、呼、嘻、呵、嘘、呬六种息（或作气）治五脏诸病。又有两种说法，一种说："心配属呵肾属吹，脾呼肺呬圣皆知，肝脏热来嘘字至，三焦壅处但言嘻。"(13)另一种说："呵治肝，呼吹治心，嘘治肺，嘻治肾，呬治脾。"(14)其主治的具体症候，也有详略两种不同的说法，略的一种说：冷用吹，如吹火法，热用呼，百节疼痛用嘻，亦治风病，烦胀上气用呵，痰阴用嘘，劳倦用呬。详的一种说：肝上有白物，使眼睛病，赤脉曼成白翳，或眼睛破，或上下生疮，或触风流冷泪，或痒或刺痛，或眼凹，容易发怒，是肺妨害了肝发生的病象，可以用呵息治疗。心淡热，手足逆冷，心闷少力，唇口燥裂，脐下结症，热食不下，冷食逆心，眩懊喜睡，多忘心肿，头眩口讷，背胛急，四肢烦疼，心劳体蒸热状似疟，或作症结，或作水癖，眼见近不见远，是肾妨害了心发生的病象，可以用吹息和呼息对治。肺胀胸塞，两胁下痛，两肩胛疼，似负重，头项急，喘气粗大唯出不入，遍体生疮，喉痒似虫咽吐不得，喉或生疮，牙关强，或发风鼻中出脓血，眼暗鼻荃疼，鼻中生肉气不通不别香臭，是心妨害了肺发生的病象，可以用嘘息治疗。百脉不流，节节疼痛，体肿耳聋，鼻塞腰痛背强，心腹胀满，上气塞胸，四肢沉重，面黑瘦，胞急痛闷，或淋，或尿道不利，脚膝逆冷，是脾妨害了肾发生的病象，可以用嘻息治疗。身体上面风痒习习，或者通身痒闷，是肝妨害了脾发生的病象，可以用呬息医治。

九、上息治沉重，下息治虚悬，满息治枯脊，焦息治肿满，增长息治赢损，减坏息散诸阴膜，暖息治冷，冷息治热，冲息治雍塞不通、症结肿毒，持息治战动不安，和息通治四大⁽¹⁵⁾不和，补息补虚乏。善用此十二息，可以遍治众患⁽¹⁶⁾。

调融身、息及心的方法能够治病保健是实在的，据唐湛然的止观辅行传弘决卷八之二所说，陈朝的重要官员如毛喜、蒋添文、吴明澈等，依智者大师修习了"息法"（按即上面所调身心息调融的方法），都得到健康的实益。而智者大师还慨叹着说："世间医药费财用工。又苦涩难服，多诸禁忌将养，惜命者死计将饵（按即千方百计延医服药）；今无一文之费，不废半日之功，无苦口之忧，恣意饮啖，而人皆不肯行之，庸者不别货，韵高和寡，吾甚伤之。"⁽¹⁷⁾这可能是因为"息法"需要充分的准备，又不是一两天能够见效，一般人不大愿意修习的缘故。所以在修习"息法"的时候，把应该注意的事项说说明白，使修习者知所避忌而消除怀疑和顾虑，实在也有必要。这大概又有以下六项⁽¹⁸⁾：

一、知道了"息法"能够治病保健，还必须随时常用，专精不息。如果一时没有得到益处，也要不计日月，常习不废。

二、修习的时间，最好在早晨和晚上，以得汗为度，但用功要缓急得宜。

三、静坐如没有节制，或倚壁柱衣服，会使人身体背脊骨节疼痛，名为注病。治法，用息从头流向背脊，经骨节边注下，善自调护可愈。

四、开始修习六妙门时，六门各修习几天，如其中有一门在修习的时候特别觉得身安息调、心静开明、始终安固的，就专用那一门，必有深利。如果发生了障碍，可以另换一门。

五、修习的时候，可能发生种种幻觉，或者身上还会感觉疼如针刺、急如绳缚、痒如虫咬、冷如水灌、热如火灸、重如物压、轻似欲飞，或者心中暗闭生起恶念，或者欢喜躁动，或者忧愁悲思，或者突然发生惊恐，或者像昏醉一样，都要置之不闻不问，否则会妨碍修习而招致退堕。

六、每次修习完毕的时候，先把身体、头颈、肩膊及两手稍稍摇动，再摇动两足，再以手遍摩周身，再把手摩热掩在两眼上，然后用力张开，待身热稍歇，才可以下来行走，否则会发生头痛和骨节不爽等疾病。

四

心息调融（此一状态和方法，印度文称为"安般"，或译作"阿那波那"）是禅修的初门，佛教经典上称为"甘露门"，因为它可以引发许多功德。据《瑞应经》等说，释迦牟尼在菩提树下悟道之前就是修的安般法，后来他也常教弟子们修习。所以《释禅波罗密次第法门》卷说："因息修禅，疾得禅定。"又说："系念修习阿那波那入欲界定，依欲界定得未到地，如是依未到地次第获得初禅乃至四禅。"照上面所述的一段看来，安般法的医疗作用非常显著，如果加深了它的进度，因而引生禅定以及心理生理上的特殊现象，当然也是有可能的，这大概就是所谓"功德"的一部分。

根据专门解释有关禅修中各种境界的经典，如：《禅秘要法经》、《坐禅三昧经》、《禅法要解》、《思惟略要法》、《达摩多罗禅经》、《五门禅经要用法》、《治禅病秘要法》、《大安般守意经》和《摩诃止观》、《释禅波罗蜜次第法门》等，可以知道，加深了心息调融的进度，心理方面会到达"泯然澄净，怗怗安稳"的状态，这时思想集中，毫不分散，称为"粗住"。从"粗住"再进，心理方面"怗怗安稳"的状态更加增强，称为"细住"。这时因为心理方面非常安稳的关系，身体自然正直，坐久不倦，好像有甚么东西支持着似的，但偶尔有一阵阵肌肉紧张的疼痛和紧张疼痛消失以后的疲困。这样经过几小时或者一两天、一两个月，心息就更加深细，会感觉自己的身体非常明净，心理"爽爽清凉"，没有一丝牵挂，叫做"欲界定"。

修习欲界定到纯熟的阶段，可以连日不出定，也可以保持定法经年累月而"无懈无痛"，同时还能够引发像电光一闪似的无漏慧，所以又称为"电光定"。从这里深入，就会发生"身心泯然虚豁"，"炯炯安稳"的现象，为"未到地定"，或名"未来禅"，因为它能引生初禅，是初禅的方便定。

未到地定的功效，有显然超过欲界定的地方，就是"入定出定，身体温暖，悦豫快乐，颜貌熙悦，恒少睡眠，身无苦患"，可以说，在身心两方面都达到了非常康健的程度，因而又引发八种"触"[19]。

动、痒、凉、暖、轻、重、涩、滑称为"八触"。据说人未到地定渐深，身心虚寂，不见内外，经过一日乃至七日，一月乃至一年，如果定法不坏，就觉得"身心微微运运而动"，或从上发，或从下发，或从腰发，渐渐遍及全身，这叫做"动触"。动触能生十种功德，谓：空、明、定、智、善心、柔软、喜、乐、解脱、境界相应。动触发生时，身心虚豁为空，净美妙为明，一心安稳为定，不复昏迷疑惑为智，惭愧信敬为善心，没有粗犷的意念为柔软，于所得法生庆悦为喜，触法娱心恬愉美妙为乐，没有贪欲瞋恚等五盖为解脱，安稳久住敛念即来为境界相应。其余七触也有这十种功德，共为八十种。不过每一种功德中又有三种状态，如动触起时，手脚搔扰，动作急疾是太过的状态，一切不动，如被缚相似则为不及。身内运动，不迟不急，才是适中的正的状态。

又如空这一种功德，若永寂绝都无知觉是太过，铿然块碍又是不及，只有豁尔无碍才是正空。

八种触发生的时候，有时一种触连续不断。转深转细，称为坚发，有时一种触未发到一定的程度又发其它的触，叫做横发。坚发、横发的先后，随各人的体质不同而异，通常都是先发生动触。禅修到了这种境界，称为"得色界心"，可以进入色界定，因此未到地定所发生的八触，通常归入"初禅发相"之中。

初禅就是色界定的第一禅，有五个支分，即：觉、观、喜、乐、一心[20]。初触触身，有所感受为觉，细心分别八种触及各种功德为观，庆昔未得而今得为喜，恬适愉快为乐，寂然静止为一心，都是从未到地定的基础上发展出来的。得到了初禅，身心的快乐柔和又远远胜过未到地定，《禅法要解》卷上说："初禅快乐，内外遍身，如水渍干土，内外沾洽"，因而能够断伏欲界烦恼。

初禅有觉有观，不能使禅修更为纯净，所以还应该把它舍弃掉。舍弃了觉观就发"中间定"[21]，由中间定进入第二禅[22]，第二禅的支分是：内净、喜、乐、一心。"内净"就是舍弃了觉观之后的清宁状态，"如水澄静，无有风波，星月诸山悉皆照见。"又这里所说的"喜""乐"也和初禅的在性质上有所不同，因为初禅的喜、乐是从离欲得到的，而二禅的是从初禅的定得来的。

二禅因"内净"而生大喜，因喜生着，可能引发烦恼，要把它舍弃了才能进入三禅而身受无喜之乐。这样的乐，从内心发，绵绵美妙，据说是"世间最乐无有过者"。不过又有遍身和不遍身两种区别。遍身的乐，全身每一毛孔每一器官都充满着欣悦，心里面也是"乐法内充""情得通悦"。不遍身由于心沉没、不安稳、生贪着三种过失，因此三禅的支分是舍、念、智(23)、乐、一心。舍就是舍掉喜，念与智是针对着三种过失而安立的，这样，第三禅就独得"乐俱禅"的名称。

第四禅的支分是舍、念清净、不苦不乐、一心。舍的意义是"无所依倚"，因为在第四禅中，身心的调柔安隐达到了非常高深的程度，像三禅的遍身受乐已经无此需要，可以舍弃。又三禅的乐并不是永久的，贪着了也会成为苦患，也要舍弃。舍弃了三禅乐，"行不苦不乐受，不忆不悔"，意念清净到极点。据说，在这时候，出入息微细得像没有的一样，因此第四禅又名"不动定"或"不动智慧"。得到了第四禅再进修四无色定或其它的定都很容易，所以佛教经论上又都以第四禅为根本。

禅修的层次很多，境界也各各不同，而都从调融心息入手。调融心息的效用，目前已经有了初步的证明，禅修中可能发生的生理和心理现象，似乎也不是凭空虚构。这类资料记载在佛教经典里的还有很多，如果能够统统整理出来，对于进一步认识人类生命现象的研究，似乎不无参考的价值，这里不过是"尝鼎一脔"而已。

附注：

(1)瑜伽师地论释。

(2)瑜伽师地论卷十三。

(3)瑜伽师地论卷一百、俱舍论卷一。

(4)释禅波罗蜜卷一之下。

(5)系心缘中等四处，见大智度论卷二十一。

(6)坐禅三昧经卷上。

(7)修习止观坐禅法要卷上。

(8)智者大师摩诃止观卷八。

(9)摩诃止观卷八云："丹田去脐下二寸半"，修习止观坐禅法要卷上云："脐下一寸半名优陀那，此云丹田。"

(10)摩诃止观卷八，下三项同。

⑾修习止观坐禅法要卷上。

⑿摩诃止观卷八。

⒀修习止观坐禅法要卷上。

⒁摩诃止观卷八,其下主治病症同。

⒂佛教以地水火风为四大种,构成一切物质。人体皮肉骨等属地大,血液等属水大,体温属火大,气息属风大。

⒃见摩诃止观卷八及修习止观坐禅法要卷上。

⒄摩诃止观卷八。

⒅据摩诃止观、修习止观坐禅法要、六妙门及禅门口诀等书。

⒆这里的触字,有自己觉得的意义。动等八触之外,又有掉、猗、冷、热、浮、沉、坚、软八触,合为十六触,但与前八触大同小异,故此只举八种。

⒇或作寻、伺、喜、乐、心一境性。

(21)中间定又名"转寂心",以修习舍弃觉观的六行为体,但有时心理方面会发生忧悔。忧悔心生,则永不发二禅,乃至"转寂"亦失,或者还发初禅,或者连初禅也不发,所以在这关头,要特别保慎。

(22)一般经典上都说进入四禅的根本定之前,先要入四禅的近分定,也就是要经过根本四禅的准备阶段,此地不谈。

(23)智或作正知。

(原载《现代佛学》1956年4月号)

"阴平阳秘"的试探

我们身上有一处最不怕冷的地方，那就是眉心上一寸左右处。阳是代表热的，似乎可以说它是阳电或阳气集中的地方；还有一处最怕冷的地方——肚脐，可否说它就是阴电或阴气集中的地方。阴性静而阳性动，要调整阴阳，必先发动阳气使阳秘阴平。为了探讨这个理论，我意念集中于心上一寸，双目微闭，不管呼吸，也不用舌抵上鄂。经过十天左右，感觉有一缕紫光从眉心在体外直射脐中。开始脐部不受，把光弹回。这可能是阳中有阴、阴中有阳，同性相斥的关系，仍继续坚持练。又过几天，紫光下射，从脐部进入腹内，这时，脐下左右两旁发生旋转式内动，先由左至右，再由右全左。一星期后，内动停止，而在紫光下射脐中之时，脐外发现白光一圈，光明耀眼，与阴阳电互相接触时发生的情况相同，祇是没有声音罢了。以后，白光由大变小，由光明变弱，十余天后，光不见，腹内自觉上下翻转，颇觉舒适。直到一年之后，才完全平复。坚持练下去，又觉脐内有一缕淡黑色的光由体外射向眉心上一寸之处，此光经过数日，渐也变成白色，此时头脑清醒精神极佳，此即阴平阳秘、精神乃治之理。由此，我认为《内经》中所说的"阴阳之道，阳密乃固"，并非王冰所注释"阴阳交会之要者，正在于阳气闭密而不妄泄尔"的观点，而应该理解为："阴阳就在自己身上，脐有"守于内"或"吸入"的功能，眉心上有"卫于外"的功能，人体因阴阳相互作用而保持体内平衡常态，但人体热辐射使人能量不断耗散，若使阳密，就可以不致放射太多而固了。从此，我的身体变得不怕寒冷，过冬时，只要穿单鞋袜就可以了。

原载《中华气功》1983年第1期

峨眉指穴法三十六式

——巨赞法师遗著

傅伟中整理

原《中华气功》杂志编者按：练功出偏的原因很多，或因选择功法不当，或因缺少正确指导，或因身体机能状态和个体差异的不同常会产生一些偏差。出偏，并不是今天才有的，古人练功也常有发生。然而古人对练功出偏也积累了很多纠偏的方法。这里发表的是中国佛教协会副会长、已故佛学大法师巨赞遗著的一部分（峨眉指穴法三十六式），是由傅伟中编纂的。巨赞大师生前并没有完成自己这部著作，在病榻上，他把傅伟中招到床前，要他尽快编著这部书稿，并亲自审校。我们刊登这部分内容的目的在于，向有一定功法和医术的同行们提供对练功出偏者一些纠偏的治疗方法，达到减轻出偏者的痛苦。当然，纠偏的方法很多，这篇《峨眉指穴三十六式》法绝不是唯一的，仅供参考。

说明：按摩疗法古称为"导引按蹻术"，是古代人类在劳动生活实践过程中，与疾病作斗争而最先积累下来的一种经验。作为一种治疗手段，历代祖先在若干年的实际应用中分别以自己的经验加以充实、丰富、提高，遂又演变成许多新的流派。若从其效用来看，有的专用以治外伤，有的注重治疗内科病患，或者内外科兼治，或者用以治疗儿科疾患。

"指穴法三十六式"原名"天罡指穴法"，为内功导引按蹻术，是峨眉气功中的秘传功法。其中小导引二十八式，大导引八式。小导引主要用于治病兼及气功纠偏（或称"气功病"，诸如大动不止，气机错乱等），大导引主要用于气功纠偏。

为便于练功者学习、研究起见，特做以下几点说明：

一、本篇所介绍的大、小导引术、本着和盘托出的精神，就所知内容如实介绍，以便于练习者及研究者参考。

二、此种技术对气功纠偏及某些治疗独具疗效，但施术者本身，除需具备一定的峨眉气功功力及武功基础外，尚需具备一定的中医学辩证论治及经络学浮里支知识，始能全面掌握并得心应手，取得较好的效果。

三、由于气功门派功法不同，对待练功中的自发外动现象，看法亦不一致：或以动为好；或谓凡动皆偏。根据目前群众练功实际来看，凡属学练专门的自发外动功法，用法促发外动，基本能自控者（即不练功不动，收功后即不再动），一般不应视为偏差。但无论练何种功，出现自发外动而失控及气不归元者，则应视为偏差。例如有人练完功后，自觉真气外跑而不能抑止；有人气充肚腹而胀；有人内气仍冲头脑，全身乱窜；或走在路上，或在家休息，或上班工作，甚至在睡中，仍不断出现不由自主的外动，大动；或大动数小时不能收功，这就影响了功者的正常工作和休息，影响了身心健康。大小导引术的纠偏，主要纠正此种偏差。

四、本指穴法中所涉及的穴位甚多，考虑到很多医学书籍中关于穴位的所论甚多，因此，凡一般医籍上的常用穴位，均不说明取穴位置，只标示一些奇穴及非常用穴位。

五、由于施术方法简便，颇适于偏僻或医疗条件较差的地区施用，但如有一定的医疗条件，对于某些病症，则不必专采用导引治病。特别是外伤及某些急性传染病（如文中所说之瘟疫），仍以及时就医为妥。

六、文中所述关于治病的方法，可结合一般医疗方法进行。

甲、小导引部
子、二十八式用法

一、鹤咀劲用法

1. 出天字桩描太极指法。发劲在鹤翅（即中指、无名指及小指）而不是发在鹤咀上。翅张则劲自来，翅敛而劲即消。知此发劲之法，变化才能灵而显现翅与咀互为因果的用法。

2. 从翅与咀互为因果的用法上，变为八个劲：（1）含劲：由微屈的中指、食指的"腹劲"拼拢而成。（2）吞劲：由"凤眼""变龙眼"而成（"凤眼"即将含劲微屈的中、食二指伸直；"龙睛"即以拇指肚前缘扣于食指指甲前缘而成，成圆形相扣）、（3）吐劲：由"龙睛"还"凤眼"而成。含、吞、吐三劲都是用的"腹劲"。又，鹤咀一般动的幅度小而劲大，唯吞、吐二劲，则动的幅度大而劲却小。（4）反鹤咀劲：用食指的"甲劲"，劲在指甲背部，力最猛而尖锐，用于皮内浅薄处的小穴道或重手法。（5）揉劲：用食指"外侧角劲"画圈，但只能顺画不能反画（因反画用内侧角劲），此与鹤劲不同之处。（6）雷震劲：（又名震透劲，亦即啄鱼），用食指顶劲、张翅、鹤咀紧闭成"凤眼"即发震动，力向内透，是重手法，发劲用通臂劲法，即从肩禺穴至指尖，腕肘臂皆直，食指亦直。（7）披劲：用大指"内侧角劲"，向胸作四十五度之斜坡。披劲介于滑与抹之间，滑快而抹慢。（8）弹劲：用食指甲劲，由"龙睛"向外弹，同时鹤翅舒张，用于头面三阳经及皮肉较薄之处，如鱼腰、印堂、天目、中正、司空、神庭、日角、月角、（发际正中处为神庭，两眉之间为印堂，眼上视，在印堂上有一个圈，即天目，亦即眉棱眉微上，有脉跳动之处，此为督脉之窍。神庭与印堂二分之一处为中正，神庭与中正之间二分之一处是司空。两额角尖为上日月角，左日而右月。上皆属离宫，即头部之穴）、眉冲、攒竹等，籍以退火及解三阳穴闭锁，皆用脆劲，阴手轻而阳手重。因为阴手只能有指尖的劲，阳手出于"三昧掌"，是半个通臂劲，故重。但把指尖用长一点，接触面宽些，即不致伤人。

3．鹤咀八法，一般用于头部及脚部。脚部用于三阴交、绝骨、阳陵泉、内外四池，太冲、跻包、丘墟、鞋带（即解溪）、昆仑（病人呼疼，故口诀云鹤唳空）等。肩背等部，取三阳邃，天城、地郭等穴。

4．除阴阳手用弹法，属于武术中解救被人点穴的方法外，其余皆可用于治病。用天头部者，主治头痛、头晕，循经点穴即可。用于练功夫出了偏差的摇头病，配取所闻穴（耳内，用通天劲）。昏沉取颊车。用于肩背者，主治手阳明，手太阳之肩臂痛，牙齿痛，失枕及调手太阴肺气（取合谷）等。用于背部者，取顺八字筋（即背部脊外如八字形三两根大筋），治足太阳经症及腹病、胃痛、胸闷、胃胀等。用于腹部者，取倒八字筋（即脐旁约二寸半向胁肋伸展如倒八字形之两根大筋），治腹痛、痞胀、厥阴症中之睾丸内缩的腹痛（缩阴症）等。用于足部者，主治三阴三阳之风寒湿各种痹症。取绝骨、三阴交可降血压，潜阳天阴，通经。

5．吞吐、拿拉、含揉、披弹、震透，翻（阴阳掌式，手背朝上为阴，朝下为阳）反（咀式反正，如图为正）、为六对十二种手法。

二、凤钗劲用法

1．出天字桩描太极指法及须弥掌（即立掌）的中指下行，劲窍在小指。小指向上立，则中指大指发劲而灵活，否则是死的。用取面部任、督二脉，手足阳明及冲脉，又取后脑督脉及手足太阳经。

2．祛风用粑粘法（粑粘，即如粑糖粘物），手法要轻，又要走得慢。最轻者用在后脑发尖及睫毛尖，以中、拇指肚尖在该处缓移，与用"离经指"相似，皆在毛发尖上走（后脑冷点，寒风飕飕，睫毛或眼发痒，皆为风相）。用时思想意识要集中到中指、大指尖，感应才大。小指翘得愈高，中指震动愈是轻巧灵活，故反应大。

3．头部可用于大椎、哦呀（嘴角外的一寸处，发哦、呀二音时有凹陷处）、胺中（鼻背部正中线，鼻骨基底之上方鼻骨间缝中）、重楼、天突、廉泉。手部用于曲池，尺泽。皆先拿后提、拉。如用粑披劲（粑披，即需要一定之重压，又需如粑粘物一样，但需比粑粘法要走得快）取大椎，站在背后取时则用大指，站在当面取时则用中指。取胺中，以拿拉见一线红色为度。

4．"一杯酒"式时用敲脆劲，劲在腕上。如用在臂上，劲即不脆，用时臂不动，仅用腕部的俯仰带动指尖如鸡啄米状。劲脆，可用以调节任督气脉，治关闭而不开。

5．开天地窍时，开天窍用凤钗劲的顶劲（用雷震劲法）或甲劲（开地窍则另配用剑诀）。

三、鹰咀劲用法

1．出自天字桩反描太极指法，劲在中指（鹰的鼻梁），第一节与第二节的屈伸之间，屈则无劲，伸即有劲。中指用劲，鹰咀即收，配合鹤咀用，即鹤咀劲嫌轻时，必用鹰咀劲。

2．专取痹顽不知疼痒之处，故凡全身腠理肌肉之间，中风麻痹者，皆可用此劲按穴导引，亦可配用"阿是穴"法。凡用此手法，多半有痛感。以不痛者知痛，痛者不痛为标准。

3．取脚上三阴经，如遇皮厚肉多的胖人，用鹤咀取不一，即可改用鹰咀变成阳手取之。愈深者（如脾经）取得愈重，浅的取得轻（浅取仍可用鹤咀劲）。取时循经顺行，从下向上。

4．三阳经皆可取，而以取少阳经为主。少阳经下肢的绝骨、阳陵泉、环跳，头上之率谷、寿环骨皆可取，取时循经逆行，从下向上。因为人身气脉循环，恃阳气以行，取时从阳之性，故相逆，如搬还法。用于三阴脉时如逆取，则气行更慢，故应顺取。

5．取三阴交（配绝骨）、足三里，用劲皆在食指，大指贴平腿之阴面，不能用劲。取足三里时，又可取至上下巨虚，约五寸的距离。如取足三里降胃气，必须先取合谷，后取三里。安胎先取三阴交，后取合谷，胞衣不下或胎死腹中，先取合谷后取三阴交，皆用重手法。

四、蛇头劲用法

1．出天字桩描太极指法及剑诀变化。劲在食指，如紧食指有劲。又，大指不能动，动中指，两指方能齐头并用。

2.用于头部，专取三阳与督脉之会的祖窍及井灶迎香。用于手部取合谷及切诊离经脉（用阳手）等。用于足部取三阴经。

3.练功中有坐而遗精，古谓之走丹，或前阴漏气（所漏体内真气，而非空气），乃功夫练坏了。气脉走至前阴前发生美感，因起淫念而走丹。可用蛇头劲，在病人吸气时，点山根（两眼内眦之中点）继拉三、五次，即可止住。用蛇头时，要把真气集中指尖，病人要觉得指尖很热，同时要求病人吸气停在丹田，内视胲中，觉龙宫、月窟发胀或有动触现象，即可放手，下面强阳也自行倒下。此谓藏金鸟，擒玉兔，亦即潜阳之法，是属大导引术部。

五、鸭咀劲用法

1.出天字桩描太极指法，从"冲天杵"变出，窍在中指、无名指及小指。三指扣紧， 余二指方松而是活劲。用时手、臂、腕要成一直线，腕不能俯下或翘起，活动在腕上，大指不动。

2.大指用劲而劲有八法：腹劲、顶劲、甲劲、外侧角劲、内侧角劲、正太极圈劲（揉法）、反太极圈劲、蠕动劲。

3.用手法亦有八种：按法、揉法、雷震法、披法、剔法（披剔相对，即下点而披）、挑法（上挑）、钻法（重）、提法（轻）。

4.按法用腹劲时多，用于天突及督脉、脊椎的痛点。揉法用反正太极圈劲，取膀胱经各俞穴及八寥。震震法用顶劲，取膏肓、涌泉、百会、各俞穴痛点和胛心（三角形肩胛骨之中心）。披法、剔法一反一正，用于取膀胱本经或各俞穴。挑法用蠕动劲，取风府、哑门、玉枕、天突。重钻轻提是连用，雷震劲之后用钻法（反阴阳手为钻）。如取百会，钻要慢，如取涌泉，膏肓则钻要急而快。提要成螺旋式退出。

5.鸭咀劲是重手法，一般用于取太阳经，以调太阳经阳气升降失平、有余或不足。最后取涌泉或百会。即阳虚者百会升阳，阴虚者取涌泉潜阳。一般在用过鸭咀劲后配平指劲拿八字筋，继用摩云劲或袖底劲（二劲方法见后）调合太阳经。抑或用落雁劲，运真气行补阳法。

此手法主治头晕、项强、恶寒、发热、背疼、腰疼，凡太阳经（水）及肝经（风）之病，内外因皆可治。

六、日月扣劲用法

1.出天字桩之描太极指法，虎步功中也有此手法。劲在大指及食指两指尖，窍在食指第一、二节之间。月形松劲，日形发劲。食指与手背、下臂要成一直线，如此，劲在下臂，一挫腕（即摇腕），劲即在两指尖。此手法发劲是以肺与大肠经为主的，故口诀云"庚辛"。

2．用摇、扣、绷、拉、敲（武功用）五法。

3．取艮宫、十宣、独阴、鱼际、拳尖（手第三掌骨小头之高点）、蟹眼等穴，以痛者使不痛，不痛者知痛为标准。

主治四肢痹顽，手指手足趾拘挛，肩臂气滞及背胀，胃疼等。

七、冲天杵劲用法

1．出有太极指，天字桩有此架子。劲在本节和第三节的关窍上，要相反地折迭。本节的劲与指尖的劲不同。本节用于按摩及武功擒拿手，把粑、挤、擒、拿、推五法。指尖有擒、拿、勾、弹、挑、摇、披、剔八种用法。所有诸法之劲，皆为柔中刚柔，都用蛹动劲发出来。

2．本节五法中，挤法用在大指本大节上，用于骨折、骨绽、脱臼等症，即用本节向内一挤，骨即接上，其余四指配合应用，但依托其旁而不动。粑法在武功中用，在擒拿处粑住，但在截地掌中亦用之。擒拿完全用于武功，而阴阳手用法不同。这里所说的擒拿手法与一般所说的不同。一般双手为拿，单手为擒，但用冲天杵劲，则阳手为拿，阴手为擒。擒拿手一般配合粑挤法，即在擒拿后才能用粑挤二法。推法用于疼症及痹症，单用大指本节在指、肘、足趾关节上，后脑大椎至风府穴上推之，力向前走。

3．指尖八法中，挑法用于祛风，取风时府以下，大椎以上诸穴，玉枕亦可用。取天突去老痰，挑法与鸭咀劲同用。取舌下亦可用挑法，先用顶劲，后用甲劲。治暗哑、哑巴、痰积喉中，武功中取之能使敌闭气。勾弹亦用于祛风，与挑法不同者，挑法用甲劲，单取一穴，只向上挑而不移动。勾弹向下行，用指尖腹劲及顶劲。摇法用赤凤摇头法，即左右摇，取大椎用之。又、取极泉，又可取云门，去心热，皆用腹劲。又，取风池、风府、玉枕、皆用轻手法，贴发尖上走、取，略同凤钗劲，但此为左右横取。披剔则用内外侧角劲。

八、一指禅劲用法

1．出天字桩描太极指法及剑诀，风字桩中亦有之。劲在大指，即用大指和扣紧中指及无名指，则发劲而活泼，其关窍则在合谷。用法同鸭咀劲惟较细小。凡鸭咀劲能取到者，此劲也能用，但此劲能取到的穴位，鸭咀劲则用不上。一般用勾、弹、挑法、蛹动，顶、甲劲时多，余法余劲，用时较少。

2．在头部专取阳明、太阳两经，取攒竹、龙宫、月窟、井灶、肝弦、缺盆、矼斗、四、尺、弓等穴，用蛹动劲要小，外面手式动象几乎看不出来。

3．背上诸俞用鸭咀劲取者，亦可用此劲取之，但用腹劲或外侧角劲，特别对敏感或怕疼、痒者宜用之。

九、金钩劲用法

1．出天字桩描太极指法。劲在大指，即用大指管住（压住而不捏紧），食指及中指则有劲发出（劲在大指圈上，愈向下劲愈小，犹如梯阶下降，逐渐徐缓之势）。用法分阴阳掌。阴掌用勾弹法，提法，消耸法及顶劲。阳掌用按法、摇法。

2．取穴有肝弦，眼珠、井灶、龙宫、月窟及大指本节。

3．劲要用得小，使真气运至指尖。取肝弦要勾得作响，取眼珠要使现金花。取大指本节用消耸法，以关节软绵为度，而自用倒提肘法，否则会扯断大指而伤人。口诀中"虾游滋味"者即消耸之谓也。取大指时，托天掌拿住少海、小海和正中的麻穴，使其发麻。取井灶向上塞进鼻孔后，一摇指头蓦然拔出，滞气即通，比一指禅好。

十、五丁开山劲用法

1．出天字桩描太极指法。在龙鹤两桩中是个正式的架子，可变落雁劲、鹰爪劲、虎爪劲、龙探爪劲、剑诀劲。用劲要运到指尖，而发劲则出在拳尖，尖与掌背腕成一直线，平直即有劲，但食指、中指、无名指、小指的二节和大拇指的第一节都要松（拳尖不动）。用法有粑、抓、消三种，用时先粑后抓，抓后即消，消后再粑抓，视需要而定次数，皆用重手法为主。用顶劲（重）、腹劲（轻）。（分部操作见后）。

十一、虎爪劲用法

1．出天字桩的架子，发劲在肘尖，从肘尖至蟹眼，劲在内发，而架子不动。这一段关节固定而静守，惟指第二、三节才是动的劲。这样方能灵活。所以操作时，只许蠕动指的二、三节（前两节）、

2．用腹劲及顶劲。腹劲用粑、抓、勾法、顶劲用勾、弹、裹法（裹法用于武功，不用以导引），用时都要用齿寒法，即动得快，而走得慢。

3．用于头部，单用指尖，千金隧发劲。用于四肢三阳经，则用艮宫掌心（艮宫为鱼际微上，合谷下一点，阳明经里支），贴住发劲而运动，仍用齿寒法。但此手法忌用于四肢三阴经。

4．头部从少阳劲取起，经太阳经，会于督脉，然后两手交叉，用摩云劲，画太极圈。主要穴位，少阳经为悬厘，悬颅、率谷、完骨、，太阳经为五处、头维、青龙角，督脉为囟门、上星、百会。

5．手三阳经取儒会、臂儒、至哈蟆穴（外劳宫穴微上），即肩禺下笔直一线下去。

6.脚上取阳明经,可用平指劲,亦可用虎爪劲取膝关节至跨骨一段。又从国中至后踵,用虎爪劲取太阳经,从委中、儒肠至承山,取时左取右松,右取左松,交互运用。又可在儒肠及承山穴位,用虎爪中指指尖的顶劲及扣法震透劲,停气二、三呼,凡湿重、胀多、酸少者宜取之。但要轻一点,重了即把血点死,次日会发现青色淤血伤痕。又可用单手取阳明经,从足三里至上下巨虚的一段。

此法主治三阳气热头疼,厥阴风动头疼,肝阳高亢的脑晕,督脉虚头重如压石,左右偏头疼,脑发热、脑鸣、耳鸣(配通天劲,取所闻穴)。上肢以手阳明之病为主,痛、行、着痹症,不能弯弓梳头皆能治,但只能管到天河界(即腕关节)以上,不能管其下。下肢麻木、痛(配用日月扣劲或鹤咀劲取独阴),行、著痹症,瘘症(阳明经为主)以及胃气呃逆,胃疼,腹胀,膀胱气化不利,小便淋漓或频数,背脊、脚转筋,脚怕冷(配用日月扣劲取十宣穴)。

7.大导引术中,如遇练功的人出了偏差,乱动大动,且手中拿棍棒等,要用虎爪劲擒拿法,解除其手中器械(空手夺白刃须配合身法、步法、闪身逼进),才能从容使用第二步的手法。

十二、龙探爪劲用法

1.出天字桩描太极指法,龙字桩有此架子,从五丁开山直接变出。又可变鹰爪劲,虎爪劲、落雁劲、剑诀、一指禅、金勾劲。劲在掌心,五指作圆锥形环列在拳尖以下,三节指头笔直才能发劲,动的关健只能在拳尖,指关节不能。

2.用粑、抓、拿、提四法时,内收要用披法,外开要用弹法、都要轻、脆、快,用劲则内收用腹劲,外开用顶劲。操作时,要用在皮之内,肉之外,刚刚接触肌肉,如石投水(内收外开皆圆),发生水波四散的震荡作用,才能收疏导调和气脉之效。

3.祇用于气分穴道,一为膻中与两乳,一为丹田、气海、神阙、但不可用于儒肠。病人气不归元,可使自己如法按引丹田、气海、神阙以治之。

十三、钉头劲用法

1.出天字桩描太极指法,又可从须弥掌的中指领先变出。大指不动,中指前两节挺直,成一线,而后段为半圆,即有劲发出。放弯,前二节即松劲。把其余三指一伸,笔直上跷,劲即加大,是为催动。此为重手法,病患者麻痹甚者方可用。

2.用顶劲、甲劲、震透劲,都要用得小,用法则有弹法、扣法等。

3.取内外劳宫、养老、青灵、三阴交、绝骨(即足少阳胆经之悬钟穴)、三毛(足拇趾背上,爪甲部边缘正中点)、鸳鸯、爪甲下(足拇趾胫侧,爪甲缘下三分处）、肩髃、曲池等穴。其中除爪甲、青灵用于候诊脉法外，其余皆在导引上用。

4．用弹法，甲劲取三毛、鸳鸯时，不大弹出去，而要绷弹并用，并且用小巧手法（取一丝，有麻、辣、疼感）。候诊气脉用扣法。取青灵穴时，又要用勾弹法，病人要有直达中指尖如触电的感觉。凡一扣即有些感者，气脉无病，三扣方至者，主心气衰（气滞）。

主治四肢指关节（末梢）风、寒、湿各种痹症。导引时，以疼者使之不疼，不痛者使之痛为原则，也才有疗效。阴虚火旺者，双取绝骨和三阴交，用顶劲、扣法。扣后用震透劲，痛使不痛，不痛使痛，可潜于阴（降血压）。配用和鸭咀劲取涌泉穴，引火归元，使火居于水。肝阳不足，不上颠顶的眩晕（气血不营于上），取三毛及鸳鸯穴，发木中之火，使其升腾。

5．大导引术伏虎劲中，用以提天城穴。

十四、鹰爪劲用法

1．出天字桩的正式架子。内力真气用到掌上，掌中即发高热。把五指向四外尽量一张即发劲，一收即松劲。

2．用时先按后提，按提法中可用蛹动劲催热。但应缓按劲提，以能将掌印印在病人身上现出红色（提掌之后可以明显看见）为提的标准。

3．一切阳虚症侯，应以真阳温补者，如腰痛、遗精、早泄、阳萎、不孕、精冷、腰酸、背困、不能俯仰、背痛、腹痛、胃腕痛等，皆可以此法补之。病重用双掌，轻者用单掌。

4．三阴腹部及任（冲）皆可取，取鸠尾以下的食宫（中脘左旁开五分）可补胃（治消化不良，胃痛胀，胃酸不足等症）。如大小便不分利，可取脐的水分穴。对真阳不足气虚之人，取神阙、丹田、气海。俯仰不随者，取章门，季肋本及维道。背上可从肺俞起，循五藏诸穴，真至肾俞轳轹关。

5．切诊气脉，轻按缓提。在缓提中，内视掌中那一处吸住了病变之所（病人亦知，掌中有股潜力吸着了患处，被吸颇紧）。即为症瘕积聚的病灶所在。一指吸住，其症瘕积聚即一指之大小，余类推。肝脾肿大可以此测之。但又讲头尾及眼。最硬者为头，软者为尾。头中再推求吸得最紧最硬者（或鼓起处）即为眼，为病最得之处，针灸应用在此眼上。

十五：龙衔珠劲用法

1．出天字桩描有指法，与平指劲互变，而刚柔用法不同，平指柔而龙衔珠刚。又云，阴手为龙衔珠，阳手则金勾劲，再一变为冲天杵。劲窍在小指，把它扣紧，余四指即有劲。

2．用时先拿后提，前行后退，进二退一。拿提以使筋滚转为度，指上皆用腹劲。

3．一般取一阴腠理与手中骨棱为主，不专取某一穴位。腠理中的大小筋，都要拿提滚转，取棱骨骨衣亦然，以反应酸胀舒适为度。在三阴经上分三条经取。手足内侧皆有三条筋，分别拿提滚转。又可取三阴总会及三阳邃（或用鹤咀劲、平指劲）。一云：龙含珠劲硬，用在取阳经。

主治调和气脉。无论气血有余或不足，都可用此法治之。诸疗症在分筋取穴后，也可用此法调和气脉。对无特别病变者的保健，可用此法（先取阴经，配合虎爪劲再取阳经）。

十六、平指劲用法

1．出处变化同龙衔珠劲。因为用的是柔劲，在按摩导引中，用处最大。劲窍在虎口上，人指不动（固定伸直，劲即发出），四指并拢着动。切忌把腕翘起，手背与肘要平，也不以向下弯。用法先掌后提（滚转），用腹劲。

2．阴阳经皆可用，而以阳明经为主。因阳明经多气多血，肌肉最厚，非柔劲不能按摩至肥肉筋骨深处。一般双取，取阳明经亦然。取时动快而走慢。

主治调阴阳气脉不平衡，不单取某一穴位，在经络腠理上，循经导引下去，反映酸、胀、舒适。

十七、通天劲用法

1．出天字桩的须弥掌的离经指。发动关窍在其余四指之内扣，扣即有劲，松即劲消。用时，肘腕及中指关节要成一直线，运行蠕动。主要用于导引所闻穴（耳内，属奇穴）。

2．中指系心包出窍，作用最大。在导引术中，非不得已，不单独使用。因单独使用时，施术者心阳易耗散。又，心包属火脏，体阳而性阴，感觉灵敏，故大小导引不单独使用。使用劲愈轻，感应愈大，重则伤人。

3．用此手法应特别注意者，即病人耳中会发生一种吸力，吸住中指向内拉。原因有二：一为肾虚，一为肾有湿热（阴虚火旺者亦有此现象）。对此在使用通天劲时，要配合用平指劲拔耳法，即把耳壳的天城（上耳角）、地郭（耳垂珠）捏在一块，大指抵耳门，使作轰轰声。又以剑诀折耳壳压住耳门，亦使作轰轰声，以调和气脉。或云，对健康人塞入耳孔感觉有吸力者，名"仙根在耳"，其甚者两耳亦能摄附手指，惟不多见。

4．用以诊候人迎、日月、督与三阳之会、跌阳，太冲等脉等。

十八、量天尺劲用法

1. 出天字桩描太极指法，从五丁开山或须弥掌变出，发动在食指，扣起即有劲。用大指及中指第一节的腹劲，勾弹法，动作要快，而勾弹要轻。同时，食指第二节用按法。

2. 取肾俞、辘轳关、膻中亦可用。

主治腰酸背困，不能前俯后仰，胸膈痞满。一般配合豹扑劲后使用。练气者觉热至夹脊关上不去，用此法导引之，即能上去。又有人觉夹脊关太热，用之亦可调节其热力。取膻中治胸痞满，反应酸（勾弹到乳根胁骨的骨衣，女性患者可取短小点）。

3. 使用时要把食指顶在背脊骨上，方能勾弹其余二指。取膻中食指放在膻中本穴，而大中指取乳根勾弹。如遇腰椎麻痹摸着无感应者，则应用重手法，把食指骑按在背脊（十四、十五椎的中间），其余两指用蛹劲，则力量加大。

十九、覆雨翻云劲用法

1. 出天字桩须弥掌手法，亦可从捧沙变出，五指轻连，劲在腕上，即整个手掌用腕翻转，发为裹轻。用时，只小指、无名指、中指接触病人，大指、食指不接触。一般用双掌，先慢后快，两手翻圆，在快的时候，只用三个指尖接触病人，逐渐变为二个指尖，最后亦为中指尖接触，快似车轮飞转一般。

2. 推法，一为从上向下推，鸠尾穴以下至丹田皆可用；一为向左右推，成八字形，从阳明经向少阳经疏散。不用翻圆之法，而用龙摆尾法（即不翻成阳掌，而只用阴掌翻动指关节）。又在推法中含有送法，即在龙摆尾时先慢而后快（脆而急，劲在腕上）。推时要隔一层衣服，不能在光肚皮上推，以免伤皮。

3. 取中日月及天枢时，要向少阳经顺势推送，不能向下行，以免过分抑制了冲任气脉，反而暴涨。

主治阳明与三阴气脉不和的腹胀兼疼，停水肠鸣，尤其是阴寒太过而阳不足的腹胃胀疼有特效。取时使腹中漉漉作响（推动之验），即可不用。又，用后应配合摩云劲，调和缓急。

二十、剑诀劲用法

1. 出天字桩。大指压着无名指及小指，无名指及小指向外绷，大指向内扣，成太极圈，同时中指、食指并拢，即发劲。圈松，指分即消劲。

2. 使用八法：

（1）翻法，即阴翻阳，阳翻阴，在用法中最紧要。（2）削法。（3）点法。（4）领法。（5）刺法。（6）勾法。（7）弹法。（8）抹法。用劲则有腹劲，蛹动劲，顶劲，内侧角劲，外侧角劲，震透劲。

3．八法及诸劲可分三处用法：（1）在指关节上的本节腕等不动。（2）在腕上，本节不动。（3）在肘上，腕及本节不动。以上三种用法，关节用得越大（腕肘），则劲越猛，在导引术上，只用指关节发力即可。

4．削法、领法（向外走用角劲而腕动为削法，向内走而用腕为领法），皆用腹劲，同时用蠕动劲。外削用至最后，则用外侧角劲。内领用至最后，则用内侧角劲。此法用以取云门、中府、缺盆（云门至中府用抹法，腹劲）。

5．取哦呀，颊车，用腹劲、震透劲。先点次震透、后揉，揉要反复画圈，劲在指的本节（小），反应大，手法要轻。

6．用于丹田、气海、中极、神阙、绛宫、水分等穴，皆取里支，不能翻手，翻则伤人。用点法、顶劲、震透劲，随呼吸出入而进退手法，即吸进而呼退，正反呼吸分别运用。

7．大导引术中用剑诀（或用通天劲、离经劲）凤钗劲并大门地户。用凤钗劲，中指顶脑户或百会，大指抵头骨，继用震透劲开脑户或百会如指大，名叫开天门。同时，下面用剑诀取会阴前三分后三分之处（约共六分），以披拨法拨动其中三根筋作响，名为取地户。至病人全身起麻、凉、酸的舒适感觉约五分钟左右，即可停止。脑户或百会因下面拨动而开（不可过大，约半指），稍停即闭。不过取百会不至出乱子，而效力没有开脑户大。脑户在枕骨棱上面，接近延髓，骨薄，如力量控制不住，反而会伤人。凡失眠、全身痛、背紧、肚胀，由于阴气闭塞，阳气不降（该开不开，该闭不闭），上下不调而有偏盛者，皆可以此法治之。又可治练气偏差病，治任督不交也可使清升浊降。

二十一、离经劲用法

1．出天字桩的离经指，亦即通天劲的单手。劲窍在大指及食指，食指和紧，大指如图张开，不能放在掌内。前取睫毛，后取发尖，皆用极轻手法，又可用于取少阳经，比剑诀为轻。

2．取少阳经用双手，取睫毛及后发尖用单手。

3．主要用于切脉，凡切诊太冲、任督、跌阳、日月等脉像，皆用离经指候之。

二十二、落雁劲用法

1．出天字桩须弥掌的变手。劲在掌内八块小骨的蠕动，而把真气要运到掌心，即把意识集中掌心，真气就自然集中而发热。

2．用粑、粘、提法。但不离一个原则，即掌的四面要粑粘得稳，而掌心要提空，蠕动方有用。最后蓦然向上急提或缓缓向上提。急提用于按摩的补法，要把真气提断。是用于切诊症瘕积聚。不过症瘕积聚过大，如鳖瘕等则可用鹰抓爪劲。又，症瘕大，一眼即能看到，可用此劲切诊，以索头、尾、眼。

3．切诊分左右手，如左取脾，以右大指放在任脉上（上自鸠尾，下至神阙之间），右取肝以左大指，放法同上。

4．导引用之于补，凡下之火亏阳虚的腰酸背困，背痛背胀，遗精阳痿等，皆可用以治之（阴虚阳旺者忌用）。又，凡腹痛、腰痛等不足之症，皆可以此劲的真阳暖补之。腹部自鸠尾以下至中极，背部自肺俞以下至辘轳关皆可取，也可用双手发暖进行用补。

二十三、捧沙劲用法

1．出天字桩的架子。劲要用在袖底上，而发劲则在虎口。虎口向外一翻，劲即发出。

2．同时运用耙、粘、提、拔四法，而以翻法统帅四法，用急劲、脆劲，而要快、轻。这是导引术中最常用的手法。一般配合覆雨翻云劲及太极摩云劲使用。

3．自鸠尾以下，上、中、下三脘至丹田，气海，凡任脉的穴位，皆可取。

二十四、太极摩云劲用法

1．出天字桩左右挥圆式，发动在肘尖，向外开时，肘尖向外引，向内合时，则肘尖向内推，掌心用耙字诀，拉字诀。运用时要成太极图形，先慢后快，快至使两手运动看来象一个圆形。又，此为轻重相兼的手法，左右分开时重，劲在掌骨至指尖一段，掌心不用。向内合要轻，劲在掌心至坐掌一段。

2．此劲用在头部，疏散三阳，督脉及厥阴肝脉。凡此五部脉在颠顶的穴位皆管。又用于腹部以调和阴阳气脉，也管整个腹部的经络穴位。

3．用时要当心，不要把自己的手指戳伤。用得最快时，仍要保持分合轻重。

二十五、少阳祖气劲用法

1．出天字桩之第三式，即半阴半阳掌。因用法不同，故发劲亦异。（1）劲窍在大指虎口，大指向上翘，虎口一绷（虎口开）即发劲。（2）五指并拢，手背与肘以下笔直即发劲。

2．此劲用处很大，可用于头、颈、腹部、两胁肋及四肢。可两掌同时用，或颠倒用。

3．在头上，用分筋错骨的变法（左右椎摆），即从少阳经上行至楞线，变分筋错骨法。同时用推手法向内一收，然后食指相叉，用耙法耙在头顶，作太极圈运动一、二下。又配合五丁开山、太极摩云、鹤咀、凤钗、鸭咀等劲，治差别部诸症。

4．专治失枕（不内不外因，不恶风寒，亦不出汗，项强劲痛，枕高之故），用摘瓜法。两掌用于少阳本经上的劲是相反的，即在拿住颈项时，一用推法，一用拉法，同时双手微带一点提法，提中又要有推拉。也就是把颈骨提松，才能推拉而卡嚓一响，但要向不痛的一面拿响。

5．在两肋上用粑揉之法，治少阳相火耳鸣，胁肋痛，寒热往来的虐疾（须配用鸭咀劲取脊椎的最痛一椎，使其痛者不痛，并出微汗为度，有特效）。

二十六、豹扑劲用法

1．出天字桩从"错骨分经"变出，用于头部及腰部是最重要的手法。发劲的头窍在虎口，变化在"冲天杵"（余四指要并拢）。此冲天杵的用法有六：揉法、推法、披法、挂法、圆法、钉法。劲则有三：腹劲（阴面）、甲劲（阳面）、顶劲（正面）。甲劲的力量最刚，腹劲的力最柔，顶劲介于刚柔之间。

2．主要用于调达三阳的气脉，施于头上的劲要轻重并用。用于阳明经者轻，少阳经者较重，太阳经者最重。用于腰部则不轻不重，相当用于头上的少阳经。

3．头上先由阳明经导引至少阳经，再由少阳上太阳经，再循少阳经回米，又由少阳经回阳明经。凡头上有余或不足的伤风头痛，内虚头痛，头晕、头胀等，三阳及厥阴四经，虚实诸症皆可施治。不过先要辨别那一经受病，然后分别导引（前额阳明、两侧少阳、后脑太阳、顶上厥阴）。如病重者可分经配合其它手法使用。凡头部疾患，第一个先要用此手法。

4．腰上取肾俞或整个辘轳关，专治风、寒、湿、痰四大病因的虚实腰痛及俯仰不随。如椎骨脱臼（折伤），用此法后再用"举鼎法"即可接上，但要配合伤药按摩。如系内因病，则当用祛除风寒湿的药物，如摩腰丸、透骨草药丸等。骨质增生，强直性脊椎炎等症亦可用。

二十七、袖底劲用法

1．出天字桩的正式架子。劲用在袖底（小指本节至掌骨的一段），而发劲在经渠穴。闭经渠即有劲，松即无，但劲不能用死，开闭经渠即活动。运用时用剁掌，动快而走慢。或云劲窍在手上腕上，要活动掌向上一剁即有劲。

2．无论导引或武功，皆用脆劲。用了脆劲，还要借弹劲提起。故剁、弹、提三结合用，方够标准。

3．用在多气、多血，肌肉厚的地方，肉薄处不能用。故主要用于膀胱诸俞、腿上阳明经至膝盖大腿一段，小腿取膀胱经至儒肠一段。不能在阴经上用，尤其是肝经，在少阳经上不能用于胁肋。

4．用时可以双掌并用，又可配合覆雨翻云劲或落雁劲用，即一手用覆雨翻云或落雁劲，一手用袖底劲。

5．膀胱诸俞，阳明之伏兔，太阳之承山，少阳之环跳，髀枢等主要穴位皆可取。

6．凡三阳气淤，在阳经上发生胀痛、麻木重浊（背困、腿重）等症，皆可用此法治之。

二十八、托天截地劲用法

1．出云字桩及风字桩。阴阳并用，两手并用，作反正相对的使用法。在前面的阳掌为托天，在后面的阴掌为截地，不能用反。托天掌劲在掌心与口虎之间，截地掌在虎口，不用至掌心，而皆发劲在肘腕。

2．用于上肢，以截地劲配合日月扣劲，调和气脉。用于下肢则配合消聋法及拉法，以调平阴阳的升降。伤科股关节脱臼，用此法可以接上去。

注：以上二十八法原有附图已缺失。可参考"天罡指穴二十八法"相应附图。

丑、分部操作

一、头部

1．豹扑劲

大指按天目，食指按率谷（在耳尖上，为足少阳之窍）。从印堂起，循鱼腰（足阳明之窍，眉毛中心凹陷处），丝竹空（本属足少阳，改属手少阳），童子髎至太阳（手阳明之窍），用轻手法，腹劲。但过鱼腰后，即逐渐变为顶劲，至太阳即成顶劲，在丝竹空上，用腹劲或顶劲反复画圆三、五次。或云：用阴面推法柔劲，顺眉棱骨阳明经至丝竹空，即变正面及阳面刚劲，倒披（即从来路反披回去），再落至童子髎，变阴面，用圆法柔劲。

又，从太阳，经率谷至玉枕，用推法，挤法，把率谷一段推挤滚转，至玉枕后用两大指内侧角劲交叉擦抹，余四指自便。照原路回转时，可用内侧角劲或甲劲。或云：次用大指向后推，循率谷至玉枕，变成阳面，在玉枕穴上用阳面倒披柔法，再倒提指（如力量不够，食指可压在大指腹面，亦可用鹤咀劲的反劲倒挂），经率谷至丝竹空再圆柔。

最后用重手法，从太阳上发际，循眉冲、五处、上青龙角，停指，用震透劲，再下玉枕、风池用大指内侧角劲擦抹三、五次，又循率谷回丝竹空，可用内侧角劲或甲劲，再循鱼腰回印堂。或云：从太阳抵肝脉的青龙角（头顶角心处，有窍如米大），指法仍用阴面推法，再变阳面，用内震劲（钉法则刚中有柔）。

又，可配用足太阳之攒竹，手太阳之月窟及督脉之朏中（或祖窍，山根）。

主治：阳明头痛，眼胀痛，如两边痛，如两边痛得历害，可用大圆手法（即划大圆，与划小圆相对而言）。此对一般症而言。气功病，三阳气机与督脉气机聚而不散，亦以此劲导引。

2.五丁开山劲

两手相对，男取男，左手前面（南），右手在后面（北）。男取女相反，因阴阳气机相反之故。如女取女，女取男，诀又相反，其规律如下：

男取男—左前右后，

男取女—右前左后。

女取女—右前左后，

女取男—左前右后。

前中指取神庭（在眉心上发际，其旁各一寸半为眉冲），后中指取脑户（玉枕骨上中间，风池在脑户左右五至八分，稍下）。前食指、无名指分取左右眉冲，循五处交于青龙角（眉冲后五分为五处，五处后一寸半为肝窍青龙角），后食指，无名指取左右风池，上循玉枕，会青龙角，前大小指取少阳之丝竹空，循率谷会于青龙角，后大小指取完骨（又名寿骨），直交率谷，与前大小指会于青龙角。

五指蠕动劲，依扒、抓、消、抓的次序，动快而走慢，向头顶会合，十指交叉，用按法，以太极摩云劲的原则，掌心八紧头皮，一旋一加如"8"字形（劲在腕上）为一度，重症三、五度，轻症一、二度。

主治：三阳分热，头晕、头痛、头胀（高血压现象），上重下轻，多梦，此对一般病而言。气功病，三阳气机与督脉气机升而不降（盘旋），青龙脉过旺，昏沉（配合行云法），摇头，头顶如压石头等。

3.虎爪劲

用"千斤坠"在肘尖、腕与手背，下臂（手掌下第一节）成直线（直线劲方能至蟹眼），对面取之。五指用爪字诀，大指按眉冲，余指平直分配在眉冲与玉枕间，从少阳经抓起，用蠕动劲，经太阳经，向督脉会合，走慢而动快。两手会于督脉本经后，再用扒、旋、回三诀，一如五丁开山劲，便手法比五丁开山劲为重，是头部最重的手法。

主治太阳头痛，督脉虚，头如戴瓜皮帽等。又，气功病中，太阳经与督脉气机纠结。

4.鸭咀劲

反提肘，用大指正面（直）钉字诀取，同时扣紧其余三指，大指即有劲而活，以百会穴开为度，但不可过深，亦不宜太浅，以病人头顶觉得胀为标准。至此，手指轻轻回力，即把三指轻轻放开，大指上提，最后蠕动几下，但只能用第一节。

主治头顶重压，头顶麻木，头痛、头胀。又，气功病，三阳气机不上头（停在玉枕），用此劲取百会，即能上头。又，坐时前后仰者，任督不交于百会，而三阳气机不从百会散开，厥阴肝脉盘旋不下，用此劲取百会，配合通天劲取听宫，可应手不动，有神效。

5.少阳祖气劲

第一次，大指按鱼腰、鱼尾（足阳明经）、童子髎、丝竹空（足少阳经）等，余指率谷、悬颅（率谷上）、悬厘（率谷下）等，用轻手法上提，虎口齐太阳脉，再翻肘，内合至头顶两手交叉时，用袖底劲收字诀，再用扒、旋、回诀收功。

第二次，前取眉棱骨上神庭（督脉）、眉冲（足太阳经），后取风池（足少阳经）、玉枕（足太阳经，在玉枕骨有两端下。玉枕骨一字、品字、仰月、偃月四种形状），用轻手法上提，虎口齐后顶及前囟门时，翻平肘，照前法用袖底劲内收，再以扒、旋回收功。

主治头皮发热、发炎、头上如虫爬，如戴帽。又，主关节以下的脚发热之相（遵下者取上之意）。

6.通天劲

所取经穴为心脏气脉及三阴三阳的总汇，窍在耳心中，名"所闻穴"，是经外奇穴中九大奇穴之一（禁穴，不属于三百六十五周天的穴道），非针灸所及。一般针灸书上所说在耳垂上，误。

用无名指，食指扣圆，大指管住二指，窍劲在食指（土宫），扣紧则中指有劲而松。先用中指的阴面向自己，站在病人背后，将指轻轻送入耳中，用内外角劲翻掌，先外翻成阳面，又内翻成阴面，以指尖塞入耳孔为度，但都要缓而轻柔。然后中指用腹劲及甲颈松动，要非常细微轻巧。耳内即发生细乐的反应，最后两中指同时向外急拔出，即发黄钟音，如雷震。

主治一般耳鸣，耳突聋，声忽哑、嘶，头晕，头胀等。又，气功病中，坐中前后摇摆（督任不调的水火病），左右摇摆（肝肺不和的龙虎病），昏沉（阳不足），气机盘旋在脑不下，九窍漏气。又可治打筋斗的人，又可破"千斤坠"法（即蹲而不起），要配合顺风耳劲。

7.一指禅劲

（1）取琵琶穴（肩部锁骨外侧段前缘，啄突上缘之凹陷中，即肩井下），用腹劲，顶劲（腹劲、顶劲为轻重之分）及蛹动劲，按法（即压法由轻到重，以得气为度），披弹法。因通肺与大肠经，反应先麻、胀，至天枢、乳中、曲池、虎口、合谷（不至指），放手后发热。

主治肩背痛，膻中痛，胸闷、气急，大便不通，乳痛，乳汁不行，乳痈、乳癌、干咳等。

（2）大指压中指第一节内外廉，食指（脾土脉）要活，用勾弹法独取攒竹（眉头尽处有月牙坑处，其内有一小筋）、上月窟（在攒竹下，经外奇穴），以酸胀为度，用柔劲（阳面）。

横开用外侧角劲，取鱼腰鱼尾，蛹动劲，要轻而细。

主治迎风流泪，眉棱骨痛，眼皮跳，客杵（小儿眼上视定住），眼珠胀，睫毛倒卷，双影，倒影等。

8.金钩劲

（1）小指用柔法，蛹动劲。如取眼窝（眉棱骨下，中间），先阳掌勾弹其内一小筋，再阴掌摇法（先按后摇），使患者以发金火闪亮为度。如取鼻孔先阳掌，次阴掌，后阳掌，骤拔出，极酸。

（2）取眼窝（心窍）治眼花，眼胀，黑眼晕，眉棱骨痛，迎风流泪眼酸，双影，夜盲，远视，近视及奇症眼珠脱出眼眶（肝气胀之故）。

取鼻孔（脾肺窍）开脾肺脉，主治伤风，鼻不通，流清涕，前额胀痛，大便不通（帮助开窍）等。

9.蛇头劲

先剪去指甲，用蛇头插入晴明（太阳经，目眶外有一月牙纹，即晴明穴，可用针刺），直取山根尽处之根骨。左右各有筋一条，要取到用柔劲勾弹法（或用蛹动劲）滚动两筋三，五次为度。再用双指尖施拿、提、拉法（左手取右，右手取左，因大指不动故），以山根微红一线为度。

主治鼻渊，阳明头痛（前额），鼻不闻香臭，全身发烧（此劲散三阳气机，故可退高温），血膨病（或下针于祖窍一分多，在有横纹处）。

10.凤钗劲

（1）面前，取井灶（即鼻孔抵软骨，经外奇穴，取时需用阳手）、迎香（鼻孔旁五分）、地仓（口角旁五分）、哦呀（地仓外八分至一寸，亦系奇穴）、颊车（下颚接合处），左人迎右气口（下巴下面顶端大筋跳动处），舌本（喉结上约一指高）、廉泉（喉结尖窝内）、重楼（硬喉尽处，亦系奇穴），皆用蛹动劲，揉法，以一杯酒收功。但取哦呀，先拿后拉，无提劲。

后脑，取天柱（后劲项发际起处，两边筋上）、风池、玉枕、天宗（完骨与哑门之间，发际处）、哑门（后劲项中行上入发五分属督脉，只一穴），风府（两风池中，只一穴）。再轻手法，摇风头，从下至上，轻取发尖（无发者轻取肌表）先自天柱两边上行，次自风池两边上行，再次自天宗两边上行，只能接触嘴尖。凡用此法者，病人觉寒风凛凛，以此为度。

（2）取面前穴位，主治头痛，头风，嘴脸歪斜，面如虫行（风相或中风之相），手麻，手抖（风相），风痰，迎风流泪，牙痛，唇动，舌僵，咳嗽，多痰，声哑，膈症（治膈症用此法导引后，再用鸭咀劲取天突穴，蠕动，用勾弹法，指尖直指膻中，立而取之，内有一筋。如此导引后，即能吃而不吐，但不能持久。又，吐不出痰，亦可用此法。又，服毒者，用吐药而一时吐不出者，用此即速吐）。

取后脑，主治伤风，腰背僵直（督脉过盛），后脑痛，脑后受风（脑后怕风），伤风汗出不止。其中取玉枕可治多梦（祛风的作用）

气功病取面部主治任督不交，面如有大皮球者，（见前凤钗劲（1））取后脑，主治热气不透玉枕（督脉与太阳气机不上行之故）。配鸣天鼓（用虎爪劲），即两掌根掩耳，由排山掌变虎爪时，用食、中、无名、小指尖肚叩击玉枕部（见天字禺之虎爪练习法）。

11．太极摩云劲

此劲用在扒、拉两诀。拉时要扒紧头皮，拉开后要放松，神意集中掌心。拉开时自觉掌心虚托一物，是第一要领。又要先慢而逐渐加快，快到自己看成一圈为标准，反复三、五次为度。

此劲用在头部，疏散三阳，督脉及肝经。凡此五部脉，在颠顶的穴皆可取，而以百会至神庭诸穴，左右齐青龙角为运用的范围。

用此法摸猫、狗、猴子及诸兽类，自会伏下。主治凡三阳、厥阴、督脉有余之症，皆可用此法疏散。头晕，上重下轻，头皮发痒、发烧，头闷，小儿夜啼，健忘者，皆可用此法治之。又，头痛，头晕，用别的手法治疗后，再用此法调和气脉。气功病，凡气机盘旋在顶上不下者用此法治之。又，坐中觉人飞起，亦用此法（先取头，配鸭咀劲取涌泉空）。

12．离经劲

（1）前取睫毛，用粘法，在睫毛尖上左右移动，以眼发痒为度。再左手用凤钗劲撑开眼皮，右手用此劲再取睫毛上下，然后用嘘字诀吹大眼角龙宫、月窟（月窟在上，龙宫在下，对目内眦），也要发痒。

后取发尖，可配合凤钗劲。凤钗劲取两边，离经劲取中间。

取睫毛主治眼干涩，迎风流泪，眼发痒，眼亦红肿（风火眼），眼怕阳光，眼皮不张，云翳（外障）等。取发尖，去后脑之风，同凤钗劲。

13.鹤咀劲

用反劲单取率谷，反应酸胀痛。

专治少阳头痛。

14.剑诀劲

取哦呀、颊车。

主治阳明经出汗（在脸脖前面），嘴脸歪斜（先取不歪的一面，后取歪的一面），牙痛，善欠。气功病治昏沉。

15.冲天杵劲

取天突，用倒插手式顶劲，向腹内倒插，插入后用腹劲蠕动，以得吐为度。反应胀而要呕吐。

骨刺或其它食物如棘核等梗阻咽喉，亦可用此法治之。如梗阻在咽，先应问清楚痛在那一面，然后把冲天杵压在痛的一面，不痛的一面放松，骨刺等即咳出或落入腹内。如梗阻在喉，先应看清楚阻在那一段。在上段要吐，在下段要下。从望诊上看，在重楼上段者面发红，恶心上吐。在下段者面不红，而咽口水。病在上段者，一手用冲天杵导引天突，一手压住幽门（在鸠尾下第三肋骨尖上，即第九肋再向中约二指），冲天杵蠕动即吐出。或云，可用双或单推掌法，先托胃底部（下脘），再向上一推，冲天杵蠕动即吐出。如在下段，一手用落雁劲，贴住贲门（绛宫下面），内力集中掌心，一手用龙探爪劲取膻中，猛然同时用劲一提，然后双手用双飞燕法，即提其双脚，使倒立头向下，即吞下去。因惊则气散，口张而吞下也。或云，梗阻深了不能吐出，用掌贴住中脘（胃中间），同时冲天杵在天突蠕动后压住，下掌再用内力粘住了一提，即可落入腹内。如异物落入胃中，令其吸一口气（小孩拉其鼻子向后一扳即吸气），同时用手向上推胃底部，即可出。

主治顽痰壅塞，喉如曳锯，中毒吐不出及骨刺梗阻咽喉等症。

二、肩臂部

1.鸭咀劲

取大椎穴用腹劲披弹法，披弹其内一筋发微音，反应酸。

主治失枕，项痛，后脑痛，劲项强直，尾闾骨痛，背脊骨痛。气功病，坐中摇头，后脑发紧（气冲至玉枕不上，故发紧）。

2.平指劲

（1）第一步先拿次提（双指或两掌合取为拿，上下升降为提）。拿法的要领为大指按大杼（第一椎左右各一寸半），食、中、无名指按三阳坠。

第二步，后翻（由阴翻阳，或由阳翻阴为翻，此地则由阴翻阳）。翻滚三阳坠（奇穴，靠近颈部第二椎两肩上至肩禺三分之二处，大筋下。此穴有三根筋，最上而粗的是太阳经，较细的是阳明经，最细的是少阳经。用此劲，无论拿、提、翻都要把此三筋滚转）。如肩背麻痹、痛重症，亦可改用鹤咀劲，因鹤咀劲比平指劲力量大。

第三步，两手向劲前行，中指取缺盆（锁骨窝内，打针在骨尖内缘，导引取陷中），大指按大杼。

第四步，由内各左右外行，中指在前面，分取腋下（腋下纹头尽处）、云门（锁骨下靠近窝中），大指有揉法，仍按大杼穴不动。以上操作，病者感觉酸麻胀合一不好受，尤以缺盆麻最甚三阳坠酸胀怪味最甚。

第五步，最后用平指劲左右外开，拿前后腋下，轻提缓纵，有酸麻感，消以上操作的劲。

主治肩背沉重，手不梳头，腕不弯弓，手臂麻木，失枕（劲发强），上重下轻，双肩如负千钱压着。气功病，冲任气机上呃逆（用此法开放三阳气机治之），气机不下丹田。

（2）总疏导手法，通取手三阳经，从胸到手，动快而走慢，主要取青灵穴（用阳掌食指贴腋下，用中指勾弹，以患者中指有如触电的反应为度）。

主治手不能举，痛、痹、麻等。

（3）取曲池、尺泽，反应酸胀。

主治同用钉头劲取肩禺但用于病较轻者。

（4）单取尺泽，配用鹤咀劲取合谷。

主治痰喘。

（5）取少海、小海。阳掌食指贴肘尖，中指勾弹少海，反应酸麻至无名指及小指，又跳动。次以无名指贴肘尖，中指勾弹小海，反应中小指酸麻特别明显，无名指也有反应，也跳动。

主治风寒、湿、痛、痹。

3.龙含珠劲

取头项上太阳经，以天柱为主。

主治项痛，项强，头重，后脑痛，后脑麻木如贴膏药等。气功痛，头摇（配用通天劲取所闻穴）。

4.钉头劲

（1）取肩髃（在肩尖），先使病人垂手，摸其肩骨，再使举臂在尖端陷中取之，用顶劲、震透劲，再用勾弹法，拨动其中之筋。反应酸胀，中指食指有感应。

主治手不能举、痛、痹、麻等。

（2）取内外劳宫，反应痛胀。

主治失眠，心怔忡。

（3）取曲池，反应酸胀，微麻。

主治，同钉头劲（1）。

（4）取内关、大陵、神门，反应痛胀。

主治，同钉头劲（2），又配一指禅劲取通里穴，治梦多及恶梦。

（5）取虾蟆穴、外关，反应酸胀。

主治风寒湿、痛痹。

5.虎爪劲

通取三阳经，从手到肩，动快而走慢。不用取头的千斤坠法，改用艮宫紧贴臂上。

主治为总疏导三阳经气脉。

6.冲天杵劲

取掌背之琵琶筋，双手交错，使筋滚转，反应舒适。

主治手指拘挛，痛痹。

7.蛇头劲

（1）取拳尖（位在手第三掌骨小头之高点），反应舒适，亦可用日月扣劲取而较重些。

主治手指拘挛，痛痹，并节变形。

（2）取合谷反应酸胀，亦可用鹤咀、鹰咀劲，而鹰咀的劲又比鹤咀为大。

主治调肺与大肠两经之气亦治嘴脸歪斜，牙痛，气喘，气急，便秘，保胎等。

8.日月扣劲

（1）取食指鸳鸯穴，先扣，次摇，后拉，以拉响为度。而要有吞吐，脆劲一绷，反应胀痛。主治手指痛痹，拘挛，关节变形，手指麻木。

（2）取艮宫，反应痛。

主治胃痛，反酸，胸闷。又可用以检查胃病，一摸即痛者，无病，摸几次才痛者，胃有病，有硬块者，胃有阴疽。

9.一指禅劲

取经渠，蠕动，反应酸胀。

主治嘴脸歪斜，本经（肺与大肠）的痛痹。

三、背腰部

1.豹扑劲

取十四椎下旁开一寸半的肾俞和三寸的志室穴，包括命门（督脉）总称辘轳关。用食指齐季肋（不贴住）两大指相接贴于背脊，正为第十四椎（与脐相对）再移大指左右外开一寸半，用腹劲按法（向内脏），又用揉法反复画太极圈（不画大圈），如反应酸、胀、为正常人肾气自还之象；如不自还而下走八髎或至承筋，为风湿下注之象。然后移大指左右外开一寸半，用腹劲对挤法，向背脊一挤（介于顶劲腹劲之间或各有一半）。又用揉法反复画太极圈三、五次，反应亦为酸、胀。如此操作三、五次，配用鹤咀劲取脊柱，量天尺劲取肾俞等穴位。

主治腰痛，腿痛，背痛，不能俯仰弯腰。

2.量天尺劲

食指扣劲贴背脊第十四椎，大、中两指按肾俞，向内用勾弹法，反应酸、胀，再用豹扑劲。

主治：调和督脉与膀胱经及肾经的气脉。

3.落雁劲

在辘轳关上运用真气熨补，病人觉热后，即急提起。

主治：补病人真气不足，急提又可使风湿着提，如拔火罐。

4.鸭咀劲

（1）取膀胱本经及脏腑诸俞，与督脉诸椎的痛点。皆用腹劲、揉法、披弹法（角劲、顶劲力太大，不用）。俞穴从肺俞起，至白环俞穴，膀胱本经从大抒起至会阳穴，督脉从大椎至尾闾止。反应酸、麻、胀、痛、寒、热六触皆有。

主治：脏腑内个因诸症腰痛、困痛。

（2）取膏肓（在第三、四椎之间，横开三寸）胛骨下包月手（即整个臂部呈半圆形）俯而取之，用鸭咀的顶劲，要翻腕，反应前胸胀。

主治：胸闷，胸腹胃痛，腰肩背困痛，咳嗽、气急。气功病，三阳气机在膻中不化时用之。

（3）取胛心（胛骨三角尖上三寸应在穴位止痛）。

主治：全身痛（心气结，肾气受寒，水火不齐故发痛，起镇定作用，故能治风湿的痛）。气功病，无故自惊恐，坐而不动，身如木石，心肾不交或分为两半，皆导引此穴治之。

（4）取曲垣（肩胛骨棱线上，属大肠经），反应酸甚为痛。

主治：肩背痛，手抬不起（大肠经痛）。

（5）取八髎（在盆骨边缘，脊椎两旁，上髎横开三寸，次髎约二寸，中髎约一寸，下髎近半寸，下髎下面是会阳穴，距背脊五分），用顶劲、针法、揉法。反应酸、胀。

主治：腰背腿的痹症，带下，遗精等。

5.平指劲

（1）取膀胱经的顺八字筋（顺八字筋下是生气力的臀，俞穴在上面，拉不起来的），先拿后拉，不翻滚，从上向下，三、五手为度。反应酸、胀，但中寒者疼痛，且拉不起。

主治：腹痛，胃病，胸闷，背痛，背发寒热（外感），腰痛，发痧（亦可用硬币刮成紫斑）。

（2）取腰部后锁条，即带脉（季肋下两侧各一条，属少阳经），先拿后拉，先拿左边，病人向右；再拉右边，病人向左；最后拉左边，交互拉两三下滚转为度，反应搔痒。

主治：松弛带脉，腰背痛，不能前俯后仰，腰部如坐水中，如带千钱（坠重），遗精，带下。又治狂笑。

6.袖底劲

取大抒至二十一椎白环俞之诸俞穴，而在十四椎以上重，以下轻，俯而取之。同时配用覆雨翻云或落雁劲之掌（左右均可）。运真气先行，袖底劲后行；要剁得快，走得慢；要轻脆，从上到下，先左后右。反应舒适。

用指穴洁治背上诸病后，最后用此法调整气脉。一般在用落雁劲运真气补后，以此法收功。五痨七伤皆可治。

7.钉头劲

取尾闾关（从下往上数，在尾椎骨第二，三节骨缝中，隔长强仅二骨），用蛹劲，但用势要小，轻手法。亦可用剑诀，一指弹，反鹤咀劲的揉法，挑法取之。以反应酸为度。

主治腰痛。气功病，真气不过尾闾关，发寒、发热，以此法导引，即可过关而平寒热。

四、腹胸部

1.剑诀开气劲

（1）取云门、中府、缺盆。从缺盆至云门左右外开时，用阴剑的中指外侧角劲,从云门下中府,用阴剑的腹劲。从中府至缺盆用措掌法,即半阴半阳剑的中指外侧角劲。斜上而行,成三角形的导引,往复三、五度,皆用蠕动劲。反应麻多酸少。

主治咳嗽、哮喘,气短,胸膈痞闷,乳痛,乳汁少,大便秘,手麻,喉间痰不利(配冲天杵劲取天突)。

(2)从季肋根上,循少阳本经向上提直至渊液,腋下(不论穴位)。用腹劲粘在每一根肋骨上,不能松,也不能贴紧。指尖活动的幅度为四十五度,从下向上提,从上向下抹,把每一肋骨外之筋肉提抹滚转,往复三、五度,反应酸、麻。也可用离经劲,少阳祖气劲,取渊液以上至腋下的笑穴。

主治:调和少阳脉,使气脉平衡。又治两胁胀痛,风疹(过敏性荨麻疹),胃反酸,呕吐黄水。配合手上内关、神门取法,可治胆虚失上眠(口苦、眼不闭,看东西成两个影子或者倒立)。

(3)取日月,用剑诀或鸭咀劲的顶劲震透,先拨开大肠,在空处点之是穴。两手交替取,随呼吸右取左停,左取右停。但进日,右手要领先,左手随入,用震透劲。退月,左手要领先,右手随出,用蠕动劲,不能反。又要使内力集中指尖,热力内射,患者腹中亦觉发热为度。

主治:腹有湿热,腹痛、腹胀(腹有湿热先治相火,故调少阳经)。气功病,气不归元,前后阴漏气,或日月双轮发光不明,或光收不拢(后二句系指峨眉气功中周天搬运法的练功阶段产生的生理、心理现象)。

(4)取绛宫(在中脘与上脘之间。鸠尾下五分,即剑突骨下一寸偏于病人左侧五分)。随呼吸下去后,胃上觉有一股热流下降。如无此反应,主病变重。

主治:胃痛,胃胀,反酸,消化不良。主要治虚症。但实症亦可治,但拒按者不用。

(5)取水分(神阙上一寸,为大小肠交接之处,管大小肠分经),用鸭咀劲。取时先拨开小肠(小肠按着滑,大肠按着鼓指,即取此鼓指之处),随吸气时进,用雷震劲,呼气时松而退指,用蠕动劲。反应有一股酸胀下走膀胱,横通腰眼而觉舒适。实症人取之停二、三呼而后出。虚人不必取,如取,要轻。

主治:水势不分,腹痛,时痛时止,隐隐作痛(湿热陷于其中之故),腹胀,腹鸣,小便黄、赤短,频数急,大便燥或下血。

(6)取丹田(按在圆溜溜在硬疙瘩上),气海。反应舒适,直至肾脏,又下至腿及涌泉。但取时思想要集中指尖,使发热。

主治:适用于阳虚之人(停指三至五息,然后随腹之鼓出而退指)。

（7）取中极（神阙与曲骨二分之一处，得阴阳之半故名），反应舒适。又病人觉腹内空，如石投水，四面散开。

主治：调和阴阳。

2.龙探爪劲

（1）取乳周围（包括乳根穴），八、九至十下为度，反应舒适。

主治：乳汁不畅，胸肋胀满，恶心胃脘胀（足阳明经病），膻中气聚而不散（聚多散少），阳明气逆、嘈杂、反酸。配合鹤咀劲按揉曲池合谷（一侧同时施术，宜先左侧后换右侧），数十下，可使小儿急性肺炎高烧昏抽者体温基本恢复正常。且祛痰。

（2）取气海、神阙、丹田。

主治：小腹冷，腹胀，肠鸣，小便不通，胞中冷，腹下坠，七种疝气等。

3.太极摩云劲

取整个腹部的经穴，以神阙为中心，上至中脘，下至中极的范围。按重提轻，外开重，内合轻。劲用在掌尖（外开）及腕底（内合），与头部用劲相等。反应舒服，或肠鸣、水声。

主治：腹疼，蛙鸣，腹胀，大便不通（秘结），疝气等，又，凡腹痛胀，用别的手法治疗后，用此法调和气脉。

4.平指劲

取倒八辽筋（前锁条），用腹劲，先拿后提，一提便放，两三度即可。亦可用鹤咀劲的腹劲取。反应非麻、非酸、非痛、怪味难受。

主治：与太极摩云劲相似，凡腹部虚实诸症皆治。

5.覆雨翻云劲

从鸠尾直至气海皆可用，反应舒适，肠胃间有水声。

主治：胃痛，胃胀、呃逆，腹胀，肠鸣，腹痛等。

6.捧沙劲

从鸠尾以下至气海皆可用，反应舒适，肠胃间有水声为度。

主治：同覆雨翻云劲。凡腹痛胀，胃痛，蛙鸣，其余不足之症皆可治。非重手法，实症亦可用。

7.落雁劲

运真气至掌心，熨病处（阿是穴）。

主治：补神阙。又可用以诊候痞气（脾肿），肥气（肝肿），胸下伏梁，脐下伏梁，婴幼儿之疳积痞气等。用落雁劲的扒、粘、提法（见二十

二、落雁劲用法）于神阙穴半小时左右（时间不限），每日两次，常可于一至七天内收到意外之功。

8.少阳祖气劲

腹部取里支后，贴少阳经，在章门下及带脉上，用内合劲（先扒、后合，再外拉）。

调和浮里支阴阳气脉，增加肠的蠕动。如取浮支后，与用太极摩云劲调和气脉的作用相似。

9.鸭咀劲

取曲骨（盆骨边缘上、当中），亦可用剑诀取，反应舒适。

主治：三阳腹痛（肝脾）。

10.豹扑劲

（1）取羊矢穴（胯缝中，生淋巴疙瘩处，为阳明经与三阴经气之所过），用大指腹劲内收，至气衔，反应酸胀。

主治：凡阳明与三阴气脉不和的腹胀痛等（消化系统病），可用此法调济之。

（2）取章门，用大指腹劲压在季肋尖，震动披弹并用（轻手法），反应酸胀。

主治：调带脉的张弛和阴阳经的气脉升降。凡胸腹上诸疾患，皆可用以治之。

五、足部

1 平指劲

（1）取阳明经，从百矢穴经伏兔至鹤顶，双掌并行，动快而走慢，用拿多提少的手法操作三、五度，反应胀而舒适。

取三阴经用插手，要插得深，拿法要拿得轻，提法要提得滚。从神仙穴（弯膝纹头尽处的上端）开始，分三路，自下而上，先拿阴面最浅、最长的脾经，次中间的膀胱经，后阳面的少阳及阳明经，而以脾经为主。屈腿取之（伸腿绷紧了取不到），反应酸胀。

主治：腿部阴阳经风寒湿的麻痹诸症（包括关节炎），中风不仁，血不营经的痛症。

（2）取神仙穴用拉法，使筋滚转，三、五度，反应酸胀。

主治：膝关节屈伸不灵，痉挛、拘急，弛张不收缩。

（3）取委中（国中横纹中央），用勾弹法，反应酸胀至下踵。

主治：背痛，腰痛，小便淋漓，发疹，脚麻痹。

（4）取猪儿胞（或名猪儿穴，即瑞肠上阴面之大肉，如鸡蛋大），用阳掌，先用轻手法腹劲，微带二分力向外拉，然后再挤，以从手中滚转滑溜出去为度，要慢而轻，反应酸、胀、痛，很怪。手法不能重，重了受伤会使人成跛子。

主治：太阳经病，脚痿，脚转筋，大小便不利，脚软，上重下轻等。

（5）取承扶（太阳本经的会穴，在臀部横纹中央大筋处），用按法，披法，令筋滚转，反应胀微痛而舒适。

主治：三阳经痹症。

2．鸭咀劲

（1）取环跳及髀枢（在环跳斜上一点大陷中），侧屈腿取之，皆重手法，反应很酸、胀。

主治：同平指劲，而以少阳经痛症，痹症为主。

（2）取太冲（或用一指弹劲）扒揉法，反应有点酸，以病人闻叮咚作响为度。

主治：调月经。

（3）取涌泉用顶劲，翻阴阳手，重钻轻提，同时用另一手掌贴紧脚背，反应痛胀。

主治：耳鸣，肾虚水亏火旺（高血压）。

（4）取土洼穴（大腿内侧纵横二分之一处），用顶劲（亦可用冲天杵劲的顶劲或平指劲），反应酸、胀。

主治：三阴痹症，调经，下饮食（脾运不好）和中。

（5）取伏兔，反应胀痛。

主治：阳明胃胀等。

3．虎爪劲

（1）单手取鹤顶（膝关节髌底上缘正中凹陷）或用五丁开山劲，拉动上下行，反应舒适而作响。

主治：膝冷，膝热，膝酸痛，痿症。

（2）取瑞肠、承山，左右交互取，动快而走慢，反应胀酸。

主治：同用用平指劲取委中（又取承山时，单手中指扣住用顶劲三、五度，反应甚痛。主治便秘，痔疮痛，脱肛等）。

（3）用平握法握住足趾，再向内一扣，令本节咔嚓作响一次。

主治：调套阴阳气脉出入井穴。

4．钉头劲

（1）取阳关（在阳面），血海（在阴面），皆在神仙穴上约二寸，同时并取。先扣，后用雀啄法，反应胀。

主治：脚麻痹（气虚）脚木（血痹），小儿麻痹症等。

（2）取丘墟（外踝前陷中，少阳经之俞穴），用反劲，反应酸、痛。

主治：本经痹症，胆热，胆虚。

（3）取阴阳矫全经，用反劲（或用鸭咀劲、剑诀劲），反应酸胀，下走大趾，上走大筋。

主治：行不矫捷，脚重，脚麻，下肢痛，全身筋骨痛。又老年人阴虚，腿不健，导引女室穴后（后踵骨尖上），继揉阴阳矫堡（阴矫堡在足内跨下凹陷中，阳矫堡在外跨下缘前一寸），即可健步，因能调正阴阳经脉之故。

（4）取足大趾三毛穴，用蝻动甲劲，反应痛。

主治：肝阳上逆，脾虚痞满。

5. 鹤咀劲

（1）取膝眼（膝关节部伸侧面，髌骨中线下一寸，髌韧带两侧陷中，共四穴）。先拿后拉，屈腿取之。反应酸多麻少。

主治：同取鹤顶 [见前 3 （1）]。

（2）取阳陵泉（外腓骨突下边缘陷中），反用。反应甚酸而麻少。

主治：一切腰痛，少阳本经痛。

（3）取三阴交（内跨上三寸）及绝骨。分取或用钉头劲并取亦可。反应痛多麻少。

主治：阴虚火旺之斗晕，安胎，下胞衣。下死胎。

（4）取三阴总筋（踵骨上三寸的一段），轻手法，腹劲，上下行三、五度。或用平指劲拿、捏法。

主治：调剂三阴三阳的气脉。

（5）取鞋带穴（即中封），用反鹤咀。

主治：三阴三阳的麻症，趾拘挛，中风不遂，凡肝经病，脚后跟痛等皆可治。

6. 袖度劲

双剁掌法，如剁菜，取阳经。动快而走慢，反应舒适。

主治：调套三阳气脉。

7. 鹰咀劲

取足三里（轻用鹤咀），拿法，滚转，活动范围可至上下巨虚。反应麻胀至脚背、第二趾。

主治、腹痛，胃气不降，胃痛，乳痛，胸闷，烧心，眉棱骨胀痛等。

8. 冲天杵劲

（1）取冲阳，扒揉法，令筋滚转。反应酸胀，舒适。

主治：配合足三里取穴，降胃逆（呃逆，痞胀等）。

（2）取脚面之琵琶筋，扒揉法，令筋滚转。反应舒适。

主治：脚趾拘挛，抽筋（鸡爪风）等。

9．日月扣劲

（1）取独阴（足趾阴面本节骨朵尖上），用十指扣住后勾弹十穴，反应痛。

主治：十趾拘挛，中风不遂。

（2）取十宣，摇法三、五度。反应痛胀。

主治：痹、拘挛，或昏厥，不知人事之疾，配取手十宣用。

10．托天截地劲

用托天掌拿膀胱经的委中穴，用截地掌拿胃经的冲阳穴，再用柔劲折叠股膝关节，令与腹相触，消耸三、五次，猛然用拉法向前一拉，同时两掌腾空一丢。

在腿上用各种手法治疗后，用此法调平阴阳气脉的升降。最后再配合少阳祖气劲搓之。

11．少阳祖气劲

用搓法，搓大腿及小腿。

主要用以调套气脉。

12．捧沙劲

取猪儿胞后，再用捧沙劲揉法取之。反应舒适。

主治：小腿胀及各种痹症。

乙、大导引部

一、拔山劲

1．此是三尸除虫劲的前半段，凡患者发生外动后睡在地上不能起来，也不打滚（此与三尸除虫劲所治不同之处），仍可用除虫劲架子，单腿踏入裆内，用龙字桩以两手日月扣劲扣住离经指，手法愈重愈好，要使患者生痛，慢慢提起，自己的架子也复原。提起时，先使患者坐起，然后拉其耳尖天城穴，使站起来，同时要用腿背贴其会阴穴，向上一抬。以后举鼎继做归元功夫（归元功夫，即峨嵋静功之周天搬运法。此讲归元为静坐后以意导气按大周天径路导引一次后，意守黄庭法。黄庭即灵空一窍，位在膀胱之上，小肠之下，两肾之中，神阙之间。或不必以意导引，而径用意守黄庭法亦可。约十至二十分钟。静功部分拟于在二辑中详述，此不赘）与除虫劲相同。

2．注意事项：在未拔起患者时，先用龙字桩俯身下去，照坐功探呼吸法，探其呼吸。一般很微，甚至停。如呼吸已停，要先取合谷，即有呼吸。否则全身僵硬，拉不起来，如有呼吸，即可拉。又呼吸微者，手必僵硬，要取曲池、尺泽、瑟琶筋，解除僵硬后再拉。

又眼上视者，用一指禅劲取龙宫、月窟、攒竹，用金勾劲取肝弦及压眼珠，眼即能活动。牙关紧闭者，先取颊车，后用一杯酒法解之。

二、背锁劲

1．背锁劲分两种：（1）小背锁功（2）大背锁劲。

2．小背锁劲用以治热力微弱，不上玉枕。操作方法：两人背抵背，各反手把肘与肘互相扣住，双方自己用元始印（见后之肾脏病之小练形法）平置在胸下。施术者发火念吽字诀，受术者念嘶诀升气即觉把施术者的热气收入身中，可以过三关。

3．又小背锁劲用以解龙虎之争（肝肺气不和，而气窜动，但仅两手动），治两胁痛（肝脾区痛，左痛背右，右痛背左，一侧微松的方法。配小导引取腹部，辘轳关，少阳会经，缺盆、云门、中府三角形），平常的肝气痛，肺的息贲。又胁部岔气痛甚，一背即愈。

操作方法：先用托天掌拿患者动着的一支手腕（以单破双取或双破双取，即先以单手或双手逼开对方，再右手拿左，左手拿右，或双手同时拿住，右腿上鸿门（裆内），同时掉转身，用自己的右肩紧紧顶住患者的左胁下（是鹤字桩的架子），身子微向后仰一点，才能顶住，否则患者的手臂要扭伤。此时拿手变擒手，窍在大指本指，顶住患者的神门、后溪，锁住太渊，大、中、食三指扣住台谷，单臂向前撑，扯松其关节，气脉即出井而不紧张。同时用鹤字桩的俯身架子，臀部用靠劲，肩部用背山劲，把患者背起来，要使他一惊。则其足下之气散而不动了。又在拿与背靠时要快，用风字桩的架子。背向前时，在后面的一条腿要向外一抬，使患者的左腿凌空而起。

4．大背锁劲用于治走火病中，督脉与太阳经的气发多了向前翻。用泻督脉膀胱经补任脉冲脉之法（升任冲，降督脉及膀胱），以调正阴阳气脉而使平衡。

操作方法：两人背靠背立着，各反手把肘与肘相互扣住，双方自己结金刚杵印（见后之肝脏病小练形结印法），平伸两侧。患者哈气，施术者念嘿字降气，同时，用鹤字桩架，弯腰俯胸，慢慢把患者背起，仰面朝天，以发动其任脉和冲脉的气机，收敛其督脉与膀胱经的气脉。

对翻筋斗不凶，而能自控制者，背靠背两肘锁住如上，鹤字桩弯腰用至一半（即二分之一）即可。此时令患者把双脚的跗阳穴（即冲阳穴）反锁住施术者的三里穴或犊鼻穴。施术者用靠字诀发动劲，即用臀部向后一靠，背向下俯一点（松弯下去一点），同时用嘿字诀。如是连用五、六口气，患者全身向上升，脚也随着向上提，到前胸透出，即应放脚。施术者再一靠一松，患者翻一筋斗而坐下。再用伏虎劲（架鹤登空的矮架子）收功，继导气归元入黄庭。

对翻腾的凶而不能自控制者，先用天龙行雨劲制功，次背靠背，两肘互相锁住，鹤字桩降气法同上。但患者不用脚锁住施术者的三里穴。施术者俯身弯腰，使患者升至二分之一时，在一刹那间，倒吸一口气，很快地用鹤字桩的铁板桥法，接着念嘿字诀换气，急弯腰俯胸用松背法及凤点头，使患者一下子从顶上翻过去。此时患者的手仍旧套在施术者的腋内，切不可用手去拉他。否则患者的手要扭伤。应变童子拜佛手法解之。最后仍用伏虎劲收功。

三、排山劲

1．出天地桩、小字桩、鹤字桩、劲用在坐掌腕底。先用指尖向下拍，中指领先点大椎穴，无名指与食指点肺俞，大指与小指点在膀胱本经上，再立须弥掌（中指先翘起，为立掌），用坐掌点五椎的心俞，急劲、脆劲推法。

2．一般站着取。大动病人只是打拳，不翻筋斗者可用。如能自制者，不用水箭。取时用七星步（当面上去），或棱步（背后上去）上步至患者背后，举手向其背心如法点之，即停止不动。

另一种岔气，呆如木石不能动，亦不用水箭，上步照法点之，应手即松。

又肺气闭塞或太旺，动时自觉飘然（上重下轻），或打坐时跳起来（尾闾关气冲、肺气亦旺，盘腿坐会跳起来），亦可照法点之，即停。

气未完全归元，已不乱动，而咬牙抖战，数日发动一次（时止时发）也可以此法治之。

3．注意事项：施术时，手翘起，腕即向前推，否则会伤自己的手。又腕贴中穴上后，肘关节方可伸直发气，向前一送。同时身子要拉扁，用少阳劲，则手长五寸，用力刚合适。因此不能用弓箭裆而要用含机裆，否则用了弓箭裆，手长一尺多，力太猛会伤人。

又点中后，患者必向前窜步，如病人只窜半步，用龙字桩俯身，双手用平指劲，如法取其带脉，一可制其向前窜，一可彻底解除其气脉乱脉窜。如病人已窜出一、两步，用龙字桩单腿向前一跳，取其带脉，最后用举鼎劲调其全身气脉，以使平复。

四、力士举鼎劲

1．施术者站在患者背后，用托天掌的中指、食指，双取云门，掀下略蠕动。另以单腿插入裆内（左右均可）。觉患者气松，突然双掌托天上举，单腿举鹤顶抬患者臀部，用嘿字诀发劲，把患者离地举起，再放下。可以出患者不意，连续举一、二次。如患者不能站，举时则不必用单腿插裆法。

2.用小导引术后，最后用以调节气脉之均衡。又腰背痛或强直，椎骨变形，伤科腰椎脱臼，皆可以此法治之。

五、伏虎劲

1.基本用法与跨鹤登空劲相似，不同之处在于此法用于劲触不归元，而非如跨鹤之用于全身舞蹈乱打乱跳。此种动触较弱，前俯后仰、摇头，左右扭腰，舞手而下半身不动。此为虎病而非龙病。龙主飞腾而虎主静蹲也。

操作方法：

用鹤字桩架而下得矮，但气反要提起，升至膻中，因不提起就蹲不下去。或用"含"字诀，合于绛宫（非如跨鹤劲气沉丹田）。其它用手用脚及归元之法，皆如跨鹤劲。只不过把气从膻中引至丹田时，不用后踵听劲，仍用凤点头点住丹田，最后换点神阙。但凤点头小，而力量集中，要用腹劲，不能用顶劲，否则要伤人。

2.如患者在治疗时仍反复动者，对治之法如跨鹤劲，但拉耳时，前俯者向前拉，后仰者向后拉，然后以反掌取肩禺。扭腰反复者用顺风耳劲的小架子，即用顺风耳法，顺势向左或向右的方向拉（左转者向佐拉，右类推）。如仍举手者，用鹤咀劲取曲池尺泽。此病易反复，故比跨鹤劲所治为难。因此病由于气结在肺上，肺主均衡，静而有动，故不易静也。

3.两手大动者，在施天龙行雨劲后，可先取患者左臂的极泉、青灵二穴，待动已缓，再取少海、小海，患者手麻即不动，然后从容取右臂诸穴。

六、天龙行雨劲（一）

1.对大动不止者，第一法用天龙行两劲，然后分劲导引。此即以水制火降龙之法（龙主动故），也是退火之法。即用冷触使患者一惊而气松。

操作方法：审定患者受病的经络之后，含冷净水一口在口内，缓步向患者对面走去，约距离三单步时，把真气（力）全部升起，撮口水，向患者迎面喷去，同时默念嘿字降气，要对准离宫吹去，不得偏差。如功夫不到家者，可含一钱（以康熙钱或开元钱为最好），或一寸长的笔管子，即成水箭。又在施展天龙行雨劲的同时，要在三单步外用内力，配合双推掌，向病人两肩一推，劈空劲，手不能碰到病人。

2.如患者大动而有间歇者，在患者比起架子而未动时，先用单手剑诀（阴阳剑）赤凤摇头手法，对准患者的眼神摇动。视患者的眼神为此法收摄时，再喷水箭。眼珠随手转，即为收摄之侯。此为治心之法，引阳入阴。如动而不停，且打筋斗者，待筋斗下去刚仰面时喷水箭，患者即不能起来。此时接用伏虎劲，或三尸除虫劲调伏之。

3.对动有间歇，喷了水箭即又动者，施术者用倒踩七星步（或名旋风身段），上左边门，接用单掌排山，取大杼、肺俞、心俞，使脆劲向前推，震散其肺气（先用指尖点穴，再用坐掌脆劲前推）。然后令患者坐下或站立，再用跨鹤登空劲，导引五气归元。如患者动得快，用倒踩七星步，转在患者后面，可用三昧手反掌击肺俞等穴以震散其气。

4.吹水箭后，患者仍动，应上步用排山掌震散其气，患者必向前一窜。施术者随着用梭步跟上，伸单手用游龙桩架，从劲后用平指劲擒拿人迎气口脉，应手即山。但擒拿手不松开，又用龙字桩上步架子踏入裆内，以另一手用黄龙缠腰手法（连患者之手缠住），将患者身体整个擒拿腾空，提放登凳上，再用跨鹤登空劲治之。如用黄龙缠腰手法而患者仍动者，则于缠腰时取前锁条（抽龙筋），即不会动。又在取人迎气口脉向下按时，缠腰手擒拿要同时相应，又最好起龙字桩的虎尾腿，以防患者臀部打人。

5.倒踩七星步法：先左脚上步。次右脚上一大步，踩在患者左边门，随即转向，右手护住，左脚向外一跨，右脚即伸向患者背后，如天上北斗七星之形。此种步法，可防患者动手打着施术者自己。

七、天龙行雨劲（二）跨鹤登空也

1.此劲手脚并用。脚用鹤字桩的平心子午腿（即鹤立观望式），手则用阴阳剑诀尖点太阳，而纳气于丹田。所谓阴阳剑诀，即右手的剑诀用腹级发热，后患者的左太阳穴射入，左手则把患者真气吸归自己，病人会感觉左边热而右边冷。口诀：右手剑诀出时绷太极圈点着不动。左手剑诀不绷紧，而在顶处蠕动（运用通臂劲的原理）。

2.单腿举起，先取膻中，用满脚听膻中之劲，即膻中鼓气时，顺着松出，膻中吸入时，跟着进腿。进腿时用凤点头法，大趾用雀啄劲点膻中（外鼓时不能点），经一、两分钟后，患者气平不鼓，腿即不断下移。但要随病人呼吸降气时下移，升气时不能动。又下移时要用翘剪式劲在后踵，又要用风摆柳的方法，即粑、粘、消、耸的方法。用时要病人之思想意识随即下移，至踵在丹田，脚心盖住神阙，脚大趾约在下脘处为止。此时用脚听丹田之劲，丹田鼓气即顺应松出，吸入即便随着进去。但丹田之气比膻中之气劲力大（约一、二百斤力）。要注意不致被病人之气劲打出去。为了防御，此时用鹤字桩站着的一条腿要弯曲。如此消耸进退几分钟后，丹田气平，真气向内抽缩时，要病人用归元法，病人真气归元时，脚即变成凤点头，点着神阙穴，用灵蛇吐信之法（劲向内顶而有消耸），待病人肚皮内之气不动而闭上眼时，即为已经归元之象，脚乃还原。此后要病人再用五气归元法，静坐半小时左右，即可痊愈。（以后归元发光的功夫指导即可)。

3.注意事项:用足在膻中至丹田施手术时,不能忘掉手上要一心二用。其法为"二心神功"。口诀在于一眼看脚,一眼看手。煅炼此一功法时,要平常在观想日月双轮时练习,初练时神志集中,不能讲话,熟练后气到即固定,仍可讲话。

病入丹田气鼓得很大时,不要用力太过,宁可少做几分钟,以免伤了病人,膻中亦然。

再用跨鹤登空劲时,如病者还要跳动,应把剑诀顺手下落,顺耳后把地廓一拉,随用三昧掌中之反掌敲肩禺穴,或改用举鼎法后,再做跨鹤劲。

在捉住病人之后,而牙关不开,气不降下者,要用一杯酒法,使病人牙关开,或用剑诀劲取颊车。

自始至终不能改变鹤字桩的架子,腰背与腿不能伸直,因伸直了容易被患者的气劲打出云。又伸直了劲太刚,听不出劲。

又自始至终要提耳根劲,否则站不久。提了耳根劲架子才能站,听劲的灵敏度也会提高。更重要的是,提了耳根劲,可以控制丹田的气机,使自己的真气不致受伤,特别是治妇女的病。

八、天龙行雨劲(三)

丁甲七煞劲:

1.一般在水箭后,尤其是对向前翻筋斗者,或单摇头者宜用之。水箭后,上弓箭裆踏进鸿门,一手取上三路,一手护住自己的中三路,门户要扩严(对翻筋斗者,待其将翻转时,在肺俞上一震即气松。如翻筋斗,待其已翻起时,在腰俞上一按即气松,俯地不能起)。

2.单手前取患者上三路时,先用三昧掌的盖掌手法,盖在患者额上(天庭),一拍,随即分开五指,中指取泥丸,食指无名指取五处或头维,小大二指取太阳,劲皆在指尖。然后在穴位上变五丁开山劲,用粑抓法,再顺势下来,变成剑诀,从攒竹,睛明下走,直取井灶,反卷二指,成为夹子,纠住井灶,上下错动。再从太极指变凤钗劲或平指劲,拿哦呀,先拿后揉,最后双从太极指变一杯酒,取承浆,可解动触。

九、三尸除虫劲

1.用手倒地不起,在地下打拳(地支活动)者。因气机凝结在下元,会阳穴闭住(督与膀胱的络穴),致使前面的日月穴及后面的辘轳关三阳的气机亦闭,所以不能起来。

操作方法:看患者打滚向前时,横上用梭步,起搜裆腿,点会阳穴(用凤点头劲的搜裆腿），再用海底针顺势在帘上向前一送（自己身子微往后仰用脆劲），患者即便不滚，使仰面朝天，用单腿插病人裆内，用龙字桩（俯身起脚），阴阳剑直取日月，日吸入，月鼓出。进用灵蛇吐信法，退用蛹动劲，同时要患者吸气入丹田。听劲后，觉气机平复了，再用单手剑诀点神阙（施术者男左手女右手），用法如候脉，一吸便进，不吸即停。此时要使患者运气随指向内收，气已不动，即是归元。可以退手。再先拉倒八字筋，次拉带脉，调正全身气脉的循环。

最后用日月劲扣紧患者的中指，拉病人坐起，自己从龙字桩恢复站起，用插在裆内的腿，起搜裆脚背贴住病人的会阴穴。双手用鹤咀劲取天城穴，随即上提，同时用贴住会阴的脚向上一抬，病人即能站起，然后以举鼎收功，再教患者做五气归元之法。

2.注意事项：丁字腿要活，平起的脚要用海底针法取三阳脉，开放三阴脉，则阳气损失少，也站得稳。

用龙字桩时，如病人还打滚，拉倒八字筋及带脉。

取日月时，先审其脉是否沉伏，如伏，两手同时用蛹动劲调正之即出，然后如法进退。拉耳时，不要硬拉，要震动。

十、顺风耳劲

1.用高桩，难在腿上功夫，平常要有锻炼。施术者一手拉患者的耳朵，一手用剑诀领气，脚尖点地，环绕患者转几个圈子，名扯顺风旗。脚要走得飞快，故应升气膻中。

2.适用于打天旋子（肾气上冲，气结在肾脏。清阳上冲，阴不胜阳，故上飞），打地旋子（气结在脾脏，浊阴下冲，阳不胜阴，故下旋）。

3.治天地旋子法，先用天龙行雨劲，而在水箭喷出后，同时用七星步进步，单手用托天掌托住（粑、粘法）患者的下丹田，另一手先护住自己的面部，次变擒拿法，拿患者的肘关节，即变虎爪勾弹少海、小海穴道，散太阳经与心经的气脉，此时用托下丹田的手，尽量托住肚皮，缓缓放下，要用云字桩拿云手前弓后箭的矮架子，才能托住。患者的动触停止后，站起，用右手拿牵患者左耳，自己的左手领剑诀，绕病人走三、两个圈子，病人也跟着转，即愈。此种病发的凶而止得快。没有甚么反复。

又用纽丝（十二桩的连续对手动作名纽丝）的和尚撞钟（出自鹤字桩也可治天旋子。即在喷水箭后，用鹤字桩的方法，进七星步，俯身弯腰，钻入患者肚皮下面，以头顶住其下丹田，同时两手拿其肘关节，即变虎爪劲勾弹其少海、小海。患者不动后，继扯顺风旗。）

4.治地旋子法，不用水箭（阳陷于阴，故不必以水制火），用摘瓜法（从龙鹤桩的俯身下腰怀中抱月等手法变出），在患者打地旋中，用七星步上步，即以含机步的虚腿踏入其裆内，待地旋势缓时，俯身弯腰，双手托头，用豹扑劲，大指点太阳穴，掌心贴所闻穴，中指贴风池，再双手向上一提，双向下一顿挫，往复三、两下，然后双手猛拍耳一次（取所闻），回手用一杯酒法解任督阴阳气机之争，患者即停住坐在地上，再用三尸除虫劲中的拉耳法拉起来，扯顺风旗。

5.无论天地旋子，停止后都要让患者做归元功夫。

丙、导引须知

一、头部

1.上病取上，虚实皆可用。但实症在上取之后要下来。而虚症不下来。"上"指头面部位，以三阳为主，其总窍在大椎，故凡头面诸症要取大椎。治阳明、少阳、厥阴三经之病，先取本经后取大椎，治太阳经病则先取大椎后取本经。

2.三阳俱病或二阳俱病，以病重者为主而先取之。在三阳经中，太阳与少阳向后推疏导，手法要重，回还的路线要轻。惟取阳明经时，宜向太阳、少阳两经分推，或顺经向下推。这种手法可以疏解三阳气机淤结的现象。不过虚症要加取百会穴（不可少），厥阴头痛亦配取百会，肾虚者相火上冲，耳鸣或头昏闷，要配取所闻。

3.阿是穴的取法，那里痛取那里。

4.内外因实症，取上经穴后，又应配取列缺，因为列缺司肺与大肠的表里作用，取之可使气机左右开散。虚症则应配取涌泉。

5.头面的总关窍，一为大椎，二为太阳穴，三为天目，四为所闻穴，五为百会，六为青龙角，七为哦呀。

6.头后痛（太阳经痛）无论内外因，可配取倒八字。面前自汗（阳明经痛），或眉棱骨胀，可用覆雨翻云劲配取鸠尾以下的部位，亦可取里支绛宫。少阳经气微，除取列缺外，不必配取其它经穴。

7.眼有病，如迎风流泪眼发胀等，用金勾劲，离经劲外，要配合用气吹目眶。用气要缓缓如一线（撮口音，嘘字诀）使流泪发痒，即更有效。

8.龙探爪、龙含珠、鹰嘴、量天尺、落雁、覆雨翻云、托天截地劲等，皆不用于头部。

9.头部一般三阳经受病多，且以外因为多，表现为内因的症候，则需取里支。

10．外因受风寒，颈项强直不痛，而恶风寒或身热汗出（颈项为三阴三阳脉之所过而不停留，故只表现气脉之紧张或缓迟。此与头受风寒而病者不同）。一般为太阳经先受病，传变后即不现在颈项上，故颈项之病，皆为太阳病，应取太阳、天柱、大椎（最要重）、风池、风府、太阳邃（因项强牵连肩背），发尖。风症宜轻、寒症宜重，配取倒八字筋。

11．外因传变至阳明经或内因发热而喉痛，用平指劲取气舍，拉滚三筋，又配取合谷。

12．牙痛先取颊车，配取中魁（在中指爪甲后一、二分鸳鸯穴后陷中），用丁头劲的甲劲，反应痛，导引使牙不痛。

13．吊死者身尚热，为未死绝之证。放下后不能放松绳子，要割断绳子，轻轻提着将其放平朝天。否则绳子一松，舌则缩入闭住气管而死。同时一手急取绛宫，用震透劲，一手用按法单取研头穴（颈前气管边缘，下三分之一处），可以救转。但取研头穴时手要交替轮换分取两穴，逢吕始终不能松。因吊死者肺胃脉绝（人迎气口升降绝），故直取肺甩里支方有用。又绛宫通心脏，取之心脏也动。

14．阳明经与肺火太旺（由于外邪闭抑或阴虚之故），热入心包，引起七窍出血，尤其是鼻子。如左鼻出血，可令患者背贴墙立而举右手，导引其左手的合谷穴，右类推。如两鼻及眼出血，则令举双手，同时双取下面的太冲穴，转瞬之间，血即能止。

15．下颚脱臼，用少阳祖气劲拿托手法治之。拿则用力向下，而托则用力向前。

16．病在左者取右，在右者取左，如嘴脸歪斜而向左者乃右面麻木中风，被拉到左面云之故。此即经迹左右出入之理也。

17．为阴虚阳旺者导引，应自上而下，如治高血压，应先用豹扑劲在头部疏导三阳气机，次按瑟琶穴之尺部，后导引涌泉，血压即会降低。

二、肩臂部

1．肩臂部重点在取手阳明经，肩禺、曲池不可少（无论手三阴或手三阳）。手不能举者（为阳阴与三阴不交之故），取肩禺，曲池外，配取三阴经。手麻为气虚之象，配取少海、小海，使再麻，即通。

2．三阳经上发胀，要取锁三阴三阳的虾蟆穴，最后取十宣，又配取合谷穴，气即舒畅而愈。

3．大导引中，四肢经封过者，开气时要取虾蟆穴，如不开，气脉走得慢（腿上为猎儿胞）。

4．气功病之手发抖，为不足之症，气脉不通，先取曲池，后取极泉。

5.手病（手痛、手麻木等手阳明病）配下求者，取足三里。里支配取研头穴。

6.导引阴经或阳经，应依其出入的向前或向后而用手法，如导引手三阳经，应从手走头，导引手三阴经，应从脏走手。

三、背腰部

1.背部关窍在天地窍，即会阴与脑户。凡背脊强直等，重症可取之。轻不必。

2.背上诸症首先按督脉，在脊椎痛点上导引，如与其相庆的俞穴也痛，即那一脏有病，可重点导引，痛者使不痛。摸了痛者用揉法（腹劲甲劲），胀者用腹劲的震透劲，不画圈，或用披弹法。

3.每一俞穴，发现了痛、胀、酸（背上不麻）的感觉，为每一脏的气机有病，导引使不痛、不胀、不酸之后，要配取其母子相生的俞穴，不痛胀者导引使痛胀。

4.在十椎以上（中枢）宜重，十椎以下宜轻。

5.疟疾或寒热往来者，在发作前两小时，令患者俯卧，揉其脊椎骨，自上而下，感觉痛的地方，即为气脉不通应节令而发生疟疾之处，用大指腹劲在该处用揉法导引，至患者出微汗或不痛为止，疟即不发且可断根。节令在脊椎上的部位如下图：

胸 椎：

夏至—1—大陶—大　杼

　　　　椎道

小暑—2———风　门

大暑—3—身柱—肺　俞

立秋—4———厥阴俞

处暑—5—神道—心　俞

白露—6—灵台—督　俞

秋分—7—至阳—鬲　俞

寒露—8———

霜降—9—筋缩—肝　俞

立冬—10—中枢—胆　俞

小雪—11—脊中—脾　俞

腰 椎：

大雪—12———胃　俞

冬至—13—悬枢—胰　俞

小寒—14—命门—肾　俞

大寒—15———气海俞

荐椎：

立春—16—阳关—大肠俞

雨水—17———关元俞

惊蛰—18———小肠俞

春分—19———膀胱俞

清明—20———中膂俞

尾闾椎：

谷雨—21—腰俞—白环俞

立夏—22

小满—23

芒种—24

6.阴阳两虚的出汗，单点会阴穴即收，或用中高醮冷水轻揉之即止（先取会阴后更取神阙。然后用五倍子加紫花地丁共研细末，吐口水调匀贴神阙穴上，即巩固不出汗）。

7.外感不出汗者，要使微汗，多提倒八字筋即可。

8.腰痛或不痛而不能俯仰者，除取辘轳关外，必配委中及大椎穴，虚人补之，当即能俯仰或不痛。如腰胀（湿重者），取辘轳关后，配取阳陵泉，拉带脉及顺八字筋。腰椎肥大，脱臼、腰椎尖盘突出者，要配举鼎。

9.背长痛如背铁板，随时发冷者，为筋缩之症，其顺八字筋提不起。除导引外，配服一枝春方：威灵仙、白芷、桂枝、薄荷等分，重者各九克，轻者四点五克，又可冲服毒龙丹或去武丹，分量照丹经。

１０.肝炎、肝肿大、肝硬化、肝区痛，导引两肋根、肝俞、胆俞、肺俞、阳纲，并取三毛即可。服药用人参败毒散（沙参、党参并用），如睡眠不良，可用钉头劲取内关、天河。

四、胸腹部

1.痞满及膻中胀痛，心烦、嘈杂，皆肺胃两经之病，用剑诀取缺盆、云门、中府、又用龙探爪劲取乳根、膻中。如呕吐、恶心、气紧，为肺胃之气不降，可加取琵琶穴。

2.不能过童关（即童子痨），乳中有疙瘩，取腋下，极泉及胸肋整个少阳经。同时服用逍遥散、冲炒槐花（研末）九克，以平肝扶土。此亦可用以治初期的乳癌。（逍遥散中当归，芍药可用三克，其中薄荷梗，煨姜作引，槐花抄焦，使火土相生）。

3．外伤肋骨内陷而未伤肺出血者，用通关丹塞鼻中，在打喷嚏时，用排山掌拍肺俞，肋骨即出。如伤肺出血者，先服当归黄酒汤（当归六十克，黄酒童便煎服），一、二小时后血止，再用上法治之。

4．瘟病中之瓜酿瘟、虾蟆瘟、前胸动荡、鼻扇，出瘢疹，为肺胃大瘟疫症，除服药外，急用蟾蜍或小公鸡、小鸽破开去肠杂，紧贴膻中穴上，约二小时即腐臭，要换一次。一面用钉头劲掐气街不能松手。或用棱针刺气街出血，不出血者死。

5．腹部主要手法，一为覆雨翻云，二为太极摩云，三为捧沙劲。所取穴位，在鸠尾以下的任脉线上，其次是日月倒八字及章门。

6．凡实症拒按，虚症喜按。虚症宜重，实症宜轻。实症应提倒八字，配提顺八字。虚症则在取浮支外，重在取里支。里支穴位为经宫、幽门、日月、水分、丹田、气海、曲骨等。

7．实症拒按者，用麻油揸指尖导引之。如用麝香揸指尖导引最有效。夏天对虚人用重手法，应在手指上沾滑石粉，可收清凉作用，又可免按摩破皮。

8．凡跻上痞满而痛者，为胃有病，以覆雨翻云为主。绕跻痛胀等为脾痛，宜用捧沙劲及太极摩云劲。跻下少腹痛为肝肾病，宜取里支及用落雁劲补，以温经通络。

9．口苦胃酸、打饱食，为阳经病，宜取日月都里，配取两肋少阳本经，自觉有气上冲胃部而难过，为奔豚症，乃肾气上冲之故，宜取关亡气海里支，配取辘轳关、涌泉穴，以安紧气。

10．右肋痛，肺气不行，取缺盆、云门、中府，再拉倒八字。左肋痛，肝肥气症，取肝俞，拉倒八字筋，最后取太冲、三毛。

11．腹内蛙鸣，用太极摩云劲及少阳祖气劲导引，又提倒八辽筋。

12．少腹痛如绞索，为肝病。病人仰卧，双腿卷起，用跨鹤登空劲的小架子海底针腿法，后踵抵托住患者谷道，俯身下云，先用覆雨翻云劲导引，后提倒八字筋，再取气海里支，要把真气运至中指尖或大指尖，使热气射入患者腹内，可救危亡。如自己功夫差，可配麝香及硫磺（拌酒）在指尖导引。同时急配真武汤或六味回阳饮服之。此时注意事项，即海底针不能放松，待回转后（约一、二小时），方能放松，否则一松即脱气而死。如自己功夫差，可使助手用坐掌抵住肛门。回转后一面服药，一面令其家属在神阙穴上不断哈热气使腹暖以巩固疗效。此时可服玉壶丹。

13．腹内积聚有别，聚者聚散无常，病在气分，积者不散，病在血分。治聚症先用龙探爪抓聚处，再用反五丁开山手法的甲劲，在聚处弹之即散（先握拳转腕，次弹出五指，即反描太极指法）有神功。治积症，先用龙探爪劲轻抓积处，再用落雁劲真阳运化之。或用鸭嘴，一指禅劲取积处的眼，使热力从眼中射入。然后用红透骨消草（研末）调葱汁及蜜敷之，又可用烟龙屎（即烟袋杆内之烟油）摊油纸上，大如症瘕，上洒密陀僧，银朱等分，麝香少许（或以乳香没药代），贴在积处。但贴用烟龙屎时，病人口中必须含冷水，或用棉花蘸冷水塞鼻内，否则病人会头昏。

14.小便不通取水分里支。

15.外伤腹破肠出，用真小磨麻油涂肠上（先用温开水洗肠外），使病人平卧，不能用手把肠子推送入腹，而又用消毒净布盖在上面，不使吹风。约经一柱香之久，肠即自动缩入。否则，用手推送肠即沾粘或套结。麻油有润滑、消炎、定痛、消淤的作用，任其自然，可收全功。缩入之后，用医用缝合线缝好伤口（旧用桑皮线缝合），上关门散即可愈。

16.导引阳明经也可用自上而下的原则，先从鸠尾取起，下至足三里等。

五、足部

1.足部三阳经疾患，先取阳明，后取太阳（此二经为主）。阳明经取大腿羊矢穴以下伏兔以上一段，小腿三里穴至下巨虚一段。太阳经取委中至永山一段。

2.三阴经足掌上取独阴、涌泉、十宣、三毛、鸳鸯穴。

3.阴虚火旺者取三阴交、绝骨、配取涌泉。

4.肝阳独亢者取三毛、鸳鸯穴及独阴。配上取百会、于龙角，但取时应先取上。后取下。

5.各种痹症在关窍上导引时，痛者要使不痛，不痛者要痛。

6.痹症日久，大腿及腿肚大肉脱落一半以上不可治，只脱落一半可治。

7.水泻、拉稀，先用平指劲取三阳总经，次取女室穴，用鸭嘴钻劲。暴泻者配外用熏洗方：梧桐叶男十六片，女十四片，煎浓汤，乘热浸女室穴，觉腹内不想泻即取出，不能久浸，久则数日不大便。又内服方：土炒白术三十克、茯苓九克，车前子九克（小儿皆减半），浓煎一服亦有效。如平常用梧桐叶泡白酒，用时蘸指上导引亦有效。但皆不治实症之痢疾。

8.疟疾除导引脊椎外，用于发作前两小时用生姜炒热敷犊鼻穴上按之，大约导引一次即不复发。

丁、大导引

一、辨证论治

1.凡导引术，其总的目的在于调平阴阳，使三阴三阳的气脉相对平衡而得中道。施行大导引术，尤其要注意于此。

2.凡走火者，皆阳病于上，火不投于水，造成上有余而下不足，或真阳在外浮游不能归元的现象。走火的病理原因，大概不出此二种。因此，大导引主要立两种方法对治，即火以水治，散以敛治。

3.气结者散之，散者敛之。横走者顺之，逆行者从之。阳者入阴，阴者出阳。

4.由于龙动虎动，龙虎相争所引起的偏差，或消焰培水，或以五行论治之，但总不出阴阳大论之原则。

5.十大会处是导引关键，而以气之十大会膻中，神在会泥丸（即囟门）为主，亦即以神与气为主。

6.凡治阴阳气脉的病患，施术时要从治，不能正对它治，即从其性而施治。如向前动者要朝前拉。

7.二十部气脉错乱，皆应导引至下丹田，再使打坐，用五气归元之法，归于黄庭。

8.大导引中，如病人为女，大夫为男，从右取无问题，从左取可能被吸动。男取男本性相排，无问题。女大夫治男病人，据此类推。

二、准备事项

1.自己要有深厚功夫。第一要着能于一刹那间，神意集中的指尖上，意到则气也到。又要能一心二用，即指气到后，固定在那里，而神意可转移转他处发暖。同时要气沉丹田，控制真气不使多流出。

2.要有武功的锻炼，身段抓爪步法，要能熟练运用，眼到手到神到力到才行。

3.要先看准病在那一经络，然后才动手。

4.要准备伏虎丸，降龙丸以备施术后给患者服用。

5.实行封闭术时，要有功夫纯熟的助手。

6.准备净水一杯（喷水箭用），棉花棒（偶用），九龙带（宽腰带，自用），披单（毯子，受术者用）等工具。

三、注意事项

1. 施术时不要旁观的人接近，并把猫狗驱逐开。

2. 不能在阳光下或露天施行导引术。为避风故，施术时必须在屋内。

附：峨嵋指穴法三十六式图

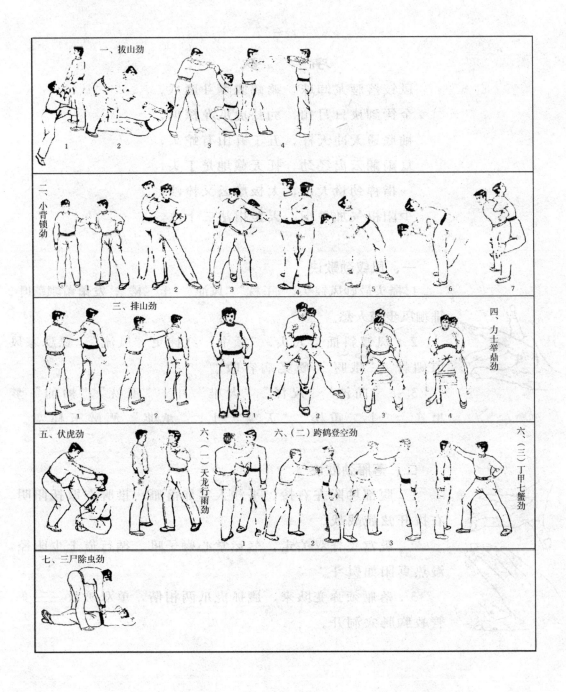

天罡指穴二十八法　歌诀及附图

序　歌

凤钗落雁龙卸珠，鸭鹤鹰嘴斗鹰爪，

金钩剑诀日月扣，豹扑虎爪龙探爪，

袖底通天冲天杵，五丁开山有蛇头，

复雨翻云离经劲，托天截地是丁头，

一指禅劲量天尺，太极摩云又捧沙，

少阳祖气加平指，天罡指法二十八。

一、凤钗劲歌诀

1.搔头最妙凤钗头，"玉枕""风池""十二楼"，发萧萧飘落叶，徘徊凤步谴人愁。

2．凤钗斜插美人头，"额中"红抹更"风流"，瑟瑟寒风惊媚骨，"哦呀"哂笑病容收。

3．"曲池""尺泽""大椎"中，"玉枕""神仙"梦里逢，"十二重楼""天突"上，"承浆"酒醉玉杯空。

二、落雁劲歌诀

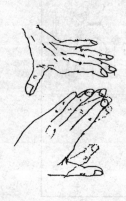

1．腹部坤阴左右按，平沙人字如落雁，推脾左取托阳明，右拔肝弦兢战战。

2．乾宫夹脊双关走，气运掌心狮子吼，循行道上少阳径，漫热真阳如熨斗。

3．落雁须弥变队来，鹰抓虎爪两相偕，单双破敌三三变，管教胸肠穴洞开。

三、龙衔珠劲歌诀

1．龙珠口里骊龙衔，主取阳明肘腕间，动似联珠前又却，轻将挠尺骨棱粘。

2．三阳逯处口衔筋，滚转拿提慎重轻，平指交偕刚劲变，三阴脉络取须清。

四、鸭咀劲歌诀

1．鸭咀来源太极描，冲天神杵镇水曹，坎离八变圈儿妙，水暖春江卜早潮。

2．寒水迢迢水不温，太阳太过水神惊，"大抒""八窌"循经下，嘎嘎江头谱太平。

3．阳升"百会""涌泉"通，鸭咀凌空子午逢，眩晕头胸风水逆，轻提重钻坎离融。

4．鸭咀江中辨暖寒，"魂门""魄户"莲关闲，擒拿平指轻提纵，再配"摩云"掌下安。

五、鹤咀劲歌诀

1．鹤咀吞蛇又啄鱼，啄松颈活翅分离，用时翅咀相因果，反复圈儿八法宜。

2．凤眼龙晴变化随，阴阳背腹掌相推，诸阳上取求头面，下点"三阴"又"四池"。

3．奇穴"三阳逯"里求，"天城""地郭"任遨游，"凤池""攒竹""颊车"走，"带脉"张驰一瞬收。

4．"章门""日月"晦明中，"八字""昆仑"鹤唳空，谱籍梅花三弄曲，蛙鸣腹鼓叶商宫。

六、鹰嘴劲歌诀

1．鹰扬平翅嘴啾啾，气合梁间口里收，食指当头头节上，弯弯晓月挂吴钩。

2．压线轻轻食指头，"三阴交"处通拈抽，阳明"合谷"连"三里"，尽喜鹰哥咏好述。

3．鹤嘴三阴变化通，重轻有别体相同，凌云半上三阳路，

下攫痹吊膝理逢。

七、鹰爪劲歌诀

1．鹰爪弛张左右分，阴阳背复统乾坤，清升浊降壬冲督，一揽三家进火温。

2．拦腰下爪攫"双关"，夹脊椎兮十四间，两掌横开齐"带脉"，真阳火祛肾阴寒。

3．"鸠尾"中焦取"食宫"，实虚痞满水分通，肝横二土因乘克，积聚症瘕切掌中。

八、金钩劲歌诀

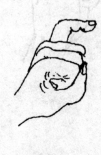

1．小娘腕上挂金钩，顺水钩鱼顺水舟，"少海"波翻龙戏虎，虾游滋味在心头。

2．柳梢"偃月"挂金钩，"月下"披弹后复求，见到金花开放处，昏流老眼不须愁。

3．引导阳金出井金，小钩大指倒提轻，迎随拿托双消息，离合阴阳掌上平。

九、剑诀开气劲歌诀

1．双开剑诀出"云门"，"中府"循经接"缺盆"，绕角来回行蛹动，胸前一气化三清。

2．推窗侯望月明来，午剑"哦呀"唱儿回，左右飞"车"奔"地阁"，庄严过咀美桃腮。

3．单双宝剑别雌雄，半寸青锋刺"脐中"，旨候"黄庭"吞吐意，天嘘地吸应穷通。

4．太阿一旦授凶人，慧剑追收决死生，任尔真元刚以铁，还教气破胆魂惊。

5．剑下无情却有情，"噫嘻"绝穴解随迎，阳翻九死阴之血，管领门墙水样清。

6．剑诀双双左右开，离经食指两骈排，无名小指圈无极，挫腕翻阳杀气来。

十、日月扣劲歌诀

1．威明日月晦明中，两指庚辛扣似弓，艮土求鱼宣十穴，"拳尖""蟹眼"响叮咚。

2．独阴足下取阳阴，本节阴间扣骨铃，十指常疼推不通，麻痹却令痛连心。

3．十指尖尖扣紧摇，云吞雾吐响声潮，反拿剑诀肩通窍，一字平肩痛胀消。

十一、豹扑劲歌诀

1．"天庭"豹扑揽三阳，大指眉心取"印堂"，左右分经棱骨上，"鱼腰""丝竹""太阳"当。

2．大指分经豹变中，三阳次第指尖通，方圆甲腹刚柔劲，莫把阴阳反逆从。

3．首起阳明接太阳，威明"率谷""枕头"旁，前推后挤还来往，绕至膀胱走别乡。

十二、虎爪劲歌诀

1．迎面山头白虎吼，双双爪下爪尖抖，用时劲却在肘端，千斤坠着中央走。

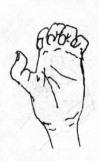

2．顶上"太阳"爪左右，"青龙""五处"分前后，两爪交蓬"督脉"中，摩云小调低低奏。

3．爪攫震三兼七兑，"腨肠"下取上臑臂，瑟瑟梭巡似齿寒，还阳引入窠中醉。

4．虎爪擒拿威力猛，千斤闸着解消耸，运气开声吐白虹，教他臂折倒裁踵。

十三、龙探爪劲歌诀

1．龙探爪法出龙庄，体变五丁用互彰，胁肋胸痛双乳取，阳明气逆降跌阳。

2．胃肠虎爪合龙探，总取"承山"腿肚间，又取"三阴"洼土穴，气虚血滞运周天。

3．制敌犹尤变化奇，推波踏浪顺风旗，前胸少腹翻拳肘，背点"魂门"魄也离。

十四、袖底劲歌诀

1.袖底阴阳剁掌求，偕来复再两悠悠，膀胱气化随经下，五脏诸俞胀闲休。

2.阴阳抽底忌伤肝，腿胀阳经去似拈，"伏兔""承山""环跳"穴，联珠剁掌走晶盘。

3.重劲何如袖底功，前心击中后心通，原来力士非常力，脆劲轻收意动中。

十五、通天劲歌诀

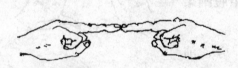

1.琴师旷瞽指通天，蛹动悠悠拂管弦，八品清音先合奏，黄钟后响"所闻"间。

2.路阻河东运不通，通天劲取"所闻"中，昏沉八触浑如醉，"城""郭"修完趁顺风。

3.脉诊督脉候"人迎"，配合"山根"指下寻，再候红潮生死诀，"跌阳""日月""太冲"伦。

十六、冲天杵劲歌诀

1.冲天杵劲属金宫，取穴"风池""玉枕"同，"舌下""极泉""天突"穴，轻轻蛹动老痰通。

2.冲天杵劲气冲天，独授闺门惩大奸，死穴师傅无解救，休将神杵太轻看。

十七、五丁开山劲歌诀

1.力士黄巾号五丁，中开"脑户"又"神庭"，无名食指"太阳"走，大小兼收并胆经。

2.五丁五指屈如弓，侧取阳经督取中，前后当头棱线起，交叉蛹动莫匆匆。

3.辟地开山帅五丁，钉头匕箭鬼神惊，排山劈拍探龙爪，剑诀阴阳破鼻睛。

十八、蛇头劲歌诀

1．蛇头食指缩如龟，直拨"山根"挹翠微，"月窟""龙宫"求大药，擒来玉兔杵朱衣。

2．离经脉候切蛇头，"鬼哭""天河"反复求，气至脉来同出井，若逢真鬼教人愁。

十九、复雨翻云劲歌诀

1．腹部虚疼又实疼，掌中复雨又翻云，推来肚里辘辘响，配合摩云气脉平。

2．手足阳阴气滞寒，胃肠漉漉水潺潺，先阴掌下翻阳掌，"尾下"中州一扫间。

二十、力士举鼎劲歌诀

1．举鼎扛山运太阴，托天"腋下"出"云门"，乘他气脉开将去，"鹤顶"抬头似作轻。

2．腰间别扭或伤筋，又主全身气乱行，导引诸经归正路，最终举鼎化三清。

3．举鼎"阴跷库"穴开，"云门"反正莫相乖，三枪下马威无敌，百战场中百胜回。

二十一、托天截地劲歌诀

1．截地托天反正拿，"冲阳""腘里"仰中斜，三弯曲经连消耸，腿疼益除祛木麻。

2．别扭伤筋气弗舒，股髋脱臼逗如初，腾空劲最难操纵，莫把刚柔执守株。

3．对敌擒拿托截丁，边门顺步借东风，妨他子午鸳鸯脚，反侧前推一瞬中。

二十二、钉头劲歌诀

1．钉头劲要直中园，转动肩颙取两肩，内外"劳宫"兼"养老"，"青灵"举臂二阴探。

2．龙雷火逆下肢求，大趾"三毛"甲角搜，眩晕诸风疏土

木，下轻上重用钉头。

3．切诊气脉去来间，且把钉头扣指间，（十宣）气不还时红豆似，阴虚白晕细心看。

二十三、一指禅劲歌

1．食指单伸一指禅，摇头摆尾又钩弹，"龙宫""月窟"霓裳曲，掌上飘飘午两番。

2．一指禅动定巽风，青龙震踔眼皮中，"鱼腰""月窟"闲来往，"攒竹"行吟"丝竹空"。

3．阴阳出入"缺盆"中，指拨"琵琶"四天弓，项胀胸痛兼噎气，膏肓配合立时松。

4．一指拈花笑不休，黄蜂入洞二龙愁，"期门"乳下番阳取，七日红潮化鹤游。

二十四、量天尺劲歌诀

1．夹脊双关取大筋，天梯半路量中程，椎兮十四旁三寸，豹扑相将破黑云。

2．量天玉尺难操纵，食指枏推骑脊缝，大中二指运指尖，虎歌卸来蛹劲动。

二十五、太极摩云劲歌诀

1．太极摩云太极形，神存两掌纽相循，分推下按开宜重，内合回提却应轻。

2．摩头督脉导三阳，前后"神庭""百会"当，左右横开齐"角项"，"泥丸"一统并膀胱。

3．三阴气脉郁坤阴，复雨翻云降复升，再照摩头圈太极，顿教二竖病离身。

4．摩云先缓转相催，艳剑祥光旋玉圭，驾鹤咀开吞八字，蛙鸣腹痛化尘飞。

二十六、捧砂劲歌诀

1．"丹田""阿是"捧飞沙，"虎口""小娘"用莫差，脆劲粑、粘、提、拨、急，蛙鸣腹胀效堪夸。

2．捧沙变化法无边，掌底如刀又似夸，解破单双翻内外，教他折骨断筋弦。

二十七、少阳祖气劲歌诀

1．少阳气脉祖三阳，平指循经两侧行，胁助头身腰腿足，顿教木直恕龙降。

2．阴阳各半掌相推，食指平齐率谷偎，向上云行毛鬓上，"青龙角"处变龙飞。

3．天上"青龙"起在田，升腾出井此登先，少阳穴布形之字，三折调归月祥园。

4．威明气脉透龟蛇，蛹动行动意兴赊，食指称凌云直上，收心弗教去侬家。

5．单双变化守中攻，豹变擒拿展翅鹏，望月回头蝉脱壳，百零八穴化游龙。

二十八、平指劲歌诀

1．四指平联距位高，单将大指下边跷，双双掌下云吞吐，好似呼卢掷六么。

2．太阳遂穴指平伸，大指大杼两处丁，称后拿提筋滚转，阳明腿部却须轻。

附注：

1960年冬，我在天津第一结核防治院外科住院，有幸参加了"养生学"学习。后经师友介绍，赴北京认识巨赞法师，巨赞法师很热情，但工作较忙，只让我在早上他练功的时候教教我，从此我开始了峨眉十二桩功法的学习。天罡二十八指穴法就是在那段时间学习的，巨赞法师说，学好了以后你能给人治病的，这些指法在峨眉十二桩功法中都会出现。现将当时记录的歌诀整理如上。

余克钧谨述

动静相兼小练形

峨眉气功注重功夫、药物、食饵三方面配合运用。动静相兼小练形，是峨眉山派气功中的一种。

在锻炼法上，有大练形和小练形[1]之分。它们是运用呼吸、意念、姿势针对某一脏、腑直接进行攻伐补泻的专门练法，其法操作简便，行之有效，又不受时间场地的限制，适合病患者对症选练。

本期先介绍常见的心脏病、肝脏病、脾脏病小练形法，下期将登载肾脏病、妇科病、阳萎病的小练形法。

一、心脏病

适应牌：怔忡、脉间歇，心绞痛、心烦躁等。

1.姿势

分坐、站、行、卧四种，以坐、站为主，行、卧为辅。

（1）跨鹤会：（坐在床上或地上）左腿卷盘，脚心朝天，置于右大腿膝窝下面，右脚平放，座下最好垫有棉垫，累后可左右互换（图一）

（2）平肩裆：双腿平行站立，右手松握拳放在丹田，左手掌心朝上，松握拳，放于右手偏下（图二）。

（3）坤稳步：双目垂廉，目视前下方，提脚迈进，前脚掌先落地，然后后踵着地，待全脚站稳后，再提后脚迈步。步子大小视本人身材自取，步履须稳慢，上身不摇不晃，保持竖脊、含胸的姿势走下去（图三）。

（4）龟卧：右卧式，头微前俯于枕上，枕高六、七寸。躯干微向后弯，呈含胸拔背、气沉丹田之式。右腿卷曲在下，左腿微屈，置于右腿上。右腿的"冲阳穴"[2]或钩贴在左腿的"委中"[3]或钩贴在"承山"[4]绝骨穴[5]或钩贴在左足跟，以自我舒适为度。右肘屈曲，肘弯呈直角，掌心向上置于耳前枕上，左臂自然微屈，肘附胁肋，掌心向下置于髋部（图四）。

注意事项：除卧式外，其馀三式都要做到竖脊、含胸。竖脊即脊骨调整自然正直，否则为硬挺强直，腆胸叠肚，达不到放松的要求；又不可前俯后仰，左歪右斜，其方法是把双肩头微抬高二、三分，与含胸自然结合起来，即能达到上述要求。含胸：即将胸稍内含些，其方法是把两肘尖微向前开张或开张成与身体呈一条直线，需要与竖脊自然结合起来。竖脊、含胸要视为统一性的整体，才正确完成姿势。前胸、后背配合得体，才能丹田气下沉不浮。

（5）手的握法：金钩印。左右拇指内屈，食、中、无名指覆外轻握成拳，二小指互相环钩，右拳心朝内贴于丹田，左拳心朝上置于右拳之下，两拳夹角成九十度贴于小腹外；不可用力，可随呼吸的波而微动。

2.吐纳

姿势调好后即开始鼻吸，然后不停、稍有间隔地随口呼"真嗯"音数个将气呼完；再鼻吸，然后口呼三个"登"音后，亦为鼻呼"eng"音，反复吐纳。

注意事项：初练者随自己呼吸的长短，绵绵不断地用口呼音。发音轻重以自己耳朵稍听见为标准，可锻炼十五至三十分钟。熟练后即当默念，不拘呼吸，要达到"呼吸无碍"的境界，如达到"入静忘身"的阶段，其疗效更加显著。以练功三十分钟至二小时为宜。

3.意念的配合

初期宜观想在体前远处有一湖平静的秋水，数日后即将意念集中在心脏部位，吸气时观想该部如一湖平秋水，呼气时一心存想听发音波声声在心脏波动，观想从湖水中心而起涟漪随音而远逝。即旧说"栖心于心脏"的用法。

4.功后导引

慢慢睁目，头颈微微转动三、五次。双手握拳如虎爪状，手心向胸，与乳相平，两中指反复一抵一松三、五次（图五）；次将双掌置于双肩上，掌心朝上，指尖朝后，鼻呼，向上推举如托石状（图六）；鼻吸，下收后还原于肩上时，再成指尖相对，鼻呼，向上推举如托石状（图七）；伴有高血压的患者，可将鼻呼改为口呼"哈"声。图六、图七为一组，连续作三、五组，作时要顺呼吸，呼气时注意一定要前胸松含，后背微耸，气沉丹田。

动静相兼小练形锻炼完后，如果病区有热、酸、麻等感觉，要反复作功后导引，不必局限次数，直至无上述感觉为止。后面的动静相兼小练形法同此。

二、肝脏病

适应症：肝脏肿大，肝气瘀遏，左右胁痛（急慢性肝炎），肝血虚，肝阳亢。

1.姿势

分坐、站、行、卧四种，见心脏锻炼姿势注意事项说明。

（1）跨鹤坐：见心脏病坐法。也可选用单盘（图八）、自然盘（图九）及正坐法（图十）。

（2）平肩裆：见心脏病站法。

（3）坤稳步：见心脏病行法。

（4）卧势：宜先采用仰卧势，锻炼十至十五天后，再改为右侧龟卧势。龟卧见心脏病卧法。

仰卧：枕高四寸、自然仰卧于床（图十一）。

（5）手握法：手金闸印。把大拇指轻抵在无名指根部的细筋上，不可过于用力，同时两手轻轻握拳，将右拳轻贴在肝区，次将左拳叠其上，微接胁肋骨外。握手毕，即开始吐纳，同时以腕带动双拳在肝区作快频率的微弱震颤（震颤的幅度以外观不明显为准），其颤动的频率应以每分钟三百次左右宜，这种震颤可以引内气到手而起治疗作用。

2.吐纳

鼻吸，默念"哥"字音，口呼，念"哦"字音，将气呼完。初练者也可不管呼吸，默念"哥"、"哦"字音，待熟练后再结合，反复吐纳。

3.意念的配合

肝脏病实症者（胸肋痛牵连小腹，呕吐酸水，巅顶头痛，耳聋，善怒），鼻吸时思想意识观想青气（青如秋空之青天，或竹青色）自体外经"期门穴"[6]源源进入肝脏，口呼时观想翠绿色从肝脏经"期门穴"源源直出体外。肝脏病虚症者（耳鸣，目干，目眩，雀盲，筋挛拘急，麻木，爪甲枯萎，舌红少苔），鼻吸如上述（即亦为青气从外而入），口呼时观想地苍之色（地之苍黑，枯暗如尘），从肝脏经"期门穴"源源直出体外。

4.功后导引

慢慢睁目，头颈微转三、五次。双拳贴右胁部由下向上推至乳部，再下推平肝区，同时身躯缓缓向左扭转，顺势将双拳推向左胁部，再上推至乳部，成"U"字形，双拳推回右胁部时身躯也向右扭转。反复作三、五次；继变掌，双手食、中、无名指在指第二、三关节间交叉，按覆于胸部，无名指与鸠尾骨平，按顺时针或逆时针方向各摩圆三、五圈（图十二）；然后顺推至下丹田，反正各摩圆三、五圈。

三、脾脏病

适应症：脾脏肿大，黑热病后遗症，能食而不知饥，症瘕、痞气时等。

1.姿势

分坐、站、行、卧四种，以坐、站式锻炼为主，见心脏病锻炼姿势说明。

（1）单腿蹲坐势：先盘右腿，放松放平，以足跟轻抵"会阴穴"，或置于左臀前，次把左腿立起卷屈，大腿微接左腹，左膝正对左乳（图十三）。

（2）平肩裆：见心脏病站法，但重心要稍偏前脚掌。

（3）坤稳步：见心脏病。

（4）仰卧式：宜枕高四寸，自然仰卧于床。

（5）手握法：左掌"内劳宫穴"与"章门穴"[7]相贴，夹在左侧腹与大腿之间。右掌"内劳宫穴"与"神阙穴"（肚脐）相贴，两掌食、中、无名指交叉。

2.吐纳

口吸，念"公"字音，然后口呼念"果"字音，将气呼完。并参考心脏病吐纳法的说明事项。反复吐纳。

3.意念的配合

意守脾区，体会音符的波动。同时随着吸气时脾区、脐部的凸起，双手五指缩拢些，掌心变凹；呼气时脾区、脐部凹下时，双手五指再放平放松，即双掌心"劳宫穴"与脾区、肚脐不即不离的轻贴着，即不重按又不离开。指肚始终不离衣服或皮肤，掌心的凹平要与呼吸配合好，使之产生共振。如此操作十一十五天后，即改为随音符的波动，双掌作轻微的颤动，其频率可稍快些，但不可以重震腹部（并参考肝脏病的震颤方法）。

4.功后导引

平伸两腿，随即屈右腿，成为单腿跪坐式或单腿盘坐式，以两手攀住平伸的左脚掌向后掣，左脚相应前蹬（图十四），一掣一蹬反复三、五次后，换右脚如前法掣蹬三、五次，（站或者可将屈坐式亦为屈蹲式或独立式），随即双膝跪下，两掌于体前撑地，摇头左右回顾背后，以尽力为度（图十五）。

附注：

⑴大练形与小练形：

即整体与局部之间的辩证关系。大练形为整体性运动，凡锻炼时气血无处不到，充满周身。

小练形则具有其针对性，单练某脏腑及病所方法。

(2)冲阳穴：位在足背最高处足跗上五寸。

(3)委中：国窝横纹之中点。

(4)承山：伏卧，用力伸直足尖使足跟上提，当委中穴与足跟之中点，出现"人"字形凹陷处。

(5)绝骨：足踝骨上三寸。

(6)期门：脐上六寸，旁开三寸半、于第六肋间内端处。

(7)章门：腋中线，当第十一浮肋前端，屈肘合腋时正当肘尖尽处。

四、肾脏病

在有的功法中有以"羽"字音锻炼肾脏者。但古人体察到"羽"音的气机不至肾反而升脑，故峨眉气功改为"嘿"字诀，以作治病、健肾之大法。

适应症：慢性肾炎、阳萎、早泄、腰酸等。

禁忌症：肾气强盛之人，不可练此法。

1.姿势

分坐、站、行、卧四种，除卧式外，均须竖脊，即将脊骨调整自然正直，胸稍内含。

（1）跨鹤坐或自然盘腿坐：

跨鹤坐：坐在床上或地上，左腿卷盘，脚心朝天、置右大腿膝窝下，右脚平放，座下最好垫有棉垫。

（2）平肩裆：双脚平行开立，右手松握拳放于丹田，左手掌心朝上，松握拳放于右手偏下，身体重心须落于脚心。

（3）坤稳步：双目垂帘，视前下方，提脚迈进，前脚掌先落地，过渡到脚踵平稳后再提另一脚。步履稳慢，步子大小视本人身材而定，保持竖脊含胸，上身不摇不晃走下去。

（4）龟卧：

右卧式，枕高四寸，头微前俯于枕上，躯于微前屈，含胸拔背，气沉丹田。右腿卷曲在下，左腿微屈置右腿上，右腿"冲阳穴"[1]或勾贴在左腿"委中穴"[2]，或勾贴在"承山穴"[3]"绝骨穴"[4]，或勾贴在左足根，以自我舒适为度。右肘微曲成直角，掌心向上置耳前枕上，左臂自然微屈，肘附胁肋，掌心向下置于髋部。

（5）手的握法：

太极印：适用于阴阳两虚而阴偏虚者，两掌虎口交叉，右手拇指贴在左手"内劳宫穴"，其余四指附在左手背上，双掌自然放于丹田之下（图十六）。

元始印：适用于阴阳两虚，气机乱窜者。两手各以拇指、中指结成圆形相套，右手平胸，掌心朝下，左手于右手下，掌心朝上（图十七）。

2.吐纳

顺逆呼吸均可，也可采用交替呼吸。结元始印者，运用"嘿"字诀，口呼气。

3.意念的配合

吸气时从"膻中穴"起，以意随气沉入下丹田，稍闭气以意引气至肾脏；呼气时以意随气从督脉经络上，从"大椎穴"仰头缩项松至腰眼志室穴[5]，引气入肾脏。如此反复存想导引，以五十次左右为宜。

4.功后导引

两手拇、食二指分别轻捏着两耳尖向上提拔三、五次，继轻捏两耳垂向下牵引三、五次；然后双掌背摩擦"志室穴"一百五十一三百下。

五、遗精桥

适应症：有梦、无梦的遗精症。

禁忌症：有外科症候者，如下疳、横痃（由下疳引起的腹股沟淋巴结肿胀、发炎的症状）等。

1.姿势

分坐、卧式两种。参考肾病姿势注意事项。

（1）坐式：

跨鹤坐：适用于阴虚者，用太极印握手法。

跨鹤坐：适用于阴虚者。两手用定印：两手重叠，手心朝上，两拇指伸直，指尖微触，微向内扣，与两食指在一平行线上为度，置于丹田下。

（2）仰卧：

枕高四寸，仰卧于床；两腿屈膝，小腿内翻，两脚心相合；左手中指轻抵"会阴穴"，右掌心"劳宫穴"贴在"神阙穴"（肚脐）上（图十八）

2.吐纳

"单吸不呼"吸提法：即鼻吸气时经深、长、柔、缓，将气从丹田提至"膻中穴"处，最高不过"玉堂穴"处，同时提收前、后阴，但不可用力去提，只依靠吸气时的自然收缩为准；鼻呼气要自由呼，将气松下，壮紧丹田，同时放松前、后阴。以锻炼三十六息为度。

（注：吐纳时不可用顺呼吸法，否则有如密宗持"瓶气"法，会将气息逼紧在丹田，而引起胸憋、气短、头胀的弊病）。

3.意念

意守"会阴穴"。

4.功后导引：

双掌摩热贴丹田和腰眼（志室穴）五十～三百次以多为胜。

六、妇科病

1.姿势

采用跨鹤坐，见遗精症坐法。并参考肾脏病锻炼姿势注意事项。

手的握法：

（1）阳虚者、月经拖后者握手用定印，平胸放在"膻中穴"处。

（2）血虚、阴虚者，月经提前者，用千金闸印，平胸入于两肋"期门穴"处。千金印握手法：大拇指轻抵无名指根部细筋上，不可用力，微抵即可，双手轻轻握拳，右拳轻贴在肝区；左拳叠其上，微按胁肋骨外。

2.吐纳

（1）阳虚者用"单吸不呼"转自然呼吸法，即鼻吸气要深、长、柔、缓，鼻呼气时自由呼气三至五次息后即变为自然呼吸。

（2）阴虚者用单呼不吸"转自然呼吸法"即鼻呼气要深、长、柔、缓，鼻吸气时自由吸气，三至五次息后即变为自然呼吸。

3.意念

意守两乳头中心，即"乳中穴"。

4.功后导引

鼻吸气时则微耸双肩如负重担，鼻呼气时则放松双肩。反复八、九次即可。

注释：

(1)冲阳：位在足背最高处足跗上五寸。

(2)委中：国窝横纹之中点。

(3)承山：伏卧，用力伸直足尖，使足跟上提，当"委中穴"与足跟之中点出现"人"字形凹陷处。

　(4)绝骨：足踝骨上三寸。

　(5)志室：在命门穴旁开三寸。

附：动静相兼小练形图

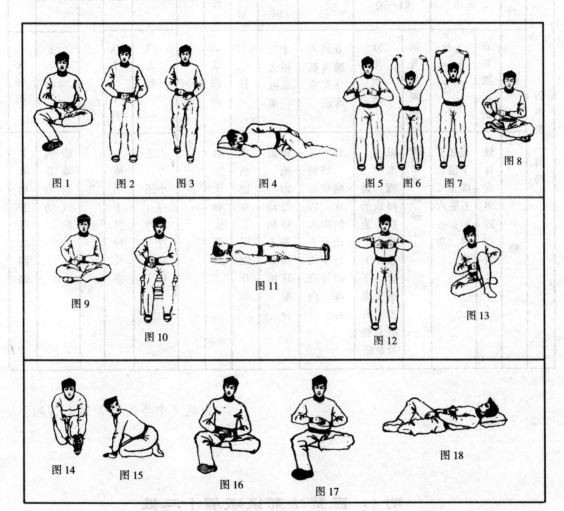

图1　　图2　　图3　　　图4　　　图5　图6　图7　　图8

图9　　图10　　　图11　　　图12　　图13

图14　图15　　图16　　图17　　图18

附表：

药饵类（饵略）	静功				动静相兼功	动功		种类				种类		种类	
	禅修功	周天搬运功		清净归一功		小练形	小练形	大练形	功法性质	功夫类	四大丹	八十一小丹	指穴法	二十八小导引	八大导引
	略	五脏搬运法	五气朝光归元法	回光返照法	分光治病法	五脏六腑及部分杂症练法	十二桩之某桩一架	十二桩	功法内容						
略	略	健身或巩固疗效	适宜于下盛上虚者，五脏六腑及各科杂症。	健身或巩固疗效	以止、塞、圆、通诀治疾，适宜上下盛虚、下盛上虚者，五脏六腑及杂症	针对某一脏腑病症而练，以阴阳论及五行学说指导应练内容。	辨证施治，与动静相兼小练形法相配合。	治病健身及巩固疗效	功效及对症范围		大还丹、小还丹、五行丹、毒龙丹	主要用于各种疾患		治病及治功气病。	主要用于气功纠偏

原载《中华气功》第 1~3 期

附1：巨赞法师谈峨眉十二桩

　　北京不少气功爱好者正在学习峨眉十二桩。他们经过一段时间的锻炼，都深受其益。峨眉十二桩的来历如何，它的机理作用怎样？我们访问了全国政协委员、中国佛教协会副会长巨赞法师。

　　中国佛教协会，座落在北京广济寺内。巨赞法师也卜居广济寺。走进山门，穿过幽静的庭院和栉次鳞比的琉璃瓦铺盖的大雄宝殿，经过一道月门，就到了法师的书房兼卧室。法师正在书桌旁编写着我国第一部大百科全书中的佛教部分条目。他非常热情地接待了我们。

巨赞法师个子不高，慈祥端庄的仪容，聪慧睿智的眼神，和善可亲。他满面红光，体魄健壮，手足灵敏，谈吐爽朗。真叫人难以相信他已是七十六岁高龄的老人！

法师听我们说明来意后，爽朗地笑着说"你们真是有心人啊！刨根问底来了。"接着他就谈了峨眉气功的来历：

相传在南宋时期，有一位高僧叫白云禅师。他原本是一个道士，研究祖国的医学颇有造诣，由于门户之见，弃道入释，上峨嵋山的金顶寺当了和尚。他运用道家和医家中对人体阴阳虚实、脏腑盛衰的机理，结合释门中一些气功动、静功的功法，经过多年的研究探讨，创造出一套峨眉桩气功，此桩法共分十二节，后人称之为峨眉十二桩。即：天字桩、地字桩、之字桩、心字桩、游龙桩、鹤翔桩、风字桩、拿云桩、大字桩、小字桩、幽宁桩、明字桩。

从那时起，峨眉山金顶寺就把这套桩法作为镇山之宝，秘不外传。每代只传一人，受传者要拈香盟誓，永远不传外人。到了二十世纪二十年代以后，善此桩法的只有出家于金顶寺的永严法师一人了、巨赞法师早年出家于杭州灵隐寺，和峨眉山远隔万水千山，怎么也学到了这套桩法的呢？我提出这个问题后，巨赞法师笑着说："谈起此事，还真是有一番曲折呢！"于是，他讲述了这么一个故事：

五十多年前，有一个人因惊恐过度而肝破裂，昏迷不醒，多方求医无效，在奄奄一息之际，给下山云游的永严法师遇见，永严法师大发慈悲在他的悉心救治下，此人转危为安，肝病很快就好了。永严法师回山不久，此人也接踵到了峨嵋山，恳拜永严法师为师，决心学习永严高超的医术以普济众生。永严法师感其心诚，答应传他医术，并赐以法名镇健。从此以后，他就住在寺内，一面向永严法师学习医道，一面上山采药。永严法师看他心地善良，勤奋好学，就把自己从上一代得到的《莲花宝籍》和《密典》等传授给他。其中包括四大丹、八十一小丹，以及伤科、杂病的治疗方法。同时还破例地密授了峨眉十二桩。也就是说从南宋以来，此桩法第一次传给了俗人。

那么巨赞法师又怎么认识镇健的呢？巨赞法师笑了笑说"我们俩还有点缘分哩！"

原来，镇健于解放后，从四川回上海行医。一九五七年秋，他从上海来京访友，他的朋友知道镇健是佛教徒，就请巨赞法师于广济寺设素斋招待他。他们俩人因而相识。席间，巨赞法师得知镇健深通医术，还能出气功治偏病。不久就特意举办了一个座谈会，约请了赵朴初、沈德健、李书城、梁漱溟和姜椿芳等社会名流参加。从此两人交往越来越密。一九五八年初，镇健应邀从上海赴某省中医研究所工作。巨赞法师曾多次以陪外宾参观或利用视察工作之便，看望镇健并向他研习中医。镇健决定与巨赞法师以师兄相称，代其师永严法师传巨赞法师制作丹药方法、讲解医理以及用药的辩证关系。就在他们这样频繁的交往期间，巨赞法师也学会了峨眉十二桩。

巨赞法师介绍峨眉十二桩的特点。他说：气功的种类很多，中国有，外国也有。佛教有，道教也有。医家有，儒家有。就中国来讲还有各门各派。但有一条，中国的气功都与中医理论相结合。气从哪里来，当然是从人身上来的。因此学练气功要懂得人体的肌理作用。《内经》上讲阴阳，这个问题很复杂，不是一、两句话能说清的。练气功就是要把握阴阳和调节阴阳，阴阳和才不会生病，不会出偏。否则阳偏盛或阴偏盛都会生病。

峨眉十二桩就是讲阴阳的，是符合中医理论的，是一个很有研究价值的功法。峨嵋桩的锻炼包括两个方面：一是治病、防病、健体强身；二是具有技击要素，可用于防身自卫，例如内含擒拿八法、点穴等功夫便是。它是一种文武两式、动静两功的混合练功方法。巨赞法师在谈自己练就的峨眉十二桩的体会时说："峨眉十二桩有重要的医疗作用，但又有一些高难动作，病人不易接受。于是我就删除了带有迷信色彩的部分，同时也改掉了技击要素和一些高难动作部分，成为现在这个样子，专门用于医疗保健。就称之为新编峨嵋十二桩吧！"巨赞法师接着说"新编桩法是按照人的生理特点和内气运行的规律而定的。原来十二桩的次序是：天、地、之、心、龙、鹤、风、云、大、小、幽、明。现在改为天、地、风、云、龙、鹤、之、心、大、海、小、幽。增加海字桩的原因主要用于治疗肥胖症等。其特点是着重发挥医疗保健作用"。

"峨眉十二桩的锻炼步骤是先练架子，后练呼吸吐纳，再练内景气脉运行，共分九个层次。但一般只须练一至三层的功法就行了。为了加快医疗效果，还可以配合峨眉小练形，即针对五脏六腑的不同疾病，采取不同的小练形练法。在锻炼中，还要逐步体会和掌握"松沉虚实内外柔"的要领。这称之为七字诀，过去是秘而不宣的。在峨眉十二桩的锻炼基础上，若再学会"天罡三十六指穴法"，用不同的指法点穴，还可以给别人治病和纠正练各种气功中可能出现的一些偏差。"

巨赞法师说："峨眉十二桩流传至今，真如凤毛麟角。听说现在四川峨眉山也难找到这个功法的踪迹了。镇健已去世多年，经他传授的学生，能掌握全套功夫和其医理的人恐怕也不会很多。我所教的几个学生中，能全部掌握的也不过一、二人而已。为了不使这一功法失传，我已让我的学生傅伟中代我传授。听说北京已有几百人在学习和锻炼这套功法，这很好。过去是一代只传一人，如今已传几百人，我非常高兴。"巨赞法师最后勉励我们要好好锻炼，同时要我们转告那些正在锻炼此桩法的同道，必须坚持下去，久练必得其大益。还有个研究的任务，更需要大家一齐努力。

　　法师工作很忙，用了三个小时和我们谈话，我们感到了非常欣慰。当法师送我们出门时，还一再勉励，一定要多为人民的健康着想，多为祖国的四化着想！使包括峨眉十二桩在内的气功能发挥更大作用。

　　巨赞法师那慈祥的面孔，恳切的言谈，至今，还在我脑海中萦回……。

　　　　　　（原载《中华气功》1983 年第 1 期，采访巨赞法师者为北京张星。）

附2：得之于民还之于民
—记全国佛教协会副会长巨赞法师

傅伟中

中国佛教协会副会长、全国政协委员巨赞，是当代的爱国高僧。他除了熟悉数国语言，在佛教学研究，诗词歌赋上有极深的造诣外，尚是蜚声中外的气功专家。巨赞法师出生于江苏省江阴县，出家后对天台宗的大、小止观法，医家，道家，密宗，喇嘛教及瑜珈等气功都进行过研究。先后在国内外发表了《禅修的医疗作用及其可能发生的病理生理现象》、《关于密藏的气功》，《对于内经中关于阴阳问题的芹曝之见》、《禅宗》等文章，使人们增加了对佛家气功的了解。

五十年代初，巨赞经友人姜椿芳介绍结识了峨眉气功第十二代衣钵传人镇健居士。镇健代师传艺，将在峨眉山所学全部授与巨赞法师。从此法师即悉心于峨眉气功之研修。每日除打坐外，尚练习天地桩或骑马观想一式（即蹲桩）达一个多小时。峨眉气功是南宋末年，四川峨眉山金顶的白云禅师依据千百年来人民大众强身保健的丰富经验以取诸家之长而创造的。因此，峨眉气功在中国养生学、武林界是一个颇负盛名的学派。峨眉气功分类概况见表。

十年内乱时期，法师曾被桎梏七年，他在狱中常避开看守习练和教人习练十二桩，身体不但未垮，反练出"阴平阳秘"之功。以切身实践证见医家所论之人体阴阳，证明唐王冰对《内经》中"阴平阳秘"注论之谬。

巨赞法师对救治气功病有精深的研究。他认为"气功病多为功法不对症，又逢迷信思想，而产生"对幻生魔"之偏。如有某老者，只要家人端上一切入口物品，脑中即刻出现：内里有毒，不许吃的怪念头。家中惊慌已经三天。请巨老至，与患者面坐，闲谈数句，家人端上茶水，巨老伸指在杯口划了数划，然后板起面孔，威严地命令道："里面无毒，喝下！"病人闻言竟乖乖一气饮完。经一段时间调理而获康健，永未再犯。事后巨赞法师说：我治此病，实为心理疗法，这也是中医治疗实施反治原则的一例"。

如今，巨赞法师已至望八高龄，每日忙于接待外宾、来访，撰文审稿达十几小时。他认为气功应是"得之于民，还之于民，"所以决定将功法毫无保留地贡献于社会，以利民族的健康事业。

关于藏密的"气功"

一

西藏所传密法，分为前弘期[1]和后弘期[2]，在前弘期只有事行两部[2]，其重要的经典如事部的《苏悉地经》，《妙臂菩萨所问经》，行部的《毗卢遮那成佛神变加持经》（简称《大日经》），这些经都很少专门讲求气功的。到了西藏后期的密教就逐渐注重身体的锻炼了。如宗喀巴著《密宗道次第广论》卷一云：

波罗密多乘人，所修诸法真实，离诸戏论，即修隋顺法身行相之道，然无修习隋顺色身（即物质的身体）相好庄严行相之道，咒则有之，由是成办利他色身方便，道体上有最大不同，故分二乘。

这里所说的"波罗密多乘"即显教大乘[3]，"咒"即密教大乘或密宗，因密宗在修法的时候大都要念咒。显教注重说理，并用对于理的了解，断除自己的偏执或烦恼，所以说"隋顺法身行相之道"。法身即是理体，了解或契入了这个理体，称为得到一切事物（诸法）的真实相，可以断除偏执或烦恼，故曰"离诸戏论"。可是后期密宗认为我们的思想或心理和生理（即色身）是不能截然分开的，单从思想或心理上去断除偏执或烦恼，有时固然可以发生良好的作用，但并不是绝对有效的，因为思想或心理要受生理或色身的限制，如果忽略了生理或色身的作用，可能会减低修持的效果。密宗主张"修习隋顺色身相好庄严行相之道"，注重锻炼身体，其最基本的理由在此。它认为"胜出余乘"的地方也在此。

后期密宗煅炼身体的重要方法，如气、脉、明点的修法；都保留在无上《瑜伽部》[4]里。气就是气息或呼吸，脉即经络（可能包括神经系统在内），明点近于现在所说的内分泌物质（有谓包括血液在内），其中"脉道"又为修气和明点的生理基础。宋真宗时代法护译《大悲空智金刚大教王仪轨经》卷一云：

法身轮者具八幅相，报身轮者具十六幅，化身轮者具莲花相六十四叶，大乐轮者具三十二幅。

这是所说的"法身轮"又叫做"心轮"，它的八幅相就是八道脉；"报身轮"又名"喉轮"，有十六道脉；"化身轮"即"脐轮"，有六十四道脉;"大乐轮"即"顶轮",有三十二道脉。可见宋代译出的密教经典里已经有了无上瑜伽的资料。同经卷四又说:"是法轮者如其受用,说无所动而得大果,于妙乐轮具大力能有士夫用,相应出生清净果报。"似乎概括地说出了修习的功效。后来在元代大德至正年间[5]翻译的《大乘要道密集》中则就有比较明确的说明,如该书卷一云:

言三道脉者,一、中央阿斡都帝脉,二、右畔辣麻捺脉,三、左畔辣麻捺脉,是名三道脉。……言四轮者,一、脐化轮,内具八道脉,外具六十四道脉;二、心间法轮,内具四道脉,外具八道脉;三、喉中报轮,内具八道脉,外具十六道脉;四、顶上大乐轮,内具八道脉,外具三十二道脉,是名四轮道脉也。

明代黄教祖师宗喀巴的《密宗道次第广论》卷二十一,叙述得更为详细,大约可以分为下列三项:

一、脉的数目及作用:"身脉总有七万二千,其中主要有百二十(按即四轮脉道),其尤要有二十四,最切要者则有三脉(按即中脉及左右二脉)。……释论说脉为风(即气息)所乘,为识所依之主要者。心间法轮八脉,喉间采用轮十六脉,顶上大乐轮有三十二脉,及脐间变化轮六十四脉,其中能为爪等身中二十四界增长安住之因,故说顶等二十四处诸脉为主。"

二、顶轮三十二脉的区别:"于三十二脉中,除三旋母等最后五脉(五脉中司视的名三旋母脉,司听的为欲母脉,司嗅的为家母脉、司味的为猛利脉、司微细感觉的为破魔母脉)与左右中三脉,所余二十四脉,住顶间等二十四处,是为身语意脉。(此谓人们头上的二十四脉,分布在二十四处,司运动、思想和言语。)""破魔母脉共中脉合杂住,上自舌端乃至脐部,是为时脉。""三旋母等四脉是四方脉,各分二脉,故成八脉,次由八脉转成二十四脉。"

三、三脉的部位:"三脉齐何而住?如教授穗论云:脉谓阿博都底(即中脉),从顶髻至摩尼(即男生殖器)的顶部及足心际,然于顶髻、顶、喉、心、脐、密轮(即会阴穴)、摩尼中央,如其次第,有四、三十二、十六、八、六十四、三十二、八支。于莲花(即女生殖器)及薄伽轮中作脉结形。又云:拉拉那(即右脉)与惹萨那(即左脉)等诸脉,上自头轮乃至密处,结如铁锁,继绕阿博都底而住。"

以上关于脉道的分析,可以说都是生理上的问题,就现在看来,那样分析是否有所根据还有待于研究,但把生理的作用提高到重要的地位,则是后期密宗的特色,而在汉译经典里是非常缺乏的,所以西藏所传佛教,确与汉地有不同之处,而且是可供进一步探索或修持上的参考之用的。

二

不过西藏佛教由于宗教的传承不同，对于三脉的说法也不大一样。例如迦居派（按即通常所说之白教）的重要经典《甚深内义根本颂》云：

自密处至顶上轮，此为阿瓦睹帝脉，略言为众生命脉。彼左右之二脉者，从脐分开腰上勾，将到心间复展开，到胁之后复到喉，由颈复生于顶轮，从此乃达二鼻孔。

宁玛派（按即通常所说之红教）的《大圆满禅定休息要门密纪》云：

心依于身，身之根本为脉，脉中有气为明点，是气与明点依于脉，脉又依于身也。……顶上有大乐轮（从发际向后八指处）形若伞，周具轮齿三十二；喉间有受用轮，若伞倒立，周具轮齿十六；心中有法身轮，亦若伞，周具轮齿八；脐中有化身轮，亦若伞倒立，周具轮齿六十四。四轮二俯二仰，在顶喉心脐间。又，身中有中脉管，端直若柱，贯穿四轮，此脉管为三，中蓝色（原注云：藏名五马，但又有译作滚大马者），右白色（原注云：若马），左红色（原注云：若马。）三脉并立，中粗旁细，下起密处，上及顶斗，为大乐轮所覆盖[6]。

这在三脉的起讫和相互之间的关系两个问题上，都与宗喀巴所说略有出入。

又，《那茹甚深六法法座甘露心要》云："身内蓝色中脉极直，粗仅如中量麦秆，左右二脉较中脉微细，此三各不相触，……脐下四指以下三脉会合为一。"则在三脉相互之间的关系上，和以上所说更不相同。《显明大密妙义深道六法引导广论》云：

中脉粗细如中等马鞭，右脉、左脉二者粗细如萧秆许。三脉下端于脐下四指际脉内如一，如藏文ཆ（读作 Cha 或卡）之下节形状，上端中脉由顶达前面眉间，左右二脉由顶达前面二鼻孔。中脉外白内红，右脉红兼白，左脉白兼红。三脉相隔仅一矢许，宽量皆同，具中空、细小、晶莹、洁白四相。有云中脉仅如箭许，左右二脉仅麦秆许，或三脉均麦秆许。中脉蓝色，右脉红色，左脉白色，及三脉皆外白内红，或三脉皆白与红等。有谓中脉上端直达梵穴（即上面所说的顶门），下端达密处孔道。

可见说法之多。如果不是翻译有问题的话，可能是因为师徒密传，有时失真，或者出于想象的关系。但是分析脉道，目的是为了锻炼身体，如果部位不确定，难免不有所贻误，因此从修持的经验上来加以推断，那就很有必要了。

从经验上推断，似乎珀玛迦尔波喇嘛（迦居派第二十四祖）所作《瑜伽六法》中的说法比较明确，和宗喀巴《密宗道次第广论》所说也相差无几。《瑜伽六法》于一九三四年左右，由达瓦桑杜（Dawa-Samdup）喇嘛和伊文思温慈

(W·Y·Evans Wentz）博士译成英文，作为"Tihetan Yoga and Secret doctrines"（《西藏的瑜伽和秘密教义》）一书的第三部分。据《瑜伽六法》中说，在人体中央[7]有一条中脉（Mediannerve），从会阴（Perineum），直通到梵穴（Aperture of Brahma on the crown of the head，即顶门），可以观想它有五个特征：一、像虫胶溶液那样红，二、像麻油灯那样亮，三、像芭蕉心那样直，四、像纸卷的筒那样空，五、像箭秆那样粗细。左脉和右脉就在中脉的两旁，从左右两鼻孔上行入脑[8]，分循中脉两侧下行，至脐下四指外以与中脉会合，结成像ह的形状[9]。照这种说法，中脉似乎像生理学上所说的中枢神经，而从中脉发生的四轮脉道，也像中枢神经系统中对称地排列着的十二对脑神经和三十二对脊神经（颈部八对、胸部十二对、腰五对、骶五对、尾一对）。当然，我们不能说后期密宗所说的三脉就是现在生理学上的中枢神经，但至少可以说，后期密宗以脉道为基础的锻炼身体的方法，并不是毫无生理上的依据的，否则全凭想象，就不会发生效果。

三

明白了脉道，才可以行气调息（即气功）。行气调息在后期密宗里叫做"风瑜伽"。据《密宗道次第广论》卷二十一说"诸息调和者，就三脉门一日夜有二万一千六百次息"。《西藏的瑜伽和秘密教义》原著第一二五页上也说："西藏的上师和印度的上师，同样认为每昼夜二十四小时共呼吸二万一千六百次（一呼一吸为一次），即每小时九百次，每分钟十五次"，和生理学上每分钟平均呼吸十六至十八次的说法很相近；而后期密宗的行气调息是以这个为依据的。

又，后期密宗有五气之说，即上行气、下行气、遍行气、平住气和命根气。上行气与眼耳鼻舌的动作有关，如果太盛就有头昏、口渴等疾病。下行气与大小便有关，如果不足，会发生便秘或两足笨重等病。遍行气与四肢动作有关，如不够则生手足拘挛、发冷等病。平住气如不坚定则有消化不良、遗精、失眠等症。命根气如不调整就有生命的危险。调整的方法，如上行气太盛则注意心或脐间，使气下降。下行气不足则用忍大小便的方法，把两足之气往上提升而住于脐间，遍行气发生了毛病，观想气息充满两手足的指尖。平行气有问题则意守丹田。调整命根气的方法，要观想甘露充满心间，据说可以巩固命根气。不过调整五气的主要目的是使五气入中脉，要使五气入中脉，虽有各种观想和辅行的拳法，而最基本的是"修瓶气"。修好了"瓶气"，五气进入中脉，也可能就是全身气息和血脉的运行，都能充分地服从于中枢神经指挥，而适当地得到调整的意思，一切疾病自然就冰消瓦解了。

修习瓶气大约可以分为三个阶段，第一个阶段[10]在于训练守意和调息，使渐熟习，这有观气的形和色、随息、数息等方法。观气的形色时，照通常的方法结跏趺坐后，先吐九次肺内浊气，吸三次新鲜空气，然后观想两眉之间有一色极鲜白，大小如芥子的气点，又可在头上或身体上其它各部分观想这个气点，集中注意力，久之，可以得到身体轻软、言语有力的利益[11]。随息的修法和显教六妙门的"随"不同，要观想两眉之间或鼻端或脐内有一大如豌豆、颜色蓝灰的气点，随气缓缓呼出，又随气吸入眉际、鼻端或脐中，修习多时，全身会感觉非常清爽和安乐[12]。数息的方法也和显教六妙门的"数"不大一样，大约有三点不同：一、于一昼夜二万一千六百次息，分次而修[13]。二、气出入徐徐加长。三、气息延长至相当的长度，身体感到安乐而"不觉内外行气，气能随处安住"。不过《密宗道次第广论》卷二十一说："恒应于晨起，数风一千遍，是故风瑜伽，常应安住定"。则每天只要静坐数息大约一小时就可以了，不必一天数息到晚，而功效还是很人的。宗喀巴大师说："每天晨朝数一千遍曾无间断，定能催坏非时横死[14]"，就是能够保健延年的意思。因此他又说："不知风瑜伽，或知而不修，彼为众苦逼，生死可怜虫"，可谓语重心长。

第二个阶段修九节风和"瓶气[15]"。这在《西藏的瑜伽和秘密教义》中称为"内觉热（Phychio heat）修持法"。《密宗道次第广论》卷二十称为"命力瑜伽""那茹甚深六法法座甘露心要"又称为"真大力"。"九节风就是九次呼吸。修九节风的时候，先结跏趺坐，以右腿加于左腿上，直竖脊梁，张放膈膜，头微低压食管上端的喉结，舌抵上颚，左右两手皆以拇指抵无名指末节握拳俯置左右两胯上（即腿与腹相连处），令肩稍耸起[16]，两目微开，注视鼻或向前平视，然后伸左拳之二指，从膝抚升至左乳，用左臂拍肋一次，拍后，左拳外伸，复绕转以二指按左鼻孔，头随之向右转，即用右鼻孔呼气，再徐徐吸气，觉循右脉直达脐下四指处（即下丹田），进入中脉，上升至喉，再转而下降至下丹田，循右脉上升入右鼻孔徐徐呼出，这是一次呼吸，再同样做二次，共三次为一个单元。每二个单元用右拳二指按右鼻孔，头向左转，用左鼻孔徐徐吸气，上升下降和第一个单元相同，也同样做三次。第三个单元两拳各俯置原处，两鼻同时呼气，觉循左右二脉下降至下丹田，进入中脉上升至喉，再下降至下丹田，分循左右二脉上升入左右两鼻孔呼出。也做三次。三三得九，故曰九节风。有时又可各做三次共二十七次呼吸，可以使呼吸调柔入细并清洁肺部，为修瓶气作准备[17]。

不过据口诀说，九节风只有排除浊气的作用，只能每日清晨修一次，不宜多修，多修可能伤气和发生气涌头痛等病。

修瓶气的姿势和修九节风相同，但两拳仰置于两胯之上，另外还有"引息、满息（或作住息）、均息（或作消息）、射息"四种方法。引息就是用鼻孔轻缓无声地吸气。满息的修法，据《显明大密妙义深道六法引导广论》云："竭力吸一次气后，咽下涓涓，令气入后脐，如上气未得熟习，下气只可微向上提，至上气熟习时则丹田不动，下气直往上提，二气压合于脐下四指处"。又《那茹甚深六法法座甘露心要》云："入气缓长，随咽津液，若有声音，与气齐至脐，由肛门内以收提法上提下行气已，上下气俱合于脐下。"这里所说的"收提法"就像平常忍大小便相似，目的在于使注意力更加集中而延长气息的停住时间，故曰满息[18]。满息延及到相当程度，还可吸入几口短息。使左右两肺紧满的情况都很均衡，名为均息。息满且均，保持勿泄至尽力能持之久，然后由两鼻孔先轻微和缓，继略粗重，终乃一冲而出如射箭然，故曰射息[19]。但应留住微少气息，勿使涓滴无存，也不应用口呼吸，在有烟气的地方更不宜修瓶气，否则对健康有损。此说略见《显明大密妙义深道六法引导广论》。又口诀说，修瓶气的时候，要常常把气压在下面，勿使上冲，上冲了会发生头昏、牙痛等疾病。

修瓶气的功效，如《大圆满灌顶及修持方法》云："持气最能令人长寿"，这说明修持瓶气能够保健延年。为了增加它的效能，还可以加修"金刚诵"。修"金刚诵"的方法，先吐一次浊气，然后吸气压于脐下四指处，至不能停住时由鼻孔缓缓呼出，同时在吸气、持气、呼气时念诵和观想"嗡、阿、吽"三字。这不论座上座下夜六时都能修，可以使我们的注意力时时集中在脐下，为保健延年提供可靠的保证。此外因宗派的不同还有很多修"金刚诵"的方法，现在不谈。

意守丹田，修持瓶气可以发暖。为了使暖增长，故第三个阶段修"拙火定"。《大乘要道密集》云：

何名拙火耶？答：拙火，淬暴之义。梵云赞捺哩，意翻为拙也，即淬暴义。修习之人入拙火定，则发大暖气，生四种喜[20]所见所闻皆觉大乐，起无分别智，于现身上获得大手印[21]成就。

修拙火定的方法很多，《大乘要道密集》上就举出十种，通常是在瓶气的基础上观想脐下四指处有像芥子或小豆那样大的火点，光炽极热[22]。或者观想脐下四指处现细如马尾末端的短阿字，光炽热暖[23]。这样观想一个时候，因为是在瓶气的基础上修习的，脐下会感觉暖不可忍，又稍稍巩固一个时候，从中脉向上提升，由脐轮以至于顶轮，周身就会发暖生乐，身心非常愉快，同时还能够解开脉结，溶化明点（即内分泌物质）而使遍满全身。这时候生理方面可能发生相当大的变化，据说最容易发生的现像是身常和暖，冬天不怕冷，消化力和记忆力都会增强，迦举派的《恒河大手印直讲》云"于明点气脉诸要门，以多支分方便摄持心……长命黑发相饱满如月，光彩焕发力大如狮子。"宗喀巴的《密宗道次第广论》卷二十二也说："猛利烧然溶菩提心（即明点），系缚不堕，依此引生上降下固四喜证德，于此之后，当起天身"。可见其功效之大。"天身"又名"天色身"，就是想象中的天神那样的身体，后期密宗认为从气脉明点上修持，可以使生理发生显著的变化，在健康和寿命两方面达到超出常人的程度，有了这样的生理基础，心理方面才能达到较高的境界，所谓"即身成佛"才有可能。这种学说在佛教界有很多人信奉着，从科学研究上说，似乎也有进一步加以研究的价值。我认为把后期密宗的资料用科学方法进行研究，可以为佛教徒解决一些问题，对于增强人类的健康和提高生命力等方面，或者也可能是有所贡献，希望有关部门加以注意。

附注：

(1)从开创西藏文化的松赞冈薄到灭法的朗达玛王接位之前，当唐太宗至武宗一段时期，约共二百余年。

(2)密宗道次第广论卷二云："若须观待从多外事，乃是事部之机，若待外事内定等分；非待极多外事，即是行部之机；若于外事内定二者，以定为主，待少外事，是瑜伽部之机；若不观待外事能生无上瑜伽，是无上瑜伽之机。"说明事部和行部是四部密法的下二部，"唯依明咒随许法……周偏计度，缘虑有相而修成就"（卷三）。这里所说的"唯依明咒随许法"和"缘虑有相"，也就是偏于仪轨和持诵的意思。

(3)对"密"言"显"，显教即密宗以外的佛宗派，因为它没有秘密的传授或难以理解的事相，所以称之为"显"。

(4)"瑜伽"是梵文 Yao 的音译，照 W・Y・Evans-Wentz 所编译的 Tihetan Yaoand Secret doctrines(西藏的瑜伽和秘密教义)一书的解释，大概有二个意义，一个是"入定"(to medi-tate or to go to trance),一个是"相应"(to join)；又可解为"限制心里波动的一种方法"。后期密宗把瑜伽分为四部，以无上瑜伽部为最高。

(5)据吕澂"汉译藏密三书导言"之说。

(6)"大圆满广大心要行次第法则"云："中脉下起于脐下四指之间，上透顶中大乐轮门而出"。"金刚亥母生起圆满二次第仪轨"亦云："脐下三脉会合处为生法宫"。按生活宫即下丹田的西藏用语，部位在腰下四指处。

(7)照修持的经验说，中脉并不在脊柱骨之内，也不依附在脊柱骨上，而是在脊柱骨之前，故曰在身体中央。

(8)张妙定从英文重译本云："上行入脑，绕顶及后脑，分循中脉两侧下行"，与原文不符，误。

(9)张妙定译本云："由前脑下折通入两鼻孔下端与中脉会合之前各挽一圈，如藏文之て字形"勘与原文亦不合，易滋误。

(10)在第一阶段，通常要观本尊，观身空和补字论，大都为信徒而设，此地不谈。

(11)见"大圆满最胜心中心引导略要"。

(12)同上。

(13)此据"大圆满最胜心中心引导略要"。"Tihetan yoga and Secret doctrines"第一二五页云："数息从一、二至二万一千六百"。

(14)"密宗道次第广论"卷二十一。

(15)瓶气又称实瓶气或壶式气。

(16)如不能结跏趺坐，用左足跟湾入抵近密处，而以右足加在左足上亦可。又据口诀云，修气脉时，如趺坐已成习惯不致影响气脉流通者可以趺坐，否则不必趺坐。

(17)据"金刚瑜伽母拳法"。

(18)满息与唐山气功疗法的"内养功"相似，但"内养功"不用"收提法"。

(19)"Tihetan yoga and Secret doctriner"第188页。

(20)四喜即初喜、上喜、离喜与俱生喜。安乐觉受小为初喜，安乐觉受大为上喜，安乐成无念为离喜，触境觉受空乐无二为俱生喜。

(21)"Tihetan yoga and Secret doctrines"第100页云："大手印"（The great symbol）藏语为差珍（Chagchen），等于梵文的Maha mudra，可以译为"大相状"（Great attinde），又可译作"中道"（The middle path）。

(22)据"那茹甚深六法法座甘露心要"之说。

(23)据"显明大密妙义深道六法引导广论"之说。又口诀云，初观想时光炎应向下，以免发生疾病。

（原载《弘化月刊》1956 年 10、11 月号）

金刚瑜伽母拳法

1.佛风

双跏趺静坐片刻（观想段，皆有，待译补），左右手皆以拇指抵无名指末节握拳（以下凡称拳皆如是），右拳俯置右胯（即腿与腹相连处）左拳俯置左膝，伸左拳之二指（一称头指）从膝抚升至左乳，乃以左臂拍胁一次，拍后左拳外伸，复绕转以二指按左鼻孔，由右鼻孔出气，由细至粗凡三口尽。左臂复拍胁一次，然后左拳俯置左胯，右拳置膝，升乳，拍胁，按鼻乃至左鼻孔出气三口亦如此。两拳俯置左右胯，左右鼻孔齐出气，出时两掌伸至两膝，如是三出。两拳仰卧胯，以两小腕抓腿股直肩平，两鼻孔齐吸二口满喉吞下，久持瓶气，出时大哈一声，左右掌向前下方伸，同时全身颤动。

2.出浊气除罪障拳法

双跏趺，两拳仰置两胯，吸三口持瓶气。以两掌之㿠风拍两足心之㿟。火遍烧全身罪障凡三次。上股交叉于胸如金刚持姿势，旋用力放开，足亦同时散开，伸右腿于左前方，两掌擦右腿至踝骨，掌随擦腿随伸屈三次，左腿亦如是。上肢交叉如前，复向前平伸拍掌一次，擦掌三次，凡三拍九擦。于是以左拳擦右上肢三次，右拳擦左上肢三次。两拳置膝，复上升乳际拍胁一次，右掌擦前额，左掌擦后脑，复拍胁，易掌擦额脑共三次。两掌擦面三次，两掌擦胸右部一次，胸左部一次，如是左右互行各三次。右拳向下擦腹，左拳向下擦背，前后同时行一次，易拳行之共三次，右左拳按右左腰部同时转三次。大哈一声出气颤身。

3.那诺六旋法

双跏趺，两拳仰置两胯，持瓶气，身端直，腹右转三，左转三。两掌置膝，右肩并全身左倾，左肩并全身右倾，右左互行各三次。两拳仰置两胯，头右转三，左转三，前点三，后仰三。侧左卧。以左肘支地，左拳平乳际，右方上下肢伸屈各三次（足屈时踵当拍股）。右卧亦如是，复双跏趺坐，右拳向上擦胸，同时左拳向上擦背，易拳行之各三次。复以右拳向下擦腹，同时左拳向下擦腰，易拳互行各三次。两拳按左右地上，臀向上小跳三次或七次。大哈一声出气颤身。

4.修身三十七拳法

双跏趺，两拳仰置两胯，持瓶气，腹右左各三转（六）。右拳置右膝，左拳置右拳上，腹右左各三转（六）。右手上绕头，拍胁伸屈凡三，左手亦三次（六）。右掌向左平伸右掌拍左掌（头偏左目视被拍之掌），擦至右乳际拍胁，伸屈三次，易掌行之又三次（六）。两拳椎乳拍胁三次，以左拳擦右上肢三次（六），又推乳拍胁三次。以右拳擦左上肢三次（六）。臀上小跳三次（此段疑无不合三七之数故）。大哈一声出气颤身。（一）。

5.那诺五支拳法（头及四肢）

双跏趺，持瓶气，拳置膝腹右左各三转，右肩并全身左倾，左肩并全身右倾，右左互行三次。拳置胯，头右左前后各转三，上肢向右左平伸，右拳击右肩一次，左拳击左肩一次，右拳击右肩一次，两拳椎乳拍胁三次，又如前平伸左拳击左肩一次，右拳击右肩一次，左拳击左肩一次，两拳椎乳拍胁三次，手交叉于胸，随即与跏趺同时散开，坐如蹲，右手拇指二指提右足拇趾伸屈下肢三次。左亦如是，臀向上大跳三次，大哈一声出气颤身。

6.五支（麦吉巴为麻巴之师）（印度人）

双跏趺，持瓶气，拳仰置胯，头右左前后各三转，右倾三，左倾三，散坐跪地，左拳齐左乳，右拳绕头拍胁伸出三次，左亦如是。手支地作蹲势，右下肢伸屈三次，左亦如是。复坐臀向上大跳三次哈出颤身。

7.六太阳拳法

双跏趺，持瓶气，复散跏，下肢右交左支地，上肢右交左抱膝，右左各以拇指二指提右左足拇指（观吾身上下四方皆有一日），腹右左各三转，仍旧提趾，臀跳三次，哈出颤身。

8.七日成就忿怒母拳法

前段与第7拳法相同，复加如忿怒母姿势，起立蜷右足手交叉，全身跳下，复如前行，复起立，蜷左足跳下。第三次与第五次全同，哈出颤身（同时跳）。

9.忿怒母雪山狮子拳法

双跏趺，持瓶气，散跏足交叉支地，手叉掌抱足干，腰右左各转三，右肩骨向前后各转三，左亦如是。头前点三后仰三，臀随之俯仰跳哈出颤身。

10.瓶气拳法

（自此数至十八段总名忿怒母十八拳法）除气障双跏趺，持瓶气，右拳按左膝，左拳从左膝升至左乳拍胁一次，即按左鼻孔，右鼻孔出气三口，左亦如是，两拳交至膝，两鼻孔齐出气三口，两拳仰置胯，吸气三口，持之愈久愈妙，哈出颤身。

11.六炉火拳法

双跏趺，持瓶气，散跏，足交叉支地，手交叉抚肩肘置膝，久持瓶气哈出颤身。

12.树枝拳法

双跏趺，持瓶气，散跏足叉支地，手抱膝互握小腕，散手哈出颤身。

13.身语交叉拳法（三身相叉）

双跏趺，持瓶气，散跏蹲坐，右足趾压左足趾成人字，手交叉抚肩，久持瓶气，哈出颤身。

14.英豪拳法

双跏趺，持瓶气，散跏坐如蹲，足交叉，手交叉，以拇指二指提足拇趾，腹右左各转二，臀向上小跳三，起立手交叉，复散开，同时全身跳下三次，哈出颤身。

15.大鹏金翅鸟持毒龙拳法

双跏趺，持瓶气，散跏，下肢前伸，上肢前伸按膝，旋起立，膝直，手撑前方空地与膝平行，背与地平行，头俯仰三次，起立，手交叉，复散开，同时全身跳下三次，哈出颤身。

16.除沈如雕拳法（夜间行之）

双跏趺，持瓶气，散跏，起立，右足卷，左足伸，右拳击右肩一次，左拳击左肩一次，右拳击右肩一次，两拳推乳拍胁三次，次则左足卷，右足伸，左拳击左肩，右拳击右肩，右拳出左肩各一次，又推乳拍胁三次如前，全身跳下三次，哈出颤身。

17.除掉如瓶拳法

双跏趺，持瓶气，手交叉，右外左内，掌置足心，久持瓶气，哈出颤身。

18.豺狼睡拳法

双跏趺，持瓶气，散跏，右卧地，屈双膝，左手抱膝，右手置左手胁间，复坐散跏哈气颤身。

19.虚空降下拳法

双跏趺，持瓶气，散跏，背贴地，手足伸屈向上同时三次，起立全身跳下七次哈出。

20.鹰翅左右倾拳法

双跏趺，持瓶气，散跏，起立，左手按腰，右手右足同时向前伸屈三次，左亦如

是，全身跳下三次哈出，

21.须弥山飞拳法

双跏趺，持瓶气，拳俯置胯，舌上抵，腹贴背上，头目向右上方看，从喉间鼻间出吽声贰十声相连，前十声大，后十声小，如是向左方向后方凡三次，闭气久而后哈出。

22.毛狗笑拳法

双跏趺，持瓶气，两拳平置乳际，头目向右诵长声吽一次，向左向后亦如是哈出。

23.如饿鬼坐拳法

双跏趺，持瓶气，起立踵相抵，足尖立地，膝少屈，手置腿，头向右念黑以一声，向左向后亦如是，全身跳下三次，哈出颤身。

24.中脉白菩提坐升拳法

双跏趺，持瓶气，手掌相叉，俯置足前，向右念一声，向左向后亦如是哈出。

25.中脉白菩提起引拳法

双跏趺，持瓶气，起立屈膝，手置腿，头向右念一声，向右向后亦如是，全身跳下哈出。

26.中脉白菩提屈提拳法

双跏趺，持瓶气，起立，屈膝，手置腿，头向右念一声，向左向后亦如之，全身跳下哈出。

27.无名拳法

双跏趺，持瓶气，散跏，坐地，足前伸，手直撑地，头向右念一声，向左向后亦如是，哈出。

28.无名

双跏趺，持瓶气，散跏，起立，直膝，手攀足趾，头向右念一声，向左向后亦如是哈出。

29.无名

双跏趺，持瓶气，起立，手交叉，抚肩头，向右念一声，向左向后亦如是，复坐，哈出。

30.狮子反眷拳法

双跏趺，持瓶气，两手入跏中，撑地，头向右念一声，向左向后亦如是，臀上跳三次，散开，哈出。

31.狮子撒尘拳法

双跏趺，持瓶气，散跏，坐地，手从下伸，推乳拍胁，向右展手念 ꣭꣭꣭，向左向前亦如是，手交叉展开，跳臀三次，哈出。

32.狮子噬拳法（左右各三上身动）

双跏趺，持瓶气，手从膝升乳拍胁一次，以拇指掩耳，二指掩目，三指掩鼻，四五指搜口上半，身右左转各三次，向右展手念 ꣭꣭꣭，向左向前亦如是，手交叉，散开，跳臀三次，哈出。

33.狮子游戏拳法

双跏趺，持瓶气，散跏，以左踵抵谷道，右足单盘，左掌抚右足背，右掌抚右足心，头向右左中ꣴ三次，易踵等行之又三次，哈出。

34.虎呕拳ꣴ法时提左右中凡三提

双跏趺，持瓶气，手指交叉，俯置足前，身向前右方念长ꣴ一声，向前左方向前方亦如是，人哈出气ꣴ凡三次（27）。

35.象倾斜拳法　手足距五指三倾（左右中）

双跏趺，持瓶气，放跏，伸足，手从膝绕脑，旋起立拍胁一次，膝直，左拳置右前双方空地，左拳置右拳上，头俯仰三次，膝伸屈三次，左亦如是，起立叉手，展开跳下三次，哈出。

36.乌龟缩拳法一大跳一缩凡三次

双跏趺，持瓶气，散跏，身蹲，足相距一肘如八字立，两手从足湾伸出，持大拇指头，向右左中ꣴ三次，两肩向左右转三次，起立，全身跳下三次，哈出。

37.孔雀飞拳法

双跏趺，持瓶气，散跏，背贴地，左右手提右左大足趾上下三次，起立全身跳下三次，哈出。

38.如雕飞拳法

起时身自耸起，不假手足力。与16完全相同。

39.五大跳拳法

双跏趺，持瓶气，散跏，起立，足平立，全身跳下一次，起立，足双跏交叉，大跳一次，跨开一次，足交叉一次，足前伸一次。

40.除障拳法

双跏趺，掌俯置胯，头右倾一次，左倾一次，又向左右稍仰中倾随念ꣴ三声，手交叉，散开，跏亦随散，结独股杵印，向前上方伸出，臀及下肢亦随起，屈时椎乳口随念ㄅ，臀等随伸屈落凡三次哈出。

41.五支洗脉拳法

双跏趺，持瓶气，拳俯置膝，两拳椎乳拍胁平伸三次，擦右臂三次，又推乳拍胁平伸三次，擦左臂三次，手向前平伸拍掌一次，擦掌三次，又椎胸拍胁擦额及后脑，易掌互行三次，擦胸背三次，手交叉，复与跏同时散开，擦右腿，绕至足心三次，左掌按右足心，右拳置右膝，头向右左后各看一次，擦左腿亦如是，跏坐，两手按地，臀跳三次，哈出。

42.吉祥拳法　跳时身直手散开

双跏趺，持瓶气，散跏，右腿外，左腿内坐，拳俯置膝，肩右左倾各三，左拳置足前方，右拳置左拳上，头向左右后提吽各一声，然后遍擦全身哈出跏坐，习完片刻，念回向文。

注：附示意图37幅，供参考。

勒琼尊者 　　　　　　米拉日巴祖师 　　　　　　甘补巴尊者

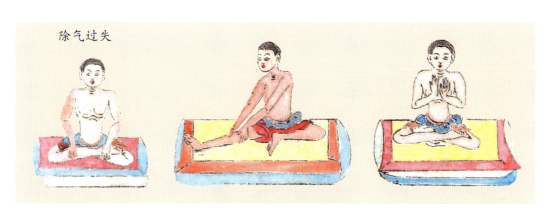

除气过失

以二手掌慢慢
地擦二足心三次

右腿伸，以二手掌擦右腿至
踝骨，再向上擦，腿亦随踡。如
是者三次。左腿亦如是。

跏趺坐，两手合掌
向前平伸，拍擦三次。

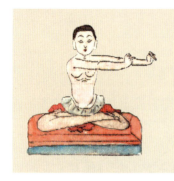  

右手自左肩头向下擦至手指尖再向腋窝向上擦。左亦如是。

二手直伸至跏趺坐之腿，然后向上拍胁，右手擦前额，左手擦后脑，易掌行之，复拍胁。共三次。

二手面至下巴，共三次。

右手上左手下，然后易掌行之。共三次。

二拳前擦腹后擦背三次，然后互换行三次。共六次。

以拳按左右腰三次。

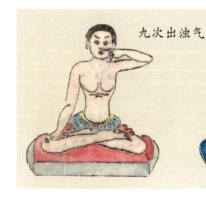 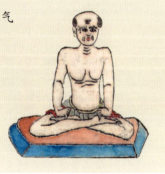 

二拳俯置胯根上，左拳从膝抚升拍胁前伸，后伸第二指时直伸绕转，以第二指按左鼻孔，用右鼻孔呼吸三次。如是行。

以二鼻孔呼吸三次。

然后持瓶气尽力为之。

 洗脉清净五支

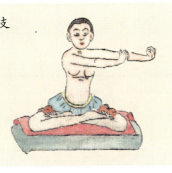

两拳从膝抚开拍胁，前伸拍胸拍胁，共三次。

右手自左肩头往下擦至腕，向胁往上擦，手缓伸。右同。

两手前伸，合掌拍擦三次。

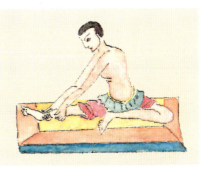

膝上合掌向外上升拍胁前伸，右手横摩前额，左手横摩后颈。拍胁共三次。

前擦胞子后擦背，然后互换，共三次。

两手从右股摩至足心，再向上擦，腿亦随蹀。三次。左同。

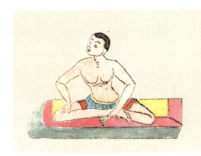

两拳俯置膝上，腹左右绕三次。

小跳三次，哈一声，抖身。此洗脉清净五支。

右肩头扭三次，左肩扭三次，共六次。

 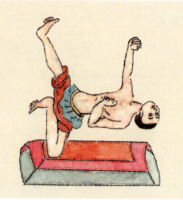 

头向右转三
次，左转三次，前
后伸各三次。

散开。以左膝支地，右手及
足同时向虚空伸屈三次。足屈
时踵打臀。拍胁，左亦如是。

右拳前左拳后，
上擦胞子背，交换各三
次。下擦腹背各三次。

三十七拳

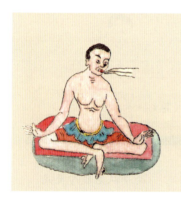  

小跳三次，哈
一声，抖身。

右左转腹三次。

右左转腹三
次，左亦如是。

右拳绕头拍
胁三次，左同。

右掌拍左拳，擦至前
胸（用开弓势），以右拍胁。
左亦如是。共六次。

以拳（左擦右）
上擦下擦三次。右亦
如是。

那诺五支清净

小跳，哈一声。
如能跳共一次最好。

腹右转三，
左转三。

头右转三，左转
三，前三转,后三转。

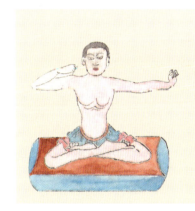 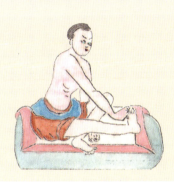 

拳击右肩，左
右交换，共三次。

右足向前伸屈
三次。左亦如是。

中跳三次。
哈一声。

梅吉巴五支拳法

头右三转，左三
转，右倾三左倾三，
前倾三，后倾三。

右手绕头拍胁前
伸三次。左亦如是。

手足三支地，
右腿向前伸屈三次。
左亦如是。

七日成就忿怒母　　　　　　　　　　　　　　　　　　　　　转六日

中跳三次，口出哈字。最好跳七次。

散开跏趺，以二手持二大拇指持瓶气，腹右转三次，左转三次，以足支地小跳三次，站立大跳一次，如是者三。

散跏趺，提二足大指，持瓶气。腹右转六次左转六次。以足支地，小跳三次，大跳六次，每次均应口出哈字。

九次出浊气，手心置足心上，如前除气过失行之。

持瓶气

持瓶气结六灶印

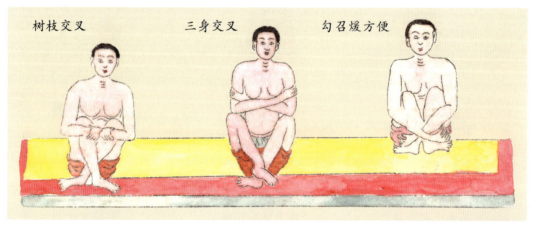

树枝交叉　　　　　　　三身交叉　　　　　　勾召熄方便

持瓶气

持瓶气

右左转腹在次，前后颠跳三次，然后大跳三次，口出哈字。

金翅鸟持毒龙　　　　　　雕飞

头向下眼向上，左
右各一偏看，然后起立
大跳，哈一声。

散开跏趺，右左拍
肩共三次，二手前伸拍
胸拍胁三次，左足置右
胯上，大跳三次，哈一
声。

持瓶气

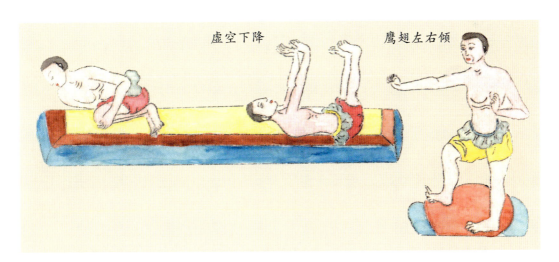

虚空下降　　　　　　鹰翅左右倾

持瓶气，尽力
为之，然后跏趺坐。

仰卧，两手两足向
虚空伸踡三次，然后站
立大跳三次，哈一声。

前伸等如前。
右手足向前伸屈三
次，左亦如是，大
跳三次，哈一声。

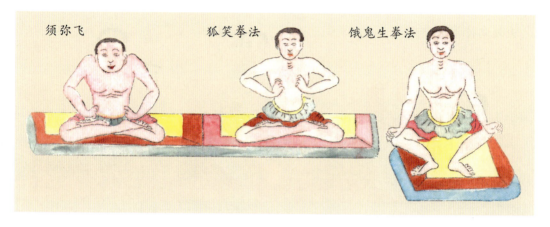

须弥飞　　　　狐笑拳法　　　　饿鬼生拳法

向上方左中右各看一次，
并念长吽十次，短吽十次，上
提气，眼珠上翻，舌抵上颚，
腹贴脊背，然后大哈，抖身。

念吽字，头向
上看等如前。

眼珠上翻等如前，
诵长短嘿ㄅ字，上提，然
后大跳一次，哈一声。

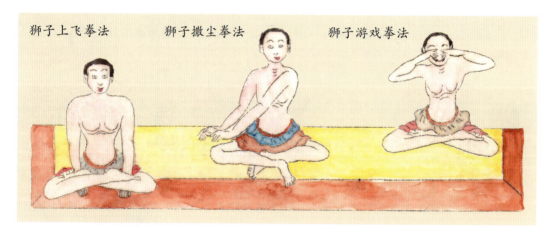

狮子上飞拳法　　　狮子撒尘拳法　　　狮子游戏拳法

猛声诵嘿ㄅ字，
头向上方右左中各一
看，跏趺坐，手上升
拍胁三次，念哈字。

两手从膝上升，中跳
一次，同时拍胁，手右置
左置中置，作毕诵ㄅㄅ
怕哈哈，中跳三次。

两拳从膝上升，
拍胁，以互指塞往口
鼻眼耳，然后右转三
次左转三次，诵马哈
哈，中跳三次。

狮子吟拳法　　　虎呕拳法　　　象戏拳法

念哈字，上提气三遍，足右左换如前，口诵哈字。

金刚跏趺坐，前伸拍胁三次，散跏趺，诵哈字。

散跏趺，二手足前伸，旋即起立拍胁，二手在头上绕转，头低下，左拳置右拳上，臀部打腿三次，大跳一次，口出哈字。

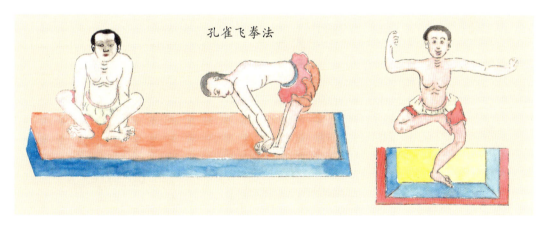

孔雀飞拳法

站立，向右左上三方各一看，诵哈字三次，大跳一次，诵哈字。

如前站立，臀部及脊椎骨均仰地上，旋立手足向空伸屈三次，手足着地……时臀部先起，如是者三，大跳，诵哈字。

如雕飞时站立，主肩等如十八忿恕拳法，然后大跳诵哈字。

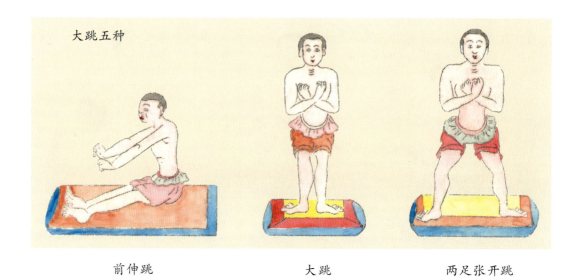

前伸跳　　　　　　　　大跳　　　　　　　两足张开跳

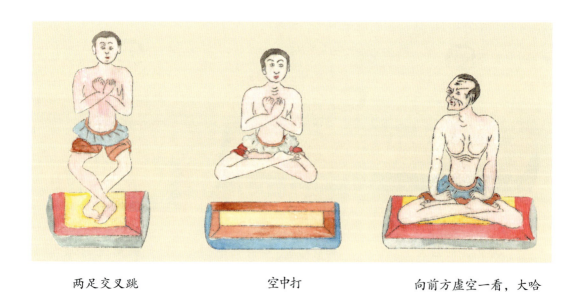

两足交叉跳　　　　　　空中打　　　　　　向前方虚空一看，大哈
　　　　　　　　　　雷空中跏趺　　　　　一声，肩向右左前三方各耸
　　　　　　　　　　　　　　　　　　　一次，中哈一次，又向右左
　　　　　　　　　　　　　　　　　　　看一次，诵哈哈哈，如是四
　　　　　　　　　　　　　　　　　　　次。然后散跏趺。

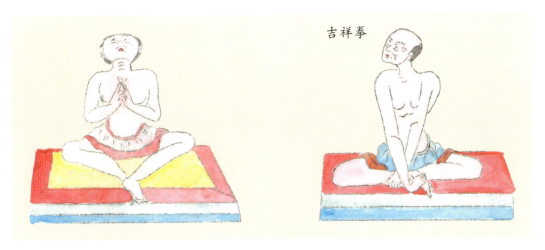

结金刚顶印，上伸中跳，哈一
声，如是六次成七次，后诵哈字。

两拳右压左，念吽
字三遍上提，诵哈字。

右鼻　　　　左鼻

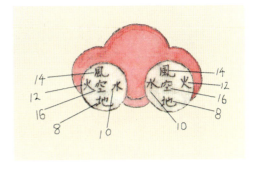

如自生金刚所云，五行气
从二鼻孔径行之情行，如图。

五行气从二鼻孔径行之
情形，此降魔金刚所云。

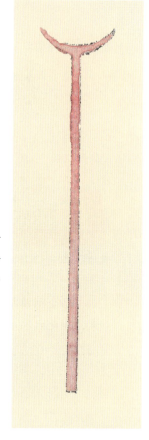

　　修时所用之木棍，应与自身高度合适，形状如初三月，如图，以布缠绕，令柔软。修时所用之绳，宽一指节，或一拃均可，长短四肘或一弓均可。

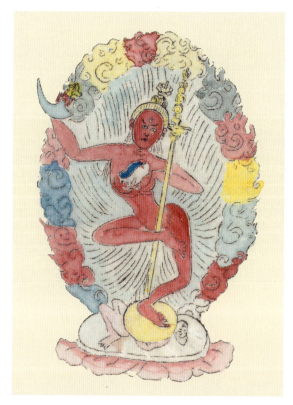

　　修空时，若如干昌传承，应观亥母不带庄严，如图。若如来传承，应观金带庄严。若如卡嘛传承，应观宫殿，尸林，金刚院，火焰等，性在空性中耳。

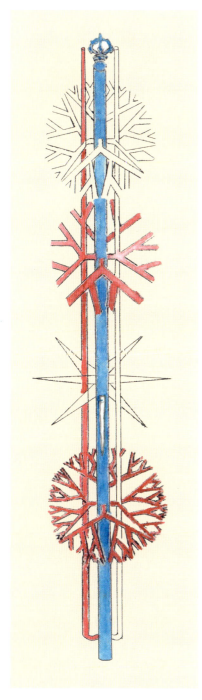

顶轮卅二支

喉轮十六支

心轮八支

脐轮六十四支

左江吗脉白色

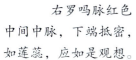

右罗吗脉红色
中间中脉，下端抵密，
如莲蕊，应如是观想。

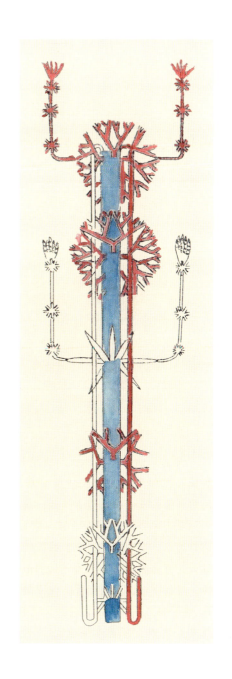

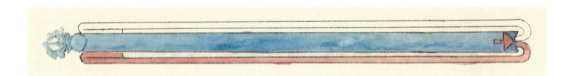

那诺六法作梦法，喉间观想如图。图出于红帽大德法自在所著甘露心要论中。若如三世一切智者所云，应观喉间红莲花四瓣，脐间ཨ（阿）字红色，前瓣为东，有白阿字，余类推。修时间过久，可互换观想。喉为一切佛语之自性，观红阿字，最为显著。但中间观想ཨ（嗡）字，是那诺巴之意，亦无错误。此处如是说，可再参阅他论。

至尊法王三世一切智者云，将入睡时，心注于东面莲瓣ཨ（阿）字，观所取粗分别灭，喜智生起，所现相为"显"之初相。睡渐沉时，心注于南面莲瓣ནུ（努）字，观所取细分别灭，胜喜智生起，所现相则为"散"相。睡又渐沉，心注于西面莲瓣ད（达）字，世间粗相灭，离喜之智生起，所现相，则为"近得"之相。睡又渐沉，心注于北面莲瓣ར（日阿）字，世间细粗灭，俱生智生起，此为"得"之相。睡又渐沉，诸字均摄入莲脐ཨ（阿）字中，然后观空，成为光明，光明显现时，即入睡矣，如能坚住，则入光明，如不能坚住，则有梦起，如正在夜间作梦，无善恶之说。如光明亦无，梦亦无，则应祈祷上师空行，持瓶气。如前数数修习，则能见一切所现皆如梦幻，无微尘许之自性矣。

那罗六法中，修往生法有三种，修化身上师往生法，修受用身本尊往生法，修法身光明往生法。随修何种，均应光观自身为本尊身，以清净光明为自性。中脉中空，如水泡，中直，色如琉璃，下端图，如竹节塞住不通；上端渐广如喇叭状。通至梵孔。顶上一肘或一弓处，观想根本上师金刚持安住其上。中脉下端，有杂色莲花或绿色莲花，四瓣脐间莲蕊黄色，自心阿字蓝色，住于其上，四瓣之上有四𑖀（祥）字。正修往生法时，应观中脉稍粗。中脉清净无障，中间有四瓣莲花，每瓣上有𑖀（祥）字，下有风轮，绿色或半月如半粒圆豆状，顶间空处，有总摄一切佛之自性根本上师，坐于其上，心随之往。（如图）

第三中有，为具正知之受生法，在具足善知及其功德之红白大之中间，自识变成蓝色金刚杵，帜以𑖮字，观想善知双尊佛，或上师双尊，离贪，以得密灌顶时所生之欲而住胎中，认识由明点、息、心三者合一之乐空智慧，修五相菩提法者，谓方便月现证菩提智慧日现证菩提，自性佛手帜现证菩提，双运相合幕现证菩提，圆满佛身现证菩提。欢喜金刚云，月为圆镜智，欲为平等性，佛种子手帜，妙观察应说，合一成所作，圆满法界智，智者所说仪五种智应修。

表方便智慧之二明点，由阿字能表此二。

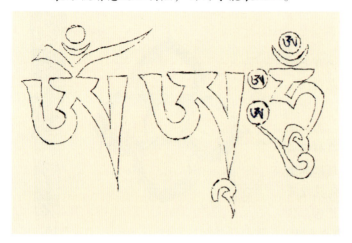

息与心至极微细，然后化光之法，有整持及渐收二种，由三字摄入ཨ字，如图。字之ᠵ表成所作智，字之中部表妙观察智。半月表平等性智，明点表大圆镜智。ᠵ那达表法界体性智。

身语意

方便白分表月菩提。
智慧红分表日菩提。

至尊米觉大德云：唯自身收摄光明中石整持,情器化光然后身再化光名渐收。此说与他处所说不同。

短睡修光明时，心间观想如图，观四瓣莲花，上有四性佛种子ཀ（郎）ཀ（满）ཀ（三）ཀ（昂）四字。至尊米拉云：ཨ（阿）ཨ（鲁）ཨ（达）ཨ（阿）亦为四佛母之自性。于作梦时，四莲瓣上观四红色明点。其义表四观察、四智慧之自性及四性佛之种子。智慧明显时，就观ཨ（阿）ཨ（鲁）ཨ（达）ཨ（阿）ཨ（嗡），此为六法广论中所出。

显密差别

显密差别

甲、波罗密道为因乘、金刚道为果乘。

从初发心乃至十地，徧历诸位，积集无量智福德资粮，经三大无量劫难行苦行，管为积因，以去果远故。最后坐菩提场，还须入第三灌，始能获得究竟也。金刚道自观本尊坚固佛慢，修内外坛城，主伴庄严，乃至气脉明点，最后趣入法界光明手印，均属最后果地大事，更无有事故，名为果乘。

乙、波罗密道主对治、金刚道主转变。

以不净观对治贪、以慈悲观对治瞋，以缘起观对治痴，乃至以空治有、以有治空、以如母观同体观治小已、以种种戒相治烦恼知见、修广行、修深观、俱有能治所治治法三轮差别。金刚道中不取多门对治方便，应就内外诸法转变其见，而于真空上当下解脱。如取五毒为道、舍弃不净等观，视五毒为五佛自性，而以之为报佛庄严。其它依正类此转变。尸林便成道场、大小便成甘露也。

丙、波、多门观察；金、枢要教授。

中观破外破小，瑜伽十七地。唯识抉择尤严，俱是从各方面观察复观察、料简复料简而后决定成量。修止观、修布施、持戒等亦尔。百年表馈不得要领者多矣。密宗在波罗密行人理解基础上直入四部坛城，仪轨旨约而行胲，口授单字片语终身吃着不尽。大手印不修护法、不立坛城、不建事相、不设本尊、不制三昧耶，赤裸裸地法尔智慧解脱，尽扼要之极事矣。

丁、波、主修心；金、主色心兼修。

中观唯识，俱取尽妄分别或徧计执为所治境、对色法或以分析而归于无常、或观不净而等于怨仇、或用数息而略治风大，俱许色法与成佛无干，有为故、坏灭故。密宗注重心地，亦注重色法，当下依正庄严。秽土变净土，七尺之躯百福相好，内外坛城包身中四、中脉中□，最后心气不二，化骨肉为虹身、变腐朽为神奇，念成法身，色成报化身，红教妥噶波即专修报化身者，三十二相、顶轮具足，不必向众生头上栽培也。

戊、波、主修空；金、主空乐兼修。

中观归毕竟空、唯识归圆成实，空而寂、空而自在，度生兴趣与自受法乐似不充沛，以一昧行空，空偏胜故。金刚四部行安乐行，一切受用资具与诸佛无二，一切行法为办大事转法轮，第四部欲乐定以贪除贪、依有漏乐引发无漏乐，无漏乐者，空乐不二之谓，大贪融于大空，大空愈益开明，瞋痴慢嫉亦尔。烦恼本是菩提乃证实。

此外如说者，说处说法听者等差别，散见经论及大德著述，不赘。

四部差别

甲、初步作密：

坛城无系统，各个本尊眷属不定，内外坛城亦不具，标帜、印、明、供养等轨仪简略、少注释，修持以清洁庄严为主。仍是舍染取净，视死尸为不祥，着新净衣入坛，有人说密宗是富贵佛法，然乎。不空判为杂密、伽居判为初部。重事不重理。

乙、二部行密：

坛城有十三院。而以五方佛坛城为基础。见卢佛四面，有四波罗密女、有八供女、有四摄女，但相视而已。世界观富殿观较略。印、明、较繁。修持以五轮观、入我我入观为主。见轮多布心月上。息增怀能均可克期成就。（传承不暖成就者少）事理兼重。

丙、三部瑜伽密：

坛城三十七尊，明妃除四波女，余与二部同，印、明更繁，修持特立五相成身，变色身成坚固金刚身，此为不共。有十四条与五方佛三昧耶。（前二部以菩萨戒为戒）重理观，一一三昧入住出，均事理并行，每座配五道十地直至成佛而修，下座佛慢不离。

以上称为下三部，本属欲界天人当机之海，人中多不相应，以人间显重散乱病重药亦重故。护摩在唐密别置一部。其实每尊可修火供，伽居之说为长。尼马以下三部为内三乘，内容相同，体系略异尔。

丁、第四部无上瑜伽密：

分四灌河以明修持大意、（前三部仅有瓶灌，即五方佛灌顶）灌顶，系授戒授权，（亦有主不受菩萨戒，专授密宗戒者）有预备法，传者受者均有事，正灌顶有修几天或一天，详约不同。金刚童子灌顶与阿阇黎灌顶可同于第一灌中行之。

第一灌称瓶灌，以宝瓶代表本尊为之故，净五蕴得五方佛加被成化身佛，身业清净，修法称为生起次第。生起佛果之义。内容比第三部复杂，从加持铃杵至最后出坛，念本尊大咒一千约须几个小时。除五现菩提，以配临死八法修持为要，收、放、者从法界出依正眷属等。还归法界由鄂达入无缘定。八法者地收入水、水入火、火入风、风入识、识入显、显入散、（增）散入暗、（得）暗入光明。即地水火风识显散暗依次灭入而合于本觉光明。此一刹那能任持，则究竟解脱，否则逆流顺次生起八次第而蕴身具足成中阴矣。观行分两大类：

1.坛城上王定：先起世界观，地水火风依次观成，再起坛城观，坛城外有八大尸林、八大海、八大龙王、八大灵塔、四大牌坊（北京城即仿阇曼德迦中围而规建者）、中现羯摩杵十大明王等，然后起楼阁观、四门、四方、四隅、上有经阁、下有七宝庄严大殿，柱、梁、楣、橼斗拱、飞角，高度深阔，均依基分推祘，一如建筑规制。骷髅为墙，头发爪齿为饰。

2.本尊上王定：先观主尊眼、手臂、足、面、标识、服饰、缨络、披具、坐具，一一分明，继观内眷属、人眷属、外眷属、外外眷属，及眼、手臂等一如主尊而观，外相了了，然后观主尊眷属身口意三字庄严及大中小咒种子字分布各轮。念诵、供养、迎请、拨遣、智慧坛城与三昧耶坛城合一加被。总为一补特迦罗生起佛果之行法。

第二灌，称为密灌。以上师用方慧双融悲智等法甚深意义的方便，令弟子长养圣胎，成为真正法王子，可以继承法王报荷度生大业。如是与第三灌同为每一弟子单独灌顶，原则上不许多弟子参加也。受此灌已，气脉清净之修持乃有权柄。以脱却凡夫气脉，去其粗浊，金刚童瓶身易成就故，脉之根本为中胀，即阿睢都帝。名菩提脉，亦名涅盘脉。左右二脉与中脉并行。名生死脉，亦名轮回脉。吾人平常呼吸用左右脉，散动烦乱，脉有五根门，触外境起爱憎故，顺于生死。若改从中脉呼吸，做到五轮脉结开解，即成佛矣。故有六道脉、有烦恼脉、修治可使成智慧脉、清净脉。脉之作用大矣哉。显教分析烦恼知见排列名相。而未谈到烦恼知见所从出。所谓无明者，从左右二脉出，即身成佛义必须受第二灌而后知其真实，下三部尤其理多事少也。脉有四轮五轮六轮之别，从顶轮至密处，为正干。四肢乃至一一孔毛，均属脉之行处。少壮精实活泼，老面枯萎滞止，面皱如鸡皮，脉趋衰亡故也。气与脉相因，脉到气到，脉净气净。脉如轨道，气如无眼之马，烦恼知见妄念如无足之人。妄念乘气而分离气无作用、气无方所、乱窜故。气分业却气四大精华与智慧气，气集中可解脱，气散行成生死。吾人每昼夜二万一千六百息过量短命，不及长寿。龟鹤延年以气细故，细则长、长则永，导引术有类乎是，而精粗大悬。气约分五类，上行气，眼耳舌喉等是。下行气，大小便利是。平住气，脐间是。徧行气，四肢动作是。命根气，心间是。五气多向外推，且不平衡，喜怒哀乐由气动，气失常则病、则短促致死。气细匀，脉亦随之。心间气属命根，最后离身，一口长气不反，则交代一生。修治使成清净，使妄念与气一致不相矛盾，则心气合一，语具作六十四妙音，同法界矣。气之作用大矣哉。波罗密道与下三部不谈气的功用，仅值用微息观以为定的加行，真是衣珠不识，无大根器使然。道家讲吐纳，丹田筑基，周天环游等法，与第二灌同其初步一分，化气为报身、化脉为化身，脉为僧宝、气为法宝，脉气可成虹身，如是方便理趣，方士未之或知也，气之修法以瓶气为基，亦有以脉为法身者，非通说基固，加之金刚诵，再加之拙火定，再加之阿杭交流，再加之明点升降，如何坚固，如何徧流一一毛孔，如何匀细，成为一马尾毛百分之一的垂直中线，使与无始来所有妄念及其余合为一昧，于法尔光明上解脱，正有待于逐步精勤，归于一实。气脉明点为无上密宗三根本，全从现实人生身根上着手，不需尘色坛城，不需供养事相，随时随地可修。惜世人舍近求远、舍事求理，其奈之何哉。布字于观脉气熟练时行之，五轮、四肢、手心、脚心、各有相应梵文种子字，了了分明而观。观愈明亮、定愈深。脉结易解。习气易除。心间、脐间、密处、顶轮、喉间、各有字轮，而以心脐密三为主，种子字居中，咒围绕，光在咒轮外，与咒轮相反转动。徧满全身一一毛孔，乃至徧满法界，清净气脉所有融息。然后与本觉智光融为一昧，究竟即身成佛。气脉顺生死灌，亦顺解脱，客乎其人尔，气脉是有为，是实法，道而执之，易出毛病。故不可躐等，不可自作主张。本是真空上练习之法，一有机实，便同外道，脉脉与真空相应，息息与实招一昧，进步快，毛病少，故第一灌称为显空汉融。显者外色界根身也。第二灌称为现空双融。现者内色，脉气也。明波巴门弥那莹巴作气脉，克期成就，一依师诀。助气脉，除药物外，拳法为要，伽居亥母四十八套，尼马莲师百〇八套，亦有简易拳法数则，堪能者适宜修习，每日应行之无间。瓶气尤须以拳法坚固。双及额一弹指为一次，百〇八次为一口瓶气之量，一日一夜一呼吸为正量，为无量寿佛为一口出气。可思识哉，成就报身。喉轮语为主，清净语业。

第三灌，为智慧灌。以依般若体性佛母故。能显现自性法身故。前二灌偏重幻身，此偏重光明故。必有事印，观想难得四喜故。由上师加持，授以事印方便双融口诀，并令弟子双运等持，审察其量，孰何为初喜、胜喜、离喜、俱生喜等，由四喜得四智。由四智证法身。成就意业及明点清净。断除一切意业及其余习。中观许毕竟空成佛，而意乐寂然，自由自在。犹嫌大用未园，且犹有微细尘垢。如不经第三灌而成佛者无有是处。菩提场绿度母，忙忙鸡母，同时助以双运，须见俱生出喜空乐无二大智慧境，然后明星满空晕法身周边而转法轮。岂偶然哉，此世间贪爱作生死因缘，观为不净、为毒蛇、为仇怨，全为小乘人说。大乘佛母品，与如母观，则视为至贵。密宗下三部坛城非明妃不具，以三座具乃成坛城也，第四部尤敬重般若自性，十四戒最后明轻视为犯重。龙树云生法宫出生一切佛。又古德云世出世间一切法，皆由明点而出生，明点摇动生暖乐，暖乐清净气脉，暖乐减除分别妄执，暖乐之极，人、我、法三轮空时。乐融于空。空融于乐。乐愈大而空益无边。以贪除贪。依有漏乐证无漏乐。真所谓世出也无不二，烦恼即菩提也。何疑乎。修明点具五法，降、持、提、散、匀、最后化于光明。降易，有权明明从顶轮半半分降则不易。持易、持而悬之中脉尖则不易。提不易，提而至于顶轮。轮轮分化徧布则更不易。散赖拳法易，散依真空则不易。匀依拳法与真空不易。匀而徧满法界与法界一昧则难乎其难矣。五法数数顺逆修习，日行十度为量。彼此善巧戒誓，善巧中观，善巧于加行，善巧于气脉，善巧于外游戏，善巧于动作进止，知时知量，滴滴为一大事因缘，行非常欲乐行。诚哉希有也。龙树云，修欲乐定者，如竹筒中蛇，直进则生，否则死。欲乐行人不成佛，则堕地狱。故宗喀巴宁持比丘律仪，不修二三灌法也。念念为众生，念念为彻底明白，而修事印，无过患，功德无边，印藏大德十九依事印成就。有传记可考。事印本末见甚深行导及其它论轨，不赘。

以上三灌为世间灌，净身语意，是有为法，第三灌尽管证得四喜而犹未到无学双运，故仍属生死边事。空乐双融，并非一见永见。浅深之差，千里咫尺，独荫嘉宗许空乐成佛，余宗皆不许也。第一灌修得情器空，第二灌修得语及气脉纯净，第三灌修得意及明点化光明，身透明，气脉细软，明点徧一一毛孔，徧法界，心气不二，气入中脉，五轮结解，一切如来功德相好自然出现。但必归于法界体性智之所统摄，第四灌诚不可少也。

4、第四灌为名灌。但有名言可以表示，而无实际造作观行，不若前三灌之有事相可依倚也，谓于第三灌空乐觉受上，第四喜与俱生智不二现前时，上师叮宁指示曰，此即汝之本面。保任下去绵绵不断。既相续已，虽在梦寐命难不失不散，山崩海啸，无非日用边事。任运澄清身口意微细分别及微细修垢。证法界体性身。故第四灌无文字可纪。无仪轨可修。大日经云：众生愚痴故，先存有相说。为引真言行人究竟证得无学双运，最后显示大印无相之道。阿阇黎直以心印加被，以心传心，更无余事。尼马派上师传第四灌，安坐片刻，大喝一声，下座。入坛者裸体，示本来解脱故。亦有用水晶、镜、灯，表自性光明妙用无边者。格鲁派宗喀巴以四灌须盈科而进，不许猎等。本人止修第一灌生起次第。故后之行者一宗祖训，均不悉脉气明点真实行法。至大手印乃其徒孙仿制，示备一格。从无有人从事于此。且尝讯支那堪布禅宗之禅有过失，伽居派有主直入第四灌道，依光明大手印成办大事者。通常俱以乐空双融为明空双融之前行，事半功倍，视行者资粮色力如何。如不堪能，专修第四灌道，亦许即身成办，时间稍久耳。达磨西来意全类乎此，唯当时是否授第四灌，则不得知。而口授要门，直至惠能血脉未绝。有人疑为大中观道。与希结派荡巴桑结所传者相同。其或然欤。莲师分无上密宗为三瑜伽、马哈瑜伽、同第一灌生起次第。阿鲁瑜伽，同第二灌第三灌圆满次第。阿的瑜伽，同第四灌圆满次第之大手印。所谓大圆胜慧是也。中分且策、妥噶、二大类，且策等于大手印。妥噶为尼马不共法。妥噶又分昼瑜伽、夜瑜伽，为第九乘之最后行法。伽居派祖师多许妥噶为难修。尼马派只有一家许直入妥噶，不假余法。一般许先于且策开明心地，然后用妥噶法速显大用。诚哉从真起用之说为有征也。朵哈八藏，纯系印度成就大德从本心任运流出之歌唱，非有意为文者可比。字字珠玉，字字口诀。印藏行者顶戴珍重。幸流东土，使堪能佛子知根本大印所在。恩海汪洋可思议哉。刚波巴立四瑜伽以显量差，专一瑜伽简四禅八定，离戏瑜伽简小乘空，一昧瑜伽简大乘二谛，无作瑜伽简六度万行。步步如理，知时知量。不似五叶宗徒颟顸优侗之易入岐途，宣其代有传人也。

　　上来略介显密差别及四部密宗一滴，方隅葳蕤，由津先启。定有差失，仰获宽宥。

一目了然拳法（迦居派传承）

（一）除气过失

甲、观想：二手掌中ས养字变成弓形，蓝色风轮，其中又有养字，二足心ཨ朗字，变为红色生法宫，成大坛，三角形，中又有ཨ字，双手拍足时，第一次出烟，第二次出火，第三火轮围绕全身。

乙、动作：跏趺坐，两拳仰置胯，以两掌拍足心三次，上肢齐七于胸，如金刚持势，旋用力放开，足亦同时散开，伸右腿于左前方，两掌擦右腿至踝骨，掌随擦腿随伸屈三次，左腿亦如是，跏趺坐两手合掌向前平伸，拍撒三次，右拳擦左臂三次，左亦同，两拳捶胸拍肋左掌擦前额，右掌擦后脑复拍肋，易掌擦额脑共三次，双掌擦面三次，两掌擦胸左部一次，胸右部一次，如是互行各三次，右拳向下擦腹，左拳向下擦背，前后同行一次，易拳行之，共三次，双拳各按腰部，同时转擦三次，小跳三次，大哈抖身。

（二）九次出浊气

甲、观想：三脉四轮明显，右鼻孔出气，想无始来一切黑业罪障及气脉明点过失，一齐除尽，吸气时，想五方佛，五空行，五色光，无量勇父勇母，如蚁赴膻，如日光尘从鼻孔及一一毛孔而入，作不共加持，左鼻孔出气，除尽现在黑业罪障及气脉明点一切过失，吸气如前，双孔出气除未来一切过失，如吹灰净尽，吸气如前，周身毛孔张开，一切清净五色光徧全身。

乙、动作：跏趺坐，双手握金刚拳置胯，伸左拳之第二指，从左膝抚升至左乳，乃以左臂拍肋一次，左拳外伸，复绕转以第二指按左鼻孔，由右鼻孔出气，由细至粗，凡三口尽，左臂拍肋一次，然后左拳俯置左胯，右拳置膝，升乳拍肋，按鼻，乃至左出气三口亦如是，两拳俯置两胯，左右鼻孔齐出气三口，后一次出时两拳随伸出，至膝如是出气尽，两拳仰卧胯，以两小腕抵腰，腹直肩平，两鼻孔齐吸气三口，由吞液而下，久持瓶气，出气时，大哈一声，左右掌置膝，向前下方伸，同时全身颤动。

（三）那诺六旋法

甲、观想：三脉会合处，生法宫内如毛细一指高忿怒母，具乐、明、暖、动四相，自心与此无二，想鼻端十六指处，五大五色气ཧ，（朗）ལ（榜）ཨ（酿）

ᢌ(养)ᢍ(耶)地水火风空，各占三指，从近向远，依次排列，合而入中脉，照于火上，火更炽燃，想外，无量空行、内、身、密、脉、一切无碍，如水中月。

乙、动作：跏趺坐，持瓶气，两拳置膝，右左转腹各三次，右左肩向前耸各三次，两拳俯置两胯，头向右左转上下伸各三次，散开，跳而向左侧身，以左肘支地，左拳平乳际，右手足同伸屈三次，（足屈持踵打臂）右侧亦如是，复跏趺坐，右拳前，左拳后，向上向下擦复背，交换各三次，跳三次，大哈，抖身。

（四）修身三十七

甲、观想：三脉会合处之火，较前更炽燃，忿努母如豌豆大，热徧六轮及一一细脉轮，明亮之火光满全身。

乙：动作：跏趺坐，持瓶气，两拳置膝，右左转腹各三次，左拳置右拳上，右左转腹各三次，右拳置左拳上，转腹右左各三次，右拳绕头拍胁前伸三次，左亦同，右掌向左前平伸，拍左掌，擦至右乳际，拍胁前伸，左掌如右掌交换三次（开弓式）左拳擦右臂三次，右亦同，小跳，大哈，抖身。

（五）洗脉清净五支

甲：观想、无。

乙：动作：跏趺坐，持瓶气，两拳从膝摩至乳际捶胸，拍胁，前伸三次，右拳擦左臂三次，左亦同，两手前伸，合掌，拍撒三次，两拳捶胸拍胁，左掌前，右掌后，横摩头一次，同上捶拍，左右掌交换共捶拍摩头各三次，右拳前擦腹，左拳后擦背，向上向下两拳交换各擦三次，散开，伸右腿，两手从股摩至足心三次，左亦同，左足伸，右足屈，左掌置左足心，右拳置膝，头向右左上各一看，左右手足交换势，再向左右上各一看，跏趺，小跳，大哈，抖身。

（六）那诺王肢清净

甲、观想：忿努母如针大，中脉暖徧全身，如暗室灯，照徧全身。

乙、动作：跏趺坐，持瓶气，两拳置膝，右左转腹各三次，右左耸肩各三次，两拳俯置胯，头向右左前后转偏各三次，右左右两拳打肩各一次，两拳捶胸拍胁前伸三次，左右左打肩各一次，两拳捶胸拍胁前伸三次，散开，蹲坐，左手向后撑地，右手以拇指二指勾提右足大趾，伸腿三次，左亦同，小跳，大哈，抖身。

（七）梅纪巴

甲、观想：生法宫忿努母二指高，三湾，更炽燃，照三脉各轮，身成紫红色，如红绫帐蓬内之灯，内外莹彻。

乙、动作：跏趺坐，持瓶气，两拳俯置胯，头向右左前后各转偏三次，散开，跳而跪，左拳置乳，右拳绕头拍胁前伸三次，右亦同，两手翘大指，向后撑地，臀部空举，右足向上伸屈三次，屈时足打股，左足亦同，踟跃，小跳，大哈，抖身。

（八）转六日

甲、观想：上下四方六日，身成本尊，忿怒母如前。

乙、动作：踟跃坐，持瓶气，散开，仙人坐，右足交左足支地，两手从膝内交叉（从膝外亦可）各以二指勾提大趾，右左转腹各三次，前后颠跳小三次，大三次，散开，大哈，抖身。

（九）七日成就忿努母

甲、观想：如前，火如闪电。

乙、动作：踟跃坐，持瓶气，散开，足右左交叉坐，两手交叉从膝内各以二指勾提大趾，右左转腹各三次，前后颠跳小三次，站立时，两拳从膝摩至乳向前伸，大跳三次，大哈，抖身。

（十）忿努母雪山狮子

甲、观想：五轮如亥母仪轨，但观种子为佛母体性，脐下ཨ（朗）字，密处ཨ字，此ཨ烧脐间ZV（莎）轮，变成绿火，又上烧心间红ཧ（你）轮，变成红绿火，又烧喉间黄ཧ（勒）轮，变成红绿黄火，又烧顶轮蓝ཧ（哈）依次以各色火光烧尽四母种字，火徧全身。

乙、动作：踟跃坐，持瓶气，散开，足右左交叉支地，两手右压左抱膝下四指处，右左转腰各三次，右肩骨向后向前各转三次，左肩亦同，头从下至上，腰用力伸三次，前后颠跳三次，散开，大哈，抖身。

（十一）十八忿怒除前气过失

甲、观想：同出浊气九次。

乙、动作：踟跃坐，持瓶气，两拳交叉置膝上，左拳以第二指从膝至乳拍肋左伸，绕回按左鼻孔，右出气三次，右鼻亦同，两拳交置膝，两鼻齐出气三次，后一次出气时，双手随散开，两拳仰置胯，吸气一口，持之愈久愈好，散开，大哈，抖身。

（十二）六灶印

甲、观想：气用力下压，忿努母如闪电，徧全身，热不可支。

乙、动作：踟跃坐，持瓶气，散开，足右交左置地，手右交左捶肩肋处，肘置膝上，久持瓶气，散开，大哈，抖身。

（十三）双手交叉树枝

甲、观想：自成本尊，忿努母蓝色如芥子大，红色光，所触轮回业气烧尽。

乙、动作：趺跏坐，持瓶气，散开，足交叉支地，双手交抱脉处置膝外，久持瓶气，散开，大哈，抖身。

（十四）法报化三身交叉

甲、观想：忿怒母炽燃，徧脐轮，再到心轮蓝𑖮吽字，化身体性，再燃到喉轮红𑖀阿字报身体性，语力大，再燃到顶轮白𑖲翁字法身体性不能忍暖乐徧全身。

乙、动作：跏趺坐，持瓶气，散开，仙从坐，右足心压左足趾上，两手交叉搪腕拐处置膝上，久持瓶气，散开，大哈，抖身。

（十五）勾召暖方便

甲、观想：脐间日轮上坐具德上师，红色，放光，请十方三世诸佛放光降临收于上师身中，再由上师放光照明依正二报，大悲大智，徧满世间。

乙、动作：蹲坐，足右交左支地，双手交叉从膝外各以二指勾大趾，右左转腹各三次，前后颠跳小三跳，大三跳，站立，大跳，量力行，大哈，抖身。

（十六）大鹏金翅鸟持毒龙

甲、观想：顶有半髻杵，杵中月轮，其中有大乐体性白色倒杭字，左右前后有八根本明点回绕，脐间三大力升四指高，杭明点动下，十方光明。

乙、动作：跏趺坐，持瓶气，散开，站立，双手向前平伸，顶礼势，向下两手两足大指置地，舌抵上颚，腹贴背，头向右左上各一偏看，站立，大跳，尽力行，大哈，抖身。

（十七）除沉如鹏

甲、观想：忿怒母照心间蓝吽字，上师体性，炽燃放光，徧照十方，除一切昏沉过失。

乙、动作：跏趺坐，持瓶气，散开，站立，右足置左膝上，亥母势，两拳右左右各打肩一次，捶胸拍肋前伸三次，左亦同，大跳，量力行，大哈，抖身。

（十八）除掉举过失

甲、观想：忿怒母蓝色，光徧满心轮（不向外放）。

乙、动作：跏趺坐，持瓶气，两掌交叉置两足心，眼下视，久持瓶气，持气中力不胜时，可由外向内吸一次，如是数次，尽力持，大哈，抖身。

（十九）狼眠

甲、观想：忿怒母放光，徧全身，如灯燃玻璃瓶内，内外莹彻。

乙、动作：跏趺坐，持瓶气，散开，跳而右卧，屈双膝，右掌按左肋，左掌抱双膝，持瓶气，尽力，跏趺坐，小跳，散开，大哈，抖身。（夜眠拳同上惟不用踟趺小跳)。

（二十）虚空下降

甲、观想：忿怒母光微动，自顶至脚一一毛孔徧满。

乙、动作：踟趺坐，持瓶气，散开，向前跳动仰卧，两拳足同时伸屈六次，站立，大跳，量力行，大哈，抖身。

（二十一）鹰翅左右倾

甲、观想：忿怒母蓝色光，持满心间。

乙、动作：踟趺坐，持瓶气，散开，站立，左拳置乳上，右手足同时向下伸屈三次，左亦同，大跳，尽力行，大哈，抖身。

（二十二）提明点须弥飞

甲、观想：明点降下，贪生起增长，从三脉向上提。

乙、动作：踟趺坐，两拳俯置胯，舌抵上颚，腹贴背，头目向右左各转看五次，念长吽，下上各十次，念短吽，大哈，抖身。

（二十三）毛狐狗笑

甲、观想：忿怒母炽燃，明点下降，火更大。

乙、动作：踟趺坐，两拳置乳上，舌抵等如前，头向右左上各徧一看，念长吽，大哈，抖身。

（二十四）饿鬼坐

甲、观想：眼上翻，舌抵上颚，腹贴背。

乙、动作：站立，两足相合，足尖立地，成三角形，膝少屈向外，两拳俯置膝头，向右左上各一看，念长黑，大跳三次，大哈，抖身。

（二十五）一人传秘拳分六，（1）中脉白菩提坐升

甲、观想：肛门上提气外持，舌抵上颚，腹贴背，眼上翻。

乙、动作：踟趺坐，双手十指交叉俯置前地，头向右左上各一徧看，心契本然，大哈，抖身。

（二十六）（2）中脉白菩提引起

甲、观想同上。

乙、动作：站立两足并立并膝，两拳俯置膝上，头向右左上各一看，心契本然，大哈，抖身。

（二十七）（3）中脉白菩提屈提

甲、观想同上。

乙、动作：站立，两足大势分开，两拳置膝上；头右左上各一看，心契本

然，大哈，抖身。

（二十八）（4）无名

甲、观想同上。

乙、动作：身仰卧，四支着地，股腾空，头向右左上各一看，心契本然，抖身。

（二十九）（5）无名

甲、观想同上。

乙、动作：站立，身俯，两掌反置地，两足压两手背，膝要直，头向右左上各一看，心契本然，大跳，抖身。

（三十）（6）无名

甲、观想同前。

乙、动作：站立，两足两膝并，两手抓两膝头，向右左上各一看，心契本然，大跳，抖身。

（三十一）狮子上飞

甲、观想：顶轮白明点如芥子大，出气到眉间，入气收入中脉，下降至密处，又提四顶轮，到眉间，又如上尽力而行，最后徧满全身。

乙、动作：跏趺坐，两手从两足背穿下成拳置地，舌抵颚，腹贴背，头眼向右左上各一翻，大哈，抖身。

（三十二）狮子撒尘

甲、观想：阿杭交合，徧满全身。

乙、动作：跏趺坐，散开，起立，中跳，同时双手向右左前各伸一次，继右左前各呼怕哈哈，双手伸，用力中跳，（伸手时摸膝至胸成拳，站立）大哈，抖身。

（三十三）狮子游戏

甲、观想：拙火上升至杭，红明点徧满全身，继由杭降白明点至脐下，火渐渐小，白明点徧满全身。

乙、动作：跏趺坐，两手摸膝到胸成拳，拍肋，双手大指按耳，二指按眼，中指按鼻，四小按口，右左各大三转，散开，右左前伸双手，中跳呼马哈哈各一次，大哈，抖身。

（三十四）狮子频呻

甲、观想：杭白明点由中脉下降至密处，白明点徧满全身，再由此上升至杭红明点徧满全身，顶门用十字杵封固。

乙、动作：菩萨坐式，左足抵肛门，以右手扪右足心，左手扪右足背，头向右左中各一徧看，念哈，左亦同，大哈，抖身。

（三十五）虎呕

甲、观想：第一次九吽，白明点如冰片花向上提，第二次九吽，红明点如旃檀香水向上提，第三次九吽，红白二种明点和合向上提，徧满全身。

乙、动作：跏趺坐，两手从两足背穿下十指着地，头向右左中三徧各念九吽，徧时手足同起向下用力置地，周身颤动，散开，抖身。

（三十六）象戏

甲、观想：中脉上端出顶四指，中有白色杭字，封闭顶门，脐下有只眼上视杭字。

乙、动作：跏趺坐，散开，双拳摸膝到胸，站立，两足相距五指，两拳捶胸拍肋，顶礼势，向下右压左置前地，臀部与头，交撑三次，臀顶打腿大跳，尽力，大哈，抖身。

（三十七）乌龟缩支

甲、观想：中脉三轮，顶轮中嗡，右脉阿，左脉吽，表身口意，明点向上提，分中右左三次提，各收种字内。

乙、动作：跏趺坐，散开，站立，两足相距一肘，两手下伸分向腿内绕足背，各以食指勾大趾，头向中右左念吽各一徧，同时周身弹动，散开，大哈，抖身。

（三十八）孔雀飞

甲、观想：顶杭字上分一吽到密处，向上提收入杭，又如上共三次。

乙、动作：跏趺坐，散开，伸足，两拳背摸足至胸，站立，伸第二指从全身上伸下，各以二指勾大趾，膝要直，后臀打腿，仰卧，足朝大，两手置膝内，走立，如是三次，大跳，尽力，大哈，抖身。

（三十九）鹏飞

甲、观想：红白明点和合，徧全身，如朱砂和牛乳然。

乙、动作：跏趺坐，散开，站立，亥母势，两拳打肩三下，捶胸拍肋前伸三次，左拳置乳上，右手足同时向前下伸三次，左亦同，大跳，尽力，大哈，抖身。

（四十）大跳五种

甲、观想：自成金色空行母，钺刀天灵盖，十方诸佛空行等，降临自身成真正金色空行母，内外三千大千世界，如入十一切处定然，中无杂物。

乙、动作：四十，两足并立跳，四十一，金刚打雷，空中结跏趺，四十二，两足张开立跳，四十三，右足置左足侧交叉势立跳，四十四，跳上时两足两膝向前平伸，同落地。

（四十五）除前过失

甲、观想：对面空中现大绿色哈字，右左肩旁各现中等哈字，想无始来，罪障及修气脉明点过失，从九门出收入上三哈上，如及铁石吸取一切垢染。

乙、动作：跏趺坐，两拳俯置胯，头向右左上各一看，再向右左上各一看，念哈，散开。手结独钴杵印，向上伸，中跳三次，回时双手至胸，大哈，抖身。

（四十六）结归

甲、观想：气脉明点一切障难除净。

乙、动作：菩萨坐，两拳置膝，右左耸肩六次，大哈，抖身。

（四十七）吉祥

甲、观想：下降之明点上提坚固。

乙、动作：菩萨坐，两拳右压左置前地，头向右左中各一看，念长吽，大哈，抖身。每一拳后大哈抖身者，想拙火热气从一一毛孔出，周满四千摆（每摆五尺，约十一里零）。最后想右手弓形风轮，左手三角形火轮，相拍搓擦身，想周围所有热气，收回拙火上，此时修拙火者，专住红阿字，修大手印者，专注视虚空与自心不二，修毕，起佛慢幻化身，自与上师本尊无二体性，回向，发愿下座。

每天应修拳法如下：

第一天那诺六拳法，修身卅七，那诺清净五支，梅纪巴，转六日，七日成就忿怒母，雪山狮子忿怒母。

第二天十八忿怒母，六灶印，双手交叉，法报化三身交叉，勾召暖方便。

第三天鹏持毒龙，除沉如鹏，除掉举过失，狼眠，虚空下降，鹰翅左右倾。

第四天提明点须弥飞，狐笑，饿鬼坐，单人拳六个，狮子上飞，狮子撒尘，狮子游戏。

第五天狮子频呻，虎呕，象戏，乌龟缩支，孔雀飞，雕飞，五种大跳。

以上每天开始，先修第一拳除气过失，次修九次出浊气，次修洗脉清净五支，又每天应修拳法毕，须修四十五除前过失，（四十六）结归（四十七）吉祥，左右手凤，火，拍、搓、擦身、收外热入拙火。

回向文：愿以此拳法，理事悉回向，我与诸有情，速证金刚持。

发愿文：为利众生故，清净诸气脉，仰求三根本，无余空行众，福慧摄受我，速急成虹身。

四季摄生法

正月修养法

内经：孟春之月，天地俱生，谓之趋阳。天地资始，万物化生，生而勿杀，与而勿夺，君子因密毋泄真气。卦值太，生气在子，坐卧当向北方。孙真人摄生论曰，正月肾气，受病，肺气微，宜减醎酸增辛辣味，助肾补肺，安养胃气，勿胃冰冻，勿太温暖，早起夜卧，以缓形神。内丹秘要曰，物出于地喻身中三阳上升，当急驾河车，搬四鼎内。活人心书云：肝主就弓位号心，病来自觉好酸辛，眼中赤色时多泪，嘘之病去如神。灵剑了导引，春孟一月势，以两手掩口，取热气津润摩面，上下三五十遍，令极热，食后为之令人华彩，光泽不皱。行之三年，色如少女，兼明目散诸故疾。从肝脏中肩背行后须引吸，晨方生气，以补肝脏，行入下元，凡行导引之法，皆闭气为之，勿得开口，以抬外邪，入于肝脏。

陈希夷孟春二气导引坐功图势：孟春正月节坐功图，运三厥阴初气，时配手太阳三焦。

坐功：宜每日子时，叠手按脾转身拗头，左右耸引，各三五度，叩齿吐纳，漱咽三次。

治病：风气积滞顶痛，耳后痛，肩臑痛，背痛，肘臂痛，诸痛悉治。

雨水正月中坐功图，运主厥阴初气，时配三焦，手少阳相火。

坐功：每日子丑时，叠手按□，拗颈转身，左右偏引，各三五度，叩齿吐纳漱咽。

治病：三焦经络留滞，邪毒嗌干，及肿嗌喉庳耳聋，汗出目锐皆痛，颊痛，诸候悉治。

二月修养法

内经：仲春之月无厌于日，当和其志，平其心，勿极寒勿太热，安静神气，以法生成。卦大壮，言阳壮过中也。生气在丑，卧养宜向东北。孙真人摄养论日，二月肾气微，肝正旺，宜戒酸增辛，助肾补肝，宜静膈去痰水，小泄皮肤，微汗以散去冬蕴伏之气。

灵剑子坐功一势，正坐两手相叉，争力为之，治肝中风，以叉手掩项后，使面仰视，使项与手争力，去热毒肩痛，目视不明，积风不散，元和心气势之令出散，调中和之气，补肝下气海添内珠尔。又一势以两手相重，按?拔去，左右极力，去腰肾风毒之气，及胷膈兼能明目。

内丹秘要曰，仲春之月，险佐阳气，聚物而出，喻身中阳火方半，气候匀停。法天生意云，二月初时，宜灸脚三里绝骨对穴，各七壮，以泄毒气，夏来无脚气冲心之病。春分宜采云母石炼之，用凡石或百草上露水，或五月茅屋滴下詹水，俱可炼，久服延年。济世仁术云，庚子辛丑日采石胆，治风痰最快。

陈希夷仲春二气导引坐功图势，惊蛰二月节坐功图，运主厥阴初气，时配手阳明太阳燥金。

坐功：每日丑寅时，握固转头，反肘后向，五六度，叩齿六六，吐纳嗽咽三三。

治病：腰脊肺胃，蕴积邪毒，目黄，口干，鼻衄，喉痺，面肿，暴哑，头风牙宜，目暗羞明，鼻不闻臭，遍身疙疮悉治。

春分二月中坐功图：运主少阴二气，时配手阳明大肠燥金。

坐功：每日丑寅时，伸手过头，左右揽引各六七度，叩齿六六，吐纳嗽咽三三。

治病：胸臆肩背，经络虚劳邪毒齿痛颈肿寒嘌，热肿耳聋耳鸣耳后肩臑肘臂，外背痛气满，皮肤殸殸然坚而不痛瘙痒。

三月修养法

内经：季春之月，万物发醒，天地俱生，阳炽阴伏，宜卧早起早，以养脏气，时肝脏气伏，心当向旺，宜益肝补肾以顺其时，卦值决。决者，阳决阴也决，而能和之，意生气在寅，坐卧宜向东北方。孙真人曰，肾气以息，心气渐临，木气正旺，宜减咸增辛，补精益气，慎避西风，宜懒散形骸，便宜安泰，以顺天时。灵剑子曰，补脾坐功一势，左右坐开了势，去胸胁膈结聚风气脾脏诸气，去来用力为之，凡一十四遍闭口，使心随气到以散之。

陈希夷季春二气坐功图势，清明三月节坐功图，运主少阴二气，时配手太阳小肠寒水。

坐功：每日丑寅时正坐定换手左右，如引硬弓，各七八度，叩齿纳清吐浊，咽液各三。

治病：腰肾肠胃，虚邪积滞，耳前热苦及耳聋，嗌痛颈痛，不可回顾，肩拔臑折，腰软反肘臂诸痛。

谷雨三月中坐功图，运主少阴二气，时配手太阳小肠寒水。

坐功：每日丑寅时平坐换手左右，举托移臂左右掩乳，各五七度，叩齿吐纳漱咽。

治病：胃结痂瘀血，目黄鼻衄，颊肿颔肿，肘臂，外廉肿痛，臂外痛。

四月修养法

内经：孟夏之月，天地始交，万物并秀，宜夜卧早起以受清明之气，勿大怒大泄。夏者火也，位南方其声呼，其液汗，故怒与泄，为伤元气也。卦值干。干健也，阳之性，天之象也。君子以自强不息。生气在卯，坐卧行功宜向正东方。孙真人曰，是月肝脏已病，心脏渐壮，宜增酸减咸以补肾助肝，调养胃气，勿受西北二方暴风，勿接阴以壮肾水，当静养以息心火，勿与淫接以宁其神，以自强不息天地化生之机。灵剑子曰：补心脏坐功之法有二：一势正坐斜身，用力偏敌如排山势极力为之，能去腰脊风冷，宣通五脏，六腑，散脚气，补心益气，左右以此，一势行之。二势以一行按?，一手向上极力，如托石，闭气行之，左右同行，去两胁间风毒，治心脏，通和血脉。内内秘要曰：姤月为一阴，始生之月也，阴气方生，喻身中阴符起缩之地。灵丹养成入口中当驯致以道，遂归丹田，不可荒忙急速。保生心鉴曰：五月属火，午火大旺，则金气受伤，古人于是时独宿，淡味，兢兢业业，保养生脏，正嫌火之旺耳。

陈希夷孟夏二气坐功图，立夏四月节坐功图，运主少阴二气，时配手厥阴心包络风木。

坐功：每日以寅卯时，开息瞑目，反换两手抑制两膝，各五七度，叩齿吐纳咽液。

治病：风湿留滞，经络肿痛，臂时挛急，腋肿手心热，喜笑不休，杂症。

小满四月坐功图，运主少阳三气，时配手厥阴心色终风木。

坐功：每日寅卯时正坐，一手举托，一手拄按，左右各三五度，叩齿吐纳咽液。

治病：肺腑蕴滞，邪毒，胸胁支满，心中憺憺大动，面赤，鼻赤，目黄心烦，作痛堂中热诸痛。

夏五月修养法

内经：仲夏之月，万物以成，天地化生，勿以极热，勿大汗，勿曝星宿，皆成恶疾。忌冒西北之风邪气犯人，勿杀生命。是月肝脏已病，神气不行，火气渐壮，水力衰弱，宜补肾助肺，调理胃气，以顺其时。卦值姤，姤者遇也，以阴遇阳，以柔遇刚之象也。生气在辰，宜坐卧向东南方。孙真人曰，是月肝脏气休，心正旺，宜减酸增苦，益肝补肾，固密精气，卧早起早，慎发泄，五日尤宜斋戒静养，以顺天时。保生心鉴曰：午火旺，则金衰，于时当归独宿，淡滋味，保养生脏。灵剑子坐功法，常以两手合掌，向前筑去臂腕如此七次，淘心脏风劳，散关节滞气。养生纂曰：此时静养，毋躁，止声色，毋违天和，毋幸遇，节嗜欲，定心气，可居高明，可远眺望，可入山林，以避尖暑，可坐台榭空厥之处。

陈希夷仲夏二气坐功图，芒种五月节坐功图，运主少阳二气，时配手少阴心君火。

坐功：每日寅卯时，正立仰身，两手上托，左右力举各五七度，定息叩齿，吐纳咽液。

治病：腰肾蕴积虚劳，益干心痛，欲饮，目黄胁痛，消渴善笑，善惊喜忘，上咳吐下，气泄身热而股痛心悲，头项痛，面赤。

夏至五月中坐功图，运主少阳三气，时配少阴心君火。

坐功：每日寅卯时，跪坐，伸手叉指屈指脚换踏，左右各五七次，叩齿内清吐浊咽液。

治病：风湿积滞，腕膝痛，臑臂痛，后廉痛，厥掌中热痛，两肾内痛，腰背痛，身体重。

六月修养法

内经：季夏之月，发生重浊，生养四时，万物生荣，增咸减甘以资肾脏。是月肾脏气微，脾脏独旺，宜减肥浓之物，益固筋骨。卦值遯，遯者避也。二阴浸长，阳当避也。君子庄矜自守，生气在巳，坐卧宜向南方。孙真人曰，是月肝气微弱，脾旺，宜节约饮食，远声色。此时阴气内伏，暑毒外蒸，从意当风任性食冷，故人多暴泄之患，切须饮食温软，不令太饱，时饮粟米温汤菖蔻熟水最好。内丹秘诀曰：建未之月，二阴之卦，是阴气渐长，喻身中阴符，离去午位，收敛而下降也。灵剑子坐功法，端身正坐，舒手指直上反拘，三举前屈，前后同行，至六月半，后用之，去腰脊脚肢庳风散膀胱邪气。

陈希夷季夏二气坐功图势，小暑六月节坐功图，运主少阳三气，时配手太阴脾湿土。

坐功：每日丑寅时，两手踞地，屈压一足，直伸一足，用力擎三五度，叩齿吐纳咽液。

治病：腿膝腰髀风湿肺胀满溢干喘咳，缺盆中痛，善嚏，脐右小腹胀，引腹痛，手弯急身体重，半身不遂，偏风健忘，哮喘脱肛，腕无力喜怒不常。

大暑六月中坐功图，运主太阳四气，时配手太阴肺湿土。

坐功：每日丑寅时，双拳踞地返首向肩，引作视左右各三五度，叩齿吐纳咽液。

治病：头项胸背，风毒咳嗽，止气喘渴烦心胸膈满臑臂痛，掌中热脐上或肩背痛，风寒汗出中风，小便数，欠淹泄，皮肤痛及运忘愁欲哭洒渐寒热。

秋七月修养法

内经：秋七月审天地之气，以急正气，早起早卧，与鸡俱起，方缓其形，收敛神气，使志安宁，卦否，否者塞也，天地塞，阴阳不交之时，故君子勿妄动，生气在午，坐卧宜向正南。孙真人养生曰：肝心少气，肺脏独旺，宜安静性情，增咸减辛，助气补筋，以养脾胃，毋冒极热，勿恣凉冷，毋发大汗，保全元气。灵剑子导引法势，以两手抱头项，宛转回旋俯仰，去胁肋胸背间风气肺脏诸疾，宜通项脉，左右同。正日法。又法以两手相叉头上，过去，左右伸曳之十遍，去关节中风气，治肺脏诸疾。

陈希夷孟秋二气导引坐功图。立秋七月节坐功图，运主太阴四气，时配足少阴胆相火。

坐功：每日丑寅时正坐，两手托地缩体开息，耸身上踊凡七八度，叩齿吐纳咽液。

治病：补虚益损，去腰肾积气，口苦善太息，心腰痛不能反侧，面庞体无泽，足外热头痛颈痛，目锐眦痛，缺肾肿痛，腋下肿汗出振寒。

处暑七月中坐功图，运主太阴四气，时配足少阳胆相火。

坐功：每日丑寅时正坐，转头左右举引，就反两手搥背各五七度，叩齿。

治病：风湿留滞，肩背痛，胸痛脊膂痛，胁髀膝经络，外至胫绝骨外踝，前及诸节背痛，少气咳嗽，喘渴上气，胸背脊膂积滞之疾。

秋八月修养法

内经：仲秋之月，大利平肃，安宁。志性，收敛神气，增酸养肝，毋令极饱，令人壅塞。是月宜祈谢求福。卦观，观者观也，风在地上，万物兴昌之时也。生气在未，坐卧宜向西南方吉。孙真人摄养论曰：是月心脏气微，肺金用事，宜减苦增辛，助筋补血，以养心肝脾胃，勿犯邪风，令人生疮以作疫痢。十八日，乃天人兴福之时，宜斋戒，存想喜事。灵剑子坐功法势，以两拳脚胫下十余遍，闭气，用力为之，此能开膊膈气，去胁中气，治肺脏诸疾，行完，叩齿三十六通以应之。云笈七藏曰：是月十五日，舍精正旺，宜采铜铁铸鼎剑。内丹秘要曰，观者曰阴之卦也，斗杓是月戌时指酉，以月建酉也。时焉阴佐阳历，以成万物，故物皆经缩小，因时而成矣。喻身中阴符过半，降而入于丹田，吾人当固养保元，以筑丹基。

陈希夷仲秋二气导引坐功图，白露八月节坐功图，运主太阳四气，时配足阳明胃燥金。

坐功：每日丑寅时正坐，两手按膝转头推引各三五度，叩齿吐纳咽液。

治病：风气留滞腰背经络洒洒振寒，苦伸数欠，或恶人与火，闻不声则惊狂虐汗，出鼻衄，口渴唇胗，颈肿喉庳不能言，颜黑呕呵。欠狂歌上登，欲弃衣裸之。

秋分八月中坐功图，运主阳明五气，时配足阳明胃燥金。

坐功：每日丑寅时盘足而坐，两手掩耳，左右反侧各三五度，叩齿吐纳咽液。

治病：风湿积滞，胁肋腰股腹大水肿膝膑肿痛，膺乳气冲股，伏兔冲外廉足跗诸痛，遗溺失气，奔响腹胀脾不可转䏊以结腨似裂消谷善饮，胃寒满。

九月修养法

内经：季秋之月，草木零落，众物伏蛰，气清风暴为朗，无犯朗风，节约生冷，以防疠病。二十八日，阳气未伏，阴气既衰，宜进补养之药，以生气。卦剥，落也。阴道将旺，阳道衰弱，当固精敛神，生气在申，坐卧宜向西南。孙真人曰，是月阳气已衰，阴气太盛，暴风时起，切忌贼邪之气以伤孔隙，勿冒风邪，无恣醉饱，宜减苦增甘，补肝益肾，助脾胃养生元和。灵剑子坐功法势，九月十二日已后，用补脾，以两手相叉于头上，与手争力，左右同法行之，治脾脏四肢，去胁下积滞风气，使人能食。

陈希夷季秋二气导引坐功图，寒露九月节坐功图，运主阳明五气，时配足太阳膀胱寒水。

坐功：每日丑寅时，正坐举两手踊身上托，左右各三五度，叩齿吐纳咽液。

治病：诸风寒湿邪，挟胁腋经络，动冲头痛目侣脱项如拔脊痛腰折痔虐，狂颠痛，头两边痛，头卤顶痛，目黄泪出鼻衄，虐乱诸疾。

霜降九月中坐功图，运主阳明五气，时配足太阳膀胱寒水。

坐功：每日丑寅时，平坐舒两手攀两足随用足间力，从而复收五七度，叩齿吐纳咽液。

治病：风湿庳入腰脚脾不可曲，腘结痛，腨裂痛，项背腰尻阴股膝髀痛，脐反虫肌肉痿下肿便脓血，小腹胀痛，欲小便不得，藏毒筋寒，脚气，久痔脱肛。

十月修养法

内经：孟冬之月，天地闭藏、水冻地坼，早卧晚起，必俟天晓，使至温畅无泄大汗，勿犯冰冻雪积，温养神气，无令邪气外入。卦坤，顺也。以服健为正，故君子当安于正，以顺时也。生气在酉，坐卧宜向西方。孙真人修养法曰，十月心肺气弱，肾气强盛，宜减辛苦以养肾气，毋伤筋骨，勿泄皮肤勿妄针灸，以其血涩，津液不行，十五日宜静养获吉。内丹秘要曰，方阴之月，万物至此，归根复命，喻我身中阴符　穷极，寂然不动，反本复静。此时塞兑垂廉以神光下照于坎宫，当夜气未火凝神聚气端坐片时，少焉神气归根，自然无中生有，积成一点舍精。盖一阳不生于复而生于坤，阴中生阳，实为产药根本。灵剑子导引法势，以两手相叉，一脚踏之、去腰脚拘束，肾气冷庳膝中痛诸疾。又法，正坐伸手指缓拘脚指五七度，治脚气诸风，注气肾脏诸毒气，远行脚痛不安，并可治之，常行最妙。

人之一身，元气亦有升降，子时生于肾中，此即天地一阳初动，感而遂通乃复卦也。自此后渐渐升至泥丸，午时自泥丸下降于心，戌亥归于腹中，此即天地六阴穷极，自虫闭关，草木归根，寂然不动，乃坤卦也。静极复动，循环无端，其至妙又在坤复之交。一动一静之间，即亥未子初之时，阴符经曰，自然之道静，故天地万物生养。生者当顺其时而行。坤复二卦之功，正在十月之间。

陈希夷孟冬二气坐功图势，冬十月节坐功图，运主阳明五气，时配足厥阴肝风木。

坐功：每日丑寅时正坐一手按膝，一手挽肘，左右顾两手，左右托三五度，吐纳叩齿咽液。

治病：胸胁积滞，虚劳邪毒，腰痛不可俛仰，嗌干面尘，脱色，胸满呕逆餐泄头痛，耳无闻，颊肿肝逆，面青目赤，睡痛，两胁下痛引小腹四肢满闷，眩冒目瞳痛。

小雪十月中坐功图，运主太阳终气，时配足厥阴肝风木。

坐功：每日丑寅时正坐，一手按膝，一手挽肘，左右争力各三五度，吐纳叩齿咽液。

治病：脱肘风湿热，妇人小腹肿，丈夫溃疝狐疝，遗溺闭癃血睾肿睾疝，足逆寒术喜瘅，节时肿，两筋挛，洞泄血，在肋下喘，善恐胸中喘王淋。

十一月修养法

内经：仲冬之月，寒气方盛，勿伤水冻，勿以炎火炙腹背，毋发蛰藏顺天之道。卦复，反也。阴阳于下，以顺上行之义也。君子当静养以顺养生。是月生气在戌，坐卧宜向西北。孙真人修养法，是月肾脏正旺，心肺衰微，宜增苦味，绝咸，补理肺胃，闭关静摄以迎初阳，使其长养以全吾生。灵剑子导引法势，以一手托膝反折，一手抱头，前后左右为之，凡三五度去骨节间风，宜通血脉，膀胱肾脏之疾。

是月也，一阳来复，阳气始生，喻身中阳气初动，火力方微，要不从不拘，温温柔柔，播施于鼎中，当拔动顶门，微微挈之，须臾火力炽盛，逼出真铅气在箕斗东南之乡，火候造端之地。

陈希夷仲冬二气坐功图势，大雪十一月节坐功图运主太阳终气，时配足少阴肾君火。

坐功：每日子丑时，起身仰膝，两手左右托两足左右踏各五七次，叩齿咽液吐纳。

治病：脚膝风湿毒气，口热舌干，咽肿上气嗌干及肿烦心心痛黄疸，肠澼阴下湿，饥不欲食，而如漆咳唾有血，渴喘目无见心悬如饥多恐，当若人捕等症。

冬至十一月中坐功图，运主太阳终气，时配足少阴肾君火。

坐功：每日子丑时平坐伸两足拳两手，按两膝左右极力三五度，吐纳叩齿咽液。

治病：手足经络寒湿脊股内后廉痛足痿厥嗜卧足下热脐痛左胁下背肩髀间痛胸中满大小腹痛，大便难，腹大颈肿咳嗽腰令如冰反肿脐下气逆小腹急痛泄一肿，足胻寒而逆冻疮下痢善思四肢不收。

十二月修养法

内经：季冬之月天地闭塞，阳潜阴施，万物伏藏，去冻就温勿泄皮肤大汗以即胃气，勿甚温暖，勿犯大雪，宜小宣勿大全补，众阳俱息勿犯风邪，勿伤筋骨。卦临，大也。以刚居中为大，亨而利于贞也。生气在亥，坐卧宜向西北。孙真人曰，是月土旺水气不行，宜减甘增苦，补心助肺，调理肾脏，勿冒霜雪，勿曳津液及汗。初三日宜斋戒静居焚香养道吉。灵剑子导引法势，以两手耸上极力三五遍去脾脏诸疾不安依春法用之。

陈希夷季冬二气坐功图势，小寒十二月节坐功图，运主太阳终气，时配足太阴脾湿土。

坐功：每日子丑时正坐，一手按足，一手上托，挽首互换，极力三五度，吐纳叩齿漱咽。

治病：荣卫气蕴，食即呕胃脘痛，腹胀，哕疟饮发中满食减善噫，身皆重食不下，烦心，心下急痛，溏瘕泄水闭，黄疸五泄注下五色大小便不通，面黄口干，急惰嗜卧，抢心，心下痞苦善饥善味不嗜食。大寒十二月中坐功图，运主厥阴初气，时配足太阴脾湿土。

坐功：每日子丑时两手向后，踞状跪坐，一足值伸，一足用力，左右各三五度，叩齿漱咽吐纳。

治病：经络蕴积诸气，舌根强痛，体不能动摇，或不能卧，强立股膝内肿，尻阴臑胻足背痛，腹胀，肠鸣，食泄不化，足不收行，九窍不通，足胕肿若水胀。

延年却病篇服气诀

进取诀第一

服气先须高燥净空之处室，不在宽，务在绝风隙。当会左右烧香。状须厚软，脚令稍高，衾被适寒温，令冬稍暖尤佳。枕高三寸余，令与背平。每至半夜后生气时，或五更睡醒之初，先吹出腹中浊恶之气，一九口止，若要细而言之，则亦不在五更，但天气调和，腹中空则为之。先闭目扣齿三十六下以警身神，毕以手指捏目大小眦，兼按鼻左右，旋耳及摩面目，为真人起居之法。更随时加之导引，以宣畅关节，乃以舌抵上颚撩口中内外津液，矣一口则咽之，令下入胃，存胃神承之，如此三止，是谓漱咽灵液，注入五脉，面乃生光，此后去就，大使略同。便兀然放神，使心如枯木空身若委衣，内视反听，万虑都遗，然后淘之。每事皆闭目握固，唯腹散气时，则展指也。夫握固所以闭关防而却精邪，凡初服气人，气道未通，则不可握固，待至百日或半年觉气通畅，掌中汗出则可握固。黄庭云，闭塞三关握固停，一咽金醴吞玉英，遂至不食令虫亡，久服自然得兴昌。

转气诀第二

诀曰，凡人五脏，亦各有正气，夜卧闭息觉后欲服气，先须转令宿食消故气得出，然后始得调服。其法闭目握固，仰卧，倚两拳于乳间竖膝，举背，及尻闭气则鼓气海中气，使自内外外，轮而转之，呵而出之，一九或二九止，是日转气，毕则调之。

调气诀第三

诀曰，鼻为天门，口为地户，则鼻宜纳之，口宜吐之，不得有误。误则气逆，气逆乃生疾也。吐纳之际，尤宜慎之，亦不使自可闻，调之或五或七，至九令平和也。是日调气，毕则咽之，夜睡则闭之，不可口吐之也。

咽气诀第四

　　诀曰，服内气之妙，在乎咽气。世人咽外气以为内气，不能分别，何其谬哉。吐纳之士，宜审而为之，无或错误耳。夫人皆禀天地之元气而生身，身中自分元气而理，每因咽及吐纳，则内气与外气相应，自然气海中气随吐而上，直至喉中，但俟吐极之际，则轻闭口，速鼓而咽之，令郁然有声汨汨然后，男左女右，而下纳二十四节，如水沥沥分明闻之也。如此，则内气与外气相顾，皎然而别也。以意送之，以手摩之，令速入气海。气海脐下三寸是也，亦谓之下丹田，初服气人上焦未通，以手摩之，则令速下，若流通不摩，亦得一闭口，三连咽之，干咽号曰云行，一漱口咽，取口中津咽，谓之雨施。初服气之人，气未流行，每一咽而施行之，不可遽至三连咽也。俟气通畅，然后渐渐加之，直至于小成也。一年后，始可流通。三年功成，乃可恣服，新服气之人，既未通咽或未下，须一咽以为俟，但自郁然有声，汨汨而下，直入气海。

行气诀第五

　　诀曰，下丹田近后二穴，通脊脉，上达泥丸。泥丸脑宫精名也。每三连咽则速下丹田，所得内之气以意送之令入二穴，因想见两条白气夹脊，双引直入泥丸熏蒸诸宫，森然遍下毛发面部头项，两臂及手指，一时而下，入胸至中丹田，中丹田，心宫神也，灌五脏，却历入下丹田，至三里，遍经?膝胫腜，下达涌泉足心是也。所谓分一气而理，鼓之以雷霆，淘之以风雨是也。只如地有泉源，非雷霆腾鼓无以润万物，人若不回荡浊恶之气，则令人不安。既有津液，非堪漱咽，虽堪溉灌，五脏发于光彩，终不能还精补脑，非交合则不能沂而上之，咽服内气，非吐纳则不能引而用之。是如回荡之道，运用之理，所以法天则地，想身中浊恶结滞，邪气瘀血，被正气荡涤皆从手足指端出去，谓之散气，则展手指，不须握固，如此一度则是一通，通则无疾，则复调之，以如使手，使手复难，鼓咽如前闭气，鼓咽至三十六息，为之小成，若未绝粒，但至此当须少食，务令腹中广然虚静，无问坐卧，但腹空则咽之，一日通夕，至十度，自然三百六十咽矣。若久服气息，顿三百六十咽，亦谓之小成，一千二百咽，谓之大成，谓之大胎息，但闭气数至一千二百息，亦是大成，然本色无精光，又有练全闭气委气布气，并诸诀要，具列于文，同志详焉。

练气诀第六

诀曰，服气练形，稍暇入室，脱衣散发，仰卧展手勿握固，梳头令通，垂席上布之则调气咽之。咽讫便闭气俟极，乃冥心绝想，任气所之，通理闷即吐之，喘息即调之。俟气平又练之。如此十遍即止。新服气之人未通，有暇渐加一至十，俟通渐加至二十，至五十。即令遍身汗出，如有此状是其效也。安志和气且卧，勿起冲风，乃却老，延年之良术耳。但要清爽时为之。气昏乱欲睡，慎勿为也。当欲勤行，四支烦闷不畅亦为之，不必每日，但要清爽时为也。十日五日亦不拘也。黄庭曰，千灾已消百病痊，不惮虎狼之凶残，亦以却老年永延。

委气诀第七

诀曰，夫委气之法，体气和平，身神调畅，无问行住坐皆可为之，但依门户调气，或身卧于床，或然而坐，无神无识，寂寂沉沉，使心同太空，因而调闭，或十气二十气皆通，须在气不得与意相争，良久，气当从百毛孔中出，不复吐也。从有十分无二也。复调为能至数十息以上弥佳。行住坐卧皆可为之。如此勤行，百关开通，颜色光泽，神爽气清，长如新沐浴之人，但有不和则为之，亦当清泰也。黄庭云，高拱无为魂魄安，清净神见与我言。

闭气诀第八

诀曰，忽有修养乖宜，偶生疾患，宜速于密室依服气法布手足讫，则调气咽之，会所苦之处，闭气想注，以意攻之，气极则吐之，讫，复咽相继依前攻之，气急则止，气调复攻之，或二十五至五十攻，觉所苦处，汗出通润即止，如未损，即每日夜半或五更，昼日频作以意攻，及若病在，头面手足，但有疾之处则攻之，无不愈者，是知心之使气，甚于使手，有如神助，功力难知也。

布气诀第九

诀曰，凡欲布气，与人疗病，先须依前人五脏所患之处，取方面之，气布入前人身中，令病者面其本方，息心净虑，始与布气。布气讫，便令咽气，鬼贼自逃，邪气永绝。

六气诀第十

诀曰，六气者嘘呵呬吹呼嘻是也。五气如属一脉，余一气属三焦也。呬属肺，肺主鼻，鼻有寒热不和及劳极，依呬吐纳，兼理皮肤疮疥，有此疾则依状理之立愈也。呵属心，心主舌，口干舌涩，气不通及诸邪气，呵以去之。大热大开口呵，小热小开口呵，仍须作意，是宜理之。呼属脾，脾主中宫，如微热不和，腹胃胀满，气闷不曳，以呼气理之。吹属肾，肾主耳腰，肚冷，阳道衰，以吹气理之。嘘属肝，肝连目，论云肝盛则目赤，有疾作，以嘘气理之。嘻属三焦，三焦不和，嘻以理之。气虽各有所理，但五脏三焦，冷热劳极，风邪不调，都属于心，心主呵，呵所理诸疾皆愈，不必六气也。

调气液诀第十一

诀曰，人食五味，五味各归一脏，每脏各有浊气，同出于口。又六气三焦之气皆凑此门，众秽并投，合成浊气。每睡觉熏熏气从口而出，自不堪闻，审而察之，以知其疾。凡口中焦干，口苦舌涩，咽频无津，或咽垂喉中痛，不能食，是热极状也，即须大张口呵之。每咽必须闭户出之，十呵二十呵，即鸣天鼓，或七或九，以舌搅华池，而咽津复呵复咽，令热气退止。但候口中清水甘泉生，即是热退五脏济也。若口中津液冷淡无味，或呵过多，心头汪汪然，饮食无味，不受水，则是冷状也，即当吹以温之，如温热法，同伺候口美心调温即此。黄庭云，玉池清水灌灵根，审能修之可长存。

食饮调护诀第十二

诀曰，服气之后，所食须有次第，可食之物有益，不可食之物必有损。损宜永断，益乃恒服。每日平旦食少许淡水粥，或胡麻粥甚益人，理脾气，令人足津液。日中淡面糕点及饼并佳，乍可馁，慎勿饱，饱则伤心，气尤难行。凡热面萝葡椒姜切忌，咸酸辛物，宜渐节之。每食毕，即须呵出口中餐毒浊风，永无患矣。服气之人，肠胃虚净，生冷酸滑黏腻，陈硬腐败难消之物不可食，若偶然食此等之物，一口所在处必即微痛，慎之。不可冲生产死亡，并六畜一切秽恶不洁之气，并不可及门，况近之耶。

甚不宜正气，如不意卒逢以前诸秽恶，速闭气上风闭目速过，便求一两杯酒荡涤之，觉气入腹不安，即须调气逼出浊气，即咽纳新气，以意送之，当以手摩之，则便吞椒及饮一两盏酒，令散矣。服气，一年通气，一年通血，实三三年功成，元气凝实，纵有触犯无能为患。口服千咽，不足为多，返老还童，渐从此矣。气化为津，津化为血，血化为精，精化为髓，髓化为筋，一年易气，二年易血，三年易脉，四年易肉，五年易髓，六年易筋，七年易骨，八年易发，九年易形，即三万六千真神，皆在身中，化为仙童，号曰真人矣。勤修不息，则关节相连，五脏牢固。黄庭云，千千百百自相连，一一十十似重山，是内气不出，外气不入，寒暑不侵，刀兵不害，升腾变化，寿同三光也。

胎息经

胎从伏气中结，气从有胎中息。气入身来为之生，神去离形为之死。知神气可以长生，因守虚无以养神气。神行即气行，神住即气住。若欲长生，神气相注。心不动念，无来无去，不出不入，自然常住。勤而行之，是真道路。（幻真批注浅陋）

胎息铭解

三十六咽，一咽为先。吐惟细细，纳惟绵绵。坐卧亦尔，行立坦然。戒于喧杂，忌以腥膻。假名胎息，实曰内丹。非只治病，决定延年。久久行之，名列上仙。

高子曰，右胎息诀，与后李真人一十六字诀相同。但此条每于半夜子后或丑寅时佚，冬月恐子时严寒，夏月恐午时太热，故冬以寅时，夏以酉时，亦为不败时初起如此。习久坐下即是，子午何必因时。初起握固，以脚后跟曲转顶住玉茎柯根，使精气固定。手跌足盘以行其气，务依此铭，一咽一吐，皆从鼻窍中出入。出声宜细，不令有声闻之于耳。三十六咽数毕舒伸四肢，鼻引清气亦勿咽入喉中，只昂头引向徧体四肢，以手足徐徐伸缩而导引之。余则日得空间，即以唐李真人十六字行之，自然不饥不渴，如常饮食一般，不可厌倦间断。久久行之，功不尽述。

李真人长生一十六字妙诀

一吸便提，气气归脐。一提便咽，水火相见。

上十六字，仙家名曰十六锭金，乃至简至易之妙诀也。无分于在官，不妨政事，在俗不妨家务，在士商不妨本业，只于二六时中略得空闲，及行住坐卧，意一到处便可行之。口中先须嗽及三五次，舌搅上下颚，仍以舌抵上颚，满口津生，连津咽下汩然有声，随于鼻中吸清气一口，以意会及心目，寂地直送至腹脐下一寸二分，丹田元海之中，略存一存，谓之一吸，随用下部轻轻如忍便状以意力提起使归脐，连及夹脊双关肾门，一路提上直至后顶玉枕关，透入泥丸顶内其升而上之，亦不觉气之上出，谓之一呼。一呼一吸谓之一息。气既上升，随又似前汩然有声咽下，鼻吸清气送至丹田稍存一存，又自下部如前轻轻提上与脐相接而上，所谓气气归脐，寿与天齐矣。凡咽下，口中有液愈妙，无液亦要汩然有声咽之，如是一咽一提，或三五口，或七九或十二，或二十四口，要行即行，要止即止，只要不忘，作为正事，不使间断，方为精进。如有疯疾见效犹速，久久行之，却病延年，形体变，百疾不作，自然不饥不渴，安健胜常。行之一年，永绝感冒，痞积逆滞不和瘫疸疮毒等疾，耳聪目明，心力强记，宿疾俱瘥，长生可望。如亲房事，欲泄未泄之时，亦能以此提呼咽吸，运而使之归于元海，把牢春泛，不放就飞，甚有益处。所谓造化吾手，宇宙吾心，妙莫能述。

修真至要曰，精根根而运转，气默默而徘徊，神混混而往来，心澄澄而不动，又曰身外有身，未为奇特，虚空粉碎，方是全真，可为至言。

胎息秘要歌诀

闭气歌诀

忽然身染疾，非理有损伤，欲意归闲室，脱身卧木床。仰眼兼握固，扣齿与焚香。三十六咽足，丹田气越常，随心连引到，损处最为良。汗出以为度，省术广利方。

布气与他人攻疾歌诀

修道久专精，身中胎息成，他人凡有疾，脏腑审知名。患儿向王气，澄心意勿轻，传真气令咽，使纳数连并，作念令其损，顿能遣患情。鬼神自逃遁，病得解缠茔。

六气歌诀（病疾即止，不可过，过即败气）

一曰呬，呬法最灵应须秘，外属鼻根内关肺。寒热劳闷及肤疮，以斯吐纳无不济。

二曰呵，呵属心王主其舌，口中干涩身烦热。量疾深浅以呵之，焦腑疾病自消灭。

三曰呼，呼属脾神主其土，烦热气胀腹如鼓，四肢壅闷气难通，呼而理之复如故。

四曰嘘，嘘属肝神主其目，赤翳昏昏泪如哭，都缘肝热气上冲，嘘而理病更神速。

五曰吹，吹属肾脏主其耳，腰膝冷多阴道痿，微微从气以吹之，不用外边求药饵。

六日嘻，嘻属三焦有疾起，三焦所有不和气，不和之气损三焦，但使嘻嘻而自理。

调理津液歌诀

人因食五味，壅滞闭三焦，热极者涩盛，冷多淡水饶。便将元气疗，休更问壶提。热随呵自退，冷宜吹始销。口中频漱咽，津液自然调。若得如斯妙，冷热可无交。

服气饮食所宜歌诀

修道欲得见真的，庖馔之中堪者吃。淡粥朝餐渴自销，油麻润喉足津液。就中粳米饭偏宜，淡面烹饪也相益。好酒饮时勃气销，生椒服之百病息。食前宜咽六七咽，以食为主是准则。饭了须呵三五呵，免　教毒气烦胸臆。

治万病坐功诀

凡治诸病，病在喉中胸中者枕高七寸，病在心下者枕高四寸，病在脐下者，去枕以口出气。鼻纳气者名曰泻，闭口温气咽之者名曰泻，欲引头病者仰头，欲引腰脚病者仰足十指。欲引胸中病者挽足十指，欲引去腹中寒热诸所不快者，皆闭气胀腹，欲息者，须以鼻息，已复为，至愈乃止矣。

一、平坐申腰脚两臂，展手据地，口徐吐气以鼻纳之，除胸中肺中之痛，咽气全温，闭目行也。

二、端坐申腰，以鼻内气闭之，自前后摇头各三十次，除头虚空花天耗地转之疾，闭目摇头。

三、将左胁侧卧，以口吐气，以鼻纳之，除积聚心下不快之证。

四、端坐申腰，徐以鼻纳气，以右手持鼻摇目，昏若泪出者，去鼻中息，亦治耳聋，亦除伤寒头痛之疾，皆当以汗出为度。

五、正偃卧，以口徐出气，以鼻纳之，除里急饱食后小咽若咽气，数至十，令温为度。若气寒者，使人干呕腹痛，可用鼻纳气咽之，七至十至百，则大填腹内，除邪气，稍正气也。

六、右胁侧卧，以鼻纳气，以口小吐气，数至十，两手相摩热以摩腹，令其气下出之，除两胁皮肤痛闷之疾，愈者止。

七、端坐申腹，直上展两臂，仰两手掌，以鼻纳气闭之，自极七息名曰蜀王台，除胁下积聚之法。

八、覆卧去枕竖立两足，以鼻纳气四，复以鼻出之四，若气出之极，令微气再入鼻中，勿令鼻知，除身中热及背痛之疾。

九、端坐申腰，举左手仰其掌，却右手同，除两臂及痛之疾，气结积聚之病。

十、端坐以两手相叉，抱膝闭气，鼓腹二七或三七，气满则吐，后气通畅者为度，行之十年，老有少容。

十一、端坐申腰，左右倾侧，闭目以鼻纳气，除头风，自极七息止。

十二、端坐申腰，鼻纳气数十为度，除腹中饮食满饱，若快则止，未便者复为之，若腹中有寒气亦为之。

十三、端坐使两手如张弓势，满射数四可治四肢烦闷背急，每日或时为之佳。

十四、端坐申腰举左手仰掌，以右手承右胁以鼻纳气，自极七息，除瘀血纳气等并皆治之。

十五、端坐申腰，举右手仰掌，以左手承左胁，以鼻纳气自极七息，除胃寒食不变则愈。

十六、两手却据仰头，自以鼻纳息，因而咽之数十，除热身中伤死肌肉等，治之而愈。

十七、正偃仰端展足臂，以鼻纳气自极七息，摇见三十而止，除胸足中寒，周身痹厥逆嗽。

十八、偃卧屈膝，令两膝头内向相对，手翻两足，申腰以鼻纳气，自极七息，除痹溃热痛，两胫不遂。

十九、平坐两手抱头，宛转上下，名为开胁，除身体昏沉不通畅者，并皆治之。

二十、踞坐申右脚，两手抱左膝头，申腰，以鼻纳气自极七息，除难屈伸及拜起胫中痛瘀痹等并皆治之。

二十一、踞坐申左足，两手抱右膝，申腰，以鼻纳气，自极七息，展左足着外，除难屈伸及拜起胫中疼，一本云除风，并目睬耳聋。

二十二、正偃卧，直两手，捻胞所在，全如油囊裹丹，阴下湿，小便难倾，小腹重不快。若腹中热但口出气，鼻纳之数十止，亦不须小咽之。若腹中不热者，行七息，以温气咽之十止。

二十三、覆卧傍视两踵伸腰，以鼻纳气，自极七息，除脚中弦痛转筋及脚酸痛。

二十四、踞坐，两手抱两膝头，以鼻纳气，自极七息，除腰痹背痛。

二十五、偃卧展两胫，两手令两踵相向，亦鼻纳气，自极七息，除死肌及足胫寒膝之疾。

二十六、偃卧两手两胫左膀，两足踵，以鼻纳气自极七息，除胃中有食不消苦呕之疾。

二十七、踞坐申腰，以两手引两踵，以鼻纳气，自极七息，向两膝头者，除身痹呕逆之疾。

二十八、偃卧，展两手两脚仰足指，以鼻纳气，自极七息，除腹中弦急切痛。

二十九、偃卧，左足踵拘右足拇指以鼻纳气，自极七息除厥疾，若人脚错踵，不拘拇指，依法行之。

三十、偃卧，以右足踵拘左足拇指，以鼻纳气，自极七息，除周身痹。

三十一、病若在左，端坐申腰，右视目以鼻纳气，极而吐之，数十止，闭目而作。

三十二、若病在心下积聚者，端作申腰，向日仰头，徐以鼻纳气，因而咽之，三十而止，闭目而作。

三十三、若病在右，端坐申腰，左视目，以鼻纳气而咽之，数十止。

三十四、元阳经云：常以鼻纳气，含而漱之，舌撩唇齿咽之，一日夜得千咽者大佳。当少饮食，多即气逆，逆则百脉闭，百脉闭则气不行，气不行则疾病生。

左洞真经按摩导引诀

元道经曰：元气难积而易散，关节易闭而难开，人身欲得摇动则谷气易消，血脉疏利。仙家按摩导引之术，所以行血气，利关节，辟邪外干，使恶气不得入吾身中，故延年却病，以按摩导引为先。

夜半子矦，少阳之气，生于阴分，修生之士，于子时修练。古人一日行持始于子，一岁功用起于复（阳之月是也，即今之十一月）

转胁舒足　混元经曰：戌亥子三时，阴气生而人寐，寐则气滞于百节，养生家睡不厌缩，觉不厌伸，故阴始生则舒伸转掣，务令荣卫周流也。

导引按矫　踊身令起，平身正坐，两手叉项后，仰视举首，左右招摇使顶与手争，次以手扳脚，稍闭气，取太冲之气（太冲穴在大指本节后二寸骨胪间陷者），左挽如引弓状，右挽亦如之。左令人精和血通风气不入，久能行之，无病延年。

撞目四眦　太上三关经云：常以手按目，近鼻之两眦，闭气为之，气通即止，终而复始常行之，眼能洞见。又云导引毕，以手按目四眦三九徧，捏令见光明，是检眼神之道，久为之得见灵通也。

摩手熨目　捏目四眦毕，即用两手侧立掌掌如火，闭目熨睛数徧。

对修当居　内景经云，常以手按眉后小穴中，二九，一年可夜作细书，亦可于人中密行之，勿谭其状。眉后小穴为上元六合之府，主化生眼晕，和莹精光，长珠彻瞳，保练月精，是真人坐起之道。紫微夫人曰，仰和天真，俯按山源。天真，是两眉之角，山源是鼻下人中也。两眉之角是澈视之津梁，鼻下人中，是引灵之上房。

俯按山源　紫微夫人云，俯按山源是鼻下人中之本侧，在鼻下小谷中也。楚荘公时，市长送来子洒扫一市，常歌曰，手为天马，鼻为山源。每经危险之路，庙貌之间，心中有疑忌之意者，乃先反舌内向咽津一二徧毕，以左手第二、三指，指两鼻孔下人中之本，鼻中隔孔之内际也。鼻中隔孔之际，一名山源，一名鬼井，一名神池，一名魂台。捏毕因叩齿七徧，又以手掩鼻。手按山源则鬼井闭门，手发神池则邪根分散，手临魂台则玉真守关。鼻下山源，是一身之武津，真邪之道府，守真者所以遏万邪，在我运挥云耳。

营治城郭　消魂经云，耳欲得数，按抑左右令无数，使人听彻，所谓营治城郭，名书皇籍。

击探天鼓　天鼓者耳中声也。举两手心紧掩耳门，以指击其脑户，常欲其声壮威相续不散，一日三探，有益下丹田。或声散不续无壮威者，即元气不集也，宜整之。

拭摩神庭　真诰云：面者神之庭，发者脑之华。心悲则面焦，脑减则发素。太素丹经云，一面之上，常欲得明，手摩拭之，使热高下随形，皆使极匝，令人面色有光泽，皱斑不生，行之五年，色如少女，所谓山泽通气，勤而行之，手不离面乃僖也。颖阳书云，发宜多梳，齿宜数叩，液宜常咽，气宜常练，手宜在面，此五者所谓子欲不死修昆仑也。

上朝三元　真诰云：顺手摩发如理节之状，使发不白，以手乘额上谓之手朝三元，固脑坚发之道也。头四面，以手乘顺，就结令多也。于是头血流散，风湿不凝。

下摩生门　黄庭经云，两部水王对生门，生门者脐也。闭内气鼓小腹令满，以手摩一周天，三十六度。

节发去风　谷神诀：凡梳头勿向北，梳欲得多，多则去风，多过一千，小不下数百，仍令人数之。太极经云，理发欲向王地节之，取多而不使痛，亦可令待者节也，于是血液不滞，发根常坚。

运动水土　真诰云，食勿过多，多则生病。饱慎便卧，卧则心荡。登真秘诀云，食饱不可睡，睡则诸疾生。但食毕勉强行步，以手摩两胁上下良久，又转手摩肾堂令热，此养生家谓之运土水上，水土即脾肾也。自然饮食消化百脉流通，五脏安和。养生论云，已饥方食，才饱即止，中末之间，时饮酒一杯，止饥代食，酒能淘荡阴滓，得道之人，熟穀之液，皆所不废。酒能练人真气，灵剑子服气经云，酒后行气易通，然不可多及吐，反有所损。

太上混元按摩法

两手捼脮，左右捼肩二七徧，左右纽身二七徧，两手抱头，左右纽腰二七徧。左右摇头二七徧，一手抱头，一手托膝三折，左右同两手托头，三举之，一手托头，一手托膝，从下向上三徧。左右同两手攀头下向，三顿足，两手相捉头上过，左右三徧。两手相叉托心前，推却挽来三徧，着心三徧。曲腕筑助挽肘，左右亦三徧，左右挽前后扳各三徧，舒手挽项左右三徧。反手着膝，手挽肘，覆手着膝上，左右亦三徧，手摸眉从上至下使徧，左右同，两手空拳筑三徧，外振手三徧，内振三徧，覆手振亦三徧，两手相叉反复搅各七徧，摩纽指三徧。

两手反摇三徧，两手反叉上下纽肘无数，单用十呼，两手上耸三徧，下顿三徧。两手相叉头上过，左右伸肋十徧，两手拳反背上掘脊，上下亦三徧（掘指之也）。两手反捉上下，直脊三徧覆掌捏腕，内外振三徧。覆掌前耸三徧，覆掌两手相叉交横三徧，覆手横直，即耸三徧，若有手足患冷，从上打至下，得热便休。舒左脚右手承之，左手捼脚耸上至下，直脚三徧，右手捼脚亦尔。前后捼足三徧，左捼足，右捼足各三徧，前后却捼足三徧。直脚三徧，纽脮三徧，内外振脚三徧，若有脚患冷者，打热便休。纽脮以意多少顿脚三徧，却直三徧。处据左右，纽肩三徧推天托地左右三徧，左右排山负山拔木各三徧。舒手直前，顿伸手三徧，舒两手两膝亦各三徧，舒脚直反，顿伸手三徧，捼内脊各三徧。

天竺按摩法

两手相捉纽，捼如洗手法。两手浅相叉，翻覆向胸。两手相捉，共按?，左右同。两手相重，按脮，徐徐捼身，左右同。以手如挽五石弓，左右同。作拳向前筑，左右同。如拓石法，左右同。作拳却顿，此是开胸，左右同。大坐斜身，偏欲如排山，左右同。两手抱头，宛转脮上，此是抽胁。两手据地，缩身曲脊，向上三举。以手反推脊上，左右同。大坐伸两脚，即以一脚向前虚掣，左右同。两手据地回顾，此是虎视法，左右同。立地反扭身三举。两手急相叉，以脚踏手中，左右同。起立以脚前后虚踏，左右同。大坐伸两脚用相当，手勾所伸，脚着膝中以手按之左右同。右十八势但逐日能依此三徧者，一月后百病不生，行及奔马，补益延年，能食，眼明，轻健，不复疲乏。

婆罗门导引十二法

第一龙引，以两手上拓，兼似挽弓势，左右同叉，叉手相捉头上过。

第二龟引，峻坐两足如八字，以手拓膝行摇动，又左顾右顾各三徧。

第三麟盘，侧屈手，承头将近床，脚屈向上，傍脾展上脚向前扭，左右同。

第四虎视，两手据床，拔身向背后视，左右同。

第五鹤举，起立徐徐，返扭引颈，左右挽各五徧。

第六鸾趋，起立以脚徐徐前踏，又握固以手前后策各三徧。

第七鸳翔，以手向背上相捉低身，徐徐宛转各五徧。

第八熊迅，以两手相叉，翻复向胸臆抱膝头上，宛转各三徧。

第九寒松控雪，大坐，手据膝渐低头左右摇动，徐徐回旋各三徧。

第十冬柏凌风，两手据床，或低或举，左右引细拔回旋各三徧。

第十一仙人排天，大坐斜身偏筒两手据床，如排天，左右同。

第十二凤凰鼓翅，两手交搥膊并连臂返搥背上，连腰脚各三数度为之，细拔回旋，但取使伏为主，不得过度，更至疲顿。

擦涌泉穴说

其穴在足心之上，湿气皆从此入，日夕之间，常以两足赤肉更次用一手握指，一手磨擦，数日多时，觉足心热，即将脚指略略动转，倦则少歇或令人擦之亦得，终不若自擦为佳。

擦肾腧穴说

张成之为司农丞，盖支同坐，时冬严寒，余一二刻间，两起便溺，问曰，何频数若此，荅曰，天寒自应如是。张云，某不问冬夏，只早晚两次。余谂之曰，有导引之术手，曰然。临卧时坐于床，垂足解衣，闭气舌柱上颚，目视顶，仍提缩榖道，以手摩擦两肾腧穴各一百二十次，以多为妙，毕即卧，如是三十年，极得。加归禀老人，老人行之旬日，云真是奇妙。

导引却病歌诀

水潮除后患 平明睡醒时，即起端坐凝神息虑，舌舐上颚，舌口调息津自生，渐至满口，分作三次，以意送下，久行之则五脏之邪火不炎，四肢之气，血流畅，诸疾不生，主除后患，老而不衰。 诀曰：津液频生在舌端，寻常嗽咽下丹田，于中畅美无凝滞，百日功灵可驻颜。

起火得长安 子午二时存想真火自涌泉穴起，先从左足行玉枕过泥丸降入丹田三遍，次从右足亦行三遍，复从尾闾起又行三遍，久久纯熟则百脉通五脏无滞四肢健而百骸理也。 诀曰：阳火须知自下生，阴符上降落黄庭，周流不息精神固，此是真人大练形。

梦失封金匮 欲动则火炽，火炽则神疲，神疲则精滑而梦失也。寤寐时调息神思，以左手搓脐二七，右手亦然，复以两两手搓胁摆摇七次，咽气纳于丹田握固良久，乃正屈足侧卧，则无走失。　诀曰：精滑神疲欲火攻，梦中遗失致伤生。按摩有诀君须记，绝欲除贪是上乘。

形衰守玉关　百虑咸中，万事劳形，所以衰也。返老还童，非金丹不可。然金丹岂易得哉。善摄生者，行住坐卧，一意不散，固守丹田，默运神气，冲透三关，自然生精生气，则形可以壮，老可以耐矣。诀曰：却老扶衰别有方，不须身外觅阴阳，玉关谨守常渊默，气足神全寿更康。

鼓呵消积聚　有因食而积者，有因气而积者，久则脾受伤，医药难治，熟若节饮食，戒嗔怒，不使有积聚为妙。患者当以身闭息鼓动胸腹，俟其气满，缓缓呵出，如此行五七次便得通快即止。　诀曰：气滞脾虚食不消，胸中膨闷最难调，徐徐呵鼓潜通泰，疾退身安真久劳。

兜礼治伤寒　元气亏弱，腠理不密，则风寒伤感患者端坐盘足，以两手紧兜外肾，闭口缄息存想真气自尾闾升过夹脊透泥丸逐其邪气低头屈抑如礼拜状，不拘数，以汗出为度，其疾即愈。　诀曰：跏趺端坐向蒲团，手握阴囊意要专，运气叩头三五遍，顿令寒疾立时安。

叩齿牙无疾　齿之有疾乃脾之火熏蒸。每侵晨睡醒时叩齿三十六遍，以舌搅牙龈之上，不论遍数津液满口方可咽下，每作三次乃止，及小解之时闭口咬牙，解毕方开，永无齿疾。　诀曰：热极风生齿不宁，侵晨叩嗽自惶惶，若教运用常无隔，还许他年老复钉。

升观鬓不斑　思虑太过则神耗气虚血败而斑矣。要以子午时握固端坐凝神绝念，两眼令光上视泥丸存想追摄二气，自尾闾间上升，下降返还元海，每行九遍，久则神全气血充足发可返黑也。　诀曰：神气冲和精自全，存无守有养胎仙，心中念虑皆消灭，要学神仙也不难。

运睛除眼翳　伤热伤气，肝虚肾虚，则眼昏生翳，日久不治，盲瞎必矣。每日睡起时，趺坐凝息，塞兑垂廉，将双目轮转十四次，紧闭少时忽然大睁，行久不替，内障外翳自散，切忌色欲，并书细字。　诀曰：喜怒伤神目不明，垂廉塞兑养元精。精生气化神来复，五内阴魔自失惊。

掩耳去头旋　邪风入脑虚火上攻，则头目昏旋，偏作正痛，久则中风不语，半身不遂，亦由此致。治之须静坐升身闭息，以两手掩耳，折头五七次，存想元神逆上泥丸，以逐其邪，自然风邪散去。　诀曰：视听无闻意在心，神从髓海逐邪氛，更兼精气无虚耗，可学蓬莱境上人。

托踏应轻骨　四肢亦欲得小劳，譬如户枢终不朽，熊鸟演法吐纳导引皆养生之术也。平时双手上托如举大石，两脚前踏如履平地，存想神气，依按四时嘘呵二七次，则身轻体健，足耐寒暑。 诀曰：精气冲和五脏安，四肢完固骨强坚，虽然未得刀主饵，且住人间作地仙。

搓涂自美颜 颜色憔悴所由心思过度，劳碌不谨。每晨静坐闭目，凝神存养，神气冲淡，自内达外，以两手搓热，拂面七次，仍以嗽津涂面，搓拂数次，行之半月，则皮肤光润容悦泽大过寻常矣。 诀曰：寡欲心虚气血盈，自然五脏得和平，衰颜伏此增光泽，不羡人间五等荣。

闭摩通滞气 气滞则痛，血滞则肿，滞之为患，不可不慎。治之须澄心闭息，以左手摩滞七七遍，右手亦然，复以津涂之，勤行七日，则气血通畅永无凝滞之患，修养者所设干沐浴者即此义。 诀曰：荣卫流行不暂休，一绕凝滞便堪忧。谁知闭息能通畅，此外何须别讨求。

凝抱固丹田 元神一出便收来，神返身中气自回，如此朝朝并暮暮，自然赤子产真胎，此凝抱之功也。平时静坐，存想元神入于丹田，随意呼吸，旬日丹田完固，白日灵明渐通，不可或作或辍也。 诀曰：丹田完固气根归，气聚神凝道合真，久视定须从此始，莫教虚度过光阴。

淡食能多补 五味之于五脏各有所宜，若食之不节，必致亏损，孰若食淡谨节之为愈也。然此淡亦非弃绝五味，特言欲五味之冲淡耳。仙翁有云，断盐不是道，饮食无滋味，可见其不绝五味。淡对浓而言，若膏粱过度之类，如吃素是也。诀曰：原味伤人无所知，能甘淡薄是吾师，三千功行从此始，天鉴行藏信有之。

无心得大还 人还之道，圣道也。无心者，常清静也。人能常静，天地悉皆归，何圣道之不可传，大还之不可得哉。清净经已备言之矣。修真之士，体而行之，欲造夫清真灵妙之境，若反掌耳。 诀曰：有甘有为云至要，无声无臭语方奇。中秋午夜通消息，明月当空造化基。

服气疗病

彭祖曰：常闭气纳息，从平旦至日中乃跪坐拭目摩搦身体舐唇咽唾，服气数十乃起行言笑。其偶有疲倦不安便导引闭气以攻所患，必存其身头面九窍五脏四肢至于发端皆会所在觉其气云行体中，起于鼻口，下达十指，末则澄和真神，不须针药灸刺。凡行气欲除百病，随所在作念之。头痛念头，足痛念足，和气往攻之。从时至时，便自消矣。时气中冷可闭气以取汗，汗出周身则解矣。行气闭气虽是治身之要，然当先达解其理趣，又宜空虚，不可饱满。若气有结滞，不得空流，或致疮疖。譬如泉源不可壅遏。若食生鱼生菜肥肉及喜哀忧患不除而以行气，令人发上气。凡欲学行气，皆当以渐。刘安曰：食生吐死，可以长存。谓鼻内气为生也。凡人不能服气，从朝至暮常习而不息，徐而舒之，但令鼻内口吐，所谓吐故纳新也。服气经曰，道者气也，保气则得道，得道则长存。神者精也，保精则神明，神明则长生。精者血脉之川流，守骨之灵神也。精去则骨枯，骨枯则死矣。是以为道务宝其精。从夜半至日中为生气，从日中后至夜半为死气。当以生气时正偃卧瞑目握固（握固者如婴儿之卷手，以四指狎大母指也）闭气不息，于心中数至二百乃口吐气出之曰增息，如此身神具五脏安。能闭气至二百五十息则华盖明，明则耳目聪明举身无病，邪不忓人也。凡行气以鼻内气，以口吐气，微而行之，名曰长息。内气有一，吐气有六。内气一者谓吸也，吐气六者谓吹呼唏呵嘘呬皆出气也。凡人之息一呼一吸，元有此数，欲为长息。吐气之法，时寒可吹，温可呼，委曲治病。吹以去热，呼以去风，唏以去烦，呵以下气，嘘以散滞，呬以解极。凡人极者则多嘘呬。道家行气多不欲嘘呬，嘘呬者长息之心也。此男女俱存法，法出于仙经。行气者先除鼻中毛，所谓通神之路。若天恶风猛大寒大热时，勿取气。明医论云，疾之所起自生五劳。五劳既用，二脏先损，心肾受邪，府脏俱病。五劳者：志劳、思劳、心劳、忧劳、疲劳。五劳生六极：气极、血极、筋极、骨极、精极、髓极。六极即为七伤，七伤变为七痛，七痛为病，令人邪气多，正气少，忽喜忽怒，悲伤不乐，欲食不生肌肤，颜色无泽，发白枯槁，甚者令人得大风偏枯，筋缩四肢拘急挛缩百关隔塞羸瘦短气腰脚疼痛。此由早娶用精过差，血气不足极劳之所致也。凡病之来不离于五脏，事须识相，若不识者勿为之耳。心脏病者体有冷热，呼吸二气出之。肺脏病者，胃膈胀满，嘘出之。脾脏病者体上游风习习，身痒疼闷，唏气出之。肝脏病者眼疼愁忧不乐，呵气出之。以上十二种调气法，但常以鼻引气，口中吐气，当令气声逐字，吹呼嘘呵唏呬吐之。若患者依此法皆须恭敬用心为之，无有不差，此即愈病长生要术也。

按摩法

按摩日三遍，一月后百疾并除，行及奔马，此是养身之法。两手相捉纽捩如洗手法。两手浅相叉翻复向腹，两手相叉共按脽，左右同。两手相重按脽，徐徐捩身，如挽五石弓，左右同。两手拳向前筑，左右同。又如拓石，左右皆同。以拳却顿，此是开胸法，左右同。大坐斜身偏拓如排山，左右同。两手抱头宛转脽上，此是抽脑法。两手据地缩身曲脊，向上三举，以手仗槌脊上，左右同，大坐伸脚三用手掣向后，左右同，立地反拗三举，两手据地回顾，此乃虎视法，左右同。两手急相叉，以脚踏地，左右同，起立以脚前后踏，左右同。大坐伸脚当手相勾所伸脚着膝上，以手按之，左右同。凡一十八势。但老人日能行之三遍者，常补益延年续命，百病皆除，进食眼明轻健不复疲也。

食气绝谷法

向六旬六戊，从九九至八八七七六六五五而饱或念天苍，或思黄帝，或春引岁星气以肝受之，其余四时亦皆然。初为之颇有小瘦，行四旬以上，颜色转悦，体力渐壮，白发更黑，落齿更生，负重履险，胜于食谷。善其术者可以攻遣百病，消逐邪风及中恶率急尸注所忤，心腹切痛，瘟疟溪毒，引气驱之，不过五六十通，无不即除。又行气久多而断谷最易，惟有胎息之法，独难。胎息者，如人未生在胎之中时气久息也。习则能息鼻口气，如已息鼻口气则可居水底积日矣。

又治舍疮，以气吹之，血断痛止。又蛇虺毒虫中人皆禁之即愈，或数十里便遥治之，呼其姓名而吹之，男呼我左，女呼我右皆愈，此共所知。孙先生曰，且夕者阴阳转换之时，日夕五更初阴气至，频伸眼开是上生气名曰阳息而阴消。暮日入后阴气至漂然时坐睡倒时是卜生气全名曰阳消阴息。暮日入后，天地日月山川江海人畜草木一切万物使中代谢往来，一时休息，一进一退如昼夜之更始。又如海水之朝夕，是天地之道耳。面向午展两手于膝上，徐按捺股节，口吐浊气，鼻引清气，凡吐者去故气引生气也。经云，元牝门，天地根，绵绵若存，用之不勤，言鼻是天地之门户，可以出纳阴阳生死之气也。良久乃徐徐以手左拓右拓上拓下拓前拓后拓，瞑目张口叩齿摩眼，抱头拔耳挽须挽腰咳嗽，发阳振动也。双作单作反手为之，然擎足仰展八十九十而止。仰下徐徐定心作止息之法，见空中元和气下入鸠尾际，渐渐吹如雨晴云入山，自皮肉至骨至脑，渐渐入腹中，四肢五脏皆受其润，如流水渗入地，地彻即觉，达于涌泉，腹中有声汩汩然，意每存之，不得外缘，即便觉无气，若彻即手体振动，两脚膝旧屈小令休有声拉拉然，则名一通两通乃至日别得三通，觉身体悦怿肤色滋润，耳目精明，令人养美力健，百病皆去，行之五年十年，长存不忘，得行满千万通，去仙不远矣。

太清导引养生经（凡十二事）

赤松子导引术云，朝起布席东向为之，息极乃止，不能息极五通止，自当日日习之，久久知益。常以两手叉头上挽至地，五禽五息止胀气，又侧卧左肘肘地极掩左手脑，复以右手肘肘肘地，极掩右手脑，五息止，引筋骨。以两手据右膝上至腰胯起头五息上引腰气。右手据腰左膝右手极止引，复以左手据腰右膝左手极止引，皆五息止。引心腹气，左手据腰右手极上引，复以右手据腰，左手极上引，五息止，引腹中气。叉手胸胁前，左右摇头不息，自极止，引面耳邪气不复得入。两手支腰下，左右自摇，自极止，通血脉。两手相叉极左右，引肩中气。两手相叉反于头上，左右自调引肺肝中气。两手叉胸前左右极引除皮肤中烦气。两手相叉，左右举肩引皮肤气。正立左右摇两胫引脚气。

宁先生导引养生法（蛤蟆龟鳖等法附）

宁先生曰，欲导引行气以除百病，令年不老者常心念一以还丹田。夫生人者丹，救人者还，全则延年。丹去尸存乃夭，所以导引者，令人肢体骨节中诸邪气皆去，正气存处有能精诚勤习理行之动作，言语之间昼夜行之，骨节坚强以愈百病。若卒得中风病，因瘿瘰不随，耳聋不闻头眩癫疾颜逆上气腰背苦痛，皆可按图视像于其疾所在导引行气以意排除去之。行气者则可补于中，导引者则可治于四肢，自然之道，但能勤行，与天地相保。

散发东向握固不息一通，举手左右导引，手掩两耳令发黑不白。东向坐不息再通，以两手中指口唾之，二七相摩拭目令人目明。东向坐不息三通，手捻鼻两孔，治鼻宿息肉愈。东向坐不息四通，啄齿无数，伏前侧坐不息六通，愈耳聋目眩，还坐不息七通，愈胸中痛咳。抱两膝自企于地不息八通，愈胸以上至头耳咽鼻疾。去枕握固不息企于地不息九通，东首令人气上下通沏鼻内气，愈羸弱，不能从阴阳法大阴雾勿行之。

蛤蟆行气法

正坐自动摇臂不息十二通，愈劳及水气。左右侧卧不息十二通，治痰饮不消。右有饮病右侧卧，左亦如之。有不消者以气排之。日初出日中日入时，向日正立不息九通，仰头吸日精光九咽之，益精百倍，若入火垂两臂不息即不伤。又法面南方蹲踞以两手从膝中入掌足五指令内曲利腰尻完治淋遗溺愈。箕锯交两脚，手内并脚中又叉两手极引之，愈寐中精气不泄矣。两手交叉顺下自极致肺气，治暴气咳。举右手展左手坐以右脚上掩左脚，愈尻完痛。举手交颈上相握自极治胁下痛，舒左手以右手在下握左手拇指，自极舒右手，以左手在下握右手拇指，自极，皆治骨节酸疼。掩两脚两手指着足五指上，愈腰折不能低，若血久瘀为之愈佳。足五指愈腰背痛，不能反顾头痛。以右手从头上来下又挽下手愈头不能反顾视。坐地掩左手以右手指搭肩挽之倾侧，愈腰膝及小便不通。

龟鳖等气法

龟鳖行气以衣覆口鼻不息九通，正卧微微鼻出内气，愈塞不通。反两手据膝上仰头像鳖取气，致元气至丹田，治腰脊不知痛。手大拇指急捻鼻孔不息即气上行，致泥丸脑中令阴阳从数至不倦。以左手急捉发，右手还项中，所谓血脉气各流其根，闭巨阳之气使阴不溢信明皆利阴阳之道也。正坐以两手交背后名曰带缚，愈不能大便利腹愈虚羸。坐地以两手交叉，又其下愈阴满。以两手捉绳辘轳倒悬令脚反在其上，愈头眩风癫。以两手牵反着背上，挽绳自悬中愈不专精，食不得下。以一手上牵绳下手自持脚,愈尻入痔。坐地直舒两脚,以两手叉挽两足自极,愈肠不能受吐逆。东向坐仰头不息五息五通,以舌撩口中沫满二七咽,愈。口干苦雁行气低头倚臂不息十二通,以意排留饮宿食从下部出息愈。就行气低头下视不息十二通,愈。风疥恶疾热不能入咽可瘵病者,以向阳明仰卧,以手摩腹,至足,以手持引足低臂十二不息十二通,愈。脚足湿痹不任行腰脊痛。以两手着项相叉,治毒不愈腹中大气即吐之。

噏月精法

噏月精。凡月初出时月中时月入时,向月正立,不息八通,仰头噏月精入咽之,令阴气长,妇人噏之阴精益盛子道通。凡入水举两手臂不息没。面向北方箕踞以手挽足五指愈伏兔痿尻筋急。箕踞以两手从曲脚入据地曲脚加其手举尻其可用行气愈淋沥乳痛。举脚交叉项以两手据地举尻持任息极交,脚项上愈腹中愁满去三虫利五脏。蹲踞以两手举足蹲极横治气冲肿痛寒疾致肾气法蹲踞以两手举足五指低头自极则五脏气总至治耳不闻目不明,久为之则令人发白复黑。

彭祖导引法(凡十事)

彭祖导引法:凡十节五十息五通二百五十息。欲为之常于夜半至鸡鸣平旦为之,禁饱食沐浴。一、凡解衣被卧伸腰瞑少时,五息止,引肾气去痟渴,利阴阳。二、挽两足指,五息止,引腹中气,去疝瘕,利九窍。三、仰两足指,五息止,引腹脊痹偏枯,令人耳聪。四、两足相向,五息止,引心肺去颜逆上气。五、踵内相向,五息止,除五络之气,利肠胃,去邪气。六、掩左胫屈右膝内厌之,五息止,引肺气去风虚,令人目明。七、张脚两足指,五息止,令人不转筋。八、仰卧两手牵膝置心上,五息止,愈腰痛。九、外转两足十通止,治诸劳。十、解发东向坐,握固,不息一通,举手左右导引,以手掩两耳,以指摺两脉边五通,令人目明发黑不白治头风。

王子乔导引法(凡三十四事)

王子乔入神导引法,延年益寿,除百病。导引法曰,枕当高四寸,足相去各五寸半,去身各三寸,解衣披发,正偃卧,勿有所念,定意,乃以鼻徐内气以口出之,各致其脏所,竞而复始,欲休先极之而止,勿强长息,久习乃自长矣。气之往来勿令耳闻,鼻无知,微而专之长遂推之,伏兔股胻以省为贵,若存若亡,为之百动腹鸣气有外声足则温成功之士何疾而已。喉咙如白银环一十重系膺下去得肺,肺色白泽,前有两叶高,后两叶卑,心系其下,色正青如兕翁头也。六叶抱胃,前两叶高,后四叶卑。胆系其下,如绿绨囊,脾在中央亦抱胃,正黄如金乐也。肾如两伏鼠,扶脊直齐时而居,欲得其居高也,其色正黑，肥肪络之，白黑照然。胃如素囊，念其屈折右曲无污秽之患。肺藏魄，心藏神，肝脏意，肾脏志，此名曰神舍，神舍修则百脉调，病无所居矣。小肠者长九尺，法九州岛岛（一云九土，小肠者长二丈四尺）。诸欲导引，虚者闭目，实者开目，以所若行气不用第七息止徐徐往来，度二百步所却火小咽气五六不差复如法引，以愈为效。诸有所苦，正偃卧被发如法徐以口内气填腹自极息欲绝徐以鼻出令数十所，虚者补之，实在泻之，闭口温气，咽之三十，过候腹中转鸣乃止，往来二百步，不愈复为之。病在喉中胸中者枕高七寸，病在心下者枕高四寸，病在脐下者去枕。以口出气，鼻内气者名曰补，闭口温气咽之者名曰泻。闭气治诸病法，欲引头病者仰头，欲引腰脚病者仰足十指，欲引胸中病者挽足十指，引臂病者欲去腹中寒热诸所不快者，中寒身热闭气张腹欲息者，徐以鼻息已复为至愈乃止。

一、平坐腰脚两臂履手据地口徐吐气，以鼻内之，除胸中肺中痛，咽气令温闭目也。

二、端坐生腰以鼻内气闭之，自前后摇头各三十余，头虚空耗转地闭目摇之。

三、左胁侧卧以口吐气，以鼻内之，除积聚心下不便。

四、端坐生腰，徐以鼻内气，以右手持鼻除目昏泪若出，去鼻中息肉耳聋亦除，伤寒头痛洗洗皆当以汗出为度。

五、正仰卧以口徐出气，以鼻内之，除里急饱食后小咽咽气数十令温若气寒者，使人干呕腹痛，从鼻内气七十咽，即大填腹内。

六、右胁侧卧以鼻内气，以口小吐气数十，两手相摩热以摩腹令其令下出之，除胁皮肤痛，七息止。

七、端坐生腰，直上展两臂仰两手掌，以鼻内气闭之，自极七息名曰蜀王台，除胁下积聚。

八、覆卧去枕，立两足以鼻内气四四所，复以鼻出之，极令微，气入鼻中，勿令鼻知，除身中热背痛。

九、端坐生腰，举左手仰其掌却右手除两臂背痛结气。

十、端坐两手相叉抱膝闭气鼓腹二七或三七令满即吐，候气皆通畅行之十年，老有少容。

十一、端坐生腰左右倾侧闭目以鼻内气，除头风，自极七息止。

十二、若腹中满，饮食饱，坐生腰，以鼻内气数十，以便为故不便复为之，有寒气腹中不安亦行之。

十三、端坐使两手如张弓满射，可治四肢烦闷背急，每日或时为之佳。

十四、端坐生腰举右手仰掌以左手承左胁以鼻内气自极七息，除胃寒食不变则愈。

十五、端坐生腰举左手仰掌以右手承右胁，以鼻内气自极七息除瘀血结气等。

十六、两手却据仰头，自以鼻内气，因而咽之，数十，除热，身中伤死肌肉等。

十七、正仰卧端展足臂以鼻内气自极七息摇足三十而止，除胸足中寒周身痹厥逆嗽。

十八、仰卧屈膝令两膝头内向相对手翻两足生腰以鼻内气自极七息，除痹疼热两胜 不随。

十九、觉身体昏沉不通畅即导引两手抱头宛转上下名为开胁。

二十、踞伸右脚两手抱左膝头生腰以鼻内气自极七息，除难屈伸，拜起胜下痛瘀痹病。

二十一、踞伸左足，两手抱右膝生腰，以鼻内气自极七息，展左足着外除难屈伸拜起胜 中疼，一本云除风日晦耳聋。

二十二、正仰卧直两足两手捻胞所在令赤如油囊裹丹除阴下湿小便难颓小腹重不便腹中热，但口出气，鼻内之数十不须小咽气即腹中不热者七息已温气咽之十所。

二十三、踞两手抱两膝头以鼻内气自极七息，除腰痹背痛。

二十四、覆卧傍视两踵生腰，以鼻内气，自极七息，除脚中弦痛，转筋脚酸痛。

二十五、元阙。

二十六、仰卧展两胜两手踵相向，亦鼻内气，自极七息，除死肌不仁足胜塞。

二十七、仰卧展手两胜 左膀（一本作停字），两足踵以鼻内气，自极七息，除胃中食若呕。

二十八、踞坐腰，以两手引两踵，以鼻内气，自极七息布，两膝头除痹呕逆。

二十九、仰卧展两脚两手，仰足指，以鼻内气，自极七息，除腹中法急切痛。

三十、仰卧左足踵拘右足拇指，以鼻内气，自极七息，除厥疾叉脚错踵不拘拇指依文用之。

三十一、仰卧以右足踵拘左足拇指以鼻内气，自极七息，除周身痹。

三十二、病在左，端坐生腰右视目，以鼻徐内气，极而吐之数十一止所闭目目上入。

三十三、病在心下若积聚，端坐生腰向日仰头，徐以鼻内气，因而咽之三十所而止，开目作。

三十四、病在右，端坐生腰，左视目，以鼻徐内气而咽之，数十止。

四气养生图（节录养生）

养性之道，勿久行久坐久听久视，不强食不强饮，忧思愁哀饥餐渴饮日夕所营不住为妙。故曰流水不腐户枢不蠹，以其动而不息也。闲欲导引，即不必鸾飞凤举，猴掷虎蹲，但展四肢动摇九窍令其血脉流转上下宣通，真气诣日。凡欲去疾，导引为先，筋脉不壅，关节不烦，或如射雕，侧身弯环，或曲腰脊如蟾半圆，交指脑后，左旋右旋，经展手足，气出指端，摆擗四肢，捉搦三关，热摩赤泽，气海亦然。是以摄养有方，则寿同龟鹤。若恣情放逸则命比蜉蝣。

自按摩法（与二十三页大同小异）

以手左拓右拓上拓下拓前拓后拓，瞑目叩齿，摩手热，摩眼拔耳捩腰，震动双作单作，反手为之，然后掣足仰展覆展都数约至七八十而止，徐徐作之，仍想空中太和气渐下入顶，如云入山，入皮入肉入腹入四肢五脏皆受其润，则觉腹中有声，意专存思，勿念外缘则元气达于气海，须臾自达于涌泉，但日引一通至三通令人力健耳目聪明，百疾皆去。

读经笔记

觉海遗珠集（甲）

目　次

觉海遗珠集（甲）

中论之部

按：《吉藏疏》论中边殊有理致可取，其它似无足观。较之奘师门下诸疏，相去不可以道里计，（然此不过就如法边说耳。）《中论会译》颇多乖谬，宜黄先生于初二品已少加订正。

※按：《中论》又称《正观论》如《智论》，《肇论》引称。

一、中论之释此土传三：（一）姚秦罗什译，青目（宾伽罗）释。僧睿序云："其人（青目）虽信深法而词不雅中，其中乖阙烦重者，法师皆裁而裨之。"昙影序云："夫万化非无宗而宗之者，无相虚宗非无契而契之者，无心故至人以无心之妙慧，而契彼无相之虚宗，内外并冥，缘智俱寂。岂容名数于其间哉……统其要归则会通二谛，以真谛故无有，俗谛故无无；真故无有则虽无而有俗故无无则虽有而无。 虽有而无则不累于有，虽无而有则不滞于无。不滞于无则断灭见息，不存于有则常等冰消。※按：《大乘玄论》四云：昙影法师注《中论》亲承什公音旨。）寂此诸边，故名曰中。"（按《吉疏》卷四谓此是旧二谛中道义。吉藏《中论疏》云："什叹曰：传吾业者，寄在道融、昙影、僧睿乎……睿著《中论》、《大智论》及《成实论》、《禅经》等序 ※又《疏》卷二云："如昙影制疏，则《义疏》乃系影著。"……作《中论》序非止一人。昙影制《义疏序》，河西道朗亦制论序。"则昙影之序或是《义疏》序，而《中论》之疏当又不止吉藏一人而已。 （二）唐波罗颇蜜多罗译分别明（按：即清辩，梵云 Bhavaviveka）释，名《般若灯论》。慧赜序云："《般若灯论》者，一名《中论》……中天竺国三藏法师波罗颇蜜多罗（Prabhakaramitra），唐言明友。 以大唐贞观元年岁次娵訾，十一月二十日顶戴梵文，至止京辇。其年有敕，安置大兴善寺，仍请译出《宝星经》一部。四年六月，移住胜光，乃召义学沙门慧乘、慧朗、法常、昙藏、智首、慧明、道岳、僧辩、僧珍、智解、文顺、法琳、灵佳、慧赜、慧净等传译；沙门玄谟、僧伽及三藏同学崛多律师等同作证明，对翻此论；尚书左仆射邠国公房玄龄、太子詹事杜正伦、礼部尚书赵郡王李孝恭等，实资开发。监译敕使、右光禄大夫、太府卿兰陵萧璟，岁次寿星十月十七日检勘毕了……此土先有《中论》四卷，本偈大同宾头卢伽为其注解，晦其部执，学者昧焉，此论既兴，可为明镜。"（按：此中多引《楞伽经》文，应与现有《楞伽》对勘）（三）宋光梵大师惟净等奉诏译，安慧释，名曰《大乘中观释论》。

二、《中论疏》卷一云："出注论者，非复一师，影公云：（《止观辅行》卷一云："《付法传》云：龙树造《大无畏论》有十万偈，《中论》从彼略出大纲，有五百偈，长行并是诸师注解。关中影法师云有数十家注，中论最下。河西朗云有七十家。真谛云西方有广略二本，此间所传略本耳。元康师云，此恐不尔，此间已有四本：一、青目注，名《中论》，后秦罗什译。二、无著注，名《顺中论》，流支译。但两卷，余未出。三、罗睺法师注，亦名《中论》，真谛译，但得因缘一品。四、分别明注名'般若灯论'，波颇译，有十六卷。河西既云七十余家，岂以诸师为非，独存青目为是？况青目最劣遭荡叵依也。"）凡数十家。河西云：凡七十家。"※注：观青目、清辨、安慧三家之注义理悉同，破斥则异。则三家之作，非眩识而已。藉圣言破当然异论，所不能自已也。宜黄先生《中论》序云："《中论》注释凡八大家：一、龙树自注，无畏疏；二、佛护（《般若灯论释》卷一引有佛护释文）疏，三、德慧疏；四、安慧释；五、清辩释；六、月称疏；七、天奋疏；八、德吉祥疏……青目就无畏作释。"[又疏七云："罗睺罗法师是龙树同时人，释'八不'乃作常乐我净四德明之。"不知何据。（按：《顺中论》上云："又复余师名罗睺罗跋陀罗言，一切见对治，如来说空是，不爱空不著，著空空亦物。或即所谓罗睺罗也。"）]

三、《吉疏》卷一云："兴皇和尚开讲（《中论》），常读（睿序）。"卷二云："如昙影制疏，明此论文……北主（有作立者）三论师明此论文……"又云："自摄岭相承。"又云："自摄岭兴皇随经傍论破病显道，释此'八不'变文易体方言甚多。"则《吉疏》以前讲解注疏者多，《吉疏》亦时引用彼说而称师（不标名字亦敬也。）称师云。又卷三云："昔江南大令般若师云……山中大师云……"又卷四云："玄仁寿三年三月二日，江南学士智泰来至皇朝，请述所闻，遂为其委释……余昔在江左钻仰累年，末栖河右，用为心镜。"又卷四称别师又称"师"，称摄山称"大师"，则吉藏受学于摄山也。又卷四云："余年二十二于绍隆寺以此义咨师。"又卷五云："余至关内得三藏（真谛）师用《无上依经》意释八不。"又卷六云："山中大学士道安法师处，余年十九听之。"又卷十九云："北土瑶师分之，盖不远寻古疏，故有此谬耳。"

四、吉《疏》卷一云："毗昙因缘者，本有果性，假六因四缘辨之令生，即二世有义。成实因缘者，虽不明因中本有果性，但果有可生之理，故假三因四缘辨之得生，即二世无义。大乘因缘者，如成论大乘明世谛有三假：假是不自两世谛，三假名为因缘，如旧地论师等辨四宗义，设毗昙云是因缘宗，成实为假名宗，波若教等为不真宗，涅槃教等名为真宗。如斯等类，并是学于因缘而失因缘……龙树对缘有四种人学因缘而失因缘：一者，犊子云因缘谓性五阴因缘别有人法生四大因缘别有眼法生。二者，毗昙因缘无有人法，而有眼法。三者，成实因缘明世谛因缘俱有，假人法真谛则俱无。四者，方广云都无世谛人法因缘。”

卷三云：“冥初外道谓此一‘冥’为诸法始，成论师辨无明流来。地论者执乖真起妄，与此相似。”又卷五云：“三论未出之前，若毗昙、成实有所得大乘，及禅师、律师行道苦节。如此之人皆是有所得生灭断常，障中道正观。既障中道正观，亦障缘名因缘无方大用。”又卷六云：“地论人计本有佛性，从此能生万物违顺等用，谓从有生。”（此卷中又有序破上座、大众、毗昙、成实诸计，可参考）又云：“地论师义犹如一舍，若有相心取，则成妄想之舍。若无相心取，则毕竟空舍。”又卷八云：“如地论真识义，则无次第缘也。”又卷九云：“成实大乘义云：从无明识窟流来入三界，初起一念善因为来，反原而去。昔地论师义乖真起妄为来，息妄归真故去。摄大乘师明六道众生皆从本识来，以本识中有六道种子，故生六道也。从清净法界流出十二部经，起一念闻熏习、附著本识，此是反去之始。闻熏习渐增，本识渐减，解若都成，则本识都灭，用本识中解性成于报佛，解性不可朽灭。自性清净心即是法身佛。解性与自性清净心常合，究竟之时，解性与自性清净心相应一体，故法身常，报身亦常也。”

五、《吉疏》卷三云：“次慧义法师《杂门论》云……”此所引仅及释正法、像法一条，未知是否三论家也。

六、《吉疏》卷四云：“东阳傅大士二谛颂云……其人本不学问，尚知二谛不可一异，况寻经论者有定执乎？”

七、又卷四云：“什师答王稚远问明波若方便更无两体，但以浅深胜劣，故分为二……什师云观空不证，涉有不著，皆是沤和（方便），以同巧故也……以罗什意释者，观空不证虽是沤和而从般若受名，没其巧称亦照有之义，虽是波若从沤和受名，没其波若之称，而从方便则受名，而肇师正用斯意（或见《净名疏》）。故云直达法相名之为慧，照空不证，涉有不著，二巧之义，名曰沤和。”

八、又卷三云：“《部执论》云：一百一十六年，分为两部，一、上座部，谓佛毕竟涅槃，此小乘执也；二、大众部，谓佛虽般涅槃而不般涅槃。般之言入，涅槃言灭。此明应身虽灭，法身常存。宋代二师同两部义。彭城竺僧弼作《丈六即真论》云，如月在高天，影现百水，水清则像现，水浊则像隐。缘见有生灭，佛真无去来。此略同大众部义也。次彭城嵩法师云，双林灭度，此谓实说；常乐我净，乃为权说，故信《大品》，而非《涅槃》。此略同上座部义，后得病舌烂口中，因改此迷，引悬镜高堂为喻。像虽去来，镜无生灭，然镜虽起谢而智体凝然。问佛为有应法起息应名灭，为无应法起而云灭耶？ 答曰：自古及今凡有三种释。开善藏师用弼公义，众生于佛法身见有生灭，佛实无生灭，故经云："慈善根力令彼见之，五指实无师子庄严。"旻法师云，别有应法起，故以本垂迹为生，息迹归本为灭。如云：金翅鸟王上升虚空，高无量由旬，观彼水性及见己影，即其证也。招提琰法师云，具有二义。"又卷四云："闻不生不灭不断不常，便谓真谛理无差别，故名为一，开善用之。 光宅谓真理亦有浅深故，累隔真谛，故名为异……开善谓真俗一体，龙光谓真俗异体……大朗法师教周颙二谛，其人著《三宗论》云，佛所以立谛者，以诸法具空有二……昔山中学士名慧静法师云：惑去论主去，此去无所去。"又卷五云："什师未至长安，本有三家义。一者，释道安，明"本无义"，谓无在万化之前，空为众形之始。 ※又《本真空论》云："本无者，情尚于无，多触言以实无，故非有有即无，非无无亦无，寻夫立文之本旨者，直以非有非真有，非无非真无耳，何必非有无此有，非无无彼无。此直好无之谈，岂所谓顺通事实哉。"夫人之所滞，滞在本有，若诧心本无，则异想便息。睿法师云：格义迂而乖本，六家偏而未即。师云安和上凿荒途以开辙，标玄旨于性空，以炉冶之功验之，唯性空之宗最得其实。详此意，安公明本无者，一切诸法本性空寂，故云本无。 此与方等经论，什、肇、山门义无异也。次琛法师云，本无有者，未有色法，先有于无，故从无出有，即无在有先，有在无后，故称本无。 此释为肇公《不真空论》之所破，亦经论之所未明也。若无在有前，则非有本性是无，即前无后有，从有还无。经云，若法前有后无，即诸佛菩萨便有过罪；若前无后有，亦有过罪，故不同此义也。 第二"即色义"，但即色有二家。※按：《不真空论》云："明色不自色，故虽色而非色也。夫言色者，但当色即色，岂待色色而后为色哉？此直语色不自色，未领色之非色也。"更考三十页。一者，关内即色义明即色是空者。 此明色无自性，故言即色是空，不言即色是本性空也。《门论疏》二云："明色无自性，故言色空，而因缘假色，此即不空。"此义为肇公所呵。肇公云，此乃悟色而不自色，未领色非色也。次支道林著《即色游玄论》，明即色是空故；言即色游玄论，此犹是不坏假名而说实相。 与安师本性空故，无异也。第三温法师，用"心无义"。心无者，无心于万物，※按：《二谛义》卷上云："心无义者，从来太久，什师之前，道安、竺法护之时，已有此义。"万物未尝无。 此释《门论疏》云："心体是无，而不无万法。"意云经中说诸法空者，欲令心体虚妄不执，故言无耳。不空外物即万物之境不空。肇师（按《不真空论》文）详云此得在于神静，而失在于物虚；破意云，乃知心空而犹存物有此计，有得有失也。 此四师即晋世所立矣。爰至宗大庄严寺昙济法师著《七宗论》，还述前四以为四宗。 第五于法开立"识含义"。三界为长夜之宅，心识为大梦之主；今之所见群有皆于梦中所见，其于大梦即觉，长夜获晓；即倒惑识灭，三界都空，是时无所从生而靡所不生。难曰若尔，大觉之时便不见万物，即失世谛，如来五眼何所见耶？ 第六壹法师云，世谛之法皆如幻化，是故经云从本已来，未始有也。难曰：经称幻化所作，无有罪福。 若一切法全同幻化者，实人化人，竟何异耶？ 又经借虚以破实，实去而封虚，未得经意也。※按：《二谛义》卷下云："颙就山中法师之师受学。晚作《三宗论》，明二谛以中道为体。晚有智琳法师请颙出《三宗论》。颙云：'弟子若出此论，恐于众人。'琳曰：'贫道昔年曾闻此义，玄音中绝四十余载。檀越若出此论，胜国城妻子头目布施。'于是始出此论。第七于道邃明缘会故有，名为世谛；缘散故即无，称第一义谛。难云：经不坏假名而说实相，岂待推散方是真无？ 推散方无盖是俗中之事无耳。 次齐隐士周颙著《三宗论》：一、不空假名；二、空假名；三、假名空。 不空假名者，经云色空者；此是空无性实，故言空耳；不空于假色也。 以空无性实故名为空，即真谛不空，于假故名世谛。※按：《大乘玄论》卷一有难，又云："空假者，开善等用假空，四重二谛中，初重二谛，虽空而宛然假，虽假而宛然空，空有无碍。"又《二谛义》卷下云："野城寺光大法师用假空义，开善亦用。用中最不得义者，如丑人学西施颦。"晚人名此为鼠楼栗义。 难云论云，诸法后异故知皆是无性，无性法亦无，一切法空故。 即性无性，一切皆空，岂但空性而不空假，此与前即色义不异也。 空假名者，一切诸法众缘所成，是故有体名为世谛；折缘求之，都不可得，茈名为真谛。晚人名之为安茈二谛，茈沉为真，茈浮为俗。 难曰：前有假法，然后空之，还同缘会故有推散，即无之过也。 第三、假名空者，即周氏所用大意云，假名宛然即是空也。寻周氏假名空，原出僧肇《不真空论》。 论云：虽有而无，虽无而有。 虽有而无，所谓非有；虽无而有，所谓非无。 如此即非无物也，物非真物也。 物非真物，于何而物？ 肇公云，以物非真物故，是假物；假物故，即是空。 大朗法师关内得此义授周氏，因著《三宗论》也。 今总详之，然若封执上来有所得皆须破之。 若心无所寄、无所得，适缘取悟，皆得用之；亦但符经论者，释道安本无，支公即色，周氏假名空，肇公不真空，其原犹一。 但方言为异，斯可用之……《法华·药草品》云：究竟涅槃，常寂灭相，终归于空。 光宅之流，谓此空是灰身灭智小乘之法，不喜闻之。 下云复有住禅得神通力，阐诸法空，心大欢喜。 光宅谓此空为未极，盖是小草之流。"又卷五之末，料简门引北主三论师三义释八不，略有破难。 又新通门引真谛三藏用《无上依经》及《摄大乘论》意释八不，初为各四人，次破四障，次行四因，后得四果。 吉藏附评云："八不之要义显于斯与上诸解释，无相违背。"故应参考。

又卷六云："问：第一义悉檀是何等法？答：南方云是真谛顽境，北土称实相亦是无知，今明不尔……"又云："四者空假名义，谓二谛异体，世谛自是生为体，真谛以无生为体，但不相离，故言即耳……五真俗一体者，终起二见，若闻有生安世谛三假之中，若闻无生即入真谛四绝之中。"又卷七云："《庄严》云，众缘和合别有假体用，是故破云，众缘和合，但有名字，无体用也。若破开善义云，汝五阴未合时，未有人用，何得离五，别有人用。若别有用，则是自性也。"又卷十一云："《婆沙》、《杂心》出内学三部、谓三成部、二成部、一成部、犊子部，具有三成。有六尘境能生三毒，故事成；有人能起三毒，故人成；有烦恼为人所起，故结成萨婆多二成；实有六尘，故事成；有所生三毒，故结成；无人，故不成。譬喻部人不成，事不成，但有结成。《唯识论》及《摄大乘》明无有外境，是境不成义，唯有于识，但是结成。今此品破染。染者即备破三种成义，以三部虽异，不出人法故也。庄严师明有假人体，入三成部摄。光宅师明无人，入二成部摄。开善无体，入二成，有用，入三成，亦同两家之义。问：既称染，染者，为心性本净故染，不净故染？答：僧祇及《地论》云：心性本净，如日在天，本性清净，客尘烦恼染故不净。成论师云：心有得佛之理，不为烦恼所染，故云清净；而言客尘者，烦恼虽复牢固，始终可断，非永安义，故云客……为今论主所破。问：《胜鬘经》云：自性清净心为客尘烦恼染，虽可了知，岂不同旧义耶？答：此明即众生心本清净，于众生成不净。虽于众生成不净，然未尝不净，即是不染而染，染而不染，故云虽可了知，不言实有烦恼，以染心也。"又云："《庄严》云：前三心成人而未起染，即是前人后起染义……又《庄严》有人体是上半，有人用是下半。开善有人用是下半。"又云："人法一时，是谁义耶？答：成论师无明初念，人法一时。又《庄严》云：色识一时成人，并入此门所破。"又云："一异是谁义？答：《庄严》云：有假人体，异实法体，是人染异义。《开善》云：别有人用异实用，亦是异义。数义无别有人，但有人名起于五阴上，即是一义；又假有即实义，假有异实义，具通一异。"又云："《涅槃》佛答"衲衣梵志"云：烦恼与身一时而有，虽一时有，要因烦恼而有于身，终不因身而有烦恼也。《开善》云：此正是流来无明初念，同时义论因果。《庄严》云：非流来义，乃是明于过去身因果义耳。此二师同明一时有于因果。"又卷十二云："开善言三相既能生法，是时名也。小庄严荣法师云：三相是法体名，而时无别体。《庄严》云：三相非法非时，是时中精义。"又卷三云："方广之流，谬取佛意，谓世谛亦毕竟空。"又卷四云："方广之流，执无生而失生；既失无生生，亦失生无生，即俱坏二谛。"又云："如《毗昙》计木有火性，从于性火以成事火，为内出义。《成论》明木无火性，但假缘生，为外来义……中假师闻假作假解，亦须破此假。师云：中假师罪重，永不见佛。所以作此呵者，本为对性故说假，令其回悟耳。而遂舍性存假，谓决定为是，心有所依，故永不见佛。"又卷五云："成实论师云：无生无灭者，此明真谛。此论二十七品，皆明遣俗入真，故'八不'但是真谛。"（有破未录。）又卷六云："成实师有流来反去之义，地论师有乖真起妄之来，息妄归真之去。如此来去，悉同外道……彼解云：众生本有佛性，本有如来藏，为生死作依持建立，今断烦恼故得佛，故是还至本处。"又卷七云："如毗昙有自性而假缘生。"又卷八云："成论师云：四心次第，如识灭想生，识灭为缘，想生为果。毗昙人云：心王心数，俱起俱灭，以俱灭为缘，俱起为次第也……大乘中常住佛果，即地论人自性清净心本来有义，非从前灭而后生，故是心而非次第。"又卷九云："释《净名》不来相来。地论师云：法界体无来，用即有来。中假师云：中道无去来，假名有去来。成论师云：实法无来，相续有来，故云不来相来。又云世谛有来，真谛无来，故云不来。今悉不同此说，直须读经，只来宛然，而实无所来，不得分为二片也……又成论师计假人有体有用，是计异义。计假人无体，还以五阴为体，是人法一义也。"（述破毗昙、成论义，录不胜录。破中假、摄论师义则甚少。）又卷十二云："开善立无穷义，庄严立有穷义，俱弊。此一偈（若谓生住灭，更有有为相……）开善云：以十方折一尘，十方中一；复有十方，如是折之不穷。以刹那折一念，刹那中复有刹那，是亦折无穷，即破一切智，以佛不见其边底故也。《庄严》云：折之即尽，穷至邻虚色，时穷至刹那，今明此是与论主语违。"又卷十三云："灵味法师云：已有法身体，但用未圆，若除烦恼尽，解脱波若方圆也。又如《地论》体用具足，妄覆故不见，除妄即见。光宅云：本有如井中七宝。全同《地论》。"又云："……以今二义责灭，灭不得灭，转亦尔。摄论师各执转灭，亦以二义责之也。即一切义不得也……方广盛谈一切法无生灭，此是邪见，谓无生灭也。"又卷十四云："开善云：假人无体有用，无体义是半无，有用义是半有。假法亦无体有用，同人义说也。"又云："如大乘人之言，本有如来藏为生死依持，建立生死，则依如来藏名为本住，生死有于生灭，如来藏不生不灭，而如来藏离阴而有，故《涅槃》云：我者即是如来藏义。故知神我、佛性、如来藏、阿摩识等，悉是本住之异名。"又云："计真神佛性必是本有。生死虚妄，名为始有。若俱是本有，则俱真，俱是始有，则俱妄。今文亦计本住是本有，诸根为始有，故知是真神佛性义也……《旧地论》人，计一切众生同一梨耶。若尔，一人断惑，众生悉断。"又卷十五云："中假之流亦明，无有可有，由无故有；无无可无，由有故无。此乃无定性因果，而更互为因，则因义成；更互为果，则果义立，云何言无因果耶？是故有此偈。（若法有待成，未成云何待）……庄严云：因成为世谛体，相续为世谛用，相待为世谛名。开善云：因成当体，续待为用也（有破）。"又卷十五云："《涅槃》云：十地菩萨见终不见始，诸佛如来见始见终，云何言大乘不说生死始终耶？答:《涅槃》虽有此言，亦不分明辨生死之始。河西道朗对昙无谶翻《涅槃经》，释此语但据十二因缘明其始终，无明细故，未观其始，老死粗故，以鉴其终。佛则粗细俱明，则始终并见。"又卷十六云："开善云：生死实是苦，都无乐，但于苦法中，横生乐想，言有乐耳。庄严云：生死中虽无实乐，而有虚乐。虚乐者，杂行苦故。取相感无常，善则感乐。今以取相善感乐故，乐是虚也。然二师明乐虽异，同言生死有实苦也。"又云："旧地论师以七识为虚妄，八识为真实。摄大乘师以八识为妄，九识为真实。又云：八识有二义：一、妄，二、真。有解性义是真，有果报识是妄用。《起信论》生灭无生灭，合作梨耶体。《楞伽经》亦有二文，一云：梨耶是如来藏，二云：如来藏非阿梨耶。此一品正是破《地论》八义。"又云："摄大乘师等亦闻妄即作妄解，如释《地持》八妄义等……如十地师等闻妄作妄解，乃无有实八法，而有虚妄人法。"又云："成实师释相续有二家：一、接续，二、补续。※（按：开善等四家是成实师，自十七卷已下，有多义未录。）接续有三释：一、开善云：前念应灭不灭，后念起续于前念，作假一义，故名为续。庄严云：转前念为后念，诸作后念起续前耳。如想转作受故，言受与想续，实无别受以续想也。次琰师云：想起悬与受作一义，故云续耳。次补续假，是光宅用。旧云庄严是卷荷假，开善灯担假，光宅是水谛补续假。"又卷十七云："旧大乘并明有尘有识，若方广义明无尘无识。若心无义，有尘无识。若《唯识论》，则无尘有识。"又卷十八云："方广之流，亦言一切皆空，无有罪福……《摄论》师云：梨耶持善恶世出世种子，是故得果。"又十九云："南土大乘以真谛之理，称为真实；北方实相般若，名之为实。乃至《摄大乘》学者，二无我理，三无性理，阿摩罗识称为真实，余者虚妄……今摄大乘等学者，分别依他二性，是名不实。分别无相，依他无生，名真实性，则同下根人义。（一切实非实）若以三性为不实，三无性理称为真实，是中根人义。（亦实亦不实）彼不说非三性非三无性，故无上根人义（非实非不实）也。天亲之意，乃当有之，而学人不禀龙树之风，致阙此玄宗一句也。"又云："几许为一须臾？康僧会云：一弹指有一百九十转。"又卷二十云："至长安见摄论师立二义：一、立闻熏习不灭作佛报；二、立闻熏习灭不作佛报。"（有破）又云："摄论师云：梨耶体无生灭，名用生灭。"又云："又如地论人用六相义以释众经，谓总相、别相、同相、异相、成相、坏相……《地论》断除妄想为断见；有真如法身是常见……《摄论》明梨耶是果报无记，能持无始来一切种子，今向前念梨耶灭更生，为不复生耶？若更生则常，是一念法经无量生，则唯有一念耳。若不生者，则是断灭。又问：梨耶持种子，梨耶既灭，则种子亦灭，谁生果耶？此不可通。"又二十一云："成论、大乘师立五时教佛。初教以五阴身成佛；第二时以种智为佛，与初教佛同寿八十。招提云：第二时是特尊；第三时无量劫修行；第四时亦久劫修行；过去过尘沙，未来信上教。第五时明佛常住；佛无有色，但有一圆智，有总御用，故名为佛。若欲度物，则应作色。但释第五时，总有四师。一云，如来体是世谛所摄；二释，既云如来，即是真如为佛。故《大品》云：如无去来，如即是佛。次北土《智度论》师。佛有三身，法身之佛，即是真如，真如体非是佛，以能生佛故，故名为佛。如实相非波若，能生波若，故名波若。报、化二身则世谛所摄故，虽有三身，摄唯二谛。四云，佛果灵智，非二谛摄，体非虚假，故非世谛，不可即空，复异真无。是故法身超乎二谛。《地论》名真宗，与数论无异。真宗明于三佛，以不住道为因，故有丈六化佛；以助道为因，十地行满，得于报佛；证道为因，得于法佛。"又云："又异三论师云：此中破如来者，有二释：一云，但遣著心，实不破佛。二云，假令破佛者，破外道小乘之佛耳。"又二十二卷云："《摄论》明本识是依他性，即是从因缘生。因缘生，无自性，即是寂灭。而摄论师云，依他性有假体。岂是解《摄论》耶？"又卷二十四云："成实者，明本始有二种涅槃。十地师明性净、方便净。方便净修因所得，性净则古今常有。然方便净犹是始有异名，性净则本有殊称。《摄论》四种涅槃，第四无住处。有二释：初依三身品，法身不住生死，应化身不住涅槃。次用二无我理、三无性理无所住处，为无住处……《地论》法界体非有无，又《摄论》师明无住处两解，皆是非有无。"

九、《疏》卷五云："然此十条释'八不'，一一皆须将自心来承取之……所以常须看心作此释者不违三世佛，真龙树门人矣……问：有二种人，一者悟大乘无所得意，不解数论名教。二者精识一切名教，不学大乘无所得意。此二人中何者为胜？答：以理论之，虽二人并失而前者为胜。何以知然？佛虽说一切名教，意在无所得一相一味；谓离相解脱相……圣人兴世，诸所施为，为显中道。令因中发观，灭诸烦恼。若存著语言，伤佛意也。又百年之寿，朝露非奢，宜以存道为急。而乃急其所缓，缓其所急，岂非一形之自误耶？"凡此所言，与宗门合，求之教下，得未尝有，与宗风勃兴有大关系焉。因亟志之。

十、《顺中论翻译记》云："……龙胜菩萨，通法之师，依《大般若》而造《中论》众典，※注：本文前题云："《顺中论义入大般若波罗密经初品法门》，无著菩萨释，元魏婆罗门瞿昙般若流支译。"于义包而不悉。大乘论师名阿僧佉，《中论疏》卷一云是天亲所作，解未解处，别为此部。魏（元魏）尚书令、仪同高公延国上宾瞿昙流支在第供养，正通佛法，对释昙林出斯义论。武定元年，岁次癸亥八月十日丙寅挥辞。凡有 13727 字。"按：《顺中论》上下二卷，仅解"八不"，而说"因缘亦是戏论"；"二谛一相，所谓无相"；皆究极之谈，足申《中论》微旨。惜译文晦涩，读解费力耳。然观其仰称龙树为阿阇黎，及所阐空义，益知空有之争，生于末学。究心性命之学者，（欲为人者）于此应三致意焉。

十一、《疏》卷十二云："昔罗什法师至关，初翻《智度论》竟，未有人作序。姚兴天子时附书请匡山远法师作序。远前钞《智度论》为二十卷，称为问论而制论序。末睿师作序云：夫万化本于生生，而生生者无生。变化肇乎物始，而始始者无始。无生无始盖是物之性也。此语俱破二家义。小乘以生生为万物本，由生生故有大生，有大生故有有为。今求生生不可得，故云生生者无生。老子以无名为万物始，有名为万物母，故以有始为万物本。今破此义，故云始始者无始。无生无始毕竟空，乃是诸法实体。"又云："昔罗什至关，诸方胜人，一时云聚。匡山远法师不来，遣使问罗什三相聚散等义。罗什答云：佛直说内身生老病死，念念不住。外物萎黄凋落，亦非恒有；令人不起常见，厌世修道耳。实不说一时异时，异时一时。此是游延等意，云何将所破义来见问耶？"又卷十三云："故罗什师《十喻赞》云：十喻以悟空，空必待此喻；借言以会意，意尽无会处；既得出长罗，住此无所住。"

十二、卷十五云："问：今人多执体一义异，有何过耶？答：俗义异真义者，为即真为出真外？若即真，乃是体一义一。若异真，则出真外，佛及弟子知法性外无法，云何出真外，真俗异体？一、害经相即之言；二、法性外应有法，佛及弟子便是妄谈也。真妄水波一，亦作五难三节。水波若异，则波自动。水不动，水自静，波不静也。"（五难三节者：五过者：一、以真从俗。俗无常，真亦无常。二、以俗从真，真常俗亦常。三、真不从俗，即真与俗异。四、俗不从真，俗与真异。五、若言体一义异，即是亦一亦异。体一故亦一，义异故亦异。三节者：初二得一义，次两是异义，三是亦一亦异）按：此水波之喻，大应注意。

十三、《般若灯论》卷八云："复次，《十七地论》者言，如所分别，自体无故。分别体空，此诸法空，真实是有。云何真实？不睹作者故。论者言，汝此见者，名著空见。"

十四、《中观释论》卷五云:"如尊者提婆所说颂言:从识种子生,成三有境界;见境界无我,三有种子灭。"(按:此颂见于《广百论释论》卷八末。玄奘译文云:"识为诸有种,境是识所行,见境无我时,诸有种皆灭。")

十五、《疏》卷十八云:"仲尼厄于陈、蔡,贤圣不免,况复凡夫?故知决定得果。"称仲尼为贤圣,实说耶?随时说耶?

十六、《般灯》卷十五云:"造此《释中论》长行讫,而发愿言:愿以一念善,随喜回向等,与一切众生,命终见弥勒。"按:此既有"见弥勒"之愿,彼相宗学人妄谓清辩至兜率天见弥勒作,俗人装而不礼拜者,诬也,甚矣。众生之见深难化也。

十七、又《观邪见品》末云:"复次,如《四百观》中说。"《疏》二十六虽云:"亦可是龙树自引",而未确定。《藏要》本注云:"今勘番梵颂释,均无此文。"

十二门论之部

吉藏《疏》文平淡无奇,不若《中论疏》有精要语。《宗致义记》除论二谛、中道差强人意外,余不足观。然论二谛、中道,亦不过眩其能翻覆讲明,无殊特惊人处。

※疑《十二门论》非龙树自作,乃后人所节集以教初学者,惟无据。又按:长行有二说,若能证定非龙树自作,则颂可无烦再求他据。然日难知,即不能据以为断也。

一、法藏《宗致义记》卷上云:"论主见《楞伽》等经……以《入楞伽经》及《摩耶经》中佛记龙树然正法炬。"

二、又云:"亲问大原寺翻经中天竺三藏法师地婆诃罗,唐言日照说云:近代中天竺那烂陀寺同时有二大德论师,一名戒贤,一名智光,各守一宗,互为矛盾。谓戒贤则远承弥勒、无著,近踵护法、难陀,依《深密》等经,《瑜伽》等论,明法相大乘。用三教开宗,显自所依为真了义……此依《解深密经》判也。智光论师,远承文殊、龙树,近禀青目、清辩,依《般若》等经,《中观》等论,显无相大乘,亦以三教开宗,显自所依真为了义。谓佛初转于四谛小乘法轮,说心境俱有。次说法相大乘,境空心有,则唯识义等。于第三时说无相大乘,显心境俱空,平等一味,为真了义。此三教次第,智光法师《般若灯论释》中引《大乘妙智经》所说……戒贤约教判,以教具为了义。智光约理判,以理玄为了义。是故二说所据各异,分齐显然,优劣浅深,于斯可见。"(按:法藏之意,似右智光)

三、又云:"近问三藏云:西国有传龙树从佛灭后三百年,出南天竺,共一国王以药自持，拟待弥勒。至八百年，王子乞首，菩萨刿颈与之，于是而卒。五百年在世。"

※按：《百论》亦非惟破外，亦破小。小根执有报空，对无所得大乘，亦可说外也。然破外道义多，故曰广破外道。又《中论》破小，令入无所得。《百论》破外，令入无所得。《十二门论》、《顺中论》)。

四、又云："龙树唯于此论自造本颂，还自造释，既不杂余言，亦将为甚妙也。大秦弘始年于逍遥园中，罗什与生、肇、敬、睿等共译。睿公笔受，与《中》、《百》及《智论》等同译。肇公云：《百论》广破外道，《门论》广破小乘，《中论》俱破内外，《智论》解释大乘。……虽复译在关河，然盛传于江表，则兴皇、朗之功也。"（又三论中破异同，如《十二门论疏》一详)

五、又云："龙树所造《大无畏论》十万颂，对彼说此以为略也。"吉《疏》亦云："明实相之轨，凡有三论，《无畏》之广，《中论》处中，此论之略。"又《疏》卷一云："龙树自有三论，初造《无畏论》十万偈，次从《无畏论》撰其要义五百偈，名为中论。《十二门论》有二释：一云同《中论》，从《无畏》出。二云就《中论》内择其精玄为十二门……《龙树传》及《付法藏经》并云：《无畏》十万偈，《中论》、《十二》出在其中。《十二》既指如《中论》说，则知在《中论》后也。（又《观作者门》亦云："如《中论》中说。"按：《观有无门》有云："是事《中论》中已说。"故知《门论》在《中论》后也。引《龙树传》等不足为证)此二十六偈以三类明之。一、全用《中论》，二、引《七十论》（《宗致记》中云："相传此《七十论》亦是龙树所造，有七十颂，故名也。"），三、二论所无，或同《无畏论》……长行有人言还是青目所注，而偈又有青目所引。如初门《七十论》，第三门二偈，作者门一偈，合四偈，是后人所引。又释，偈及长行皆龙树自作，略引三证……二、《十二》云：我愍此等欲令开悟。又云：是故我今解释空。既称为我，则知是龙树……今明此事难知。"

六、《十二门论疏》云："大业四年六月二十七日疏一时讲语……余昔已著三论文玄正言。"

七、《门论疏》卷一云："成实师有是世谛，空是真谛……《十地》及摄论师有法界体用，以中道为体，空有为用。空有为二谛，非空有为非安立谛。"又卷二云："庄严旧义云：生灭之法，穷于刹那。刹那即生灭，无初中后分。第二、灵味法师，刹那有初中后分，而非无穷。第三、开善云：既有三分，分复有分，如是无穷。第四、释云：现在止有生住，以当灭故说灭。此四并是成论师所说也。"又云："其人（游延）立法体外有非色非心三相是实有法，不信三相是假名故。又立三相是不相应法，非佛口说。何以知之？罗什答远法师问云：不相应行是旃延等说，非佛所说。问《涅槃经》亲明生不自生，赖生故生，云何云非佛说耶？答《涅槃》直言大小相生，不云别有非色非心法，则知非佛所说。"又卷三云："《地论》人真中之真，古今常定，不可为不真，岂非性耶？"又云："又破性破《摄论》三性，破无性破其三无性。理明不曾有三性，何有三无性。问：无著菩萨依经立三无性，云何破耶？答：此是一往对性，故言无性耳。性既无，无性即无。讲者不体论意，故宜破也。又论主明无性者，明无有性，非谓有无性。讲人乃明无有性而有于无性，不识论意。问：《摄论》何处有此文？答：论有一句语，一切诸法以无所得为本，可细寻之。"又云："十二门师多云……南方人闻初重世谛，谓是第一义（若有若无皆世谛，非空非有方是第一义）。北土人多闻后重世谛，谓是第一义（空有为二，非空有不二，二不二皆是世谛，非二不二方是第一义）。"

百论之部

《百论疏》较《十二门论疏》为佳，（解释有当）而次于《中论疏》。

※疑《百字论》非提婆自作，后人节集以教初学者，惟无据，若《十二门论》能证定非龙树自作此即可援证非提婆自作。

一、元魏天竺三藏法师菩提流支所译，提婆菩萨造《百字论》，首云："我今皈依聪睿师，厥名提婆有大智，能以百字演实法，除诸邪见向实相。"尾云："此是《百字论》，提婆之所说。"此种格式为什、奘等之译所未见。

二、《百字论》第十八破云："如经中说，如智境见一切法空，识无所取故。心识灭，种子灭。"与《中观释论》卷五（十七页上）相证。

三、僧肇《百论序》云："佛泥日后八百余年，有出家大士，厥名提婆……故作斯论；论有百偈，故以百为名……婆薮开士者，为之训释……有天竺沙门鸠摩罗什器量渊弘，俊神超邈，钻仰累年，转不可测，常味咏斯论，以为心要。先虽亲译，而方言未融，至令思寻者，踌躇于谬文。标位者，乖迕于归致。大秦司隶校尉安成候姚嵩每抚兹文，所慨良多。以弘始六年岁次寿星，集理味沙门与什考校正本。陶练覆疏，务存论旨……论凡二十品，品各五偈。（按：什未将偈译成颂式，仅于其下加"修妒路"三字，以别于长行。）后十品其人以为无益，此土故阙而不传，冀明识君子详而览焉。"吉藏《疏》卷一云："大业四年十月因讲次直疏出……《百论》有二序，一、睿师所制，二、肇公所作。兴皇和上每讲常读肇师序，正为其人言巧意玄妙符论旨。亲睹时事，所以秉承。又睿师序是弘始四年前前翻。什师初至，方言未融，为此作序，犹未中诣……余年十四，虚心玩之，登乎弱冠，于寺复述……问：提婆与龙树相见不？答：经传不同。睿师《成实论序》是什师去世后作之，述什师语云，佛灭后 350 年，马鸣出世，530 年龙树出世。又云马鸣兴正法之末，龙树起像法之初。梁武帝《发菩提心因缘》中云：敬礼兴正法马鸣菩萨，归命兴像法龙树菩萨。肇、睿并云：提婆出八百余年，则理不相见。依三文分明相见：一、《提婆传》云，提婆出天眼竟将伏外道，诣龙树所受出家法。二、《摩耶经》明七百年龙树出，今明八百年提婆出，亦得相见。三、《付法藏经》分明相见，龙树将去世，告大弟子加那提婆。（问：诸菩萨何故出世？答：大明二义，一、破小执，二、破邪迷。如《智度论》云：三百余年有迦㫏延出世造《八犍度》，马鸣于此而出世，即知连㫏延执小为病。马鸣破小，故出世弘大，亦可㫏延令凡学小，即回凡取圣。二人俱弘道利物。六百年初，五百罗汉于北天竺罽宾国释《八犍度》，造《毗婆沙》。龙树于此时出，具前二义。次八百年，时有法胜等弘小，提婆申大，亦具二义……提婆天也。末称加那提婆。加那者，少一目，以一目施天神故名。复传云：有女人于提婆眼生爱，提婆出眼示之，但是不净，因以发心，故少一目云。）……故睿师云：提婆是龙树上足弟子……古疏传云：注《百论》众人非一，合集论之有十余家也。有二人注最行于世：一、婆薮，二、僧佉斯那，次天亲也……什本小乘学，而丘兹王子名沙车是大乘学。王子欲化什公，故一时其并房，高声诵《阿耨达经》，明色空乃至一切法空。什遥闻之，明旦问曰：此是何经，而破坏一切法？答曰：是大乘经。又问：此经以何为义？答曰：毕竟空为义。什曰：眼现是有，云何言空？王子问云：眼是有者，以何为性？答：以见为性。难曰：若眼以见为性，应自见眼。又难曰：眼一微成耶？多微成耶？若一微成，则一微能见，不假多也。若一微不见，多亦不见。如一盲不见，多盲不见亦尔。又问：若有极微色，则有十方分，有十方分不名极微。若无十方分，则不名色。于是什无以对之。王子因授《中》、《百》二论与什。什大重之，故云常味咏斯论以为心要也……初是天子姚兴为檀越，次是姚嵩。初在逍遥园西明阁上，次是草堂寺。初是弘始四年四月，后是六年也。什从丘兹来西凉州，首尾十八年。弘始三年十二月来长安。四年正月即就翻译。（问：肇值什得几年而称累年？答：什以弘始三年十二月至长安，弘始七年十二月亡，首尾五年。而肇公《涅槃论》云：在什公门下十有余年，亦云十有二年者，正言十二年是一纪之员数，故用之耳）。……理味沙门即解义之流，凡五百余人，于草堂寺重翻也……依提婆梵本，品皆五偈，无多少也。而有多少者三义：一、注人释有广略，二、翻论人复重增减，三、方言不同，故多少不定也。"

四、吉藏《疏》卷一云："三就南方大乘义，略明佛果内外广例，一切相违。略明佛果内外者，开善师佛果定为二谛摄定，不得出外。《庄严》定二谛外，不得在内，即言有所当也。广一切相违者，《庄严》假有体，开善假无体。开善无碍定伏，《庄严》定断一切相违义，皆言有当也。四，北土略论当现二常，广论灭不灭等。略论二常者，一云定现常，一云定当常。广论灭不灭者，一云闻熏习灭，一云定不灭。如此皆言有当也。"（又以下破庄严、开善、光宅义多，文教小亦未录）又卷二云："竺道生云善不受报，一向钟佛。成实师云：一念之善，有于二义：一者报因，感人天之果；二者习因，相生得佛。"又云："宋代道凭法师释此论之元首也。瑶公等并采用为疏。其人云：叹法宝即是论舍罪福品，无上照世，此是能舍，谓无相智也。净瑕秽谓舍罪也。取相之福名为戏论，止戏论即舍福也。"又卷三云："兴皇法师云：初六人从闻慧生，即阿兰迦兰等。中六人从师慧生，即尼犍子、若提子等。后六人从修慧生，谓须跋陀等。什师云：六师有三部，大同小异，皆以苦行为本。初六诵《四韦陀》，中六人称一切智即是六师，后六得五神通。详此意，犹是十八人。初是闻，次思，后修也。"又卷五云："真谛三藏云：《四韦陀》中有马祖法。"又卷六云：常住佛只是一圆智，而照用不同。知青异黄，照真殊俗……又旧用，心是体，苦乐解惑是心上用。"又卷九云："如开善前立一体，龙光后明异体……《旧十地论》师谓真常妄无常。"又卷十云："俗人河东征注《百论十卷疏》，昔梁末诸师亦从其受业。用《成实》意释此文（现见无，非瓶无）云：瓶是假名，为想心所得。今但见实，不见假瓶，但无外人现见之瓶，非无假名之瓶。故云现见无，非瓶无。此释有二过：一、与注违，二、立义破他，非提婆气。有人言现见无颠倒自性之瓶耳，非无因缘假名瓶。此释亦有二过：一、与注违；二、用义失所。"又云："问：四大造色，谁造四大？答：昔有人言三大造一大，镜师云：色不具四大，则不得生，四大亦尔，故不得言三大以造一大。"又卷十一云："冯师云：天亲与外作义太过……"又云："宋代冯师用之，此文应是旧本。冯师云：子是众生无始已有……"又卷十二云："旧《十地》师云：（涅槃）体非常无常，用具常无常，与今何异……"又云："现在亦如是破者，冯师云：此文烦长。"又十三云："罗什答匡山远师云：佛不说有至细微尘，但说一切色若粗若细；皆是苦空无常无我不净，令人得道，以诸论义师自推尔言，有邻虚尘。"又卷十四云："然震旦玄儒，但有有无二句，无非有无，天竺外道，三外道三大经文亦无之……"

五吉《疏》卷十云："吉藏息慈之岁，已重此文，西垂之年，玩味弥笃。然十章虽并精巧，但《破尘》一品除患偏安。又长安盛传弘《唯识》，亦宜辨其同异，故因讲次疏而出之。"又卷十三云："余息慈之岁，玩此（破空品）希微，将耳顺之年，秉为心镜。但疏记零落，令存其大纲。"又云："大业四年，为对长安三种论师，谓《摄论》、《十地》、《地持》三种师明二无我理，及三无性为论大宗。今立此一品，正为破之，应名破二无我品及破三无性品。何以知之？破神明人无我理，破一已下明法无我理竟。今言破空，即是破人法二空，岂非破二无我理耶？此是提婆自尔，勿咎讲人。言破三无性理品者，汝以生死尘识等为分别，依他二性以涅槃为真实性。上并破此三性竟，今复破空，岂非破三无性耶？亦是论主自明，非余横造也。问：二无我三无性并破，欲明何物耶？答：道岂是我、无我性、无性耶？如是五句自可知也。"又云："谓罪为所破，忏悔为能破，如此忏悔者名罪过忏悔。何以故？有能破所破，即是外道。今复云有忏为能破，罪是可破，岂非外道？此言正可为入理人说耳。昔山中大师云：出讲堂不许人语，意正在此，恐闻之而起疑谤也。"又云："吉藏昔在江左，陈此品有十七条。年老多忘，故略述一二数耳。"又云："此论（总据一论有五节意。）本是长安旧义。昔在江左常云关河相承，晚有所得人，不学斯论，多是相著，今为对此病，亦作四节生起之。我不曾成法，亦不破法，不曾生法，亦不灭法。我未曾有一毫法可依得……至道未曾一言，况复八万法藏？此是用长安旧义答晚摄论师等人也。"又卷十四云："兴皇大师每登高座，常云不畏烦恼，唯畏于我。所以然者，他云断除烦恼，留置众生，故令众生作佛。以此见难除，可众生可畏。兴皇大师借李耳之言，为学者日增，为道者日损，损之又损之，终至于无损；内外并泯，缘观俱寂，乃得道也。"

六、《大乘广百论释论》，玄奘译，圣天菩萨本，护法菩萨释，用因明法式破斥外义，究因明之要籍也。其末附颂跋云："三藏法师于鹫岭北得闻此论，随听随翻，自庆成功而说颂曰：圣天护法依智悲，为挫群邪制斯论……故我殉命访真宗，欣遇随闻随译讫……"

七、《广百论释》八云："有说此颂不唯破彼胜论外道……此说不然。"此外又有若干条，可知释《广百论》者，非止护法也。

八、谈三论者，皆遗《广百论释论》，不知此论更较《中论》为透辟。（将《中论》所录问题一一解释。）《十二门论》及《百论》可以不读，读《中论》及此论斯可矣。（即知般若大要。）或者以此论为沟通空有之籍，犹非善说。盖空有本不待沟通，而空必不能遗有，有必不能遗空也。又清辩《掌珍》深谈胜义智境，妙入精微，可与《中论》、《广百论释论》合称三论。

三论家之部

一、玄奘法师译清辩《大乘掌珍论》（二卷，金陵刻经处本）仅成立"真性有为空，如幻缘生故，无为无有实，不起似空华"，二量而已（虽卷末有颂云："诸心慧境现，智者由不取，慧行无分别，无所行而行。"及颂释，然据文势，此颂非清辩自出，摄义亦皆见于前，不过引以证成而已）。又《楞严经》亦有此颂，然此颂决是清辩所出无疑。有因明法式之简别语"真性"（胜义谛）故，全论皆解此一颂二量之宗因喻三支故。

二、《掌珍论》卷上云："广如《入真甘露》已具分别，故不重辨。"（此承上依他空有而说。又卷下亦云："《入真甘露》已具分别。"）则《入真甘露》乃清辩又一成立胜义之要籍也。

三、《掌珍论疏》佚上半并撰述人名，然文理精洁，因明纯熟，且卷下之一，解有八转声，是非奘门大德不办。奘门诸贤，多薄清辩，而此为作疏，其间有不可不注意者。又《疏》中略别小乘（经部等）本末源流，又下之三云："所谓圣智非无宗，（按：此是昙影序《中论》句，文稍异）无宗者无相，虚心非无契，契之者无心。此则内外两冥，缘观俱寂，斯之谓矣。"不知引三论家何书，更可注意，又疏论文："虽勤修习无倒空观，而于空性终不作证，如是名为胜义静虑。"云："空以无观证为相，此即止无所止，此之定慧二数；一念同时说二无二相，不同余分别定慧，虽复同时二数，而有二相也。"此与曹溪定慧等学同义。《宗门源流考》之材料也。

※注：自《肇论》以下皆日《续藏》本。

四、《肇论·答刘遗民书》云："领公远举，乃千载之津梁也。于西域还，得方等新经二百余部，请大乘禅师一人，三藏法师一人，毗婆沙法师二人。什法师于大石寺出新至诸经，禅师于瓦官寺教习禅道；门徒数百，夙夜匪懈，邕邕萧萧，至可欣乐。三藏法师于中寺出律藏，毗婆沙法师于石羊寺出《舍利弗阿毗昙》胡本，虽未及译。时间中事。发言新奇，生上人顷在此，同止数年。威道人至得君《念佛三昧》及远法师三昧咏及序。什法师以午年出《维摩经》。贫道时预听次，参承之暇，辄复条记成言，以为注解。"（按：刘遗民因《般若无知论》而致书僧肇，有所疑问，故肇师答之。《高僧传》云："一时庐山刘遗民见肇此论叹曰：不意方袍复有平仲。因以呈远公。远乃抚机叹曰：未尝有也。因共披寻玩味，更存往复。"似借重刘、远以誉肇师耳。实刘、远之见犹出肇师下也。如刘遗民书中有云："无当而物无不当，乃所以为至当，岂有至当非当，而云当而无当耶？即与远法师详省之。法师亦为相领得意，但标位似各有本，或当不必理尽同矣。"可知矣。）

五、《肇论·涅槃无名论》、《上秦主姚兴表》云："肇在什公门下十有余载，涅槃一义常以听习为先；但虽屡蒙诲喻，犹怀疑漠漠，为竭愚不已，如似有解，然未经高胜先唱，不敢自决。不幸什公去世，咨参无所，而陛下圣德不孤；独与什公神契，目击目存，快尽其中方中，故能振彼玄风，以启末俗。一日遇蒙答安城侯姚嵩书，问无为宗极，何者？夫众生所以久流转生死者，皆由著欲故也。若欲止于心，即无复于生死。既无生死潜神玄默，与虚空合其德，是名涅槃矣。既曰涅槃，复何容有名于其间哉！斯乃穷微言之美者也……惧言题之流或未尽上意，庶拟孔《易》十翼之作。论末章（按：此当是姚兴书末章）云：诸家通第一义谛，皆云廓然空寂，无有圣人。吾常以为太甚径庭，不近人情。若无圣人，知无者谁？实如明诏，实如明诏。"然《智论疏》因云"什云对之"也。疑"什云"二字讹。

六、《宝藏论》，最伪之作也，其文一望可知非肇法师手笔。其言曰："有必速亡，无必久长，天地虽变，虚空独常……于有不有，于无不无，有无不见，性相如如。阒然无物，而乃用出……一为无为，一生二；二为妄心，以知一故即分为二，二生阴阳"等夹七夹八，不知所云，乃无知道流，窃佛家一二名言，杂糅而成。肇法师之罪人也。然稍读佛书者，即能知其伪，固犹不能鱼目混珠也。所怪者，彼大愚者仍收入法藏中耳。

七、小招提寺沙门慧达《肇论序》云："详、汰名贤所作诸论，或六七宗，爰延十二，并判臧否，辨其差当……世谚咸云：肇之所作，故是《成实》真谛，《地论》通宗，庄、老所资，孟浪之说。"唐元康《肇论疏》卷上云："慧达法师是陈时人……安法师立义，以性空为宗，作《性空论》。什法师立义以实相为宗，作《实相论》……详、汰名贤等者，此言支法详作《实相论》。（此下古本有"竺法汰作《本无论》也。然《实相论》"十二字）。有二家，一是什法师作，今无此本；二是支法详问，释慧仪答。此乃是慧仪法师所作，非支法详作也。"梁释宝唱作《续法论》百六十卷云："宋庄严寺释昙济作《六家七宗论》。论有六家，分成七宗。一、本无宗，二、本无异宗，三、即色宗，四、识含宗，五、幻化宗，六、心无宗，七、缘会宗。《续法论》文云：下定林寺僧镜作《实相六家论》，先设实问二谛一体，然后引六家义答之。第一家以理实无有为空，凡夫谓有为有，空则真谛，有则俗谛。第二家以色性即空为空，色体是有为有。第三家以离缘无心为空，合缘有心为有。第四家以心从缘生为空，离缘别有心体为有。

第五家以邪见所计心空为空，不空因缘所生之心为有。第六家以色色所依之物实空为空，世流布中假名为有。前有六家，后有六家，合为十二家也。前六家论中，判第四家为臧，余五家为否。后六家论中，辨前五家为差，后一家为当也……成实论宗有《真谛义》，十地论宗有《通宗义》，谓肇师所明之理，犹是彼二论中义也。用庄、老言资此论为孟浪之说……远法师作《法性论》，于道邃作《缘会二谛论》……远法师作《法性论》自问云：性空是法性乎？答曰：非，性空者即所空而为名，法性是法真性，非空名也……支法详不见什法师，承来至关中乃作书问什法师门人释慧仪实相义……此并是肇法师同时人，才学又在肇法师下。"又云："晋朝尚理，作论者辞涉老庄；言参经史，不可谓佛与丘且同风，法与聃周齐致。肇法师一时挺秀，千载孤标。上智贵其高明，下愚讥其混杂……近有无识之徒，谤大宗小，上诽高德。"则唐代亦如陈时有谤肇法师者。又云："今之学者多生诽谤，谓说空者为不了义，无可慧明，可不悲哉。"未知是指奘门否？

八、又《肇论疏》卷上云："晋支度敏立心无义（引《世说注》），道恒常执心无义，大行荆土。竺法汰大集名僧，令弟子昙一难之，不屈。明旦慧远就席攻数番，未有答。心无之义于是而息。据《高僧传》……色不自色，故虽色而非色者破晋支道林即色游玄义也。今寻林法师即色论无有此语。然林法师《集》别有《妙观章》云：夫色之性也，不自有色，色不自色，虽色而空。今之所引，正此文也。"又卷中云："如远法师集云：闻一公道一以等智为般若，情实不甘，今肇法师亦弹此义。"

九、《肇论》卷中云："躬执秦文与什参定方等者，弘始五年四月二十三日于逍遥园中出《大品经》。秦王躬览旧经，验其得失，今言其事也。"

十、《肇疏》卷中云："庐山慧远作《刘公传》云，刘程之字仲思，彭城人……居山十有二年卒……初生法师入关，从什法师禀学，后还庐山，得《无知论》以示刘公。刘公以呈远法师，遂致此书，问其幽隐。虽言迹在于刘公，亦是远法师之意也。……于时远法师在山徒众七百。于时有雁门周续之、豫章雷次宗、南阳宗炳及刘公等同在山隐。"

十一、又云："当时有僧姓支名法领，往西域归《华严》等诸大乘经。请大乘禅师一人者，佛驮跋陀罗也。此人博学，善解《华严》，而以禅观为行。于时慧观、慧严等向西域，于彼请一大德东归。彼土大德平章，非佛驮跋陀罗不可，遂共来此。正当什法师来时，至长安。然其意气高邈，禅观深远，谓什法师曰：观君所译，未出人意，因何乃得高名？什法师曰：由吾老朽为众所推，何必德称美谈也。复缘向门徒说云：吾见本国，五舶发来，人或漏泄此语。僧䂮等以为显异惑众，集僧摈之。禅师曰：吾身若浮萍，去留甚易，但怀抱未申，以为恨耳。于是出蓝田关，南至荆州。庐山远法师遣人迎之，屈入山翻译禅经，从其禀受禅法，乃作《解摈书》送长安，解其摈事，以为说在同意，非为异人，不是显异惑众。其复遂下宋都译《华严经》。三藏法师一人者，弗若多罗也。《高僧传》云：弗若多罗出《十诵律》，三分获二，而多罗卒，昙摩流支续译。又此是昙摩流支，何以明之？以文言本末精悉，则是译律已了也。又此是佛陀耶舍译《四分律》，何以明之？佛陀耶舍至长安，秦王请其译《四分律》，然耶舍曰无本，但诵文而已。始欲遣人书出，秦王疑其遗忘，乃遣耶舍诵户籍、药方数万言。明日复之，不遗一字，遂请诵出律本，令人书之，然后翻译也。毗婆沙师二人者，昙摩掘多也。道标《舍利弗阿毗昙论序》云：弘始九年，昙摩掘多、昙摩耶舍等命书梵文，至十年寻应合出，但以彼此不相领悟，恐未尽善。至十六年，渐闲秦语，令自宣译，然后笔受……远法师作《念佛三昧咏》及《序》，刘公等皆和捡远法师《集》此。但有《三昧咏序》，无《三昧咏》及和，收集不谨也。《序》云："夫称三昧者何？思专想寂之谓。思专则志一不挠，想寂则气虚神朗。气虚则智恬其神，神朗则幽无不微。斯二乃自然之玄符，会一而致用也。"

十二、《肇论疏》卷下云："肇法师在什公门下十有余载，十九事什公，三十一亡……姚兴于什法师亡后，《通四科义》。一通不住法，住般若中义，二通圣人放大光明义，三通三世义，四通一切法空义。通第四义云：夫道者，以无为为宗，若其无为，复何所有耶？安城侯姚嵩作书，难第一、第二、第四，不难第三。难第四义云：不宗明道之者，以何为体？若以妙为体。若以妙为宗者，虽在谛先而非极。若以无有为妙者，必当有不无之因，因称俱未冥，讵是不二之道。故论云无于无者，必当有于有，有无相生，犹修短之形。然则有无之律，乃是迹见所存。姚兴次第答其所难，通第四难云：吾意以为道止无为，未悟何以宗也。何者？夫众生所以流转者，皆由著欲故也，具如此论文所明。"

十三、《肇疏》卷下有云："湜谓此解不当，下释是。玄湜问曰……代疏主答，玄湜谓曰……幸详之，玄湜谓曰……"此是他人所附按语也。且初二已窜入疏文。按：卷上末附云："大唐开元二十三年，岁在乙亥，闰十一月三十日，扬州大都督府江都县白塔寺僧玄湜勘校流传。"可知矣。

十四、《大乘大义章》卷上问答大事：（一）后答真法身，（二）重问答法身，（三）问答真法身像类，（四）问答真法身寿量；，（五）问答修三十二相，（六）问答受决法，卷中问答七事，（七）问答法身感应，（八）问答法身尽本习，（九）问答造色法，（十）问答罗汉受决，（十一）问答念佛三昧，（十二）问答四相，（十三）问答如法性真际，卷下问答五事，（十四）问答实法有，（十五）问答分破空，（十六）问答后识追忆前识，（十七）问答遍学，（十八）问答住寿义，此中分别大小，广述异说。尤以真法身之问答，最有关于《阿识成立史略》。且于此可见初期教理之问题所在，及罗什法师之所宗也。故又名《鸠摩罗什法师大义》。有暇当整理成条，以资参考。

十五、慧日道场沙门吉藏奉命撰《三论玄义》云："例如庄周魍魉问影。影由形有，形由造化，造化则无所由，本既自有，即末不因他，是故无因而有果也……罗什昔闻三玄与九部同极，伯阳与牟尼抗行，乃叹曰：老庄入去故，应易惑耳目，凡夫之智，孟浪之言，言之似极，而未始诣也……（此中又有二说，不要）外未即万有而为太虚，内说不坏假名而演实相。外未能即无为而游万有，内说不动真际建立诸法。外存得失之门，内冥二际于绝句之理。外未境智两泯，内则缘观俱寂。问：伯阳之道，道曰太虚，牟尼之道，道称无相，理源既一，则万流并同。什、肇抑扬乃诣于佛（此王弼旧疏，以无为为道体）答：伯阳之道，道指虚无，牟尼之道，道超四句。浅深既悬，体何由一？问：牟尼之道，道为真谛，百体绝百非。伯阳之道，道曰杳冥，理超四句。（此梁武帝新义，用佛经以真空为道体）。答：九流统摄，七略该含，唯辩有无，未明绝四。若言老教亦辨双非，盖以沙糅金。（周弘政张机并斥老有双非之义）"

十六、《三论玄义》云："匡山慧远释曰：火之传于薪，犹神之传于形。火之传异薪，犹神之传异形。不得见形朽于一生，便谓识神俱丧。"（按：释《经》云：如雀在瓶中，罗縠覆其口。縠穿雀飞去，形坏而神走）

十七、又云："据毗昙第二……毗昙略明有六：一、如来自说法相毗昙，盛行天竺，不传震旦；二、舍利弗造毗昙，凡二十卷；三、佛灭后三百余年，有三明六通大阿罗汉，姓迦旃延造《八犍度》二十卷；四、六百年间，有五百罗汉是旃延弟子，于北天竺共造《婆沙》，释《八犍度》；于西凉州译出，凡百卷；值兵火烧之，唯六十卷现存，止解三犍度也；五、七百余年有法胜罗汉，嫌《婆沙》太博，略攒要义，作为五十偈，名《阿毗昙心》四卷；六、千年之间，有达摩多罗以《婆沙》太博，四卷极略，更撰三百五十偈，足四卷，合六百偈，名《杂心》。其间复有《六分毗昙》释论云：目连和须密及余论师共造，并不传此土。唯《众事分毗昙》是六内之一，此土有之。复有《甘露味毗昙》二卷，未详作者，并传此土。毗昙部类不同，大宗明见有得道也。"（此下十门破斥太略）

十八、又云："有诃梨跋摩高足弟子，序其宗曰：《成实论》者，佛灭度后九百年内，（吉藏作七百年。）有诃梨跋摩，此云师子钟之所造也。其人本是一切有部鸠摩罗陀弟子，慨其所释，近在名相，遂徙辙僧祇大小兼学。钻仰九经，澄汰五部……真谛三藏云，用经部义也。检《俱舍论》，经部之义，多同成实。有人言正用昙无德部（按吉藏主此说，考《大乘玄论》五），有人专同譬喻，有人言取诸部所长……有人言此论明于灭谛，与大乘均致。罗什闻而叹曰：秦人之无深识，何乃至此乎……秦弘始七年，天竺有刹利，浮海至长安，闻罗什作大乘学，以《正观论》等咨而验之。什公为其敷折，为顶受绝叹不能已。已白什公曰：我在天竺，闻诸论师深怪罽宾小乘学者鸠摩罗陀自称朗月之照，偏智小才非此喻也。而诃梨惜其师以才自扬，故作此论，以辨有法之实，明其依实之假……齐永明十年十月，延请名德五百余人于普弘寺敷讲，请诸法师抄此《成实》，以为九卷。命周颙作序，恐专弘小论，废大乘业，自尔以后爰至梁武，盛弘大乘，排斥成实众师，不可具记……约空义深浅，则毗昙为小乘之劣，成实为小内之胜也。"（以下亦有十破，不要。）

十九、又云："大乘博奥，略标二谛：（一）辨教五时，昔《涅槃》初度江左，宋道场寺沙门慧观，乃制经序，略判佛教凡有二科：一者顿教，即《华严》之流，但为菩萨；二者始从鹿苑，终竟鹤林，自浅至深，谓之渐教。于渐教内开为五时：一、三乘别教，为二乘说四谛、十二因缘，为大乘明于六度；二《般若》，通化三机，为通教；三、《净名》、《思益》，扬大抑小，谓抑扬教；四、《法华》，会彼三乘同日一极，为同归教；五者，《涅槃》，为常住教……总难曰：但应立大小二教，不应制于五时。（又有别难等，省而未录。）（二）难二谛（省可考）。"

二十、又云："毗昙人释中者，有事有理，事中者无漏大王不在边地，谓不在欲界及非想也。理中者，谓苦集之理不断不常。成实人明中道者，论文直言离有无名圣中道，而论师云中道有三：一、世谛中道；二、真谛中道；三、非真非俗中道。大乘人明中者，如摄论师明非安立谛，不著生死，不住涅槃，名之为中也。义本者以无住为体中，此是合门。于体中开为两用，谓真俗，此是用中，即是开门也。又中假师云：非有无为中，而有无为假也。"

二十一、元五台大万圣祐国寺开山住持释源，大白马寺宗主赠邽国公海印开法大师长讲沙门文才《肇论新疏》上云："及隶樊川之兴教，得云庵达禅师疏，复获唐光瑶禅师并有宋净源法师二家注（似未见元康疏。）反复参订醇疵纷错，爰别品训释。"然该疏所出，亦殊寡陋，据《起信》，依五教，吾见其捉襟而肘现也。录疏尚多未阅。

※按：即《华严疏钞》卷十三之三初有难释。）（按：《华钞》卷十七之一末又引《不迁》释，可考。

二十二、明万历戊子冬，贤首后学五台山狮子窟沙门镇澄《物不迁正量论》卷上云："《华严钞》观国师则以为滥同小乘，不从此方迁至余方之说，遂再研其论，乃知肇师不迁之说，宗似而因非，有宗而无因也。观其《般若无知》、《涅槃无名》之论，齐有一空，妙叶真俗，雅合修多罗，虽圣人复起，不易其言也。独于物不迁则失之……肇公不迁，本宗《般若》无去来义，却以物各性注释之……《华严》云：如河中水，湍流奔逝，各不相知。此与肇师江河竞深而不流等四句之义，言陈相似，求其所以能成立因，则大不侔。何则？经以性空无体，故虽终日流转而实无一物可流转者，故经先标因云：诸法无作用亦无有体性，是故彼一切各各不相知。"卷下又有答幻有禅师、界上座、密藏开禅师、海印大士，对一幻道人语，云栖律师又自序云："盖尝质诸海内名流，莫不忿然作色以愚昧见责，乖其为之出理引证则未见其人……余乃出吾佛不迁本旨以正其说。"是诚有理，且颇可资摩，而慧日永明寺道衡《物不迁正量论证》则云："澄师驳论以来，海内尊宿大老驳其驳者亡虑数十家，何以皆不能杜澄师之口？每一议发，徒资其电辨之风以益肇师之过，是岂诸尊宿识果不逮澄师？抑不迁之义果有堕而决不可救耶……澄师大权方便，佯为不知，以贼攻贼，用谬问谬而已。诸尊宿之本意，尽是装聋作哑，欲互相发挥不迁之休奥而已。"其态度实甚痴呆可笑。又万历癸亥香醉山隐者无似道人《正量论跋》则云："法本常寂，因缘适会，澄僧何有焉？"皆属腐腔烂调，故作矜持，可见当时之道风。然自宋以来已然。真界又有《物不迁论辩解》。冯梦祯为之序，袾宏、达观为之跋，可知此一问题，在当时固闹得沸反摇天也。然余意肇师四论颇得玄旨，《物不迁》之说，虽属难解，然其"即动以求静"之意，固未违于性空"今物在今，昔物在昔"之论。※（注：该论诚为三论家之要籍，然行文繁芜，前后时覆，使读者难得要领。）所以对治今物可往，万物流动之见，而明物不往来。其间虽似有可议，而初期玄论之本色，应须如此，固不必深咎之也。

二十三、胡吉藏撰《大乘玄论》卷一云："开善《四论玄义》五云：开善藏法师云：二谛者，法性之旨归，一真不二之极理。《庄严》《四论玄义》云："庄严旻法师云：二谛盖是祛惑之胜境，入道之实津。光宅《四论玄义》云光宅云法师云：二谛者，盖是圣教之遥泉，灵智之渊府。三说虽复不同，或言含智解，或辞兼圣教，同以境理为谛。若依广州大亮法师《四论玄义》云：宋国北多宝寺广州大亮法师，定以言教为谛。今不同此等诸师。问：摄岭兴皇何以言教为谛耶？

答：为对由来以理为谛，故对缘假说。"又云："第二辨绝名，常途相传世谛不绝名，引《成论》文，劫初时物未有名，圣人立名字，如瓶衣等物，故世谛不绝名。真谛与佛果，三师不同。光宅云：此二皆不绝名。真谛有真如实际之名，佛果有常乐我净之名；但绝粗名，不绝细名。《庄严》云：此二皆绝名。佛果出二谛外，故绝名。真谛本来自虚，忘四句绝百非，故绝名。开善云：真谛绝之理，绝四句百非，故绝名。佛果此世谛所以不绝名，若佛智冥如绝名。"（按：吉藏有难）

二十四、又云："摄山、高丽、朗大师本是辽东城人，从北土远（按：《二谛义》卷下云："北地学三论远……"）习罗什师义，来入南北住钟山草堂寺，值隐士周颙。颙因就师学。次梁武帝敬信三宝，闻大师来，遣僧正、智寂十师往山受学。梁武天子得师意，舍本《成论》，依大乘作章疏。开善亦闻此义，得语不得意。"（考《三论玄赞记》七页初。）又云："《庄严》云：二谛摄法不尽，佛果非世谛，真谛摄故。开善，二谛摄尽。冶城云：佛果为真谛所摄，而非俗谛。所以然者，佛果是真实之法，无复虚假，举体妙绝。故真谛举譬如水本澄渟，以风潮因缘故生波浪。若风息浪静，还复本水之清。内合本唯真谛之理，显烦恼之风，致生死之浪。生死既息，还一真之理。"（有难）又云："山中兴皇和尚述摄岭大朗师言：二谛是教，又言五眼不见理外众生及一切法。此是二谛外，二谛不摄，理内二谛宛然而有，不解大师意，执理内理外有异。"又云："学《摄论》人，不执三性，存三无性。三论云无性法亦无。他家不遣三无性，今论遣三无性。"又云："常途诸师，顿渐无方，三种判教。于渐教中有五时二谛。初四谛教时，事理二谛。般若教时，空有二谛。《净名经》，褒贬二谛。《法华经》，三一二谛。《涅槃经》，常无常二谛。今义菩萨声闻藏判于佛教。今明小乘明事理二谛，一切大乘经，通明空有二谛……问：《华严经》为是释迦所说耶？答：释迦有两名，卢舍那、释迦。卢舍那乃功德之名；释迦，性名。又见者不同有二佛，故舍那在净土说法，释迦在秽土说法……"

※此土成论师阐义已奥，不可轻视。后有暇，当整理其说。

二十五、又卷二云："梁武帝敕开善寺藏法师，令作义疏（按：《成论》义疏）。法师讲务无闲，诸学士共议出安城寺开公、安乐寺远子，令代法师作疏。此二人善成领语，精解外典，听二遍，成就十四卷为一部。上简法师，法师自手疏读一遍，即可言之亦得去送之。"

二十六、又卷三云："古来相传释佛性不同，大有诸师今正出十一家，以为异解。（一）以众生为正因佛性，如言一切众生皆有佛性故；（二）以五阴及假人六法为正因佛性；（三）以心为正因佛性；（四）以冥传不朽为正因佛性；此直明神识有冥传不朽之性，说此用为正因。（五）以避苦求乐为正因佛性；如云若无如来藏者，不得厌苦乐求涅槃故。（六）以真神为正因佛性，若无真神，哪成真佛？（七）以阿梨耶识自性清净心为正因佛性；（八）以当果为正因佛性，即是当果之理也；（九）以得佛之理为正因佛性；（十）以真谛为正因佛性；（十一）以第一义空为正因佛性；但河西道朗法师与昙无谶法师共翻《涅槃经》，亲承三藏作《涅槃义疏》，释佛性义正以中道为佛性。尔后诸师皆依明法师《义疏》得讲《涅槃》，乃至释佛性义，师心自作，各执异解，悉皆以《涅槃》所破之义以为正解。大略言有十一家，其间细论更有诸释。今时无有用者，故不复出之。然十一家大明不出三意：第一第二不出假实二义。次以心为正因，乃至阿梨耶识，此之五解虽后体用真伪不同，并以心识为正因也。次四家并以理为正因（一一有难）……彼师云：指当果为如来藏，以有当果如来藏故，所以众生得厌苦求乐。此时光泽法师一时推画，作如此解。经无证句，非师所传，故不可用也。第一义空为正因佛性者，此是北地大乘师所传。真谛为佛性者，是和法师、小亮法师所传。当果为正因佛性，古旧诸师多用此义。得佛理为佛性者，是零根僧正所用，此义最长，阙无师资相传。学问之要，须依师承习，其师既以心为正因佛性，而弟子以得佛理为正因佛性者，岂非背师自和推画耶？故不可用也。"又云："一师云：众生佛性本来自有。又一师云：佛性始有。《地论》师云：佛性有二：一是理性，二是行性。理非物造，故言本有。行藉修成，故言始有。"

二十七、又云："灵正云：涅槃体者，法身是也。寻此法身，更非远物，即昔神明成今法身。神明即是生死万累之体，法身亦是涅槃万德之体。开善云：总明万德体，无累为灭度。而经初明三德者，简异昔日二种涅槃。有余时身智在，解脱不满。无余时，解脱满，身智不在。又云：凡夫不会不冥，初地以上亦会亦冥，佛果冥而不会，金刚以还会而不冥，佛果亦会亦冥。地论师性净涅槃是本有理显现，方便净涅是缘修万德，二体别异。成论师本有始有涅槃体一……地论师阿梨耶识，摄论师阿摩罗识，成论师成佛理显现，名为法身。定是有法，故以常为经宗……《成论》明涅槃但是无法。大乘四种：一、明涅槃是妙有为体，是世谛法；二、以空为涅槃，即是实相名第一义谛；三、涅槃非真非俗；四、超出四句方是涅槃。摄论师四种涅槃；一、本性寂灭涅槃，二、有余；三、无余；四、无住处涅槃。法身故不住于生死，应化二身故不住涅槃。次用无我真如理，又无性理名无住处涅槃。诸师同释涅槃备于三德，谓法身、般若、解脱，略有四义……成论师有四种生死：流来生死、分段生死；八地以上变易生死，七地中间生死。摄论师七种生死；三界分段为三；变易有四：初、二、三地为方便生死，四、五、六地为因缘生死，七、八、九地为有有生死，第十地名无有生死……（此下有多问答）。"

二十八、又卷四云："昔在江南，著《法华玄论》，已略明二智……《释论》四十三卷云……南北同此释也。有人言……此北土论师释也，有人言……此南方尚禅师释也。后有人言……此南方成实师义也。"是皆《智论》释家也。述义未录。又云："北土人云：《净名》是圆顿之教，非染非净，染净双游。"此北土人，似非《智论》释家也。

二十九、又云："兴皇和尚昔讲此经※（按：当是《大品》），明六种二智以为三双。谓方便实、权实、实方便、权方便、方便权、实权。"按：三论家善如此广开论义，※又卷五云："大师读此论遍数不同，形势非一，今略出十条"云云，亦此例。如八不等义，亦有多门。此为特色，亦承成实论师之故习也。华严宗、法华宗亦此技耳。此中固颇多迂腐之谈，而所言时有精意，不可谓非吾国哲上之特有面目。（奘师门下注疏，虽方向不同，手段无异。更视西土，亦无不然。或谈玄者应有此手段也。）然李唐中叶以后，降及宋、元、明、清，各务穿凿附会，所议皆肤浅，少关痛痒矣。我国佛法之盛，仅初来三百余年耳。可胜叹也！

三十、又云："生公用大顿悟义，唯佛断惑。瑶师用小顿悟义，七地方断。今明皆无妨……佛性常为法身者，此是江南旧宗，非北方异说也。"

　　※判教

三十一、又卷五云："成论师或言四时，或言五时，引《涅槃经》从牛出乳等五味相生。虽五时教，四谛教有相差别，故出十二部经，修多罗名法本，般若名修多罗。《维摩经》广明菩萨不思议法门，故名方等经。一乘之中般若最胜，故《法华经》名般若波罗蜜。《涅槃经》时明常住佛果，故言出大涅槃。地论师有三宗四宗。三宗宗：立相教、舍相教、显真实教。为二乘人说有相教，《大品》经广明无相。《华严经》名显真实教。四宗者，毗昙是因缘宗，成实谓假名宗，三论名不真宗，地论名真宗（有破）。"按：该期于判教问题亦属一繁重事实，故吉藏有《教迹门》叙破之（可考）。然终未若天台、贤首之专以判教为能事，启其端而已。

三十二、又云："迦叶性刚决，故付迦叶。迦叶付阿难，次付末田地，次付舍那婆斯，次付优婆掘多。如是隔世五师，至一百余年，分为二部：一、上座部；二、大众部。"此异说，不知何据。

三十三、又云："灵味法师云：初地得无生，即能真假并观。什、肇师云：

七地并观。成论师云：八地并观。今谓从初发心则学无生，习于并观……成论家解世谛有三中，如不即四尘有柱故非即，不离四尘有柱故非离（有破）。"

三十四、《大乘玄论》末附跋颂云："深奥宗义，末世如忘，先师悲此，专怀感伤。彼迁化后，屡送星霜；弘安圣历，第三初商，一十三岁，忌景云当，为资追福；谨开印板，不图斯印，回禄遭殃，醍醐学侣，不耐愁肠，衣钵各投，论文再彰……于时永仁三年三月二十一日，菩萨戒比丘性寂。"

三十五、《二谛义》三卷，胡吉藏撰，东奥仙台龙宝、实养于洛之陀峰下镌二谛章，序云："中世以降，其学不传，其书将泯。今属日名寺藏中得此之锦本，欣戴捧读，不堪雀跃。率加点校授书林，于时岁次丁丑元禄十年腊月谷日杀青斯竟。"又宝永七年岁次庚寅孟春日，洛西五智山沙门慧旭寂于忘虑亭补刻二谛章，叙云："二谛义章三卷传流吾国已来，仅一千年奇矣，而不以广其传者也久矣。向者龙宝、与公偶得上下两通，辄刻木以布海内。近有书林某者，幸得古本之全者，于是两本对检，则与公之本非但缺中卷，上卷中脱二十余纸。今上下两卷，直用与公之所刻者，不复改雕。其中或文字写误者，或两本相异者，或疑而未决者，或恐此处必脱某字者；则皆标之卷眉，而一处未尝以私意改易之，务在存古耳。"

三十六、《二谛义》卷上云："师临去世之时，登高座付嘱门人，我出山以来，以二谛为正道，说二谛凡二十余种势。或散或束，或分章段或不分。分时或开为三段，乍作十重。所以为十重者，正为对开善法师二谛义。彼明二谛义有十重，对彼十重，故明十重，一一重以辨正之。师唯导此义有重数，所余诸义普皆不开，若有重数者，非兴皇所说也。"按：该书乃吉藏阐发兴皇之义广论得失，不觉其言之过漫，然亦有可取。古人用心，所不及也。又云："摄岭兴皇已来并明二谛是教，所以山中师手本二论疏云……"又云："开善云：二谛者，法性之旨归，一真不二之极理。又云：不二而二，中道即二谛，二而不二，二谛即中道。"又卷中云："河西云：佛法不出经律二藏，阿毗昙只分别经律耳。故经律摄佛法尽也……成论者彼释俗谛审是浮虚……学三论不得意者，明二谛真俗，待非真俗。"

三十七、又卷下云："《大品》色即空，空即色，此义难解。大忍法师云：我三十年思此义不解，值山中法师得悟。此师既悟，始信三论云云。由来释相即义者，有三大法师，光宅无别释，此师《法华》盛行，《成论》永绝也。庄严云：缘假无可以异空，故俗即真。四忘无可以异有，故真即俗，离俗即真，终不可以名相为无名相。离真即俗。终不可以无名相为名相。故二谛不异为相即也。

开善云：假无自体，生而非有，故俗即真。真无体可假，故真即俗。俗即真，离无无有。真即俗，离有无无。故不二而二，中道即二谛。二而不二，二谛即中道。龙光是开善大学士，彼云：空色不相离，为空即色，色即空。开善、庄严明一体，龙光明异体。释虽众多，不出一异，故此三摄一切（有难）……龙光难开善，开善云：待我面黄，只得解耳。"

三十八、又云："故无有即无空，五句皆净。故什师云：十喻以悟空，空必待此喻，借言以会意，意尽无会处，既得出长罗，住此无所住也。"

三十九、《大乘三论略章》末附志云："卐云：此书恐邦人所摘录，而所抄出者，则系嘉祥大师制作，故姑收藏尔云。"此说非是，何以故？《第一明二谛义》云：随缘方便亦得说安瓜义，（？）又云："云瓔法师云：世是纵论，俗是横论。"《二智义》云："道种慧云云，冰山瑶（法）法云，宗彭城凭法师云云。"《般若义》云："方便般若者有愚智，即是用也。"《涅槃义》云："第二师云：涅槃可翻，凡有七解：一、肇师翻为灭度，即开善用也；又翻作无为，亦肇师翻，其法师用。三、昙影师云安乐；四、竺道生法师翻为火；五、静师翻寂灭；六、宗法师翻解脱；七、梁武翻不生；第三义训凡有三师，远师秤（称）为实，爱公秤秘密藏，宗公秤无累。"《工河义》（？）、《正像义》、《金刚三昧义》等，皆非《大乘玄论》、《三论玄义》、《二谛义》所有。若日人所摘录，决不能出此异义。疑嘉祥大师自作，如《二谛义》与《大乘玄论》之《二谛义》文义大同而分二书也。或其座下上首弟子所录（此说是），何以故 文少不类故。又有两《涅槃义》，两《真应义》，两《佛性义》，当以后人抄录之脱误也。然两《佛性义》录义大同，则不知何故也。

四十、硕法师撰《三论游意义》云："佛灭度后，传持法藏者，有二十三人。始自摩诃迦叶，终讫仰（师）子比丘也。马鸣付比罗，比罗付龙树，龙树付提婆，提婆付罗什。如是相承，乃至付嘱师子比丘也……山止观法师云：三论家正对《成实论》明三种中道。山师常诵《大品》，依之而说也。彼经云：言说是俗谛，无言说是真谛，作中相可解也。而后师等依《中论》文不生不灭等不转依生灭明之也。用小顿悟师有六家也：肇师、支道林师、真安埵师、邪通师、理山远师（理作匡）、道安师也。此师等云：七地以上悟无生忍也。合年（年字原本不明）天子竺道师，用大顿悟义也。小缘天子金刚以还皆是大梦，金刚以后乃是大觉也。又用五时教师不同也。白衣刘虬云：用七时：一、树王成道为瞽聋说三归等为世俗教也。※（注：判教）二、为说三乘别教，则是三教并四时也；五、《大品》、《维摩》、《思益》、《楞伽》、《法鼓》等是也；六者，《法华》也；七

者，《涅槃》也。又用五时师慧观、开善等，如常闻也。而慧观师云：从第二
《大品》为常教。开善云：前四时皆无常教也。用四时者，慧观师也。《大经》
云：五味相生，解师不同也。刘虬云：从佛出十二部经者，即是世谛，及三乘别
教。从十二部出修多罗者，《大品经》也。从修多罗出方等经者，《维摩》、《思
益》等经也。从方等经出智度者，《法华》也。从智度出《大涅槃》等经也，即
第五常住教也。开善、慧观师说，如常闻也……《涅槃》为本有三种：一、双卷
《泥洹》，即支谦（人名下皆有"法师"二字）翻，云《胡音般泥洹》。二、道安抄
作双卷，云《胡本般泥洹》。三、佛陀拔提作双卷，云《方等泥洹》。智炎法师
作十卷《泥洹》。又法显自天竺将六卷《泥洹》。初双卷，后六卷也。《涅槃》
四十卷者，智炎法师于武威郡孤臧县翻。又昙无谶谶自中天竺将来诸巨牟偏国翻
为四十卷。后东安寺慧严师，道场寺慧观师谢令郡作三十六卷……晋末初宋元嘉
七年，《涅槃》至扬州；尔时里山慧观师，令唤生法师讲此经也。"

四一、又《大乘三论略章》云："《玄通论》云：'真谛以本无受称，俗谛以
假有得名。假有表非有，名为有，除其断，非谓是有也。本无表非无，名为无，
除其常，非谓是无也。是为有不毕有，无不毕无。二言未始一，所表未始异。'
不知何人之作，所言合理，当是三论家中之健将也。"

※按：该书广列当时异议，犹以成论师为多，皆加驳斥，亦要籍也。价值与《大乘玄论》
等。

四十二、唐均正撰《无依无得大乘四论玄义记》十卷，卷一明《十地义》，
缺。卷二明《断伏义》，明《时节劫数》、《金刚心义》，第三第四卷缺。第五
卷明《二谛义》，第六卷明《感应义》，第七第八卷明《佛性义》。第九明《二
智义》，卷十明《三乘义》、《庄严义》、《三住义》。卷二云："十地义成实论
师推与庄严家也。周齐二国盛明十地义，※（注：又按：该书解释名相较《玄论》详博，
文亦较少枝蔓重复。）此义从来虽盛明之，复后时菩提、勒那两三藏来，翻《十地
论》，功由两师也。今《成实论》释十地伏断义不同，一、庄严家云……引大亮
师释生生中云……开善云……二、少庄严龙光传开善义……枳兰寺槁法师义
宗……《地》、《摄》论（按：此有"《起信论》一卷，非马鸣造论。昔日地论师借菩萨名目
之"，更勘。）等含意识与阿梨耶识。《成论》等含六识，不同幻化人说法也……有
所得家烦恼虽去而有净心体，伫在至佛也……法师在东山时释云，并缘虚假理
也。中出扬州时云，缘真不称缘。近临死时定云，是缘虚假理（此云法师，不知指何
人，或均正之师也。）……一、南涧云……三、法云、报恩、龙光传开善云……修行
门成实论师释不同，庄严有十重……开善门徒两行齐进……论三种退二报恩

云……白琛法师云……开善门徒云……庄严门徒云……真谛三藏自性责开善云：彼国中无有人言无实二乘者，汝自辄言无有实行二乘。今谓亦有二乘，亦无二乘……堕顶炀法师云……炭法师云…… 通法师云……尚禅师云…… 并照不并照……招提云……开善云……宝亮法师云……琛公云……正以什公、肇公……今推……但什、肇两师多约……（吉藏等所著书中，多引什、肇、睿、影，尤以肇、睿为多，有时亦有异同，然从未有以其义为不正者也。均正此书亦然，惟引肇更多耳。）※（三论家对什公等态度。）……次南法传述旧云：八地以上念念断惑，不须诸佛开化……真谛三藏师如牵十七经，证有九诩义。彼论云：九品心故有第九诩，而此间不出此经，故难信。 而其名目义：一名善心地，二、闻慧地，三、思慧地，四、修慧地，五、有心地，六、无相定心地，七、声闻地，八、缘觉地，九、十信地，十、十住地，十一、十行地，十二、舍小向大地，十三、大乘十回向地，十四、十地，十五、佛地，十六、有余涅槃，十七、无余涅槃。（按：即《瑜伽师地论》之传说也。）此《十住论》传云是龙树论。别有《十住论》，非天亲《十住论》也……金刚心……三建初云……龙光传开善云……释恩传建无云……龙光、绰师传述开善义云……一、如南涧仙师释……二、龙常师云……仙公云……仙师释……"又卷五云："二谛立名……竺道生法师云……仙师云……报恩师云……明中道……一、逊祚定法师云……白马报恩法师并传此说。二、龙光云……三、开善云……梁武天子明生死以还，唯是大梦，故见森罗万像。若得佛时，譬如大觉，则不复见有一切诸法。金刚心以下有虚妄病，故有世谛诸法，以得佛时则唯真而无俗……开善二谛理是天然境……"又卷六云："感应体相……一、大亮法师云……三、灵味法师云……六、庄严家云……八、开善师云，公自手书出感应义道……"

又卷七云："佛性……藏公开为八种……问：即此颠倒众生有佛性否？答：既言颠倒众生，故无也。如此义大异，《地》、《摄》两论，成、毗两家，彼宗八识七识，即有真如性故。翻《摄论》昆仑三藏法师明言，真如性于八识烦恼中有；而不为烦恼所染，亦非智慧所净；自性清净故，非净非不净。论师真谛即或下有可类摄也。但此间摄论师偷诵三论义疏意，亦是彼义中，轻毛之人信从之；非吴鲁师意一释名……二、龙光法师云……三、开善知藏云……体相……一、道生法师执云……二、昙远法师执云……三、望法师义……于三师宗本中，末执不同，略有十家，一、白马爱法师云……二、灵根令正云……三、灵味小亮法师云……四、梁武萧天子义……五、中寺小安法师云……六、光宅云法师……七、河西道朗法师、末庄严旻法师、招提白琛公等云……八、定林柔法师云……九、地论师……十、摄论师……《地》、《摄》两论义玄同，昔时昙无远师义也。（以上皆有破）……今时此间宝憙渊师，祇洹云公作真如为正因性，似落治域素（索）法师宗并庄严义，及《地论》无一而非正宗……但立佛性少多不同，古来河西朗法师、一法师云……庄严旻法师等又同此说。二、治城索（素）法师云……五、开善云……智藏法师手自书《佛性义》，作此说也。"又卷八云："本始义……一云本有于当谓众生……成论师宗也。二、本有藏识心性之体也……是《地》、《摄》等论所执也……二、始有义，开善果体生不生义……"

又卷九云："《地》、《摄》宗阿梨耶识为二智体，若《成论》等心为二智体……论师宗有渐顿遍三种教不同。今就渐教有四时与五时教，辨二智义。※（注：判教）白琰法师云……第二就顿教明权实者……第三明偏方教，亦名不定数，亦明二智……须弥入芥子……一云、旻等诸法师云……灵根寺令正云……摄论师宗法师云……释不思议不同，一、什法师云……二、肇法师云……三、竺道生师，亦云巍道生，亦云道生法师。此师释不同，一云长安生、肇之生。彼乱之时，避难来扬州也。二云八之生弟子同名生，此生也，法师云……四、径山远公弟子昙说师云……五、严法师云……六、骋法师云……七、白琰法师云……约何法论未思议，肇师云……生师意……招提意……南涧仙师云……摄论师第九识，名言所不及，故言语道断……翻《摄论》三藏法师识义明意，阿摩罗者，正番无垢。无垢有二种，一、此议虽在众生烦恼身中，不为烦恼垢染。二、名言想识所不及，若尔岂非一物……故大师呵云……（按：书中时引大师云、法师云、师云，不知谓谁）……"又卷十云："弥天道安法师《折疑论》亦开士故……山家以来相传（按：书中有云关河旧义、山中义、山门义，当指山中大师等说也。）……三乘招提白琰师云……光宅又云……传云龙意也……但冯、观二师……《大品》第十七卷，梁武天子敬重此经，大弘《大品》，题名陈函（深奥？）（原文二字）品……小庄严荣法师云，龙光传开善云……汉地关河相传说，无有一人释无有二乘义也。勒那菩提三三藏亦不说无二乘，番《摄论》黑真谛三藏常呵开等否云无有二乘也……一、但起自灵味寺小亮法师云……二、开善云……光宅二法师……三、旻法师，觉士在海坛弥天宝伦法师义……小庄严寺荣法师观得，开善攻能据。龙光成结常，稍云江南独出释，三乘有三种声闻，无一种声闻者，如寂云……今山家意，并不得法师释也……古昔净三藏师等无有一人说无二乘，此经论中亦不见无二乘文也……摄论宗丰、广两处不同，在丰处说毗昙四谛理为去实性，来广州为诸觉士说经部真谛为去实性。三法师（成论师）三乘同观真谛理为真实性……一乘体，庄严、光宅二法师云……开善云……荣法师……就（龙）光传开善义宗……白牛，生法师云……光宅、云法师云……招提师云……初住三说不……一、斌师云……二、乐师云……三、匡山远师云……五乘义，一家关河相传，屋摄岭高句丽兀朗法师等……龙树、提婆风俗□以决，须破《地》、《摄》两论者，彼义宗六识熏阿梨耶识成种子，造六识；六识无没识，更第相成，名为虚妄世谛。体相差别，如论虚假世谛体相本无；今有名为生虚妄世谛信心解无境，异成论宗故。若有人异于此宗，通于摄论宗者；则非三藏宗，即偷无所得宗故；非广州三藏义宗故，言《摄论》……三位体一开善云……"

四十三、《四论玄义》每卷之末，皆有"显庆三年，岁次戊午年十二月六日兴轮寺学问僧法安，为大皇及内殿故敬奉义章也"三十四字，未知是否。

大智度论之部

一、僧睿序云："夫万有本于生生，而生生者无生，变化兆于物始，而始始者无始。然则无生无始，物之性也。生始不动于性，而万有陈于外。悔吝生于内者，其唯邪思乎？正觉有以见邪思之自起，故《阿含》为之作。知滞有之由惑，故《般若》为之照……有鸠摩罗耆婆法师者，以秦弘始三年，岁次星纪，十二月二十日，自姑臧至长安……乃集京师义业沙门，命公卿赏契之士，五百余人集于渭滨逍遥园堂，銮舆伫驾于洪涘……经本既定，乃出此释论，论之略本有十万偈。偈有三十二字，并三百二十万言。梵夏既乖，又有烦简之异。三分除二，得此百卷，于大智三十万言，玄章婉旨，朗然可见。传而称之，不亦宜乎？本哉此中鄙之外，忽得全有此论，梵文委曲，皆如初品。法师以秦人好简，故裁而略之。若备译其文，将近千有余卷。法师于秦语人格，唯识一往，方言殊好，犹隔而未通。苟言不相喻，则情无由比。不比之情，则不可以托悟怀于文表。不喻之言，亦何得委殊涂于一致，理固然矣。进欲停笔争是，则交竟终日，卒无所成。退欲简而便之，则负伤于穿凿之讥。以二三唯案译而书，都不备饰，本冀明悟之贤，略其文而挹其玄也。"

二、卷首颂云："……一心恭敬三宝已，及诸救世弥勒等，智慧第一舍利弗，无诤空行须菩提。"（又按：论中有须菩提，虽是声闻之言，则论主虽恭敬其无诤空行第二，并不以为菩萨也。舍利弗亦尔）

三、卷三云："我始年十九，出家学佛道，我出家已来，已过五十岁。"此佛涅槃前向须跋陀梵志所说颂，则佛住世七十余岁耳。

（又卷十九云："《中论》中亦说。"）

四、卷一云："如《中论》中偈说。"则《大智度论》之作，当在《中论》后也。

五、卷二云:"佛告阿难……从今日《解脱戒经》,即是大戒……应教《那陀迦㳺延经》。"此不知可为佛在世时,已有经藏之证否?

六、卷二云:"大迦叶语阿难,从《转法轮经》至《大般涅槃》,集作四阿含:《增一阿含》、《中阿含》、《长阿含》、《相应阿含》,是名修多罗法藏……佛在世时,法无违错,佛灭度后,初集法时,亦如佛在。佛后百年,阿输迦王作般阇于瑟大会。诸大法师论议异故,有别部名字。从是以来,展转至姓迦㳺延婆罗门道人,尽读三藏内外经书;欲解佛法,故作《发智经八乾度》。初品是世间第一法。后诸子为后人不能尽解《八乾度》故,作《鞞婆娑》。有人言《六分阿毗昙》中,分别世处分,此之一是目犍连作。六分中初分八品四品,是婆须蜜菩萨(世友)作。四品是罽宾阿罗汉作,四分是诸论议师所作。有人言,佛在时舍利弗解佛语故,作阿毗昙。后犊道人等读诵,乃至今名为《舍利弗阿毗昙》。摩诃迦㳺延,佛在时解佛语作勒(毗勒之误,原文伯 Petaka),乃至今行于南天竺。诸论议师皆是广解佛语故,※(按:《大般若》卷三,比智作类智。)说五戒,几有色几无色,可见不可见;有无对,有无漏;有无为,有无报;善不善,有无证。七使(欲染使、瞋恚、有爱使、㤭慢使、无明使、见使、疑使),几欲界系、色无色界系、见谛断思维、见苦、见集、见尽、见道断、遍不遍使,十智(法、比、世、他心、苦、集、灭、道、尽、无生智)。几有无漏,有无有无漏缘,有无为缘,三界缘,不系缘。无碍道中修,解脱道中修亦尔,(亦者,皆冠以"几"字也。)四果得时几得几失。如是等分别一切法,亦名阿毗昙。为阿毗昙三种:一者、阿毗昙身及义,略说三十二万言;二者、六分,略说三十二万言;三者、蜫勒,略说三十二万言。蜫勒广比诸事,以类相从,原本仅是为二字,此依丽本。非阿毗昙。"

七、卷一云:"是佛法中亦有犊子比丘,说如四大和合有眼法。如是五众和合有人法。犊子阿毗昙中说,五众不离人,人不离五众。不可说五众是人,离五众是人。人是第五不可说法藏中所摄。说一切有道人言,神人一切种、一切时、一切法门中求不可得;如兔角常无。复次十八界、十二入、五众实有自性,而人此中不摄。更有佛法中方广道人言,一切法不生不灭,空无所得;如兔角常无。"又卷十云:"问:揵闼婆、阿修罗亦不应说,鬼神道中已摄故。答:佛不说摄,是迦㳺延子说……佛亦不分明说五道,说五道者,是一切有部僧所说。婆蹉佛妒路部僧说有六道。"又卷十一云:"有二种断结,一、断三毒心,不著人天中五欲。二、於菩萨功德果报五欲未能舍离,如是菩萨应行智度。是《阿毗昙》

中说。"又卷二十二云:"声闻法中说:念欲界天,摩诃衍中说念一切三界天。"又卷二十五云:"声闻人说十力四无所畏※按:声闻法指毗昙说合说四谛十二因缘等诸声闻法,皆为到涅槃说,摩诃衍中十力四无所畏,合大悲诸法实相不生不灭说。"又二十六云:"如声闻法,化人说法,化主不说,化主说,化人不说。佛则不尔。"(按:此恐不应收入此中。)又云:"佛法有二道,一、声闻道;二、佛道。声闻法中,佛随人法有所食啖。摩诃衍法中方便为人故,现有所啖,其实不食。"又云:"迦旃延尼子,何以言十力、四无所畏、大悲三不共意止名为十八不共法?答:以是故名迦旃延尼子,若释子则不作是说。释子说者,是真不共法。汝不信摩诃衍故,不受真十八不共法而更重数十力等。是事不可。如汝所信八十种好,而三藏中无,何以不更说。问曰:我等分别十八不共法,不重数也。何等十八:一者、知诸法实相,故名一切智,二者、功德无量,三者、大悲,四者、智慧中自在,五者、定中自在,六者、变化自在,七者、记别无量,八者、记别不虚,九者、言无失,十者、智慧无减,十一者、常施舍行,十二者、善知时不时,十三者、不失念,十四者、无烦恼习,十五者、无有能如法出其失,十六者、无能见顶,十七者众生遇者即时得乐,十八者、转众生心令欢喜得度。答:是十八不共法,非三藏中说。亦诸余经所不说,以有人求索是法故,诸声闻论议师辈处处撰集赞佛功德。如言无失,慧无减,念不失;皆于大乘十八不共法中取已作论议,虽有无见顶等不应在十八不共法中。不共法中但说智慧功德等,不说自然果报法。"又二十七云:"问:无漏智各各有所缘,无有能悉缘一切法者,唯世俗智能缘一切法,以是故说一切智是有漏相。※又三十七云:"十智为菩提,第十一智为萨婆若。"又八十四云:"如实智有二:一、遍满具足,二、未具足。具足者佛,未具足者二乘及大菩萨。"又《诸法无诤三昧》上云:"于一切法总相、别相,如实能知,故名如实智。"答:汝法中有是说,非佛法中所说。无漏智慧何以故不能缘一切法?有漏智是假名虚诳势力少,故不应真实缘一切法。汝法中自说能缘一切法。又声闻法中十智摩诃衍中有十一智,名为如实智,(《大般若》卷三及卷五三等同,然亦有作如说智。)是十智入是如实智中,都为一智,所谓无漏智。"又卷二十九云:"声闻法中有漏他心不能知无漏心,※又卷二十九云:"迦旃延子《阿毗昙》、《鞞婆沙》中有如是说,非三藏中所说。"摩诃衍法中,菩萨得无生忍法;断诸结使,世世常不失六神通。以有漏他心智能知无漏心,何况以无漏知他心智。"又卷三十二云:"阿毗昙四缘义,初学如得其实,求之转深,入于邪见。如上破四缘义中说。"又卷三十八云:"小乘法中不说法身菩萨秘奥深法无量不可思议神力,多说断结,使直取涅槃……小乘法中,佛为小心众生故,说一生菩萨犹恶口毁佛……问:佛二罪(于第八罪报，六年苦行）毘尼藏中说，是可信受，三阿僧祇后，百劫不堕恶道者，从初阿僧祇亦不应堕恶道。若不堕者，何以但说百劫？佛无是说，但是阿毗昙鞞婆沙论议师说。答：阿毗昙是佛说，汝声闻人随阿毗昙论议是名《鞞婆沙》，不应有错。"（按：此云阿毗昙鞞婆沙，不知何所指，应考）又卷三十九云："问：若凡夫人不能入灭尽定，云何菩萨从初禅起，入灭尽定？答：阿毗昙鞞婆沙中小乘如是说，非佛三藏说。"又云："声闻法中十不善道是为罪业，摩诃衍中见有身口意所作是为罪。所以者何？有作有见，作者见者皆是虚诳故。"又卷四十二云："此中说后二种离，（远离结使，及诸法各各离自相，）小乘法中多说前二离。（舍家恩爱事等，及诸法离名字）"又卷六十八云："声闻人言，声闻法中何所不有？《六足阿毗昙》及其论议，分别诸法相，即是般若波罗蜜，《八十部律》即尸罗波罗蜜……"又卷七十四云："《毗尼阿波陀那》中说，从见然灯佛以五茎华散佛，以发布地，佛为授阿鞞跋致记，名阿鞞跋致。"又卷七十五云："如《阿毗昙经》说，有生法，有不生法；有欲生法，有不欲生法；有灭法，有不灭法；有欲灭法，有不欲灭法。生法现在一心中有二种：一者生，二者欲灭。生非欲灭相，欲灭相非生。"又卷八十三云："凡夫入无想定，生无想天。圣人住有余涅槃，入灭尽定。入无余涅槃，心、心数法皆不行，云何行智度心、心数法不行？答：是事阿毗昙中说，非大乘中义，小乘大乘种种差别。"又卷八十九云："摩诃衍法与声闻法异。摩诃衍法中说一切无漏法，无相无忆念。"又卷九十五云："阿毗昙等经中有垢有净，但受垢净者无。三毒等诸烦恼是垢，三解脱门诸助道法等是净。是事不然，我毕竟无故，垢净无住处。无住处故无垢无净。"又卷九十八云："阿毗昙言一切有为法及虚空非数缘尽，名为有上法。数缘尽是无上法，数缘尽即是涅槃之别名。"又卷一百云："外书说须弥山一色纯是黄金，《六足阿毗昙》中说须弥山四边各以一宝成。"

八、卷五云："除诸法实相，余残一切法，尽名为魔。"则仰山云《涅槃经》尽是魔说，于此可证。

九、卷六云："喜根法师语诸弟子，一切诸法淫欲相、瞋恚相、愚痴相，此诸法相即是诸法实相，无所罣碍。以是方便教诸弟子入一相智。"治密教者应善侍此意。又云："道及淫怒痴，是一法平等；若人闻怖畏，去佛道甚远。淫法不生灭，不能令心恼；若人计吾我，淫将入恶道。"

十、（通常之所谓念佛非此所谓念佛也。念佛生西固可信，然卷二十四云："善人恶处生，恶人善处生，业熟不熟故。问：临死时少许时心，何能胜终身行力？答：临死时，心决定猛健，故胜百岁行力，虽少能成大事。"颇可注意，故非断结不能生西，欲断结必启悟也）（又卷三十四云："如阿弥陀佛世界中，诸菩萨身出常光，照十万由旬）（又阿弥陀佛国，菩萨僧多，声闻僧少）卷七云："念佛三昧有二种：一者，声闻法中於一佛身，心眼见满十方；二者，菩萨道。於无量佛土中念三世十方诸佛，又念佛三昧能除种种烦恼及先世界。余诸三昧有能除淫，不能除瞋；有能除瞋，不能除淫。又念佛三昧能度众生，有大福德。如称南无佛，免鱼王之厄，何况念佛三昧？又佛为法王，菩萨为法将，※又《大经》卷五十七云："不退菩萨，为说净土。"所尊重故，常念佛。"又卷二十一（又卷三十二末分别佛国土有净不净杂，颇要）（又考卷三十八第三及末）云："无量寿佛国人，生便自然能念佛。"有广分别，如论可考（又考卷九十七萨陀波崙（常啼）品。）

十一、又云："慈氏、妙德菩萨等是出家菩萨，观世音菩萨等从他方佛土来。"

十二、卷九云："声闻法中有十方佛，如《杂阿含经》……复次《长阿含》。是真以《阿含》为小乘也。

十三、又云："是《多持经》方便说，非实说。"是龙树以主经有了义不了义也。

十四、卷十二云："佛说六识，是识所缘法皆空无我，先灭故，不自在故。无为法中亦不计我，苦乐不受故。是中若强有我法，应当有第七识识我，而今不尔，以是故知无我。"

十五、又云："阎罗王问罪人，谁使汝作此罪者。罪人言：是我是作……"（《华严》亦云："阎罗王等一切恶处"）

十六、卷十四云："如拘睒弥国比丘，以小因缘，瞋心转大，分为二部。佛来在罪，告之言，汝求涅槃，何可诤斗。诸比丘白佛言，是辈侵我，不可不答。佛念是人不可度，凌虚而去。""譬如罽宾三藏比丘。"

十七、卷十七："《罗睺罗母本生经》云：释迦文菩萨有二夫人，一名瞿毗耶，二名耶输陀罗。瞿毗耶是宝女，故不孕子。耶输陀罗六年怀妊不产……"

十八、卷十九云："种子不净者，父母以妄想邪忆念风；吹淫欲火故，血髓膏流。热变为精，宿业行因缘；识种子在赤白精中住，是名身种。"又识种之名，复见于卷二十第三十一初。又释施度中言细身即中阴生（更考《记附》卷一及《广百论释记》卷四附。）

十九、卷二十云："何以故佛说慈报生梵天上？答：以梵天，天竺国所尊贵，若众生闻行慈生梵天，皆多信向行慈法，以是故说行慈生梵天。"其实修慈不仅生梵天而已。

二十、卷二十四云："以是处不是处智力分别筹量众生是可度是不可度……（如是乃至第十力皆有分别筹量四字）……"则佛亦用分别也，惟非虚妄动分别耳，后得智也。

二十一、又云："除因缘生识出名色更有法，二心一时生；五识众能分别取相若著若离，但五识相续生不生意识，但五识众中著有相续，但五识众能缘名相无色法过未及离三世法，但五识众中有增触明触；鼻舌识有隐及无记。凡夫第六识离我行，皆无是处。"可以反证。

二十二、论中译文有不一致者，如五众又作五阴，道慧又作道智，阿鞞跋致又作阿惟越致。（按：卷三十"惟越"二字，藏要本所改，原作跋致，不知有本否）

二十三、卷三十云："佛身有二种，一、真身，二、化身。众生见佛真身，无愿不满。佛真身者，满于虚空，光明遍照十方，说法音声迹遍十方。无量恒河沙等世界，满中大众皆共听法。说法不息，一时之顷，各随所闻而得解悟。如是法性身佛，有所说法，除十住菩萨，三乘之人皆不能持。唯有十住菩萨不可思议方便智力，悉能听受。"（又卷三十三云："一者法性生身，二者随世间身。"）

二十四、又云："佛去久远，经法流传五百年后，多有别异，部部不同，或言五道，或言六道。若说五者，于佛经回文说五，若说六者，于佛经回文说文。又摩诃衍中《法华经》说有六趣众生，观诸义意，应有六道。"

二十五、卷三十四云："如人念观世音菩萨，悉脱危难，何况诸佛法生身。"

二十六、卷三十六云："识众者，内外六入和合故生六觉，名为识。以内缘力大故，名为眼识，※又八十三云："心有二种，一者念念生灭心，二者相续次第生。总名一心，以相续次第生故，虽多，名为一心。乃至名为意识。问：意即是识，云何意缘力故生意识？答：意生灭相故，多因先生意故缘法生意识。问：前意已灭，云何能生后识？答：意有二，一、念念灭，二、心相续，名为一为是相续心故。诸心名为一意，是故依意而生识无咎。意识难解，故九十六种外道不说依意故生识，但以依神为本。"又卷十四一云："意及意识是心、心数法根本。"

二十七、卷三十七云："随法性者为善，不随法性者为不善。"又四十四云："涅槃是真善法。"（所谓法性分别诸法）

二十八、卷四十云："问：初品中佛已出舌相，今何以重出？答：是事非一日一坐说……"

二十九、卷四十一云："佛弟子所说法所教授，皆是佛力。佛所说法，法相不相违。"

三十、卷四十二云："佛告先尼，若我弟子是法中不了了知者说有后生，本来有我慢等残故。若我弟子了了解知是义者，不说其生处，本来我慢等无残故。"

三十一、卷四十四云："识即是六情，六情即是五众。论是识十二因缘中第三事，是中亦有色亦有心数法，未熟故受识名。从识生六入，是二时但有五众，色成故名五情。名成故名意情。六情不离五众，以是故说识即是六情。问：若尔者，十二因缘中处处皆有五众，何以但说识六情有五众？答是识今身之本，众生于现法中多错。名色未熟未有所能故不说，六情受苦乐能生罪福故说，其余十一因缘故说五众。复次佛知五百岁后学者分别诸法相各异，离色法说识，离识法说色。欲破是诸见令入毕竟空故；识中虽无五情，而说识即是六情。六情中虽不具五众，而说六情即是五众。又先世但有心住六情，作种种忆想分别，故生今世六情五众身。从今世身起种种结使，造后世六情五众。如是等展转，故说识即六情，六情即五众。"

三十二、卷四十九云："此地相，如《十地论》中广说。"该论不如何人所作。

三十三、又云："十二部经四藏所谓阿含、阿毗昙、毗尼杂藏。"

三十四、卷五十二有"地种乃至识种"之文，当即六大也。按：《大经》卷卅六亦云地水火风空识六界。

三十五、卷五十五云："阿难是第三转法轮将。"

三十六、卷六十五云："天上有经卷，传闻如是，亦非佛说。若令有者，忉利天上、兜率天上当有。"又云："六斋日诸天来观人心，十五日三十日上白诸天。"

三十七、卷六十七云："是般若波罗蜜部党经卷有多有少，有上中下《光赞》、《放光》、《道行》。"又卷七十九云："如《小品》、《放光》、《光赞》等般若经，经卷章句有限量。"

三十八、卷七十一云："诸法性空有二：一、大菩萨所得；二、小菩萨所学柔顺忍。以智慧发心，此中但说小菩萨所学空。又有智慧气分，佛数为菩萨；若无者，虽久行余功德，不数菩萨。"宜黄先生云：气分者，种子也。龙树立无漏种，然乎？

三十九、卷七十五云："一切业皆从取相因缘生故有，昼日梦中无异。"

四十、又有三十愿。按《大经》三三〇至三三一《愿行品》有若干愿。

四十一、卷七十六云："舍利弗六十劫求佛道，虽退转作阿罗汉；亦利根智慧，能为菩萨说大乘。须菩提常行无诤三昧，常有慈悲心；于众生故，亦能教化菩萨大乘法。又如摩诃迦以神通力持此身至弥勒出世，于九足山中出，与大众作得道因缘。"

四十二、卷七十九云："佛经无量，佛涅槃后，诸恶邪见王出，焚烧经法，破坏塔寺，害诸沙门。五百岁后，像法不净，诸阿罗汉神通菩萨难可得得见故。诸深经不尽在阎浮提，行者受者少，故诸天龙神持去。"

四十三、又云："有人闻思慧明了故，能与修慧人问难。如阿难虽未离欲，未得甚深禅定；而能与佛、漏尽阿罗汉等论议，随法无违。"

四十四、又卷八十七云："菩萨有二法门：一、毕竟空法门；二、分别好恶法门。"（正智后得之源也。）

四十五、又云："三恶道众生无边无量，菩萨虽无边无量，众生信多无量。"

四十六、又卷八十八云："性先有，欲得因缘而生。性在内，欲在外。性重欲轻。性难除，欲易舍。用性作业，必当受报。用欲作业，不必受报。又有人言：欲常习增长，遂成为性。性亦能生欲（按：前某卷亦有此说）。"新熏本有之论，其源于此乎。

四十七、卷九十六云："问：烦恼是垢心，善心是净心，垢净不得和合，何以言住我心中能起善业？答：不尔。一切心皆与慧俱生，无明心中亦应有慧，慧与无明相违，法而一心中起。"

四十八、又卷九十九云："胁（或作勤）比丘年六十始出家，而自结誓：我胁不著席，要尽得声闻所应得事，乃至得六通阿罗汉，作《四阿含优婆提舍》，于今大行于世。"

四十九、卷一百云："问：若佛嘱阿难《般若波罗蜜》，佛涅槃后，阿难同大迦叶结集三藏，此中何以不说？答：大乘甚深，佛在世时尚有不信不解，况涅槃后。以是故不说。又三藏正有三十万偈，并为九百六十万言。大乘甚多无量无限，如此中《般若波罗蜜品》有二万二千偈；《大般若品》有十万偈。诸龙王、阿修罗王、诸天宫中有千亿万偈。所以者何？龙等寿长，识念力强故。此世人寿短，识念力薄，《般若波罗蜜品》尚不能读，何况多者？诸余大菩萨所知《般若波罗蜜》无量无限，何以故？佛非但一身所说，无量世中或变化无数身，是故所说无量。又有《不可思议解脱经》、《诸佛本起经》、《宝云经》、《大云经》，各各十万偈。《法华》、《华手》、《大悲》、《方便》、《龙王问》、《阿修罗问》等诸大经，无量无边，如大海中宝，云何可入三藏中。小物应在大中，大物不得入小。又有人言，大迦叶将诸比丘在耆阇崛山中集三藏。佛灭后文殊师利、弥勒诸大菩萨亦将阿难集是摩诃衍。又阿难知众生志业大小，故不于声闻人中说大乘；说则错乱，无所成办佛法。虽皆一种一味所谓苦尽解脱味，而求是解脱有自利利人之异。是故大小乘差别，为是二种人故，佛口所说以文字语言分为二种。三藏是声闻法，摩诃衍是大乘法。又佛在世时无三藏名，但有持修多罗比丘，持毗尼比丘，持摩多罗迦比丘。修多罗者，是《四阿含》中经名。摩诃衍中经名修多罗有二分：一者《四阿含》中修多罗；二者摩诃衍经名为大修多罗。入二分亦大乘亦小乘。二百五十戒，如是语等名为修多罗。毗尼名比丘作罪，佛结戒应行是不应行，作是事，得是罪。罪说有八十部，亦有二分：一者、摩偷罗国毗尼，含阿波陀那本生，有八十部；二者、罽宾国毗尼，除却本生阿陀那，但取要用作十部。有八十部毗婆沙解释。是故知《摩诃般若波罗蜜经》等在修多罗经中，以经大事异故别说，是故不在集三藏中。鸠摩罗耆婆法师，以秦弘始三年，岁在辛丑十二月二十日至长安。四年夏于逍遥园中西门阁上，为姚天王出此释论，七年十二月二十七日乃讫。其中兼出《经本禅经戒律百论禅法要解》，向五十万言，并此释论一百五十万言。论初品三十四卷，解释一品是全论本。二品以下，法师略之，取其足以开释文意而已。不复备其广释，得此百卷，若尽出之，将十倍于此。"

五十、《智论疏》，"蜀地潼州迁善寺沙门慧影抄撰"，现存惜仅二卷。卷十四释初品中四缘，如法性实际及到彼岸十二部经义。卷二十一释校量舍利品、校量法施品、随喜回向品、照明品、信谤品、叹净品、无作实相品。（按：该疏亦如类门诸疏之分别名相，虽无其瞻富，亦可以见初期之论，惜乎不传也）

五十一、《疏》卷十四云："受、想、思等是心数法，法师此中多不肯广释此义。何以然？师云此是毗昙义，今此中本为明大指，所以出之。若广释者，义成流迤，乃解数义；但众生无量劫来，大乘根弱；若广闻说，此则遂生心；失人乘指故，不须广释也。"

五十二、又云："自种因者已下，亦名自分因出《杂心》，明善善自相生，恶恶自相生，故云自种。《小毗昙》云：自然因言如种，粟时后果自生；不须他教，故云自然。此翻不正，此禅师于众中言；我第泛南海来，为此一句异众故；则被逐出走，径远法师所驴（庐讹）山中止也。"

五十三、又云："法性亦名佛性，亦名不可思议性，亦名涅槃性。二乘虽同入法性，而不得云见佛性。何以故尔？师云：大本经云，下智观故，不见佛性。以不见故，得声闻菩提，中智亦尔。故大本经云：佛性者，名第一义空，第一义空名为智慧。又言佛性者，亦因亦因因，亦果亦果果。因者谓十二因缘，因因者六波罗蜜。明此十二因缘即是法空，法空即是第一义空也。名为智慧者，即是智空，谓阿梨耶识般若真智慧。此只以法空为因，智空为因因，故云因者十二因缘，因因者六度。今者法性义据受照，佛性义据能照；即是阿梨耶识，以声闻，但得转识，不得此识，故言不见佛性。法性据受照，故言同入法性。"（按：论本云："如《持心经》说，法性无量，声闻人难得法性，以智有量，故不能无量说。如人虽到大海，以器小故，不能取无量水，是为法性。"）

五十四、又云："师言，此明声闻亦灭诸观，但灭邪观，不灭转识。若菩萨灭观，则灭转识；故下文言声闻依生灭智慧，除四颠倒；则是转识依不生不灭智慧，除于生灭；此是菩萨以阿梨耶识灭转识也。"

五十五、又云："十二因缘既是法空，为声闻不得故，但因十二因缘生灭无常义入于生空，所以但以十二因缘生灭等义为如此，只是以如家方便，名为如也。故什公云：无常是入空之初门者，此之谓也。"（按：此云什公，前文又称师称法师，未知慧观师亦是什公弟子否也？然详其所述，其师舍什公无人也）

五十六、又云："故肇云《涅槃无名论》云：若以涅槃为涅槃，无法非涅槃；此论则有九折十衍，明孔子以《易》难解，故作十《翼》来解《易》。什公对之以涅槃难解故作十衍释之。"

五十七、又云："有人言已下，是佛陀难提义也……"（按：论本云："有人言是舍法相，应思是名布施福德，所以者何？业能生果报故。思即是业。"）

五十八、又云："直说即属修多罗部，此是别部修多罗。唯为祇夜作本，故名法本。流支三藏云，西国作如此释。"

五十九、又云："又如《百论》第十四法师提婆菩萨所作，唯有百借（颂讹）此甚文略义悬后第二十法师婆薮槃陀，此曰天亲，始作注广释。"第十四第二十之号谓，仅见或传法之次第乎？

六十、又云："阿难共行弟子名末田地，末田地共行弟子名达摩多罗。此人造《修行道地论》，即是大达摩多罗。佛灭后八百年中，有小达摩多罗，则以五义释修多罗。"

六十一、卷二十一云："是依止处者，据其体即是依如来藏，依正法身等义也。"（按：疏第三十七卷校量舍利品）

六十二、又云："迦叶是第二大师，住持佛法二十余年。已始于狼迹入灭尽定，次付阿难住持二十余年，付商那和修。那和修住持二十余年，付优波崛多。优波崛多住持二十余年，付提遮迦。提遮迦已次马鸣、龙树、提婆、天亲、师子等，二十三人中，龙树最臣（讹）。"

六十三、中国不知有《现观庄严论》，但现存梵本写本。又有西藏译全体八品二七二颂，题弥勒造。此论常附抄于《大品般若》之初，或者以为此非弥勒之作。《大品般若》乃基此论而敷衍也。但依《小品般若》前附罗睺罗《二十颂》，（梵文，《智论》十八说般若颂不全）初不知为罗作，后乃发见。弥勒颂当亦此类，无可疑。至说《大品》据论推衍，适得其反，实则此论要约《大品》而作，亦同陈那撮要小品而作《集要义论》也。西藏般若学以此论为中心。此论乃说《大般若经》内所涵之实际修道行法，乃至佛之过程，属于清辩系之智光弟子师子光阐明此学，传于西藏。比从来中观派有种种特色，学者初学因明三年，即学此论，而以《三十颂》附庸。其次乃学《中论》。（修学次第：三年诵读梵呗经颂，三年《因明》，法称释论，六年《般若》。此论及注《三十颂》唯识附此，四年中观《中论》及月称注，四年律学《德光论》受具。四年《俱舍》，卒业称格西）"上说支那内学院藏要智论底本卷初所附，当吕秋逸所志也。

大般若经之部

一、《大般若经》六百卷，玄奘法师译，（同治十三年，鸡园刻经处方册本）西明寺沙门玄则《初会序》云："夫五蕴为有情之封，二我为有封之宅。宅我而举，则逐焰之水方深；封蕴以居，则寻香之堞弥峻；焉识夫我之所根者想，想妄而我不存。※（按：实只七十九品少六品）蕴之所系者名，名假而蕴无托。故即空之谈启，亡言之理畅……凡勒成四百卷八十五品，若译而可削，恐贻患于伤乎？今传而必本，庶无讥于溢言；况搦札之辰，慨念增损；而魂交之夕，炯戒昭彰；终始感觌，具如别录……"

二、翰林侍讲学士金华宋濂序《大般若经关法》云："凤城雪月大师左隐，发其巧智，创为通关之法；而四明演忠律师省悟，重为编定，而益加精严……先显浙水东，见者甚鲜。宋淳熙中有异僧载经行甬东，暗诵弗休，大姓沃承璋以为疑……承璋乃刻版流通。元至正初，黄严沙门绝璘琚公，获舍仪真归刊云峰证道院，未几毁于火。雪山成公尝受经于绝璘，思继前志，复重刊而行之。增以佛园白禅师所解名相，系诸关后，使人了知义趣云……雪山遍参诸方，尝主藏钥于灵隐景德禅寺。"《后序》云："有石梁永隆阇黎性海圆明，天机精敏，研穷大法，联集密关，广包半之多，都束六编之内，起于辛丑之秋，成于癸卯之夏；罄二祀熏修之力，雨大千信乐之根。武林施水省悟，天台都正体卿仰庆妙缘，共图精校……螺溪开士仲南，解诵素深，慕求净施，专事流通。时嘉祐八年夏六月望日，弟子诸珣叙。"又《序》云："有云间弟子胡照张守宗、徐沔等，乃募信心，将期镂版……时政和乙未仲夏吉日住长水寿山法真大师守一谨题。"又《题》

云："四明鄞县太原沃承璋男，景珉新妇唐二十二娘，孙会汝贤、汝弼、汝经合家等开版印施流通。太岁淳熙有七庚子仲夏望日谨题。"（又正德壬辰峨山月障题，又诸景赞。又正德四年竹林沙门祖益谦严序，未录）

三、《大般若经纲要》，清初昆山葛䶩（复庵又号七空居士。）撰，子云薛校对，卷首康熙十年古南㯖叟通门牧云序，济宗学人法同学弟张立廉小序，自撰缘起。卷末牧云禅师、瘿老人张丙（可庵先生子）、张立廉、（木陈禅师付嘱）王棨（芥庵先生孙）、陈祈年，兄塞庵鼐题，㯖叟通门后序皆未录。

四、《大经》三十六云："是般若波罗蜜多中，广说开士三乘法故，若菩萨学般若波罗蜜多，则为遍学三乘，亦于三乘法得善巧。"又前某卷云："二乘智即菩萨忍。"亦此意。

五、《大经》卷四十一云："一切法性都无所有，故彼于定不起分别；由此因缘，是菩萨于一切法及三摩地俱无想解，何以故？以一切法及三摩地俱无所有，无所有中，分别想解无由起故。"

六、《大经》卷四十六云："云何善法，谓孝顺父母，敬事师长，供侍病者……"

七、又卷五十四云："佛及二乘能五度种所知海岸，何等为五？一、过去；二、未来；三、现在；四、无为；五、不可说。"

八、又卷七十四云："于胜义中无业无异熟。"按：什译异熟作"报"。（又卷三八〇云："住异熟生，布施等六度等。"）

九、卷七十五云："诸佛弟子于一切法无依著者，法尔皆能随所问诘，一一酬答自在无畏。何以故？以一切法无所依故。"

十、又云："六度各有两种：一者世间；二出世间。云何世间六度？谓虽布施等而有所依。云何出世间六度？谓三轮清净，于中都无所得。"（按：此谨录意，中有省文

※又按：《大经》中所说般若波罗蜜多，即无所得也。故能超胜一切，捡《智论记》行般若，即可知矣。（注：又卷二九六云："如是般若度大宝藏中，不说少少法有生有灭，乃至是有为是无为。由此因缘，如是般若度名无所得大法宝藏。"最明）

十一、慧按：《大般若》六百卷，"以无所得而为方便"一言，尽之矣。葛䶩云："《般若》全文六百，《心经》二百余字，繁简不同，实为体要……五百七十七卷《能断金刚分》，即流通《金刚经》文也。喻指金刚，义标中道。《般若》骨髓，乃在两经。"仍属蔓衍，盖空，无相门，无非诠无所得义也。无所得不立语言等也，而有所说者为方便也。故曰以无所得为方便也。又说无所得即属

方便，无所得即方便；方便即究竟，离方便无别究竟也。是谓无究竟之究竟，究竟之无究竟；嗟夫末季，谁复任此，哀哉！

十二、卷一百云："善住色等空无相无愿，不以空等而得空等便，何以故？以色等自性皆空，能恼所恼及恼害事，不可得故。"大耳三藏第三次不见忠国师，即此意也。

十三、按：第一百〇五卷于佛眼法眼之外，又有"僧眼"，为从来所未见。

十四、卷一二六云："如大地，以种散中，众缘和合则得生长，应知大地与种生长为所依止，为能建立。"

十五、又云："供养敬重甚深般若波罗蜜多……不为一切人非人等之所恼害，唯除宿世定恶业因，现在应熟，或转重业现世轻受。"

十六、卷一二九云："一切如来应正等觉，法身、色声、智慧身等"或即法、报、化三身耶？

十七、卷一六八云："住不退转地菩萨，不甚假借所说法故；于无上觉定趣向故，于大菩提不退转故。速趣大菩提菩萨要甚假藉所说法，于无上觉求速趣故，观生死苦一切有情运大悲心极痛切故。"按：经以速趣大菩提菩萨功德最多。

十八、按：卷一七七有云："皆非般若波罗蜜多等流果故。"

十九、卷一八一云："舍利子白佛言：'彼所造作增长能感匿正法业与五无间业，可说相似耶？'佛言：'彼匿法业，最极粗重，不可以比五无间业。'"按：此下又说谤般若四因缘，及感甚大苦报。皆甚明确，实可提出单行以寒愚狡之心。

二十、卷二九二云："四天王天主帝释，索诃界主大梵天王。"又云："弥勒菩萨当得阿耨多罗三邈三菩提。"（又三三〇云："善现言，慈氏菩萨久已受得不退转记，唯隔一生，定当作佛。"）

二十、卷二九六云："于黑白月各第八、第十四、第十五日，读诵宣说如是《般若波罗蜜多》，是时四大王众天乃至色究竟天，俱来集会此法师所听受。"

二十一、卷二九六云："诸法常无变易，法性法界法定法住，一切如来等觉现观。既自等觉自现观已，为诸有情宣说开示分别显了，令间悟入离诸妄想分别颠倒。"更可以证。

二十二、卷三〇二云："我灭度已，后时后分，后五百岁；甚深般若波罗蜜多，于东北方大作佛事；甚深般若波罗蜜多于东北方当广流布。"按：印度之东北方即我国是也。故玄奘三藏译大经时说，此经于此土有缘。宗门支流，迄今不绝，佛记诚不爽哉！

二十三、卷三〇三《魔事品》亦可以单行，如"辩不即生"、"辩乃卒生"等皆大好也。

二十四、卷三一一云："有菩萨乘补特伽罗虽于先世得闻二十空真如法界，乃至无上菩提，而不请问甚深义趣。今生人中，闻说如是甚深般苦波罗蜜多；其心迷闷，犹豫怯弱，或生异解。"此义亦应注意。又云："若于先世得闻般若波罗蜜多，亦曾请问甚深义趣；而不能经一日、二日、三、四、五日，随顺修行；今行人中，闻说如是甚深般若波罗蜜多；谓经一日乃至五日，其心坚固，无能坏者。若离所闻，寻便退失。"亦应注意。

二十五、卷三二一云："如来真如无来无去，上座善现真如亦尔。由此故说上座善现随如来生。"狗子有佛性，随此义说也。

二十六、卷三二六云："是菩萨决定已住不退转地，所有事业皆自思惟；非但信他而便起作，乃至如来应正等觉所有言教；尚不信行，况信声闻、独觉、外道恶魔等语？而有所作，是诸菩萨有所为，但信他行，终无是处，何以故？不见法可信行者。"

二十七、卷三二七云："虽住一切法空，而爱乐正法，不乐非法。虽住不可得空，而常称赞；不赞法性，饶益有情。虽住真如法界而爱善友，不乐恶友。"

二十八，卷三二九云："若菩萨远离般若度修行十地乃至十八佛不共法，回向无上菩提等，经殑伽沙数大劫，不若不离般若度者，经一昼夜修行十地乃至不共法。"此方便设喻也。何以故？离般若度何能修十地等耶？

二十九、又云："菩萨知一切种分别所作，空无所有，虚妄不实。"

三十、又云："佛虽已说一切法皆是空，而诸有情不知见觉，故我今者复作是问。"为有情故问，于此得诚证。又卷三七三云："我于是法无惑无疑，然当来此有比丘等，不了知故，难得解脱，故问。

三十一、卷三三〇云："昼与梦中无差别故。"诚然诚然。

三十二、又云："见诸有情由恶业障，所居大地高下不平，秽草株杌……我佛土中得无如是诸杂秽业所感大地。"

三十三、卷三三七有云："修行缘性缘起观者。"前某卷亦尝一见。

三十四、按：卷三三七末至卷三三八初，说忏悔，共住事。

三十五、卷三四七云："庆喜，我今以此《般若波罗蜜多》甚深经典，对诸天人阿素洛等无量大众，付嘱于汝。"

※又卷三七三云："于中所有一切心所行业，心所行学，心所行行皆悉不转，以一切法皆以无性为自性故。"

三十六、卷三五九云："应如是行般若波罗蜜多（又卷四〇八云："修行般若度时，普于一切心，心所法不得不见。"）应如是引般若波罗蜜多，应如是修般若波罗蜜多；乃至能令心、心所法，于境不转。"

三十七、卷三六三云："过去如来善寂慧自应度者，皆已度讫；时无菩萨堪受佛记，遂化作一佛；令住世间，自入无余依大涅槃界。时彼化佛于半劫中作诸佛事，过半劫已；授一菩萨记，现入涅槃。"

三十八、卷三六三云："用是般若度依胜义理分析诸法，如析诸色至极微量，犹不见有少实可得。"

三十九、卷三八四云："如实知识蕴，犹如幻事；众缘和合，假施设有，实不可得。"

四十、卷三九〇云："菩萨于所修住一切佛法若有所得，无有是处。如是诸菩萨修行无上菩提，证得无上菩提，饶益有情，常无间断。"〔已证无上菩提毕竟清净，不住生死及与涅槃，物来斯应，故曰常无间断。（考卷四十四）〕

四十一、卷三九二云："彼诸有情，既得资具，无所乏少，依菩萨语，先修五度。得圆满已，复审察诸法实相，修行般若度。"

四十二、按：《大经》卷三九二《严净佛土品》中，亦说无情说法，又卷三九八所说妙香城亦若极乐世界。

四十三、玄则《般若二会序》云："凡有八十五品，（不缺）七十八卷，即旧《大品》（罗什译三十卷），《光赞》、《放光》（竺法护译十卷）（竺叔兰释卅卷），然《大品》之于《光赞》，词倍丰而加美，即明此分之于《大品》，文益具而弥正。"

四十四、卷四五六等云："不证实际平等法性，不堕声闻及独觉地；非甚希有亦未为难；若菩萨知一切法及诸有情皆不可得，而发无上正等觉心；彼精进中，誓度无量无边有情；令入无余般涅槃界，乃甚希有，能为难事。"（考四〇）

四十五、玄则《第三会序》云："……凡五十九卷，三十一品（不缺），于旧无涉号单译焉。"

四十六、宜黄先生《大般若经序》，仅第二分或初五分序耳，非全经序也。此犹可置之无议，以义无违故。然《序》中以《五周叙事》，则甚不妥，何以故？《舍利子般若》、《须菩提般若》，此就人分也。《信解般若》、《实相般若》、《方便般若》，此就义分也。此二即互相冲突，所以者何？若就人分则（初五分）自始至终，皆舍利子须菩提二人之问答也，（考《大经记》）不应遗后若干卷，而以前若干卷为二人之般若，一也。全经（初五分）所谈无非以无所得为方便，无所得实相也。为方便，方便也。于所谓初三周般若中，莫不皆然。若仅以后若干卷为实相方便，屏前若干卷于实相方便之外矣，二也。虽《第三分》分品，初《舍利子品》，次《善现品》，次《天帝品》。区别较明然，此中分品之根本目标以卷初序事而定也。决不可引以区分全经大义，三也。嗣后当作《大般若经序质疑》正之。

※《四分》异释，有娄迦谶译《道行》十卷，罗什译《小品》十卷，施护译《佛母出生三法藏》二十五卷。法贤译《佛母宝德藏》三卷。支谦译《大明度无极》六卷，竺佛念《般若钞经》五卷。

四十七、玄则《第四会序》云："凡二十九品（不缺），一十八卷；即旧《小品道行》，新《道行明度经》品之为言分也。分有长短，故有大品小品焉。道行即分中之初品，译者取以别经，明度乃智度之异言，即就总目为号，实由残缺未具，故使名题亦差。"

四十八、玄则《第五会序》云："法体法如，不一不二，性相唯寂，言虑莫寻。既无一在而可舒，又无不在而可卷；语非兆联之可导，又非尘躅之可随。斯则行不行矣，住不住矣。观无二之性，与二不二；则非一之名，在一恒一；故纷之则万舛，澄之则一如。一如未限而义区之，一义未易而名异之；一名未改而想贸之，一想未派而取乱之。过此以往，其不涯矣。故正乘之与大心，回向之与随喜，忘之则戒定慧蕴，存之则想心见倒。夫见生死者三有，著涅槃者二乘；是故知生死空，斯出三界矣。知涅槃空，斯过二地矣……铺唯此会，未传兹壤，凡二十四品（不缺），今译充十卷。"

四十九、卷五三八云："言大乘者，即是无量无数增语，无边功德共所成故。"

五十、卷五五六云："若于苦行作苦行想，不能饶益无边有情；是故菩萨于诸苦行作乐行想，于难行行作易行想，于诸有情作父母及已身想（卷五三八同，惟少详）……都无所有，皆不可得。若往此想，便不见有难行苦行，能与有情类作大饶益。"

五十一、卷五五六云："不应住，佛无为所显；是真福田，应受供养，超诸二乘地；利乐无量无数有情，令入无余般涅槃界。假使一切有情界尽亦入无余般涅槃界。"大好。（此不住涅槃之正解也。）

五十二、内院藏要本所刊《大般若经》为第二分节本，及第五分全。节本吾最不喜，可不必论。第五分较之第四分更为省略（考《智论记》及《大经记》眉注），似刊第四分较第五分为得也。故罗什等译《般若经》亦就第二分、第四分译也。

（内院印藏要用《第二分》，若非节本，最佳矣）

五十三、卷五五八云："云何相似般若？谓色等坏故，名为无常，非常无故，名为无常。

憍尸迦，不应以色等坏故，观色等无常；但应以常无故，观色等无常。"

（按：卷五四一但云色等坏故，色等无常，及不应以色等坏故，观色等无常，无非常无等）

五十四、卷五五〇云：前际劫数虽有无量，而一心顷忆念分别积集所成，后际劫数，应知亦尔。是故不应于中生久远想，而谓无上菩提要经长时方乃证得，便生怖畏。何以故？前后际劫数长短，皆一刹那心相应故。"（卷五六三同）

五十五、玄则《第六会序》云："粤有天王，是为最胜；捐乐宫而下拜，泛嘉名而上表；念兹在兹，爰究爰度。然以位悬道隔，非目击之能存；所以轨众诸辰，寄言捉而取悟；即旧《胜天王般若》，月婆首那译，七卷，今译成八卷一十七品……自性三种，郁无性以芊眼，果德万区，殷不德而辉焕。"

五十六、菩萨示现因缘等，如卷五六八、五七〇中初说，可考。

五十七、卷五六八云："修小乘者示声闻道，学中乘者示独觉道，行大乘者示无上道。"又卷五七〇云："缘离贪法，为化声闻。缘离嗔法，为化独觉。缘离痴法，为化菩萨。"

五十八、卷五六九云："若自染著，云何说法令他出离。"

五十九、又云："知一切身都无作者，亦无受者，如木石等，而为有情说清净行。"

六十、卷五七〇云："说五取蕴皆从虚妄分别而生，是名为有。说世俗法不由因缘自然而起，是名为无。无明缘行，是名为有，若离无明而行生者，是名为无。施得大富，是名为有，得贫穷者，是名为无……"《中边论》虚妄分别有之有，亦如是义。

六十一、卷五七一中有咒一，卷五七八咒二。

六十二、卷五七二云："若顺文字，不违正理；常无诤论，名护正法……顺世愚夫，不行正理；顺正理者与世相违，故常无诤名护正法。"

六十三、玄则《第七会曼殊室利分序》云："壮其区别，则菩提万流。断其混茫，则涅槃一相。一相则不见生死，万流则无非佛法。不坏假名之繁总，而开实相之沉寥。正明如来法无，况菩萨法？菩萨法无，况二乘法？二乘法无，况凡夫法？法尚不有，何有菩提？尚无菩提，云何可趣？尚无可趣，何有证得？尚无证得，何有证者？是故有之斯殊，无之斯贯，洞之斯远，沮之斯局，豁尔夷荡而无懈，炽然翘励而不精……即旧《文殊般若》（曼陀罗山译一卷，又僧伽婆罗译

一卷又《宝积》卷四十六会同）矣……"（按：共两卷）

六十四、按：卷五七四初列妙吉祥菩萨外，又有曼殊室利、童子菩萨，不知何故。

六十五、卷五七四云："诸异生类名调伏者，漏尽刍名不调伏；谓异生未调伏故，应可调伏，名调伏者。诸阿罗汉漏结已尽，不复须调，名不调伏（犹有数义，类此应知，与《楞伽》解五无间，同一密意）……善能为我解密语义。

六十六、卷五七五云："如阿难陀多闻智慧，于诸佛教；得念总持，声闻众中最为胜。"

※《八分》异译有翔公译《濡首分卫经》二卷。

六十七、玄则《第八会那伽室利分序》云："蜃楼切景，知积气以忘跻。鸾镜舍姿，悟唯空而辍揽。故能自近而鉴远，由真以立俗。识危生之露集，知幻质之泡浮。电候青紫之辉，云空轩盖之影。文约理赡，昔秘今传，虽一轴（一卷）且单译，而三复固多重味矣。"

※按：于本卷凡四（三），见慧琳《音义》。尼延底译白净识，更考。

六十八、卷五七六云："知法性空无名无相，犹如虚空；无阿赖耶无尼延底，无上寂静，最极寂静；无生无灭，无染无净；无成无坏，非有非无。"

六十九、又云："于行时勿得，举足勿得下足，勿屈勿伸勿起于心；勿兴戏论，勿生路想，勿生城邑……之想。所以者何？菩提远离诸所有想，无高无下……"此与宗门满口吃饭嚼不到一粒米，满身穿衣不著一丝同。

七十、玄则《第九会能断金刚分序》云："前圣由之著论，后贤所以殷学。非直有缘震旦，实亦见重昌期。广略二本，前后五译，无新无故，逾炼逾明。然经卷所在，则为有佛；故受持之迹，其验若神。传之物听，具如别录。"按：仅一卷。

七十一、至第一会至第六会，说法在王舍城鹫峰山顶。第十五会同。自第七会至第九会，说法在室罗筏逝多亦给孤独园。第十一、十二、十三、十四同。第十六会说法在王舍城竹林园中白鹭池侧。听法者有一切天众、菩萨、声闻、人、非人等。唯第十会说法则在欲界顶他化自在天王宫中，听法者唯菩萨及天众。

七十二、玄则《第十会般若理趣分序》云："般若理趣分者，盖乃核诸会之旨归，绾积篇之宗绪……虽一轴（一卷）单译，而具该诸分。"

七十三、卷五七八云："他化自在天王宫中，一切如来常所游处。"

七十四、自第六分至第十分，每分各有其特色，实在很好。

七十五、卷五七八云："一切有情皆如来藏，普贤菩萨自体遍故。"

七十六、又云："又以贪等调伏世间，普遍恒时乃至诸有，皆令清净，自然调伏。如是贪等饶益世间，住遍有过，常不能染。又大贪等能得清净大乐大财，三界自在常能坚固，饶益有情。"

七十七、玄则《第十一会布施波罗蜜多分序》云："纠以唯识，何国城之可依？斥以假名，岂头目之为我……凡勒成五卷，非重译矣。"

七十八、卷五八三中云："如瑜伽师欲证实际，欣乐趣入正性离生，若贪瞋痴遇缘现起，令能引发阿罗汉心。有障有碍渐微渐远，是故说为非理作意。"又云："如瑜伽师于境及定，俱得善巧，不可胜伏。"（更考。）

七十九、玄则《第十二会净戒波罗蜜多分序》云："切身口而流训，则一言一行斯佛事矣。因动静以研机，则举足下足斯道场矣……其五轴单译，一如施分。"

八十、自卷五八四至卷五八八之《戒波罗蜜分》，整理戒律时应考，或《瑜伽菩萨戒》所自出也。

八十一、玄则《第十三会忍波罗蜜多分序》云："一轴单译。"余文甚好。

八十二、自第十一分至第十六分为一类，释六度，义与上同。

八十三、玄则《第十四会精进波罗蜜多分序》云："文乃单卷，事无重译。"

八十四、玄则《第十五会静虑波罗蜜多分序》云："凡勒成两卷，亦未经再译。"余文论心甚好。

八十五、玄则《第十六会般若波罗蜜多分序》云："体之则动而逾寂，谬之则寂而弥动。法不即离于非法，行岂一异于无行？其觉证也，真心混而一观。其出生也，法宝骈而方区……勒成八卷，元非再译，则以不敏谬齿译徒，缅诸会之昌期，嗟既往而莫奉，眷言殊奖，载表遗音。"

八十六、卷五九三不为恶见，不知报恩，以利规利等人，请向般若度，大好，亦可单行。

八十七、《第十六会般若度分》乃系总结上五百余卷之文。其间条理，似稍混杂，头绪太多故。若未阅上文而先阅此，当难索解。已阅上文而后阅此，即有收拾乾坤之妙。

八十八、无著造《金刚能断般若波罗蜜经论》三卷，隋南印度三藏达摩笈多译，经文用魏译。

※按：无著论与世亲论义别，而义净曰无著颂，魏译不当考。注：考本《记》一〇二。

八十九、元魏天竺三藏菩提流支译，天亲造《金刚般若波罗蜜经论》三卷，即义净释无著颂。世亲释《能断金刚般若波罗蜜多经论释》三卷。《金刚仙论》

乃释世亲《金刚论》者（考《绀珠集甲》《金刚仙论》注）

九十、《不坏假名论》之世俗胜义，即无著《金刚论》之不共相应，皆简要可取。至于世亲之论则曼衍矣。世亲、无著之间，又不能不少加区别也。（窥基《会释》，会二家释也。常曰：无著重倡于弥勒，天亲受旨于贤兄，何得相违。）

九十一、内院本隋译无著《金刚论》中，第八页注云："'何以'下二十字疑衍。"非也。也亲论有解故。

九十二、义净所译，颇落琐碎，见其论中附注可知。与吕君秋逸甚相似。

九十三、欧阳先生之解一切一味云："诸法中之清净（如色中清净色）与法性之清净相似 ※又定执净分依他为圆成实，一切法无我为非一切法无，乃无我，则同小乘矣。故曰无二无别。"可谓善于曲解矣。又解《大经》卷五六九之真如虽生诸法云："诸法依真如生，真如中生诸法。"而不知此就上文法与法性无二无别假说也。又云："无二无别即不生，生即有别。"乃未识法性之过也。其所云皆客气知见也。增上慢也（附）。

九十四、《仙论》卷一云："《金刚般若波罗蜜》者，总括八部之大宗，击众经之纲要。其所明也，唯论常果佛性及十地之因。因满性显，则有感应应世。※（论十障与对治大好，应考。）故说八部般若，以十种义释对治十（有"障"字）。其第一部十万偈（《大品》是）；第二部二万五千偈（《放光》是）；第三部一万八千偈（《光赞》是）；第四部八千偈（《道行》是）；第五部四千偈（《小品》是）；第六部二千五百偈（《天王问》是）；第七部六百偈（《文殊》是）；第八部三百偈（即此）。前七部遣相未尽，但称般若。此第八部遣相最尽故，别立金刚之名也。"

九十五、又云："如来灭后，凡有三时结集法藏。初在王舍城因陀罗窟中，五百比丘结集法藏。舍利弗等罗汉比丘各自称言，某甲经如是我闻佛在某处说。后时为恶国王坏灭佛法，自此以后复有七百比丘重结集法藏，皆云某甲经我从某甲比丘边闻，不云我从佛闻。此之再集并是小乘之人结集法藏。又复如来在铁围山外不至余世界，二界中间。无量诸佛共集于彼，说佛语经讫，欲结集大乘法藏。复召集徒众，罗汉有八十亿那由他，菩萨众数不可思议，皆集于彼。当于尔时，菩萨声闻皆云，如是我闻如来在某处说某甲经。"

九十六、该《仙论》中，常引西国法及释梵语，恐除菩提流支之门人外，不能作如是论也。然论议支蔓，唯事敷陈，普通之注疏也。

九十七、分《金刚经》为十二分：一、序分，二、善护念分；三、住分，四、如实修行分，五、如来非有为相分，六、我空法空分，七、具足功德校量分，八、一切众生有真如性分，九、利益分，十、断疑分，十一、不住道分，十

二、流通分。

九十八、《论》中所引他书，慧尚未知其名者，卷一云："《乐庄严经》中道，性地菩萨决定不退。是以《宝鬘论》中，有人问龙树菩萨云'《地持经》中性地菩萨退堕地狱，此义云何？'龙树菩萨答：'《地持经》虽如此云，我不敢作如是说。何以故？《不增不减经》中明，性地菩萨毕竟不堕地狱故。"（卷二亦引《宝鬘论。》）

九十九、《仙论》卷五云："谓第八佛性识壅名之为通也。偈言：智习唯识通者，第八阿梨耶识通明，十地菩萨无漏真解……"

一〇〇、又卷八云："《胜鬘经》云：刹那善心非烦恼所染，刹那不善心亦非烦恼所染。依西国刹那有十种名，此言刹那者，翻为空也。明空善心非烦恼所染，不空善心亦非烦恼所染。空善心者，明古今一定，法身如来藏体空无有二十五有生死万相，故言空也。不空善心者，明法身自性体备万德妙有湛然不空也。"

一〇一、又卷九云："不生圣人法故名非生者，此是弥勒世尊释。"

一〇二、又云："有昙无德、弥沙塞人此二家小乘计……复有一家小乘昙无德人计……复有一家萨婆多中日出道人计……最后一家萨婆多人计……"

一〇三、卷十云："弥勒世尊愍此阎浮提人，作《金刚般若经义释》并《地持论》，赍付无障碍比丘，令其流通。然弥勒世尊，但作长行释。论主天亲既从无障碍比丘边学得，复寻此经论之意，更作偈论，广兴疑问，以释此经，凡八十偈，及作长行论释。复以此论，转教金刚仙论师等。此金刚仙，转教无尽意。无尽意复转教圣济，圣济转教菩提留支。迭相传授，以至于今，殆二百年许，未曾断绝。"按：世亲之教金刚仙者，为其所作颂及长行也。金刚仙转展教菩提流支者亦尔。则此注文与金刚仙无关也，而曰《金刚仙论》，未免附会，且佛经论素无比例，则此论之为此土撰述无疑。然于此可证明颂非无著所造也。

一〇四、窥基《金刚般若经论会释》上云："天亲论偈，弥勒菩萨为无著说，无著授与天亲，令造释故。天亲偈云：大智通达教我等，即明弥勒亲教无著，无著转教天亲也。"

一〇五、欧阳先生谓识般若真如之为体用，能所不离，则《般若经》清楚了也。此甚不然，般若真如不即不离；各宗通论，岂足以尽《般若》之蕴？全部《般若》可以三义摄尽：（一）境：又分二：甲、空义；乙、色即是空、空即是色义；（二）行：以无所得而为方便义；（三）果：一切智智义。如欧阳先生所云，意仍同于所得相应师家言；未识空，更不知色即是空、空即是色，去《般若》犹甚远也。

一〇六、基《释》卷上云：依贞观中玉华所译，杜行颚本说有八（谓众生佛人等）故。后显庆年，于玉华寺所翻《大般若》，勘四梵本，皆唯说四。然《瑜伽论·摄释分》中亦解经八。以此推知，经本自有广略中异。杜颚广本，《能断》文是略，于阗本罗什文同。中者是天竺本，与真谛、流支本同。玉华更译，文亦相似。今于慈恩梵经台，具有诸本。但以前帝敕行《能断》，未容润饰已所于代，恐更极谬，遂后隐于玉华复译，所以诸本增减不同。学者知矣。"

一〇七、《金刚会释》会诸家译，申二论义，旁引经论颇为详瞻；大好大好，亦基疏要籍之一也。然今人皆略而不言，或未见是书也。

一〇八、宋西天译经三藏朝奉大夫试光禄卿传法大师，赐紫沙门施护译三宝尊造《佛母般若波罗蜜多圆集要义释论》卷一云："我今于彼大域龙菩萨所造《佛母般若波罗蜜多圆集要义》中略释行相。"

一〇九、又云："《十万颂般若经》中说多种空，此《八千颂般若经》中说十六空。"

一一〇、此论大好，何以故？将无著、世亲以下立论之方式态度及主要目的说出故。

一一一、《略明般若末后一颂赞述》，义净所撰也。《自引》云："义净因译无著颂释讫，详夫大士判其九喻，可谓文致幽深，理义玄简。而西域相承云，无著菩萨昔于睹史多天慈氏尊处，亲受此八十颂，开般若要门，顺瑜伽宗理，明唯识之义，遂令教流印度，若金乌之焰赫扶桑……然而《能断金刚》，西方乃有多释。考其始也，此颂最先，即世亲大士躬为其释。此虽神州译讫，而义有阙如。故复亲核谈筵，重详其妙，雅符释意，更译本经。世亲菩萨复为《般若》七门义释。而那烂陀寺盛传其论，但为义府幽冲，寻者莫测。有师子月法师造此论释，复有东印度多闻俗士，其名月官，遍检诸家，亦为义释。斯等莫不意符三性，不同中观矣。更有别释，而但顺龙猛，不会《瑜伽》。《瑜伽》则真有俗无，以三性为本。中观乃俗无真有，实二谛为先。般若大宗含斯两意，致使东夏则道分南北；西方乃义隔有空，各准圣旨，诚难乖竞。既识分纲理无和杂，然而末后一颂云：一切有为法等释文既隐，寻者尚昧，辄因二九事喻，聊题十八之作。"按：十八之作者，如星喻开二，一论见，观见如星长夜妄执，喻星，以星喻见夜有明无，而复各系一颂五言。颂义虽常谈而尚可取。更以一句收事收喻，揭其要义而为十句七言颂。次下别据三性三身，真俗般若以明观行，九喻解九事云："熟观生界咸如此，智者应可务真常。真常实不玄，圆成在目前。觉二体空蛇索尽，了一非无镜月悬。镜月悬时实无虑，但作他缘生福处。唯识初心乍有依，真如后念还无据。无据即般若，胜俗亡真假。福津如筏捐不捐，悲智随生舍不舍。"则义净似亦遍于中观一边者也。然而义净之学，于此可知其去法藏等，犹尚远也。译师而已。

觉海遗珠集（乙）

目　次

觉海遗珠集(乙)

华严之部

一、武则天《华严经序》云:"缅惟奥义,译在晋朝;时逾六代,年将四百。然一部之典,才获三万余言,唯启半珠,未窥全宝。朕闻其梵本,先在于阗国中,遣使奉迎,近方至此。既睹百千之妙颂,乃披十万之正文。幸以证圣元年,岁次乙未;月旅姑洗,朔维戊申,以其十四日辛酉;于大遍空寺,亲受笔削,敬译斯经。后覃壬戌之辰,式开实相之门,还符一味之泽。以圣历二年,岁次己亥,十月壬午朔,八日己丑,缮写毕功。"

二、永乐序云:"于是镂梓,遍布流通。"(以上序文据日缩印本)

三、天启五年岁次乙丑十月三日叶祺胤《大方广佛华严经疏钞厘合凡例》(径山方册本)云:"此经疏钞,藏中经自专函,疏则单疏。南藏分四十卷,北藏分六十卷。钞则单钞,南藏分六十卷,北藏分九十卷。若经若疏若抄。别函各置,未获同归。有宋晋次源法师曾会疏合经,自编为一百二十卷;无经题,卷第一乃至卷八十等次。至嘉靖间不知何师录钞于疏下,汇成为一,镂版流通,存武林昭庆寺则以经之卷数为主。经前悬谈,纸数繁多,别勒九卷;又立科本,则藏中所无。此板仅垂六十余年,因当时缮写镂刻,概无良工,遂至字画模糊,览者患苦。今以昭庆册为底本,捻出藏中经疏钞别别细较其淆伪,然后总加寻文解义,缕阅四五肯綮支节,前后分明,方授膳录。及其逐卷写竟,复雠再三,乃始授之剞劂,句字皆遵藏本,罔有增减,独厘合关脉,一禀原科,谨略条列,令得例知。(一)名题存略藏中,经称《大方广佛华严经》,疏称《大方广佛华严经疏》,钞称《大方广佛华严经随疏演义钞》。今合成《大方广佛华严经疏钞》名……(一)发露亡过,查北藏另有会成玄谈三函;宗此对雠与南藏科颂转折较多,字亦与南互有同异……全部疏钞,悉依原藏,止《悬谈》藏教所摄中。古德见此儒墨钞内云:墨即墨教,墨翟为主。下有'以忘身益物,是其所宗,如夏禹之勤用斯意也'十七个字,似滥夏禹于墨,恐为后人索瘢,且非紧要语,删去(按:叶君似未免《庄子·天下篇》)《问明品》又如长风起偈,钞中云旋岚偃岳而常静者即肇公言；亦云随山风，下有'皆梵音轻重'五个字，详《肇论》，亦支那撰述。此五字亦小疵类，且非紧要语，删去。共删二十二字。（一）别行各式，《普贤行愿品》一卷疏谓之别行，译经之人，则罽宾国三藏沙门般若，撰疏之处则太原崇福寺，厘会行款则出东禅月亭得和尚手。"又有天启七年后序，述其始终刊刻之事甚详。叶君别号平林道人（长水人）。

四、《疏钞》卷一之一云："此下生公意……《刊定记》别开有九意……肇公云……八引长耳三藏依三宝释……九引梁云法师云……真谛三藏云……即刘虬注《无量义经》……即梁武帝释……即生公释《法华经》……明生公即远公意……刘公用融公意……刘公注《法华经》云……真谛《般若疏》……即贤首国师意……"卷一之三云："即贤首疏……若依古释……即肇公《般若无知论》中之意……"卷二之二云："贤首更有一藏，今不存之。……此有二释，前即嘉祥意……大乘法师释开云……禅宗之解，如《问明品》……"卷四云："《涅槃》泽州释……又延公云……"卷五之一云："天台智者亦用此义……若超悟法师说……是生公意……亦多同远公……荐福即用本有今无论意……《涅槃》玄旨于是乎见……"卷六之一云："贤首云……此是贤首引证……即解脱和尚叹佛说偈云……"又卷六之二云："贤首对前开悟以三义释之……贤首以十义释成云……而其本意以十玄十对，凡举一事必具十玄，凡一玄门必收十对，泛明一法，一一圆收故……《涅槃》五味，泽州解云……皆远公意（清源有难）……生公《涅槃疏》云……傅大士云……"又卷七之一云："生公立体理成照义云……安国云……"又卷七之二云："是古德意……即《刊定》意……而生公云……东安庄公……贤首华藏观意……生公意……生公十四科净土义……"又卷八云："贤首立华藏观复有十德……贤首释云……"卷十一云："即肇公《不迁论》也……此即贤首意……"卷十二之一云："贤首云……即兴善三藏译，余亲问三藏……庐山远公但云……"卷十二之二云："通有天台四四谛意……肇公亦用此言……生公云……"卷十三之一云："今疏即贤首意，此公（静法?）破师，言是谬解，此公意云……贤首云……似此弟子当听之时，早已不受……"卷十三之三："然贤首意……迁禅师立云……衍法师云……贤首解云……晓公释云……且公云……睿公释云……即通会肇公《不真空论》，康公不得肇意，远公却得肇意……肇公《不真空论》意也……晓公云……什公云……是以什公云第二引证即悟玄序，其前文云……"卷十三之四云："故水南知识云……"卷十四之二云："天台智者依此一品立圆顿止观（解圆法、圆信、圆行、圆住、圆功德、圆力）……傍叙异说即安国法师……初半偈拣去偏伪者，即天台止观中意……"卷十六之一云："古有多释，并非文意（有述破）……

睿公释《维摩》不来相来等云……别序第五师即《刊定记》主……"卷十六之二云:"泽州释《狮子吼》文云……"卷十六之四云:"本即生公常住义……生公释诸法毕竟不生不灭是无常义云……远公释《净名》,多用《中边论》意……肇公云……"卷十七之一云:"海东晓公立外缘义……影公云……即肇公《不迁论》意……"卷十七之二云:"即安国意……"卷十七之三云:"此上即藏和尚意,此下即天台圆教之意……"卷十八云:"即天台止观……"卷十九之二云:"影公云……肇公云……"卷十九之三云:"即简《刊定》云……即《涅槃经》意,天台用之……古德云下贤首答,后有云。若尔下苑公破(疏有会释)……"卷十九之四云:"大云解云……即关中生公语……"卷二十云:"晋经失旨者,即引破《刊定》,古释非一。苑公并引之……一、远公云……二、贤首云……初一生公释《维摩》意……二、即什公释《净名》意……三、肇公意也……天台历十法界成三千世间,彼宗以此为《法华经》,枢要最玄。思大师三种读此十如,一家之意,理无不通……"卷二十一之一云:"静法云……天台为三观释云……《刊定记》释……远公云……《刊定记》……《刊定》亦立二义……今《疏》即影公取偈之意……水南善知识答燕国公张说问,法在前佛在前……述远公释……"卷二十三之一云:"天台取之为二十五方便……"卷二十三之二云:"以十向配十度,即北京李长者意……"卷二十四云:"贤首云……光统云……远公云……范法师云……正法师云……辨法师云……贤首云……静法云……"卷二十五之一云:"勒那三藏说七种礼,今加三成十……引生公义……钞,影公即《中论疏》……远公云……生公亦云……生公释……"卷二十六云:"生公……宝林基公……南岳云……大乘法师……天台云……辨法师云……今依贤首……"卷二十七之二云:"大云释云……"卷二十八云:"罗什法师释《净名》等于大悲之言,而睿公不许……"卷三十云:"上皆晖公之意……藏和尚云……"卷三十二云:"依生公……"卷三十四之一云:"远公云……远公先委释经,(《十地经》),后复释论……贤首释晋远公释论……若准远公,就经分判……远公云……远公四门解释……贤首意……远公云……准远公成坏二门……贤首意……贤首教义分齐……"卷三十四之二云:"远公云……有释顺《法相》,不顺经宗……远公意……远公云……"卷三十四之三云:"此言因于天台而生,谓《法华疏》解脱月请,请于因法。今此翻明《法华》劣此……若准兴善三藏译《金刚顶瑜伽字母》云……若般若三藏云(按:此二节略解梵母)……即远公第五加请分……远公云……《刊定》取《唯识》意,约德异故有十亲证……借《唯识》文,通贤首义……"卷三十四之四云:"远公意……天台智者意,约圆教六即以明三德……远公云……远公意……即是远公对前辨异同……"卷三十四之五云:"远公云……此公云……"卷三十四之六云:"远公亦云……若远公……安国法师……"卷三十五之一云:"远公云……远公……僧宗曰……"卷三十五之二云:"远公释云……远公云……。※注:按:陆羽茶经,(注:说部八三)引释道该说《续名僧传》:"宋释法瑶,姓杨氏,请真君武康小山寺"云云。远公云……远公云……远公有二义……远公将……远公但云……远公答云……"卷三十六之一云:"若远公云……法瑶云……智者释云……僧亮云……远公意……"卷三十六之二云:"贤首略释……远公……若准远公……"卷三十七之一云:"远公云……远公更有一意……然远公但……远公约……远公释云……远公意……远公诸德皆云……远公释论云……生公意……远公云……执范师释……"卷三十七之二云:"约俗是贤首意,约真是远公意……远公云……远公云……远公云……远公云……远公云……"卷三十八之一云:"远公破古云……远公之意……远公云……远公复……远公将此……"卷三十八之二云:"远公摄……远公云……远公释……远公意……"卷三十九云:"远公释缘集云……远公释化……远公……此言自天台生而小不同……"卷四十四之一云:"即影公云……"卷四十四之二云:"光统云……贤首释……远公有四……结弹《刊定记》……"卷四十四之三云:"睿公云……"卷四十五之三云:"即日照三藏释……"卷四十六之一云:"今依贤首……"卷四十八之二云:"此即天台止观之意……"卷四十九云:"密净苑公……习禅者闻经不见诸法为大过恶,便云……二斥古释,《刊定》同此……"卷五十一之一云:"衍、英诸公皆云……"卷五十一之二云:"即灵辨法师……又英法师云……贤首云……肇公亦云……即生公意……远公等释《涅槃经》言……荐福解力士迷珠云……"卷五十二之一云:"远公二释……肇公《无名论》……肇公云……是肇公论意……"卷五十二之二云:"多用肇公《无名论》……远公亦以……荐福法师四释……荐福释云……远公释云……荐福释云……远公四别……肇公……生公云……即古十玄意……"卷五十三云:"即破《刊定》……苑公于此……《刊定》救义……英公云……"卷五十六云:"远公释云……关中释云……上生公释远师大同……"卷五十八之一云:"天台引此……《俱舍大疏》宝公但云……义林法师《大疏钞》云……探玄引大般若……泽州远公引《古婆沙》……远公又云……(按:上皆解八人。)"卷五十八之二云:"《探玄记》引……海东意《玄谈》中已显……海东顺晋经……约八慢即《刊定》意……天台智者引……"卷五十九云:"《探玄记》问……真谛三藏《金光明疏》云……远公云……"卷六十之一云:"意法师云……即《金师子章》意……"卷六十一云:"出肇公《维摩经序》……若意法师及《台山论》……光统等师……"卷六十二云:"日照三藏云……苑公意……贤首云……《刊定记》……什公常说偈曰……依辨法师……依意公及《五台论》……依远公……辨法师……衍法师……依《五台论》……高齐大行和尚宗崇念佛云……"卷六十三云:"贤首引日照三藏解云……"卷六十五云:"生公释言……远公释云……揩师释云……"卷六十八云:"大云解云……生公释……"卷六十九:"大云言……"卷七十八云:"二会藏和尚意……"卷八十云:"遮天台师谬释……生公亦云……贤首法师发愿偈云……"

五、《华严》七处九会:(一)卷一云:"佛在摩揭提国阿兰若法菩提场中,菩提树下师子座上,始成正觉,其地坚固金刚所成。"(《钞》云:所信因果会)(二)如卷十二,处同第七会。(三)如卷十六云:"尔时世尊不离一切菩提树下而上升须弥入帝释妙胜殿。"(《疏》云:约处名忉利天会,约人名法会菩萨会,约法名十住会)(四)如卷十九云:"尔时世尊不离一切菩提树下及须弥山顶而向于彼夜摩天宫宝庄严殿。"(《疏》云:中贤十行会)(五)如卷二十二云:"尔时世尊不离于此菩提树下及须弥顶、夜摩天宫而往诣于兜率陀天一切妙宝所庄严殿。"(《疏》云:约法名十回向会)(六)如卷三十三云:"尔时世尊在他化自在天王宫牟尼宝藏殿。"(《疏》云:约法名十地会)(七)如卷四十云:"尔时世尊在摩揭提国阿兰若菩提场中,始成正觉,于普光明殿。"(《疏》云:约法名说普法会)(八)如卷五十三,同第七会。(九)如卷六十云:"尔时世尊在室罗筏国逝多林给孤独园大庄严重阁。"(《疏》云:约处名逝多林园重阁会,约法如品名)

六、晋译《华严》所缺甚多,文亦拙劣不能达意。唐译则尽善美矣。

七、观《华严疏钞》中,多引《瑜伽》、《集论》、《唯识》、《小乘论》之文,且每附释论,则可证贤首必非排玄奘者。议论不合,乃各人所注重者不同耳。非二人之学说,根本不同也。所判五教皆就观行上说也。就观行上说,浅深之阶显然,惟不能定执每经每宗定属某教耳。后当详论之。(按:《钞》中常引《涅槃经》文助释,又常引《智论》、《中论》、《般若》、《维摩》诸籍及《起信论》)

八、《华钞》卷一之三云:"会意译经,姚秦罗什为最。敌对翻译,大唐三藏称能。"

九、又卷五之二云:"十力略义,亦已释周,更欲广引,恐黟玄理。"

十、又云:"法性宗约习以成性,非约本有。本有平等故,故《摄论》中但有六种最胜,无初安住。或云菩提心摄,则知唯约习成,然无性引颂,亦似证有安住种性。"

※又经十二云:"如来于此四天下中或名释迦牟尼,或名毗卢遮那。"

十一、经一云:"往昔与毗卢遮那如来共集善根。"经六又云:"各共来诣毗卢遮那如来所。"则颂德故,而称释迦牟尼佛,而为毗卢遮那如来也。《疏钞》卷一之三云:"毗卢遮那者,此云光明遍照,然有二义:一、身光遍照,尽空法界乃至尘道;二、智光遍照真俗,重重法界。身智能所合为一身,圆明独照,具德无边,故立斯号。又云:种种障尽,种种德圆,故《普贤观经》云:释迦牟尼名毗卢遮那,遍一切处,其佛住处名常寂光;常波罗蜜所摄成处,我波罗蜜所安立处,净波罗蜜灭有相处,乐波罗蜜不得身心相处;不见有诸法相处,如寂解脱,乃至般若波罗蜜是色常住法故。"有以为指法身说者,不知别有据否。

十二、《钞》卷六之二云:"智符于理湛然常照者,修成合本有也。若依法相是相续常。今依法性宗冥符于理,同理常也。"

十三、又云:"《大般若》会会之初,皆先明无住。"

十四、又卷十一云:"直取一言,只一佛字,故自四祖禅要,唯称佛言耳。"

十五、又云:"故真善知识令看净门云,性本清净,净无净相,方见我心,即斯义矣。"不知所指何人。

十六、又卷十三之一云:"约文殊门情尽理现即名作佛,此顺禅宗,即事理无碍门也。约普贤门信终圆收,正是《华严》,即事事无碍门也。"

※《净行品》卷一四一愿云:善用其心,即精进也。

十七、清净涅槃,本来具足;而众生有迷悟别者,何也?《经》卷十三云:"若欲求除灭,无量诸过恶;当于佛法中,勇猛常精进。如钻燧求火未出而数息,火势随止灭,懈怠者亦然。"语虽浅近而实颇要,体会数年,方知其髓。故《疏钞》卷十三之四云:"禅宗六祖共传斯喻,愿诸学者,铭心书绅。(《钞》,自达摩教可,即用此喻,展转相承。但云六者,后分南北,多纷竞故)"

十八、"瞥然起心,即失止也。又违北宗,暂时忘照即失观也。亦违南宗,寂照双流,即无斯过。"《钞》又云。

十九、《钞》又云:"法相宗自受用身土自利行成,他受用变化身土,利他行招。若法性宗二利皆成。同因异因,利他不圆,安得真报?自利不足,岂能利他?故随二行并成自果,俱能利他;但随所宜化类差别,故取异果。"

二十、又卷十三之四云:"《疏》,了别即非真知故,非识所灭。《钞》,此遣南宗病也。谓识以了别为义,了见心性,亦非真知。真知唯无念方见。《疏》,瞥起亦非真知,故非心境界。《钞》,遣北宗病。北宗以不起心为玄妙,故以集起名心;起心看心即妄想,故非真知。是以真知必忘心遗照,言思道断。《疏》,心体离念,即非有念可无,故云性本清净。《钞》,心体离念者,双会二宗。以北宗宗于离念,南宗破云,离念则有念可离,无念则本自无之。离念如拂镜，无念如本净，今为会之……北宗云：智用是知，慧用是见。见心不起名智，智能知。五根不动名慧，慧能见。是佛知见。心不动是开。开者，开方便门。色不动是示。示者，示真实相。悟即妄念不生，入即万境常寂。南宗云，众生佛智，妄隔不见，但得无念，即本来自性。寂静为开，寂静体上自有本智。以本智能见本来自性寂静，名示。既得指示，即见本性。佛与众生本来无异，为悟。悟后于一切有为无为，有佛无佛，常见本性；自知妄想无性，自觉圣智故是菩萨，前圣所知，转相传授，即是入义。"

二十一、又卷十四之一云："约法相说，取正体无分别智，名为根本。约法性，以本觉为根本智，以与始觉为根本故。"

二十二、又卷十五云："《智论》二十八云：临终少时，能胜终身力行，以猛利故，如火如毒。依西域法，有欲舍命者，令面向西；于前安立一像；亦面向西，以幡头挂像手指；令病人手提幡脚，口称佛名，作随佛往生净土之意。兼与烧香鸣磬，助称佛名。若能行此，非直亡者得生佛前，抑亦终成见佛光也。若神游大方，去留无碍者，置之言外不尔，勉旃斯行。"

二十三、又云："色等本净，不唯取相为染，无心为净而已者；结弹北宗禅门，但得一分之义，但得不起心之一义耳。不同上来十重五对无碍自在等。"

二十四、贤宗精要，在辨无碍。无碍者，申述《中论》、《智论》、《大经》之世界即涅槃，涅槃即世界也。故颇可取。唯是真如无明互熏之言，在贤首清凉言之，固无过咎（《大经》亦有真如生万法之文）。而太笼统扼要，易滋误解；后若更立新宗，当力阐经论文义；采其（贤宗）无碍显说，弃此（贤宗）无碍密义庶可成为完璧。

二十五、《经》卷十五云："一切世间诸群生，少有欲求声闻乘，求独觉者转复少，趣大乘者甚难遇。趣大乘者犹为易，能信此法倍更难。"此末二句，甚为奇特，故《疏》云："举三乘之信，展转难得，况于一乘，明文照然，权实有据。"

二十六、《疏钞》卷十六之二云："法相宗三性则有性，三无则无性，有无义殊，故彼偈云，故佛密意说，一切法无性。意云，既言密意说，三无性则不碍于三有性也。若法性宗，此二三性有无无碍互夺双忘，皆悉自在。"又云："法相宗二空非真如，二空所显为真如故。真如即是圆成。法性宗，二空即真如，然空有无碍，故双成两宗。"

二十七、又卷十六之二云："禅宗知识偈云，若以知知寂；此非无缘知，如手执如意，非无如意手。若以自知知，亦非无缘知，如手自作拳，非是不拳手。亦不知知寂，亦不自知知；不可谓无知，自性了然故，不同于木石。手不执如意，亦不自作拳，不可谓无手；以手安然故，不同于木石。斯为禅宗之妙，故今用之而复小异，以彼但显无缘真智以为真道。若夺之者，但显本心，不随妄心。未有智慧照了心源，故云故须能所平等，等不失照，为无知之知。此知知于空寂无生如来藏性，方为妙耳。"

二十八、又卷十六之四云："修生名尽，约刹那尽，即法相宗。若无尽者即无刹那，属法性宗。"

二十九、又云："法相宗遍计、依他所明二义，唯约于事，圆成二义，方是于理。今法性宗，遍计理无依他无性，即是于理。非有即有是理彻于事，有即非有即事彻于理等，其圆成二义即就理上自论无碍。"又云："顿悟菩萨随愿受生，此法性宗。若法相宗，顿悟八地方受变易。"

三十、又卷十七之三云："求者皆空即《般若》意，故不碍求即双行意，双行亦即不共《般若》之意耳。"

三十一、又卷十九之三云："真妄和合心者，拣异法相宗心，即《起信》云，不生不灭与生灭和合，名阿赖耶识是也。"又云："上约法相宗……法性宗真心随缘成万有故。"

三十二、又云："若依真谛三藏，此佛净识，称为第九，名阿摩罗识。唐三藏云，此翻无垢，是第八异熟，于成佛时转成，无别第九。若依《密严》，文具说之。经云，心有八识，或复有九。又下卷云，如来清净藏亦名无垢智，即同真谛所立。第九以出障故，不同异熟，为九有由。又真谛所翻《决定藏论·九识品》云，第九识，三藏释云，有其二种。一者所缘，即是真如。二者本觉，即真如智。能缘即不空藏，所缘即空藏。若据通论，此二并以真如为体。释曰，此二即《起信》一心二门。本觉在生灭门，一心即真如故。故论云，唯是一心故名真如，无论八九，俱异凡识，即净识所造四智、三身等。"又卷十九之五云："自性清净心者，《胜鬘》、《起信》等皆立此名。《庄严论》卷六颂云，譬如清水浊，秽除还本净，自心净亦尔；唯离客尘故，以说心性净，而为客尘染；不离心真如，别有心性净。明知净体即是自心，心即真如，此自性净心即如来藏；亦是本来净识，故真谛三藏说有九识。"

三十三、又卷二十云："末学之徒，但谓一分众生不成佛，故名不灭生界，深可悲哉！《钞》弹法相师。"

三十四、又卷二十一之一云："今律学者多计戒为定有，禅学之者说戒如空。定有著常，定无著断，此为邪见。"

三十五、又云："上之二释顺法相宗，加此住字顺法性宗。法性为随缘，住字为不变，以随缘不失自性故。二义既具，即妄即真，故是法性宗义。"此解穿凿。又云："《唯识论》中，但一真如，随义假设。一、无相义；二、所证义；三、惑尽义；四、性净义；五、随缘义；六、随缘即不变。（按：此六义，当是释经六无为者，而《钞》无释，不知何故）此中法性即是真如，然法性真如亦假施，遮拨为无，故说为有。遮执为有，故说为空。勿谓虚幻，故说为实。理非妄倒，故名真如。为法之性，名为法性，非离色心别有实体。今多闻之人，不唯知名而已，应如是知。《钞》'为法之性'下，是《疏》义加。"

三十六、又卷二十四云："若法相说，应虽名常是不断常。今法性宗同是一常。若别说者，法身无始无终，报身有始无终，化身有始有终。今化即法故，即无始终。况报同法。亦无有始。十身融义，居然可知。"又卷三十云："真谓真实，显非虚妄。如谓如常，表无变易。此法相宗。若法性宗云，不变为真，顺缘曰如。由不变故与有为法，有非一义。由顺缘故与有为法，有非异义。而《起信》云：无遣曰真，无立曰如。唯就遮诠，顿彰真理。《钞》，若安立说遣妄曰真，显理为如，同《唯识》意。今正拂此二，无法非真，何有妄可遣耶？则真非真矣。无法不如，何有理可显耶？故如非如矣。斯则无遣无立为非安立之真如矣。故《疏》结云，唯就遮诠，顿彰真理。"

三十七、又卷三十四云："《十地品》又有别行译本，名《十住经》。复有别译，名《渐备一切智德经》。"

三十八、又释正智缘如见相有无三师释云："上之三师彼论以后义为正，依今经宗，应双取前二。有即俱有，能所宛然。无即俱无，能所斯寂。此二无碍，方名证如，则曲解也。"

三十九、又卷三十四之四云："非念离念语，则非念，似南宗义，无念离念似北宗义。释乃非念同北宗修得非念故，离念同南宗本性离故。若二宗相成，由本无念，要须离念方知。今此云何以非念者？由本体念故。言自体无念者，以无缘故。然体无念复有二意：一、性净无念，以心体离念故。今亦非此义，以此通一切凡小故。二、契理无缘，都无所得，名为无念。即今所用。若依此义，亦异偏就南宗，故南北圆融，方成离念。"

四十、又云："《唯识》卷九说见道与二障种，犹明与暗，定不俱生。如秤两头，低昂时等。此但举法相一边，亦不违余缘集断义。若望此宗则有所遗，谓秤衡是一，低昂无妨，解惑不尔，岂得俱时？明暗之喻，虽则相倾，到与不到，俱不破暗，同时则相乖，异时不相预故。若此宗断结，要性相无碍。上明非先后俱，为显无性，无性缘成则说断结。由能断无性方为能断，所断本空方成所断。若定有者则堕于常，不可断故。若定无者则堕于断，失圣智故。"又云："法相宗言非自性常者，自性即凝然常。此约法身、报身名相续常，即上能依亦说名常。三者化身名不断常。若法性宗谓本觉是法身，始觉是报身。既云始觉同本觉，无复始本之异，名究竟觉，则二常无别。生公亦云，真理自然悟亦冥符，真则无差，悟岂容易。不易之体为湛然常照等并如前说。"征此二论，可知所谓法性宗者立义颇浑。

四十一、《经》卷三十四云："欲流、有流、无明流、见流相续起心意识种子。"

四十二、《疏钞》卷三十六之一云："顿门禅意，不念诸法即是念觉，故昔人云：真如无念，非念法能阶实相。无生岂生心能到。无念念者，即念真如，无生生者，生乎实相。"

四十三、又三十七之一云："能所有二：若法性宗以第一义随缘成有，即为能作，所有心境皆通所作，以不思议熏不思议，变是现识因故。若法相宗，第一义心，但是所迷，非是能作，有三能变，谓第八等。"又卷四十二云："一、缘生故有，无性故空，义即法性宗一义，义亦无相宗义。二、法性有体，是法相宗义，事土无体，是法性宗义。"

四十四、又卷四十四之一云："智缘他心，诸说不同。安慧论师云：佛智缘他心缘得本质，余皆变影。护法论师则佛亦变影，若缘本质，得心外法，坏唯识故；但极似本质有异因人，依唯识宗护法为正。以今经望前亦不失，以摄境从心不坏境故，能所两亡不碍存故。第一义唯心非一非异，正缘他时，即是自故。以即佛心之众生心，非即众生心之佛心为所缘。以即众生心之佛心，非即佛心之众生心为能缘。如果镕融，故非一非异。若离佛外别有众生，更须变影，却失真唯识义。《钞》，第一义唯心者，正出具分唯心之理，同第一义故非异；不坏能所故非一，非一故有能所缘。他义成矣，非异故能所平等，唯心成矣。云正缘他时即是自故者，结成得于本质，无心外过。以即自故，不失唯识。以即佛心下，明非即非异。非即故有能所缘，非异故不坏唯识义。若离佛外下，结弹护法，言却失真唯识者，不知外质即佛心故。"此论浮。又云："法相宗灭定，但明事灭；唯灭六七心、心所法，不灭第八故。要心不行，方称为灭。本宗法界体寂故，斯即理灭。但事灭故，不能即定而用，证理灭故。定散无碍，由即事而理，故不碍灭。即理而事，故不碍用。亦非心定而身起用，亦不独明定散双绝。但是事理无碍。《钞》，亦非心定下，此遮法相宗。亦不独明下，此遮禅宗。止观两亡，不

菩萨戒之根本。"

十五、又云:"我法灭时,有声闻弟子,或说有神,或说神空。或说中阴,或说无中阴。或说有三世,或说无三世。或说有三乘,或说无三乘。或言一切有,或言一切无。或言众生有始有终,或言众生无始无终。或言十二因缘是有为法,或言是无为法。或言如来有病苦行,或言无。或言如来不听比丘食十种肉,或说不听。或言涅槃常乐我净,或言涅槃直是结尽,更无别法名涅槃。"(又卷三十三中,此为多,应考)

十六、《经》卷十九云:"无明因放逸生,放逸因颠倒生,颠倒因疑心生。"

※按:《华严经》,据云:《大方广佛杂华严饰经》未知此云《杂华经》即今《华严》否。按:《探玄记》卷一云:"依《涅槃经》及《观佛三昧经》名此经为《杂花经》。"则余所度甚当。

十七、《经》卷二十云:"《天行品》者,如《杂华》说。"又上亦有云如"《杂华经》",则《杂华》亦可归入涅槃部也。

十八、《经》卷二十一问光明因缘而皆默然,问到不到而谓都无有来,皆宗门所谓机锋也。

十九、又云:"先为他人,然后为身。"

二十、《经》卷二十五云:"一切善法,无不因于思维而得。"

二十一、《经》卷二十九初详中阴结生相续,又卷三十九说:中间寿命无明与爱,而为因缘。

二十二、《经》卷三十云:"若能受持读诵十二部经,正其文句,通达深义等,则能庄严娑罗双树。"

※按:梁《僧传》卷二,慧观尝启宋太祖给遣沙门道普,西往寻《涅槃后分》。至长广郡,舶破伤足,因疾而卒。

二十三、《经》卷三十八云:"骂时不瞋,打时不报,当知即是大福德相。"

二十四、《大涅槃经后分上下二卷》,唐沙门若那跋陀罗与会宁等译(本同上)

二十五、《后分》上亦云:"娑婆世界主尸弃大梵天王。"

维摩之部

(一)《维摩诘所说经注》(医学书局本),僧肇《自序》云:"其旨渊玄,非言象所测,道越三空,非二乘所议,超群数之表,绝有心之境。眇莽无为而无不为,罔知所以然而能然者,不思议也。何则?夫圣智无知而万品俱照,法身无象而殊形并应。至韵无言而玄籍弥布，冥权无谋而动与事会，故能统济群方，开物成务，利见天下，于我无为……此经所明，统万行则以智为主，树德本则以六度为根，济蒙惑则以慈悲为首，语宗极则以不二为门，凡此众说皆不思议之本也。至若借座灯王，请饭香土、手接大千，室包乾象，不思议之迹也。大秦天王……每寻玩兹典，以为栖神之宅，而恨支、竺所出，理滞于文……以弘始八年岁次鹑火，命大将军常山公，右将军安成侯，与义学沙门千二百人，于长安大寺，请罗什法师，重译正本。什以高世之量，冥心真境，既尽环中，又善方言。时手执梵文，口自宣译……余以暗短，时预听次，……※按：即道生，因卷五有"竺道生曰"云云。辄顺所闻，为之注解，略记成言，述而无作。"（按：文中非惟记"什曰"、"肇曰"，又有"生曰"，未知是道生否）

（二）窥基《说无垢称经疏》卷一云："详夫实际凝空。启玄枢于不二。权方孕道，演妙宝于无三。……今此经者，含众旨之太虚，绾群诠之天沼。理穷真俗之府，※按：《华严玄谈》八谓隋大衍法师总立四宗：一、因缘宗，二、假名宗，三、不真宗，四、真实宗。即立性等四。迹轶心言之外。……变百亿于足按，运三千于掌握。"（内院本）

（三）又云："此方先德，依现所有经论义旨，总立四宗：一、立性宗，成立三科法皆有体，一切有部是。迦延《杂心》、《婆沙》之类。二、破性宗，诸法有相，都无实性，破前立性。《成实论》是。三、破相宗，非但性空，诸法相状亦非实有。《般若》等经，《中》、《百》等是。四、显实宗，明一切法真实道理，随应有空有有。《涅槃》、《华严》《楞伽》等是（有难）。今依新翻经论，总依诸教。教类有三，以理标宗，宗乃有八。教类三者，即《深密》、《金光明》、《瑜伽》中说三时教。初唯说法有宗，即《阿含》破于我执，说无有情我，但有法因故。（《法华玄赞》卷一云："虽多说有，亦不违空。"）二、唯说法空宗，即《般若》等，破于法执，说一切法本性空（《法华玄赞》卷一云："虽多说空，亦不违有。"）。三、双遮有空执，并说有空宗，即《华严》、《深密》、《涅槃》、《法华》、《楞伽》、《厚严》、《胜鬘》等是（《法华玄赞》卷一云："说有为无为名之为有，我及我所名为空。"）《中》、《百》等师多引，唯是说空之教，今解不然，正中道教。中道之教所说有空无隐显故。以理据宗，宗乃有八：（一）我法俱有宗，谓犊子部等。彼说我法二种俱有，立三聚法：一、有为聚；二、无为聚；三、非二聚。又立五法藏：一、过去；二、未来；三、现在；四、无为；五、不可说。此即是我不可说，有无为故。（二）有法无我宗，谓一切有等。彼说诸法二所摄，谓名色。或四所摄，谓去来今及无为法。或五所摄，谓心、心所、色、不相应、无为。故一切法皆实有。（三）法无去来宗，谓大众部等，说有现在及无为法，过未体用无故。（四）现通假实宗，谓说假部说无去来世，现在世诸法在蕴可实，在界处假，随应诸法，假实不定。《成实论》等经部别师，亦即此类。（五）俗妄真实宗，谓说出世部等。世俗皆假，以虚妄故。※又云："初之大乘，总说二谛。后之大乘，别陈二谛。前以三无性为真，三性为俗。后以三无性为俗，三性为真。"出世法实，非虚妄故。（六）诸法但名宗，谓一说部。一切我法唯有假名，都无实体。（七）胜义皆空宗，谓清辨等。明说空经，以为了义。说一切法，世俗可有，胜义皆空。（《法华玄赞》卷一云："般若等经，龙树等论。"）（八）应理圆实宗，谓护法等，弘畅《华严》、《深密》等经，虽说二谛，随应具有空理，圆妙无阙，实殊胜故。"

※注：宗说有无理不同故。

（四）又卷二云："此经前后，虽复七翻，严佛调汉翻于白马，支恭明吴译于武康。法护、叔兰、蜜多三十，东西两晋，各传本教。罗什翻于秦朝，和上畅于唐日。除罗什外，或名《维摩诘经》，或云《无垢称经》，或云《说无垢称经》，或云《说维摩诘经》，或云《毗摩罗诘经》。唯罗什法师，独云《维摩诘所说经》，仍云一名《不可思议解脱》。但是什公出自龟兹，不解中国梵语，不但浇讹不正，亦乃义意未融。准依梵本卷末，佛言此经名为《说无垢称不可思议自在神变解脱法门》（此中对什公所译经题品目，有多难）……肇公意欲以《老子》之道同佛之道，名'佛道品'。梵言既违，义亦有滥，故应正云'菩提分品'……但以方言隔正理亏，义既乘其本宗，名亦如何不谬也。"

（五）又云："卉木无识，亦名众生。有识名情，不通草木。"

（六）又云："释如是真谛三藏云……《注法华》云……《注无量义经》言……瑶公云……光宅云……梁武帝云……长耳三藏云……菩提流支法师云，婆伽婆语虽稍讹，意也无别。如《佛地疏》具详之矣……明经体性有二：一、能诠文，二、所诠义。若依清辩，释此二体，依世俗体所诠经体，以一切有、无为诸法，或空或有。诸法为体，通以一切为所诠故。能诠教中，可亦说有句言章论，声为体性，《般若灯论》具详之矣。若依胜义，能诠所诠；一切皆空，何教何理，无说、无示、无闻、无得。依此世俗胜义二理，故下经云，说法非有亦非无。胜义体空，说法非有。世俗体有，言亦非无。又胜义体空，故言非有非无。法性既空，何得定说空有？故双非。由此世俗，可以教义而为经体。若依胜义，一切皆空，无体不体。若依护法等菩萨，胜义世俗皆以能所诠二法，而为教体。且世俗谛所诠，通以有无为若空若有诸法为体，即以三性为所诠体。能诠但以声名句文以为体性。若依胜义,通论诸法体性有四:一、摄相归性体,二、摄余归识体;三、摄假随实体;四、假实别论体。初谓一切有无为法体即真如,真如为本故。二可知,三谓一切假法都无别体,随本所依实法为性。如假名众生,五蕴为体。四谓假实用殊,各各别说,如说或有佛土音声名句而作佛事,其名句等不相应法摄,声色聚摄。"又卷三:"无所得不起法忍。清辩释言,世俗故有,胜义故空。空者,无所得也。观法本空,何有生等。观此无生而起智忍,名无所得,不起法忍。护法等云,遍计所执,执人法有名有所得,今观彼空名无所得,起生忍智,于三性上观所执无名无所得。体既无有,何有生等?观此不生法而起忍可之智,即三无生忍也。"又云:"随入一切有趣无趣意乐所归。护法宗云:入者证解,有者有为无为。无者我及我所,即是三性。意乐所归,谓无漏智归真如境。此显能达三性理。清辩解云:世俗谛有,胜义谛无。无者空也,此之二趣意乐究竟所归,即真空理。"

又卷五云:"清辩解真待俗立,俗待真立,空有亦尔。以世俗谛有我作受,胜义谛中都无我等,故世俗谛待胜义成有,其胜义谛待世俗成空。虽胜义空,不坏俗谛,故善恶业依世俗谛,亦不说无。又空性离言,何空何有?有空皆待因缘立,故胜义中本无我等善恶之业。业性不无,由凡执有,圣证成空。性本空故,非今始空。护法解云:依胜义谛,诸法不有即遍计所执。不无即依圆。何以故?一切皆待因缘立故。空有事理相待建立,所待称因,能待称果。佛说因果以为宗故,不可唯空,亦不唯有,要相待故。"

又:"清辩解云:以佛证得空无所有,甘露灭故,非心意所行,法体都空,何有心意而受行也?护法解云:所证涅槃菩提虽有,性微妙故,是智所证非心意境。"又:"清辩解云:善修空者,证真理故,如空无碍。诸相不遣,更无所遣。生死尽故,出世愿满,更无所愿。故今稽首如空无住得真谛者。护法解云:空有二种:一云舜若,此但名空无也,即遍计所执。二云舜若多,此云空性。空之性故,体即真如,性是有也。善修所执空,故一切相遣,善修圆成空性,故一切愿满。由此归佛如空无住。"(按:卷第八至卷第十一,卷第十二至卷第十四,卷第十六至卷第十八,又卷第二十中之"空理义云",即清辩家释。"应理义云"即护法家释。文繁故略而未录,然应考也。性相二宗之所争,尽于斯乎)

※※注:按:《法华玄赞》释《安乐行品》中有云:"秦主让妻,千龄受耻。"智周《摄释》卷四引《高僧传》"每至讲说,先自譬说,如臭泥中生莲花,但秉莲花,勿取臭泥也"云云。

(七)又卷八云:"罗什辞屈姚主,景染欲尘,入俗为长者之家,预僧作沙弥之服,不能屈折高德,下礼僧流,遂删来者之议,略无稽首之说,准依梵本皆悉有也。"(按:

什译《维摩》居士见舍利弗等,无稽首之言)按:基师颇多门户之见,此固一例。又如"住三十七菩提分法而不离于一切见趣",什译作"于诸见不动而修行三十七品",即云"此义便非,何名真灭"。不知《肇注》云:"夫以见为见者,要动舍诸见以修道品。大士观其诸见真性,即是道品,故不近舍诸见而远修道品。"则何非之有? 甚矣,门户之见之贻患也。

(八)基《疏》卷二十二末云:"基以咸亨三年十二月二十七日,曾不披读古德章疏,遂被并州大原县平等寺诸德迫讲旧经,乃同讲次制作此文,以赞玄旨。夜制朝讲,随时遂怠,曾未覆问。又以五年七月,游至幽明苏地,更讲旧经,方得重览。文虽疏而义密,词虽浅而理深。但以时序匆迫,不果周委,言今经文不同之处,略并叙之,诸德幸留心而览也。

续华严之部

※自此以下皆续藏本。

(一)澄观《华严玄谈》卷一云:"《纂灵记》云:僧法藏,字贤首,开悟真宗,深穷法界,造《探玄记》解晋经,虽有古德多家疏文,唯贤首一人多得其妙。"又:"《刊定》※(破《刊定记》)释新经义,多失经旨。"又卷二云:"《刊定记》主虽入先生之门,不晓亡羊之趣,破五教而立四教,杂以邪宗,使圆宝(疑实)不分,渐顿回辨。折十玄之妙旨,分成两重,徒益繁多,别无异辙,使德(疑体)相而无相入相作,即用之体不成,德相不通染门,交辙之旨宁就。出玄门之所以,但就如明,却令相用二门;无由成异以缘起相由之玄旨,同理性融通之一门;遂令法界大缘起之法门,多交辙而微隐。如斯等类,其途实繁。"

(二)又云:"昔人不参善友,但尚寻文。不贵宗通,唯攻言说。不能以圣教为明镜,※注:清凉作疏本旨照见自心。不能以自心为智灯,照经幽旨。不知万行令了了自心,一生驱驱,但数他宝。或年事衰迈,方欲废教求禅,岂唯抑乎佛心,亦实翻误后学。今皆反此,故制兹疏,使造解成观,即事即行,口谈其言,心诣其理。用以心传心之旨,开示佛所证之门。陶南北二宗之禅门,撮台衡三观之玄趣,使教合忘言之旨,心同诸佛之心。"

※诸家义略抄。

(三)又云:"吉藏引《法华》始见我身云云,立三种法轮,谓根本法轮、枝末法轮、摄末归本法轮。"又:"肇公云……生公《法华疏》云……《旨归》云……广如《旨归》……《旨归》又云……此亦贤首《略疏》中《光明觉品》中意……"卷三云:"睿公《维摩疏释》云……藏和尚疏引《地论》释云……藏和尚释相大云……叙古破此古即静法苑公《刊定记》中义也。但言有云,即是《刊定记》主。若云古德,多是藏和尚。亦有此前诸德……什公是龟兹人,译音近于东天,实又三藏于阗国人,多近东北。唐三藏译云是中天……"

※判教

(四)卷四云:"西域开合者,如龙树之释《大品》,无著之解《金刚》等,皆合而不分。智光、戒贤,各分三时,皆开而不合。东夏开不开者,如僧肇之解《净名》,僧睿之释《思益》等,皆合而不分。生公之立四轮,智者之分四教等,皆开而不合。且不分之意有五,谓理本一味,殊途同归等。其分教者亦有多义,谓理虽一味,诠有浅深,故须分之,使知权实等。以故开则得多而失少,合则得少而失多。※按:此叙判教之式,同《刊定记》卷一。惟彼三教四家谓光统、玄奘、真谛、吉藏,四教五家谓大衍、智颛、光宅、笈多、元晓,五教三家谓护身、波颇、古德(指贤首说)。又有六教一家,谓耆阇,似较此详。但能虚己求宗,不可分而分之,亦何爽于大旨?故今分之。此土所立,勒为五门:一、一音教,有二师,谓后魏菩提流支、姚秦罗什法师……二、立二教四家,谓西秦昙牟谶(隋远法师乞)、隋延法师、唐初印法师、齐刘虬……三、立三教三家,谓南中诸师(此中武丘山岌法师同玄奘、真谛所立。又宋朝岌法师于中开四,道场慧观、刘虬又于中开五)、后魏光统律师(承习佛陀三藏,三藏是调禅师,此中略述因缘)、隋末唐初吉藏法师……四、立四教四家,谓梁光宅法师、天台智者(承南岳思大师,此中略引韦虚舟《思大师传》)唐初海东元晓、贤首弟子苑公依《宝性论》立……五、立五教二家,谓波颇三藏(以上诸家皆有译释及破难,应考)、贤首……"卷五云:"西域所立,有二大德,戒贤远承弥勒、无著,近踵护法、难陀,依《深密》等经,《瑜伽》等论立三种教……智光远承文殊、龙树,近禀青目、清辩,依《般若》等经,《中观》等论,亦立三教……(此中于两家有十义辨差,谓一乘三乘别,一性五性别等,及会通。大好,应考)(又考卷末总相会通二门)

(五)又云:"案唐三藏传似智光,乃戒贤弟子。两会云同时者,或恐名同人异,或是师资不妨立义所宗复异。又准无行禅师书,亦云西方有二宗并行,一宗无著、天亲,一宗龙树、提婆。龙树之宗玄飚才举,则无著牵羊,翎羽暂腾,则陈那乱辙,则同时定有二宗。又案《西域记》,唐三藏初遇龙树宗师,欲从学法。师令服药求得长生,方能穷究。三藏自思本欲求经,恐仙术不成,辜我夙愿,遂不学此宗,乃学法相之宗。"

(六)又云:"生公云……《刊定记》有引。"卷六云:"荐福释佛性有二……《探玄记》云……《刊定记》……《刊定记》……至相《十玄》云……《古十玄》……《刊定记》……若依古德……《刊定记》……"卷七:"生公云……贤首《起信疏》云……"

(七)卷八云:"今总收一代时教,以为十宗(初六同基师《无垢称疏》)七、三性空有宗,谓遍计是空,依圆有故。即大乘法师(指基师说)所立应理圆实宗。※按:法藏《教义章》(《探玄记》)云:"七、一切法皆空宗,谓大乘始教,说一切诸法悉皆真空,然出情外无分别故,如《般若》等。八、真德不空宗,谓如终教诸经,说一切法唯是真如,如来藏实德故,有自体故,具性德故。九、相想俱绝宗,如顿教中显绝言之理等,如《净名》默显等。十、圆明具德宗,如别教一乘。"与清凉之说别。八、真空绝相宗,谓心境两亡,直显体故。即大乘法师胜义俱空宗。九、空有无碍宗,谓互融双绝而不碍两存。真如随缘,具恒沙德故。十、圆融具德宗,谓事事无碍,主伴具足无尽自在故。此十宗后后深于前前,七即法相宗,八即无相宗,后二即法性宗。又七即始,八即顿,九即终,十即圆。又七亦名二谛俱有宗,谓胜义真实故不无世俗,因果不失故是有。如《深密》、《瑜伽》等。第八亦名二谛双绝宗,谓胜义离相故非有,世俗缘生如幻故是无。如《掌珍颂》云:真性有为空等,即《般若》三论中一分之义。九、二谛无碍宗,如《维摩》、《法华》等义。然十宗五教,互有宽狭。教则一经容有多教,宗则一宗容具多经。随何经中皆此宗故,局判一经以为一教,则抑诸大乘。(《钞》云:"一经容多教显教通,如《维摩》、《涅槃》、《般若》亦具五教。而影出宗局,《维摩》但是事理无碍宗,不通三性空有等宗故。言宗则一等者,显宗通,以一事理无碍宗内该《法华》、《维摩》、《涅槃》等故。而影出教局,如一经中具有五教,不相通故。)又夫立教,必须断证阶位等殊,立宗但明所尚差别。前之六宗执法有异,故分六宗。断证次位不离八辈,合为一教。"

(八)又云:"衍法师……裕法师……敏、印二师……远法师……笈多三藏……光统禅师……贤首……光师意……光统……天台智者……光统……"

※(注:经本传说)

(九)又云:"摩诃衍藏是文殊与阿难海于铁围山间结集此经者,即《集法经》(按:《探玄记》卷二云,《阿阇世王忏悔经》说)说有三阿难:一、阿难,此云庆喜,持声闻藏。二、阿难跋陀,云喜贤,持独觉藏。三、阿难伽罗,此云善海持菩萨藏。但是一人,随德名别。言铁围山间者,《纂灵记》说。然此记本是藏和尚制,后经修饰,其间经论所无皆闻日照三藏乃西域相传耳。而《纂灵记》及《刊定记》皆言《智度论》说,未见其文。《金刚仙论》亦同此说,言'龙树往龙宫见此大不思议经有其三本。下本有十万偈四十八品,龙树诵得流传于世,故

《智论》谓此为不思议经，有十万偈。※按：《孔目章》卷四末有"相传龙树菩萨往龙宫中见大本"等云云。法藏《旨归》同。《纲目》又云："西域相传，此经结集已后，收入龙宫。"梁《摄论》中名百千经。《西域记》说，遮俱槃国具有此本。今所传八十卷本、旧译六十卷，皆是十万偈中之略译，未尽故'等者。《纂灵记》引真谛《西域记》说《龙树别传》亦说入龙宫见经之缘。又《开皇三宝录》其于阗东南二千余里，有遮拘槃国，王宫内有《华严》、《摩诃般若》、《大集》等经，并十万偈，又于山内置《华严》、《大集》、《方等》、《宝积》、《楞伽》、《方广》、《舍利弗陀罗尼》、《华聚陀罗尼》、《都萨罗藏》、《大般若》、《大云》等经，凡一十一部，皆十万偈。东晋支法领至彼求得《华严》前分三万六千偈，即东晋朝所译是也。又案今于阗所进逾四万偈。此中本经有四十九万八千八百偈，一千二百品。上本经有十三千大千世界微尘数偈，一四天下微尘数品。支类有二：一、别行经，谓《兜沙经》一卷，即《名号品》。《本业经》一卷，是《净行品》。《小十住经》一卷，是《十住品》。《大十住经》四卷，及《渐备一切智德经》四卷，并是《十地品》。《等目菩萨所问经》二卷，是《十定品》。《无边功德经》一卷，是《寿量品》。《如来性起微密藏经》两卷，是《出现品》。《度世经》六卷，是《离世间品》。《罗摩伽经》三卷，是《入法界品》。此等并是大本流出。二、流类，《修慈经》一卷，※按：《刊定记》卷一，此下二部于阗三藏提云陀般若所翻，后一实叉难陀译。并是《华严》眷属，非本部内别行之经。（注：论释）《金刚鬘经》一卷，《如来不思议境界经》一卷，（按：《探玄记》，此三经并法藏与于阗三藏于神都共译。《金刚鬘经》作金刚鬘分十卷，翻未成，三藏亡没。今现于神都更得于阗国所造《华严》五万颂本，并三藏至神都现翻本，共慈恩寺梵本，与旧汉译本，并同参异。新来梵本，品会及文句有少不同。考《会玄记》三十八）并是《华严》流类，而非本部别行，或是别行来未尽者，未敢详定。余如《纂灵记》辨。龙树既得下本，造《大不思议论》亦十万颂，备传西域。此方《十住毗婆沙论》十六卷即是彼 ※按：《续藏》收有后魏灵辨选《华严经论》卷第十，共四页半，乃解《如来光明觉品》者。诚伪更考，然似平实，过少亦不足以知其大要也。论释十地中初之二地。又世亲造《十地论》释《十地品》。魏勒那三藏及菩提流支各翻一本。光统奏请令二三藏，参成一本为十二卷，即今现传。又北齐刘谦之，于清凉山感通造论六百卷，备释一经。又后魏僧灵辩，于五台山顶戴此经；行道一载，遂悟玄旨；造论一百卷，亦传于世。晋译慧严、慧观润色（余文同上）。谢司空寺者，即今润州兴严寺，由是兴《华严》故。※（传译）法业遇觉贤，请译《华严》，筹咨义理数岁之后，廓然有所通悟，遂敷弘幽旨，著《旨归》二卷，言行于世。今少见本者，以希声初启，未遑曲尽。时月淹久，故多废替。慧严（慧严即什公入俊之二）又唐永隆元年，中天竺三藏地婆诃罗，此云日照，于西京太原寺译出《入法界品》内两处说文。一从摩耶夫人后至弥勒前，中间天主光等十善知识。二从弥勒后至三千大千世界微尘数菩萨前，中间文殊申手过百一十由旬，案善财顶十五行，经大德道成律师、薄尘法师、大乘基法师等同译，复礼法师润文。依六十卷本为定。时贤首以《华严》为业，每叹大教阙而未圆，往就问之，果云赍第八会文来。贤首遂与三藏对校，果获善友文，乃请译补。复译《密严》等经十余部，合二十四卷。又证圣元年于阗三藏实叉难陀，于东都佛授记寺再译旧文，兼补诸阙，计益九千颂。通旧总四万五千颂，合成唐本八十卷。大德义净三藏、弘景律（《刊定记》卷一作"禅"）师、圆测法师、神英法师、法宝法师、贤首法师等同译。复礼法师缀文。然犹脱日照所补文殊案顶之文。贤首以新旧两经，勘以梵本将日照补文，安喜学脱处，遂得文续义达。今之所传，即第四本也。"

（十）又卷九："真谛三藏《七事记》……初明《大云经》或有疑伪。《宝雨经》有十卷。又卅元正缘第　卷中云，我涅槃后四五百年，支那国位居阿鞞跋致，实是菩萨，故现女身云云。如彼经释，曰，此时更无女主，弘建若是斯言不虚（按：此似不以称述）……光统律师……隋远法师……裕法师……光统……《刊定记》十二……依远公……"卷一："《集玄记》云……《笔削记》云……净法苑公造《刊定记》二十卷……远公云……肇公云……引裕公云……肇公云……贤首既《旨归》云……晓公《起信疏序》云……肇公云……影公云……"

（十一）澄观又有《华严经疏科文》十卷，《入法界品十八问答》、《三圣圆融观门》、《五蕴观》、《答顺宗心要法门》、《行愿品别行疏》（玄谈略于《行愿疏》中释文，则二书同）《法界玄镜》（《缩印本》）

※注：按：清修居士杨文会经疏合纂成六十卷。

（十二）贞元新译《华严经行愿品疏》，敕太原府大崇福寺沙门澄观述，大同《疏钞》，故未详览。卷二云："今贞元十二年，岁次丙子，诏罽宾三藏般若于京师大崇福寺，译成四十卷，即旧经《入法界品》。虽经数译，或九会大本，或一品别行，或三藏持来，或遣使迎请，未有如圣代南天竺国王，亲贡梵文，行彼御礼，南我圣躬。"（按：此未述与旧经不同处，亦未标与译人名，当是应酬之译也）

（十三）澄观《大华严经略策》，述经题、宗趣等四十二条。每条皆有问及谨对。宽政七年瑜伽宗沙门谦顺《再刊华严略策序》谓：像蒙帝顾问之对策是也。又澄观《七处九会颂释章》，文化二年沙门典寿序谓："昔圭峰有《华严论贯》之作，其书亡逸而不传。复庵《纶贯》，本为禅者作，虽痛快直捷而不便于学教之士。客冬于华顶入信精舍得《七处九会颂释》，乃清凉观大师之所著，亟付之梓"云云。按：该书略释九会法相，后释至相十玄门。

※杜顺又有《修大方广佛华严法界观门》一卷。

（十四）杜顺《行人修道简邪入正止观法门》一卷，题为《华严五教止观》，当系后人所加，其后又跋云："华严杜顺和上略出记。"前题名云："京终南山文殊化身杜顺说。"当系杜顺门弟子所记。又附《终南山杜顺禅师缘起》，记文殊化身说之缘起也。文字拙劣殊甚。又此书中说心真如及心生灭二门，与水波之喻而未云《起信》云。疑《起信》据此等文而作，更考。（按：该书引经引论皆云"某经云"或"经云"，"某经云"或"论云"。今此文同《起信》而无"论云"冠之。又始终未见引《起信论》，大可疑）（按：智俨《五十问答》第二十五条，引《起信论》，贤首以后引用乃多）

（十五）《华严一乘十玄门》，大唐终南太一山至相寺释智俨撰，承杜顺和尚说。又《华严五十要问答》二卷，亦智俨集。元禄八年，东奥仙台龙宝住持长与序云："撮略杂华之要义，往复征责以解肯綮者五十三条……然本邦之俗，秘书不辄许印刻……今年幸得善本，对读校雠，补其脱简，正其伪误，傍附倭训，乃谕之剞劂。"按：此中所论五十三事，如十佛及名义，众生作佛成佛前后。一念成佛，他方佛，涅槃。心意识，心心所法，一乘得名等，皆以一乘三乘小乘分别料简，体例同隋慧远，及基师《义章》，大可参考。又《华严经内章门等杂孔目》四卷，所诠法义较《五十问答》更多，一一以五数料简，欲明初期五教义者，不可不参考也。其末元禄辛巳武陵金泽，僧云谭跋云："欧阳子日本歌曰：徐福行时书未梵，逸书百篇今尚存，令严不许传中国，举世无人识古文。"与上录《五十问答》序同。

※注：按：此书全未解义，仅"略释名"及科判耳。称曰"略疏"可，曰"搜玄"则不可也。

（十六）《于大方广佛华严经中搜玄分齐通智方轨》五卷，（按：实十卷，予所见为日副本，合二卷为一，而开本末故，）简称《华严经搜玄记》，亦即所谓《略疏》也。不要且不好，大约至相著作，除承杜顺所说之《十玄门》外，余皆无甚可取。《十玄门》之评如《玄赞记》，恐不足以尽帝心之妙。惟于教理，若《唯识》等，不可说其未尝用过功。但未瞻博。卷一末云："大光律师云……大光师……"

（十七）贤首《华严一乘教义分齐章》卷一云："《本业经》、《仁王经》及《地论》、梁《摄论》等，皆以初、二、三地，寄在世间。四至七地寄出世间，八地寄出出世。于出世中，四五地寄声闻法。六地寄缘觉法，七地寄菩萨法，八地以上寄一乘法。故出出世是一乘法。"未免门户之见，不必如是说故也。

※（注：判教）

（十八）又云："一、菩提流支依《维摩》等，立一音教……二、护法师依《楞伽》等立顿渐二教（《探玄记》卷一云：真谛三藏等立渐顿二教）。远法师等后代诸德多同此说……三、光统律师（《探玄记》卷一又有"承习佛陀三藏之言。"）立渐、顿、圆三教。光统门下遵统师等诸德同……四、大衍法师等一时诸德立四宗教……五、护身法师立五种教，三同衍师。第四名真实宗教，谓《涅槃》等。第五明法界宗，谓《华严》※《探玄记》卷一无此六及十，而有元晓四教，吉藏三教，又笈多四教，波颇五教及《宗致义记》初所传闻于日照三藏者。……六、耆阇法师立六宗教……七、思禅师及天台智者立四种教……八、江南愍法师（《探玄记》一云印法师、敏法师。）立二教……九、梁光宅云法师立四乘教……十、大唐三藏玄奘法师立三种教……以上十家立教诸德并是当时法将，阶位叵测。此等诸德岂夫好异，

※按：法藏《寄海东书》云："法藏进趣无成，荷先师随分受持，不能舍离，希凭此业，用结来因。但以和尚章疏义丰文约，致令后人多难趣入，是以具录和尚微言妙旨，勒成义记。谨因胜诠法师抄写，还乡传之彼土。请上人详检臧否，幸示箴诲。但以备穷三藏，觌斯异轸，不得已而分之。遂各依教开宗，务存会通，使圣说差异，其宜各契耳。"（此说大好，故立宗判教实不能已之事）

（十九）贤首又有《华严经旨归》，以十门如说经处时等"撮经机要"云。清凉《玄谈》皆承之。又有《修华严奥旨妄尽还源观》、《华严经义海百门》，其后有跋云："《义海百门》者，贤首国师宗别教一乘所制也。囊括大经，发挥玄旨，总十门而析百义，融万法而归一尘。嗟乎，吾祖之训，遗文尚存，莫有传者。晋水法裔净源字伯长，苦志于兹，有年数矣。遂遍搜古本，历考十门，以前之九门，具彰序意，列义通结。唯后之一门，亡其通结，或诸本传写阙文耶？或祖师立言互略耶？抑又第六差别显现，误题圆明解缚者，后人横议编简异同，今偕详定，以第六至第十，通前五门，合为一卷，恐来者不知故，直书以见其意。时熙宁二年四月十九日，于青墩宝阁讲院方丈序。"※"……《华严探玄记》二十卷，二卷未成。《一乘教分记》三卷，《玄义章节杂义》一卷，《别翻华严经中梵语》一卷，《起信疏》两卷，《十二门论疏》一卷，《新翻法界无差别论疏》一卷"见《圆宗文类》卷二十二。

《华严经文义纲目》解教起所因、经题、宗趣、说经时处。清凉《玄谈》类承之。《华严策林》论普眼、理事、正因、因果等色门，亦对帝问之策也。（按：

《文义纲目》，元禄七年东奥长与刊行序云："凝然师述《法界义镜》曰，天平八年大唐道璿律师赍此宗疏章而来。又审祥大德者，新罗国人也。尝入唐谒贤首，受学华严宗。而来此国住大安寺，应良辩等请讲《华严经》……又我弘法大师释华严教往往取则是章，疑璇公等将来之本，故大师亦有所受欤……"）

※注：同教别教一乘分齐等。

（二十）法藏《华严经问答》卷上云："严师释云……法师释云……问：五门论者，约自体缘起中明圆明具德无碍自在义，与严师别教一乘普法有何别？答：彼师等约相融离性自体门明无碍自在义，非即约相事明如如无碍义。故在于同教分齐。此师等约根事明无障碍义，故当别教分齐耳。问：如来藏自体中明无碍自在，即是熟教等义，何故为同教分齐乎？答：此师等不别教分齐，故一乘别教义存于藏相明也。此义但在于藏体同一乘是义，故同教分齐耳。若约圣教临机说分齐别者，其相炳然，何得不别？"按：此书大好，不复圆浑滥调，以问答体直说玄要故也。然义体与其它不同，（无骈文气味，）当系答问之故。且讹错脱简太多，至有几处颇难索解。又有《华严关脉义记》，首尾皆无作者标名，后有附记云："写本云永仁五年三月三日，于东大寺戒坛院，为实园比丘书写之。华严宗沙门凝然，春秋五十八。"而日录中称唐法藏述，是也。书中以"展转无尽，卷摄无碍"等解经题九会，是非法藏不能也。又有《华严游心法界记》，卷首有日本享保戊申武阳沙门白苹雅山及洛京华严寺住持沙门修潃、凤潭二序，义文并不好。又有《华严发菩提心章》，正德四年纳锦绫山曼陀罗院，凡例云："此章别有异本而文画多纰谬，字句颇缺脱。今以梅尾、南都诸本随义参订，改正笔削，非私意也。每值文有大异，系之鳌头。《法界义镜》曰：香象大师《菩提心章》载法界观门，以明发心相故。今章明第四表德中有五门，自第一至第三全举彼观文耳。又如圆超《疏钞录》，凝然《华严宗要义》，永超《东域传灯录》及高山寺藏目等，皆标为贤首撰也。世别有题为《华严三昧章》者，其文大同此章。今谓是乃后学误以今章残编，为三昧章者耶？故《探玄记》说十重唯识曰'上来所明约教就解而说，若就观行亦有十重，如一卷《华严三昧》中说'。然世所题为三昧章者，总无其文，故知彼非其于《探玄记》所指者矣。"（按：见卷十三）慧按此书，谓为《华严三昧章》亦得，然清凉《疏钞》中所引杜顺《法界观》与此表德中前三门文义全同，而杜顺《止观》中无。其它又无著作，或清凉错耶？更考。然该书与《问答》、《游心法界记》，实为法藏玄要之最好著述。较以前诸种更要，而世人不知也，可惜。又有《华严经普贤观行法门》，初普贤观十门，谓会相归性门，依理起行门，理事无碍门，理事俱泯门，心境融通门，事融相在，诸法相是门，即入无碍门，帝网重现门，主伴圆备门。次明行，亦十门。谓起信心，归依三宝乃至修平等行。又有《华严经金师子章》，亦以十门释，谓明缘起，辨色空，约三性，显无相，说无生，论五教，勒十玄，括六相，成菩提，入涅槃。义不出前，太略不好。※按：《圆宗文类》卷二十二宋至道元年，《法界观门钞序》云："唐初杜顺约《华严经》撰《法界观》，包总众义，列为三门。其文不过数纸，而备尽一经之意。圭峰为之注。今从朗师又凭注文而为之钞。"又吕惠师《新注法界观序》云："吾不敢以其说独善，辄以所证为之解释。"则吕惠师之自作也。又沙门昙雅，宋嘉祐壬寅，《法界观门钞序》云："有皇都大沙门号净觉，名有朋者，尝慨众释繁略未驯，遂自操觚抉搜精义，成一家言，是为《集解》，离为五卷，以辅观门。有惠忞道人尝学观学于净觉师，欲广法化，乃圈镌板薪余言以冠卷首。"则余之所说错，非清凉错也。又净源《法界观助修记序》云："然兹观门，作为钞解殆盈四家，西蜀仁周法师、开宝守真大师、浙水从朗法师，景德有明大师。虽皆连疏累偈，记文为证，而于所解之义有多互违。盖帝心集观文高旨远，定慧为注，言约义微，丞相述序，本末交映，以故申明其辞实难。源不揆荒鄙，删众说之繁文，补诸祖之要义，勒成两卷，特传叙此。噫，吾祖既没，微言在兹，与我同志无隐乎尔。"末后数语，几不成话。又按：至道钞序后有云："其经观之要则有裴相休之注序。"则所谓丞相即休也。通按：上序文皆不好，真不知何苦糟蹋先贤也。

※《探玄记》乃旧经大疏也。其瞻博诚可佩服。华严家言至此而极其大成，清凉不过默察而谈耳。

（二十一）《探玄记》卷一之十门，清凉《玄谈》亦多承之。又云："真谛三藏记云……真谛三藏《部异执疏》……江南印师、敏师……大远法师……衍法师……裕法师……光统师……日照三藏说……近于大慈恩寺塔上见梵本《华严》，有三部，略勘并与此汉本大同，※（按：此中文繁不要，除第一卷外，余皆未详览，故所录不周，应知。）颂数亦相似。光统律师自解梵文，令二三藏对御和合《十地论》金刚军及坚慧各造《十地释》，并未传此土。"※（其余传译除证圣年译，论释除刘谦之，支类除等目问，余同《玄谈》）卷二："真谛三藏云……菩提流支云……"卷三："古说云……光统师云……"卷四云："裕梵等师……光统师……古人……依《首楞严经》于南方世界成佛，号龙种王※（按：此恐引《首楞严三昧经》）……迁禅师……衍法师……"卷五云："有《三宝章》如别说，指《杂章门》。"卷六云："余门待别作。"卷七云："远法师云……衍法师云……辨法师云……"卷八云："相州大范法师云……裕法师云……远法师云……炬法师云……英法师云……"卷九云："古德释云……相传西国别有《六正见论》……"卷十四："真谛释云……"卷十五云："光统云……古人……又远公……"卷十八云："吴僧会法师《六度集》中释……光统等……《五台论》及意法师……教论有本错作论字，诸德种种解释。近勘两本梵经，皆各轮字，请即改正，谓三藏解云……古释云……"卷十九："古人云……"卷二十云："第二明幻智念力知识者，自下九位知识，皆是旧翻于阗本所欠，应是西域觉贤之所略耳。余共日照三藏勘天竺诸本及昆仑本，别于阗别行本，并皆同有此文。是以于大唐永隆年西京太原寺三藏日照共京十大德道成律师等，奉敕译补。沙门复礼亲从笔受……三观察下起念推求，此中汉本经欠十七行文，今勘梵本并翻补讫。"

　　（二十二）唐京兆静法寺沙门慧苑《述续华严略疏刊定记》十五卷。卷一云："《刊定记》者，苑以薄祐□□（眉注云：疑不遇）和尚遍迁生所，制兹《略疏》，经才四分之一。始自《妙严品》，讫于第二十行，并能造十定疏前之九定，而《悬谈》与中间及十定后疏，并未修葺。其已撰者，不遑剪刻，今故鸠集广略之文，会撮旧新之说，再勘梵本，儱校异同，顺宗和教，存之折衷，简言通意，笺之以笔削云尔。"※《宋高僧传》六云："依《宝性论》立四教，一、迷真异执教，当凡夫。二、真一分半教，当二乘。三、真一分满教，当初心菩萨。四、真具分满教，当识如来藏者也。又云："大乘中自有四宗：一、真俗俱有宗，二、真俗双泯宗，三、理事无碍宗，四、事事无碍宗。真一分半教中通宗者，谓二十部对法及四《阿含》。别宗者，谓前之二十对法各立宗别，如《宗轮论》中说。随义宗者，谓即前诸经论中凡所立义，一一皆有宗旨，随部宗者谓二十部对法，一一宗内有多部论，真一分满教中通宗者，谓大乘经说真俗俱有，或有说真俗俱空。别宗者，谓即于前通宗之内开三性皆空宗。三性空有宗，随部宗者，《深密》以境、行、果无等为宗，《十轮》以佛轮等十轮为宗，《弥陀》以称净土为宗，《大般若》十八空为宗。随义宗者，谓《深密》、《十轮》等中随所说义有所成立，即以为宗。第三真具分满教中，通宗者，名有无为非一异宗。别宗者，谓分成事理无碍宗，即《楞伽》、《密严》、《维摩》、《法华》、《涅槃》、《胜鬘》、《仁王》等经。又事事无碍宗，谓即此经，及《如来不思议境界经》等。又有问答，如《别行旋澓章》说。"支蔓无可取，※注：此下亦未详览，然慧苑学力似较智俨为优。且失法藏本意，诚所谓"虽入先生门，不晓亡羊之趣者"矣。又卷二云："光统师……隋远法师……灵裕法师……有师……真谛三藏引……真谛（按：此中所引，同《探玄记》，而《疏钞》中所引亦多同此）三藏云……肇法师云……智者师……融法师……远法师……梁武帝……长耳三藏……梁云法师……古德……"※按：此云古德，指法藏也。下同。卷三末《卐》按：《如来名号品》及《四圣谛品》之记 ※注：按：该记引梵证汉者甚多，可知慧苑深明梵文也。而其识量方如此大约近于吕徵。

　　又卷五末《卐》按："六、七两卷隐没而无传者，应有第四会夜摩天说十行位四品、升夜摩天品、夜摩赞叹品、十行品、无尽品。第五会兜率天说十回向三品之内，升兜率天品，兜率赞叹品之释，八卷十回向亦第五会也。"卷八云："范法师云……裕法师云……远法师……炬法师……英法师……古德……"卷九云："远法师……"卷十："远法师……"卷十一："远法师……真谛释……"卷十二末《卍》按："已下《十通品》、《十忍品》、《阿僧祇品》、《寿量品》、《菩萨住处品》及《不思议品》之释，阙而不传，惜哉！"卷十五："意法师云……远法师等诸德……《五台山论》及意法师……"慧按：释《入法界》止于慈行童女，疑阙佚也。

（二十三）唐太原方山长者李通玄造《大方广佛新华严经合论》四十卷，唐福州开元寺沙门志宁厘经合论，成百二十卷。其序云："略明华严宗旨如法藏等说，此略。"※注：按：据此等议论，李通玄实不足道。……其论所明与诸家疏义稍有差别，经有十处十会，又搜《璎珞经》文（此等诸说，具如卷七），四十品之妙文，文在第三禅说十，十以为圆数，岂合只有三十九品之文，恐是梵本翻译之时有所流落。今寻经见义又似贯华，甘露泽流，犹如瓶泻，去圣悬远，谁复证明，十万之途，孰能往检？亦如生公忍死，清辩留身，后若勘同，方知义在，普光明殿三会，岂乃成三？善财福城之东，良亦成其会数……论从第八卷起注入经，兼论与经成百二十卷。论有《会释》七卷，不入注入，今亦写附于初焉。"又乾德丁卯宋沙门慧研奉王旨撰序云："略明总别宗旨，略……慧研因参云水，叩揽指归，敢提笺毫，整斯漏略列经论以标举，彰教理而相收，义朗文清，不假貌台而抱帙，神释智发何劳鹫岭以寻师？总圆一部一百二十卷，粤有报恩光教道场正觉空慧禅师永安，传心祖印，味道华严，仰闻王旨以倾金开印传通而广益。慧研虔膺制命，俾序真文。"又云居散人马支纂述《李长者事迹》，中述李长者至五台始末及广超与门人道光流布等事。

※（注：十宗十教）

（二十四）《合论》卷一云："始终渐顿，随根不同，谓法应空，大小全别……今略分十法，使学者知宗，迁权就实。（一）小乘戒经，情有为宗。（二）如《梵网经》菩萨戒情有及真俱示为宗，虽然立实有宗，不同《华严》毗卢遮那所说也。此经仍随化身所化方来至本身也。圆教之宗，一下顿示本身本法界大智报身因果理事齐彰。（三）《般若》教说空彰实为宗，如说十八种空，空亦空等。此乃空却无明诸障等业，无明总尽，障业皆无，自性涅槃，自然显著。此为真有，不名空宗。虽然为真有所说，教门多有成坏，别时因果前后故，未可为圆，如《华严》一成一切成，一坏一切坏，总以性齐时齐行齐故。（四）《深密》不空不有为宗，说九识为纯净无染识，为五六七八等识所依。不空者，为智能随缘，照机利物故。不有者，智正随缘时无性时故，无生住来故。此经意欲令于识处，便明识体本为真智故，如彼暴流不离水体而生波浪。又如明镜依彼净体，无所分别，含多影像，不碍有而常无，故如是自心所现，识相不离本体，无作净智所现影相都无自他内外等执，任用随智无所分别，以破空有二系。《华严》则不然，但彰本身本法界一真之根本智。佛体用故，混真性相法报之海，直为上上根人顿示佛果德一真法界本智，以示开悟之门，不论随妄而生识等。（五）《楞伽》以五法、三自性、八识、二无我为宗。彼经意直为根熟菩萨顿说种子业识为如来藏，异彼二乘灭识趣寂者，非为异彼般若修空者，直明识体本性全真便成智用。又异彼《深密》别立九识，接引初根。《华严》不尔，佛身及境界法门行相悬自不同。（六）《维摩》不思议为宗，与华严有十种别。谓净土庄严别，佛身诸相报化别等。（七）《法华》会权入实为宗，不同《华严》顿示大根而直受，亦十门别。谓教主别，放光别等。"（八）卷二云："《大集》以守护正法为宗（有阙）。（九）《涅槃》佛性为宗，与《华严》亦有十别。谓佛身权实别，说法处所别等。（十）《华严》根本佛乘为宗，又以因圆果满法界理事自在缘起无碍为宗，有十甚深。一、佛身即是法报本身，无量相海之所庄严，一一毛孔含容法界，一切境界重重无尽。二、一切处文殊、普贤体用相彻充满法界，理事无碍纤尘之内行海无尽等。"实在不足道，而浪得虚名，乃此土无人之故。然其于诸家判教之态度全同法藏，于法藏五教则云："今唐朝藏法师，承习俨法师为门人，立教深有道理。"又于卷三立十教，谓第（一）时说小乘纯有教。第（二）时说《般若》，破有明空教。第（三）时说《深密》，和会空有明不空不有教。第（四）时说《楞伽》，明契假即真教。第（五）时说《维摩》，明即俗恒真教。第（六）时说《法华》，明引权归实教。第（七）时说《涅槃》，令诸三乘舍权向实教。第（八）时说《华严》于刹那之际，通摄十世圆融无始终前后通该教。第（九）共不共教，第（十）不共共教。更不足取。又卷三十门辨教义差别，以使始学不致滞权而妨实，乃此卷二十门甚深，皆类就事上说。如佛日出兴教主别，光明表法现相别，付法藏流通别等，何其末也！而其"普贤长子者，住在东方卯位，为震卦"等，何其乖谬也。

（二十五）又卷九云："涉法师释……真谛三藏云……藏法师……"卷十："以十玄门参云……"按：该论释《妙严品》甚详，余除《华严世界品》初玄谈，《佛名号品》、《须弥偈赞品》、初，《十住品》初，《十回向品》一分，十地品，《十定品》一分，《如来随好光明功德品》一分，《普贤行品》一分，《如来出现品》初及后，《离世间品》初，《入法界品》一初。又三之一分，又四之后，又五、六，又八一分，又九，又十、十一、十二一分，又十三、十四、十五，又十六一分，又十七、十八、十九、二十、二十一、二十二、二十三、二十四、二十五、二十六、二十七、二十八、二十九、三十二、三十三各一分，余皆甚略。 又卷十八（？）云："一多相容门解……"又卷二十四："以十玄门六相义该通可解……"又二十六云："礼佛皆南无，明南方虚无也。但虚无之理，是南方之义，是故四谛东西配苦集，南北配灭道。"抑何可笑。（又有多可笑者，未录。然李通玄非不知南无为梵音者，故作此说，其酸可想）以下皆无引古。

（二十六）李通玄又有《略释新华严经修行次第决疑论》四卷，大历庚戌东方山逝多林寺比丘照明撰序云："北京李长者，皇枝也。年过四十，绝览外书。在则天朝即倾心《华严经》，寻诸古德义疏，掩卷叹曰，经文浩博，义疏多家，惜哉后学寻文不暇，岂更修行。幸会《华严》新译，义理圆备，遂考经八十卷，搜括微旨，开点义门，上下科节，成四十卷《华严新论》。犹虑时俗机浅，又《释决疑论》四卷，又《略释》一卷，又《释解迷显智成悲十明论》一卷。至于《十玄六相百门义海》《普贤行门》、（慧按此二书名适同贤首，然今所传之《义海百门》、《普贤观行法门》，确系法藏之作，行文说理与李不同也）《华严观》及诸诗赋并传于世。起自开元七年游东方山，隐沦述论，终在开元十八年三月二十八日卒时山林震惊等，因访道君子询余先圣之始末，不敢不言，谨序之耳。"按：该书约一部之经略述十门，谓举佛自果劝修生信门，自已发心信解修行门，以定该含古今三世门，入佛果位现障成住门，明自所行及至果成佛门，明自成佛果普贤恒行门，明成佛果满一切皆成法界门，以佛果法利益人间俗众门，令世间人能劝修入法信心修行因果同时门，至妙峰山入住举行修行门。义如《合论》，别无发明。其后张商英记云："太原府寿阳方山李长者造论所昭化院记元祐戊申七月，商英游五台山，中夜于秘魔岩金色光中见文殊师利菩萨；慨悟时节誓穷学佛，退而阅《华严经》，义疏汗浸罔知统类。九月出按寿阳，闻县东三十五里；有方山昭化院，乃长者造论之所。斋戒往诣焉。至则于破屋之下，散帙之间，得《华严修行决疑论》四卷，疾读数纸，疑情顿释……尝试论云，夫《华严》之为教也，其佛与一乘菩萨之事乎？方其起信而入五住也，则慧为体，行为用，及其行圆而入法界也，则行为体，慧为用，体用互参，理事相彻，则无依无修而佛果成矣。 （按：此见解岂足以知《华严》，故称誉皆非李长者之精要）……大悲广济谓之海，除热清凉谓之月……此华严事相表法之大旨也。非长者孰能判其教抉其微乎？长者名通玄，或曰唐宗子，又曰沧州人，莫得而详，殆文殊普贤之幻有也。以开元七年隐于方山土龛造论，十八年三月二十八日卒。垒石葬于山北。至清泰中村民拨石，得连珠舍骨，扣之如簧。以天福三年再造石塔，葬于山之东七里。今在孟县境上……年月日商英记。"

又有《大方广佛华严经中卷卷大意略叙》一卷，如第一卷云："佛成道，在摩揭提国，说法于菩提场中。往劫与佛同修故，会众海云集。"卷八十云："文殊展手而加持，善财功证于极果。普贤摩顶而偈劝慎勿疑于此经。"皆不要无可取。又有《解迷显智成悲十明论》一卷，以十门明缘生与智，大好大好，以去迂腐而真谈胜理故。

※按：此钞皆依五教道理说。

（二十七）宗密《禅源诸诠集都序》四卷，亦名《禅那理行诸诠集》。卷一明五藏心云："具如《黄庭经》五藏论说。"明质多耶云："《黄庭经》五识论目之为神，西国外道计之为我，皆是此识。"卷二云："《宝藏论》亦云：知有有坏，知无无败，真知之知，有无不计。"评如《玄赞记》论宗密。宗密又有《注华严法界观科文》一卷，《华严心要法门注》一卷，《华严行愿品别行疏钞》六卷。（新安道奎序云："……究竟于当人分上增灭不得，悟至此者，方知佛祖无法与人，亦无一时一处尘毛刹海，非是弘宣此者……续得乌荼国所贡后分，般若三藏同清凉国师再译，成四十卷。其临末一卷即今十大愿王是也。乃晋、唐二大部中所缺，然具摄全经纲领。故清凉于大疏钞外，已为十卷疏。疏此后译，而复更作别行疏，疏此一卷。圭峰作钞释之，最为详尽……予恒伤清凉著述六百卷之繁，今多散落，即续疏十卷亦不复存。幸此一卷疏钞昭庆藏具为，不知何缘南北两藏俱未收入。嘉兴书本亦然，诚恐日久变灭，指令刻此。"（按：《行愿品疏》卷十云："此一卷经，前经数译，皆所未有。古德判云，经来未尽，故无流通。斯言验矣。晋代译主、先朝辨正，是二三藏皆译出偈，云是跋陀室利菩萨所造，唐言贤吉祥，而阙长行。良以西天频遭毁灭，致令大部或断或连，今梵本昭彰，文势连续，普贤贤首名虽少异，同居佛会，经无惑矣。"此《疏》亦云："此经即贞元新译《大方广佛华严经》第四十卷，别流行也。故西域相传云，普贤行愿赞为略《华严经》，《大方广佛华严经》为广《普贤行愿赞》。以今观之，理实然矣。而上二本并云是贤吉祥菩萨所造，而非佛经。今乃是经普贤菩萨所说，良以普贤与贤首名义相滥，又多别行，故昔三藏谓非佛经。又前二本并无长行，故十行相不得显著。今有长行，条流各别，屡然不差，佛经无惑……为《华严》关键，修行枢机，文约义丰，功高益广，三藏持命圆德专精，以别诏旨，略其广疏，为此别行。"）卷一云："《详玄录》云……晓公《起信疏序》云……《肇论》……晓公云……禅宗七祖云，即体之用自知，即知之体自寂……《肇论》……《禅经序》云……蜀中金禅师无忆是戒，无念是定，莫忘是慧……荷泽大师说空寂照为自性戒定慧……故荷泽大师开示顿悟渐修为圆妙也……"卷二云："疏主述《华严刹海变相赞》云……南岳大师释云……马鸣是佛灭度后六百年后出世故，《摩诃摩耶经》云：如来灭度六百岁已，诸外道等邪见竞兴，毁灭佛法。有一比丘名曰马鸣，善说法要，降伏一切诸外道辈，即宗百本大乘经，乃造《起信论》等也……有云《唯识论》一部，一切经论已备者，轻谤佛法之甚也。哀哉，哀哉……"卷三云："故六祖七祖皆云，若欲入者，一切善恶都莫思量也……《如来藏经疏》悟达国师云……弥天即道安和尚，时人号宝印手菩萨……贤首大师《华严玄义章》十五门，第十明入道方便门……勒那三藏者……志公云……准藏和尚述《缘起章》……"卷四云："准《涅槃疏》灭义有四……《涅槃疏》解入义……"卷五："故《缘起章》……故《缘起章》……感通具如《华严传》五卷，《纂灵记》两卷所说……"卷六云："华严五祖康藏国师为则天皇帝指金师子，说六相圆融，如彼《金师子章》也……《南山记》……慈恩和尚云……"

（二十八）复庵和尚《华严论贯》一卷，撮略清凉、圭峰之语，若释经名目，诸会法要，六相十玄四法界。又述佛国禅师六颂、忠禅师四颂、赵州二语、张无尽一颂以解善财南游。又云："余尝随侍真歇禅师于《杂花》大意，耳剽目窃，得其一二，不敢自我，辄此录出，以广流通。"实亦无足取。

（二十九）荣睿法嗣一品亲王公绍，天保六年《重刻华严首目序》云："荆溪大师为之作首目二卷，揭诸品要领，示一经方隅。然其书早逸于汉土，独行于本邦，曾自我往之于彼。"又失名序云："天台宗教第九祖师荆溪尊者有《愿行观门首目》一卷，（今分两卷，）即略撮纲要，用拟观本。斯文之流他国未行于中朝。"按：该湛然所撰《首目》，撮略每会每品每卷经文，以为纲要，而附言于前。如《入法界品》云："卷六十，知识虽众，不出法界，法界无二任运差别，差别知识为法界用，无差别知识为法界体。"卷六十一后附云："故知所得未入普贤行。"亦无足取。

※莲池答曹鲁川，附来书有云："华严又经，有信解行证四法。善说者莫如方山，清凉不会《华严》义旨，草草将全经裂为四分，经隶四法。舍那含妙义委之草莽。"又云："疏此经者，贤首肇其端，方山深契其（经）旨，清凉则释焉不精，在温陵则语焉未精。至有撰为《纶贯》者，抑末矣。温陵云：方山为正，清凉为助，此见最幸。"此实谬妄庸陋之论，宜乎莲池驳之。池云："方山之论自是千古雄该，而论有论体，疏有疏体。统明大义，则方山专美于前，极深探赜，穷微尽至，则方山得清凉而始大备。岂独方山，即杜顺、贤首乃至三藏十二部，百家论疏，亦复得清凉而大备。温陵之说失宜。"大备之论是也。对于方山，实犹未知其人，只见一面耳。况不合论体，且多腐诔乎。明人如李卓吾者甚多，袭空魔民，何足以知佛法？曹鲁川其类也。此事关于明代学术至巨，在《实门源流考》中详之。通观莲池所答，学力太差，见地亦甚拢说，不足以伏人。宜乎见诮于斋公。

（三十）明温陵长者李贽（卓吾）《合论简要》四卷。明吴兴后学董广曙阅正。慧按：此论简而不要，善迂腐之说，若长男等犹存也。广曙于"一念佛力修戒发愿力生于净土是化佛净土，非真净土，为非见性及不了无明是一切如来根本智故，是有为故，如《弥陀经》是"上眉注云："此拣净土不得作实话会，《行愿品》中文殊大智愿生极乐。佛无妄语，有为二字，第为执著人说耳。袁中郎《西方合论》不可不熟看，卓老当时惜不转一语。"又于"阿弥陀净土，此为一分取相，凡夫未信法空实理，以专忆念，念相不移。以专诚故，其心分净，得生净土，是权未实"上眉注云："广曙曰若作权会，一大藏教皆是止啼黄叶耳。须知极乐与华藏一因陀罗网法门。长者遮净土，亦岂实邪？"则所广曙者庸妄斋公耳。大约当时士大夫分成两派，李卓吾故以简要《合论》以赞宗门乎？有《十明论》在，此无可取。

（三十一）唐相国裴休述《普劝僧俗发菩提心文》，宗密序云："吾与裴公交佛道久已知其入佛门到佛境，及览《发菩提心文》，知其为佛使行佛事。"到佛境则佛也，是何言欤？宗密可恶！文中初明名义，次明体，次明三心，次明五誓等等，皆无足取。卷后云："开成年六月二十日绵州刺史裴休记。"而绍兴壬申净照题云："《菩提心文》乃李唐裴相国休制作，诚为吾教革凡入圣之基，本建烙火之后，想多漂没，往往缣素未广闻见。今访古今刊流通，少答五臣赞护佛乘之深意者。"不觉其言之谀。

（三十二）唐青丘沙门见登集《华严一乘成佛妙义》一卷，所引《疏》云，云当系清凉疏。又引《起信论疏》、《青丘记》、藏师、《刊定记》、基《法华疏》、元晓和尚、《孔目》、《法镜论》，慧镜德、法标师（"法标师依佛陀三藏为师，此三藏所立通宗大乘，明如来藏真心道理为极"云云）、真谛师释《胜鬘经》、《玄门》。就中十之六引《疏》，十之二引《孔目》，十之二引其余。开作五门：一、出住行理成佛种，二、辨定得人；三、显教差别；四、疾得成佛种类；五、问答分别。似无可取，盖其问答分别中，犹不切实也。余不过集众说而成就一成佛义耳。（按：问答分别似亦集古德。）

※考六八页（四九）之三。

（三十三）《华严一乘法界图》，将二百一十字诗盘回屈曲制为图，无特别意义。图后问答明一乘圆教义，当中肯綮，如云："一者何义？一无分别义。同者，同不住义，无分别不住故。"等大好。后记云："总章元年七月十五日记。问：何故不著集者名字？答：表缘生诸法无有主故。"而目次云"新罗义湘撰"，不知何据。又新罗明晶《海印三昧论》一卷，以一九六字诗盘回屈曲，如

《一乘法界图》。图后略解其义，太略且不要，不若义湘图远甚。又唐平江府普慈寺释宗豫亦有《注华严法界观科文》一卷。

（三十四）夷门山广智大师本嵩述《华严七字经题法界观三十门颂》二卷，归德法云洒扫比丘琼湛集解，并有正大元年所撰引。卷上云："师本京人也，始听《华严》大经，深通玄奥。终历诸祖禅林，洞明宗旨，于神宗元丰六年甲子罢参隐嵩。少间无尽居士响师德，于元祐戊辰岁，谨率群贤邀师入京。请讲此观，被禅教二种学徒，造《通玄记》三卷，剖文析义，映古夺今，述七字经题，并三十观门颂。纪纲经观节要，显出禅门眼目。天觉群贤皆展卷而时时听之，大异其辩耳。乃辄出疏帖，强请出世，住开封夷门大刹。又奏特赐广智大师佳号，后住报本禅寺而终焉。"按：该颂以宗门语句颂七字经题，及真空观、理事无碍观、周遍含容观，颇有别致，集解亦然，颇可参考。

（三十五）宋云溪普静沙门道亭述《华严一乘分齐意义苑疏》十卷，※按：此书虽不足观，而尚少病。著作时日在同别争论之前。《焚薪》卷上："教义二大判说不说，《探玄》最显。《义苑》、《发晖》诸记金引"又云："《义苑》所引《探玄》第卜之初。"可证。（按：中有引《演义》者，不知何书？）（按：清凉《疏》之《钞》称《演义钞》，恐即此所云《演义》也。有眼勘文自知）元祐五年，无为杨杰于姑苏行舟序云："……及其《火苑》之解，搜义会教，会宗搜文，故例如《孔目》之与《摄论》，《宗轮》之与毗昙。搜义故略如一乘之与化仪，六因之与三性，引而伸之，足而补之，精义见矣。然后会诸师之得失，定的判之名立；决择部异之宗，使相从于有则对明二祖宗义；出意会之无违，克义笺文得旨綮表，滥觞释决择流通称之曰疏。"实无足观，故未详览。※按：《宋僧传》二十八汉东京天寿院有一师会，得法于投子，同赐号法相。又宋玉峰沙门可堂师会有《华严一乘教义分齐章科》一卷，又《华严一乘分齐章焚薪》二卷（或曰《析薪膏肓》），乃斥破《析薪》之作也。《析薪》者亦释《一乘分齐章》之作也。考核其文，实属谬妄，可堂辟之是也。《焚薪》上云："复子※按：所谓复子若今之太虚等人。昔与吾同在仙潭，以《易简》、《百非》初成八十段者，求吾斤斧，以其请勤，为说数段而复随毁己义，手抄吾言，乃曰：若尔某之所解，大旨金谬，将通改之，几月再出一本亦八十段。吾又谓曰，《易简》略无纪纲。汝之所辩，亦其细其耳。且如所拣三乘，岂特始教哉。伊遂鼓掌曰：至言也。某虽有此志，不敢发言，是以《百非》俱作权始。今其去之矣。偶其寺为有朋所攘，我辈鸟散，遂不复请吾之说。后抵澄江乃以是语再治《百非》，申拣三之义，洎述《析薪》作《会解》，而理皆谬妄，为一时之羞。《易简》之徒逾保旧说，所以然者，什吾之言不体吾意。"按：此则《析薪》之前又有《易简》一书流行当时也。又云："昔在仙潭，予以该摄大旨语复，复固执《易简》之说而拒予曰，只此一义与吾教不同可乎？予笑曰，汝试思之，第恐不能不与我同耳。后至澄江，果不能坚其垒矣。"又卷下云："昔者复子注吾《同教答》卷而遗予书曰，某游学二十年，住持十余载，读一宗玄籍非不多矣。至于深义未尝不挹流讨源而详究之，故《析薪》、《会解》差当，前后注辩同教一义五万余言，获誉孺子。复之自矜魔不由此，然而文辞芜秽，义旨舛谬，略无可观。"又云："《析薪》五卷十三万言，理皆谬妄，又不可与静法苑公释离世间品同日而语，何则？彼虽大旨全乘，摘句消文随句引证犹有理在。"又云："故来书曰《会解》即落诸方，罪我者夫犹春秋乎？"后附可堂送《焚薪》与复子书云："昔者尝闻吾子每讲《圆觉》，恺然已为普眼已下草堂略无经旨，遂有不作阿毗昙之叹，后衍尼子之悲，乃述辩疑误之书以授高弟弟子。吾窃谓昔人有言曰，舜何人？予何人？君子自强不息，不自欺也。吾家之有是人柱石栋梁也。已而又曰，不慎许可其若是耶，人固有任耳。贱目者，幸有《析薪》，遂取岁次辛酉，迎福所出善目拭目以观焉……终第一《析薪》得二百有六病焉。谨因附达此举一隅者也……某白丁卯壬寅戊子书。"师会又有《华严一乘分齐章复古记》六卷，绍熙壬子秋门人嗣教比丘善熹序云："先师可堂和尚，自幼留心《华严教章》，殆忘寝食。间有文义未通，孜孜研究，必求至当之说而后已。师于《孔目章》尤所精通，顷寓菩提寺钦师房，自凌晨开卷豁然，若有所得。钦见师神采异常，惊问莫得上人法否？师具道所以然，钦合掌称赞，且勉师以所见著述，可以发明圆顿之旨。师激谢未遑，又知作者之难，不敢卒易。师年六十有五，始述此记。至断惑分齐未竟功，奄然归寂；临终祝曰，汝当为吾毕之。"卷一云："远公亦取言教，吾祖（当指法藏。）黜之。镇国又云……问，祖曰具录和尚微言妙旨，勒成义记，（按：此恐言藏师具录俨和尚言耳。）且《孔目》等，但随所立略引教证。今何广开义门，衍引经论？答：上古但有性空二宗共谈平等一味，闻而易信故不俟证。基、奘诸师执三为实，不信有一故须具引《觉钞》云大乘与一乘异者。法相宗中学人多不信之，故藏和尚制《五教义分齐》。文中料简大乘、一乘有十义差别，都引二十余部经论证之。故知学识寡浅者难免谤法，是故圭峰作此指示，不言独拣相宗，不拣终顿也。有谓圭峰述吾祖制文之意者，不亦谬乎……镇国云（引颇多）……"卷六云："《文类》云：华严六相颂，终南山俨尊者述义，分齐中承用贤首自云：具录和尚微言，勒成义记。今云复古者，以先师专用《搜》、《探》二玄，《孔目》，《问答》等解释。前代诸师作记，全不体其本，故多注误。"按：该与《义苑疏》价值相同，皆于教义用过一番功者。惟其斤斤于一乘三乘，是非于同教别教，终不能探藏、观骊珠，

辨杜顺、智俨乃至圭峰之同异也。实无足取。又宋希迪有《评复古记》（一各《扶
苑薪》）云："斯文之作裁自师资，述人既殊，理应略拣。今雷同立名者，推让之
礼安在哉！"则师会《复古记》之外，其弟子又有《复古记》也。按其语意似又
非指善熹所续者言，据其节述《记》云云，似有理致。评曰云云，全是意气，惜
记文不能尽见耳。然亦不外争一乘三乘同教别教也。纵尽见亦无所可取。又有
《释云华尊者融会一乘义章明宗记》（按即孔目章中义。）一卷云："（缺）义同教，
三述同教策；斥前二非，立一同教；因兹伪说，矫□□□□误末流；舛习讹浸，
不闲经论；照论；照元真，唯事干戈；增斗净背违佛祖，片执师承。随只刀高
呼，而众咻绝和，叹时机之薄恶，嗟正法以渐沉。辄释云华《融会章》，庶通贤
首《分齐记》。炷香灼化，投入法性海中，结志祷祈愿丐圣心加被。参玄者取悟
本心，达识者无党祷杺，发明正知见，期报佛祖恩。乾道七祀，坐夏玉岑，因读
教章，聊志云尔。"目次作宋师会述，然释章之次，辩三师伪说别教。※按：此亦
引有《演义》文。第一、豫师《易简记》曰……第二、复师《析薪记》曰……第
三、会师述《焚薪记》曰……皆有斥破，而于会师云："此师述记，破斥《析
薪》，主意矜高，要名聚众，媒术求达夸耀于他，不伸正道，唯多诘破。巧结过
名，设有斥言，犹为径庭。"又总斥三师云："已上三师昧别圆旨，迷失宗源，不
明本末混乱拣取。"则非师会所述也。又有破会师《同教策》，复师《会解
记》，皆同会师《焚薪》，不免意气用事。斯何人哉！而县夏玉岑，其末云：
"直须以无妄为至信，以无我为让诚，以无欲为损贪，以无念为灭瞋；视利名若浮
云谷响，视境色若幻梦空花。解能如是，则真行成而物物妙严……祖诫曰：切忌
要名聚众媒术求达，成群打开，趁队掠虚……"又跋云："绍兴府会稽县昌源山净
胜教院住持传贤首教观门人修寂募缘镂版庶广流通。时绍熙癸丑上元日谨志。"
则此书恐修寂所作乎？又住善住法真大师师会述《华严同教一乘策》一卷，※按：
《策》中有云："迎福老人聪明信达，当今诸方放出一头地者也。此论似涉无稽何耶。"嘉泰改
元云明年武林沙门希迪注。按：《同教策》叙破迎福《会解》及《易简注》有
云："颐庵谓善住自指……华藏若了一同一别必不出此言也……《贞元》云……
《演义》曰……《略抄》曰……弼师曰……《注疏》云……《差当》云……华藏
关庵不以《孔目》与章初是同，遂与法真硕异……《义苑》云……"可知尔时争
论时期长而地域广也。又戊子乾道四年蠡泽门人善喜（目次作"熹"，下同）注《同
教问答》（按：《同教问答》即《同教一乘策》）云："可堂法师撰《华严同教问答》，意
义深玄，文辞华瞻，固能符合乎佛祖之道，可谓善述者矣。关庵法师遂摭所闻，
以辨《差当》，犹不体其本，而未免乎失焉。善喜学虽寡陋，辄为辨明。"又

云:"《差当》云……《易简》云……迎福自注云……《贞元》……《演义》……《纲要》……《释论》……"又绍熙甲寅嘉乐语溪常乐教寺住持传教苾刍颐庵 ※（考《丙集》四十五页）善喜《评金刚錍》一卷云:"因现《金錍》说无情佛性义,始曰不觉癕云无情有性,终日忽然梦觉,所问所答,都无所得。前代诸师乃见始终寐语,故不辨也。近代有作《显性录》或为注解,余虽不敏,当为部陈一两,令其自悟耳。"按:《金碑》以《涅槃》说无情无佛性是常,权说云云。可知其学疏陋。善喜之评甚是,有二段录于《涅槃玄赞记》,据此知善喜尚好,更据此而知师会尚等尚好也。惜仍拘促古人圈子里,而不能纵横自在任所欲言耳。又善喜有《辨非集》云:"解空法师述《通论事苑》,伸赞《金刚般若》。其书禅教无用,士庶莫取。中间诋诮先觉,义似未安,因考其说,遂效明教禅师作《非韩》三十篇义辨之。然非爱恶相攻执情偏尚,志欲法门流布共赞大猷。敬或不然,唯圣可嘱耳。时淳熙戊戌姑苏宝幢兰若比丘善喜叙。"按:《金刚通论》所谈支支节节无当大体,迷信什译,叙破圭峰、净觉,且其学疏陋。善喜之学识虽较为广博,而所争不琐碎,不免意气。又按:二家所引有云圭峰《纂要》、《净觉疏》,青龙。善喜又云:"青龙乃唐初人……唐青龙氊法师疏此论(按:即无著《金刚论》)。"至于《金刚事苑》及《非》云:"此经自唐至本朝,南北诸师撰述甚多。南方学者盛行圭峰《纂要》,所叙两论密示智通,稍有眉目,及其依十八注悬判,然后用二十七疑科释。入文随释多用无著未免婀娜。(非曰:此意始于净觉,谓《纂要》有而不遵,无时强用。天台近代诸师俱取无著,而弃逐天亲,且无著天亲皆圣师也。何取一舍一?今圭峰双用二论,但前后别行,却用有而不遵,无时强用。且大云、青龙诸师,二论共解,疑信难分,故圭峰先约义句悬判,后用断疑科释,况立断疑之名自大云、青龙诸师创立,非圭峰也。净觉雌黄未为得理……况圭峰之材非君等希企所及,幸勿造次)※按:又有斥净觉引《毗尼母论》,引新罗《元晓疏》等。又云:《纂要》之意非君等知。此经有发阿耨菩提下,合安心字而特阙之。什师删繁可略则略,必非脱去。(非曰:别本俱有"心"字,或有脱者刀笔之误,什师云云,良可悲夫)此经圭峰指为小般若。(非曰:但八部般若中有大品、小品,圭峰示尝指《金刚》为小般若也)优楼迦叶、伽耶迦叶、舍利弗、目犍连先并事火外道(非曰:舍利弗、目连二人非事火外道。有谓《事苑》引天台《观经疏》,何故不遵?且智者宗承龙树,岂持遗大菩萨耶?自不晓智者意,幸请熟观),即则有人问云,此经多云"即",又多云"则",用此二字如何分别?即,不离于此也。则,由之于此也。各随文理语势用之不同。(非曰:近有莲社净乐居士张承宣跋云:即、则二字者,谨按高丽太安六年,以彼国之祖名稷,故凡经史之字,悉易为则。至寿昌元年,诏刊此经于大兴王寺,从沙门则瑜、德诜之请仍还本文。或传至中国至有互写,然人有所问知与不知,宜当实对，何若穿凿？）无法相亦无非法相，法顺菩提也，非法逆菩提也。（非曰：经意有无俱遣，而曰顺逆，得非认指作月）乃至无有少法可得云云，是故三世如来最后一分微细无明尽处始为究竟（非曰：无有一法可证，显法界平等无增减，如何却如此云，经论无此。得非教外别传？）可知解空寡陋无学识而善喜学识较博通，意气未除，连智者差处尚不敢道。然不知解空为台宗人或禅宗人也。又玉岑、颐庵、善喜《斥谬》云："近人不师先觉，多尚胸臆，聋瞽后生，其过非浅。余丁此时不容缄默，遂书条件以示来学，使五祖之道恢如也。"按：该书斥当时人说《圆觉经》乃同《华严》别教一乘，亦谈性起，不属《法华》破会。又斥说《圆觉》圭山判顿教为一乘，圭山立法相宗、破相宗、法性宗为不当。《圆觉》亦说三圣圆融，又斥说《连珠》不合将同别判《心经》云云。皆为圭峰辩护之作也，而五教义至此乃谬执不融通矣。

（三十六）宋五台山容真院沙门承迁有《注金师章》一卷，节略古德之说以为注耳，无可观。又宋晋水沙门净源《述华严还源观疏钞补解》一卷，元丰二年于云间善住宝阁序云："昔帝心尊者集《法界观门》，则宗乎化教矣。澄照律师述《净心戒观》，则宗乎制教矣。若乃化制并宗，性相互陈，唯贤首国师妄尽还源，兼而有之。故其圆顿之机，权小之流悉皆普被耳。源景祐中禀兹观门于昆山慧聚法师之门（名讳清本），并疏两轴、科文一册，皆法灯大师之所撰也。然其间所释序文及诸观义虽尽乎善而未尽乎美，于是举要治繁选言发行，探清凉之疏旨，索《演义》之钞辞，补其偏善之功，成其具美之绩。"有云："潜夫曰……《笔削记》……《宝藏论》云：真际隐于缘虑之内，法身隐于形壳之中……《演义》……《禅诠序》修心者以经论为别宗，讲说者以禅门为别法，是皆解背真诠师于己见也。《别录》云：如洪州禅师云贪瞋慈善皆是佛性，有何别者？如人但观湿性，始终无异，不知济舟覆舟功过悬殊，忌非师于己见乎……远公答桓玄书……《通惠传》……《北山录》宝公注……余昔领众青懀梵刹，每于半月差僧诵十重戒，尝观《灵庾集》引（圣僧随俗安居听戒）……远公《禅经序》……《通玄论》※按：《通玄论》，即《合论》、《金师子章类解》亦有引也。……"按：该书字字句句皆有注，支节琐碎且不管，庸愚不辨是非真伪，虽杂引古德之文，总属糟蹋前贤也。据上录数节可知，至此余不得不谓佛法至宋已亡。

（三十七）宋东京南任□讲经道通述《华严法相槃节》一卷，壬寅序云："……性相互资，其见圆妙，道通凤附真乘……旧箧得所论法义，谓曰槃节。其间染净相融，依缘增约慢体慢类，假我假法三境五果之微言，四缘十因之妙说等；真可谓槃根错节之义，锵金振玉之文，不学而知；但闻其言，未见其人哉。非欲成一家之说，用塞学者之问耳。"真正狗屁。善百法伏断，见道、十如、十障、转依、四涅槃、四智、三境、十因、五果、四缘、种子六义、二种生死等义，皆抄法相唯识家言，※按：恐未能见法相唯识原书，仅就《疏钞》等抄录以自大耳。岂有一家之说可成？（未详览，恐必有抄错处）又岂其所论法义，则所谓"夙附真乘"，吓乡下人也。恐尔时习法相唯识家者已少，故大言不惭如是。其后识云："绍兴十九年己巳岁干缘小师僧文质。"又"前住庐山罗汉院传贤首祖教，明悟大师道通回施此板，入临安府南山慧因教院常住流通。"又河朔平原道通术《法界观披云集》一卷，述法藏《发菩提心章》之表德门三观，每一义下立一量。其量是否合《因明》法，未详考，而其装模作样实在讨厌，诚妄人也。后识云："刑部主事宜兴吴正志施赍刻此《华严经尽海集》下卷《法界观披云》一卷，万历辛卯清凉山妙德庵识。"

（三十八）《圆宗文类》卷十四与卷二十二两卷，因系残缺，卷首卷尾皆不得纂集人姓名。目录谓高丽义天集，当有所据。卷十四初标"诸文行位类上"，下即集铭《探玄记》、《分齐章》、《搜玄记》、《孔目章》、《至相问答》五书之言行位者。卷二十二初标"赞颂杂文类"，次集录宋仁宗《三宝赞》，辽天佑皇帝《华严经随品赞》，杨杰《入法界品赞》，清凉《华严刹海变相赞》、刘禹锡《毗卢遮那佛华严世界图赞》（按：序有云："德宗朝观公能于是经了第一义居上都云花寺，名闻十方，妙门嗣肇，是其上足，以经中九会纂成华藏，俾人即色生敬。"）唐中宗《贤首国师真赞》，唐文宗《清凉国师真赞》，崔致远《智俨尊者真赞》，朴寅亮《海东华严始祖浮石尊者赞》（按：序云："公讳义想，新罗人也。其遗方余美，动满大宋史传三韩谚记，惜哉！浮石一圣，未有人赞之。唯新罗翰林学士崔公致远有灵游画像赞十六句，然此以举佛山石体寺僧能现梦中事述之，似未尽浮石余美）天后朝复礼法师问天下学士真妄偈及诸家答等，白居易《依真空绝相咏禅》，沙门思存《约理事无碍和》。又《示圆宗周遍含容》、《依报》、《正报》。沙门有诚《真空绝相观颂》、《理事无碍观颂》、《周遍含容观颂》、《送花严法师传教东归》。沙门仁岳《送广华严归雪窦》。沙门元照《示众》、《修性齐》、《资深齐》、《隶业齐》。沙门净源《策门三道》。贤首国师《寄海东书》。唐西京崇福寺僧法藏致书于海东新罗大华严法师侍者："一别二十余年，倾望之诚，岂离心首……盖因宿世同因，今生同业，得于此报，俱沐大经，特蒙先师授兹奥典，仰承上人归佛之后，开阐法界无碍缘起，喜跃增深……"白居易《华严经社石记》。王钦臣《宋诸朝贤书华严经序》。失名《法界观门钞序》。净源《教义分齐章重校序》、（有云："予禀具之初受大部于横海法师之门。师讳明覃）……若清凉之释《大经》，圭峰之解《圆觉》，长水之注《楞严》。皆所以抗志一乘，潜神五教……比见数本，或标云'华严五教章'，或云'华严一乘分教记'，岂祖意耶？）《还源观疏钞补解序》、（见前）《法界观助修记序》等，收集颇富，惜乎不可以窥全豹。

（三十九）佛国禅师《文殊指南图赞》，中书舍人张商英序云："李长者《合论》四十轴，观国师《疏钞》一百卷，龙树尊者二十万偈；佛国禅师五十四赞，四家之说，学者所宗。若乃摄大经之要枢，举法界之纲目，标知识之仪相，述善财之悟门。人境交参，事理俱显，则意详文简，其图赞乎？"按：该书自善财诣娑罗林参文殊起，至诣佛会参普贤至。每一事绘一图，附七律一首以赞，后又云："佛国禅师昔居龟寺，今在凤城，观善财童子参诸知识，未有休期。咄，直下承当豁然休歇，大用现前，赞曰……"云云，亦绘一图作比丘形，端坐禅榻，则佛国禅师也。据此及按张序，可知先有赞，而后人绘图，合而为一成所谓《图赞》也。然赞语全用宗门语句，亦若本嵩之别致活泼可观。又皇明古庭善坚撰《华严大意》一卷，目录志云："出《古庭禅师语录》。"体裁似上堂法语，说来也还内行。有云："先师四十年惟一念。山僧做之夫十三年，身不放倒。今年七十余，犹念生死未敢离于正念。"不知其师是谁，总之，宋代以后，唯宗门下有一二豪杰能续慧灯耳。

※缩印本下（四十一）、（四十二）、（四十三）、（四十四）及（四十八）第二段同。

（四十）宗密《注华严法界观门》，裴休（绵刺史）序云："法界者，一切众生身心之本也。从本已来，灵明廓彻，广大虚寂，唯一真之境而已。无有形儿而森罗大千，昭昭于心目之间而相不可睹……一、真空门，简情妄以显理。二、理事无碍门，融理事以显用。三、周遍含容门，摄事事以显玄，使其融万象之色相，全一真之明性……或问曰，法界真性超情离见，动念则隔，强言则乖，何必广说。答：吾闻诸圭山曰，法界万象之真体，万行之本源，万德之果海，故如来演万行之因华以严本性，而显示诸佛证法性之万德也。故九会之经，品品有无量义，行布差别，圆融无碍。故佛身一毛端，则遍一切而含一切也。世界尔，众生尔，尘尘尔，念念尔，法法尔，无一法定有自体而独立者。证此本法，故能凡圣融摄，自在无碍，纳须弥于芥子等，皆吾心之常分耳，非假于他术也。然则《华严》称法界而极谈，犹未为广……然则其门何以三重？答：吾闻诸圭山云，凡夫见色为实色，见空为断空。内为筋骸所梏，外为山河所眩，故困蹐于迷途，局促于辕下，而不能自脱。于是菩萨开真空门以示之，使其见色非实色，举体是真空。见空非断空，举体是幻色。则能廓情尘而空色无碍，泯智解而心境俱冥矣。菩萨曰，于理则见矣，于事犹未也。于是开理事无碍门以示之，使观不可分之理，皆圆摄于一尘，本分限之事，亦通遍于法界，然后理事圆融无所挂碍矣。菩萨曰，以理望事则可矣，以事望事则未也。于是开周遍含容门以示之，使观全事之理，随事而一一可见，全理之事，随理而一一可融。然后一多无碍，大小相含，则能施为隐显，神用不测矣。问曰：观文有数家之疏，尚未能显其法，今略注于文下，使学者何以开心目哉？答：吾闻诸圭山曰……"此序颇好，可以为法。注云："姓杜名法顺，是《华严》新旧二疏初之祖师，俨尊者为二祖，康藏国师为三祖……"（按：宗密之注多引清凉《玄镜》文）

（四十一）法藏《华严经明法品内立三宝章》二卷，摄《三宝章》、《流转章》、《法界缘起章》、《十世章》、《圆音章》、《法身章》、《玄义章》，实即《答海东书》中所称之《玄义事等杂义》也。卷下有注云："七科已上并未入疏。"卷下《法界缘起章》本开四门，而仅述初门。末注云："余未作。"则此注文，法藏自加也。然《玄义章》之《二谛无碍门》见《探玄记》卷十五，则并未入疏之言将为无据。按：该书体裁如《义林章》等，应为要籍。

（四十二）宋晋水沙门净源《还源观重校记》云："昔孤山智圆法师尝称，杜顺尊者抉《华严》深旨，而撰斯文。盖准唐中书舍人高郢《北塔铭》耳。净源向读唐丞相裴休述《妙觉塔记》，谓华严疏主仰还首《还源》玩味亡斁，乃知斯观实贤首国师所著。抑又观中具引三节之文，皆国师之语。熙宁元年冬十一月，特抱诸郡观本，再请钱唐通义大师子宁重校其。宁公学深知古，力考诸文，谓源曰，用就体分等，乃《义海百门》之一也。拯物导迷等，《般若心经疏序》也。又谓就此门中分为四句，此亦晋经玄谈……源爱道义师传慈恩祖教，讲儒者五经，而考文责实，章灼同异意犹吾心也。于是乎题之卷末。"

（四十三）澄观《华严法界玄镜》二卷，乃注《法界观门》之作也。卷上云："顾以西垂之岁，风烛难期，恐妙观之沦胥，使枝辞之乱辙，乃顺诚请，略析幽微，名《法界玄镜》。"卷下云："时已从心之岁矣。"

（四十四）终南山草堂寺圭峰兰若宗密《原人论》自序云："……我今禀得人身而不自知所从来，曷能知他世所趣乎？曷能知天下古今人事乎？故数年中学无常师，博考内外以原自身，原之不已果得其本。然今习儒道者，只知近则乃祖乃父传体相续受得此身，远则混沌一气剖为阴阳之二，二生天地人三，三生万物，万法与人皆气为本。习佛法者但云，近则前生造业，随业受报，得此人身；远则业又从惑，展转乃至阿赖耶识为身根本，皆谓已穷其理而实未也。然孔、老、释迦皆是至圣，随时应物设教殊途，内外相资共利群庶。策勤万行，明因果始终，推究万法，彰生起本末。虽皆圣意而有实有权，二教唯权，佛兼权实。策万行惩恶劝善同归于治，则三教皆可遵行。推万法穷理尽性至于本源，则佛教方为决了。"※按：《发微录》南印下注云："即荆南张禅师。"大云寺下注云："即道圆也。"又称休《序》为《法集序》，不知何故。又裴休序云："圭峰禅师诞形于西充，通儒于遂宁，业就将随贡诣有司。会有大德僧道圆，得法于洛都荷泽大师嫡孙南印，开法遂州大云寺。师游座下，有所欣慕，尽取平生所习捐之。染削为弟子，受心法。他日随众僧斋示州民任灌家，居下位。以次受经，遇《圆觉了义》，卷未终轴感悟流涕。归以所悟告其师。师抚之曰：'汝当大弘圆顿之教，行矣！无自滞于一隅也。'师稽首泣奉命，北抵襄汉。会有自京负云花观大师《华严疏钞》至者。师一览，升座而讲，听者数千百人，远近大惊。然后至京师，诣云花寺，修门人之礼。北游清凉山，回住于鄠县草堂寺。未几复入寺南圭山。所至道俗归依者如市，得法者数百人。注《圆觉大小二疏》、《华严》、《金刚》、《起信》、《唯识》、《四分律》、《法界观》，皆有章句。门弟子又集其教诫歌颂等，编成十卷……余高枕于吾师户牖之间久矣，知者不言，则后代何以仰吾师之道乎……"屏山居士李纯甫后序云："后三百岁，白衣弟子李纯甫又作睡语，题其端云：如人初梦，一切顿现；觉人所见唯依第八业识，理晓然矣。儒者道家梦中说梦，未知是梦。佛为世人开说人天乘，为厌恶梦境不知睡眠开说二乘，为无恋著亦无厌恶瘖痎自如开说最上大乘。于中为未知梦由妄念而有境界者，说法相教。未知本无妄念梦境亦空者，说破相教。为未知梦中之人即世觉者，说显性教。故知众生本来成佛，初发心时即登正觉。示起于座，便入涅槃。《原人》一论即觉者之一呼也。"其第四《会通本末》云：

今将本末会通。乃至儒道亦是（初唯第五性教所说。从后段已去。节级方同诸教。各如注说），谓初唯一真灵性。不生不灭。不增不减。不变不易。众生无始迷睡不自觉知。由隐覆故名如来藏。依如来藏故有生灭心相（自此方是第四教亦同破此已生灭诸相）。所谓不生火真心与生灭妄想和合。非一非异。名为阿赖耶识。此识有觉不觉二义（此下方是第三法相教中亦同所说）。依不觉故。最初动念。名为业相。……执为定有。名为法执（此下方是第二小乘教中亦同所说）。执此等故。遂见自他之殊。……愚痴之情展转增长（此下方是第一人天教中亦同所说）。故杀盗等心神乘此恶业。……入母胎中（此下方是儒道二教亦同所说）。禀气受质（会彼所说以气为本）。气则顿具四大渐成诸根。……引业受……是以此身或有无恶自祸。……外学者不知前世。但据目睹唯执自然（会彼所说自然为本）。……执否泰由于时运（会彼所说皆由天命）。然所禀之气。展转推本。即混一之元气也。所起之心。展转穷源。即真一之灵心也。究实言之心外的无别法。元气亦从心之所变。属前转识所现之境。……寄语道流。……弃末归本返照心源。……

不生不灭。……众生无始迷睡不自觉知。由隐覆故名如来藏。依如来藏故有生灭心相（自此方是第四教，亦同破此已前生诸相相）所谓不生灭真心与生灭妄想和合，非一非异，名阿赖耶识。此识有觉不觉二义，（此下方是第三法相教中亦同所说。）依不觉故。最初动念，名为业相。又不觉此念本无故，转或能见之识及所见境界相现。又不觉此境从自心妄现。乃至执妄境为定有，名为法执（此下方是第二小乘教中亦同所说。）执此等故，遂见自他之殊，便成我执。执我相故，贪爱顺情诸境，欲以润我，瞋嫌违情诸境，恐相损恼愚痴之情展转增长。（此下方是第一人天教中亦同所说。）故杀盗等心神乘。此恶业，……人母胎中，（此下方是儒道二教亦同所说。）禀气受质。（会彼所说，以气为本）。气则顿具四大……引业受得此身。……是以此身或有无恶自祸等，……外学者不知前世，但据目前执唯自然，（会彼所说自然为本）或执否泰由于时遇。（会彼所说皆由天命。）然所禀之气展转，推本即混一之元气也。所起之心，展转穷源源，即真一之灵心也。究实言之。心外的无别法，元气亦从心之所变，属前转识所现之境等。寄语道流弃末归本，返照心源。"确足骇俗，然易滋误解，则知解宗徒终不能令人会大人法也。宗密实不足取，实不足取。

※注：按：《会玄记》二十八云："自晋至唐，将四百年，此经未兴，以理出常情，言惊凡听。初心成佛，举众咸疑，善则一生，但谓权设。"

（四十五）吉藏《华严游意》一卷云："相承龙树，有侫弟子，劝其师令与释迦并化，师智德如此，宜作新佛，岂为释迦弟子？即然其所言，克日月别制新衣，使大同小异，坐水精房中思惟斯事。大龙菩萨伤而愍之，便接还龙宫，示三世诸佛无量经。复示过去七佛经，于龙宫九旬读十倍阎浮，所余题目不可周遍。从龙宫出，龙王以此一部经送之，故阎浮提得有此经也。"又云："江南前三大法师，不讲此经，晚建初彭城亦不讲。建初晚讲就长干法师借《义疏》。彭城晚讲，不听人问未讲之文。前三大法师，后二名德，多不讲此经。讲此经者起自摄山。时有胜法师为檀越教化，得三千余解未凡经七处徒八过设会，始自慧庄严，终归止观，一会则讲一会经文，（按：有脱简，）尔时实为隆盛。后兴皇继其遗踪，大弘斯典……问：此经为是释迦所说耶？为是舍那所说耶？兴皇大师开发初即作此问，有南北二解。南方解云：佛教凡有三，谓顿、渐、无方不定。言顿教即教无不圆，理无不满，为大根者说。渐教为自鹿苑，终至鹤林。初浅后深渐渐而说，有五时不同。无方不定者，进不及顿，退非是渐，随缘不定故言，《金光明》、《胜鬘》等经也……次北方论师解……今次难此两师解，悉述大师之言……既斥南北一异两家皆非，彼即反问，汝既弹一异皆非，汝若作为别释耶？建初法师曾以此问兴皇，一大学士云……《成实论》师解云……复有三论师……《成论》、《地论》难三论师……大师于此……大师作……绍隆梵法师……大师云……

从山中师来，已有此语，是一家旧义极自难，后人实不得意，今……大师奋云……大师只作此语……"按：该书仅解化主、化处、教门三门，皆以四句料简，明有得无得及释迦舍那一异等。仍是老套，实未能尽《华严》玄义。大约吉藏法师于此经用过功，故此书实不要不足取。

（四十六）贞元八年四月二十一日安国寺沙门静居谨上《皇帝降诞日于麟德殿讲大方广佛华严经玄义》一卷，略数处会品目，而略解其次第所以；体裁有若欧阳先生叙文，不要不要。

（四十七）《华严经文义记》，不知谁作，缺佚太多，仅存第六一卷。解自师子奋迅城童女弥多罗尼，至普门国普贤菩萨。释名词，分科判，堪科简当，较《合论》近情。实是唐人之作，惟少谈玄要，缺失又多，为可惜耳。又按：该书解本，乃是晋译，而摩耶夫人后即为弥勒，无中间诸善知识。弥勒后复无文殊摩顶之文，证以法藏、清凉《传译》所详。此书之作应在唐译之前，故玄要少也。然有云："正明真性平等妙总来去"，"无始幻喻者，明起无起相"，"无来往者始终不二，无著者染净不二，不生死者生灭不二，不住至者进退不二，不离起者成坏不二。不舍著者出没不二，无业报者因果不二，无起无依者本末不二，不常不断者有无不二"。"初梦喻者，境无境相，中阴喻者，报无报相"，"善财修行满足，圆通自在无障无碍"，"又此教者，盖是了义真唱，备显法界本末相资，义无缺少，故乃会会所明皆悉首尾之义，具足无减。是故此末但明说偈劝信，成现辰之益，更无别流通之辞句。又汝法界真界体是缘起，自在真轨，随缘随境，普遍心尘……""善财蒙知识之加力，得入楼观之法界，照周万境，无障无碍义"，皆好，应与至相《搜玄》劝勘，以定初期《华严》之界域也。

（四十八）《大方广佛华严经疏》一百二十卷，乃宋晋水沙门净源全录清凉疏以注经耳。实无须此举。中间自卷二十一至七十，九十一至一百，百十一至百十二皆佚失。故不足惜，盖《疏钞》故在也。净源又有《金师子章云间类解》一卷，《自序》云："其注解现行于世者，殆及四家，清源止观禅师注之于前，昭信法灯大士解之于后。近世有同号华藏者三衢昭昱法师，五台承迁尊者皆有述焉。历观其辞，或文烦而义阙，或句长而教非，遂使修心讲说之途，反陷取舍之情。源不佞，既而探讨晋经二玄，推穷唐经两疏；文之烦者删之，义之缺者补之，句之长者剪之，教之非者正之。其间法语奥辞，与祖师章旨炳然符契者，各从义类以解之。于时绝笔于云间善住阁，故命题曰'云间类解'焉。元丰三年岁次庚申。"拾宗密牙慧而大言不惭如此。有引《宝藏论》云："理冥则言语道断，旨会则心行处灭。"又有引《新记》，不知何书，末有云："高丽高中斯文，尚备而传授不绝。况此诸部尽出中华，愿诸后昆同报云华、贤首、清凉、圭峰之劬重德耳。"又有《原人论发微录》三卷，甲寅八月于钱塘贤首教院自序云："治平改号之明年，杭郡崇因大师可中以《原人论》洎科文为赘……昔尝读《圆觉钞》之广者，而其间穷万法，舍一心，章惟灼实，开决疑滞，布在《钞》文，明犹指掌。于是录《广钞》之要辞，发斯论之微旨。"有谓："《新记》云……《清净法行经》，如来先遣三圣往化支那（老子即摩诃迦叶，仲尼即净光童子）……《五藏论》……"当不足取。

（四十九）宋姑苏瑞光沙门遵式有《大方广佛华严经普贤行愿品别行疏科文》一卷。又宋温陵白莲寺比丘戒环集《大方广佛华严经要解》一卷，前附《贤首时仪教观图》，如下：

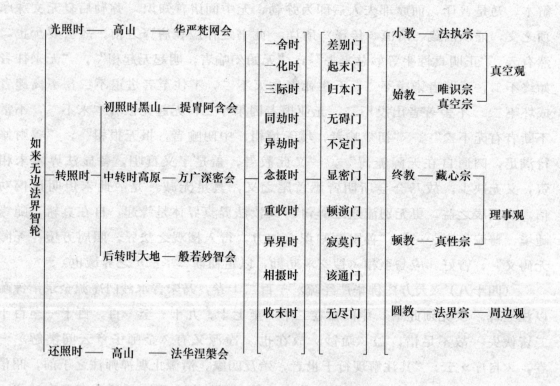

※（考七八页初）

又《法界观境普融无尽图》，如下：

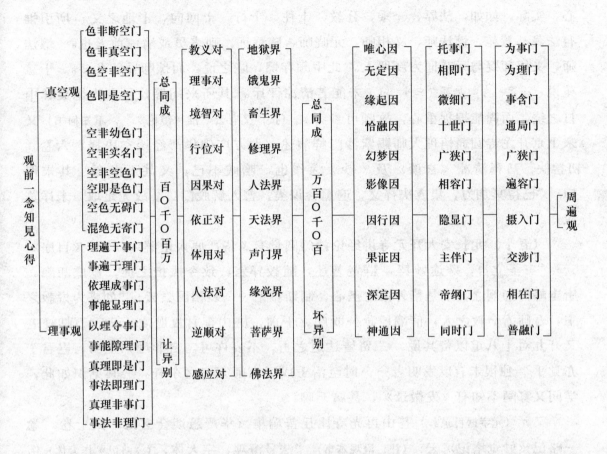

上二图不知是否戒环所作，实足以误初学，盖拢拢统统皆未得法藏、清凉、杜顺意也。始作俑者，其无后乎？ 又建炎戊申序云："戒环向以《华严》海藏汗浸难究，遂三复方山长者疏论，述总要叙，疏条经旨，稍辨端倪。继沿缀缉清果明禅师所集《修证仪》，略解圣号表法，属为贤达下询，愿尽九会之奥。因取清凉国师《纲要》与论校雠，别为斯解。以方山为正，清凉为助，洞究全藏，才万八千言。 庶几览者无异剖大经于一尘，睹法界于弹指也。"想亦吹牛比大王。书分三段；初、悬叙，二、释题，三、科解。仅有"大方广体物物圆成，但局于识情，故束之令小。佛华严行，人人本具，但汩于尘劳，故失其华严。此经不离识情示现智海，即诸尘劳繁兴妙用，一念圆证"，又"业体本真，背觉故妄，依真起觉，则一切皆真"及"十一地者……此品梵文未来"等不要紧之解释。方山、清凉玄要，一句也未道著。

※按：《会元记》二十云："义湘乃海东华严初祖，同元晓入唐，夜宿古冢，因达唯心。故晓回国，湘入唐往终南同贤首师至相传《华严》，归海东大弘耳。"按：该书实为研究新罗华严学之要籍。新罗皇龙寺释表员集有《华严经文义要决问答》四卷，解七处九会，说经

时、说经佛、六相、数十钱喻，缘起、探玄（十玄门）、普法（无碍所思）、发菩提心、实际、如如、法界、一乘、分教、十住、十行、十回向、十地之义。所引惟有法藏、慧苑、懔法师、义相师、元晓师、隋慧远，则表员或清凉前人也。 懔法师、义相师疑与元晓同为新罗人。此中颇存懔、晓之说，而懔师异解尤多。 于慧苑说，※注：考四九页（三十三）。未能若清凉评斥。其所兴问答，虽在古德义林中打之绕，而尚能把捉重心，故颇可参考。（按：又有云"准《镜论》"，不知何书）又宋上京开龙寺圆通悟理大师赐紫沙门鲜演述《大方广佛华严经谈玄决择》六卷。初卷佚，乃释清凉《玄谈》及《钞》之作也。噜唆不已，又甚于净源。其末偈曰："已得冥加力，集成决择文，遍熏含识类，普入解脱门。"故无足取，未详览应知。

（五十）元长安大开元寺讲经论沙门圆觉有《华严原人论解》三卷，《自序》云："三圣立言，殊途妙契。群贤著述，随教异宗，致令执指之徒，竞成龃龉。唐圭峰禅师悯之，于是稽外内之圣心，制斯雅论……裴相国尝云："如来为说教之主，吾师为会教之人，信哉！裴公既序之于前，屏山李君复题之于后，万拙禅老又开九对十八重以赞其说。三贤皆达道之士，不妄许可，自非理归至当，岂君子亦党乎？独恨未有以发明者……时至治壬戌于京师万安之东轩。"其见识如此，学问又寡陋不知有《发微录》，甚属无聊。

又元（元字据目录。）苍山再光寺比丘普瑞集《华严悬谈会玄记》四十卷。卷一略记《妙觉塔记》云：（注：澄观本事）"法号澄观，字大体，（《略记》作大休）俗姓夏侯，赵州会稽人，（开元二十六年戊寅生）九岁礼本州宝林寺禅德体真大师为师，十一得度（天宝戊子）。才服田裳，思冥理观，乃讲《般若》、《涅槃》、《白莲》、《净名》、《圆觉》等一十四经，《起信》、《瑜伽》、《唯识》、《俱舍》、《中》、《百》、《因明》、《宝性》等九论。年满具戒于昙一大师门下（至德丁酉），受南山行事止作，遂讲律藏。又礼常照禅师授菩萨戒……遂参无名大师印可融寂，自在受用。即日明以照幽，法以达迷，然交映千门，融冶万有，广大悉备，尽法界之术，唯大《依严》，乃依东京大诜和尚听受玄旨，利根顿悟，再周能演。诜曰：法界全在汝矣。至《住处品》，审文殊随事观照五顶，遂不远万里委命，栖托圣境，相仍十稔，挂锡于大华严寺。山门真俗，恳命敷扬，乃却览《诗》《礼》、传籍图谶、道德寓言、四科十翼、百家祖述、《周易》子书、华夏古训、天竺梵字、诸部异计、四围五明、显密轨注、二王笔法，悉焕然冰释。※（按：《略记》谓：著疏时以旧疏唯贤首得旨，遂宗承之。贞元十五年受镇国大师号，又赐清凉国师号。嗣后又有大照国师、大统国师之号。著述除下列，又有《正要》一卷，皆应时人之请而作）即于般若院启曼拏罗，优游理观……后制《随疏演义钞》四十卷，《随文手镜》一百卷，《华严钢要》三卷，《法界观玄镜》一卷，《三圣圆融观》一卷，《华严》、《圆觉》、《四分》、《中观》等论关脉三十余部。《七处九会华严世界图心镜说文》十卷，《大经了义备要》三卷，《七圣降诞节对御讲经谈论文》，兼一家述诗表笺章，总八十余卷。后奉诏与般若译后分，译就帝请讲之，奉诏述疏十轴。后达顺宗经义，帝于兴唐寺为造普光殿华严阁，塑华严图法界会次……开成已未年春三月六日旦，诏上足三教首座宝印大师海岸等付法而卒（年百〇二）……弟子为人师者三十有八。海岸、寂光为首，禀受学徒一千，唯东京僧睿、圭山宗密独得其奥……（上略记文）大宋《高僧传》中有赞宁僧统所述之传，事多错谬，不须繁引。"其余体裁大同《谈玄决择》，而更较鲜演为博。卷四有云："即肇公《无名论》，瑶公注云……言《法华》摄余经归《华严》者，天台宗中《法华补注》有破……《纂要疏》云……"卷五云："南宗失意者、习三论不得意者，谓依本智性，即身是佛，何用修于万行。六祖既言镜本自明，不拂不莹，岂为不了。但恃天真，不须用力。溺斯见者，近代尤多。斯则懒不修断一切法门犹未通达，即守默之痴禅。"卷七云："《集玄记》云……《唯识枢要义苑钞》云……《玄赞》中亦如是说。又《要览》云……肇公《无名论》光瑶注云……《南山感通传》……"卷八云："光统、灵裕、慧远法师等皆有疏释，唯《探玄》二十卷妙义方周……"卷九云："又灵裕法师亦有《华严旨归》。关脉者，未详，准《纂玄记》云，文超法师作也。《关键》亦文超法师造……《涅槃心镜钞》云，生公造《涅槃》五十余纸，唯盘根错节难解之处，于是经宗大开奥藏，称为《关中疏》……"卷十云："若《玄镜》、《集玄》等记所开所摄……天台指为乳教者，《补注》中破云……（有评）故《妙玄》云……《指玄》云……"卷十一云："大乘法师者，即《玄赞疏》也……"卷十二云："肇公《关中疏》云……（又有器世间图，华藏世界图二。似为近日流行者所本）"卷十三云："《广钞》云……《决择记》云……"卷十四云："《钞》、《天宫抄》者，寂照云：准《慈恩传》，洛州天宫寺应是此寺法师所撰抄也。未见其本，不敢评定……若寂照云……《指玄》云……《指玄》破寂照云……《心镜钞》，远公《涅槃疏上抄》也……"卷十六云："又《纲要》云……《决择记》云……寂照云……"卷十七云："《略抄》云……《玄义》云……天台《光明玄义》云……"卷十八云："《百法钞》云……寂照云……"卷十九云："《集玄》云……"卷二十云："《会解》评云……"卷二十一："《广钞》云……《玄赞疏》云……"卷二十二云："天台《净名疏》云……《掌珍论》云……《心镜钞》云……《玄赞疏》……《会解》……寂照引《广钞》……《纂玄》……《会解》……寂照引《广钞》……《纂玄》……《集玄》……"卷二十三云："《心镜钞》云：荐福寺法宝大师览唐三藏所译《婆沙》，征难数节。三藏乃改治论文……《玄赞疏》……肇公《无名论》，光瑶注云……"卷二十四云："《传》云法藏预奘师译场，见识不同而出，与《纂灵记》异……《禅源诸诠聚玄记》云……（按：是述南北顿渐之禅，及弘辩禅师答唐宣宗问。南北二宗不同，北虽渐调伏，亦不住名言地位）……天台《补注》破《疏》小乘但说人空……"卷二十五云："《唯识疏》云……《百法钞》云……《广钞》……"卷二十六云："《百法钞》云……《广疏钞》云……《祖庭事苑》云……《净名集义抄》云……寂照等云……"卷二十七云："什公《悟玄叙》※（什公《悟玄序》）云：夫玄道不可以谓功得，圣智不可以有心知，真谛不可以存我会，至功不可以营事为。唯亡言者可与道合。虽云道合无心于合，合者合焉，虽云圣同，不求于同，同者同焉。无心于合即无合无散。不求不同，即不同无异。超非于百非之外，非所不能非焉。忘是于万是之内，是所不能是焉。非所不能非则无非矣，是所不能是则无是矣。无异无同故怨亲无二，无是无非则毁誉常一。夫然则几于道矣……又《禅经序》……东坡有赞净名默然云……"卷二十八云："《集玄》……《会解》……《通玄记》……《广钞》云……《通玄记》……"卷二十九云："若《决择》云……寂照云……《通玄记》云……寂照云……《会解》义（有评）……《广钞》云：俨尊者既精通，自制释十玄之文一卷……"卷三十："《会解》云……"卷三十一云："《纂玄记》云……《百钞》云……《集玄记》云……凭公云……"卷三十二："《决择记》云……《志延钞》云……《楞严搜微钞》云……《弘决志》云……《纂玄记》云……《指玄记》云……《弘决志》云……《直释记》云……"卷三十三云："《决择》云……《百法钞》……《镜幽记》引《开玄钞》云……《纂玄记》云……什公云……"卷三十四云："《涉钞》云……《涉钞》云……《臻疏》云……《南山戒疏》云……护身寺自轨法师五宗……耆阇寺澟法师六宗……"卷三十五："《义景钞》云……"卷三十六云："《觉疏》云……"卷三十七云："《金光明钞》云……言具恒沙下，复拣空宗，故圭山立空性十门之异，然西域立性宗，以今空顿实圆皆名性宗。今则以义分之浅深有异……《明钞》云……（按：此述《掌珍》量）疏》、《净名》但明等者，天台《补注》破此义云……（评曰：义师独谬至此……）《纂灵记》说者，以《华严传记》五卷，本贤首集，文有十章：一、部类；二、隐显；三、传译；四、支流；五、论释；六、讲解；七、奉诵；八、转读；九、书写；十、杂述。此贤首初集，后经修饰，至清凉时有二家，并贤首弟子。一、静法慧苑法师，修五卷，名《纂灵记》。二、经行寺慧英法师，修两卷，名《华严感应传》。又近四明居士胡幽贞纂成一卷……《广钞》云……"卷三十八云："《纂灵记》云……（觉贤本事，）僧史云……（慧严、慧观本事。）"卷三十九云："《律钞》……《因明钞》云……"颇多要紧材料。又该书价值有五：（一）释清凉义，即同时参考《探玄记》及贞元疏。（二）解义未落宗密窠臼，尚能循藏、观二祖正轨。（三）校正天台《补注》等攻击清凉之词，而不存意气。（四）所引之文类为今日所不见未知者，可以因之而窥后期华严学。盖净源师会等所学过陋，所争过微，故不足以代表后期华严学也。《易简》、《会解》（按：此所引非复子《会解》）等更属胡闹也。（五）征引详博，便于初学。清凉而后数百年，乃有此书，不可谓非奇特事。其重要几若《文义要决问答》。

（五十一）明匡山法云寺憨山沙门德清，提挈《大方广佛华严经纲要》八十卷。海阳弟子舍声题端云："师已不复住人间矣。今其以座以晦、虚中两上人来此，吾友程仲延氏首与游，细问大师平生行履，乃得见师所亲手点窜之《华严纲要》稿本及诸种杂著尚未获登木行世者……（按：该文太不行）"又崇祯丁丑嗣法门人观衡题于五乳峰法云禅寺之方丈云："……事法界，斯界也，即理法界，至虚而灵，极净而妙。不动本然，循业发现，顿变相见二分，幻开迷悟两途。理事无碍法界，是界也，即理外无事，事外无理。理不推事，缚脱历然。事不摄理，生灭寂尔。波涛万殊而全障水体，水性一味而遍示波澜。空有并施，性相不二。理法界，此界也，以真性法中本无生佛名言，岂有自他影像，世出世法染净因缘，当体全空，究竟清净……又此四界唯是一心，离心之外无法可言。此心亦是强名，不可言议，不可思议，即一真大法界……《疏钞》一出，自唐至明，代不虚讲。至于我朝神宗年亦讲未歇时，奈何二十年来不闻有处论及疏义。究此玄宗即僧辈中为座主者，或经或论多不肯深求，或句或文唯求轻快，以为简易分明，反以古人疏论为迂谈。率以时尚口语为切妙，是以比来法席，皆贵指点本文，讲解渐于虚浮，疏钞将中湮没。复有弄机缘作究竟宗乘，鄙藏教为糟粕文字。我憨山先师痛惜时弊，注意大经，游心古疏，提挈纲要，断义分文。不三年而全经大旨首尾昭然，即一座而疏有未发，复为补出。正提挈搁笔之日，适曹溪坚请之时，因此经疏源流未叙，纲要起止未题，不时先师示寂曹溪，此种公案遂成缺典。幸得益公法属竭力募刻，工方完。益公又卒劳累，未及请序大方……"按：该书约略《疏钞》之文以注经，殊属简单。十玄门下又注《略策》第二十五条之喻，则所提挈非惟《疏钞》而已。又《悬该》提挈仅有五周四分，及曰法界十玄之名，未免失当。其余类为科判及望文生义之谈，如"佛号莲华眼幢者，约相目类青莲，约德心无所染。相德高显，名称外彰"华严家之一套如"权实无滞名大方便，事理双照是为普门。"《补义》曰云云，※（就中《十地》一品提挈较丰）当即德清所加，所补亦惟科判及望文生义之谈耳。初学者将病其太略，博识则嗤其无关痛痒，故仅德清一人之所谓纲要也。然卷十五《补义》云："依理成事则十法界染净依正事法全一理成，故多事唯是一理，故得理事无碍，是以菩萨入定契理，由理遍故定亦遍，故一入即多入。若以观照事，则全事全理，故一事即多事，故一处起即多处起，出入自在无碍故，自他平等大小相含，微妙难思。疏虽多翻解释而义不出此，故总指云，但能知事理无碍根境一如，会虑不生，自当趣入。此入法界之妙门，学者固当深思，久久必当悟入。"又卷三十七《补义》云："此经以法界缘起为宗，所言缘起不出十法界理事因果，然此因果亦唯依一心十二因缘逆顺转变。是知全经旨趣皆缘起之法，前三贤所修者皆随缘之行，而登地所证者乃缘起之理。故初、二、三地所观乃约顺观染缘而入法界，四地所观乃约逆观净缘而入法界。故五地所观染净融通，然但约历别行布而观，故至此六地要明观十二因缘，会前诸观，摄归一心，以显由理事无碍而入事事无碍法界，故经文结束分明而疏亦收归五意。结成曰门，然四门即四法界也。通途理事无碍观门备示于此。目疏依论明，门门有三观，观观摄十门，隐显重重以示事事无碍法界，斯则全经观行理趣，尽彰于十二因缘之十门。所谓缘起甚深以示法界之宗也。"窥此一斑，德清似当无病。利根初学，读此亦能略知《华严》门径，故可流通。

明檇李比丘方泽纂《大方广佛华严经合论纂要》三卷，自跋云："余始阅《华严》普贤三昧，大疑且骇，至《梵行品》知一切法即心自性处，不觉不动……长者盖普光会中乘愿流通人也。吴兴旧有论版，已罹灾毁。诸刹印本又皆残缺，搜访久之，真如寺大宗禅老向余笑曰，往吾获一部，独见完好，流虹雨庵借观十年已久。今雨庵化去，门人不以归，我岂迟子耶？余大喜，随偿原费，担负来山中，则论入经，总一百二十卷。甫旬日而雨庵故院，火鞫为煨烬矣……仿三周文势厘为三帙名曰《纂要》……藏之箧笥垂三十年，文选大夫五台陆公道叶宗乘志深弘护，昨以太常卿还，言及斯纂，遂捐金成斯胜举……昔普庵肃禅师因览论序，达本情亡，知心体合大悟，因言长者乃于经首痛下一锤，大地山河等间俱碎，乃至云普贤文殊与我同参，善财童子是甚笳子。余谓普庵瞻前失后。殊不知此中字字句句皆是长者系情椿见之金刚杵也……隆庆元年禾郡精严寺前住山释方泽撰。"又天宁沤室比丘云东圆理跋云："吾友无参，有作广作略之能……又况枣柏大士未举笔已前底肝胆，尽在其中者乎？有谓也只是个减文字减，山僧却向它道，尔未见无参在。"皆属庸夫，故所纂当无足取。其与李贽简要相较，孰为优胜与否，未对勘。据理或李本稍佳也。明寨云居士杨嘉作删合《华严原人论合解》二卷，乃删合圆觉之解也。圆觉之作已属无聊，又从而删合之，乃无聊中之无聊也。《宗范》作者，清东甫居士钱伊庵与真益居士陈熙愿同校，实是怪事，无怪既为《宗范》，又劝人念佛生极乐也。清六不居士顾尊善重刊，不知何如人，当亦无聊汉也。

（五十二）宋（目录作明）妄人河朔平原道通集《大方广佛华严经吞海集》上下两卷。陶恺序云：“……偃台通老法师得华严三昧，虽受学于师，而取成其心……”自序云：“道通凤附真乘，穷居讲肆，论听宣益，经传妙空，退惭先哲，无裨后学，请问十年，开演三遍；屡经患难，倍觉衰迟，筑室庐山苟延岁月。而二三学者犹不我弃，因阅旧箧得所编法义名曰‘吞海’，用贻晚俊，岂曰小补之哉。不学而知，但闻其言未见其人也。同心之士毋我诮焉。”其妄如此，题名复云：“讲《华严》、《楞严经》、《唯识》、《起信论》嗣祖比丘道通述。”可鄙，可鄙。按：该书约品无尽之事以就其邪说，如云：“佛有无尽名，森罗万像，举世立名，俱足佛名。于此住处或名灯笼，或名桌子，或名翠竹，或名黄华，若能如此用心见佛，则步步释迦出世，念念弥勒下生，便见佛身，名周于法界。”又于每品之下标义如《十定品》为大用深广，《十通品》为大用难思，《如来寿量品》为竖穷三际，《菩萨住处品》为横遍十方，《离世间》为悲智无碍行，《入法界品》为流通无尽经等。我若当时得见，必一笔抹却，免贻后学误入三途之患。

（五十三）清杭慈云灌顶行者续法集录《贤首五教仪》六卷，自序云：“……（代贤首吹。）长水流布于东吴，苍山崛起于西蜀，云栖敷演于南海，交光发明于北岭。今义学者不得其门而入，即如贤首大师著述凡百余卷，清凉国师现流传者约四百余卷，圭峰大师疏注总九十余卷。浮狂者诋为葛藤，愚钝者视为砂石，谁复能探其微窥其奥哉。幸我乳峰得水大师，自弘法以来朝夕提撕，时为演唱，特未布诸方策。续法虽忝轮下昼夜参随，日渐熏熟，爱特先师常所乐说者录之，复寻诸大部中所切要者集之。十余年间，考阅再三，穷思至四，始成六卷，名之曰《五教仪》。庶得《华严》宗旨弥播于尘寰，法界心印重光于昔日，灯灯相续，化化无穷矣。（其识庸，其词拙。）康熙十四年乙卯。”又戴京曾序云：“贤首宗阙五教仪，百亭法师为补缀成之……”又梅坞兴福教院法第真玄和南撰序云：“……在台衡从上诸师，或虑两家末裔，滥以贤首之旨混入己宗，故佛惜晓晓，而贬驳过当，何意曾玄辈撰起攻击，不至饮水分河不止。先师宝轮大师，博极诸宗，尤于《华严》宿有缘契，阐法后，力宏此宗，著《五教解诮论》、《论贤首宗未知圆义解》二篇。大旨谓贤首大师之离四为五，非悖天台，实备天台之所未备。清凉绍隆之，即天台以清凉大师为大元勋亦非为过。中间析两家之殊途若镜悬，会两家之同归若璧合。先师谓天台当以清凉大师为大元勋，立侍师有年；徒以脱白也晚，尘封智锢入山空手；而慈云百见法师得髓于言下，年末杜门却埽；单与净满晨夕娱游，禅观之余；取是宗教部及诸祖著述研磨对会，博观约取。先则支分条列而派析之，后则穷源微委而汇聚之，录成一书。首分时次叙仪，次立教；又次判宗，终以明观。时则有先后通别，仪则有本末显密，教有始终顿圆，宗有大小性相，观则有方便有因缘、有对法、有观门，有六相、有十玄。言简义详，理融旨显，读之而犹谓之有教无观得乎？犹谓之伏断修证俱无指示得乎？乃命名曰《贤首五教仪》，法师自谓窃比于高丽师禀玄义而录出《四教仪》云尔。"按：该书卷初有二图如六十六及六十七页，而附识云："贤首大师判释如来一代时教不出右图三观。初祖杜顺集成五教，二祖云华草创仪等，四祖清凉添足宗等，五祖圭峰加拣。今图标三祖贤首一师者，盖教观由三祖而圆备，宗仪由三祖而建兴，述作功德，推尊独在，故不举余耳。"则二图乃续法作俑也。其云杜顺集成五教，五祖圭峰，实属梦呓。卷一言三时通别，卷二续释通时及言十仪五教。卷三言五教断证机益等。卷四言六宗（一、随相法执宗，二、唯识法相宗，三、真空无相宗，四、藏心缘起，五、真性寂灭宗，六、法界圆融宗。乃用宗密之意而摄藏、观之说）及修杜顺三观方便。卷五仍言方便（如治魔等乃天台家样而画葫芦）及三观十对。卷六续论十对及三观诸门与十玄，夹七夹八乱拼乱凑，不别真伪是非，任意取舍决择，甚属荒唐，实为对天台家攻击贤宗而作。然攻贤宗者必不明贤宗，尔欲为贤宗张目，应从最根本处述说，不宜如此胡闹也。又其康熙庚申《集刻五教仪缘起》云："五教仪者，诸佛说法之规矩，历祖判释之权衡也……先师授清凉《玄谈》，遂录出《贤首教仪》诵之。辛丑春，偶于坊间得《贤首五教仪》，检之乃西蜀道闲潜法师本也。亦全依华玄中教仪宗趣义理三门。疏钞录成八卷，持呈于先师，师曰，此乃清凉教仪，非贤首教仪也。（其师亦大妄人。）。现具华玄，何劳多此？乃复授以贤首《教章》，予即录出分教开宗所诠差别二门，到此始知有贤首宗、清凉宗之别。壬寅间，阅《佛祖统记》，谓贤家有教无观，无断无证，遂以此说请决先师。师以《五教解消》、《论贤宗未知圆义解》三章开示之。癸卯春，复将贤首、清凉二祖判释时仪及杜顺《法界观》合录一帙，求证先师。师曰，观师集《四教仪》录义也，非录文也。汝今集《五教仪》，文义双取，可谓得矣。非昔人单录《华玄》，单录《教章》之可比也。汝再研之，还有无尽妙意得焉。乙巳年，有一同学在莲居听《唯识》，语予，清凉十宗似为错谬，予未之对，重为考《华严》、《起信》、《般若》、《行愿》诸疏，及圭山《圆觉广略钞》，高原《真唯识量》等解，始知清凉立无差忒，但后学肤浅，读彼不读此，致多讥刺耳。丙午夏，重治教仪，将《三宝章》之方便会入观中。取《禅源诠》之辨异会入宗中，《圆觉疏》之空性五门，《教义章》之机益，《会玄记》之通妨，并会教中。《会玄记》之出没三照，《指归》中之经时，《禅源诠》之说意并会时中，就正于先师。先师首肯曰，贤家要旨，今方备矣。较前觉得教观斗星时宗眉目，断证位次犹如镜像，性相空义似为掌果。丁未，痛师逝，闭户数载，再四研磨，逐一对会，弗令要义有所遗漏。缺者增之，涩者润之，倒者次之，伪者正之。复删出《五教仪开蒙》一卷，日为常课。庚戌春，排《五教断证图》一纸，便人观览。壬子冬，天溪景淳和尚至，亦以《五教仪》并《开蒙》、《断证图》请正，和尚合十称曰，贤首家之得人也，毗卢佛之遣使也。癸丑春至甲寅冬，《楞伽圆谈》十卷稿成，乙卯秋，脱《五教仪》六卷稿，兼讲一遍。乙卯冬至戊午夏，出《五教仪科注》四十八卷……偶见《云栖集》中有云，工大施微，心力多则功自不朽。遂于九月望旦立千佛愿单，一愿一钱，一单十愿。时岵瞻戴先生并大公即仁长，并加赞善，愿领教单，继而訾中法师同门诸兄及余知识檀护，各各乐助，即于庚申新正刻始，及门中月标指，工哲、竖启、南询三人阅……读一言半句，不解其教不悟至理，我堕耕犁受妄语报……"又有"东皋、月明宗弟清珠跋"，亦属庸妄一流，可悯可怜。又有《贤首五教仪开蒙》一卷，不过节略《五教仪》之三时、十仪、五教、六宗、三观而已。有自叙，应知其无聊，略。又有《贤首五教断证三觉拣滥图》一卷，门人严指较其图如下：

又有略释，是否可据，应更考。又有《法界宗莲花章》一卷，门人法贤较，乃以莲花为喻。初、辨时，次、叙仪，三、约教，四、显宗，五、明观，亦属无聊。又有《华严镜灯章》一卷，门人如朗较，乃以镜灯之喻，如《莲花章》，辨时等五门也。当亦无聊，而有云："昔藏和尚为不了事事无碍法界旨者，设巧方便，于一暗室中供五佛，像前各燃一灯照之。取十圆镜安置十方，面面相对，影影交涉，学者因此悟入刹海，涉入重重无尽之旨。"不知何据。慧记此是是清凉之方便，非法藏作也。

（五十四）清知归学人彭际清述《一乘决疑论》一卷，自序云："予初习儒，执泥文字，效昌黎语，妄著论排佛，然实未知佛之为佛。已而究生死之说，瞿然有省，始知回向心地。从宋、明诸先辈论学书窥录端绪，稍稍识孔颜学脉，而于明道、象山、阳明、梁溪四先生尤服膺弗失。以四先生深造之旨，证之佛氏，往往而合。然四先生中独阳明王氏无显然排佛语，而明道、象山、梁溪所论著，入

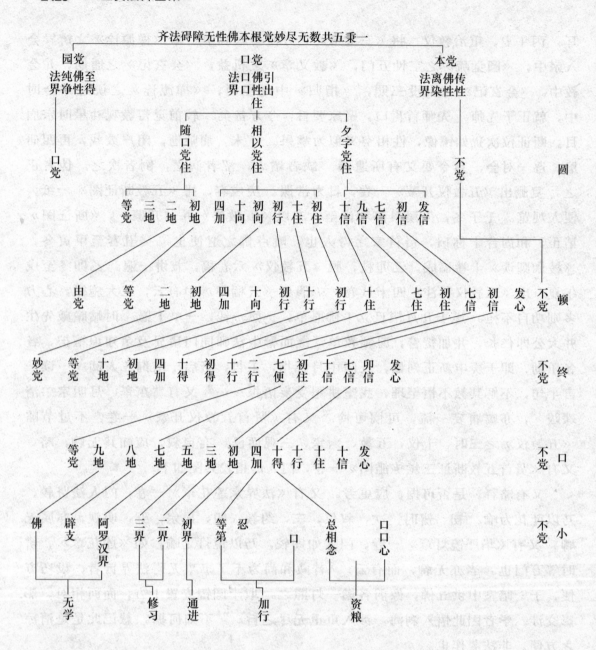

主出奴，时或不免。予畜疑久之……予读孔氏书得其密意，以《易系》无方，《中庸》无倚之旨，游于华严藏海，世出世间圆融无碍，始知此土圣人，多是大权菩萨方便示现，乃以名字不同，横生异见斗争无已，不亦大可悲乎？因疏畅其说以解诸儒之惑，以究竟一乘之旨，自四先生外，有显然排佛者并附识之"按：该书辟二程、张子、朱子、陆子、胡敬斋、顾泾阳、高梁溪八人妄论释教之谬，说来颇中理。彭子谅有所得者，大可流通。其后跋云："此论作于重光赤奋若之冬，阅今十一年矣。初脱稿时，汪子大绅评为决定论，不独佛氏之圆宗，亦儒门之了义，而删去戒杀生一节及论老庄一节，其意在和同三教，不欲有所轩轾于其间。又删去末后两节，一则谓法法无根，才费分疏已成死句，一则谓心言直故，无诸委曲，直收直放，一往快然。其亦各有指，然戒杀事乃儒佛共由之路，岂得谓佛好生而儒好杀耶……老庄之书具在，与《圆觉》、《楞严》仔细较量，同异目见。实际理地一尚不立，何有于三？建化门头不无差别。最后论诸先生所证真实不虚并无委曲。此论不明，则诸先生亦六师、三武之流耳。又何能模范人伦，兴起百世哉！故仍依原本而附著其说如此。乾隆五十六年九月晦题。"则于是非同异之间，犹未能深切著明也。盖说理自有深浅，见解自有邪正，一味笼统，终非究竟，不观于佛及诸祖之斥邪伪乎？何客气之有？稍有客气，仍属不了，然平心论之，彭子尚好也。后有其侄题文。又菩萨戒弟子彭际清述《华严念佛三昧论》一卷，甲辰无余学人王文治叙云："《起信》云，一切众生不名为觉，以从本来念念相续，未曾离念。念者，不觉也。佛者觉，念佛者以觉摄不觉也……知归居士修念佛三昧三十数年，而又于华严义海一门深入。顷过镇江，出所著《华严念佛三昧论》见示，举清凉、枣柏恒河沙字数而包举以五六千言……文治自弱冠即喜修禅。四十以后，始兼修念佛，比年以来，念佛为禅，复以禅念佛。禅净并运，将终老焉。"按：该书五义：一、念佛法身，直指众生自性门；二、念佛功德，出生诸佛报化门；三、念佛名字，成就最胜方便门；四、念毗卢遮那佛，顿入华严法界门；五、念极乐世界阿弥陀佛，圆满普贤大愿门。后别申问答，乃述《华严》经文，解此五义，实可补清凉别行疏之所未备。其言曰："上根利智，了得自性弥陀，全显唯心净土。举一法身，摄无不尽。然此土行人纵能伏惑发悟，而未证无生，宁逃后有？必待回向乐邦，亲承授记，斯为一门超出妙庄严路。"云云，终足以误向上坦途，开方便门实不足以尽方便之用，其见处犹未踏实耶？又云："念佛法身即真空门，念佛功德即理事无碍门，念佛名字即周遍含容门。又一心念佛，不杂余业，即入事法界。心佛双泯，一真独脱，即入理法界。即心即佛，大用齐彰，即入理事无碍法界。非佛非心，神妙不测，即入事事无碍法界。故一念佛门无法不摄。"又云："方山诸论时，《行愿》末卷至此方，故于净土一门辄生分别，谓权非实，却与经文互相乖剌。须知从真起幻，即幻全真，生灭俱离，自他不二，一会圆融，普周法界，方为一乘中道了义。且方山吃紧提唱，唯在十住初心即成正觉，然依教诠判正大不易……宋明州草庵道因修圆顿教观，晚主延庆。乾道三年四月十七日，别徒众曰，华严世界洞彻湛明，甚适我怀。今将行矣，乃令举所述《弥陀赞》云……极乐华严是同是别，诸有智人，急须着眼。"不免装模作样，尾巴全显，彭子其终为老修行乎？又跋云："是论作于乾隆四十八年冬十二月，既成汪子大绅评之日，此净土正因，华严正信也。又曰，五念一念，一念无念。其明年春，过丹徒季禹庆见而赏之为之叙。大绅叹为奇特。寻奉先尚书公讳，既葬，屏居僧舍，展读大经，与方外友性宗、唯然相质证，辄于此论时有损益。其后数年，自钱塘归，重闭关文星阁中，修念佛三昧。长夏寥寂，复出前藁点勘再周，录成此本。于贤首、方山之外，不妨别出手眼。设遇云栖老人，定当相视而笑也。乾隆五十六年六月晦。"其行解可知矣。较之贤首、方山相差犹远，或亦不能继踵德清，自任云栖。当胜道通、净源等妄人一筹也。

（五十五）清永光（遂宁广德寺沙门）录集《大方广佛华严经纲目觉摄》一卷。仁寿松风寺沙门惟静校证。按该书所录七处九会纲目，尽属事相，六相十玄亦未详解，乃反详及华藏世界海之安立，实属无聊之尤。后颂四法界等幼稚可笑之极，亦妄人也，亦该杀。又有《大方广佛华严经三十九品大意》一卷，毫无理致，惟集事相，更为无聊。何物倭奴，乃收入《续藏》中耶？该打。其后题云："光绪乙巳四月八日，集成于净业禅室，释永光敬当并书。"则近时人也，无怪其妄如此。

阅此土华严著述竟，不禁涕泗盈睫，哀哉长夜，岂将尽为此等庸妄所障蔽耶？杜顺、法藏、清凉之遗绪笼统乃尔。吾将何以启发后人耶？倭奴淫暴，中原危迫，人理几希，吾复何所措施耶？哀哉！

（五十六）清闽鼓山私淑比丘道霈《大方广佛华严注疏论纂要》一百卷，乃纂清凉《疏》方山《论》宗密《别行疏钞》之要也。康熙七年戊申于圣箭堂自叙云："……《疏钞》则穷源极要章分句析，不唯是此经标准，实乃如来一代时教之标准也。《论》则广论佛意会归自心，不唯是此经阃奥，实乃宗门之阃奥也。禅者喜读《论》，而不知《疏钞》之广大精微。讲者喜读《疏钞》，而不知直捷痛快。两者皆失之也。道霈年二十五始遇《华严》，如贫获摩尼，遂矢志生生依经修证。自是涵泳经文，研究疏论，余三十年，粗知门户次第。（其资如此，故论《疏钞》及《论》，皆不得真意）但疏论异旨，悟者难于和会，于是不揣，漫于疏论纂其精要，合注本经……今于经前先示大意，凡六段，使稍知梗概，然后临文井然。其智力有余者，自当博阅疏论全书，此但摄此旨要耳。"又熊官梅《补刊华严经疏论纂要序》云："鼓山了堂法师心通正觉，力振颓纲，为今日之道林慧远。以《华严经疏论纂要》示余……惟是康熙初年锓板流传，今百有余岁。其板残缺颇多而庋板之永通斋及经楼又灾于风，今之维新者余所重葺也。了堂法师锐志中兴百废俱举，尤疚心于是经之缺而商于余，计缺员二千二百九十五，亟属法师付剞剜，始事于嘉庆丙寅闰岁告成……"又康熙十九年间，闻富沙桂林菩萨戒弟子谢旗、大材《书刻纂要缘起》云："大材总皈依鼓山先师老和尚座下，忝与为霖大师同门，而大师亲承衣钵……大师虽主持宗门而平生游泳《华严》，栖心法界……起手于康熙戊午夏六月，告竣于庚申夏六月……"经前六段者，一、明处会品，第二、分经之大科，三、显经之宗趣，四、判经属圆教，五、示圆义分齐，六、明所被之机。皆录疏录之说而系之以评。评词大都为"多有其意，不必轩轾"，而评宗趣则以《论》意尤痛切。盖论云："如来大智境界佛果法门，有自有之，舍色世界明白净无垢法身之理，不动智佛，即理中智，自心无依住妙慧，是自文殊凡圣共有故云一切处，文殊师利一切处金色世界，一切处不动智佛。"又评《疏》十门解经题云："更前后九门，是乃纵无尽之智辨，穷法界之诠旨。至于摄归一心，泯同平等，则至矣尽矣。所谓唯证相应名佛华严。"可知道霈所守，乃在宗门范围内也。于《论》略其最迂阔处，若长男等（未尽略），录《疏》略其广论名相处（亦未尽略），似尚可嘉，然而平心论之，道霈之极亦不过老修行耳。（差于彭际清）其前已有《纲要》（较之《纲要》差远了）等书，不宜更有此作，盖百卷繁文，初学仍难得门径也。故无可取。（实无足取也）又自评《疏》十门释经题以下，至卷一百之十六皆无评，惟卷四十八有《补注》曰："此偈八句首二句明诸佛出世之意，谓唯为启导众生之心，众生即凡夫二乘。中间四句示启导之法。初二句于心性上启导，如其心性而观察者，随缘名心即第八，是唯心识观即《起信》生灭门也。不变名性即如来藏性，是真如实观即真如门也。《夜摩偈》云：一切唯心造也。毕竟推求不可得者，谓究竟穷极复还一心，则能观之智，所观之理，当体寂灭，皆不可得。上句信解，下句证入，所谓离念境界，唯证相应也。次二句于诸法上启导。《梵行品》云，知一切法即心自性，谓世出世间凡圣染净，一切诸法皆是真性缘起无自体性即是真如。若真如上见有一法可得，即是有余，若有一法不是真如，则真如有不遍之处，即是欠也。故《信心铭》云：圆同太虚无欠无余。又以五教言之，依心观察是大乘始教。依如来藏性观察终教，毕竟推求不可得顿教。知一切法无体性即真如，具十玄六相乃圆教……诸佛出世示大法门，直下即开二种生死牢狱。噫，死生大矣。智者可不于此求出路哉。"谅亦道霈所加也。卷一百之十七至二十，四卷乃宗密《别行疏钞》之纂要也。几乎全录，其后附云："南天竺乌荼国，深信最胜善逝法者，修行最胜大乘行者，吉祥自在作清净师子王上献摩诃支那大唐国大吉祥天子，大自在师子中大王，手自书写《大方广佛华严经》百千偈中所说善财童子亲近承事佛刹极微尘数善知识行中五十五圣者善知识，《入不思议解脱境界普贤行愿品》，谨奉进上，伏愿……贞元十一年十一月十八日进奉梵夹。十二年六月五日奉诏于长安崇福寺译。十四年二月二十四日译毕进上。罽宾国三藏赐紫沙门般若宣梵文，东都天宫寺沙门广济译语，西明寺赐紫沙门圆照笔受，保寿寺沙门智柔、智通回缀，成都正觉寺沙门道弘润文，章敬寺沙门鉴虚润文，大觉寺沙门道章校勘证义，千福寺沙门大通证禅义，太原府崇福寺沙门澄观详定，千福寺沙门虚邃详定。上柱国霍仙鸣、窦文场等进。"

（五十七）龙树造《十住毗婆沙论》，罗什译，仅十七卷三十六品，乃初二地之释也。卷一云："善根分别如阿毗昙中广说……（又先自利而后能利人，此中有多说）。"卷五《易行品》云："欲于此身得至阿惟越致地，成就无上菩提，应当念十方诸佛，称其名号，如《宝月童子所问经·阿惟越致品》中说。更有阿弥陀等诸佛，又诸大菩萨，亦应恭敬礼拜称其名号。阿弥陀佛本愿如是，若人念我称名自归即入，必定得无上菩提（又有偈赞弥陀愿生彼国，愿佛现身等）……"又卷八云："月八日、十四日、十五日、二十三日、二十九日、三十日为斋日。又遮三忌……诸天来下观察世间，见之欢喜……阿毗昙三十二相品中一一相有三种分别……"卷十云："凡一切法有五法藏，谓过去法、未来法、现在法、出三世法、不等说法。唯佛如是遍知是法。"按：该论所诠类皆广解名相，解义处甚少而亦如《智论》所说也。惜未全译，不然可以作注疏之准绳，又其中释名相处应与小乘对勘，以定源流。（然无涉及《阿赖耶成立史略》者）

（五十八）杨文公《华严著述集要》，集《玄镜》、《法界观》、《十玄门》、《五十问答》、《旨归》、《还源观》、《义海百门》、《分齐章》、《师子章》、《三宝章》、《流转章》、《缘起章》、《圆音章》、《法身章》、《十世章》、《玄义章》、《十明论》、《决疑论》、《略策》、《心要法门》、《圆融观门》、《华严三昧章》二十二种因甚得。《师子章》而附净源解。《法界观》、《心要法门》附宗密注。又《原人论》、《念佛三昧论》、《要解》、《开蒙》、《略记》则是未明贤首宗而杂凑矣，然犹可通。《吞海》、《披云》乃妄人道通之作，集之得不误初学可知杨文会实未尝学问也。《问答》、《游心记》及义湘、表员之作皆甚要，何为缺之？

（五十九）续法又有《法界宗五祖略记》一卷，虎林复斋居士戴京题云："庚申夏，予在七佛阁翻藏经开阅僧史，一日询《华严》五祖于慈云百亭，窃有疑焉。因而请编五祖行实，未至旬，法师辑为略记一卷，核之始觉僧史乖舛也，明矣。且如三祖贤首大师传谓登封，丙申诏师讲新经，感晄震地，敕十德为师受戒，经按新经乃证圣乙未年方译，圣历己亥年始毕，岂未译而先讲耶？况三祖咸亨庚午岁削染，承旨便讲，至登封丙申越二十七年，祖年五十四岁，道满天下，方与受戒，恐无是理。乃至以《还源观》讹为杜顺和尚作，观国师寿止七十，审是，则史鉴记载之谬甚彰灼矣。后又究《略记》所本，曰初二祖出《会玄》，三祖详崔《传》，四五祖载诸疏，披验之，毫无差忒也……逐命刻以公诸所好。"书中记杜顺生于陈武帝永安二年，贞观十四年卒，年八十四。时有敦煌菩萨之号，隋文帝甚加敬礼，唐太宗赐号"帝心"。有《法身颂》曰："嘉州牛吃草，益州马腹胀，天下觅医人，灸猪左膊上。"又示寂前颂曰："游子漫波波，台山礼土坡，文殊祇这是，何处觅弥陀？"恐文殊化身之说，源出于此。余广传记又记智俨生于开皇二十年，年二十七豁尔贯通，制《搜玄记》总章元年，师将去世，藏公尚居俗服，乃瞩道成、薄尘诸大德为制度，不余月逝。年七十二，备如《感应传》说。又记法藏，贞观十七年生，二十岁成、尘为削染于太原（咸亨元年），上元元年旨命十德为授满分戒，赐号"贤首"。景龙二年，中宗礼为菩萨戒师，赐号国一。巧设方便，取镜十面八方安排，上下各一，相去一丈余，面面相对，中安一佛像，然一灯以照之互影交光，学者因晓刹海涉入重重无尽之旨。著疏除上所及者外，又有《玄义章》一卷，《华藏世界观》一卷，《翻译晋经梵语》一卷，《唐译新经音义》一卷，《华严佛菩萨名》五卷，《华严感应传》五卷，《楞伽经疏》七卷，《密严经疏》三卷，《梵网经疏》三卷，《法华经疏》七卷，《起信论疏》三卷，《别记》一卷，《十二门论宗致义记》一卷，《法界无差别论义疏》一卷，《三宝别行记》一卷，《晚述新经略疏》共十二卷。（按：《三宝别行记》恐即《三宝章》，然未列《问答》、《开脉》、《游心法界记》、《普贤观行》之名）先天元年逝，年七十。除阎碑、崔传外，又有西京华严寺千里法师《别录》与梅东法师《光严记》。

（六十）按：《金陵刻经处书目》有《贤首国师别传》一卷。北京佛经流通处《佛学书目表》有清·续法《五教仪科注》四十八卷，清·通理《五教仪开蒙增注》五卷。余又有近人节录之作，无聊，不存目。

觉海遗珠集（丙）

法华之部

（一）《妙法莲华经》七卷（内院本），姚秦罗什译。异译有晋竺法护（昙摩罗刹）译《正法华经》（十卷），隋阇那崛多等译《添品妙法莲华经》。僧睿述《后序》云："《法华经》者，诸佛之密藏，众经之实体也……至如《般若》诸经，深无不极，故道者以之而归。大无不该，故乘者以之而济。然其大略，皆以适化为大。应务之门，不得不以善权为用。权之为化，悟物虽弘，于实体不足，皆属《法华》，固其宜矣。寻其幽旨，恢廓宏邃，所该甚远，岂徒说实归本毕定殊途而已耶？乃实大明觉理，囊括古今……寿量定其非数，分身明其无实，普贤显其无成，多宝照其不灭。夫迈玄古以斯今，则万世同一日。即万化以悟玄，则千途无异辙。夫如是者，则生生未足以期存，永寂亦未可言其灭矣。寻幽宗以绝往，则丧功于本无。控心辔于三昧，则忘期于二地。经流兹土，虽复垂及百年，译者昧其虚津，灵关莫之或启。谈者乖其准格，幽踪罕得而履……姚嵩注诚斯典，信诣弥至，既遇罗什法师为之传写，指其大归，于时听受领悟之僧八百余人，皆是诸方英秀一时之杰也。是岁弘始八年，岁次鹑火。"又唐道宣述《弘传序》云："《妙法莲华经》者，统诸佛降灵之本致也……西晋惠帝永康年中，长安青门敦煌菩萨竺法护者，初翻此经，名《正法华》。东晋安帝隆安年中，后秦弘始龟兹沙门鸠摩罗什次翻此经名《妙法莲华》。隋氏仁寿大兴善寺，北天竺沙门阇那笈多后所翻者，同名《妙法》。三经重沓，文旨互陈。时所宗尚，皆弘秦本。自余支品、别偈，不无其流……自汉至唐六百余载……受持盛者，无出此经……"又有御制序称历世既远，特别雠校，仍命镂梓以广其传云云。文词不好，不知何帝所作。

（二）后魏北天竺三藏菩提留支共沙门昙林等译，大乘论师婆薮槃豆释《妙法莲华经优波提舍》二卷（缩印本）。上卷以七种功德成就释《序品》，从"如是我闻"至"能度无数百千众生"。自此以下示现所说法因果相，即以"应知"二字略而未释。次即释《方便品》，从"尔时世尊入甚深三昧"至"如来现见非不现见"。卷下继释《方便品》甚略。又释《譬喻品》，初释二颂，次明七种譬喻对治，次明十无上，多宝塔八义，法力五门，修行力五门等。皆属分疏经中名相之作，义甚少。体裁如龙树《婆沙》，故非天亲要籍也。后云："第一《序品》示现七种功德成就。第二《方便品》有五分示现，破二明一。余品如何处分，易解。"其简略可知。异译有元魏中天竺三藏勒那摩提共僧郎等译《妙法莲华经论优波提舍》，不分卷。大同后魏译本，似不必有二译也。

（三）智𫖮说《妙法莲华经玄义》二十卷（缩印本）。灌顶述《法华私记缘起》云："……灌顶昔于建业（按：在光空寺）始听经文，（按年二十七，智者五十岁）次在江陵奉蒙玄义，（在玉泉寺，智者五十六岁）晚还台岭（智者五十九岁，明年入灭，为开皇十七年十一月二十四日）仍值鹤林，荆扬往复，途将万里。前后补接才闻一遍，犹恨缘浅，不再不三。聿遵圣曲，书而传之，玄文各十卷。或以经论诚言符此深妙，或标诸师异解验彼非圆。后代行者知甘露门之在兹。次序王云："所言妙者，妙名不可思议也。所言法者，十界十如权实之法也。莲华者，譬权实法也……荡化城之执教，废草庵之滞情，开方便之权门，示真实之妙理，会众善之小行，归广大之一乘，上中下根，皆与记莂……一期化导事理俱圆……记者释曰，盖序王者叙经玄意……示真实之妙理，叙体也。归广大之一乘，叙宗也。荡化城之执教，叙用也。一期化圆叙教也，六譬叙迹本也。文略意周矣。"次《私序王》云："夫理绝偏圆，寄圆珠而谈理。极非远近，托宝所而论极。极会圆冥事理俱寂，而不寂者良由耽无明酒。……圣主世尊愍斯倒惑，四华六动开方便之门，三变千踊表真实之地，咸令一切普得见闻。发秘密之奥藏，称之为妙。示权实之正轨，故号为法。指久远之本果喻之以莲，会不二之圆道譬之以华……释曰会冥是叙体，圆珠叙宗，俱寂叙用，四华六动叙教，本迹可知……又妙者即迹而本，即本而迹，即非本非迹，或为开废云云。"

（四）卷一云："《华严》兼，三藏但，方等对，般若带，此经无复兼但对带，专是正直无上之道，故称为妙法。"又按：文中有"私谓"云云，则灌顶所叙也。则非智𫖮一人之作矣。

※（五味）（又卷二乳教等云云。卷三乳经等云云。又乳教等云云，又卷四、卷六、卷九皆有乳经等云云。又按：卷九末，卷十上释《涅槃》五譬，皆以乳为凡夫，与此乳经云云，甚属矛盾。又卷十、卷十一、十二、十七亦皆有乳教云云等文。惟十九云："呼为乳者，意不在谈，以初故本故，故以《华严》为乳耳。"又有详解，应知。然终不要也）

又云："如日初出，前照高山"，原植善根，感斯顿说。顿说本不为小，小虽在座，如聋如哑。此如《华严》约法被缘缘得大益，名顿教相。约说次第，名从牛出"乳味相"。（按：此解大非）"次照幽谷"，浅行偏明，当分渐解。此如王藏本不为大，大虽在座，小所不识。约法被缘，名渐教相。约说次第，名"酪味相"。"次照平地"，影临万水，逐器方圆，随波动静。示一佛土，令净秽不同，示现一身巨细各异。一音说法，随类各解。此如《净名》方等约法被缘，犹是渐教，约说次第"生酥味相"。复有义，大人蒙其光用，婴儿丧其睛明。夜游者伏匿，作务者兴成，具如《大品》。若约法被缘，犹是渐教。约说次第，名"熟酥味相"。复有义日光普照，高下悉均平，土圭测影不缩不盈，低头小音皆成佛道，不令有人独得灭度，皆以如来灭度而灭度之，具如今经。若约法被缘名渐圆教，若说※（又二十云："《涅槃》称为醍醐，此经名大王膳，故知二经俱是醍醐。又迦叶佛等悉不明《涅槃》，皆以《法华》为后教后味。"智者诚善于词令哉。又有详说，应知）次第"醍醐味相"。当知《华严》之喻与《涅槃》同，皆先菩萨次第及二乘后则平等凡圣云云。（按：此五味，似以义分别，不应先《华严》。若以时分则不应后《法华》，殊属不妥。智颛无理取闹。）如前分别，但约显露明渐顿之相。若论不定义则不然，虽高山顿说，不动寂场。而游化鹿苑，虽说四谛生灭，而不妨不生灭，当知即渐而顿，即顿而渐。此乃显露不定，秘密不定，其义不然。如来于法得最自在。此座说顿，十方说渐说不定。顿座不闻十方，十方不闻顿座等。今《法华》是显露非秘密，是渐顿非渐渐，是合非不合，是定非不定。※（诸番悉檀）故与众经相异。（虽有上说，仍不足救弊）卷二云："用别圆两种四悉檀，说十二部经者，是起《华严》教也。但用一番四悉檀说十二部经者，是起三藏教也。若用四番四悉檀说十二部经者，是起方等教也。若用三番四悉檀说十二部经者，是起《般若》教也。若但用一番四悉檀说十二部经者，是起《法华》教也。天亲用两番四悉檀，造《地论》通《华严》。舍利弗用初番四悉檀造《毗昙》，五百罗汉造《婆沙》通三藏，见有得道意也。诃梨跋摩亦用初番四悉檀，造《成实》通三藏，见空得道意也。迦游延亦初番四悉檀，造《鲲勒》通三藏，见空有得道意也。龙树用四番悉檀造《中论》，三番正通大乘，一番傍通三藏。弥勒用二番四悉檀，造《地持》通《华严》。无著亦用之造《摄论》。龙树用三番四悉檀，造《智论》通《大品》。天亲用一番四悉檀通《法华》。人传天亲、龙树各作《涅槃论》，未来此土，准例可知。又五通神仙种种诸论，释《天善论》、《大梵欲出论》，皆用初番四悉檀方便利益意也。《书》云：文行诚信定礼删诗垂裕后昆，即世界也。官人以德赏延于世，即为人也。叛而伐之，刑故无小，即对治也。政在清静，道合天心，人王无上，即是世间第一义悉檀也※（注：诸家）……求那跋摩云，诸论各异端，修行理无二……道场观云……（按：以下三家引解《妙》义）

会稽基云……北地师云……光宅云云……今古诸释，世以光宅为长。观南方释大乘，多承肇、什。肇、什多附通意，光宅释妙宁得远乎？今先难光宅，余者望风……"卷三云："南岳师举三种释法……光宅……北地师……"

（五）隋天台山修禅寺沙门智顗撰《四教义》六卷（缩印本）。卷一云："古来诸师讲说，何必悉存经论明文。如开善、光宅五时明义，庄严四时判教，《地论》四宗五宗六宗，摄山单复中假，兴皇四假，并无明文，皆言随情所立，助扬佛化（有难《地论》四宗，护身五宗，耆阇六宗义）……前明三观竖破诸法，略为数十番，与诸禅师及三论师所说意有殊也……地论师明阿赖耶即如来藏，是即用别教有门。通《三论》人曰：汝是不真宗亦是唛水义。三论师明诸法毕竟无所有，此是别教空门……"卷二云："南岳师云……南岳师云……南岳师云……（按：以上三引，皆解念处）若南岳师解……"卷三云："若南岳师解……若南岳师解……（以上三引亦解念处。）"卷六云："地论师云……南岳师解云……南岳师解云，《大品》四十二字，表四十二心之位。学问人多疑此信，谓《智论》无此释……（智顗有救）"按：该书本以七门明四教，此缩印本止于第四门明判位不同，缺佚后三门。缩藏所收《天台四教义》卷十二即此所缺之后三门也。注云："补藏本末尾佚失，但藏本为六卷，此本分为十二卷。"甚是，盖缩印本第一卷中有"第一卷竟"四字也。然该书明理之处，大少于明位。大约天台之说，较贤首方面多，说理则大体相同，而法门则异。谓贤首抄天台者，志磐之谬说也。谓之天台、贤首之罪人可，谓之未解二家说亦可。（在唐时实无贤首抄天台之说。静法虽立四教，亦未说也。）

（六）隋天台山修禅寺沙门智顗撰《维摩诘经三观玄义》二卷（续藏本）（古版本作《三观义》，《续藏》眉注云）。天明戊申九月东睿山凌云院僧正智愿、海藏撰《新刻三观义序》云："《四教义》从观出教，依教开解。《三观义》融教入观，依解立行。目足相扶，殆冈俱治之二书，盖缺一不可也。昔智者大师为大机感，亲注《净名》，此其玄谈也。而《三观义》在支那亡逸已久。吾邦幸而归璧，但虽有旧刊，较之《四教义》卤莽颇多。守笃纯和尚深忧之，精加考订，且著科文及签录。本山学誉有魁首贯光者，曾为诸生讲授此书。其正伪订误分文析义一取准绳于纯和尚也……"按：卷上云："况复发轸入不二玄门，圆观成十法之乘，兼用七义，义无不摄，非止《净名》，名显一部宗致，文意炳然……此经从无住本立一切法。"又卷下第七门释《维摩》（称此经）一部之义，则"三观义"上冠《维摩诘经》是也。又卷上云："但《成论》三大法师，各以情见破此细尘。细尘若尽不免断见，若不尽是常见。不出二见，岂能入空……此空三昧也，无住之本，立一切法，岂全同地论师计真如法性生一切法，岂全同摄论师计黎耶识生一切法。问：若各计何失？答：若本理无二，是大乘师俱禀天亲，何侯诤同水火……不著日边定相即是无相三昧入实相，岂全同地论师用本有佛性如暗室瓶瓮，亦不全同三论师破乳中酪性毕竟清净无所有性义也……若无四修即无四作，是无作三昧，岂同相州北道明义缘修作佛，南土大小乘师亦多用缘修作佛义。亦不同相州北道明义用真修作佛……"又卷下云："真谛三藏说理乘、得乘、随乘之三种乘……十地论师说七识是智识。《摄大乘》说七识但是执见识，诤论云云，皆由不达了因种性义也。六识、八识对二种佛性不达起诤，类如七识，其义可明。"按：智者说理颇有条理，较法藏、清凉清晰，且能深入问题，不支不蔓，诚为一代大师。上二书皆简当，要籍也。（法藏、清凉非无条理，亦非不清晰，但行文无智者畅达，且喜含浑其说也。）又述《观心论》一卷（续藏本）（亦名《煎乳论》）。自序云："弘法之人为利物故施加水之乳，致令听受之者失真道味，四众转就浇离，致使信心之者渐歇薄谈。特恐深广大法不久停留，众生眼灭，失正法利……若禅座观行之者，但安心鼻隔不净安般。此亦面墙，何可论道……"按：此应名《问观心论》（按：文中有云："问曰，何故作此《问观心论》？可证）以其以三十六问，问外观心人及久相逐眷属行四种三昧者，如云："问观自心生，云何知此心，具一切佛法，无一法出心。问观自心，云何此心即平等法界，佛不度众生。问观自生心，云何知此心，法界如虚空，毕竟无所念。问观自生心，云何无文字，一切言语断，寂然无所说"等，皆甚切要，应流通以益初学。又云："若不能于观一念自生心一一念。答：此问者，即是天魔外道眷属……"云云，何等气概，何等真切。智者诚人杰哉！末后一颂云："团团明月无增减，凡情颠倒见盈亏，纵复回光照西域，于其更理未曾移。巧用巧妙巧度物，不作怨家不作佛，法身巧用妙难思，借问定从何处出。"似非智者所作。

（七）又《法华玄义》卷三云："光宅用《法华》之妙……"又卷四云："诸论明心出一切法不同，或言阿黎耶是真识，出一切法。或言阿黎耶是无没识，无记无明，出一切法。若定执性实，堕冥初生觉从觉生我心过。破此如《止观》中说……达摩郁多罗难此义（按：难《胜鬘》灭谛是佛究竟）……庄严旻据佛果出二谛外，为中论师所窍……梁世成论师执世谛不同……陈世《中论》破立不同（按：上皆二谛异说）……十妙法门鳞杳重积，可胜言哉。天竺大论当非其类，真丹人师何劳及语。此非夸耀法相然耳。思自见之无侯费辞也。（按：此乃智者夸辞，亦以见其自信处及气概。所谓夸辞者，此事无多子，不足惊人也）"卷五"如别记云云……"卷七："成论人云……"卷九："有言……有师言……又有师言……今谓（按：以上四引皆解顿悟）……南岳师云……南岳师云……《成论》、《地论》师只见共般若，不见不共意。中论师得不共意失共意……"※（难《摄论》）卷十云："《摄大乘》明三种乘，理乘，随乘，得乘。理者，即是道前真如。随者，即是观真如慧，随顺于境。得者，一切行愿熏习，熏无分别智，契无分别境，与真如相应。此三意乃往乃同于三轨，而前后未融。何者，九识是道后真如。真如无事，智行根本种子，皆在黎耶识中熏习成就。得无分别智光成真实性，是则理乘本有，随得今有道后真加，方能化物。此岂非纵义。若三乘悉为黎耶所摄，又是横义，又滥冥初生觉，既纵既横与真伊相乖。元夫如来初出便欲说实，为不堪者，先以无常遣倒，次用空净荡著，次用历别起心，然后方明常乐我净。龙树作论申佛此意，以不可得洗荡封著习应一切法空，是名与般若相应。此空岂不空于无明？无明若空，种子安在？净诸法已，点空说法，结四句相。此语虚玄亦无住著，如病除已乃可进食。食亦消化那得发头。据阿黎耶出一切法，本之见慢全自未降，封此新文若长冰添水。故知此论非逗末代众生，乃是界外一途法门耳。又阿黎耶若具一切法者，那得不具道后真如，若言具者，那言真如非第八识，恐此犹是方便，从如来藏中开出耳。若执方便巨妨真实。若是实者，执之又成诨见，多含儿苏恐将夭命云云。若能善解破立之意，二诸经论净无滞著也……庵摩罗识即真性，阿黎耶即观照，阿陀那即资成。若《地》人明阿黎耶，是真常净识。《摄大乘》云无记无明随眠之识，亦名无没识。九识乃名净识云云互净。今例近况远，如一人心复何定，为善则善识，为恶即恶识，不为善恶即无记识。此三识何容顿同水火。若阿黎耶中，有生死种子，熏习增长，即成分别识。若有智慧种子，闻熏增长，即转依成道后真如，名净识。若异此两识，只是阿黎耶识。此亦一法论三，三中论一耳。《摄论》……如人醉酒而卧，岂非阿黎耶识？游行以求衣食，岂非阿陀那识？示以衣珠，岂非庵摩罗识？庵摩罗识名无分别智光，※按：《禅门章》说有余、无余、无住、究竟无上四涅槃。又《四念处》中说有无二余及大三涅槃。按：其余又有诸名，不好。若黎耶有此智种子，即理性无分别智光等也。……《地》人言但有性净、方便净涅槃。今谓应更有圆净涅槃。"卷十一云："《古注楞伽经》云……"卷十三云："光宅云……肇师云……先佛《法华》，如恒河阿閦婆偈。今佛灵山八年说法，胡本中事后应何穷。真丹建都，止闻大意。人见七卷，谓为小经。胡文浩博，何所不办？（按：智者时有此论调，当禀于南岳也，一笑。《四教义》中有云："但使义符经论，无文证者，亦须得，不足致疑，宁可守株待兔。"）"卷十四云："光宅云……"卷十五云："开善云……昔佛法初度，胡汉未明，言无翻者乃河西群学所传……梁武云……北地师……又有解言……有人解……"卷十七云："今时学《地论》人反道还俗，窃以此义偷安庄、老……如《地》人云……《地论》有南北二道，加复

《摄大乘》兴，各自谓真，互相排斥……"卷十八云："《普贤观》云……远师以一乘为宗……龙师云……慧观序云……什师叹云……印师云……光宅……又师云……地师所用据八识是极果，今《摄大乘》破之，谓是生死根本。有师云……睿师序云……"卷十九云："前代诸师或祖承名匠，或思出神衿，虽阡陌纵横莫知孰是。然义不双立，理无两存。若深有所以，复与修多罗合者，录而用之。无文无义，不可信受。南岳大师心有所证，又勘同经论，聿遵佛语。天台师述而用之，略明四教（按：此似顶师口气）……南北地通用三种教相……一者虎丘山岌师……二者宗爱法师……即庄严旻师所用……三者定林柔、次二师及道场观法师……更判五时教，即开善、光宅所用……四者北地师，亦作五时教……五者菩提流支，明半满教……六者佛驮三藏，学士光统四宗判教……七、护身自轨大乘，开五宗教……八、耆阇凛师更开六宗……九、北地禅师明二种大乘……十、北地禅师但一佛乘，无二亦无三（按：皆有难）……成论师"卷二十云："记者私录异同（按：约千余言，皆救四教难词也）……达摩郁多罗释教迹义云……诞公云……师云我以五章略谭玄义，非能申文外之妙，特是粗述所怀，常恨言不能畅意，况复记能尽言。虽然，若能寻七义次通十妙，研别体七余五，钩琐相承，宛宛如绣……"按：该书以释名、辨体、明宗、论用、判教五章解《妙法莲华经》五字题目。初释名凡十四卷又半，就中释妙最多。境、智、行、住、三法，感应、神通、说法、眷属、功德利益十妙，自卷三至卷十五，娓娓不已，大烦大烦，而智者犹以为粗述，未知此老胸中犹有许多络索也。释教相中，因义已见前，仅述破异解，引文证判教相等而已。大不如《四教义》之简要得当。若未读上二书，而先读此，诚不知有下手处也。故此书只可为《四教义》、《三观义》之补足书。然其要义，不出《玄赞记》所录，则就说理之范围善巧论，似不及玄赞、华严之二家也。谓贤首抄天台可乎？（至于著作时日，则《四教义》较《玄义》为晚。观《玄义》之说理少次序，可知）

　　（八）智者说《妙法莲华经文句》（缩印本）二十卷。卷一有注云："佛出世难，佛说是难，传译此难，自开悟难，闻师讲难，一遍记难。余二十七于金陵听受，六十九于丹丘添削，留赠后贤，共期佛慧。"则亦灌顶所记也。又云："委释经题，已如上说"，则此记后于《玄义》也。又云："古讲师但敷弘义，不分章段……河西凭、江东瑶取天亲作论以七功德分序品等之意，印目经文，末代尤烦。光宅转细……昙鸾云……庐山龙师……齐中兴印、小山瑶从龙受经分文同。玄畅……光宅云从印受经……天台智者分文为三……肇师云……肇师云……"按：此书乃释《法华》经文之疏也。其释名也类多以意为之，如："识阴如灵，三阴如鹜"等等。述义皆以四教料简，应知。又卷二云："僧肇序云……"卷三："普超云……"卷四："普超云……（此引普超，未知人名或经名否也。疑经名者，与《思益》、《悲华》等同列也）弥天安师云……广释如《净名疏》……光宅……光宅……生师云……观师意同……基师云……印师云……今谓此经是宋元嘉三年，慧表比丘于南海郡朝廷寺，遇昙摩耶舍受此本还武当山。永明三年始传于世……光宅云……刘虬注云（按：以上皆解序品之义，有难）……（按：此下释东涌西没等，有谓东方青，主肝，肝主眼。西方白，主肺，肺主鼻云云。几与李通玄一鼻孔出气）……《首楞严》（当系《三昧经》，据此可证智者希《佛顶经》之妄）云……"卷五云："此四伏难，光宅受于次师，次师受于江北钊师。既是先贤文外巧思，今用之……光宅……瑶师云……此义出自天台（按：文中又有"师曰"云云，皆灌顶口气也），非传他疏，寄语后贤勿遏人长。自钊师而后，数百年中讲《法华》者溢路，颇有见斯意不。"卷六云："何如光宅区区一种……印师云……观师云……光宅云……北地师云……瑶师云……畅师……瑶师、龙师云……"卷七："光宅云……有人言……有人解……摄大乘师云……光宅云……"卷八云："南岳师云……瑶师云……地师解云……古师云……光宅言……瑶师云……玄畅师云……龙师云……"卷九："小云疏云……瑶师云……"卷十云："道场观云……光宅云云……"卷十一云："三藏法师云……依天台智者……"卷十三云："光宅云……龙印云……忠师云……注者云……"卷十五云："生师云……有人言……刘虬云……生师云……"卷十六云："宝唱《经目》云，《法华》凡四译，两存两没。昙摩罗刹，此言法护，西晋长安译名《正法华》。法护仍敷演，安汰所承者是也。鸠摩罗什，以伪秦弘始五年四月二十三日，于长安逍遥园译《大品》竟。至八年夏于草堂寺译此《妙法莲华》，命僧睿讲之。睿开为九辙，当时二十八品。长安宫人请此品（按：是《提婆达多品》）淹留在内，江东所传止得二十七品。梁有满法师讲经一百遍，于长沙郡烧身，仍以此品安《持品》之前。彼自私安，未闻天下。陈有南岳禅师，次此品在《宝塔》之后。晚以《正法华》勘之，甚相应。今四渎混和，见长安旧本，故知二师深得经意……基师云……龙师云……南岳师云……天台师云……"卷十八云："河西道朗云……道场观云……注者云……竺道生云……肇师之言（按：以上五引皆释三身）……"卷十九云："光宅……光宅……南师……北师……"卷二十云："此品（按：即普门品）是当途王经，讲者甚众。今之解释不与他同，别有私记两卷。"按：我国佛教应分三纪：（一）初纪，（二）盛纪，（三）衰纪。※按：《国清百录》吉藏致智者三书，及《请讲法华疏》有云："谨当竭愚，奉禀诲诱，穷此形命远至来劫。""……若非通参穷学德侔补处，岂能经论洞明，定慧兼照……生知妙悟，魏晋以来，典籍风谣，实无连类……谨共禅众一百余僧，奉请智者大师演畅《法华》一部……吉藏仰谢前达，俯愧询求，兢惧唯深，但增战慄。开皇十七年八月二十一日。"何其谦也。则吉藏应少后于智者。又按：智者于开皇十七年十一月二十四日入灭，则吉藏未获听《法华》也。其时灌顶所记三书，或未行世，则应断时期吉藏矣。又按：吉藏请讲经时在吴州会稽嘉祥寺。初期中自道安而上，应称发轫期。道安而下至于吉藏，应称弘大期。智者所谈，承《成论》师、《地论》师、《摄论》师、初期《三论》师等之余绪，而以《智论》等为准绳，由今日评之，其言自觉泛蔓。然能于教法广具之时，独标胜义而无背诸佛深心，则此土大乘根器之成绩，于初纪已大有可观矣。宜乎小智之骇怪眩惑而不能已也。盛纪则自吉藏而后以至清凉。清凉而后以至今日，皆为衰纪。象王行处，本绝狐踪，欲振颓纲，何可得乎？悲哉！又按：天台家以《玄义》、《文句》、《摩诃止观》为三大部，实是末学门户之见，盖《文句》实非要籍也。

（九）智者说，灌顶记《摩诃止观》二十卷（缩印本）。卷一云："止观明静，前代未闻。智者于大隋开皇十四年四月二十六日，于荆州玉泉寺，一夏敷扬，二时慈霑，虽乐说不穷才至见境，法轮停转，后分弗宣……此之止观，天台智者说己心中所行法门。智者生，光满室，目现双瞳。行法华经忏，发陀罗尼，代受法师讲金字《般若》。陈、隋二国宗为帝师，安禅而化，位居五品……智者师事南岳，南岳德行不可思议。十年专诵，七载方等。九旬常坐，一时圆证，大小法门朗然洞发。南岳事慧文禅师，当齐高之世，独步河淮……文师用心，一依《释论》。论是龙树所说，智者《观心论》云：归命龙树师。验知龙树是高祖也。疑者云：《中论》遣荡，止观建立，云何得同？然天竺注论凡七十家，不应是青目，而非诸师。又论云'因缘所生法'，乃至'亦是中道义'云云。天台传南岳三种止观：一、渐次，二、不定，三、圆顿。……次第禅门，合三十卷。今之十轴，是大庄严寺法慎私记。不定如《六妙门》，以不定意历十二禅、九想乃至因缘六度，无碍旋转纵横自在。此是陈尚书令毛喜请智者出此文也。圆顿如灌顶荆州玉泉寺所记十卷是也……《首楞严》曰……"卷二："如《首楞严》……"卷三："召请法在《国清百录》中……别有一卷名《法华三昧》，是天台师所著，流传于世，行者宗之……南岳师云……南岳师呼为……"卷五云："常途解二谛者二十三家，家家不同，各各异见。皆引经论，莫知孰是。虽谓为能，恐乖佛旨……风流二谛，意在此（庄严开善之说）……成论师云……"卷六云："菩提流支云……"卷八云："《地》、《摄》二论师多明此意……"卷九云："天亲、龙树内鉴冷然，外适时宜，各权所据，而人师偏解，学者苟执，遂兴矢石，各保一边，大乘圣道也……一种禅师不许作观，唯专用止……又一禅师不许作止，专在于观……"卷十云："开善云……中论师解……今世多有恶魔比丘，退戒还家，惧畏驱策，更越济道士。复邀名利，夸谈庄老，以佛法义，偷安邪典。押高就下，推尊入卑，概令平等。以道可道非常道，名可名非常名，均齐佛法，不可说示。愚者所信，智者所蚩……"卷十一云："跋摩云，诸论各异端，修行理无二，偏执有是非，达者无违诤。于时宗家盛弘《成实》，异执竞起，作偈讥之……迦旃延申其所入之门造《鞞勒论》传南天竺……五常五行义亦似五戒，仁慈矜养不害于他，即不杀戒。义让推廉，抽己惠彼，是不盗戒。礼制规矩，结发成亲，即不邪淫戒。智鉴明利，所为秉直，中当道理，即不饮酒戒。信契实录，诚节不欺，是不妄语戒。周、孔立此五常为世间法药。又五行似五戒。五经似五戒。（按：智者未薄周、孔，与清凉同）……"又卷十二云："孔丘、姬旦制君臣定父子，故敬上爱下，世间大治。礼律节度，尊卑有序，此扶于戒也。乐以和心，移风易俗，此扶于定也。先王至德要道，此扶于慧。元古混沌，未宜出世。边表根性，不感佛兴。我遣三圣化彼真丹，礼义前开，大小乘经然后可信。真丹既然，十方亦尔，故前用世法而授与之云云……天亲明阿黎耶识为世谛，别有真如，此是论之正主，禅定助道皆是陪从庄严耳。如《中论》中毕竟空，空为论主，其余亦是助道耳……天亲无著论，开善广解，讵出无生无住之意耶……智障者，异解不同，今出达摩郁多罗释……"卷十四云："武津叹曰，一生望入铜轮，领众太早，所求不克。"卷十五云："温师云……"卷十六云："陈鍼开善云云……诸方等师相传云……南岳师云……"卷十九云："初因心静，后观转明，翻转自在，有如妙达。南方习禅者寡发见人微，北方多有此事……《关中疏》云……真谛三藏云……"（按：卷十九、卷二十在观诸见境。又第十卷至卷十二之破法遍，皆可为《世界边论》、《正谬品》之参考材料）又卷十八云："上古贤人推位让国，还牛洗耳，皆是昔生经修不净观，※（又按：该书较《玄义》更为重要。若问智者与贤首、清凉、吉藏三贤相较如何。大约智者天分最高，而受时代之影响，阅书不多，故四教不如五教之完备。吉藏颇多宗门气，论教理似不若三贤也。然就其成绩言，实不可轩轾于其间，皆为我国佛教之大放异彩之巨子也）自然成性，无复爱染。不得此意，贪之至死，何能忽荣弃位耶？"此等议论大好，智者胜解，于此可见。后代诚少觏也。又若证其破法遍及观诸见等，益足证矣。又按：此书以大意、释名、体相、摄法、偏圆、方便、正观、果报、起教、旨归十事释圆顿止观。其义不出四教三观，如《玄赞记》所明。然仅释前七章，后三章缺。又其正观章中，亦开阴界入、烦恼、病患、业相、魔事、禅定、诸见、增上慢、二乘、菩萨之十，释亦仅详前七，后缺。正观章自九至卷二十，凡十二卷，明阴界入。又以十法门明观心，自卷九至十四，凡六卷。余则释大意一章，较

详。又按：该三书皆灌顶所记，增削历时，是否与天台原意符合，实是启人疑
窦。然据余所测，决无讹误，盖详灌顶"私谓"云云，可证其能承受天台之繁
说。《四教义》、《三观义》，皆天台手撰，而义与此三书无二，则欲生疑不可得
也。则灌顶实亦难得之龙象矣。其记忆力更足令人佩服，然其中引证经论之瞻谭
等等，必出于灌顶无疑。则智者、灌顶之于天台宗，乃若玄奘、窥基之于法相
宗，不可分二人为二，同一美谈矣。

※按：灌顶《智者别传》云："智者弘法三十余年，不蓄章疏，有大机感，乃为著文。奉敕
撰《净名经疏》，至《佛道品》，为二十八卷。《觉意三昧》一卷。《六妙门》一卷。《法界次第章
门》三百科，始著六十科为三卷。《小止观》一卷。《法华三昧行法》一卷。又常云，若说次第禅
门一年一遍，若著章疏可五十卷。若说《法华玄义》并《圆顿止观》半年各一遍，若著章疏各三
十卷。此三法门皆无文疏，讲授而已。大庄严寺法慎私记禅门，初分得三十卷，尚未删定而法慎
终国清寺。灌顶私记《法华玄》初分得十卷。《止观》初分得十卷。方希再听，毕其首尾，会智
者涅槃。"怪哉，乃无《四教义》，当其遗失，盖《四教义》之文义，必非他人所能仿造也。

（十）智者撰《法界次第初门》六卷（缩印本，下四种同。）总序云："天台山
修禅寺沙门释智顗辄依经附论，撰《法界次第初门》三百科，裁为七卷，流传新
学，略为三意……"按：释名色初门，阴界入初门，五戒初门，四禅初门，四谛
初门，六度初门，十八空初门，三十二相初门等，凡六十门，粗解名相而已，大
都根据《智论》，无足观。又智者说，灌顶记《释摩诃般若波罗蜜经觉意三昧》
一卷，以释法相、释名、释方便、明心相、入观门、证相门，六释觉意三昧。文
义俱粗浅，乃对初学之作，不要。又智顗述《修习止观坐禅法要》一卷，一名
"童蒙止观"，亦名"小止观"。绍圣二年余杭郡释元照序云："天台止观有四
本，一曰圆顿止观，大师于荆州玉泉寺说，章安记为十卷。二曰渐次止观，在瓦
官寺说，弟子法慎记。本三十卷，章安治定为十卷，今《禅波罗蜜》是。三曰不
定止观，即陈尚书令毛喜请大师出。有一卷，今《六妙门》是。四曰小止观，即
今文是，大师为俗兄陈针出。实大部之梗概，入道之枢机。……天台教宗部虽
繁，要归不出止观。舍止观不足以明天台道，不足以议天台教（此人是外行，盖未明
天台所说止观也）。奈何叔世寡薄，驰走声利，或胶固于名相，或混淆于暗证。其
书虽存，而止观之道蔑闻于世……"宋忠肃公陈瓘莹中《止观坐禅法要记》云：
"本自不动，何止之有？本自不蔽，何观之有？众生迷荡，去本日远，动静俱
失，不昏即散。当用止观以为药，病瘥医亦不立，则止观者乃假名字，即假即
空，言语道断。以大悲故无说而说，此《摩诃止观》之所以作也。然深广潭涯，
孰得其际。故于大经之外，又为此书词简旨要……"按：该书十门，谓具缘、诃

欲、弃盖、调和、方便、正修、善发、觉魔、治病、证果。文与《摩诃止观》大同，惟义未详圆顿耳。初九门仅略言唯心，及从假入空观。证果一门略说三止三观，具圆顿之意，如《玄赞记》，惟太略，初学终无所益。至于其余九门，则颇可为不能阅《摩诃止观》者之用。又正修行第六中有云："《起信论》云：若心驰散，即当摄来，来于正念。是正念者，当知唯心，无外境界。即复此心，亦无自相，念念不可得。"实是怪事，盖据《摩诃止观》言心与法界一段，智者不应见《起信论》也。则此引文，定系后人窜入。其上文为："生灭名字，但是假立。生灭心灭，寂灭现前，了无所得。是所谓涅槃空寂之理，真心自止。"其下文为："谓初心修学，修学未便得住，抑之令住，往往发狂。如学射人，久习方中矣。"可知引《起信论》文，于文无益，且不相当，其为后人窜入无疑。

又《天台智者大师禅门口诀》一卷，乃杂答人问坐禅方法，禅中相状，病魔调伏事之记录，凡二页半。可为补充材料，不知是否灌顶所记也。非要籍，不必深论。（《六妙门》及《释禅波罗蜜》，前已阅过。考《遗珠集甲》，可知）※（按：此书似非智者所作，文体不似故。后勘其所引经文，可知矣。然此解净土之意尚清楚）又智者说《净土十疑论》一卷。宋无为子杨杰述序云："爱不重不生娑婆，念不一不生极乐……诸佛心内众生，尘尘极乐。众生心中净土，念念弥陀。吾以是观之，智慧者易生，能断疑故；禅定者易生，不散乱故；持戒者易生，远诸染故；布施者易生，不我有故；忍辱者易生，不瞋恚故；精进者易生，不退转故；不造善不作恶者易生，念能一故；诸恶已作、业报已现者易生，实惭惧故。虽有众善，若无诚信心、无深心、无回向发愿心者，则不得上上品生矣。然赞辅弥陀教观者，其书山积，唯天台智者大师《净土十疑论》，最为首冠……照宁九年仲秋述"又元祐八年陈瓘《后序》云："弥陀之岸，本无彼此，释迦之船，实非往来……"按：该书释往生净土十难，颇中肯，净土宗之要籍也。然鄙意以为，欲遂往生，必须一心不乱。一心不乱甚难。不然散心多执，虽有佛光金台接引，终不相应。智者于此未详，仅曰常行念佛三昧及施戒等一切善行等，未免缺憾。

又天台大师出《禅门要略》一卷（续藏本，下五种同），乃后人节略《小止观》之呵五欲、具五缘、弃五盖、调五事、行五法、修系缘、制心、体真三止对治及正二观，历缘对境修止观，七段而成。末后一节，于礼佛中修一心三观，似见于《摩诃止观》，故决非智者或其弟子所出。盖已有四种止观之作，须此不全之文无用也。又《观心食法》一卷，三六一字。以中道观食，或亦智者教人之方便，而标名仅曰天台智者大师，不可知其究竟也。又天台大师说《观心诵经法》一卷，约五六百字。以三观观经座乃至能诵之人、经卷、纸墨，以及六度流通，亦智者教人之方便也。又《天台智者大师发愿文》云："夫欲念诵灭罪障助菩提，应须发愿，弟子比丘某甲……唯愿神力慈哀护念，以此念诵功德，了达根尘能所，一念心具一切法，百界三千空假中即法界印……临命终时，七日之前自知时节，心不颠倒，入深三昧，见十方佛。愿弥陀世尊一切圣众，不舍本誓，悉现在前，于一念顷上品上生西方极乐世界，金莲化生……"智者诚能捣鬼者矣，一笑。又智者撰《普贤菩萨发愿文》，有十愿。谓愿于一切生处，一切法中，常得供养十方佛。于一切微尘道中成等正觉，转大法轮，度脱众生等。又智者说《禅门章》一卷，初段略谈出次第、非次第赴缘不定，或次不次三种禅之所以。次段云："释十科意者，初五是解心希向，欲求定意，未是修行之法。后五是自解而起行内外方便，方正是进行生起十意，如文云云。第五、得心法者，第六、方便一重者……向下自广明之，十重明义，止齐。第六、第七明修证……具释当有十卷文云云。第八、显示果报者……辨此亦有数卷。第九、从禅起教……凡有两卷明此义云云。第十、总会旨归……"第三段云："释第一大段明大意中简非者，凡有十种备如止观中说。今略明一两如者……"第四段云："第二显是者，是名正明修禅大意……"又云："释第二正明修禅所为者……第三释门者……南岳师云……具如《法界次第量略门》所辨……释第二卷，上第一卷所辨名之为解，自此去所明名之为行。故言方便也……释（外方便）第一方便文为三：初、明持戒，二、辨持犯，三、明忏悔……释（外方便）第二方便呵五欲者……释（外方便）第三方便弃五盖者……释第四方便调五事者（外方便）……释第三内方便者……第一明止门……四句检实不可得，名推义禅。念念入法流，名缘如禅。湛然寂照，名如来禅……金岂三藏明□……开善无金刚心，庄严有之……真谛三藏诸师说有金刚之惑，为金刚智所破……次明数息方法……次觉八触身者……次明八触邪正者……第二明修达观者……无有生检非生非无生，无有生具如止观云云……（按：此中三假四句检无生）复次，发特胜善根者……"按：以上段落，似与《摩诃止观》合，而行文说义，格格不吐，当系智者位下，下座弟子所记。然有数义如《玄赞记》所记，灌顶记者所无。又八、九、十三章，灌顶记者，全未说及，而此有略解，或可以由之而窥《摩诃止观》之全豹欤？然此中"具如止观云云"，检非此书中有，当指《摩诃止观》也。则灌顶所记，宜非尽是智者讲座所演者矣。不然，明知有《摩诃止观》而复固守其陋，至愚不为也。※（余亦应然，若更揆以一般讲录构成之经过，更无须置疑矣）又以《摩诃止观》之瞻详广博，条理明析，与此相较，乃若天渊。此固可谓为记者之优劣使然，而出入太多，不可尽委罪于记者，则《摩诃止观》非尽讲座所演又明矣。

又智者说，灌顶记《四念处》四卷（缩印本，下四种同）。卷一云："南岳师云……南岳师云……"卷三云："南岳师……观此无明为从无明生，为从法性生？《璎珞》及《地论》皆解云，从法生。《摄论》云，从无明生，依黎耶起。此识无记，如地有金土，依染如土，依净如金，故言依他也。黎耶依业生，故言依他也。若他依者，六识所起善恶业，六识谢灭种子，依黎耶摄持得生，故名他依。三藏学士述难小乘人云，汝六识中起善恶业，六识谢过，善恶亦应随灭。若灭，现不得起；若不灭，无黎耶依何摄持？今还难之，汝偈道他依，汝那道依黎耶。黎耶是无明，客法为他，法性是本，法为自。若法性为自，黎耶成他。但依他，何处有自？若他等是客法，唤六识为他，何意不得唤黎耶为他？及难六识依黎耶六识为他，黎耶依法性，黎耶亦是他云云。若黎耶他是自性，自性应是他。如此定时，※（唯色（老《丁集》四十五页右））随彼意答，若自若他俱被破耳……"卷四云："若圆说者，亦得唯色、唯声、唯香、唯味、唯触、唯识。若合论，一一法皆具足法界诸法等。当知若识若色，皆是唯色。若色若识，皆是唯识。今虽说色心两名，其实只一念。无明法性十法界，即是不思议一心，具一切因缘所生法。若广说即因缘所生心，即空即假即中。"按：该书以四教明三种四念处，要义如《玄赞记》及其余。虽不及《摩诃止观》之要，亦为不可不参考之书也。※（化仪四教）

（十一）灌顶撰《天台八教大意》一卷，云："前佛后佛，自行化他，究其旨归，咸宗一妙佛之知见。但机缘差品，应物现形，为实施权，故分乎八。顿、渐、秘密、不定——化之仪式，譬如药方。藏、通、别、圆——所化之法，譬如药味。顿者，从部得名，即《华严》也。如日出先照一高山。约譬次第，以初譬，名为乳味。次从鹿苑至于般若，名为渐教。示成鹿苑转生灭四谛法轮。约譬次第，为酪味，即第二时。次明《方等》、《大集》、《宝积》、《净名》，褒圆叹大折小弹偏。约譬次第，为生酥味。即第三时也。次说诸部《般若》，转教付财融通淘汰。约譬次第，名熟酥味，即第四时也。《法华》、《涅槃》非顿渐摄，开前顿渐，会归佛乘。约譬次第，名醍醐味，即第五时也。余之六教遍在渐顿之中。同听异闻，互不相知，名秘密教。同听异闻，彼彼相知，名不定教。秘密、不定名下之法，只是藏、通、别、圆佛世逗机，一音异解，从化仪大判，且受二名。次明藏等四教，亦遍顿渐二味之中。《华严》顿部兼圆兼别。鹿苑初成，十二年前说戒定慧三，并属小但三藏教。十二年后《般若》之前，《大集》、《宝积》、《楞伽》、《思益》、《净名》、《金光明》，并属方等。对半明满，具有四教。诸部《般若》带半明满，具通别圆三。《法华》会竟，无三唯一圆。《涅槃》

最后谈常四教，并知圆理。故二经同醍醐味。"按：其余释四教名义，皆略述智者之说，故皆云："广如大本。"此诚不要，不过出"化仪"之名耳。化仪四教之义，圆见于《玄义》初也。然可作《天台教开蒙》读也。故云："究其始末，余文广寻，可谓习义观之初章……顷因好事者直笔书之。"末云："天台释明旷于三童寺录焉。"不知何许人也。又《观心论疏》五卷。卷一云："唯南岳师，善能精别……"卷三云："别有一卷，名《法华三昧》，天台大师所著。流传于世，行者宗之……南岳师呼为……"按：该书详释《观心论》，虽都引大部之文，而皆简当，可供初学参考。《摩诃止观》正观章中未解后三——增上慢、二乘、菩萨三门，此卷第四初，略有释。若以之与《禅门章》合读，则得圆顿止观之全范围矣。又《国清百录》四卷，自序云："……先师神光而生，结跏而灭。处证妙法，出作帝师。备是诸官法论、会稽智果、国清灌顶三传所载。又沙门智寂，编集先师遣迎信命，搜访未周而智寂身故。余览其草本，续更撰次诸经方法等，合得一百条，呼为《国清百录》。"又丹丘沙门有严述序云："……天圣年中，伏蒙圣朝编入大藏，既缄以函帙，故世人罕得而见之……明年春（按：是绍圣五年）四明陈宗逸，谋镂板印行，奉命序述，以冠其首。"按：该书实百零四条。卷一第一条立制法十颂，是其清规。次敬礼法，是其早午晡夜课诵。又第三条普礼法，第七条之训知事人，似皆犹为今日丛林所采用。又有请观世音忏法、金光明忏法、方等忏法之事相，亦为今日丛林所采用也。其余皆为当时君臣名流之敕令疏书碑文，及智者答书、疏文等。考证当时佛教情形之重要材料也。宜与《弘明集》等，等量齐观。后附年谱事迹，有云："自入灭至宋淳熙十二年乙巳，得五百九十二岁矣。"当是宋人所加。又淳熙十二年白莲住山戒应题云："诸部板刻，布在诸方，唯《国清百录》，昨因魔火燔毁。今令行者县岑遍求道俗，遂圆部帙。"则年谱或戒应所作。又苏州北禅无量寿院，传天台祖教沙门净梵《题百录后序》云："镂板虽已印行，而未经校勘，因将古本对证，且讹误非一，逐改证前后凡十余处。"则此人应与有严同时，距戒应则九十余年矣。盖有严序中云："自入灭至绍圣四年，足五百岁也。"

又《隋天台智者大师别传》一卷，颇多异同。后附诜师师云，大师所为功德云云数十字，不知诜法师何许人也。灌顶所撰，关于台宗者，今所能见者，唯此四书而已（按：以下犹有。）

（十二）陈南岳思大禅师撰《诸法无诤三昧法门》（缩印本，下三种同）二卷。卷上扩上禅之定义，如《玄赞记》，实属创论。卷下明四念处，乃分为身念处观如音品，受念处品，心念处品，法念处品。而法念处末，又出坐禅修觉意一题，则无统系矣。其要义如《玄赞记》，则思师实未立四教之界限，而颇有宗门气。故其扩充禅之范围，实无经论明文可证。而曰："谛听善思念之。吾当为汝决定说。"皆与宗匠口气相似，不知者必谓其以意为之也。然于此可知，思师功夫很深。※（近有人谓据《誓愿文》可知，天台家乃受道家之影响而立宗。《大乘止观》为天台宗徒据《起信》所作，非南岳所作也。皆属荒谬，后当论之。）又立《誓愿书》一卷。初述出家参学，为人被毒，发愿造金字《摩诃般若经》等事。次述年四十四，在大苏山造成金字《摩诃般若经》一部，即于尔时发十誓愿等事。其誓愿中有"愿圣贤佐助，得好苓草及神丹。藉外丹力修内丹，疗治众病。常得经行修诸禅，作长寿仙见弥勒"云云，似可不必。孔子五十而知天命。唐代禅德粥饭随时，何惧乎生天余趣，何欣乎长寿仙人？据此等处，思师实不及唐代禅德，亦不及其弟子智者（学力固远不如智者）。※按：思师，梁武帝天监二年乙未生，其发愿时年四十四，为陈武帝永定二年戊寅。距慧文开悟时（梁简文大宝二年，《统记》云然。然简文在位二年，有二年号。大宝二年应为天正元年也）仅七年。又二年（陈文帝天嘉元年）而智者（二十三岁）至大苏山，思师为之说《安乐行义》，则余所戏论，乃逆相合也。而其记者当是智者，更详行文，亦无不合。又按《统记》，思师于太建九年六月入灭，年应六十三也。智者年四十，距《玄义》等之著述，尚十余年。尔时真谛所译之书，当已盛行也，故有摄论师云云之文。盖终不免于火气太重也。又陈南岳思大禅师说《法华经安乐行义》一卷，以《法华》胜义解安、乐、行三事，大要如《玄赞记》。恐是四十四岁以后所说，盖明无住，颇当于理也。一笑，惟不知何人所记。又《大乘止观法门》四卷，标名为南岳思大禅师曲授心要。又正文前标云："行者若欲修之，当于下止观体状文中学，若有所疑不决，然后遍读，当有断疑之处也。又此所明，悉依经论，其中多有经文论偈，不得不净御之，恐招无敬之罪。"当系后人所加。卷一云："一切佛本在凡时，心依熏变（心指真心）不觉自动，显现虚状。虚状者，即凡夫五阴及六尘，亦名※（真妄熏习）似识似色似尘也。似识者，即六、七识也。由此似识念念起时，即不了知似色等法，但是心作虚相无实。以不了故，妄执虚相，以为实事。妄执之时，即还熏净心也。似识不了之义，即果时无明，亦名迷境无明。以果时无明熏心故，令心不觉，即是子时无明，亦名住地无明也。妄想熏心故令心变动，即是业识。妄境熏心故令心成似尘种子，似识熏心故令心成似识种子，此似尘、似识二种子，总名虚状种子也。然此果时无明等，虽各别熏起一法，要俱时和合故能熏也。何以故？以不相离相藉有故。若无似识即无果时无明，若无无明即无妄想，若无妄想即不成妄境。是故四种俱时和合，方能现于虚状之果。又复虚状种子依彼子时无明住故，又复虚状种子不能独现果故，若无子时无明即无业识。若无业识即无虚状种子，不能显现成果，亦即自体不立。※（卷末又有说子果二无明、业识及业妄不一不异，互为因缘与增上缘义）如是果子相生，无始流转，名为众生。后遇善友，为说诸法皆一心作，似有无实。闻已修行解成时，是果时无明灭。无明灭故，不执虚状为实，即妄想妄境灭。尔时意识转名无尘智，以知无实尘故。然犹见虚相之有，有即非有，本性不生，今即不灭，唯是一心。以不知此理，故亦名子时无明，亦名迷理无明，但细于前迷事无明也。然知境虚智熏心，令归无明住地，习气及业识等渐除。故一念创始发修之明，无明住地即分灭也。以其分分灭故，智慧分分增明，以是义故，似识转转明利，似色等复不令意识生识，无明住地随尽。所起无尘之智，即能知彼虚状果报，体性非有，本自不生，今即无灭，唯一心体无分别。此智是金刚无碍智也。此智成已，熏心种子，习气坏故，虚状永泯。心体寂照，名为体证真如。即是寂照，※（自此以下，大好大好。知此好已，知前亦通）无能证所证之别，名为无分别智。何以故？以此智外无别有真如可分别故。此即是心显成智，智是心用，心是智体。体用一法，自性无二，故名自性体证也。如水静内照，照润义殊而常湛一，照润润照故。心亦尔，寂照义分而体融无二，照寂寂照故。照寂顺体，寂照顺用。照自体名觉于净心，体自照即净心自觉。故言二义一体，此即以无分别智为觉也。净心从本以来具此智性不增不减，故以净心为佛性也。此就智慧佛以明净心为佛性。又此净心自体具足福德之性及巧用之性，复为净业所熏出报、应二佛，故以此心为佛性也。又复不觉灭故以心为觉，动义息故说心不动，虚相泯故言心无相。然此心体非觉不觉，动不动，相无相。虽然以不觉灭故说心为觉，亦无所妨也。此就对治出障心体以论于觉，不据智用为觉。又复净心本无不觉，说心为本觉。乃至本无虚相，说心本平等。然其心体非觉、不觉等，然以本无本觉，故说为本觉，亦无所失也。※（智者已及见真谛所译书，当知思师此论似识等不妥，故略而不述，仅说法性与无明合也。此实关于《起信论》考证之一重大发见）此就凡圣不二，以明心体为如如佛，不论心体本具性觉之用也。"余初读上文，即疑此书非思师所说。及阅至后，乃知此实思师所说也。何以故？言真妄而不及第八识，仅曰六、七识，则未能见真谛所译书，一也。智者承此说而曰法性与无明合生一切法，乃就俗谛言，较此实属进步，二也。《诸法无净三昧法门》中亦有自性清净真心，如月在空，众生见生灭之说。此不过就其意发挥而已，三也。无别有真如以下一段，实系悟后人语，（以与圣教合故）前虽似误，得此段文即可无过，四也。至于《玄赞记》录有《起信》之引，定系后人窜入，如《小止观》。盖见《起信论》者，不复更生此论矣。据此可知《起信》本此等文而造也。又云："此心体有随染之用，故为一切染法之所熏习。即以此心随染故，能摄持熏习之气，复能依熏显现染法。即此心性能持能现二种功能，皆依此一心而立。与心不一异故，此心名为法身。此能持之功能与所持之气和合，故名为子时阿黎耶识。依熏现法之能与所现之相和合，故名为果报阿黎耶识。此二识体一用异也。然此阿黎耶中即有二分：一者染分，即业与果报之相；二者净分，即心性及能熏净法，名净分。以其染性即是净性更无别法，故由此心性为彼业染所依。故说生死依如来藏，即是法身藏也。此名名如来藏者，如来果德法身，众生性德净心，并能包含染净二性及染净二事，无所妨碍，故言能藏为藏。藏体平等名为如，平等缘起目为来。又即此真心而为无明觳藏所藏故名所藏。藏体无异无相名如，体备染净二用为来。又此心体具染净二性之用，故依染净二种熏力，能生世出世间法。故以能生名藏，染净平等名之为如，能生染净目之为来，故云能生名如来藏。"此中乃说阿黎耶识，似尝见真谛所译之书者，（然应更考地论师义，及摄论师之弘扬时代乃定）然染性即净性等云云，与上不违，亦非能见《起信论》者。又云："是以《起信论》言……"又卷二云："是故《论》云三者用大"，似足以证其应见《起信》矣。然卷二末心体二种云云，似《起信》之一心二门。思师若得见《起信》，且引用《起信》者，何为不出《起信》之名义，而复自出己解，以被后人议论耶？故此二引，亦后人窜入，以旁证《起信论》之译于真谛者。又检其上下文，无此二引，亦甚通顺，是故思师之作此，乃尝见真谛所译书，而复就当时《成论》、《地论》等说加以料简融会而成者也。《起信论》不过抄此条贯，另加织组修饰耳。又卷三云："云何论言心真如者，离心缘相。"又有如《玄赞记》，然更须考《起信论》等方可定。要之，据此《大乘止观法门》而言，慧思玄要，似较智者为精深，广博则不及。而智者于此等处，言之甚略，详于一心三观、四教及行位。可知此书实慧思将入灭时一二年之作。尔时智者正忙于弘法，未暇及此也。故其师徒所弘法门，非若法藏、清凉之一脉相承，而各开门户者也。慧思诚怪杰哉！

（十三）梁光宅寺沙门法云法师撰《妙法莲华经义记》八卷（续藏本，下四种同），元禄丙子，浪华后学浚凤潭槃谈《叙》云："什公亲翻《妙》经于震旦，上足僧融创开九辙，叡、生等林立诸曹，相继而有著作。在齐之时，刘虬居士共十名僧务捃舆师之异言，撰为《注法华》。逮乎梁初光宅法师师受中兴，独为雄匠，尝讲《法华》，屡感天雨华之征。第恨其所注疏记厄之当时，漫弗复存。唐宋而降丰闻硕学皆不及睹，而幸独此方存焉……夫天台之道迨至荆溪克任荷负，尤加光显。然至析丹丘掛酌于光宅，锄划乎《玄论》之意，令人嘅焉，不能无议，盖不窥二书故也。其嘉祥《玄论》已行于世，此疏尚未及翻刻，予亦甚歉于衷，爰镂梓以公同好。或谓古之消释此经南二而北七，各以长相当，莫之适从矣。惟我天台奏师子弦……予所以借升篇首，数思砭今而复古也……"卷一云："解经如《大涅槃义记》……此意是光宅法师，今述而不作……所以《无量义经》为《法华》作游序者有两家解……"卷二云："然此伏难是光宅法师传谢寺次法师。次法师又传江北招法师，解既名匠所传，后生学士实宜尊奉也……"按：此书实无胜解，如以因果相待较昔为胜解妙法。又菩萨居空虽乐涅槃，不同声闻畏生死苦，自求涅槃。虽乐生死，不等凡夫有爱著之心。又解"日月灯明佛说《法华经》六十小劫，听众谓如食顷"，为明时众生不生懈倦等。实为初纪佛法之本色。然分章段，乃甚琐细烦冗，宜乎智者评其为："重云翳于太清，三光为之戢耀"也。又云："非唯人高故二智微妙不可说，亦二智所照境深故绝言。"又卷三解"止止不须说，我法妙难思"为"若说权实二智者，时众非直生惊疑之心，亦更生诽谤坠恶道，云何应说耶"（按：卷二明二智，谓："照四一之境为实智。四一者，谓教一、理一、机一、人一。教一理一者，真实之理莫二，所诠之理既一，能诠之教何容二？余应知。照三三之境是权智。三三谓教三、机三、人三。"），皆初纪之本色也。又卷三云："光宅法师解……光宅法师又于善舍寺解。"又卷四云："此譬喻品名目未应在此，何以知之？譬喻之意，本为中根人譬说，开三显一，但法说开三显一化上根人，犹自未竟，云何已是譬喻说耶？所以品题在中者，盖是出经者分卷令调，故割法说之余安置此中，不欲令卷有大小。是故移譬喻品名置第二卷初。若实论品处，正从'舍利弗白佛言，世尊，我今无复疑悔'以下，此处方是譬喻品也。"※（考《玄论》所详，予说非诬）其迂可想。然尔时已盛行玄解，而光宅云犹若是不关痛痒者，当是天分太差之故。

（十四）胡吉藏撰《法华玄论》十卷。卷一云："昙无谶三往外国寻《涅槃经》，犹不尽……又如睿法师《喻疑论》云……肇公云……复有《大悲莲华经》广明慈悲之德，异晋、秦二经，是昙无谶所出……《名僧传》云：讲经之始，起竺法护。护公既亲译斯经，理应敷阐。自护公之后，释安、竺汰之流，唯讲旧本而已。及罗什翻新《法华》竟，道融始讲之，开为九辙。时人呼为九辙法师。九辙之文，今所未见。自融已后，昙影、道生之流染翰著述非一焉。次于齐代刘虬与十许名僧，依傍安、林、一、远之例，什、肇、融、垣（疑恒）之流，撰录众师之长，称《注法华》也。梁开善以《涅槃》胜誉。庄严以《十地》、《胜鬘》擅名。光宅《法华》当时独步，但光宅受经于中兴寺印法师。印本寿春人，俗姓朱。少游彭城，从昙度受论，次从匡山惠龙受学《法华》，而印讲斯经，自少至老凡得二百五十遍。年六十六，永明元年卒。光宅云法师息慈之岁，随印在钟山下定林寺听《法华经》。下讲竟，住寺后石涧中，累石为高座及以听众，于是自登石座霞述所闻。印未知之，密听其所说，一言靡遗。年至三十，于妙音寺开《法华》、《净名》二经题，机辨纵横，道俗叹伏。由是已来法华誉显。余流遁禹川，疏记零落，因于讲次，略撰所闻，目为评解，（此是全书体裁。）敢称传训，盖是以备漏失，正自怀之路耳……马鸣、龙树造大乘论以通大乘……罗什翻《成论》竟，名僧叡讲之。叡《序》云：地水火风，假也。色香味触，实也。而精巧有余，明实不足。此三藏中之实耳，非方等之谓。《序》末又述什公语秦人，谓《成论》所明灭谛与方等均致。什叹曰：秦人之无深识，何以至于此乎！吾每疑其普信大乘，当知悟不由中，迷可识矣。《成论》所明灭谛，比于方等，其犹龙烛之于萤耀，夜光之于鱼目，未足喻其愚也……如慧基以空为乘本会《无量义经》。道生解寿量明常，符《法华》之论……斯经瑞应，僧弼广载……南方五时之说，北方四宗之论，皆云《华严》为圆满之教，《法华》为未了之说，今总难之……"卷二云："什公改正为妙必应有深致……观公《经序》云……光宅云云，言佛果犹是无常，所以然者，教有五时，《法华》是第四时教，故佛身厼无常。评曰……（此下犹有诸评。）……五时是慧观所制，四宗是光统著述……（按：此中评破前论，融会贯通于一乘诸义。如空即佛性即涅槃，即常乐我净无始终等，大好，颇见手段）……初释以五时局，后解将二段判，不细寻文，故失其妙旨。次引关河旧义以证常无常义。昔竺法护翻旧《法华》，犹未见判其宗旨。自罗什所译新本，长安僧叡法师亲对翻之。其《法华序》云……评曰叡公亲承罗什，制斯序者，盖是《法华》宗本，不得不依之矣。河西道朗对翻《涅槃》，亦著《法华统略》，明说《法华经》凡有五意……评曰道朗著《涅槃疏》，世盛行之。其所解《法华》，理非谬说，明常之旨，还符叡公。道场观云……还同叡公义。次《注法华》云……次竺道生云……光宅此言，不识文意……又龙法师荐……印法师云……忠法师云……《注经》云……评曰，前法师皆云常住空无相，或《注经》意迥越前判，谓空有俱绝，故名为空也……又肇法师《涅槃论》……肇公不见《涅槃》、《华严》，还探《法华》、《般若》，以作斯论，故与经意符……远法师云……此经以何为宗，略陈十三家：一、远法师……评曰，未见远师序本，相传云尔……二、龙师云……评曰，光宅受经于印，印禀承于龙，龙为《法华》之匠。此释实符合经致……三、宋道场慧观法师《序》云……慧观作序竟，以示罗什。什叹曰，善男子，自不深入经藏，岂能作如是说。评曰，文旨允契，如什所叹。四、中兴寺印师云……评曰，方之于观，亦未尽美。五、光宅法师，受学印公之经，而不用印公之释，云……评曰，今以文义推寻意犹未允……第六师云……评曰……第七师云……评曰，寻此师学集出此方，谓第八识自性清净，亦名性净涅槃，以为妙法。既云……又《摄大乘论》阿僧伽菩萨所造，是生死之根，先代地论师用为佛性，谓是真极。昔《般若》未度，远师已悟真空。《涅槃》不尽，生公照知佛性。诸地论师有惭先见之明矣。又此经所兴不正明八识。八识之义，别付录解说耳。第八师云……第九师云……评曰……第十师云……评曰……第十一师云……评曰……第十二、长安僧叡法师《法华序》云……评曰，叡公亲承罗什，是传译宗，制斯一序，故自冠绝众师，与光宅一门数条硕异……十三、刘虬《集注》采安、林、堂、远、什、肇、融、恒八师之说。其《序》大意云……评曰，寻《注》意与叡、观等大同，同辨无依无得忘言忘相之说也。"又卷三云："观法师《涅槃序》，明教有二种，一、顿，二、渐。渐中五时，后人更加无方教，成六。三大法师并皆用之，爰至北土还显五教制于四宗……（此下有评斥三教五时之文）……北地诸地论师明四宗五宗，皆影四五时教而说。五时既不成，四宗目废。又菩提流支亲翻《地论》，但明半满。流支是《地论》之宗，即知半满有本……见关中僧叡《小品经序》盛判《法华》、《般若》二经优劣，将宗亦同。叡公言……（此下判诸经同异）"卷四云："光宅失旨……问：诸大乘经所明及《中》、《百》大乘论等所辨，此可信受，如《唯识》、《摄大乘》及《法华论》等，必可信耶？答：此论同是婆薮所造，《付法藏》中天亲有其人，是故可信。又观其义意，与大乘经论语言虽异而意不相违，故可信。问：三论学者恒弹破有所得义，云何今并用众家异说？答：兴皇大师制《释论序》云，领括群妙，申众家之美，使异执冰消，同归一致。以此旨详之，无执不破，无义不摄，巧用无非甘露，拙服皆成毒药……肇公云……什公注《问疾品》云……此肇公释也。其序云……定林寺镜师《净名玄论》云……"卷五云："此河西道朗释也……评曰得经旨也……此《注》解也……评曰意不失旨……生法师言……瑶法师云……"卷六云："光宅云……《注经》云……基公云……评曰……光宅云……庄严云……评曰……肇师云……"卷七云："光宅师……肇师云……北方论师云……成论师……"卷八："肇师云……光宅云……生公及《注经》……光宅……评曰……龙师云……生公云……《注》经云……生公《注经》释云……"卷九云："河西道朗云……生公意亦同，印法师云……光宅云……评曰印释为长……生公正用此意云……罗什云……生法师释……生公著《七珍论》，此是《法身无净土论》，今请评之……"卷十云："《注经》云……光宅云……印师释……《注经》云……"

按：该书皆系评破前人释经题宗旨、一乘、权实、本迹、显密净土（详如本书目次列）等义，而会归无得。大意略如《玄赞记》，虽无智者巧辩，而颇见手段。一宗之祖，固高出庸流万万也。然按实而言，此书应如上文，目为评解，不应谓为玄论也。又撰《法华游意》二卷。卷上云："昔在会稽撰《法华》宗旨，凡十三家（按：即《玄论》，则此书之作在《玄论》后。）……求那跋摩三藏《遗文偈》云……立名不同略有五双十义，具如《净名玄义》已广述之……"卷下云："昔天竺僧弼法师云……敦煌月氏沙门竺法护，以晋太康七年——或云十年八月十日译出此经。授优婆塞聂承远。九月一日讫。张士明、张仲政笔受。又明僧枝儱，魏甘露元年于交州译出六卷，名《法华三昧经》。又沙门支道良，晋太康元年抄译为五卷，名《方等法华经》。此二本南土皆无也，唯有一卷《法华三昧经》。又有一卷《萨芸分陀利经》，当别寻经目录也。护公以永熙元年八月二十八日，比丘康那律师于洛阳写《正法华》竟，与法护口校（一作授）古训，讲出深义。九月本齐，十四日于东于（一作牛）寺施设檀会，讲诵此经竟日，昼夜莫不欢喜。"按：该书以大意、旨归、释题、辨教、显密、三一、功用、弘经、部党、缘起十门略叙一经大要，不出《玄论》所云，乃是摄略大要，以示初学者耳。较之在《玄论》实非要籍。又撰《法华义疏》十二卷。卷一云："罗什翻经但有二十七品，后更有《提婆达多品》者，释道慧《宋齐录》云：上定林寺释法献于于阗国得此一品，瓦官寺沙门释法意以齐永明八年十二月译出，为《提婆达多品》，未安《法华》内。梁末真谛又翻出此品，始安《见宝塔品》后也……西方小乘之流，皆谓诸方等经并是调达所作……河西制《涅槃》开五门，道融讲新经开九辙，至如《集解净名》之说，撰注《法华》之文，但析其玄微，又不豫科起……河西道朗开此经为五门，龙光法师开此经为二段，印法师开为四段……《注法华》云……又《注无量义经》云……瑶公云……昙诜云……真谛三藏云……光宅云……梁武云……（按：上七引解如是。）……真谛三藏引《律婆沙》云……"卷二："肇公云……颙禅师云……印法师云……基法师云……《名僧传》云，基公听竺道生讲善《法华》，虽有二判，无以取决。次注《无量义经》云，其《无量义经》虽《法华》首载，而中夏未睹其说。忽有武当山比丘慧表，以齐建元三年远至岭表，于广州朝亭寺，遇中天竺沙门昙摩伽陀耶舍，手能隶书，口解齐音言欲传此经。慧表便殷勤致请，历旬月仅得一本，仍还入武当山。以今永明三年顶载出山，见授弘通，遂便注解云，正以空为无量义。基览经本便谓解与经符，而印师固执不移云……乃至光宅法师犹存印师之解。今以五义证此《无量义经》是《法华》前《无量义经》……"卷三："光宅不应言……《注》云……《注》云……真谛三藏云……余亲闻天竺僧云……《注经》云……"卷四云："肇公云……河西道朗云……《注经》云……肇公云……成论师云……"卷五云："释道安云……《杂心》云云,即罗什意也……"卷六云:"昔光宅学士和阇黎云……成论师云……"
卷七云:"此释出《注经》……真谛三藏云……三藏法师云……成论师……(按:
此中有四义判《成实论》法空与大乘异。)……即从此责光宅等……"卷八云:"真谛三
藏云……"卷九云:"河西道朗等云……光宅法师云……印法师明……"卷十云:
"竺道生及《注法华》云……《注经》云……《注经》云……光宅云……《净名
经》云佛身无为不堕诸数,如叡公传罗什法师解云……"卷十二云:"真谛云……
会稽高士谢敦,字庆绪,吴郡长影玄陆璒等并撰《观音验记》。临川王刘义庆撰
《宣验记》。太原王琰撰《冥详记》……"按:该书无别新义,尚无《玄论》
好,岂是注疏之作也。然能成一家言,与《文句》、《玄赞》,可谓《法华》注
解之三大部,讲《法华》者所应参考者也。又撰《法华统略》六卷。卷一云:
"昔在会稽著此经玄文,凡二十卷。中居京兆录其要用,裁为七轴,但余少弘四
论,末专一乘,私众二讲将三百遍,但斯经言约义丰,更有异闻,撰录大宗,复
为此三卷……肇公云……印师……基公……刘公……"卷二云:"南土师云……北
方人说……江南诸师谓……北土弘《摄论》者凡有二师……次破江南二师……光
宅云……庄严云……肇公云……江南法华师……关东智度论师与……摄论师
云……"(按:此卷三中有大业"六年三月一日"六字,与上文不相同,当系作书时,信笔所记之
月日乎)卷四云:"马鸣兴正法之末,犹未造论。龙树出像教之初,为失□之流,故
正论乎□(按:此可为慧思、智者未及见《起信论》之绝大证据)……北土人云……南方人
云……"卷五:"光宅云……寄南北三师……长安二摄论师……次江南……光宅
云……现见弘《法华》者布满南北……卷六云:"肇公云……言音之中,出于道
气,令人闻之,自然发道,摄山师即是其人,余亲闻说如是也。"按:该书亦系疏
解体裁,惟不若《义疏》之每句每字皆有解耳。义亦不出前,惟有时于胜义多说
几句。故此四书实无《大乘玄论》重要。又据此等以判天台、贤首及三论家三祖
之优劣,诚如前说也。

(十五)窥基撰《法华经为为章》一卷,(续藏本,下五种同。)乃将全经六百
一十八"为"字,分为去声、平声以训义耳,别无可取。又撰《妙法莲华经玄
赞》十卷。卷一云:"古尚释言教有五时(此下有破)……余如古人破(按:此指吉
藏)……今新经顿教大乘,但唯一时,渐次大教乃有三时,如《深密》中说(按:
此中三时五性之说,如通常明)……古传解云,葱岭以西多有《天授品》,葱岭以东
多无。什公既在龟兹,故无此品。若尔,法献于于阗国如何得此品?于阗亦在葱
岭东故。又有解云,《塔品》命持,而《持品》应命,言势相接而忽间以《天
授》,则文势疏断。什公恐末叶多惑,所以删之。若尔,即取舍真文并罗什,删

繁好丑，并在一人，斯为未可。释道安以翻经多略经文，乃作五失三不易，云结集之罗汉兢兢若此，末代之凡夫平平若是，改千代之上微言，同百王之下末俗，岂不痛哉！　此既非以东西判定，亦不可义越删之。但是什公梵本差脱边国讹鄙多脱错故。※按：（论窥基）此亦如《无垢称疏》未免意气，大约窥基天分不高，虽于胜义略有所识，如《料简》所云，而犹未能融会贯通，纵横自在，故执方便之言，遗其实相，故尔不能平静耳。执方便之言者，依他起上无遍计执，在成立依他无性，亦可谓为圆成，非实圆成也。遗其实相者，依他无性，方是圆成，故云真如是识实性。若执有依他，无遍计即圆成，则真如无用，非识实性矣，不能融会贯通。故较之天台、贤首、吉藏三子实不可相提并论也。此土固多豪杰哉！

问曰：真如是识实性而不离识，即此依他起上离分别想，即证真如，岂非与窥基等所说相合乎？

答：彼云遍计，指无自在天等生一切物之邪计说也，非尔所说之分别想，故不相合。虽然，窥基于奘门已实属唯一无二之能承教法之弟子，他更无闻（因有《料简》、《无垢称疏》之说）。故唯识家言，可以应用，（即用以解析俗谛）而不可执以为究竟者。然此所说唯识，当指护法以下说，慧沼等后，则非所指……此下又有难什公等。《嘱累品》于《神力品》后及录……古遵法师云……吉藏师云……《集法传》云……"卷二云"肇公云，无生身无处不生……六十小劫，谓如食顷者，玩法乐之心极，所以谓如食顷……"按：该书毫无胜解，不过解释名相而已。义不出《玄赞记》，实不及《文句》、《义疏》也。其制作时期，证以书中"广如《瑜伽》、《佛地》、《唯识》别章等说"云云，（注：又有云："如《瑜伽》、《唯识》、《对法》、《显扬》等抄说。"又"如《法苑》说""如《略纂》说"）（按：此云别章，不知是否《义林章》或各疏中之别章也）则亦非初年之作也。欧阳先生云幼年之作，非。　又书中有引古解，仅曰古人解或相传云云，未标人名或书名，故此未存目。又卷末云："基以游谈之际，徒次博陵，道俗谦虚，命讲斯典，不能修诸故义，遂乃自纂新文，夕制朝谈，讲终疏毕。所嗟学寡识浅，理偏词殚，经义深赜，拙成玄赞，兢兢依于圣教，栗栗采于玄家，犹恐旨谬言疎，宁辄枉为援据。此经当途最要，人谁不赞幽文，既不能默尔无为，聊且用申狂简，识达君子，达为余详略焉。"据此基师气象当大，岂若近世末学之器嚣哉，故终可佩服。又淄州大云寺苾刍慧沼撰《法华玄赞义决》一卷，云："南岳思禅师云有十妙（按：未有评，略叙名而已。此乃《玄义》文，何云思禅师耶）……诸宗解释，异说无穷，经论出没多门，于中知见无量，略因讲次。聊述少分，多未欲呈于广闻，但为备时须尔。"按：该书不过繁列名相略解《玄赞》之名相而已。如备举道安五失本三不易以释《玄赞》文等。毫未涉及义解，甚属无聊。然其材不大，又云但备时须，似亦可恕。又濮扬沙门智周撰《法华玄赞摄释》四卷。卷一云："开元八年暮秋朔日，余滥竽觉使圣佛道场矣。时群德萃焉，谓余曰……群情流顾，莫之以抑，乃敬述先诲，捃诸所遗，勒成四卷，目‘摄释’云尔。”
按：该书体裁亦如《义决》，而有“议曰”云云，则决择名相也。然所解过琐，
乃《玄赞》疏也。无聊、无聊。智周之材又不及慧沼也。卷一云：“僧宝林云，
※（按：《要集》六云：“《西晋录》云，《萨昙芬陀利》六卷，弘始元年，月氏沙门竺法护译。
《晋录》云，《方等法华经》，支道林译，笈多及阇那崛译名《添品法华经》凡八卷）此经六
译，然寻传记但有五本：一、《正法华》，二、《妙法华》。按：《宝唱录》云，
秦弘始七年于长安大寺什公所译。《三秦录》云十年二月六日译。远法师序云，
弘始八年译。所记各异。三、按《晋录》，秦弘始元年译，名《萨昙分陀利经》
六卷，今无。四、《晋录》云，沙门慧根以晋太康元年译，名《方等法华》，五
卷，亦阙。五、《姚兴录》及《魏录》云，外国沙门支谦至魏，甘露元年七月于
交州城译，沙门道馨（《要集》卷六作“馨”）笔受，名《法华三昧经》一卷，亦
阙。今加一本，隋仁寿二年，笈多于长安兴善寺译，亦名《妙法华》。议曰，按
《内典录》，此经重译，但有三本……（此议如此，可笑可笑。）……按吉藏法师
《法华疏》云……什违佛言，云何得言妙得经旨……有庐山龙法师……光宅云法
师……同吉藏法师，又印法师……光宅寺名在润州江宁……”按：卷二有释如来
藏名义，甚不相干。呜呼，周、沼之徒惟知纷扰于名词章句之中，其何能得大体
如窥基乎？《唯识》中绝，此二子之过也。然此二子不能说其未读书，天分太
差，莫知旨归，可怜。又唐杭州天竺寺沙门崇俊撰，扬州禅智寺释法清集疏，※
（又续藏收有唐佚名纂《法华玄赞释》二十八页。起解小乘二十部，止解十问答，一切与《摄释》
等同流，亦无聊之作。卷眉志云：“此书久埋敦煌沙中，迨法末发掘之，恨失冠头，今姑安首题，
待来是正。”又续藏目录附志云：“疑唐可周撰《玄赞评经钞》欤。”）《法华玄赞决择记》八
卷，今存二卷。惟扬龙兴寺桑门藏诸，大历三年序云：“《决择》者，辅《玄
赞》而开释也。自经传东夏，剖判颇多，迥高诸见者，惟《玄赞》欤？义丰文
约，钩深索隐在乎天竺大师。大师于大唐三藏所译经论部无巨细，义无偏圆，过
耳必诵于口，遇目必了于心。弘传之暇，喟然叹曰，斯赞玄奥，能不籍乎筌蹄！
遂博考旧闻，裁撮新义，随而决择。起草云毕，校于入室门人法清律师。律师解
行道德接武师矣。予叨廓庑，乾乾诚请乃展为八卷。”卷一云：“法身是本，报
化是末。本即体性湛然，不可论其成与不成……《摄释》云……”《摄释》之后
又复有此，诚不怕佛头着粪者，无聊更甚，不关痛痒更甚于《摄释》也。中引
《摄释》文甚多，余若不知羞耻如彼等作注解者，释经文一句，稿纸可并须弥。
又云：先师云桵余瞻反……先师云刘虬齐朝时人，年二十八为当阳令，二十九为南
郡丞。南郡，荆州。丞，今司马。年三十三弃官，居武都山，立五时教。或有说

云真谛三藏立五时教，然菩提流支别作文疏破之。真谛居梁，流支在魏，故知不是真谛等作。又七阶者，亲检刘注经，不见此说。又古来诸德立时不同，后魏菩提流支立一时，北梁昙无谶立二种教，梁真谛立三时教，四、隋笈多立四时教，五、唐波堕三藏立五时教……"卷二云："且光宅法师分为三分，同吉藏。又南岳思禅师二处三会……反稠禅师有三……又关中云……又道安法师……若不说一乘等者，此破静法师……先师云，蕴者言温……慧表法师后秦人也……琔公，琔志师也。梁朝八公僧一数也……光宅三斯（《要集》七作"颢"）足僧是一也。二、庄严慧旻，三、开善藏……安法师云……长耳三藏解有三种……若依真谛，时有十义……"其师不知何人，当亦竖子耳。又唐镜水寺沙门栖复集《法华经玄赞要集》卅五卷（但缺卷廿二、卷廿三、卅，卅二，四卷）。卷一云："栖复自大和末，罢律讲后，屡涉京师，巡历数度先辈法席，随记得少善言，集成一家说，冀其易见云尔。今此《妙法莲华经》本末前后，一十六译，若真伪相兼一十七译。若约全部而论，总有六译。六译之内传于汉国，三本流行：《正法》、《妙法》、《添品法华》。造疏前后十九余家，盛传于世者，天台、纪国、嘉祥、慈恩也。天台疏名《文句》，纪国名《赞述》，嘉祥名《义记》，慈恩名《玄赞》……妙法者是一切有情心，心中有佛性，佛性即名妙法。妙法有二：一、理妙法，谓真如；二、行妙法，即菩提。理妙即清净法身，行妙即菩提即圆满报身……先解妙法，初依疏本十玄门中五义解妙，四绝待妙。约妙体，本自离言，强叹为妙。罗什弟子慧观著《法华序》云……次依北京瓒法师十义解妙……七、中道妙者，谓遍计空依圆有，不有不空中道妙……欲令众生因名相悟无名相……左街有五寺：安国、荷恩、荐福、慈恩、兴善。右街五寺：庄严（改为圣寿）、永泰、西明（改为福寿）、兴福（改为奉恩）、化度。此十大寺也……永泰科云……且依谟科云……破谟义云……荐福云……谟云……谟云……奉天云……"卷二云："论缺具了清疏……安国传有二解，一、光法师……二、真谛三藏……谟云……更有路府贺法师牟等（谟抄），极繁。今取《摄释》，又取沼法师……牟云……贺云……牟破魔了料简差别……嘉祥云……谟云……贺云……《摄》云……"卷三："章敬云……南云……疏主当日制疏在定州，后讲在幽州，即今范阳善觉寺。讲会之次，令学士明湛法师立义，令学士德感法师征也。时人传云，湛心威儿，疏主见两师征难总有道理，所以书在疏中……湛法师……潞府三义……淄州解……感法师……沼法师间……有福先律师问疏主……牟云……贺云……牟云……"卷四云："贺云……南解……相国云。"按：此书消文过烦，义无非老套※（遍计无，依圆有，当非窥基之义），更较《决择记》坏。然杂引唯识末学支支节节，不著边际之谈，可知唯识家言再传即速亡之原因。余未详览，应知。（较《唯识义演钞秘蕴》等更支节）卷五云："湛云……化度云……周远法师……贺云……潞云……《摄》云……谟云……章敬云……贺云……"卷六云："谟云……破纪国也。章敬云，纪国疏云……庄法师云……谟云……路府云，伪者有《妙法莲华经度量天地经》一卷，又有《妙法莲华经天地变异经》一卷，并是南齐末永元二年江泌女闭目念出。真者，全部唐三藏云，依梵本译，可二十卷。长耳三藏云，可十七八卷。日照三藏云，可十五卷。《宝林传》说前后六译……更约品论文有十译……（按：大都见长房《录》、《道祖录》及《三藏记》。《道祖录》今似无）……道慧等，江宁人也。《宋齐录》即道慧抄记……定林在江州庐山，《良抄》云，在江宁县，今改为上元蒋山。缘是山寺有上下寺……瓦官寺在丹阳郡江宁郡，法献于瓦官寺译《天授品》……（按：此中论罗什所译经文次第与梵本不同，在路线断等零缺一叶。又经品失次）……观音普门等者，什公所译，只有前后长行，无偈文也。路云，隋阇那崛多于益州龙泉寺译出此偈……古遵法师者，应是古时遵法师或即遵古之义……吉藏法师本是台州国清寺智禅师弟子（按：此人不尝见《国清百录》故妄说）……净法师者，纪国慧净法师也……谟云……潞府云……纪国云……《简要》云……扶纪国十九品正宗义……真谛三藏《般若记》……"卷七云："《注法华》等者，注此经人甚多。有京兆韦诠，晋刘虬僧叡法师等……《注无量》即慧表法师注也……诬公即梁志公和尚……长耳，梵云那连提黎耶舍，隋言尊。北印乌长国人。北齐时游化北齐，隋诏请弘译，住大兴善寺……"又卷八末有云："《法华玄赞抄》卷第八。"卷九："永泰云……安国云……"卷十二："纪国云……嘉祥云……"按：以上诸家说，卷卷皆有，厌繁未存目。此中唯识末学，读书皆不多，不及智周，更不可望沼也。卷十六："秀云……《简要》云……"卷十七云："言词相寂灭者，准诸抄约真如解，每观疏意，依他之法亦不可示……（按：此是彼等致命伤）"卷十八云："第三疏微□□□□□□□座主和尚自会昌初，于奉天禀学□良操座主，讲教遍。又大中、咸通涉历三朝，习学兹经二十余遍，泊归镜水，敷唱已彻一十三延。嗟乎，后学机陋，虽晓玄彻自诸家未记。"

（十六）唐毗陵沙门湛然述《天台法华玄义释文》五卷，《妙法莲华经文句科》六卷，《摩诃止观科文》五卷，共十六卷，（续藏本，下一种同）总称《法华三大部科文》，《摩诃止观科文》卷一初云："昔天宝十四年，临安私记，元年建巳国清再书，勘校未周，众已潜写。属海隅丧乱，法侣星移，或将入潭、衡，或持住吴楚。宝应于浦阳重勘，虽不免脱漏，稍堪自轨。忽恐传写见无此注可以辨别，泛例诸经应为三段，今缺流通，但有序、正。"卷十六志云："《天台三大部科文》，世有二本不同者，因乞而见之，各有脱简。故今以唐本合校之，辄锓诸梓以弘其传云。宽永戊辰九月丁戌山阴谨书。"又《法华经大意》一卷，云："释此妙典多有诸家，今暂归天台宗。每品用三门解说，一、述每品大意，二、释每品名，三、释每品内文，略科断。"按：释品名可知，述大意中，并未阐义，不过约每品事相，缀成类似赞颂之文而已。释每品内文，略科断者，略应谓"略述"之"略"，非"略去"之"略"也。盖下皆云"入文科释"也。而此门实即科判每品段落耳，实无价值，文亦不好。其后有附志云："明历丁酉初秋十七，谨点译焉。窃谓语辞系瞖失祖笔力，《统纪》典志，亦无岁日，真手脋乎？具眼择之，若见若闻互为善识，相助解行，共证妙法。"又荆溪尊者湛然述《十不二门》一卷（缩印本，下四种同。）《续藏》亦有一本，附志云："大原如来藏中古板本所翻刻也。此本传为以根本大师手书所镂板者，字样与山家本《法华经》及《开结》二经无差，则真大师手迹。猪熊抄云：本朝古本者，山家将来本也。对邃、满二师而禀承之本，故虽一字不可有谬也。良大师航海之行意在善本教乘，故琅琊道邃座主勾当书写。台州刺史陆淳印记目录，此书伊然载其目录。又延喜年间勅撰目录亦载此书，※（按：日人所云之真本，即山外如源清等之所诩为真本者也。四明、仁岳等所破斥，则余之评甚当也。）可见本朝初传之古本而为第一善本也。若宋僧知礼《指要钞》叨议本朝教乘者，盖依不知本朝有此善本矣。"又有考异数十条，皆指明宋等本为谬，而以其本为是，然详文义实不然也。日本人诚善无理取闹，故标名中，乃曰唐道邃录出。又按：该书实甚好，唯其论调已与智者不同，即与华严家言混也。※据以后所说，湛然不足取，而其《十不二门》、《止观义例》、《金刚錍》三书尚足参考者，盖画大圈圈之故，亦即知不足以制行之故也。"其学疏陋"之评，似尚得当（更考本集七四页右评）故天台宗义，至湛然而一变矣。又其文章不好，说理不明快实一缺憾。又天台沙门湛然述《金刚錍》一卷，卷初有宋云间沙门净岳撰《科金刚錍序》云："科分大经章段，起自关内凭小山瑶，前代未阐也。吾祖章安作疏益详。至荆溪将《迦叶品》分正缘了别指方隅，则权实进否，晓然而明……"该书亦好，如《涅槃玄赞记》，前云"其学疏陋"者，实未见原书之故。善喜评中所节录者，皆非本意，当是不识湛然之学问深浅所致，偶持其变相所见之一言以难为事门户也。"寐云"之文，皆有深意，乃曰："前代诸师见始终寐语，故不辩"，抑何鄙陋可笑之甚也。善喜、师会固较所谓复子等好，而谈到学问，实配不上，敢论先贤，多见其不自量也。实如前评所云，盖其所争皆不关大体者，故一切说不上耳。书中有云："子岂不闻天台大师灵山亲承大苏妙悟，事余师也。《摩诃止观》所承法也……由前四时兼但对带，部非究竟，故推功《法华》，《涅槃》兼意如前说。"按：此中乃详真如随缘不变之义，从法藏之说来，实是与华严家言混之绝好证据。此非分二家门户（理实相同），而立说有演进史实，不可不知也。部非究竟之言，较天台狭矣。而行文较《十不二门》好。又述《始终心要》一卷，谨百余言，如《玄赞记》。又《止观义例》二卷，上云："故《占察经》云：观有二种，谓唯识、实相。实相观理，唯识观事，事理不二，观道稍开。解了此者，可与论道……（按：此上有难禅宗传承者）东阳大士位居等觉，尚以三观四运而为心要。故《独自诗》云，独自精，其实离声名，三观一心融万品，荆棘丛林何处生。独自作，问我心中何所著，推捡四运并无生，千端万累何能缚。况复三观本宗《璎珞》，复与大士宛如符契，况所用义旨以法华为宗骨，《智论》为指南，《大经》为扶疏，《大品》为观法。问：大师口诀纯为治病，为复更有余心要耶？答：诸皆治病，唯有一偈云，师尝教诫言：实心系实境，实缘次第生，实实迭相注，自然入实理。"按：该书以七例条贯《摩诃止观》，实为研究《摩诃止观》不可少之书。其第五心境释疑例有二十番问答，皆与胜义有关。第七喻疑显正例云："此所学宗同禀一师，文理相承，※（考本集七十五页右）终无异解，忽遇僻者因问异。答：事不获已而征喻之。"所谓僻者异答，即立渐顿、顿顿之说也。乃以圆顿止观为渐顿。此中叙破甚多，于此可知唐初天台家中已有异议，如华严家之静法苑也。惟此不知为何如人。又按：此中僻者有引顶法师《涅槃疏释》不次第五行中云云，破谓再检无文，又大师诸文所不载，何须更引章安，再检全无，何劳苦据。又引依顶法师十二部经观心之文修观必得，破云十二部观寄事立名，虽有三观之名，十境十乘不列，一部名下唯施一句，岂此一句能申观门？若此一句足得修行十境十乘，便成烦荷，故知偏指文中一句两句以为顿顿，义同顽境体心踏心十卷之文，便成无用。兼出大师虚构之愆，慧按此虽僻者附会之说，可知此人于当时或有一部分势力，故荆溪破之，而末复云："归命诸贤圣，愿舍是非心，为树涅槃因，非欲贬量失。"又破中有"况复不知山门诸部"云云，山家、山外之名，或出于此与欤？又天台沙门释湛然述《止观大意》一卷云："因员外李华欲知止观大意，略报纲要，略述教观门户大概。今家教门以龙树为始祖，慧文但列内观，视听而已。洎乎南岳、天台，复因法华三昧发陀罗尼，开拓义门，观法周备，消释诸经，皆以五重玄解十义。融通观法乃用五科方便，十乘轨行。"按：此书略叙《摩诃止观》诸门（五重十义等）大意，过于简单，实不要。故末云："略此多有不周，虽俟仰以赴严命，实恐失大师深旨，诸有不逮，敢望通恕。"然钝根初学，不敢涉本文者，览此亦可少知梗概。又荆溪尊者述《观心诵经法记》一卷，（续藏本，下一种同。）乃略判天台观心诵经法，别无旨趣，不要。又天台沙门释湛然于佛垄述《止观辅行搜要记》十卷。卷一云："自蒙慈晦，无遗见闻，皆系之于心，并形之于墨，属海孽东残，脱身西下。唯持记本，间形而出，退而省之，岂惭辞陋而拥异闻。却还毗坛方露膏本，但自行利物广略异宜……因旋佛垄，扫拭坟堂，瞻觐之余，洮汰行要除扶观道及腾文势诸缘本等一切不书，余咸依大文时攒广令略。"按：此乃节略《止观辅行传弘决》而成，所以便初学也。不要。又《止观辅行传弘决》四十卷（许灵虚刊本），明天启六年远孙传灯于天台山楞严坛东方之不瞬堂，※按：缩印本《辅行》前有永泰首元兴唐八叶之四载，君山除馑男普门子序云："智者大师爰付灌顶，顶公引而伸之，教门户牖自此重明。继之以法华威，威公宿植不惹于素。复次天宫威，威公教承如水传器，授之于左溪玄朗。朗公卓绝，天机独断，载扬于毗坛湛然。然公间生总角颖悟，左溪深相器异，誓以传灯。"序《会刻摩诃止观辅行传弘决》云："于是以辅行之大科而错宗其前，分辅行之全文而注释其下。科有缺略者，辄以妄意而增补之，始命门人止路条分脉络，复命法孙受教，膳其正文，凡历三十寒暑登四讲座而竣事焉。"卷一云："此之一部前后三本，其第一本二十卷成，并第二本十卷成者，首并题为圆顿者，是为异偏小及不定故。其第二本即文初列窃念者是，其第三本题意少异，具如后释，初云止观明静者是。今所承即第三本。时人相传多以第三而为略本，以第二本号为广本。一往观之似有广略，寻讨始末纸数乃齐，应以第三而为再治本，不须云略。尝于听次，诸决所闻，并寻经论思择添助，非率胸臆，谬有所述……时智朗请云，不审何位？没此何生？报曰，吾不领众必净六根，以损己益他，但位居五品。生何处者，吾诸师友并从观音，皆来迎我……若准九师相承所用，第一讳明，多用七方便，恐是小乘七方便耳。自智者以前未曾有人立于圆家七方便故。第二讳最，多用融心性融相融诸法无碍。第三讳嵩，多用本心，三世本无来去，真性不动。第四讳就，多用寂心。第五讳监，多用了心，能观一如。第六讳慧，多用踏心，内外中间心不可得，泯然清净，五处止心。第七讳文，多用觉心，重观三昧灭尽三昧，无间三昧，于一切法心无分别。第八讳思，多如随自意安乐行。第九讳颛，用次第观如次第禅门，用不定观如六妙门，用圆顿观如大止观。以此观之，虽云相承，法门改转。慧文以来，既依《大论》，则知是前非所承也。故今叹文云非世所知。"卷二云："当知南岳唯授天台圆顿之理，约行须以渐不定定助。问：南岳知四教不？答：南岳委知而不细判，何者？如智者释位而引南岳用《大品》文四十二字，以为圆位，欢喜等地以为别位，乾慧等地以为通位。又南岳自释四十二字，兼申《大品》经文亦作三教义释。既知三教，《大品》文中处处以衍对藏为小，故知南岳亦知四教。又此四教，非始南岳，慧文禅师既依大论，大论释经，经明三教，当知此教传来久矣，至天台来，分别始盛。有云'四教神僧授与'，此语无凭。神僧但云，自今已去，自行化他吾常影响……陈主亦曾请南岳大师讲《大品》。大师曰，恐夏内不毕，且说六度，六度又广。且说禅度，此无文记。"卷九云："《大经》第五百句解脱，近七八纸，古今讲者长唱而已。真谛三藏有一卷记，释此百句。天台大师曾于灵石寺，一夏讲此百句解脱。每一一句以百句释，百句乃成一万法门，一万名字，章安云。先学自饱而不记录，今无所传。"卷十一云："有乘法师先与一法师住开泰寺，此师中途离开泰寺。后时乘于本寺开讲，序此佛果出二谛义。此师难云：为佛果出二谛？为二谛出佛果？乘反质云：为法师出开泰？为开泰出法师？答曰：如鸳鸯鸟不住圊厕。乘曰：释提桓因不与鬼住。答曰：鸠翅罗鸟不栖枯树。乘曰：犹如大海不宿死尸。往复虽佳，理竟未显。"于此可见当时辩论之方式。卷廿一云："五行十德自古多释瑶亮云……宗师破云……光宅云……开善云……河西云……章安云……"卷廿四云："跋摩者，宋文帝时来至此土，敕住祇桓。临终遗书，自说己证，传与此土及外国僧众。偈有四十六行，先归敬三宝已，次说不净观，后说得二果。末后云：那彼阿毗昙说五因缘法，实义修于智，名者莫能见，诸论各异端等。求那依毗昙得道，故斥成论不得道者。卷卅云："南岳大师，陈州武津人也。传中不云领徒太早，但云有智断师谘疑禅要。思因为说十地法门，惊异心目。智断曰：恐师位阶十地。师曰：吾是十信铁轮位耳。"卷四十云："姚秦时有天竺外道，来至此土，颜容可畏，眼光外射。姚主见已，请求捔试。帝问什公，什公曰：恐此土无人能对此外道。又云：于此众中，融公应得。命来问之，融受斯命。乃令姚主请此外道师徒，七日入内供养。融窃读其书，七日之内究其宗旨，便尅日论议。才登论席，融先叙其宗而广破之。次引此土经书问之，默无言对。什公嘲之曰：君不闻大秦学海，而欲以蚊嚅倾之，于是外道便还天竺。若使此时不破其宗，此土学宗皆为所坏。验知此地如真谛云，有不受邪人之福也。又西方外宗及大小乘经论所载，此土咸谙，故彼方外宗多不敢至。"按：此书虽无甚发明而可供初学参考，然不能于此见荆溪之面目。欲见其面目，应于《十不二门》中见。故此书实无《止观义例》扼要也。又《法华玄义释签》四十卷。(杭慧空经房本)卷一云："昔于台岭随诸问者签下所录，不暇寻究文势生起，亦未委细分节句逗。晚还毗坛，辄添肤饰，裨以管见。然所记者莫非述闻，兼寻经论，但识用暗短而繁略颇驯，呈露后贤，敢希添削。"又卷二云："此文以《华严》说大，未游鹿苑，名之为顿。此是顿部，非是顿教，以彼部中兼一别故，人不见者便谓《华严》顿于《法华》者，误矣……宋严观法师与太史官何承天，共论此土是边是中。观乃引周公测影之法，以一尺一寸土圭用测日影。夏至之日犹有余阴，天竺此日则无余阴，故叡法师云……不动不离而升而游者，近代藏法师四释，谓约处、约佛、约时、约法界。无谋而化感应道交，非应而应，非感而感，何论时、处、身、土、法界等耶……又云《法华》是渐顿，人不见之，便谓《法华》是渐顿，《华严》为顿顿，恐未可也……"卷四云："会稽基即法华寺基也……光宅师者，所感天华，志公尚云啮蚤。武帝欲请雨，问志公。志公云：云能致雨。便请云公讲《法华经》。至其雨普等四方俱下，降雨便足。又云法师未生之前，有人于水中得《法华疏》，题云寄与云法师。广如《别传》。感应若斯，犹不称理，况他人乎……然三师稍同光宅，而不及光宅……"卷七云："梁世执世谛不同者，初师……次师……三师……"卷十九云："言记中者，指大师释，是章安记。却指下文历别三法藏，即是事从事出之文也。私谓乃是再治定时，方有此语。卷卅五云："龙师弃因存果，观两存而非全当，何者……"卷卅七云："自宋朝以来，三论相承，其师非一，并禀罗什，但年代淹久，文疏零落，至齐朝以来，玄纲殆绝。江南咸弘《成实》，河北偏尚《毗昙》。丁时高丽朗公，〔泗注：按：《签》除《十不二门》外，余皆可以评《传弘决》者评之。《十不二门》颇与《华严经》言混，诚如上说。然就上诸书以判，究不能说智者教义至湛然而更发扬光大。其地位之重要，固不及法藏之于杜顺，亦不及清凉之于法藏。大约湛然天分、学力皆不甚高深，观其行文说理，可断矣。〕至齐建武来至江南，难成实师，结舌无对，因兹朗公，自弘三论。至梁武帝敕十人止观诠等，令学三论。九人但为儿戏，唯止观诠习学成就。诠有学士四人入室。时人语曰，兴皇伏虎朗，栖霞得意布，长干领语辩，禅众文章勇。故知南宗初弘《成实》，后尚三论。近代相传，以天台义指为南宗者，非也。自是山门一家相承。是故难则南北俱破，取则南北俱存。今时言北宗者，谓俱舍、唯识。南方近代亦无偏弘。其中诸师所用义意，若凭三论，则应判为南宗。若今师所用，毗昙、成实及三论等，大小诸经，随义引用，不偏南北。若法相宗徒，多依《大论》。观门纲格，正用《璎络》。融通诸法，则依《大品》及诸部圆文。故知今家不偏朋党。护身寺自轨法师，大乘是人为立号，以重其所习，故美称之。"卷卅八云："《方便品》云，于三七日中思惟如此事者，近代释云……菩提流支云……《新疏》破前二师释云……小云《法华疏》云……"

又《法华文句记》三十卷（姑苏版），万历丙辰憨山老人德清，于寂照庵中《合刻法华文句记序》云："……向经记各刻，学者难于会通。前有会《玄》、《签》，而略《句》、《记》，义有未尽。顷绍觉法师通会一律，草成未行。适智河行公以觉公原稿合刻于经……但大师旧判，经后八品为流通分。予少从讲习，即有疑焉。及住山多年，偶为学人演说，至《现宝塔品》，恍悟是佛境界，即以此为示佛知见，因以开示悟入，各从品目，则以后六品为入佛知见，此似与流通相左。谛观所流通者，佛知见也。惟佛知见非观不入，不入将何法以流通乎？意盖大师引而未发者也。然则言似左而义实符，学者苟不以人废言，了此，则不是今非古，以启谤法之罪也……"又乙卯王兰芳序云："己亥春，晤绍觉师于节孝莲社，首举此愿为请。罗拙庵欢喜赞叹，师许之。甲辰贻藁示余。余将先刻普门一品。包宾如谓当且从藏，选壬子秋，在智河师座取原本商榷。大约悉宗一如科注，擘肌析理等循科注而易本科，又或科分而语脉不得分者，分则义反破碎而不属，皆所未安。何若以章安还章安，以荆溪还荆溪。师与高足岸度三年撰次。为'乚'者若干标科，若干正谬，若干大指，具载凡例，是皆以观慧妙印山宗，非缀舍故纸，强生分别。故不增减一字而义天加耀。开之先生称我杭如公三藏于胸中，如车轮转，见师本叹谓莫及。"又慈忍居士颜广□序云："皇明百松尊宿合刻《玄》、《签》，莲居绍觉师继会《句》、《记》，稿成未梓化去。智河因与余子侄辈计请付剜，于是智河同上足岸度等径请南北藏本参考毕，请证古杭戒山法师，师亦欢喜赞叹。"又六梦居士卢淳熙檠谈序云："熙往见绍觉饥衲役老铙蝎舍中燃照行忏……智河苦行，一函收焉……"又天台学人传如序云："不慧生师百松老人……"又万历甲寅菩提庵释圣行序云："……檇李季常王居士谓余曰，凡校刻经书，只依藏本，不增减一字为妙。今戒山法师台宗的嗣，盍往证之。余即于三宝前焚香发愿请南北藏校对，夜遂感梦，至一精舍，遇戒师请订其藁。师曰，科在前注在后，一字不遗，无量功德。且而遂与吾徒法济及诸同志竭蹶参考，是为校阅之时，视畴昔分会之功颇加雠审，分章科段不无异同，合成三十卷。于万历癸丑中秋日后三日，持往南屏松寿关，与戒师商之。"卷一云："镜中破云，前之三论既在佛世，如何却与佛灭后论为足，未必全然以身摄足耳……河西如本传，江东瑶即吴兴小山寺（具如别传）光宅转细者，如东安法师（唐东阳永安寺旷法师）讲三论及《法华》等经，并著章疏。贞观十三年正月十五日入灭，反屈三指即第三果人也。著《法华疏》四卷……云师虽往，文籍仍存，吾钻仰积年，唯见文句纷繁，章段重迭，寻其文义，未详旨趣。今对云义以研法实，大师专破良有以也……中兴寺名（具如别传）玄畅……"卷五云："涉法师云……慈恩广释乃为过分……惠表比丘是伪帝姚秦略从子，略是苌子，因为晋军何澹之所得，养为假子。俄放出家，勤苦求道，以齐建元三年至广州朝廷寺遇昙摩伽陀耶舍……印受于龙，龙受于远……"卷六云："剑师有弟子行深，从支遁买山。"卷八云："故知嘉祥身沾妙化，义已灌神。旧章先行，理须委破。识此大旨，师资可成。准此一途，余亦可了。何者消方便名，须有指归，岂徒遣语，以语逐语，迷终未祛，虽千万破，终不可尽。亦如三种法轮，殊乖承禀……本师所师旧章须改，若依旧立，师资不成，伏膺之说靡施，顶戴之言奚寄。"按：此所争，仍是枝末问题，※（考本集七七左）似非一笔抹杀，如日人所云之"锄划乎《玄论》"，（又日人乃为光宅叹惜，可见其无识）不过语气之间不免门户，为可惜耳。盖嘉祥遣语，岂是逐迷？胜义无乖，何妨立异？以伏膺顶戴责同，更曰师资不成，吾所不取。由此可见荆溪之为荆溪矣。日人光显之说，不知何所据也。可笑。又卷十二云："嘉祥云，无性者，但云无自性，又以三义而释佛种。谓一乘教菩提心如来藏，教及发心但是种缘，虽即云藏不云空与不空及行理故，不知因中为在何因成种成性。"按：亦难嘉祥之说也。似亦无甚重要，盖即所谓以己责人也。又卷十三云："引小云疏……"卷十四云："成论师云，金刚心前无常，常则本有今无，无常则本无今有。又云，本有烦恼今无般若，如此有无并在于昔。故在金刚前后三世有法，无有是处。地论师云，常法体用本有今无。章安难云，本隐今显，亦应显已复没。三藏云，众生无始而有终，涅槃无终而有始。今难之，无始之法方乃无终，无终之法必须无始。若烦恼有终，是可坏法，可坏之法义必有始。有始有终皆从缘生，何得涅槃而言有始。有始必终全同烦恼。应言烦恼无始体即菩提，是故无终。菩提无始即烦恼是，涅槃生死亦可准知。今即约大，是故且云本无今有。其实本有即生死之涅槃，以从迷故，而今无也。理净本无，从迷今有，故云本无今有。小宗若云本无今有从缘生故，故云无明。观诸师意，与涅槃理都不相当。章安五解……（按：上即引章安《涅槃疏》义）"又卷十八云："嘉祥至此更却结前……自言相反，归顿不成。"又卷廿三云："法意齐永明八年十二月译《提婆达多品》讫，仍自别行。至梁初有满法师讲经百遍，于寺烧身，乃以此品置《持品》前，亦未行天下。梁末有真谛重译，置《宝塔》后。今谓若准《正法华》，西晋时译已有此品，则梵本不无。若观所译全似什公文体，若准嘉祥三义度量……全不可依。涉法师云……九辙者，一、昏圣相扣辙，即序品是。次七辙即是正宗。一、涉教归真辙，为上根人。二、兴类潜彰辙，为中根人。三、述穷通昔辙，中根领解。四、彰因进悟辙，为下根人，即《化城》、《授记》。五、赞扬行李辙，即《法师品》，为如来使。六、本迹无生辙，即《多宝品》。多宝不灭，释迦不生。多宝为本，释迦为迹。本既不灭，迹岂有生。本迹虽殊，不思议一。七、举因征果辙，即《踊出寿量品》。弥勒举因征果，佛举寿量因果所由。八、称扬远济辙，即《随喜》去讫经属流通也。名目甚美而宗体不显。睿公又有二十八品生起，甚有眉目，于今无妨。但品旨未彰，而不的语远本。"卷廿八云："嘉祥七义非不一见，未有远致……"卷廿九云："……慈恩安国并令移之于劝发后，若在此中有八相违，十不可也。余虽管见，颇有所承。每于听筵，忝蒙慈训，垂示救旨，深有所凭。近见秀公《法华圆镜》，广立难势，不越先规。今攒旧闻，兼资后见，总别救之……（此下文长）"卷三十云："适与江淮四十余僧，往礼台山，因见不空三藏门人含光，奉敕在山修造，云与不空三藏亲游天竺。彼有僧问曰，大唐有天台教迹，最堪简邪正晓偏圆，可能译之将至此土耶？岂非中国失法求之四维，而此方少有识者，如鲁人耳。故厚德向道者，莫不仰之，敬愿学者行者随力称赞。应知自行兼人，并异他典，若说若听，境智存焉。若冥若显，种熟可期。并由弘经者有方故也。若直尔讲说，是弘经者，何须衣座室三之诫。如来所遣，岂可聊尔。余省躬揣见，自觉多惭，迫以众缘，强复疏出，纵有立破为树圆乘，使同志者开佛知见，终无偏党而顺臆度。"按：此书大体与上二种同，亦无甚光显，惟疏述较多，可为三书中之翘楚。又《五百问论》三卷，（续藏本，目次注云：古本题云释疑，破斥窥基《法华经玄赞》）。宽政六年六如沙门慈周序云："慈恩窥基师专据《深密》主张《瑜伽》，然窃忖其意，岂非木牛杨叶示教利喜者耶？但禀今宗教眼未明者，或眩其说，将泣两途。又彼宗徒宁执一途，或恐驯致蹈顺璟之祸，是论主之所以深忧，而有此选欤？条章虽多大要有三：一、开显正意为决定声闻而翻判属有性，以败种之论通再活之经。安得今已生竟引论灭之，此剡足徇屦，点金成铁，不知其可。二、今经要在乎显一代设化之意，诸法门纲目总让之前经，然虚张名相，广开章段，大小参杂，今昔莫辨，而大事因缘措之弗顾。买椟还珠，不亦戾乎？三、末世弘道专为行人，法相纷纶，茫如烟海，不见一语及于行要，问桥论箭空费光景，（此实外行之谈，且未识荆溪云须明唯识之意）。此弃所急而不知务也。他若事义去取训诂同异类，则抑末矣。此论智证大师之所将来，赵宋时彼方已失传。山门硕匠守笃和尚据昔人所考核，及《玄赞》等默索精思，严订其伪疑者不敢辄改，别为笺注三卷。其孙昌宗上人比以和尚校本寿之梨枣，似以笺注分会入本论如章之下合刻之，征余弁言。余闻之，若保执三乘之性而不信一乘一性者，深为可憨。智证大师后释《法华》者三家，天台、法相、三论，并是法界之一门。若异其异而不通于大同，徒长见慢。"又睿山南溪沙门昌宗《凡例》云："此论专对破慈恩《玄赞》，本邦上代性相相拒，若《守护章》、《法华□句》、《一乘要决》等，盖其流亚……"按：该书今谓云云，乃破义，全是意气门户之争。如上云："又曰更有明品废立亦欲闻耶？今谓至下废处，但知废之，何须此述……今谓述而不作，信而好古，又有明稽。古者可凭，何以凭嘉祥而隐其名，分章段而越其则？嘉祥是天台弟子，用义仍未深奥，禀其法者乃天台之孙，如何不顺祖考之令？"※（嘉祥虽天分不及智者，然大处不差，而曰"仍未深奥"未免不公）据此可知，湛然不是一个东西，天台宗风至此大坏，所以有志磐等一般人出来，盖其所争，尽是支支节节，各出各见，不应兴争的解释。嘉祥是智者后辈而非弟子，《国清百录》载之甚明，而乃云"禀其法者乃天台之孙，如何不顺祖考之令"，真正狗屁。※（古人流别）至此又不得不将古人分流别（以天分学行分）。第一流，智者、慧思、章安、杜顺、法藏、清凉、曹溪等宗师（次序与褒贬）。第二流，玄奘、窥基、嘉祥等。第三流智俨、李通玄等（以上三流之中犹应加入如道安、慧远、僧肇、道宣诸人，后更详）。第四流则近于，神会、宗密、湛然等属之。自此以下更不足道矣。至若其余问难，意皆不轨经论，任意胡闹，实在看不下去了。此书该烧而称道之不置，可见从古以来都是贱种。

（十七）南岳大师撰《随自意三昧》一卷（续藏本，下同）。按：《随自意三昧》即《觉意三昧》，《摩诃止观》卷二有解。又《辅行》六云："南岳师呼为随自意，即别行一卷，名随自意三昧者是也。"可知此书确是南岳所作。按：该书分行威仪，及住、坐、眠、食、语威仪六品。《行威仪》第一云："凡是一切新发心菩萨欲学六波罗蜜，教化众生，乃至得佛智慧，先当具足念佛三昧、般舟三昧及学法华三昧。是诸菩萨应先学随自意三昧。此三昧若成就，得首楞严定。随自意三昧者，先以大悲眼观众生，举足下足具六度。菩萨行时先观众生，起一子想，亦如幻化如影如空，不可得想。"按：此六品中所说除《玄赞记》所录外，其余如具足六度，于行住坐卧食语等中修实相观等，皆如《大品》、《智论》所说。此亦云出《首楞严经》者，当亦有也。至若云身心虽空，果报不失，则如《中论》所云，不似《大乘止观法门》之论。大约作此书时，犹未见真谛译书也。《坐威仪品》第三云："愚痴凡夫用六情识。初心菩萨用二种识：一、转识，名为觉慧，觉了诸法，慧解无方。二、名藏识，湛然不变，西国云阿梨耶识。此土名佛性，亦名自性清净藏，亦名如来藏。若就随事名智慧性，觉了诸法时名自性清净心。识之与心，二用各别。凡夫六识，名为分张识，随业受报天人诸趣。菩萨转名第七识，能转一切生死恶业，即是涅槃。能觉凡夫六分张识，令无变易，即是藏识。此第七识名金刚智，能破一切无明烦恼生死结使。藏识者名第八识，从生死际乃至佛道，凡圣愚智未曾变易，湛若虚空，亦无垢净，生死涅槃无一无二。虽假名亦不可得，五根不能见，无言能空，何以故？无空无无想，亦无有无作，不合亦不散，亦相法亦无。善恶虚空华，解即会其如，能了是圣人，不了是愚夫。法虽无一二，愚智不共居，不了是有为，了者即无余。"似取他论师之说。又唐法藏撰《止观科节》一卷云："长文广义，悉备《辅行》，其间数科数节义意或不同，或义意是同而寻文难见，或科节文势奢促不定，略出科文并数节义，自备遗忘，岂曰示人也……大师自云说己心中所证法门……《辅行》十解文理周悉……五峰松径 ※又按：道邃是荆溪弟子，此中有道邃和尚云云，则又在道邃后也。更与康法藏无关矣。又按：此中颇有难《辅行》者，当是道邃弟子，如乾淑等所作……道邃和尚云……《十力章》云……具如《义海》中说。"按：此书略述《摩诃止观》科节义解，时复问答如众生善根系佛大圆智镜，现此影像等，又口口声声大师大师，又凑和《辅行》又承《止观》说《法华》唯圆，无复兼但对带，与法藏毫不相干（文亦不对）。恐又是一法藏，而日人附识云："《义海》是法藏和上作，俗姓康，本胡人，依俨受《华严》。"真是狗屁。据其"五峰松径"等云云，当是住在天台山上的荆溪子孙所作，然观其文，确是唐人手笔。述天台家义虽不全，而能举出一心三观，不二而二，二而不二等义，尚好。其混同华严家言，与荆溪相似。具如《义海》中说云云，不知此《义海》是指法藏《义海百门》否也。若然，则天台宗旨至湛然而混同贤首宗，又多一诚证矣。又《谨录邃和尚止观记中异义》一卷，称天台弟子乾淑集。按：此书仅二十二节，不及千言，且所争又皆琐碎。然如"记云灭后界外受法性身，呼为法性阴。师意但即身得便是法性"，"先尼小信记云小乘信，师云但是少信心也"等，似亦有理。"和尚云"、"师云"之文，当是乾淑指道邃说也。可知湛然学力太差，其子孙已不满意矣。《辅行》无甚精彩而《科节》盛称之，设康藏法师生于道邃后，亦决不作如此谀词也。此斥湛然于天台家义无功之又一证据也。跋云："《指要钞》上曰，又云日本传来《别行十门》题云，国清止观和尚录出，亦云体同等者，未审止观和尚又是谁耶？此人深谙一家教不，始录之本全不错不？岂以先死之人遵之为右，所立之事皆可依耶？如乾淑所录邃和尚《止观中异义》乃以三界为无漏，总中之三可尽遵不，况诸异义特违《辅行》，自立己见，故皆云记文易见和尚云云。此师又称第七祖，故知止观和尚多是此师。若其是者，则全不可依，即谙荆溪深旨必有改易也。（此指上《别行十不二门》说）又教乘脱误亦多，唯有《别行十不二门》，则全同奉先源清所定之本。他既曾附《示珠指》往于彼国，必是依之勘写尔。设是旧本经将义勘莫可专文。志磐述曰《指要》，斥日本，乾淑所录邃和上《止观中异义》，以三界为无漏总中三者，窃详邃师亲受止观于荆溪，无缘辄创此说，特乾淑辈为此私议托邃师以行之耳。则知《别行十不二门》题曰国清止观和上者，皆其国人之依放也。《指要》又云，他既曾附示珠指往于彼国，必是依之勘写。据此又知国人依奉先所寄之本，故并托止观和上之名以行其文也。四明之言斥乾淑、奉先耳。世人不窹，便谓斥邃师，请以此义为解。宝地《私记》云：有

《记中异义》一卷，是道邃和尚于《弘决》外引出异义，弟子乾淑闻而述之已上。"又最澄在唐日问，邃座主决义《天台宗未决》一卷。按：仅十问答，皆无关弘旨。后跋云："已上十问者，最澄愿还学求法到入大唐国向天台山宿台州龙兴寺极乐净土院，值遇天台座主道邃和尚，所学问决义如右。大唐贞元二十一年二月二十九日最澄并义真等记，有略评为《玄赞记》。 贞元以后清凉主持教法，台宗自此衰矣乎。又唐天台沙门广修决答圆澄三十疑问一卷，类皆无关弘旨，答初学之问也。论唯识唯心，乃答云道邃之说（如《玄赞记》），与《辅行》"一者唯识，谓一切唯心。二者实观，谓观真如。唯识历事，真如观理"炳然不异。请细心会之云云，其强扯胡揣的本事真大，可笑。又其答无明即法性，法性变无明一问题，颇为含浑。此人非知天台宗义者，至于道邃似亦非高人，不过学到一些天台家之套头话耳。观其难《辅行》，论唯心唯识可知（其难《辅行》太支节了）。又唐维蠲亦答上三十问一卷，有云："开成五年六月一日，天台僧维蠲谨献书于郎中使君阁下。维蠲言南岳高僧思大师生日本为王，天台教法大行彼国，是以内外经籍一法于唐，约二十年一来朝贡。贞元中僧最澄来会，僧道邃为讲义，陆使君给判印归国，大阐玄风。去年僧圆载奉本国命，送太后纳袈裟供养大师影，圣德太子《法华经疏》镇天台藏，赍众疑义五十科来问，抄写所欠经论。禅林寺僧广修答一本，已蒙前使李端公判印竟。维蠲答一本并付经论疏义三十本，伏乞赐以判印……付日本国经论目：《大悲经》三卷，新译《般若心经》一卷，唐梵对书《佛顶经》一卷，《仁王经疏》一卷，《金刚经疏》一卷，《菩萨戒疏》二卷，《念经仪法》一卷，《随自意三昧》一卷，《四十二字门》一卷，《小止观》一卷，《华严义海》二卷，《华严还源观》一卷，《华严十玄门》一卷，《注法界观》一卷，《注止观偈》一卷，《止观科节》一卷，《止观科文》一卷，《六妙门》一卷，《释氏血脉谱》一卷，《修禅法行》一卷，《还源集》三卷，《佛窟集》一卷，《大师口诀》一卷，《陈宣帝书》一本，《圆式论》一本，《义要》一卷，《中道四缘论》一卷，《形神不灭论》一卷，《法王诏》一本，《心王赋》一本，《答问》一卷。按：此人之答，颇能得天台宗重心，且学力见解都好，如解唯心唯识云："心意识三，体性是同，名相有异。若言积集名心，思量名意，了别为识，此对六七八识得名也。若言一切唯心造，此意识总名心也。若言识性平等识别已来，此心意总名识也。若言非意所图思量不及，此心识并名意也。若言稽首唯识性即佛性，佛性是常，心是无常，此识深心浅也。若言心性即法性，法性即真如，八识波浪，此心深识浅也。此心意识性并真如理相并分别事相，识浅心深。此四悉随宜为说，无妨。"大好。然其解无明与法性，仍甚含浑。又某答义真疑问一卷，凡十三条，更属无聊，之不足言学问，于此可见。又宗颖决答内供奉光定法师疑问一卷六条。按：此六问较前少可。答中则不离老套，且仍含浑。其曰："南岳云只净六根，乃谦逊之言。法藏法师云，南岳天台德行难测，为是等觉为是妙觉？此方名德多云南岳大师应是地上之圣，不尔何能于此唐国舍方便生为国王，大作佛事？天台和尚能融万法为一心，于一心上默示万像，吐纳自在，辩才无穷。若非大圣，何得如此？因知藏公之言有实可信。"又曰："若夫高广包含深契佛意者，唯天台宗矣。"皆是常徒之说也。又其释断烦恼成佛，亦用《金狮子章》义，此天台宗与贤首宗混之又一证据也。其后识云："会昌五年上都右卫体泉寺义学沙门宗颖上。"又答比睿山延历寺天台法华宗内供奉大德德圆法师疑问一卷、十条，亦是常徒之论。所谓常徒之论者，称述老套而不能显示玄珠也。老套云云，即三一一三，本来非生死，非涅槃等也。疑中有谓："若以正摄依故，草示成佛者，与相宗摄相归性何异？若但说内色成佛者，即同三论宗云。凡有心者方得成佛，非墙壁等。又若言于无情境立佛乘，故草木等自成佛者，何草何树自修六度成佛说法？"答谓："今说一心即诸法，诸法即一心，故依之与心皆一佛乘。所以不同相宗心色体殊，文异三论墙壁非情等。"云云，其为常徒显然矣。至于非墙壁等出《涅槃》，未见三论家有此说也，更考。

（十八）元晓师撰《法华宗要》一卷。按：该书以六门分别，尚能契一乘之旨。第五明教摄门，辨三乘一乘而定《法华》了义不了义，似可参考。唐翰林学士守右补阙安定梁肃述《删定止观》六卷（续藏本，下同）。其《统例》云："隋开皇十七年，智者大师去世，至皇朝建中毕二百载，以斯文相传凡五家师。其始曰灌顶，其次曰晋云威，又其次曰东陌小威，又其次曰左溪朗公，其五曰荆溪然公。顶于同门中慧解第一，能奉师训，集成此书，盖不以文辞为本故也。或失则繁，或失则野，当三威之际，缄授而已，其道不行。天宝中，左溪始弘解说，而知者盖寡。荆溪广以传记数十万言网罗遗法勤矣备矣。荆溪灭后，知其说者，适三四人……予常戚戚于是，整其宏纲，摄其机要，其理之所存，教之所急，或易置之，或引申之。其义之迂，其辞之鄙，或薙除之，或润色之。大凡浮疏之患，十愈其九，广略之宜，三存其一。"按：此《统例》之文甚好，删存《止观》要义，余录于《玄赞记》者皆有，可见尚好，与《义例》同为参考要书。然更须大本细勘方可定是非也。书后有《天台智者大师传论》云："……自智者传法五世至今，湛然大师中兴其道，为予言之如此，故录之以系于篇。"后附《释门正统说》云："梁肃字敬之，安定人，（柳文注一字宽中，隋刑部尚书毗五世孙，世居陆浑）。

早从释氏学，传天台宗教于荆溪，执弟子法甚恭，志在一乘，最为精博，故孤山祖承云，朝廷中得道者唯梁学士一人而已。公尝删定天台止观为六卷行于世，又述《止观统例》。其文雄深雅健，宛有易翼中庸步骤。韩昌黎虽独步元和，然以五原及诸文较之，似不及也。《唐史》谓大历贞元间文士多尚古学，唯公最称渊奥。愈从其徒游，锐意钻仰，欲自振于一代。观此可知，韩笔所自来矣。柳子厚记先友亦称其最能为文，公又述《天台荆溪碑铭》。崔恭序之曰，知法要，识权实，作《天台山禅林寺碑》，达教源用境智，作《荆溪大师碑》，至今山家金石之文，唯此二碑为冠。公有文集二十卷，惜其板本磨灭，无与再刊者，铠庵曾于北峰睹写本，无为子杨杰亲题其后，赞仰无已。贞元九年十一月卒于长安，享年四十三。崔公云，朝廷尚德，故以公为太子侍读，国尚实录，故以公为史馆编修。发号令敷五猷，故以公为翰林学士。"又宽文元年草山元政云："按河东崔恭序梁氏集，称凡释氏之制作粹美深远，天下无以抗敌。嵩明教品论谓陈子昂之文不若李华，华之文不若梁肃。肃之文君子或有所取也。"又荆溪门人明旷记，日域张府辩才会《金刚錍论私记》二卷，文化二年乙丑，弟子及粹、明凤跋云："荆溪大师撰《金刚錍》，其徒剡川法师作私记，简易明畅可谓善于绍述者矣。今兹吾师妙空和尚应众请讲此论于西山光明会上，※（该书仅能解名相耳，不要不好。大约此人非湛然高足，太常徒了。前有文化二年赐紫前立政澹空、应延瑞于琵琶湖东蘑蔔园中序及凡例）因分会论记合为一本，且订正脱误。"按：该书无所取材，不要不好。盖《金錍》本无须注，而注之，可见其学力理解矣。又天台沙门行满撰《学天台宗法门大意》一卷，不满千言，略释五时八教一心三观名耳。不要不要，不好不好。中有云："贞元二十年，因求法僧最澄故记。"又天台僧行满于国中述《六即义》一卷，亦不满千言，略释六即名，不要不好。

（十九）唐吴兴永定寺释沙门（此称号不通）道暹述《法华天台文句辅正记》十卷（辅妙乐记）（续藏本，下同）。卷一云："如天台《涅槃疏》……《起信疏》……《华严疏》……讲《唯识》人云《涅槃经》中明一切众生皆有佛性者，不了教耳……《摩腾对僧录》云……"卷二："嘉祥云……"卷三云："本师所师者，《涅槃》五味判教，元是本师所师之法。既归心于师，先章须改也。嘉祥者，寺名，在会稽，王义之舍宅所置名。吉藏胡乡所生，世称学海，心色难伏之慧，口泻如流之辩，著述章疏，领徒盛化。大师初至陈都，有沙弥法盛造席数关法师无对，法盛时年十七，身小声大。法师嘲曰：'你那不攉声补体？'法盛应声对曰：'法师何不削鼻项眸。'吉藏良久咽更调曰：'汝为好问阇黎，好好为汝答。'法盛曰：'野干和上，著在经文，胡作阇黎出何典据。'吉藏住谓曰：'尺水计无文波。'法盛曰:'余水虽不能沾于鲸鲵,亦足淹于蚁蜂。'吉藏又问:'谁为汝师? 汝谁弟子? '法盛曰:'宿王种觉天人众中广说法华,是我等师,我是弟子。'讲散乃舍山水纳一领用奉大师,遂即伏膺,请讲《法华》,身为肉凳用登高座,后因借章安义记,乃弥达浅深体解口钳,身踊心醉,废讲散众,投足天台,餐禀《法华》,誓愿弘演,顶戴永永,岂生异彻。旧章乃有流行者,并是其时收不尽者云云。"按: 据此所谓妙乐云者,即湛然也。又据《国清百录》,嘉祥是天台后辈而已。且未及听讲,何有肉凳乎? 义未乖经,何用收之? 天台宗徒,自湛然而后,何无聊至此耶? 此道暹或与道邃同门,其人至多不过等于智周,抄录些无聊的章句。杂注经文句及记(体例大乖)而已,甚不足取。

又卷四云:"《圆镜》云……《永嘉集》云……"卷五云:"《圆镜》云……《涅槃疏》云……"卷七云:"《圆镜》引云……"卷八云:"《金刚疏》云……《圆镜》云……(又有《圆镜》云云未录,下同。其引《涅槃疏》,慈恩、嘉祥之文,应知未录)二十八品生起者,未见睿公生起,注家生起大理亦同,故今录之……北齐少林寺稠禅师,为齐王所重,亲体所居,为护王寿,不起迎送。王密怨内心,明重试之,故不起当断其命。预知其念,断命罪重,宁使失寿,便起迎送。王亦问之,昨何不起,今何起耶? 答云: 不起与起,悉皆为王。王问知已,克时而卒。"卷九云:"竺道生者,《圆镜》引云……"卷十云:"此斥弘唯识人谈一切众生全无佛性也……此斥《圆镜》也……"按: 此书中引《圆镜》文最多,《记》有斥,疑是前于湛然之一家《法华经》注也。犹存一二古说,如竺道生之说法身,罗什本无观音偈等。然据此所引测之,似亦非好书也。又按: 此书卷五云:"疏云心王速疾者,心王照境心所即随,故云速疾。"又卷八云:"无明不住无明即真如,是为果中胜用生一切法也。实相不住,实相即无明,是即成流转生一切法也。又无明即实相净缘生一切法,谓修得三因是。又实相即无明染缘生一切法,即性德缘了,随缘不变者,真如随无明缘上至等觉,俱名随染缘生一切法。又四圣名随净缘起生一切法。六法界名随染缘起生一切法。"皆不知所云。

又唐东春沙门智度述《天台法华疏义赞》六卷。※(又其前录《玄义》诸义,仅仅列名,太可笑了)按: 此乃《文句》及《文句记》之注也。犹以注《文句》为多,于《文句记》如卷四云:"记释恐误。"则有所商榷也。然其注亦如《辅正记》之不足取。若更证考慈宗后字,可知。大约当时风尚皆然,盖既无力承受先贤玄义,当不能更有所发挥,只可做此等无聊工作耳。卷三:"左溪云……"卷四云:"记中札言有云者,皆是《圆镜疏》延秀法师释也……《注》云……"又按: 上日商榷云云,实甚少。总之,此等庸流,只能跟着人走。戊戌九月沙门元政于深草草庐跋云："智度禅师《义赞》，行于世者有二本，是皆不精，是正舛差固多，读者憾焉。乃者有印生又镂手板，令于点校，于真疑者盖阙如也。按智度者，荆溪之神足也。惜乎其《释门正统》、《佛祖统记》而有其名无传，因不知其人。"又唐石鼓寺沙门智云述《妙经文句私志诸品要义》二卷。（又云《石鼓寺随难记》）按：此书非志《文句》要义也。直是《文句》之科判之解释耳。无聊，可笑。缺第一、第三至第六、第九、第十、十五……等，及末后数品文义。跋云："吴郡僧义众会昌元年七月于灵石寺借得华亭大明寺深座主处本，本无是武丘等因定本听次遽抑审之故记。"又"延历寺千光院僧觉满以去，延喜十三年六月写得戒坛院唐本，自其已后，以山王院秘本比校存没不同异本多端，左右详定，既其退详，若背书不同，复在株殊智眼审之。又《涌出品》记末二十九行文，或本置于最后，见者悉之。"又撰《妙经文句私志记》十四卷，藁草而已，未及详悉。又仅入譬喻品第三释文，未及完结。卷一云："真谛三藏《光明疏》云……嘉祥吉藏法师，最后于会稽率众上疏请大师讲此妙经。大师受请，期于夏中，属夏缘差便不获闻，信知实为难也……净影法师每破古人皆厶先述异解，后明异非……《光明疏》云……弥天安师旧《大品序》云……宝法师释云……兹唐三藏将来……关内凭即东晋姚秦时僧，什师之学徒，作《法华》、《百论》疏也。关内即河西，江东即宋朝吴兴小山僧也……唯如《记》中所引国初金华永安寺旷法师……刘虬注经序文有三节，初序经由及注释意，次序诸品次第源由，后序分节利害由致。初序末云：谨以建元元年于涉屺精庐互相咨访，共为注解，要令义精意满理圆据足，然委精庐至沙洲德鸾挥笔记载云云。昙鸾恐德鸾之误……《观音广疏》……玄畅师即后魏玄齐禅师弟子，如本传。"卷上云："真谛三藏……净法师云……弥天安师释云……康法师云……"按：该书释章安《文句》烦琐十倍于湛然《记》，其无价值可知。然因烦琐故，乃遗有古说，如真谛、道安等诸家之义，似较前二人之书为精博。有引湛然《记》文，虽不多，可见后于湛然也。又卷四云："镜中法华，俨师杂记录云：有中天竺三藏释迦达多，此云能授，开元二十六年至会稽法华寺，当时从其咨决疏疑，因而以授数事云……净师呼为……"又其论吉藏等之态度，如卷四有曰尽美矣未尽善，尚称得当，犹较湛然好也。又卷六云："《摄大乘论疏》……"卷八云："会稽法华寺基法师，生师之门人也。"又其对于天台宗之态度则与以上诸家态度相同，于湛然《记》时有非难之处。如卷九："其意已极迂隐，何谓分明？"则湛然之作，道邃非之于前，智云难之于后，何足以称光显乎？又卷十云："取要而言，即《起信论》明一心二门出其二体，释其二义尽矣。余论不及此论，融即示及委述又事体义，广如荡论云云……准《天亲旧传》云，其人作论数百部而不知其次位，近代皆云位居暖顶，大乘即回向位。"又按：以上所见诸书，自湛然而下，引《起信论》文皆不多，（亦少论及）而此乃云《起信论》义尽，此亦台、贤两宗末后混同之一证也。

（二十）宋法照撰《法华三大部读教记》二十卷，宝祐四年天台晦岩法照自序云："记读数，自以记遗忘，非谓传乎人也。嘉定初在佛陇方草创，已有传之者矣。东山南湖传之者又多。晚在天竺，随讲修饰，于经疏重言诸师异同则删去。"卷一《时教图》：

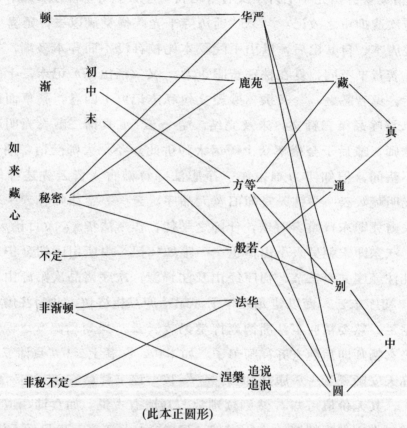

（此本正圆形）

其《时教说》云："化法所诠莫越乎真中二理，真中二理莫越乎如来藏心。此理此心一而二，二而一也。"不知所云。按：第一卷至卷七记《妙华经玄义》（简称"妙玄"），卷八至十四记《文句》，十四至二十记《止观》。记《妙玄》有六十四门，记《文句》四十二门，记《止观》四十六门。每门杂引诸家章疏，其自意则低一格，录于后。其所引书除三大部及记外（《文句记》又称"妙乐"）卷一有："《净名玄》……《四明妙宗》……《别行玄记》……《光明句记》……《指归钞》……北峰师曰……《新记》……《四明十义书》……《十不二门指要钞》……《别行疏》……《别行疏记》……孤山《论衡记》云……《四教义》……《四教仪》……《净名记》……"卷二除上列外又有:"《涅槃疏》……《指南》曰……《草录》曰……《指要》……《续遗记》……"卷三又有:"《光句》……《四念处》……《光明玄》……《拾遗》……《义例》……寿安法师云……净觉孤山失究……且《四明记》……《辅赞》曰。"卷四又有:"《戒疏》……《净名疏》……垂裕……《别行义疏》……《别行玄》……"卷五又有:"《法华三昧仪》……《别传》……《法界次第》……《西域记》……《观音疏记》……《杂编》……"卷六又有:"《百法钞》……《百录》……《略记》……《业疏》……《事钞》……《资持记》……《发轸钞》……《荆溪行业记》……竹庵曰,天台法性为宗,谈具得旨,故四明尊者云,只一具字,弥显今宗也。荆溪云,圆教理观深微而以事相释义,言弘斯典者远矣者,乃斥慈恩《法华玄赞》也。又云谈法界者,未穷斯妙,致使惑果事而迷因理者,斥贤首也。"卷七又有:"《解谤》……《解谤》已阐净觉之失……鉴堂云……"卷八云:"《拾遗记》……《撮要》……行法疏……《补注》……逸堂云……"卷九云:"《华严合论》……《教行录》……"卷十云:"神悟门……慈辨门……"卷十一云:"《灵感要略》……吉师曰……"卷十三云:"《续遗》……编云……"卷十四云:"北峰承广智云……鉴堂传觉庵之说……英法师云……"卷十五云:"《辅行》正明观道,旁破清凉,《金錍》亦然……清凉诸师唯知如来法身体遍,而不知众生正因体遍,故使惑果事而迷因理,是为逮名而不知义也……《文心解》……"卷十六云:"《显性录》……《圆通记》……《纂要》……《雪川集解》……《金錍记》……"卷十七云:"《济缘记》……《禅门》……咸教主曰……"卷十八云:"《不二门》……"卷十九云:"《索隐记》……《观经疏》……"卷二十:"《正义》……《涅槃玄》……不变随缘乃藏疏真如门相即之义,则与今家圆即若是其同欤?曰不同也。夫圆理论相别者,全体是用,举用即体,事理不相妨,内外皆一致,又何体用事理内外相待于其间哉! 若藏师二义相即者,岂今家之别义耳。彼云随缘即不变,不变即随缘,今家别理二义奚尝不即。今试言之,夫别理随缘之所以者,由真如之理非凝然不变非顽骇之性,故能随九界缘作差别法,虽复随缘而始终不变,故知随缘不变之性自能相即,要知其所以随缘者,实但中之德,岂不即耶? 不然,不足以为但中也。 若以理望随缘之事,则彼此角立事理不融,此无他,为非体具随缘故也。 故知藏《疏》虽论相即,皆指事中随缘之性与不变之性自论相即,以理对事,终成相离,必须破九显一。 故曰藏《疏》相即之义直今家之别义耳。然而既曰随缘,乃引生法之文为证,何也? 四明亦既言之矣。若不随缘,安能生九,以生法即随缘义也。若得此意则相宗凝然不变之执藏通偏宗之理，不待申而自明矣。"嗟夫，佛法落于宋代一般人而毁灭殆尽矣。※（论宋代佛法衰微之故）曲解古说以遂其私，几何能鞭辟入里以解脱乎？唐之末流乃是支离破碎之考证，全宋代又是附会谬论之大胡乱说曲争门户。※（据实逸堂、鉴堂较从义少好。）噫，吾安得不痛哭。此中引北峰师语甚多，当是法照之师。大约与逸堂、鉴堂一流。然因其杂引以解释台宗名相故，研究台宗源流时，颇可参考。问：何为骂彼等耶？答：法藏、清凉岂是偏执不通之徒？观其所有之著述可知。彼等未明古说，而即曲解谬论以遂其私，非妄而何？至于论相宗亦然，可以说根本没有懂得相宗。总之，佛所说法只有轻重之不同，决无大小偏圆之别。于佛法真有所得（见道或将见道者 者所发表之著述亦然。智者、法藏、吉藏之说，在根本处有不同乎？无也。即若窥基，虽天分不及上三子，立言难寻旨归，而大处仍与上三子相同也。岂可是彼非此，乱争门户乎？宋人之不足道，可知。余故骂之也。嗟夫，立门户之见者，自己一定没有通晓，即能说来似是而非，亦不过依样画葫芦，骗骗外行初学而已。（并没有完全画像，只可说画虎类犬。观其《时教图》、《时教说》，说随缘不变可知）又宋从义撰 《法华三大部补注》 十四卷，※（卷一至卷三补《玄》及《义》，卷四至卷十补《文句》及记，卷十一至卷十四补《止观》及《辅行》）其所补注，类多名相，如"台岭"、"毗坛"、"朝三暮四"等，亦无聊之作也。卷一云："余尝读清凉观师《华严演义钞》，见其文云《华严》是顿顿，《法华》是渐圆，验知《止观义例》所斥，以至三部记文所破即清凉观师之失耳（按：《义例》所斥，乃与湛然同禀一师者，自有明文，清凉后于湛然，岂能先见其书？从义又是□□□也）……今之所斥恐指法藏。此师与荆溪相去不远，故云近代如法藏师《起信疏》引《智论》中说真如在有情中名佛性，在无情中名法性。《金刚錍》中正破此义。又《华严》云，譬如真如无有少法而能坏乱，令其少分非是觉悟。清凉观师《疏》及《演义钞》云……岂其然乎？况《涅槃》瓦石无性自是权教缘了不遍之说。《智论》真如在无情等，其文本无，何可援据乎？故知疏文，恐为未允。吾宗学人释《金刚錍》不可不知此中之说，故知贤首、清凉，未善谈性，圆顿安在哉？彼既前非，吾宗学者何得谄附。"据此可知善喜之评，亦有所据。然则何如？曰，有与无，佛性之定义不同故也。湛然有据，贤首、清凉亦有据，决不可以相是非，而此乃曰彼既前非，徒见其为妄耳。善喜之评亦出于意气，总之，宋代没有一个不是□□□（除宗门之少数大德外）……（此中又有道场观、会稽基、光宅云、志公、道生、道融之事略）"……大唐三藏奘法师至于西域，以华请观音像云，若一切众生实有佛性者，惟所散华挂菩萨颈。言已散华，乃如其愿。今谓奘师若有生公之知，则不应有此祝也。倘视之不吉，将不信乎？易云，中心疑者其辞枝，奘师非其枝乎？然生公谈阐提有性成佛，奘师卜后方信，以此二师比夫天台，可同日语哉？又贤首、清凉不可复引《涅槃》中第权之谈，及谬据《智论》，几许误哉！信知天台所立圆乘，古今难及矣……余虽不敏，尝撰《三千论诠辨》，慈恩但立二谛，不许三谛者，得不违于诸经论乎？"按：此中非惟补注三大部，亦补注湛然三记。又卷三云："四明云，智者云开，荆溪云著，大师云璎珞，长者毗陵云生身垢衣，矛盾惑众，成增减之愆，有天殊之谤乎？……此盖四明不看《辅行》，不晓妄立。呜呼哀哉，传法利他之功，不补非法毁人之失。此时虽则朋党自贤，将来如何免于恶业……四明云，藏通补处彰佛有量，别圆补处显佛无量。是知观音补法身处，愈彰尊特，无量之无量矣。（按：此亦是难释签。）呜呼，四明既乃谬判《十六观经》，妄将《法华文句》实有量而言无量等义颠倒祖诰，举世澄传，但闻四明之言，便谓至真之道，非魔蔽之甚乎……齐朝京师中兴寺僧印法师，姓朱，寿春人，依庐山慧龙法师咨受《法华》。龙师亦当世名匠，印师虽学于众典，而偏以《法华》著名，乃讲《法华》二百五十遍。年六十五卒……《释签》云近代已来，读山门教者，仍有此误哉者，清凉观师有兹说也。彼《华严疏钞》云……清凉初学天台，所见既僻，乃遭荆溪诸文破之，而清凉师遂弃天台，却宗贤首，虽复遵禀天台止观而反斥于天台判教，岂不教观胡越，解行矛盾哉……今谓清凉虽学天台，深不见于天台之道，所以弃背，妄生讥毁以惑未学天台教者，是可哀矣……清凉不知此，妄斥天台师此义，若不辨，天台宗须坏，故今述祖道以对于清凉，后贤或览之，无谓余狂简。问：何以得知清凉元学天台？答：《宋僧传》云，五台山清凉寺澄观于大历中诣苏州湛然法师，习天台止观《法华》、《维摩》经疏等云云［按：清凉《疏钞》等中于天台判教，虽有所商榷，并未斥天台之义也。其态度甚好甚得体。纵令清凉尝见湛然（更考年月），亦不过普通之参访耳，不可谓为弟子※（论台贤）。湛然学力不足，自不能抚育第一流之清凉，岂可谓为因斥破而习贤首乎？湛然之说与天台少异，是钞贤首的，有明文可证，如上已说。从义不责湛然，而反责清凉，是何居心？入主出奴之气，实在讨厌。至于《止观义例》三大部注中之所斥破，是对清凉与否，更考。然余见《华严疏钞》中并未有若干论及顿顿之文，谓是清凉之说，如《止观义例》中所叙者，亦当其幼年所说，然总须更与《疏钞》等对勘，方能算数也。］……止观诠者，摄山止观寺僧诠法师也。兴皇伏虎朗者，陈杨都兴皇寺法朗师也。姓周，徐州沛郡人，以梁大通二年于杨都宝志禅师受诸禅法，又于诠师禀受四论，并《华严》《大品》经。永定二年，奉敕住兴皇寺，年七十五，太建十三年九月二十五日卒……［此中又有栖霞得意慧布，长干寺玄辩法师，杨都禅众寺慧勇法师，杨都庄严寺僧旻法师，定林柔、次二师，慧光国统（即光统），钟山耆阇寺安廪法师之传

略]……清凉以五教和会天台四教……今谓贤首五教岂同天台四教耶……然贤首
虽用五教,至于撰述深赞天台,曾无形斥,但由观师自立《华严》以为顿顿,以
《法华经》而为渐圆 [按:此云顿顿、渐圆,不知与《义例》中所述相当否? 总之,大处无
乖,何妨立异? 清凉固亦未形斥天台,一切皆跟着贤首走,不观贤首之论判教,何等深厚乎?
(或者清凉承台宗内人顿顿之说而转述之,亦未可知) 然即清凉曰《法华》为渐圆,各约一边,未
始不可。前贤判教,于经论取去,出入正多焉。各约一边,岂是形斥? 而从义等乃斤斤以为大逆
不道,是什么话呢? 可恶] 又以《华严》圆融行布无二无别,违背天台所立义耳。况
彼全用天台深义,如坐禅仪式、安心行门、三谛、三智之谈,三德三观之说,诸
佛不断性恶,众生不断性善,具德真如融通妙理,举一即三,以三为一,身土互
融,依正不二等,莫不引之以为心要。 (按:讲圆融周到,天台当然不及贤首,因时代前
后,阅书多少故也。如前已说。湛然且钞贤首,而谓清凉钞天台乎? 贤首因有参考天台而承受更
发挥之处,清凉之说则无一非贤首之说也。从义一定没有见过《探玄记》杜顺止观等,而乃夜郎
自大,不识高低,何其鄙陋也) 至于圭峰不本师祖,于《禅源诠》及诸疏钞妄生排斥,
评品天台,有识观之,能无嗟慼 (宗密不行,如上已说。其排斥评品之文,余虽未见,当
是对湛然说,则亦门户之见,岂清凉之过哉? 门户之争,生于末学,余因以宗密、湛然列于第四
流也)。 学今宗人,不得其意,却谓终教是今圆俗,顿教是今圆真,圆教是今圆
中,呜呼谬矣……《大宋僧传》宁僧录等主三轮教:一、显教,谓诸乘经律论,
以摩腾为始祖。二、密教,谓瑜伽灌顶五部护摩、三密曼拏罗法也。以金刚智为
始祖。三、心教轮,直指人心见性成佛,谓禅法,以菩提达摩为始祖。宁公识见
太是浅末,希后德详之……《妙玄》云诞公僧传中有江西智诞亦善经论。"卷四
云:"镜中者,北地《法华钞》引镜水云,又秀法师有《法华圆镜》,岂真是
耶……(此中有道凭、江东法瑶、玄畅传略)……况灵山亲承,大苏妙悟天下孰不知之
(此调太鄙陋可笑)……西京崇福神楷师撰《净名疏》……原夫五性之宗,祖于弥
勒,宗于天亲,折薪于玄奘,克荷于慈恩,立言垂范自为极唱,以今望之乃知权
说。天亲、龙树内鉴冷然,外适时宜权实且异,后之弘者未达上圣赴缘之谈,所
以争执,善解融通,唯天台矣。" (按:上亦有破四明、清凉、慈恩之文) 卷五云:"涉
公开元中京师大安国寺利涉法师也……京兆韦诠僧睿法师、※ (论天台嘉祥) 刘虬
居士皆悉有《无量义》注……章安晚出称心精舍开讲《法华》,吉藏意亦未伏,
求借义记,录阅浅深,乃体解心醉有所从焉。因兹废讲散众投足天台,餐禀《法
华》,誓发弘愿。今荆溪多破嘉祥,以其未归心天台之时,自有《法华疏》故,
后时虽乃归命天台,其如章疏已自流行,所以荆溪不得不破。 (按:此归命之言,实
属胡闹。吉藏之见章安亦不过互相咨访而已,岂曰昔非今是哉! 不然,《统略》作于《义疏》之

后，"更有异闻，撰录大宗更为此三卷"云云，则《统略》之作在见章安后也。其义仍与《义疏》、《玄论》相同，归命者，乃如此乎？盖吉藏心要与天台本无不同，不过天台较吉藏天分高，故使吉藏心折，而不必尽去己说也。 荆溪《文句记》中所破，尽属支支节节门户胡闹，岂真有所不得不哉！从义，你真不怕堕落。）卷六云："钊师，梁南冥寺慧钊也。姓徐氏，次师光宅……竺道生与僧叡、慧严、慧观同学齐名，时人为之语曰，生、叡发天真，严观窥流得，慧义彭亨进寇渊于默塞……嘉祥旧立三法轮，后师天台，须改先说，若不改者，甚乖禀承。清凉观师《华严钞》中亦许三种法轮之义……呜呼，清凉谬之甚矣（自湛然以来，好小家气）……此辨慈恩疏钞以及大师释义之失……诠明法师《钞解》云……呜呼四明，何妄认智者、荆溪所破之非，执之为是哉……此斥弘《华严》师不善华严之法界也……此责慈恩寺用《唯识》等论定性灭种之文以通《法华》……"卷七云："罗什入关，生、肇、融、叡四子往而师之。生公乃喟然叹曰，夫象以尽意，得意则忘象，言以诠理，入理乃息言，由斯乃之《善不受报》、《顿悟成佛》、《二谛论》、《佛性当有论》、《法身无名论》、《佛净土论》、《应有缘论》等……清凉云，大台师立教理圆备，今敢咨曰，既知圆备，何不禀承而却依于贤首？然今天台所谈大义诸师多有潜用以为己意，如观师《钞》及《永嘉集》等（此等语，真是狗屁）……"（自此以下破有难慈恩疏处，又卷九有三处难四明）又按：卷十骂义净乖僻，卷九骂李长者不通，嗟夫从义，诚所谓温猪哉！万劫蟒身，恐不能免（又卷十有两处难四明）。又卷十一云："清凉弃一乘圆顿止观，别立《华严》名为顿顿，形斥《法华》，谓之渐圆，遂立三种止观之外，别传一种顿顿观门，具如《义例》委斥斯谬。《纂要》之中广引《华严疏钞》……昙影法师或云北人，不知何郡县，其性虚静，不好交游，讲《正法华》及《光赞》。后入关中，又师罗什。什谓姚兴曰，昨见影公亦是此国风流标望之僧也。影公著《法华义疏》四卷，并注《中论》等……《宋传》云：京师安国寺元康法师造疏解《中观》，别撰《玄枢》两卷，总明中百门之宗旨……无行禅师云……（此下有难宗密，评天台及《圆觉疏》之三观）……南山《内典录》赞天台云：受四教于神僧，传三观于上德……四明立丈六分齐即无分齐，举世滥传……蓝谷沙门怀信撰《释门自镜录》五卷，其间多录古今罪福报应。"卷十二云："昔庄严门下净藏法师，唯能并难答无所以。彭城正公能善解释，不便论议……寂灭真如有何位次者，贤首顿教正同此说。彼文谓之一念不生即名为佛，不立位次，今谓彼但得其理性无位之义耳。不见无位之位之说，立教化物安在？一切皆失。（××）……今时北宗多谈五法三自性八识二无我义，以今观之，但是别教……相部即相州砺律师也，出《四分律疏》十卷，《羯磨疏》三卷。南山亦曾登其门下，荆溪依会稽开元寺昙一律师习毗尼。昙一乃依砺律师疏、宣律师钞详略异同，自著《发正义记》十卷，明两宗之踌驳，以至下文亦斥南山……"卷十三云："清凉云天台宗判失于《华严》之意，宗谓天台非失，汝自不解，岂不闻灵山亲承，大苏妙悟耶？那忽背宗而师贤首，若谓天台有失而汝何故承用天台三观法门。（××××）……《古今佛道论衡》云……元晓法师造《华严疏》……安法师二教论……智者云第一义中一法不可得，世谛中一心具无量法。章安云心空而常假，故有百界千如；虽假而常空，百界千如寂而无相；空假常中，无空假相，虽无二相，不失双照。荆溪云，遮故法尔空中，照故三千恒具。若以上引格言为真，则四明云三谛皆有百界千如，诚虚妄矣。况四明云，事理体用三身四土，皆存相貌，世人听声展转相习，乃谓四明善继荆溪毗陵大笔，真得天台智者法味，使此自高凌他，朋扇阿党……四明云……"丙辰季冬，芥窟赵时逢跋云："右神智师《大部补注》一十四卷。师东嘉人，笃于浮屠氏法，象胥所传，悉涉猎不遗。此书开明法华三昧，前后训诂独详，盖东嘉距天台近，其宗旨一气脉也。竺峰珪老与其徒义上人惜旧本湮灭不可改，捐所得钟氏施利再为镂木，且嘱余识其末。"据此，倘神智非名从义者，则从义当是所谓义上人矣，更考。

觉海遗珠集(丁)

续法华之部

（一）宋四明沙门柏庭善月述《法华经大部妙玄格言》二卷（续藏本，下同）。卷上云："经云唯佛与佛究显诸法实相不出界如者，然亦不当便作此示，纵如此示学者，亦不当作此会。既不作如此示，又不可作此会，毕竟如何？但知不可作此示会便了……如《签》所示无不可者，第其说不详，今得以申之……《签》释之巧矣……引肇师名实之论，特借以启言端，未必全用彼意。若据彼宗旨，天台判之多附通意，则今所谓无相者，直真谛意耳。《签》释之文是也……佛以情离故，见一切法本来离相故，一切法非复一切法，见法自性从本示之，故《楞伽》所谓此四句离方名一切法，凡夫以情染故，动辄堕四句见不见一切法之自性……论宗途者，不可不辨，不可甚其辨。不可不辨者，或所传之差，所判之失，恐误后学，固宜辨之，使辨而不革，或宗旨已定，彼又恶能尽弃其所学而从我，虽勿辨可也。则盍曰于汝安则言之。然不可甚其辨者，殆于佛法起诤，非所以示无我之道。每读《签》、《记》等文，因彼异判，必详辨之，是固为佛法教门而然，恐其疑悟后学故也。与其辨而无益，不若听其自化，如必欲直之，难哉……如《签》释云云。此直以二义申其问难而已，未言其意也……凡诸评归使其说无足取，不若置而勿论，与其义有可不而尽夺其说，不若与其可者，斥其不可者，足以见吾之公论，而伏其短。此不可不知……又观师以三非三等为说，今谓一往与之各得一偏之意可也。二往夺之，虽知以昔对辨，曾不言其妙以妙者，果何如耶？至于开显之旨，全不涉言，其与足取与光宅一也。以光宅校之，其广高长之义，虽若可用，其间矛盾处多，纵而斥之宜也……《义例》曰，夫观心者义为三种，此其一也云云。盖法行根性悆于观心，约行有所不待，故于事法，随所见闻，皆得以览境归心，随文作观，所谓言言见谛，语语朝宗，未有一法而不与心境会者。旨哉摄事成理，真学行者入道要门。此语本出今宗，奈何谩不加省，而反为他用（按：指宗门），惜哉……此天台所以长于用与独拔古今者也……亦独四明所谓两重总别而皆指归事中一念，正合彼《辅行》之意……"卷下云："法体本妙，佛意唯圆，以机有大小利钝之别，此教所以异也。夫粗妙既列，必判而后知，此约教也。然有今昔所同妙者，故复有约部之判以显今经教圆部圆，意在学者会粗入妙，造乎极究之理也。判教之意，如是而已……并见《类论》……余如《类论》……余尝因旧论断之曰，境无彼此，教自偏圆，详见《绪论》……余如《义章》……四明答日本问，如《类论》……余如别论……"按：该书约《妙玄》之义而申论之，间及《玄签》。虽无甚精彩而平实得天台心要（其中亦颇有无关紧要之文），如上及《玄赞记》所录，可知此人实深有所得，而深受宗门陶冶所致。虽学力差，然此书究为治台宗者应读之籍也。又其论立破判教，颇有至理，虽不免标榜天台（学力差之故，非其咎也），而门户主奴之见毫无，不谓宋代犹有此人，亦可以告无罪于天下矣。

又宋丹丘沙门有严述《法华经玄签备检》四卷，自序云："《玄签》之文，其言隐而难，援引影而略，愚尝于元丰年中，本藉讲贯次更锐意检讨，遂辄加注释，以易其难广其略。文中有传写笔误者，又刊正之。第七宝叶新天子即位，改元元祐丙寅再治始于樘庵序。"卷一云："据阳羡蒋防为普门作文集序云：普门姓何氏，何晏之后，其胄世孙常州仪兴县尉玠之子。公尝战于文场，后抽簪朝廷，居岳州南岳寺方丈中，唯儒书、佛经、铜瓶、锡仗、麻衣、旧屦而已。贞元八年冬示灭于君山僧馆，春秋八十四，僧腊四十五。门人昙环得公遗文二百余篇，勒成十卷……灌顶多闻，法慎发持，寂照顺真，智韬定发，智操履俗，智晞习静，道势慧开，普明摄众，净辩强记，慧普现像，是为天台下十子。"卷二云："寄语晚秀，无谓圆教无阴而为教旨……"卷四云："法界融通者，今取清凉法师文注之，彼云……（按：此亦可证台宗末后与贤宗混）"按：该书亦有解《妙玄》之文，然尽属无关紧要之名相。又复寡陋无识，斯人斯书诚属无聊之极。

又赤城沙门有严笺《法华经文句记笺难》四卷。元丰元年樘庵有严序云："习《文句记》者，岂唯其理难，其文也不易……若夫开权秘决显本远旨，宗旨明矣，无敢预焉。今所笺者，引文有影略者广之，前后有互指者示之，传写笔误者刊正之，经文事相有不释者辄释之，斥非隐约者申明之，文字有罕识者言训之。"宝庆丁亥上竺住持鉴堂思义校勘，法孙若恢重刊。卷一云："升州护身寺法师立：一、因缘宗，二、假名宗，三、不真宗，四、幻化宗，五、法界宗。"卷三云："元操公解云……今私说与操公之义少殊……雪上法师引《辅行》云……"后附其所录《法华随经音切》云："凡为字平去二声，慈恩别有章门。今于平声，人多去呼者音之，其闻易解，并去声者，此则存略。"仅音切耳，未若《为为章》之有释，评皆如上。

又善月又有《法华经文句格言》三卷。卷上云："四明曰……自非记主教眼高明，孰能默示……四明曰……光宅不善圆诠，同出异名，于一极理翻成异见，一何悖哉……（又按：善月之文尚好，恐系弃儒就释者）旧传光宅讲《法华》感天华……只如牛头百鸟衔华，因甚见四祖却不然，推此而言，如慈恩掷笔之事，例皆可知，苟未可为定说，存而不论可也……西竺龙树以下诸圣师深达法相，知辨无穷，故凡释经论动辄数十义，盖法尔而然，殆不可加，其不可及如此。爰至此土，通经莫若天台（此语则甚当）……若论嘉祥虽别有建立，必是未归心之前。今《签》所斥者，令知同异得失而已，非实斥其违背也（虽为湛然转园，犹存门户之见）。亦既归心正不必须改旧章，正其名分，殆似区区然，如此等文宜置是可也。而必云本师所师者恐误，正使欲正其禀承，亦何必乃尔（态度很对，此人教湛然高，正可与吉藏同列，置第二流中）……若夫四明，则统一而兼得者也。故不与诸说类……据《补注》引慈恩《玄赞》……"卷中云："若如《记》释乃取三论师意，直以自他等责障有无云云，谓自一说可也……据《记》者意一往以斥他家，虽云尘说刹说彰不思议圆融之意，曾不知所以圆融不思议者果何谓乎？虽然好个尘说刹说，却向言下死却，何如当时只道个所被者谁，不妨疑杀天下人。今作此说，也须救得一半（据此等说，余所评湛然谓画大圈圈，岂不等于言下死却哉。善月诚高明哉。其于湛然有恭维者，一家宗祖，不得不然，然正如此，故入第二流耳）……委如《性相三境章》……《义章》云云……余如别释……无明无始之说义如别论……余如《绪论》……"卷下云："通经立教贵乎知宗，苟为知宗，则文固不在多少。如《涅槃》以常住为宗，《法华》以久成为宗，故其文多。余非所宗，故其文少。虽然，一句宗也，多句亦宗也。如一滴乳乳也，一器之乳亦乳也。亦犹天子一言敕也，多言亦敕也。岂以一言之少而可违乎？况此经言未来常宗，与《涅槃》同者，文复不少，如曰世间相常住，及处处名法身等，皆是也。奈何不以此经明常住耶？（按：此言甚当而应扩充，盖佛所说诸经、菩萨所造论，文虽不同，法门未异，一往视之，宗似不同，而细勘固无殊也。所谓方便多门，归源无二也。盖《法华》之一乘即《涅槃》之常住也。余应知。善月知此而犹不免标榜《法华》天台者，人情之常）※（体裁如上，评亦尔）……尝闻式忏主当年有僧某欲焚躯以自效者，至夜分诣师述其事。师曰：有火种也未？曰：未有。师遂探炉中得炽炭与之。其僧捧之略无难色，师方肯其请云云。即此便是烧身底样子也。"（尚有别释别论云云）嗟夫，如善月法师者，始可以言著述矣。

又宋四明沙门道威入注《华法经入疏》十二卷，元禄丁丑沙门光谦撰刻《法华入疏》序云："天台儿孙节取其疏注于经文者，古今凡五家矣。宋四明威师

《入疏》，柯山伦师《科注》，元习善徐居士《科注》，明上竺寺如师《科注》，古吴藕益旭师《会义》是也。世盛传伦师以下四书，而不知有威师《入疏》。乙亥春，余讲《文句》于台麓，会有书氏持《入疏》来，质梓刻于余。余喜而读之，其节录疏记之要，不似四书之略，或易其文，或移其语，使读者易解，诚大有益于初学焉。呜呼，斯书本成于四书之先，而行乎四书之后。"按：此所云《疏记》云者，仅指《文句》说也。书中无有录湛然《记》者，因是入疏，未详览，略如序说，要亦无聊之作也。

又宋温陵开元莲寺比丘戒环解《法华经要解》二十卷，又《法华经要解科》一卷。靖康丁未，前往福州上生禅院嗣祖沙门及南撰序云："温陵莲寺环师，深究一乘，博探众说，研几撮要为之科解。宣和己亥命予校证，既又遍宗匠，越丙午复会予南山讨疏寻经参详再四。"前附道者山如意野老祥迈注道宣《弘传序》云："天长释云……"余则老套，无聊。

《注》卷一云："妄意之初，窃谓《法华》为三乘黡括大事指南，与《华严》实相始终，于是两载覃思《华严经》论，深考吾佛降灵之本致，复咨谋宗匠，探赜讲肆，历穷智者、慈恩广疏，古今作者注解，撮其所闻，考诸《圆觉》、《楞严》、《维摩》诸经，稽核宗趣，证正章法，然后命笔，虽立科释，义有异旧说，而综文会意，稍合《华严》……圣人说法始终一贯，果唯一事，无有余乘，旨趣稍驯，本无深诮。"卷二云："真常者生灵性命之大本也。本真无妄，凝常不变，由一念之迷妄，沉幻苦而失其所谓真，论变生死而失其所谓常。圣人复还元觉，不沉诸妄，不受诸变，故曰真常，与儒所谓复则不妄，老所谓复命曰常同意……由是观之，信有非思量分别所解者存乎其间，而云不可言宣，固不诬矣。则凡涉语言文字，皆为方便。"其意固美，然据上所云，恐是外道。又根本说不上学力天分，纵钞老套，与天台、贤首，《法华》、《华严》有什么相干？又卷七云："终归于空者，自解脱离灭，究竟至于常寂灭相，则识心缘影，一切荡尽而归乎实相妙空，非断空也。"其为外道无疑，台、贤末流，其斯人之俦乎！又卷九云："西方兑为毁折，西北乾为刚健……"抑何可笑！又虽有援引，皆未出名，更属无用，此书亦该烧也。卷二十云："哀今之人，望涯逐北，以世俗愚陋之见，而拟妙觉平实之行，于诸教门，专事呵毁，弃智绝行，直谓无修，则妙法始终，复何所明？大事因缘亦几乎息矣。

又宋宝觉圆明禅师慧洪造《妙法莲华经合论》，宋丞相无尽居士孙商英撰论附每品之后，共七卷，体裁与李通玄论同，实即略于训诂之义疏也。仙台龙宝比丘实养长与于洛之智积轮下序云："……未见如石门圆明禅师合论，能就自己所证，向不说破处说之者……"卷一云："论曰，心法之微妙分别语言所不能形容，唯以方便设象，以达其意，使学者自求而得之……在处有说《法华经》宝塔皆现，当见我与多宝及分身佛，则皆自心常分之象也。是意亦见《华严·入法界品》……以《华严论》较此经七十九年，总不出一刹那际，则无量义处非多多无数之量也……一切法即真故无情无情之异，《肇论》曰……《楞严经》曰……《圆觉经》曰……《起信论》曰……《智度论》曰……（余引经论尚多，然据此可以推知）……隋僧智颛以九义为十如，唐僧窥基又以为五句，盖不足怪也（好大口气）……鸠摩罗什曰……"按：此书虽较戒环之书好，然不过华严家言兼宗门语句之一套耳。说来颇不亲切，当然不能比李长者及善月，要之，亦无甚价值之书也。故亦无须参考。其曰隋僧、唐僧云云，颇失当。慧洪固庸流中之翘楚哉！张无尽亦然，皆属疏漏一流（此言最确）。明万历己酉净心居士冯梦祯于净业堂跋云："宋觉范洪禅师有《法华论》行于世，达观师为余言之，购之十年矣，不得。余于觉范著述已得披睹《僧宝》、《林间》、《智证》诸书，爱其议论直截痛快，能为人解粘去缚。一日诣楞严静室达观师出以示余……觉范此论，大都就自己所悟印正《法华》，横说竖说无不如意，而亦未尝有一语说破。读是论者当从不说破处猛著精彩，忽然拶破，灵山一会俨然未散，始信觉范教人婆心太切。每品末有张商英附论一篇，议论亦直截可喜，足以羽翼觉范。"诚所谓乡下人逛城里也。

又宋钱塘霍山广照沙门闻达解《法华句解》八卷，景定辛酉自序云："三一圆融等种种义趣，悉是唯心所现，只为昏迷，生死无际，豁然启悟，业障本空，要得无事，一切放下，是非俱遣，垢净双忘。忘心亦泯，真觉圆明，正恁么时，虽不作意，露迥迥底，常自现前，若寻故纸，何日出头……若夫原始要终提纲振纽，具如序解及《指掌图》，今释字义，为彼初机。"按：书前《弘传序》解，亦无非如自序之为宋门老套，不著边际之言。此等人若当面勘过，或能毕现野狐尾巴。其解文义，如"住王舍城"则为"如来住于摩竭提国频婆罗王所舍之城"，无聊无聊。

又宋柯山金溪栖云沙门守伦注，明玉溪菩提庵沙门法济参订，吴兴瓶城居士闵梦得较刻《法华经科注》十卷，自序云："荆溪记钞与疏偕行，文辞鼎盛仅逼藏乘，所在宣传唯偏教肆，世俗无由披究。愚虽不敏，辄事指陈，式遵祖祢之清规，用广后毘之白业，特加注解。"崇祯元年玉溪菩提庵圣行刻注《法华经序》云："宋柯山栖云沙门讳守伦者，笃志养亲，托迹林泉，注释此经年逾二纪，俱本台宗分科分段，约二十卷。先师沤生曾获古本，吾徒法济忽对余曰：师尝以守伦经注为训字太繁，欲再删证，此愿未完，今代师成。"按：此书于天台玄要，一句也未道著，不及《入疏》。光谦节取云云，指《入疏》说可，指守伦之书说不可也。守伦此书乃约取《疏》、《记》名相敷衍成文，毫无《疏》、《记》气味者也。

又元四明信人习善、徐行善依科入注四明海慧教门住持必升校证《妙法莲华经科注》八卷，元贞改元乙未四明海慧教院住持传教沙门平碉必升述《依天台科释注法华经序》云："有伦法师尝注此经，今习善、徐居士慨兹印板湮没，悉取其经依科分注，起伦师已坠之书，开后学易入之径，虽曰柯山之述注，实皆天台之疏文，科标于上，注显于下，一览周知，众义悉现。"元禄甲戌释养存于赞阳龟山《重刻法华科注序》云："小子存策效重锲于徐氏拟予于柯山，重需校雠其书。伦师虽祖述天台及妙乐，旧所刊行，不能无差讹，岂翅分毫作亥豕而已，其义亦间燕说举烛，今为是正而以便弘阐。"按：书前附智顗述《观心诵经法》，丹丘凝翠兰若泽山叟与咸录《台宗释经六意》及法华三分总别之图。天台释经六意者：一、约五时判大化，二、四教释群经，三、三观论修证，四、五章释首题，六、四释消经文。按：此书乃是节略守伦科注而成，更属无聊。

※明季风气。明代风气，乃是糊涂笼统不著边际之融通。此风已起于宋，观戒环、慧洪等之作可知，实亦时会使然。盖争门户后所必有之现象也。故明代道场整个的为此妖氛所笼罩，直至清末杨仁山亦然，惟内院不尔。今日又为此妖氛所笼罩矣，实不长进。

（二）明蕅益比丘智旭节《妙法莲华经玄义节要》二卷，《玄赞记》所录皆有，与《删定止观》有同等价值乎？未也。盖观于梁肃《统例》而知其不及矣。然实可为初学参考。庚辰仲夏智旭《妙玄节要跋》云："章安所记亦自略矣，岂容更删？特以末世钝根，畏繁乐简……庶几易于染指渐充法味，然后遍讨玄文深证法华三昧，则斯举也，未必非循循善诱之一术。若乃守节要为已足而终置玄文于不探，则予固智者、章安之罪人，而彼又予之罪人矣。"此数言尚不失大体。又明天台幽溪沙门传灯录《妙法莲华经玄义辑略》一卷，过略过琐，不好。中又附："四明祖师学问者曰：'法华既显一实，何故玄文释题而明二妙？'门人自仁答曰……释《签》云……"虽底一格，体例大乖。

（三）清天台灵耀全彰氏述《法华经释签缘起序指明》一卷云："比见刊行注解，或后射覆，或平头数章，日月丽天微云偶翳，欲净纤尘昭明文旨，又《签序指明》之缘起也……《文苑英华》七二六，梁肃送沙门鉴虚归越序云：东南高僧普门元浩者，予甚深友也……门师书安祖为十子，于文稍晦，故致山家宗匠，射覆不一。昔吴下师标十子为菩萨子，据《法华》若十二十。十为菩萨，二十指二乘。塘栖师指十子为智者，据《妙玄》初智者乃具十德之子。戒坛师指为十大弟子，无作、介彬、寒月三兄承说。怡庵、元公破其违文失旨，亵称先圣，数狭理亏五失。但怡庵明于责人，暗于自立。乃执关中十哲为十子，独扬己见，为千古不磨之定案，实则此释之过有五……"同门病头陀灵乘跋云："法弟全彰虽称义虎，著名海内。吾未稔其具大识见道力也。政欲与之并躯中原，未知鹿死谁手耳。顷缘或人序注，涸我宗源，乃提其戮力，祛氛澄源。《尊祖》、《辟妄》二书，词言义正，通畅明白，及观《签序指明》不觉爽然自失，吾可以宴息匡庐无所事事矣。"一对糊涂虫。

又清莙上沙门智诠述《法华经玄签证释》十卷，光绪十七年佛陇真觉寺敏曦《重刻玄签证释序》云："此书原板无板，藏本希有。咸丰时，太邑梅溪明因寺都讲彦海法师发心募刻，惟嘱敏曦曰，完竣此书者必汝。曦亦住持台山华顶宁邑广润，及重建佛陇真觉塔寺。倏经三十余年，法音在耳，岂敢忘心！"按：此书较有严《备检》少可。然而总属无聊。

又清闽鼓山私淑比丘道霈纂要《妙法莲华经文句纂要》七卷。康熙乙亥自序云："一乘顿圆，非《华严》无以捷其始，五味渐熟，非《法华》尤以畅其终……余少年行脚，尝历讲肆，亲炙诸硕德，而于台、贤性相之旨，粗得其纲领。后入禅，专事参究。而诸教乘束置高阁。又十载及罢参后，再取当年所习教法读之，方知原是自家祖翁田地。自是以来，复加钻研，首事《华严》。日与毗卢老人，文殊普贤眉毛撕结（好大口气），未尝暂离。至年六十有四，始纂《华严》疏论要语，注于经文之下，成一百二十卷，刊行于世，时年已七十矣。弹指间不觉八旬之年又至，因思法华一部，乃成未了之业，释今不为，得无辜负此生乎？乃请《文句》及《记》从头温习，即于是年岁次甲戌冬十月朔日发笔，但纂大师释经正意，令人开示悟入者录之。其正义已足而滔滔雄辩，纵横发挥者，略录其要，不能具录。又破古处，长篇累牍，实当时之药石，乃今日之弁髦，则不须录。经前所立科段，繁者略汰之，阙者备补之，文理之精深文之简奥者，则引荆溪《记》文略释之。又有义之未发愚之鄙见者，则僭补一二。盖务逗适机宜，以俟同见同行而已。"按：此书体裁一如《华严疏论纂要》，评亦如之。"僭补"云云，皆属无聊，则道霈不过一老修行耳。于宗于教皆无当也。

（四）明上天竺讲寺住山比丘一如集注《妙法莲华经科注》七卷。永乐十六年正月资善大夫、太子少师吴郡姚广孝《新注法华经序》云："至唐荆溪尊者又推广大师之说，撰《释签》十卷，《玄妙乐》十卷（按：前未见此书，或引或著目亦无，惟前引中有称妙乐者，指人名，即荆溪说。惟《读教记》有《妙乐》卷某云云，则似《文句记》也。后更祥考）。释《文句》则一经之妙大备而无余蕴矣。然而文辞浩博，义理深玄，自非老于座主之学者弗能入也。于是元之慧愚谷者，一以大师成言，注于句下，惜乎岁久板刻不存。前住上天竺一庵如法师，乃前高僧具庵法师之弟子也。于今两浙一人而已。闲居南京大报恩寺，亦一以大师成言注述斯经，不敢妄加己见，比慧愚谷者加详。吴中顾道珍缮写极为严整。道珍与同学佛人管叔纯、冯觉成、顾道升、顾禧然、姜孟圭等共募众缘，为之刊梓流通。一日叔纯等怀香过予，征予序引。予时年八十四岁，抱病在家，焉能措笔，然亦当为之即喜……后之览者当求言外之意云。"又赐进士第、钦差行人司行人永嘉邵建策序云："教流东夏弘《华严》若贤首，弘《般若》如禅宗者，犹如恒沙，而弘《法华》者止天台十余代耳。盖偏权易受，圆实难肩……自台岭集成至五季四百余年耳，中国已无有能举其义者，求于高句丽，而始得之。宋朝迄明妙旨再绝，隆、万间，妙峰法师振起之，一传无尽灯公，再传幻田路公，圆乘独捻，彼狭小偏秘之流怨嫉载道。路公之孙操师、荣师者，举科注而更定之。与同志明宇王君、葵赤张君、振锡陈君、知默邓君、季黄马君、祯甫姜君、迎华陈君、仰峰林君、道如盖君、国进龚君、应华高君、汝化叶君等谋筹诸梓……不知科注而弘《法华》，即温陵《要解》犹然兼带。师精玄义止观，岂不能创为新异，而谨守妄传者，正以自智者之外，皆杂通别，但揽辔白牛于羊鹿交驰之世，已自横绝，何必强作解事而蒙不知之诮哉！此又雪竹师之难也（此段文意难知）。余于是风告诸方，因科注而以《文句》为入门，《玄义》为堂宇，《摩诃止观》为奥室，以至法华藏深固幽远者可以径造。慎毋堕落通别而夹杂圆种也。"又明天启七年传天台教观七十四老僧传灯于楞严坛之东方不瞬堂云："而六朝诸师竞为注解，屈指可数七十余家（谬谈）……智者《法华》之妙在于《玄义》，《文句》次之……上天竺一庵如法师国朝洪武时人，是板刻于留都，年久板废。余先得梵夹印本于四明复廉觅之，得翻刻之板于闽之宁寿，后因学者求之不便，乃命四明会首宝峰高公而募刻之。今存武林龙树庵者，是也，迩日东瓯玄孙灵操、灵荣，改为方册。复命刻余所述《玄义辑略》于前。"又宽文丁未僧不可思议于霞谷兰若之西庵序云："一如《新注》略而取之，引而申之，于其折中颇得宜当矣。一如号一庵，明永乐中为僧录司，住上天竺，尝奉敕探讨大藏，撰三藏法数。我应、永之间奉使来于本朝，时与津绝海游，和应别三山诗，其人品可知耳。"按：此书实如守伦科注，评亦如之。

又明护国金刚寺住持如愚著《妙法莲华经知音》八卷，金陵石头庵学无学僧江夏如愚撰序云："如愚生逢末劫，肤受无闻，不搏才难，贱而自用，直以佛心求佛言，经外不另之其科……直以佛言求佛心，言虽重而意必有在，故值一切繁文赘宗必务究其源本。虽不外立其科，亦章句而节目之，然后依乎牛之天理，而游刃于技经肯綮之未尝（文字尚未通顺）。若其经之来经，自有宣师之序在。若其文之起伏，义之浅深，具载二十八品之注中。经云一切声闻、辟支佛所不能知，唯佛与佛乃能知，是以命题曰'知音'。诸方有目有趾者，愿必待是而成功，幸无以耳当眼，择其善者而从之，则不负昔日灵山对佛之发愿，而今日此经注，是为诸方再奉吾佛圣旨，重揭成佛唱名之榜矣。若其佛祖有所不为，文字有所不立，果是其人，何嫌躐等。计注成历地凡三郡一邑。始于南京应天府碧峰寺之石头庵，注两品。次于镇江府之高淳县之淳西庵及韩乡官止庵精舍，注十五品。末复于石头庵注六品。历年凡三载有奇，始于万历三十年壬寅六月，迄于三十三年乙未七月。"似此妄人，文尚不通，何能作注？据卷一云："诸佛出，原只要众生直下承当，自见此心是佛，则一件极大的事有因有缘，皆毕矣。"等等，可知其来路矣。又注解之下复注小字，头上安头，大乖体例，是亦道通一流之妄人也。

又明广陵宝城寺沙门无相说，吴兴天池沙门法聚校正，长水平亦居士叶祺胤重校《法华经大意》三卷。嘉靖丁巳天池沙门法聚序云："《法华大意》乃广陵太虚相师谈经结案之语也。其所谓'大意'者，述诸佛之本怀，显众生之妙性，会偏圆之一致，廓宗说之通途。"太虚自述《法华大意开经叙启》云："相质实愚鲁，幸入诚明之室，学固浅狭，早逢觉悟之师。既蒙尊众以推行，敢不罄怀而阐演。"卷一云："造化万物而至神谓之妙，主宰一切而不异谓之法。法即性也，妙即心也。盖此心人人本具，此性亦人人本具，然有圣有凡之差者，非此心性有差，乃人迷悟之有差耳。如是则妙法即心性之别名，心性乃太极之一体，人物共备，凡圣同源，更何疑哉！科主问：离却语言外，未审如何得受持？师曰：个里本无元字脚，不须里许更生疑。今朝举起旧公案，万象森罗悉悉持。曰：恁么则泥团土块先先佛，瓠子冬瓜上上机？师曰大丈夫可须若此，莫教落在二三机。曰如是则全身领荷。师曰更待何时……问：泥牛负夜到莲池是甚么义？师曰：是不到而到义。曰：木马驮春来柳岸是甚么义？师曰：是不来而来义。曰：恁么则明明百草头，明明祖师意。师曰：又是不会翻译。曰：如何是会翻译？师曰：请听山僧一颂：妙法莲花无一字，自来三藏错商量，今朝更强重拈起，不似当时出水香。曰：如是则须向言前荐取，休于句下承当。师曰：具眼高人，何劳再问。"细按此人所言，不过说些凡圣同源一类的话而已，此源面目毕竟如何，非其所及。即有所言，亦皆不痛不痒，似是而非，故此人实亦野狐也。又其书所言如《五家学案》（二十）所录，则颇有理学家气味，此所谓理学家当非程朱一流，而是阳明末流之烂调也。后附天池沙门法聚颂一首，又陈白沙寄太虚上人一首。嘉靖丁巳岁，山阴徐渭序云："金陵太虚相师，昔与陈白沙、章定山诸老先生相友善，既多论述，及见孝宗皇帝，复有讲章诗篇，若杂文诸稿维扬士大夫家有藏之者，今不易得也。渭孩时舍名称师兄者玉北庵，往岁闭关龙南精舍，适乡人李君良忠过访，为玉兄道其兄梅峰居士游维扬时登太虚楼访师所遗，得《法华大意》本于住僧某而归。玉兄后三年出关，复得是本于王龙溪先生所，而本固缺后三品，适玉兄之师玉芝大师至，自武康足成之。玉兄受之遂较刻以广其传，既成玉兄持本来令渭序，其来历如此……然则经且不可恃也，而况于区区大意，此在众生诵读者当自得之，其无以义为雠，以负于著者等之心。"又天启七年长水叶祺胤《重刻太虚禅师法华大意跋》云："乙丑春，湛然大师说法于海盐，余往瞻觐。柱石梁公率大众向余作礼，出此《大意》相嘱，寓目数行，见其引太极、中庸等语，惧为狂慧误解者之嚆矢，尚怀犹豫。及再读之，合掌敬仰，知师的文见大意，盖不以文字诠释《法华》，直以《法华》为自心注脚，至其称引儒家言，亦一时为陈白沙诸老方便，观者勿窃影响，徒滋混滥以资齿颊，使自误误人堕落不浅。若夫得意忘言者，信知一切世谛文字，无不从法界流出，无障无碍为一味法，余言特饶舌耳。"儒佛有其会通处，唯非笼统糊涂者所知，叶祺胤之言，徒见其为斋公耳。

又明海印沙门释德清述《法华经击节》一卷（出《梦游集》卷第二十六）。按：此书乃将《法华》机事，敷衍成文，文中所诠，无非合宗门台、贤于一处之老套，是故德清纵有所见，终属常徒，远不及善月也。万历戊戌憨山道人德清于楞伽室跋云："万历乙未春，予以弘法罹难被逮园中，达观禅师在匡庐闻披惊叹，乃愿诵《妙法莲华经》百部以求诸佛神力摄受之也。顷予蒙恩宥，遣之雷阳。是岁冬，道经白下，达师迟予江上，相晤于旅泊庵中。中夜谈及此，且曰：愿以我之心用公之舌，可乎？予笑而唯唯。及丙申春，抵戍所，正值馑劫，居不遑处。且即从事《楞枷》，戊戌夏日，菩提树下弟子来从游者十余辈，相与结夏于穹庐，同诵此经几二百部。予时为举扬此事，以开示之。休夏自恣日，弟子性澄请益其纲宗，予因提挈吾佛言外之旨以示之。"

又明南岳沙门憨山释德清述《妙法莲华经通义》七卷。卷一叙意云："温陵禅师创为《要解》，文简义尽，托事表法，雅有指归。且宗《华严》之义为一始一终，极为允当。以意在简要，未尽发挥始终源本，略为阙然。然二师判经全部，皆以后入品总入流通，以未彻归趣，学者漫视为寻常，致使佛意未畅，经旨不明。清自幼入讲肆，听习不一，而窃有疑焉……及在行间乃开道场于垒壁，集诸弟子课讽，众请讲说一周，恍然有契，遂以'开示悟入'四字判其全经，众皆悦可，因笔为'击节'。始终一觉，而以《华严》信解行证四门收之，略无剩法。因思大纲虽挈以分品目而经未会通，不便初学，复述品节以彰全经之旨，犹略而未详，以宗《华严》发明如来出世为一大事因缘，于方便品如来自叙甚明。第传者昧其源头，故学者不无望洋之叹。故今复为《通义》者，以尊古德旧解，不敢妄为训释，但会通全经以归开示悟入佛之知见，发明《华严》始终一贯之大旨，以畅如来出世之本怀。若合殊流而归于海，以重在纲宗，而文言可略，故通其大义，虽制不师古而理有所宗。"按：此书宗旨，据上可知。文中以温陵约《法华》与《华严》相为始终，最为有见。又据而发挥之，以融会天台、贤首判教之似相左者，意则美矣，终未能得二家之心。总之，常途之论，大约可知，评如上，正不必过事诛责也。若与《入疏》、《科注》等同列而短长之，则皆可谓为同流之作。惟此以融会胜，彼以禀承美，似不能轩轾于其间。然更靠实言之，则此似较彼少可也。如愚、无相之作，当不能与此比并，与《合论》比则甚相当。后附识云："南岳门人方玉校对。"

又明云门湛然澄禅师说，东楚门人明海重订《妙法莲华经意语》一卷。万历四十二年甲寅，会稽古云门显圣寺住持湛然圆澄序云："此心无相无朕无迹，文字不足以载，言论不足以辨，故曰是法寂灭相，不可以言宣。既文言不能尽其旨，故取喻莲花致意于言外，使默识而心通焉……予愧就学日浅，见闻未博，但于数家注释力穷有年，知古人有不尽之妙存于其间。不揣疏狂作此《意语》，但捏邪见，另拨机关，心效赞叹大乘，甘负谤法之谬。如来之使未必如然，一句法师妄希随后云。"云："夫常住真心非即色身，非离色身；非内非外，非不内外；非空非有，不坏空有；离一切相，即一切法；言思道断，心行处灭；实乃自证之境，非言论所能致也。问：诚如所说，假若四大败坏之后，真心在什么处？答：两口一无舌……当知不放光不说法，直下无你用心处，光境俱忘，复是何物？这里去，始见灵山一会俨然未散。"按：此等文，此人似于宗门似有个入处，惟学力太寡陋，终无所取。

又明铁山金庭比丘通润笺《法华经大窾》八卷。自序云："予初习《法华》时，即知此经是如来自陈出世本怀，然不知妙法莲花命题之意，每于禅诵之暇，拈此四字时时提撕，及寻诸疏解，皆以法喻为名，终不释然。后读《佛华经·如来出现品》有大莲花名如来出现处，跃然有省，乃知一切世界种，皆在自心莲花中住，一切如来亦在自心莲花中住。所谓妙法莲花者，意在兹乎？于是将二经置案头，展转披阅，然《佛华》文广义周，开卷时即有入处。《法华》文显义幽，血脉难会，涵泳日久而后灼见二经一贯之旨。故以二经大义合解，命名大窾。"又有崇祯庚午雾山懒禅刘谷贞叙。按：此书所诠不出德清一套，而远不及德清。

又是注疏体裁，其价值可知，疏漏二字，其定评也。（未详览，故以疏漏评之，是外道与否，后详。总之，不出糊涂笼统四字）又明古吴蕅益道人智旭述《妙法莲华经纶贯》一卷。后序云："适因演妙典于紫云，有达际法友，督梓梵文，欲撮略全经大旨，以便初学。敬依《玄义》、《文句》，节取大纲，名为《纶贯》。"按：此书依《玄义》略出五重玄义，依《文句》略出每品大义，似尚简要，可供初学参考。

又古吴后学蕅益智旭述《妙法莲华经台宗会义》十六卷，己丑冬自序云："方予寓温陵述《纶贯》也，盖欲诱天下之学人无不究心于三大部也。今屈指十年矣，曾不能劝得两人三人，倘不稍事节略，则《玄签》、《妙乐》诸圆顿法，甘使其终置高阁乎？曰：若是则但节录《文句》及《文句记》为《妙玄节要》可耳。曰：章安笔力古朴，不事雕琢，惟久读方知其妙。荆溪精金百炼，文义俱深，然亦微有六朝风气。至其阐洩大师言外之旨，并非徒行数墨者之所能知，不几亦为窜入己意乎？夫法华经藏深圆幽远，智者大师能契其源，岂复尽宣其委？章安尊者能记其概，岂复尽录其详？即荆溪尊者既阐其要，亦岂复析其曲折哉！兹以凡愚千虑一得，用逗时宜。"又跋语云："智者大师不可复作，后贤坚执，头净滋生，圆融绝待法门，几成彼此是非情见。弘之者城堑益高益深，望之者疑畏日新日盛。耳闻目击扼腕痛心，不揣疎庸，聊为介绍。举笔于己丑之十一月初五，甫成一序，病肿半月，至十九日方得勉强从事。且夕孳孳手不停书，目不停阅，腊月二十六日仅完三卷经文，计得会义八卷。歇节三日，庚寅元旦，随即试笔。又历一月，方得告成，共计《会义》一十六卷，足运心力六十八日。"按：此书皆系节录《文句》、《文句记》文，其所发挥己得者，皆用小字注文下（?）类无关弘旨者，故此书之价值，不过与《入疏》等耳。又据以前数书，可知智旭学力见地实不及德清也。

（五）清净挺著《妙法莲华经题谈》一卷。《续藏》注云："卐云：收于阅经十二种等六，故省于此。"未印，故余未见。又清武原无依道人徐昌治母亲周氏逗注《妙法莲华经卓解》七卷。康熙丙午自叙云："诸经皆修行轨则，独《法华》妙义，殷录方便法门……予年届八旬有五，精力日惫，资用日窘，回思大恩未报，急集《法华》诸论而天台智师之科注为详。师诠藏通别圆四教，而藏中菩萨乘概隶为小（此恐说错），不无遗议。复检清凉国师小始终顿圆五教，揭其全宗，细将七卷句为逗节为解，一登缮帙，便付剞劂，彷昔贤豪秉烛夜游之意（如此不通，也想利人）。"按：此书注文遏略，不及经文十分之一，义则如："序法由来一更圆，既非形象岂容言，慈心果歇寻端的，头上原无两样天。"文字尚不通，更何言其它，什么也不懂，会得什么台、贤？此书亦该烧也。又卷七末云："昔净因小禅师开示善华严曰：法师所谓佛法小乘教者，乃有义也。大乘始教者，乃空义也。大乘终教者，乃不有不空义也。大乘顿教者，乃即有即空义也。一乘圆教者，乃不有而有、不空而空义也。"不知净因是何许人。

又清晋宁广济后学际庆排录《法华经大成科》一卷。康熙丙戌里弟惟铉序云："《法华大成》为时宗尚，凡幼进初学，莫不醉心于中，即耆德说者，咸皆遵循绳墨，为其尽诸佛之理源，即众家之语的也。斯疏成始半翁法师，其科目皆井井有理，但未另册指掌。吾元亮兄于听讲之暇，拮据成册。"

又清大义集《法华经大成》十卷。康熙三十四年，金台传讲沙门大义于即山居之活埋室，题《编集始末》云："余自甲午年金陵剃染，游于吴越诸大禅师之门。丙午，怀香清凉过都门，始入先子之室。探讨《华严悬谈》，间尝与师论及《法华》。先攻《文句》、《要解》、《知音》、《会意》、《正量论》，后阅《正意》、《都会》、《大窾》、《要旨》、《如是解》、《并问辩易解》、《品节》、《科注》等疏，融会诸说，间有管见，而是集可以编矣。戊申岁集二卷，己酉冬随师应讲长椿，余首众参请之略义集一卷。庚戌游盘山集一卷，至乙卯寓涿鹿之延寿寺，后三卷始完，而草本成矣。癸亥春因先大师六旬返都，师以应讲天津，命余主席观音开演此经。丙寅冬，师回嘱以真稿就梓。癸酉冬豫木兄来京首输三十金。一云监院亦极力任劳，而是刻有不容已也。权舆于甲戌春，告成于乙亥夏。书成十卷，其序则张老护法椽笔，护法即今之无尽也（不知其言之丑也）。窃惟吾宗顺祖立三观，云华开十门，贤首判五教，清凉疏之钞之，一乘圆极之理大备。至于十门悬解，五教析理，三观修证，十玄圆融，具如《华严悬谈》并《法界观》。推本穷源，吾深望于后之学贤首宗者。"又楚黄张希良序，乃仅读儒书之人，无可录。于此可知，大义乃不三不四之人也。其下即中州荣泽栎村大义识《提纲》，次即仿《华严悬谈》十门之《悬谈》，皆未详览，应知其为不三不四之作也。

又河东后学净升集《法华大成悬谈音义》一卷，康熙甲申燕山智冲序云："偶因出山参谒心师，见案头有曰《大成音义》一书，心师曰性法师笔也。一云公愿输金请梓与《大成》附行。曾问序于予：汝其代之乎？"按：此书所训皆属名词，如"华严五祖"、"循循善诱"等训三家村蒙童之言。此时代人，又不及明代矣。嗟嗟。

又清智祥集《法华经授手》十一卷。康熙癸亥楚衡云峰沙门频吉智祥《缘起》云："《授手》起于狮峰浮木先老人之一嘱也。老人以生知妙慧，出荆紫学和尚门，达百丈瑞师翁别传之旨，即席语下豁然者，指不胜屈。至久依锤炼，如太华西院大悲高原文殊东山辈，皆奋大手眼，各震宏音。音有渊嘿灵机者，难为枚举。即不肖祥恨生也晚，乙未秋始觐慈颜，受切磋于陶冶间有年矣。一夕，老人与祥及巨泽、中庵、奇之、坤载、麦舟、天放诸兄弟，坐火炉头，谈及《法华》，乃怆然曰：予于是经意欲汇集诸名解，合为一解……忽忽十七年，庚申春，浣心涤念祷三世佛，诵《普门经》。九十日中投诚之念，不为不切，而所谓冥应杳然也。于是加虔恳礼大悲忏二七日，忽雨中假寐间，见大辩和尚同耆宿五人，使二力士舁大箱造祥室，指箱谓曰……中有两大金字曰'瑞白'。此吾先弁山师翁字也……即盥漱焚香而造端，然穷山僻岭苦无疏解，家藏惟《科注》、《直指》。乃不五日，有僧持《要解》、《知音》至。翌日僧又持《大窾》至，始悟梦中五耆宿也。不四年而稿，就得力翁、梦锡二居士为之校订。”又《凡例》云：“各品题下，皆宗憨山大师品节，然亦不尽同者，增减随录达意而止。间有诸家所常，亦折衷参订焉。稍或未透出，愚兄补之。今解以一庵、如师科注为宗而实祖天台。《要解》，宋环师所著。《知音》，明允朴愚师所著。《大窾》，明一雨润师所著。《直指》，清目拙讷师所著。全经大旨，于经前另立大意。”又有康熙乙丑，岭南仑山余云祚序。衡阳末学金简锡氏于云峰步雪楼序。发侄衡阳熊震序云：“师叹曰吾洞山祖。”又廖联翼序。卷十末识云：“侍者普瑞录，弟子慧空对。”噫，此等凡秽，尚欲著书？抑何可痛！

又清东瓯释氏晓柔广和标科《法华经演义科文》一卷。

又天台教观一松大师讲录，清东瓯释氏晓柔广和编定《法华经演义》二十卷。光绪二年东瓯释氏卍莲子晓柔序于古越传灯寺之藏经楼云：“《法华演义》者，乃一松大师之讲录也。师不知何许人，亦未明其时代。此稿原于咸丰八年间东瓯寂光寺宇坚老人逝世，一切经书散尽，唯留是稿，虽得全部，尽残朽矣。内无正文，科未另出，惜当时门人灵述嘱康世缜居士转录者，字多错失，然和犹爱若神珠。光绪丙子夏住古越传灯寺阅藏，有《法华授手》一编，乃我国朝选入，因此想松师讲录之稿可与颉颃。倘若失传有负松师一生愿力血滴心肠，然于是稿起首不得，又不能放下，至于仲冬三日焚香祝愿。至十二日思虑穷绝，夜梦白光遍照，似有声云得意无心为本……毫无梵行，敢希圣应。（按：此人乃不知梵行）。良由愍和劣智，大事难成，故垂慈冥被。故将是稿繁者删之，错者订之，失者补之，欠者足之。且以科绪揣山排定，将正文列入，易名曰《演义》。”又三一居士郑衡序亦鄙陋。据上则此书几乎晓柔之作矣。真释妙曰：“若三千而全居乎一念，则三千之多不为多。若一念而全具乎三千，则一念之少不为少。如是之法，宁得以心思之？以言议之？若此法而非妙者，更何法为妙乎？"不几乎著粪天台头乎？

（六）明焦竑纂《法华经精解评林》二卷，前附真西山《法华经序》解题用天台山谷白乐天语。余解文义，皆引行简子及南戒环禅迈《补注》之文，乃至如："禅迈云四谛者，苦寂灭道也……涅槃者真常道果之号，非丧亡之号。真常者，生灵性名之大本也。圣人复还元觉不受诸妄，不受诸变，故曰真常，与儒所谓复则不妄，老所谓复命曰常同意。"可知焦竑见地，纵如《五家学评》、《支谈》下评，亦属笼统一流，于教乘全无所知，故此书实不足供参考也。无有价值。

（七）清西蜀沙门佛闲勖六大师立科，门人智一、雪墩拾遗《法华经科拾悬谈卷首》一卷，康熙乙酉秣陵后学智一序云："是以贤首祖翁，法顿圆而立教，遍释群经，莫不有注。天台尊者秉破异以提纲，高悬金镜……本际先师崛起上承列祖嘉谟，性相始焉不亲，台、贤于是攸分。第以《法华》流通，独乏本宗著述，爰采《华严大钞》宗趣，为判此经……嗟我不辰及门也晚，每眷遗文叹未合璧，弗揣谫陋妄为续貂。"按：此悬谈，开为教起因缘等七门，照钞老套，岂曰传心？徒立门户而已。

又清普德勖六大师立科，门人智一重订《法华经科拾科文》一卷。

又清西蜀沙门佛闲勖六大师立科，门人智一、雪墩拾遗《法华经科拾》七卷，仅能消文，义解粗陋，更不足观。古吴永定后学海印了慈跋云："我高祖雪浪大师绍天界无极老人之统，承贤首二十三世之系，次有一雨、蕴璞、碧空、月潭诸曾祖辈。经出之后始逢普德、勖六祖翁，贤首一宗，一时海内同仰中兴之光。受业者，指不胜屈，惟上乘大师及门，最后亲炙，翻贝叶于螺髻，校藏目于半嬖，不避寒暑。祖翁迁化，诸同人互相继席，沿至于师，则补故增新，凡常住未完之事，莫不举行。德昔慕江南慈恩一宗，于丙辰岁负笈次哲大师之门，时师开讲鸡鸣，振厥祖风。爰向南邨张居士曰，勖大师乃三学该练，可谓贤首再起得其传者。论学之长，多推次公，经诠之旨，则有云、雪二公，而雪公既通内典，复擅风雅。先后护法如陈侍御涉江、罗银台继峰，咸相交契。德自庚申归吴门，株守一隅，师示稽命校阅。"又清通理排《法华经指掌疏科判》一卷。又清通理述《法华经指掌疏悬示》一卷。乾隆岁在柔北摄提格仲吕贤宗后学通理《制疏始末》云："余族出冀属家新邑，姓赵氏，父母家寒。八岁舍而出家，师近庄农，又不能教，乃就学于祖业儒典。十一岁时随祖至檀越袁公家，众僧诵《法华经》次，公戏谓余曰：'沙弥受我斋供，能为我诵经乎？'余曰'诺'，因随众诵经，若宿习然，举众皆异。依岁于岫云圆具，微次律典。初于善应听《弥陀》，次于衍法听《楞严》，皆茫无所了。后于雍正二年甲辰，觐香岩听《法华》，每遇难理会处，辄有新悟，异彼旧说，质之不公，公深许之。于是遂有著经之念。明年，隐居妙峰山之石草精舍，援笔始注。至方便品初，双叹智慧之文，疑情顿发，越十五日不能措一辞。白昼翻阅丙夜思惟，竟至视听闲然。一日忽然有省，始信古人所谓山河大地全露法王身者不我欺。自是遍观诸经，亦皆涣然，及欲续著，是非潜兴，宾主失宜，不果。继由岫云至圣感，足未至阃而猜忌斯生，所赖知是法障，志不少移。岫云续前稿圣感《科判》，终以力不胜任遁迹西禅，乞食自支。无何僧录司举授万善殿教习，居二年，将课业教仪之不暇，尚何心于著述？庚戌冬辞万善住遗光，日驰聘于土木，间虽开设讲期，不过勉应来学，究于是疏无暇及也。癸丑春矢志闭关，重理前稿甫理正宗。又值奉旨圆明园校对《宗镜》等书，日事笔墨折衷古今。于臆见不无少补，时思华严为诸经之王。清凉擅一家之宗，不究其源宁摄于末。由是于乾隆六年启建华严讲期，醉心大疏，三越暑寒。甲子冬再讲兹经，重治兹疏，功未及半，即赴他请。乙丑冬归自清凉，约闭无期之关，限待有成之日，心祈三宝，仰慈悲以资神。身策六时，继朝焉而御砚，爰纪功峻。时在丙寅春之建辰月也。"《别古凡例》云："今为接引初机，渐入堂奥，有异旧说，勿轻间然，道理少而失学智无兼人，未能遍扣高明广览古著，疏中一言一句多自胸襟流出，不善他文未敢辄入，纲目仿《楞严正脉》，但交师分析过甚，致义不贯，今疏别之。科式遵《弥陀疏钞》，古德著疏间有与私意相符者，亦微有采掇。若全用其语，则标以名字。"《法古提纲》云："无相毛光即灵鹫而上至梵世，弹指謦咳由娑婆而遍播十方，是皆超乎心迹，绝于言道。"是义岂足以言贤首宗旨？其《悬示》总启十门，本诸《华严悬谈》，无碍之旨，未见道著。全书可知。然平心论之，此人学力较《授手》、《演义》好也。又清通理述《法华经指掌疏事义》一卷，如《大成悬谈音义》，无可观。

（八）宋东掖白莲释了然述《大乘止观法门宗圆记》五卷，宣和三年辛丑自叙云："或二或三或总或别，无非一性。常异常同，天然之妙法也。所以息则纤尘绝朕，动则万象揄扬。是曰大乘无过南岳所示法门矣。今有因缘惟宗圆旨，直记义理云尔。因缘者，有十意：一、欲会天台所说止观与师不殊；二、欲知天然妙体惟一性；三、欲使解本觉之法尚属用故；四、欲令晓性德善恶体属修故；五、为了知修恶当体法是情故；六、为明佛所起恶用，不异修故；七、为证今立理由事差，权因实妙，显非师心，有承禀故；八、为呈露所解恐有迷错，求删削故。"卷一云："究竟尅实言之，法性无体者，非无当体，但法性外无所依耳。"

按：了然执习教章，天分尚好，"当体"云云，恐终是义学沙门。南岳天台，本无二致，惟各有阐发不同（如上说），乃必斤斤曰天台此意出自南岳，徒自缚耳。又不明史实，真以为引《起信》，是其疏漏处。又有用清凉文义，传承门户之见固不免，惟尚未见意气之争，故尚可参考。

明古吴沙门智旭述《大乘止观法门释要》四卷。乾隆五十四年，富春华严居士单照序付梓。道光六年，比丘尼悟德、通圆于孝圆庵之摩诃衍室序重刻。又度支员外郎朱颀序云："流于海外逮五百年，咸平中日本僧寂照以斯教航海而来，复归圣朝。天禧四年夏，灵隐山天竺教主遵式乃刻其文，又以此序为请。"天竺沙门遵式序云："大乘止观亦名一乘，亦名曲示心要。分为三卷，初卷开止观之解，次卷示止观之行。岁月辽远，韬晦海外，咸平三祀，日本圆通大师寂照既登郯岭，解箧出卷。天竺沙门遵式首得之，度支外郎朱公颀冠首序，出俸钱模板。"古吴蕅益沙门智旭自序云："南岳所示曲授心要，世皆罔闻。今试细读，实为圆三止观总纲。文不繁而义已备，独慈云忏主五百年后序而行。迄今又将五百余年，微言将绝。予愧不敏，未能闻道，姑效盲人摸象，述为《释要》以助其传。"所诠无非老套，所谓"自心本来清净"等也。终在义学圈子里，常徒耳，何足观！不及《宗圆记》。后有张苍舒跋。宋有严注《止观辅行助览》四卷，丹丘沙门有严自序云："今更以记文并援引经律儒墨杂说，义难晓寤，幸因讲次遂检讨他文，辄形注释。"按：此书体裁一如《备检》、《笺难》，无可录。后有有严《注三大部后总序》。又政和四年，永嘉横阳禅林住持传教沙门昝徽后序。又宋永嘉沙门从义撰《止观义例纂要》六卷，序云："传止观之道而不明义例者，则妙行倾覆也。清凉僻见，背我天台，朋他贤首，是以荆溪作《辅行》及《义例》等文息荡僻见，昭显妙行，故摩诃止观由荆溪而大振于世也。《辅行》则披其细目，《义例》乃统其大科。元丰三年，余迁居安固宝积教院，明年休交，将启止观。而门人请曰：《金刚錍》而《寓言记》解之，《十不二门》而《圆通记》释之，《止观义例》未闻有记，况数百年来，斯文存而不讲。余闻此请，乃详究文势，出科一贴，寻以讲阅事烦，未遑申部。逮七年甲子始暇，纂集《止观辅行》纲要之文，随科对显。至中秋下弦乃毕，题曰《纂要》，均成六卷。建立一家之道，吾宗后学不可以轻视也。"卷五云："近代学者传天台之道，皆宗四明。今观吾子所述，凡至法门渊奥之处，多排四明，而众人闻之咸生惊怪，亦有笑于吾子学无师承。余对曰：余今秉笔既祖述于智者，又宪章于《止观》，而众人笑余无师承者，是为妄笑耳。何伤于余哉！谓余排于四明是无师承者，且四明禀受宝云通师，通师亦颇有撰述。何故四明不遵所禀之见而别自建立耶？（通师撰记解光明玄，而四明反云宝云讲次第，学徒随录义。或关如通师又解《十六观经疏》，而四明斥云，多谈事相，少示观门）又孤山禀受奉先清师，亦多有改作（清师解不二门曰《示珠指》，孤山解不二门曰《正义》。清师解《十六观疏》曰《显要》，孤山解《观经疏》曰《刊正》）。鸣呼，世人只知笑余学无师承，而不能笑孤山、四明道无所禀，悲哉悲哉！"其录可恶之论皆如《补注》，而引加详，评亦尔。又宋从义排《止观义例科》一卷，非表列式。

又宋永嘉沙门处元述《止观义例随释》六卷，自序云："荆溪虑末学未晓大猷，例出一部大旨，总为七科，使苦心听习之徒，妙解益明，妙行斯立。此《义例》之所由作也。末世根钝，《止观》之文，《辅行》之记，既其不了。《义例》之设抑亦徒施。昔四明大宗师，盛化当时，颇多制述，斯文不记，岂非以有待之身不及此耶？法智既灭，事笔削者，间或有焉。解斯文者，未之有也。会同宗讲人远寄其所谓《义例纂要》者，请予臧否。不觉叹曰，此人引文销文时或有得，乃若文之大旨未之知也。且如初乘观法性德之境为真如理观，修德之境为唯识事观，点胸自大，谓少人知。此既狂妄余安足论，况又破句消文，谬改文字，此不烦举，下文当见。予不敏辄事解释，命题曰《随释》焉。其间引文或与纂者有所同者，以所引之文祖师之文也。请观释义与彼天殊。时宋崇宁三年东溪草堂序。"又敕定融通妙宗摄州平野大源山大念佛寺里沙门秀云序云："毗陵师所作《止观义例》者，结张教网之宏纲，阃辟观门之要杷。若夫殷王网解，三置一面，括三止观，别安一止观，总捕清凉方命鸟矣。又犹朱雀门旁三正一方，后有等三门首无生一门边觉范庆事汉矣。尝检彼《林间录》援引斯文，'喻如官路土，私人掘为像，智者知路土，凡愚谓像生。后时官欲行，还将像填路，像本不生灭，路亦无新故'之语，谓古佛偈曰，若非范公择法眼瞭然，岂能知毗陵师之为古佛再来也。且宋文潞公彦博为当时鸿儒，往龙安寺听僧唱彼偈，有省归佛，集十万人为净土会，临终安然念佛而化，备载《莲宗宝鉴》。至若大明天鼓居士宗肇撰《天乐鸣空集》，又引称古佛偈曰，其末云：前佛后佛同指众生分中，生死法内全是无生之法，何不悟而甘受生死，更欲舍生死别求无生。然则斯文实天下大例也。温州永嘉从义、处元二公师公继忠法门之难兄难弟也。义神智《纂要》之于前，元僧正《随释》之于后，两籍擅美盛行于世。然而义附假名元从扶宗，连枝既分，阋墙祸起。此《随释》流传榑桑，多历年所。愚偶尔肇校于日本宝永改元甲申，毕于今兹乙酉桑年间相去六百有一岁也。"日人无耻无识乃若是乎？按：此书破斥《纂要》之处甚多，于清凉则态度较从义少好，盖仅顺文随斥，无破口大骂也。卷一云："自此之后，得止观之旨唯四明法智大宗师，广智亲闻得之我师从而得之，二师所说予幸皆闻之而得之。"卷二云："昔孤山圆师解《金刚錍》，于释题中立五重玄义，予尝破云：唯释佛经首题可用五义，如予《金錍要义录》中，此不具引。"卷四云："昔昭师与法智议论，昭于义状尝注此文。今备录之，贵知邪正……呜呼，昭师迷之于前，法智闻之于后，廓如也。其人虽亡，方册尚存，纂者与昭师可以异耶……"卷五云："荆溪门下有澄观师者，忽于本宗而生异见……"余无可录（考《宗门源流考》所录），评可知。乙酉仲夏天台禅门第十六代传教观处元，时年七十六记云："予著斯文首尾整一年，所以然者，有多缘故……今幸阁笔勒成六卷，词语鄙野，所贵径显旨趣而已。平昔述作本宗章门录目附此：《经体章》、《经体用事》、《无住本指妄》、《答客无住本料简问家家辩证》、《答通相三观十问》、《三种观法十义书指失》、《别教但中观》、《金刚錍要义录》、《涅槃四俱知常》、《止观义例随释》、《妙玄三序略记》。比闻有《四教义录》，私安予名，非予笔也。"

又明传灯说（又作清天溪和尚说），清灵耀补定（又作清门人灵耀补定）《摩诃止观贯义》二卷。壬戌秋，嗣兴天台教观第五世比丘灵耀，于楞严讲寺之大树方丈序云："后人谬称荆溪三部必要谨遵，以念注解为讲经，读科头为家法，甚至猜科为注，扯注为科，祖意翻晦。昔天溪老人唯提大师义意，立科讲授。彼时予有私记，未敢成书。所冀天溪定科出耳。不图老人即世，片言只字俱付丙丁，因于讲次，缀辑前闻，参以管见，移易增损，成《止观科》上下卷。名《贯义》者，惟使止观义理联贯昭明，不致埋没于注解家葛藤脚下去耳。"

（九）宋四明沙门知礼述《十不二门指要钞》二卷（缩印本，下皆续藏本）。景德元年甲辰自序云："十不二门者，本山《释签》，岂须钞解？但斯宗讲者，或示或注著述云云，而事理未明，解行无托。荆溪妙解，翻隐于时，爰因讲次，对彼释之，聊备诸生温习，敢斯达士披详耶？"又宋东山沙门遵式述序云："四明传教导师礼公，实教门之伟人也。及进具禀学于宝云通师，师谓之曰：子于吾言无所不达，非助我也。淳化初，郡之乾符寺请开讲席，诸于悦随若众流会海，未几遂迁于保恩院焉。《法华》、《止观》、《金光明》诸部，连环讲贯，岁无虚日。尝勖其徒曰：吾之或出或处，或默或语，未始不以教观权实之旨，为服味焉，为杖几焉。诱诱善诱不可得而称矣。《释签》十不二门者，今昔讲流以为一难文也。或多注释，各陈异端。公览之再叹，岂但释文未允，奈何委乱大纲，将欲正举，舍我而谁。遂而正析斯文。式忝同学也，观者无谓吾之亦有党乎！"

（遵式之文太不好了）卷上云："《钞》曰，此文题目多本不同，或云法华本迹十妙不二门，或无'本迹'二字，又唯云玄文十不二门。此或以所通之义、所释之文而冠于首，盖不忘其本也。而尽是别录者私安，取舍由情，无劳苦诤。若十不二门四字，乃作者自立……此之二师灼然违教……他云，一念即一性也，一念灵知，性体常寂。又云一念谓心性灵寂。性即法身，灵即般若，寂即解脱。此师执心法是真性，乃指真如名不思议境，非指阴入也。《金錍》云唯心之心，岂唯真如心耶？须知烦恼心遍……（按：山外执真心而将理事判为两截，四明斥之是）……问：《永嘉集》既用今家观法，彼奢摩他云一念即灵知自性，他立正合，何谓不然。答：彼文先于根尘体其本寂，作功不已，灵知一念方得现前。故知彼之一念，全由妙止所显……可谓寻流得源矣……他谓圆谈法性便是观心，为害非少。今问一念真知为已显悟，为现在迷？若已显悟，不须修观，十乘观法将何用耶？若现在迷，全体是阴。若拨弃阴心，自观真性，正当偏指清净真如之责，复招缘理断九之讥……问：他云造谓体同，及改此文二十来字，而云收得旧本，又云勘契多同，今何违旧？答：旧本诸文全无错邪？又多本同者，止如杭州十藏中台教，顷曾略续错字不少，岂非初时一本写之，一本或错，十处皆讹（余如《丙集》六十一跋云至其可专文）……问曰：他云全真心往趣色心，则全理作事，此义如何？答：心不往时遂不具色心邪？又与心变义同，正招从心生法之过。况直云心是真理者，朗乖《金錍》释心。既云不变随缘名心，何得直云真理？问：若真心往作色心，有从心生法之过者，文云即心名变亦有此过耶？答：不明刹那具德，唯执真心变作，灼然须招斯过……"卷下云："灵知之名，圭峰专用，既非即阴而示，又无修发之相，正是偏指清净真如，唯于真心及缘理断九之义也。他云，因真教缘示善恶知即是真知，乃知诸法唯心，故云藉知曰修。今问……若以真如一理名性，随缘差别为修，则荆溪出时甚有人说也。故知他宗圆极，只是性起，不云性具，深可思量。又不谈性具百界，但论变造诸法，何名无作耶？世人见予立别教理有随缘义，惑耳惊心，盖由不能深究荆溪之意耳……此宗若非荆溪精简，圆义永沉也……"※按：法智天分较湛然高，而不及善月，故不免崖异而兴诤论。然山外诸君，实不能望其项背也（即山家之了然，亦不及之）。至于继统，若清凉之于法藏，则湛然、法智皆只可云勉强够得上耳（善月似够得上）。又书中他宗云云，有指贤宗者，而曲解特甚，故只可谓为义学之雄也。考《宗门源流考》。按：此书斥破甚多，说理精晰，四明诚足以继天台教统者乎？文亦不差，故善月称之。又其破斥，门户意气之见，更较荆溪好也。则或实有所得，非仅画大圈圈者乎？然统观全文，似犹仅足称为义学之雄，而不能列入第二流也，列入第三流乎？

又宋丹丘沙门源清述《法华十妙不二门示珠指》二卷。按：卷上先以三章广释，次平书本文。广释中云："诸法不二唯心，唯心无相具一切相，故此十门之法皆名不二。此一法外,更无九门之法为异,并我一念清净灵知。譬一圆珠,具有十窍,无非一珠。若一窍入,尽一圆珠,无非此窍,所入珠体,余窍虽珠,珠体一也。是故十门,门门通入,色心乃至受润咸然,使十妙始终理一……一切众生从无始来一念本具十界诸法清净圆湛,迷来无始,故曰本迷。净名云,从无住本立一切法。无住本者即一念常虚寂,体本性叵得,无所依止,称无住本,无住即本,是无住本具一切法,故称法性。由性本具,缘能生之,染缘能生染法,净缘能生净法。净名欲令众生达本唯心真无住体,即了颠倒所造诸法无非唯心,故云从无住本立一切法……涅槃即常(真法界性地真空无我相色)乐(真法界性火真空无相触)我(真法界性风真空无相味)净(真法界性水真空无相香)……佛名真观,生名不觉。心即生佛之心,非离生佛外别有心。但心为生佛之本,经示本末因果不二,故云三无差别……若欲达无始本际者,即一念是也。何者三世心不可得,不可得故即无住本。无住即无始也。虽不可得而一念知性常灵常寂。(按:此说实如四明云,从圭峰来,台、贤末流混之证)”按:以上所说,乃知礼所破斥者也。实应破斥,盖执真性而不知理事不二也。又云:“问:众生几始为一念本性清净,不觉称迷?为一念本妄故称迷乎?又诸经论如《楞严》、《净名》、《起信》多云众生从真起妄,若尔则妄起有始,何谓无始本妄乎?又本既是真,真何起妄?仍须息妄归真乎?答:此乃是佛起缘之说,不可定执是真是妄。何者?佛欲示诸众生,令其了妄即真,故云从真起妄耳。若佛出世便直云,诸法从本来,常自寂灭相,众生何由可解?”此仍属影响,大约未见《随自意三昧》等,盖人若问既本寂灭,云何万象森罗,仍不能答,此其所以为山外也。又云:“圆人了恶即善,实无所断,而论断耳……《净名》从无住本立一切法,与《楞严》中觉海性澄圆等,但是逆顺之殊,俱显诸法本真法界。然犹是对小明大,简于三乘所说,非究竟耳……圭峰云天台解虽宿圆妙而趣不门户,犹是前诸人禅定者,应是略曾披览渐次止观耳。脱或曾睹圆顿止观,必不细详起尽研究大意暗(此中有讹文,然可知其为圭峰遮羞)不然。圭峰《禅诠》亦应不合谈诸禅行相,唯得论于无念之宗耳。又况《禅诠》既无阐显之意望今止观,几许远矣……《金錍》与此不异,大意特为李华撮《止观》枢要,直示不思议即此唯心也……此文已求多古本释签抹勘开即仍与诸传教硕德评定,迄今世有别行之本,其间二十余字不同,盖三写成就耳。览教未审,请征古本释签对之,无致多惑。”卷下即释本文,《指要钞》皆有破。跋云:“雍熙三年丙戌,余于钱塘湖之阴讲《法华玄义》,有二三道僧,赍不二门别行本至,皆云此文纰谬多矣。本为辩惑,余因校据本宗,聊以消诸学生闻已恐有失堕,诸编录之,但以宿发,闻之于师,遂允所求,书之于纸。其科分节逗,即用最槜李敏师旧本，不复别出。”又附《议宋国新书考》云：“《本朝文粹》十二东阳觉庆座主复宋奉先寺源清法师书曰：'大宋至道元年四月日牒到，故座主权僧正暹领众未及报陈溘以即世矣。觉庆偏以年腊，猥得领众，见赠《法华示珠指》二卷、《龙女成佛义》一卷、《十六观经记》二卷、《佛国庄严论》一卷，《心印铭》一章，不敢加雌黄，唯是展情绪乃至月日，日本国天台座主阿阇梨僧正法印大和尚住觉庆。'《显要记》破文曰，分得大宋国奉先寺源和尚《观无量寿经疏显要记》下卷，文义备矣。今录疑虑，重求幽玄而已。天台山东塔院沙门觉运（私曰，《显要记》上卷，慧心僧都破之）。又《妙玄秘记》卷七曰，昔大宋源清师，自作书并同朋鸿羽所造《佛国论》等送之本邦，慧心、檀那等各难一卷。其鸿羽论云，千华叶胜应是方便土也云云，静照、法桥难之。”

又宋传教沙门宗翌述《注法华本迹十不二门》一卷，自序云：“释氏之道直示众生心性而开乎权实，离生死得道者，即生死得道者、离生死涅槃得道者，斯皆即权之道。有即生死涅槃曰中道者，斯之谓即实之道。其有即心非心，自己之宗亦美逾权实之道，同一心性。心性者非有无，为不亦有无，为非自然非不自然，不亦自然非自然，非有无情不亦有无情，言不言者庶几乎。乃《签》曰夫一念心三千性相，不思议假，一毛孔中百千诸佛国土，曷有无为自然之所说乎？奚思虑之所趣乎……其守株者桎梏古本，其蒙求者狐疑别行。余虽不才，幸参祖教，多省阙疑，获辞不免，辄注而释之，呈露群贤，可垂刊定。时皇宋三圣日咸平元祀太岁在着雍阉茂玄英首序。”按：此书体裁非若《示珠指》，仅略注文下而已。观其序之不知所云，可识此人为无聊汉也。源清尚能言之成理，此人则不痛不痒，不着边际。其云：“密禅师心体四种，止发心中论三种心，皆此心字所摄。”称圭峰为密禅师，又云皆心字所摄，毫无料简，抑何可笑。又云：“古本作体同字误矣……裴休尚云掷大千于方外，盖吾之常分矣。云何苦执体同，岂用不同哉……”可知与源清又不同也。实然，此人似未若源清之执知心，而不痛不痒不着边际耳。又云：“懃师曰……密禅师云……故云波湿无殊……《还源观》云……故曰举体是用……灵知常住，鉴物不间，任运流注，法尔不停……永嘉云……”可知此人亦从宗密处来，亦如源清之心为灵知，虽天分学力不及源清，而皆为台、贤末流混合之证据也。

又宋沙门仁岳述《十不二门文心解》一卷，云：“历观荆溪著撰，尤得意于十门。辞实体要，释者数家莫能一贯，义学之士未免持疑，故因讲次，辄复笺解，矢石之论，得以辨之。帝虎之讹者亦以正之，岂曰无考率由先训也。章安云玄意述于文心，文心莫过迹本。十门既接迹本，今解遂以文心命题。”按：此书体裁如宗翌，而平实近理，所破斥者亦为山外，惟无四明犀利精博，故虽与四明理路相同，而不可列入第三流也。实是法将门下之常徒耳。盖本身是个老实人也。

又宋永嘉沙门处谦述《法华玄记十不二门显妙》一卷。熙宁四年于钱塘净住方丈东轩序云："旧解不详，各囿所是，繁于异论，杂乎粹旨。余不揆疏昧，深所惜哉。故特遵先范，去诸异同，专取文旨，再为注解，目为显妙，且符记主之意也。"按：此书体裁如《文心解》而略于彼，乃如《注十不二门》耳。其云："一念是理，三千世间即空假中，妙符念性，念根即除，真尚永绝，岂复存妄？真妄俱宿，不二门开……及斯点示节节如此，学者不见览，执三千有无相攻，违祖背宗，及成法怨，为之奈何……"按：此人虽未述灵知，亦用体用（山外体用作体同），似未若宗翌之显为山外也。而一念三千等云云，不分理事，糊里糊涂，不痛不痒，乃曰符记主之意，何其不自量学力之不及人也。大约仍是山外一流，更不及宗翌，而胆小无识，不敢猖狂故有两面三刀之说，如"违祖背宗及成法怨，为之奈何"云云也。

又宋东掖虎溪沙门了然述《十不二门枢要》二卷，绍兴戊午于墨禅斋自叙云："十不二门解释而众者，安不由文以意为主悟意不侔，文随意变，故诸先达不克自默，今亦然也。十门之作正为于观故曰观心，乃是教行枢机辄以枢要名云。"卷上云："天台目录有《六即义》一卷、《十如是义》一卷，今入大部，由从大部流出别行。今可例之……圆通云……斯是圆通承用《正义》诸师之说，皆不以一家传通之旨，今日入道观为正要……《正义》事别但为所破，今谓其妨有二……圆通乃以事别属于不可思议，三千妙假，但为所显，其妨亦二……若克实论体，体何可绝？生佛依正色心即空假中圆融妙一，故能绝于差别妄体。妄体既绝，实性斯彰……"按：此书广破《正义》，圆通之解，而于孤山《指要》、《文心》亦有诘难。然有云"《指要》得之"，"圆通之释不及《指要》远矣"。又其诠法与法性一异总别等，皆厘然当理，实与四明同一路向。圆通《正义》或亦山外也。此人颇有天分，而克实论体，总在义解边，故上评为义学沙门也。然因其天分高，故辩难处颇可参考，实为研究后期天台学说之要籍，故《绀珠集甲》书目中以红圈圈之。绍兴壬戌门生与咸跋云："本讲智涌和尚尝为门学敷衍此文，穷深极微，符轨合辙，核诸章藻。虽则建大义立宗旨，各撮其所得，至于决择考较不能无异同短长之论。诸生请为注解，遂成一家之书，示寂日付之小子。"

又宋武林沙门可度详解，明天台后学正谧分会《十不二门指要钞详解》四卷。明天启五年，天台山幽溪沙门传灯于四明延庆寺之罗云堂序云："惜其未入大藏。有四明延庆寺僧传慧，字朗初者诗酒僧也。偶于山寺得获此书，进余当清供。余乃命弟子正谥会合其文，藏之笥中三十年矣。兹弟子正识坚诚募梓。"又崇祯辛未，武林天台后学沙门海眼、槃谭于报国院序云："天台云石师乃无尽大师之高足，其兄以玄师亦法门之伟人，留意参会成帙，未梓而寂。云公悯兄赍志，毅然继志而梓之，问序于余。"

又光禄癸未，天台山沙门亮润于德王之圆觉室中，《重刻》引及《重刻凡例》九条，兹略。卷一云："通师本高丽君族，壮游中国，当晋天福年间，见螺溪寂法师了天台宗旨，会漕使颜公舍宅为寺，即宝云寺也。通师示寂于端拱元年……《实录》曰（按：即四明之实录）……《解谤》曰（按：是四明所作）……齐、玄、颖三师，但见荆溪有圆教随缘之说，尊者深究圆别教旨，以别教真如既能生法，安不随缘？特立别教理随缘之义，以圆别同诠中道，而但不但殊。别则教权故但，理实故中。以理实故，亦说随缘。以教权故，显非即具。他宗于终顿圆三教，皆明随缘，只云性起，不云性具，验非圆教。观道所托，即介尔妄心，一家入道不可远求，即刹那心显三千法，岂同山外弃妄观真？始慈光恩师兼讲《华严》，（此乃绝好证据。）以《华严》心造为真心，自此奉先清师、梵天昭师、孤山圆师谬有承袭……逸堂云教门权实观道所托，所以四明得为中兴教观，功在于兹……忠法师曰：吾祖法智尊者，始因钱塘奉先清师制《示珠指》解《十不二门》总在一念之文为真心，天台昱师《注不二门》，立唯观不思议境，消一念三千唯色唯心之文为真谛。法智愍而救之，所以《指要》之所由作也。孤山《正义》乃祥符四年作，在《指要》后……忠法师云清师又立……《问答决疑》中广破他人立题……孤山《正义》……忠法师曰……止庵曰直观一念心体是三千，譬如见冰不问融与不融，直作水会。先达云，山外观真即同观妄，四明观妄即同观真，斯言得矣。孤山、梵天本承袭清师之说。孤山见四明立义，遂转计云，昔人观真，今人观妄，鹬蚌相扼，我乘其弊。达六识之妄心，显三谛之妙理。昭师因被四明往复征诘，巧作救义云，观六识之妄心成三谛之真心。《义书》云，予闻此救喜跃不胜，盖予议论有益能转人心，改迷从悟也。是知观妄成真，出自四明。孤山何得窃取以为己说？却乃妄破直云观妄耶？昭师纵能巧救，但有其言，全迷其义……南屏已来谓识中有三性……止庵约二义断之……智涌云……竹庵云……鉴堂云……《读教记》云……圭峰后集裴相国问禅法宗徒源流……桐洲私科……北峰谓……草庵云……"卷二云："《杂编》云……雪川之说分割三谛已死之义，置而勿论。南屏云……北峰因南屏之说又详究《妙宗》、《指要》之文曰……鉴堂曰……四明于妙宗发明蜡蛾六即之义，文云……润师《指瑕》云……

净觉时在四明轮下，作《抉膜书》委破润师，后来背宗，还同他见，故《杂编》云……北峰破云……草庵《抉成》云……《解谤》云……忠法师曰，广智传四明曰……《笺要》曰……永嘉大师与左溪同时，尝学天台教，有集见行，其间暗用天台三观……《华严大疏》以心性为理为能造，生佛是事是所造，此是他宗解心佛众生三无差别之义。（此人谅未识华严家言）慈光不深台教，兼讲《华严》，滥用此义，妨害今家……《拾遗记》上云……净觉《杂编》云……《别行玄记》下云……净觉《杂编》名义云：唐贞观十一年，有日僧最澄乃天台道邃门人。邃即荆溪弟子。澄初传教归国，以道邃为始祖，封山曰天台，造寺曰国清，自是教法大行于彼。乾淑僧名，有文集抄录邃师所释止观异义……昱师注文云净光大师点读云……”卷三：“草庵云……《指南》云……净觉《楞严说题》云……四明云他宗明一理随缘作差别法，差别是无明之相，淳一是真如之相，一性与无明合方有差别，正是合义非体不二等者，四明据贤首宗约义引文而判别异于天台也。”按：该书叙破智圆、源清、宗昱之文甚多，解四明文则太噜嗦。然此书本不足以与四明之书并，而存有若干史实，故亦为治台宗者所应参考之书也。其曰四明据贤首宗约义引文，而判别异于天台者，则四明亦曲解贤首，标榜门户如湛然者耳。

又云：“四明立别理随缘，诸师不许。有永嘉继齐师立《随缘指滥》，嘉禾子玄师立《随缘扑》，天台元颖师立《随缘征决》广破……孤山有长书请嘉禾子玄师同破，玄师立《随缘扑》，扑灭其义。故四明有《别理随缘》二十问，问于齐公。后天台元颖师立《随缘征决》以代齐公答之。时净觉在四明轮下，撮三师难意以《十门析难》辟之。今原四明特立别理随缘义者，柏庭曰有二义故……逸堂曰，四明立别理随缘乃中兴一家圆顿之教，乃竹庵亦不许之，云检尽诸文莫过生法，净觉非是是非，良可笑也。竹庵不究荆溪文意……故四明云……况净觉虽是未背宗前作《十门析难》扶成四明辟齐、玄、颖三师之说，其间亦有未尽之义……《读教记》说义亦本《析难》……”据上文可知，山家山外之争，问难甚多，而闹得一塌糊涂也。然而四明虽好兴诤，总观所录，毕竟还好。后有崇祯辛未灵江比丘广镐跋。

（十）宋孤山沙门释智圆集《金刚錍显性录》四卷。景德三年自序云：“圆耽味沉玩有年数矣，于是采摭群言敷畅厥旨，所期自然，敢贻他人。既录本宗要文显此佛性妙义，因命为‘显性录’也。”按：该书体裁乃若《格言》。卷一云：“此论正由世人执《涅槃》权文，谓瓦石无性，故荆溪依止观不思议境所明刹那心中具三千法染净依正因果自他，摄无不尽。刹那既遍，佛性遂周，则了瓦石唯我心性……此方孔老二教，唯谈人及畜等禀气而生，传体相续……佛性即五阴是，五阴不出色心。色从心造，全体是心。此之能造，具足诸法，所以唯指刹那妄心即是佛性妙理，遍摄一切，不隔无情……比见有人以内心理具三千为内，自己色质自己依报及生佛依正，俱名为外，得非失旨乖文乎！又谓约教开解，虽一切唯心，若修观时唯观内心理造三千，未关事造外境，今问若心具三千不关事造者，则事造夐居心外，理境但在身中，正同外道器果之计也……学斯教者，昧有情心具三千，但见唯色唯香及色外无法等言，不了色心一体，便谓国土草木自具三千……真如观理唯识历事事理相即二观互收一实境界，即一心三千三谛也。应知二观投足虽异所照，心性一体无殊。观事既须即理，观理岂不妙事……问：今若谓全色是心，方云具法，何殊他宗但云唯识耶？答：今家既明心性具足诸法，诸法遍摄不隔于色，故得圆转而谈，乃云唯色唯香等，只由色香全是心性本具故也。他言唯识，但得心生之义，故无唯色等言……为彼迷徒则示云，诸法由心造，今诸法是心，既了一切唯心，实无对待，唯心尚泯，内外岂存……”卷二云：“今有学山家教门者，知一念具足三千而言无情无成佛义……大师《口决》云，实缘次第生，实实迭相注……当知他宗明圆得在唯心，失于心具。近人不晓，乃谓《华严》、《起信》宗师所谈圆极，但是今家别教者谬之甚矣，诬彼深矣……近人解无情有性，翻谓草木自具三千，失之逾甚……”卷四云：“所以一家独以心具之名用简偏小，言具方显性遍。广遍者，即指性体三千，遍一切处。狭遍者，只指一色一香亦遍一切。何者？香色元从性变故，香色由妄心分别不同故。香色既即心性，心性既遍一切，香色亦遍一切也。色何以遍？色即心故……一家所立十乘观法，非但得《法华》、《涅槃》之宗极，亦得《华严》、《大集》诸圆顿经之宗极也……他宗所谈虽至融即，既不论具融义未明。若望今宗非圆非别，复非藏通，此斥虽然，与而论之，得一分圆义也。”按：此书诠义，不出上录，实较源清、宗昱高出一筹，惟未尽理，故难他人云云，颇见意气。他人者，或即四明也（考后）。又其论贤宗，虽有上说，而实未尽识贤宗，仍不免门户。大约此人览教事少，天分亦不算高，故说来总觉隔膜。

又四明沙门善月述《金刚錍义解》，今仅有卷中，云：“自来说者于四明别理随缘有可否之论，今因略明之……彼既云即而不云具，故知义属别教非圆诠也……今言色即心者，乃即即性之心，何妨心即色者亦即即性之色乎？……”按：此书体裁虽列原文而未解文，仅解义耳。颇犀利紧贯，惟无《格言》扼要耳。惜不全，然据上所录二节，亦可知其作书之故矣。余义如《格言》应知。

又宋天台沙门时举释，明后学玄箸海眼会，后学新伊大真校《金刚錍释文》三卷。卷上云：“孤山佛性居中义兼上下，与夫澄子照之说不欲叙破……”按：

此书乃常徒之作，而甚排贤宗，几如从义，无聊之作也。有天启元年，董岩经阁僧圆昺跋云："《金錍》一书，昔读之冥若夜游，迩者达空上人偶得《释文》，即《金錍》之注解也。昺遂共同志托志末。"又卢复记云："《金錍释文》莲居仅存宋人手书梵本，乃先师绍觉讲主所珍，欲梓未果。幸值初度刻此以毕师愿。其本末二文未合帙，欲便于览者，籍玄箸、新伊二兄和会焉。更质于尊宿同志校阅方梓，选径山第一刻谋始于仲春，佛诞日告成。"

（十一）宋永嘉沙门从义注《始终心要注》一卷，应知。宋丹丘沙门源清述《法华龙女成佛权实义》一卷，宋太平兴国二年十月目录，应知。

（十二）宋四明石芝沙门宗晓编《宝云振祖集》一卷。嘉泰癸亥自序云："宝云义通法师本高丽君族，乐道厌世，从佛剃落，首传《华严》、《起信》。洎壮来中国，初访云居，契悟南宗。重念台衡教观，经五代离乱，仅存一线。遂造螺溪寂公之室，顿受其传。誓返本国，因挈锡附舶四明。偶郡守淮海大王钱公惟治请问心要，辟为戒师。自是缁白倾向，固留演法。会漕使顾公承徽舍宅创寺，命帅卉山。龙象云会，讲贯二纪。遂以大法付法智、礼公，是曰四明尊者。法智主延庆几四十年，此道遂大振于天下。因考核碑，实洎诸简编得师事迹与厥后继之者，凡二十篇，别为一帙。题《宝云振祖集》，盖取是院祖堂之扁曰'振祖'故也。"按：此书编集公文四，塔记事迹六，赞九，忌疏二，四明、慈云禀学各一，明智、莹讲师宝云住持各一，长生库记一，致语一，法雨堂题名一。事迹中谓："考诸四明章记，则尝秉笔《观经疏记》、《光明玄赞释》，若余之法义则法智悉面承载之于记钞。其《赞释》一部尚存，但不广传耳，惜哉！"

又宗晓编《四明尊者教行录》七卷。嘉泰二年自序云："吾祖之道，化被六十州，盛于隋唐，衰于五代。法不终否，至人利见。石晋天福中，通公法师来自高丽，南参螺溪（即天台山螺溪院义寂法师），尽得天台一宗之道。法席大开，得二神足，一曰法智讳知礼，一曰慈云讳遵式。天竺忏主五世孙慧观师哀其遗文，成《金园三集》行于世。法智终于天圣六祀，距今一百七十有五年矣。所撰钞记三十余万言，复有教门义章问答释妨等，访求仅得一百余篇。"卷一有《年谱》、《授菩提戒仪》，疏授辞文记碑录九。卷二有《观经融心解》、《修忏要旨》、《释辅行传弘决题下注文》、《义例境智互照》、《天台教与起信论融会章》、（云：藏师虽用圆名而成别义，何者？彼云真如随缘作一切法，而真如体性常不变（何故曲解贤宗，可恨），却谬引《释论》云，无情唯有法性而无佛性……既知二宗各逗机宜，何须致问？既令摄属如上所陈，若论被机，不须和会。至于《起信》则理合通于衍门三教。"）《释请观音疏中消伏三用》、《对阐义钞辨三用十九问》（序云："孤山法师吾宗之先觉也。著《阐义钞》解《请观音疏》，于中发明消伏三用义亦详矣，而于一家教观大旨尚复差忒。予切陋之，于是设问一十九章征问是否，俾诸学者于兹法义不为异端所惑云。天禧纪元十月一日叙。"）卷三有：《别理随缘二十问》、《光明玄当体章问答偈》（慈云问，四明答）、《绛帏问答三十章》（序云："天禧改元春，延庆座主出山家教义，凡三十条，褰绛帏问诸子。其词惟要，其旨甚微，俾无惑者兴布教之功，令不敏者奋强学之志。门人仁岳率尔而对，斐然成章。"）、《开帏试问四十二章》（序云："诸子勤勤习学，而于一家教观津要，若何领会？由是敬率诸部文义四十二章条，开帏试问。幸征文说义，一一答上，庶几开发后昆。天圣甲子。"）、《教门杂问答七章》（大中祥符七年讲授次，未知学者浅深之解。因出数问，请各答上。四明法师问，门人自仁答。）、《四种四谛问答》（四明问，自仁答）。卷四：《答日本国师二十七问》（皇宋咸平六年癸卯，日本国僧寂照等赍到彼国天台山源信禅师，于天台教门致相违问目二十七条。四明传教沙门知礼，凭教略答。随问书之诸方硕匠，或披览无吝斥削云。天台宗疑问二十七条，恭投函丈伏冀垂慈，一一伸释。日本国天台山楞严院法桥上士住内供奉十大禅师源信上。其第二十七问云：《五百问论》题下，云妙乐大师造。疑者云，此论似多讹谬，且举一二。如言阿难、罗云论中，不兴供养佛，数及破他师所释种性等七地义，似欢喜等十地。若是大师所制，不可不通。答：此论宋地阙本，兹不得而评矣。草庵录纪日本国师问事云：日本国师尝遣徒航海，致问二十于法智。法智答之，皆深有理致。后广智嗣法席，复遣其徒绍良等二人，赍金字《法华经》，如赍见之礼。因哀泣请学于轮下三载，其道大成，还国大洪台学。曾鲁公碑其塔，具道之）、《再答日本国十问》（此十问不知彼国何师所设而来，相传但云日本国问，四明法师答。按问《深密》有定性声闻。《瑜伽》阐提不成佛，《涅槃》草木不授记，天台于彼如何融会。皆答以彼是权教，《法华》显实），《答泰禅师佛法十问》（天圣元年禅宗清泰问，其答词如《华严玄赞记》）、《再答泰禅师三问》（考《华严玄赞记》）、《天童四明往复五书》（考《宗门源流考》）、《忠法师天童四明往复书后叙》（云："吾祖法智尊者，始因钱唐奉先清师制《珠指》解《十不二门》，总在一念之文为真心，别分色心之言为俗谛。又改二十来字。天台昱师《注十不二门》，立唯观不思议境，消一念三千。法智悯而救之。清师又立生佛三千为事造，心法三千为理造，而不知三法各具事理，如《指要》破。"余如《宗门源流考》，此人评亦如彼）、《草庵录记天童四明往复书》。卷五有真宗、杨亿、李遵勖留四明住世，及四明复书二十通，《建炎二年法孙传教慧照大师法邻跋前往复书》、《草庵教苑余书纪往复书中事》、《钱唐法门比丘庆昭上四明法师书》（云：愚比览足下观心义状三轴，解深理奥学博意幽。其所构义虽与愚，然亦各言所解，显其所承，斯何伤乎？愚与足下苦心为法之至，不知者以为好诤求誉之至也。《指要钞》解《十不二门》为一理之康庄，辨二家之得失，未睹斯文，翘望如渴。"）、《谢圣果法师作指要序启》（天竺忏主时住圣果寺）、《付门人崇矩书十幅》（宗晓序云："元丰间剡溪上方，有子通讲者，因之三衢谒长寿水法师，见壁间皆四明付门人矩公书，通即录归，自兹传播。然四明之徒，唯公所得最深。方其在轮下，众请二讲，四明听而骇之。真宗知名，召讲《四十二章经》。因赐命服续迥择里，住持浮石。兹山先系禅刹，长老元勋因听师讲唱，遂问从真起妄之义。一言相契，遂回礼为师，舍此院为教庠。三衢台道之行，师力也。")、《付愿彬遗书》一、《上大雷庵长书》二、《付东掖神照如法师》及《妙果文昌法师书》各一（后有淳熙丁酉法孙延庆住持比丘惠询志）、《上永安持山主书三》（后有乾道乙酉道因昙莹萝月跋，及绍熙壬子述斋薛澄清庆跋）、《天竺忏主上四明书二》（有乾道丙戌道因跋）、《付门人鉴琮法师贴》一。卷六有《戒誓辞三》、《使帖延庆寺》一、《保恩院记》（有绍兴丙子真隐居士史浩跋）、《上曾太守乞申奏后园地书》（有崇宁元年道因（草庵）跋）、《公据圣旨三》、《延庆寺迹》、《祠堂记等三》、东京僧职纪简长等赠法智诗二十三首（前有政和元年晁说之序）、《四明法师受命服门人神照作跋语》、《四明为二十九代祖师》（荆溪传行满，满传广修，修传物外，外传梁元琇，琇传周清竦，竦传宋义寂。寂以上皆在天台，晚传四明义通，通传知礼，礼传广智尚贤，贤传神智鉴文。若其载三智之美，可传而不可朽者，有永嘉继忠。其师神智，而资忠者，曰明智中立矣。明智法帅塔铭，晁说之所作）、《四明遣僧日本求仁王经疏》、《纪神照本如法师悟经王颂》（云忽被法智大喝一声，师豁然开悟云）、《四明门人雪川净觉法师》、（钱唐庆昭法师开《光明玄义》略去观心之文。师辅四明撰《问疑》征之。四明著《妙宗》，润公撰《指瑕》非之，师作《抉膜》以解焉。四明建消伏三用，润亦《签疑》鄙之，师作《止疑》止之。四明撰《指要》，谈别理随缘。或者构难，师作《十门析难》辨之。后与广智辨观心观佛，求决于四明。四明以约心观佛，据乎心性，观彼依正，双收二家。师闻之且不阅也。既而四明开张身量大义，师作《十谏》谏之。四明不获已作《解谤》焉。师遂拂衣还浙西，又上四明《雪谤》。著《三身寿义三》千等书，其道遂与四明不同矣。（按：四明付矩书中亦屡言及此）、《妙悟法师辅四明作评谤书》（雪川最后上《雪谤》，当时四明晚景疾困，令门人读之太息也。既而四明没，此书不复答。雪川时住灵芝而给之曰，只因难杀四明师，谁向灵芝敢开口？续有妙悟法师评谤书，而辨析之。妙悟尝住秀州胜果，灵异具见吕益柔所作塔记。师即雷峰广慈之法子，四明之孙。尔时雪川声驾，未易酬对，而师评之可知）、《草庵教苑遗事纪法智讲贯》、《记四明门下纂成十类》。卷七有赵抃撰《行业碑》，胡昉撰《塔铭》，开元三学院门人则全编《实录》，遵式《指要钞序》、《祭文》、《悼诗》，门人僧江、骆偃、史浩、希颜四人赞，陈天俞、雪溪希颜、此山可寿三人忌疏，柏庭善月《象志铭》。

又宋住持天台传教院比丘元悟编《螺溪振祖集》一卷。有：《忠懿王赐净光法师制》三道，《本朝赐颙》，钱俨撰《建传教院碑铭》，钱易撰《净光大师行业碑》，当院徒弟如皎撰《传教院新建育王石塔记》，门人澄彧撰《净光大师塔铭》，李沉、郑元龟、赞宁、查庵有严、柏庭五人赞，绍定辛卯继代住持法孙元悟记《螺溪移塔记》，宋继忠排《四明十义书科》一卷。又宋知礼述《四明十义书》二卷。熙宁九年序云："《十义书》之所由作者，有宋景德之前，《光明玄》广略二本并行于世。钱唐慈光恩师制记曰《发挥》，专解略本。谓广本有十法观心，乃后人擅添耳。天台重解帝王之文辄谓有四失，广破如《续遗记》也。有二弟子即钱唐奉先清师、嘉禾灵光敏师，共构难词，造二十条，辅成师义，共废广本。钱唐宝山善信法师，奉书敦请法智评之，坚让不免，故有《扶宗释难》之作，专救广本十种观心，兼斥不解发轸拣境之非，观成历法之失。钱唐梵天昭师，孤山码碣圆师，皆奉先之门学也。乃撰《辨讹》验《释难》之非。法智撰《问疑书》诘之，昭师不逊，有《答疑书》之复。法智复有《诘难书》之征，昭师构《五义》之答。法智复作《问疑书》之责，昭师稽留逾年。法智复有覆问书之催答，昭师有今之《释难》，翻成不映之文矣。往复各五绵七年，攒结前后十番之文，共成今《十义书》之作。复有二百重诘，不出前后，五番堕负，四番转计。又法智引重明阴境难之，昭公伏曰：'《止观》观阴，有失捡寻。仲尼云：法语之言，能无从乎？改则为贵。今为改之也。'法智进奖云：'上人粗有性灵，能分科节，何不尽舍短从长？见巧知陋，今伏膺观阴，固谁得知耶？'景德四年，孤山圆师为昭师轮下之席端也。法智遣住东掖山神昭大师本如，在轮下日驰《十义书》并《二百问》，往钱唐诘之。会稽什公希望辅之翼之共辨矣。孤山观二公之论辨，如面敌必重席也。自谓义龙安肯伏鹿，遽白钱唐守答以公据不为遣也。虽然止重论席别行玄，虽魔烧佛经，且不能烧性德之善也。故常住教卷，焉可绝灭耶？今有宋熙宁相云八十余年。此文重兴，盛行于世。永嘉法明院第一代孙继忠，指授门人以写印二本，对之评之。其义共同，法句欠剩，文字舛谬，昔趋广智之庭，每蒙以提耳指掌。或有臧否，冀同学同见者，更为学者指南耳。"则此序乃继忠所作。又元文丙辰唐山比丘庆义瑞重刻序云："今之《十义书》者，撮彼五回之文，而集大成者也。此书尝流此邦而尚不传，至吾立和尚屡屡讲演称赞。今为订正，重上枣梨，更揭忠师科文于上。"此书诠义可知。十义者，一、不解能观之法，二、不识所观之心，三、不分内外二境，四、不辨事理二造，五、不晓观法之功，六、不体心法之难，七、不知观心之位，八、不会观心之意，九、不善销文，十、不闲究理。（至于此书体裁，则约十义以书问诘耳。有云："景德三祀，知礼谨用为法之心，问义于浙阳讲主昭上人座前，十月二十三日来文二人入室传到，释问书一轴，广构粗言，欲杜来难，都为无义之谈，尽是诳他之说。若随文致诘，恐大节难明，故于观心一科，立难十段。况上人素彰不逊，以《辨讹》、《答疑》自矜。鄙僧早蕴多谦用

请益咨询为礼。今约十门定难无托故以寝言，休劳多部检文，逾年作计。便请直诚吐义，随解速
酬（上人前后义状，皆经二年。若义久明，终不稽迟至此）……今逢正道，须改迷宗，倘违自
心，恐遭恶报。"）又法孙继忠集《法智遗编观心二百问》一卷（缩印本，下皆续藏本）
云："景德四年六月十五日，谨用为法之心，问义于浙阳讲主昭上人左右。五月
二十六日，本州国宁寺传到上人答十义书一轴云云。答释末善读文，纵事改张终
当乖理，始末全书于妄语，披寻备见于诌心。毁人且容，坏法宁忍？欲敷后难，
恐混前文，故且于十科立二百问。盖恐上人仍前隐覆，不陈已堕之愆，更肆奸
谀，重改难酬之问，故先标问自后布难词。必冀上人，依数标章览文为答……此
之义目，并是自来废立观心之文，倘于此不能酬答，及答不尽理，则显妄破观心
正文，仍以上人心行多奸，言词无准……唯愿上人正直修心，流通勖念。莫顾一
期之虚誉，仰扶千载之真宗。须取证于神明，岂强行于咒诅？悟与未悟，酬与不
酬，速望回音，即有征索。"

宋智圆著《闲居编》五十一卷，大中祥符九年《自序》云："钱唐释智圆，字
几外，白号中庸子。丁讲佛经之外，好读周、孔、杨、孟书，往往学为古文，以
宗其道。又爱吟五、七言诗，以乐性情。随有所得，皆以草稿投坏囊中，未尝写
一净本。儿童辈旋充腊烛之费，故其逸者多矣。今年夏养病孤山下，因令后学写
出所存者，其后有所得，亦欲随而编之。"又有乾兴壬戌吴遵路序，略述智圆身
世行业，兹略。卷一至卷十二，皆为其所著作疏记之序，及其它诸序，凡四十八
篇。其间《新印还源观后序》，乃以《还源观》为杜顺所作。又云："大师内证
法界之理，外病众生之迷，于是抉《华严》深旨而撰斯文，以为后昆入道之行门
焉。"虽门户之见较好，而无识矣。其文不好，差四明远甚。卷十五有《慈光塔
记》、《梵天昭阇黎行业记》。余及卷十三至卷卅六，皆为序、记、祭文、答
问、杂论、书、赋、铭、赞、回向、自传等。卷三十七至卷五十一，皆为诗，皆
无足观。后附撰述目录，凡一百七十余卷。为《文殊说般若经疏》二卷，《文殊
说般若经析重钞》一卷，《般若心经疏》一卷，《般若心经贻谋疏》一卷，《首
楞严经疏》一卷，《首楞严经谷响》一卷，《首楞严经疏解》一卷，《阿弥陀经
疏》二卷，《阿弥陀经西资钞》一卷，《普入不思议经疏》一卷，《遗教经疏》
二卷，《瑞应经疏》一卷，《无量义经疏》一卷，《观普贤行法经》一卷，《注
四十二章经》一卷，《维摩经略疏垂裕记》十卷，《金光明文句索隐记》三卷，
《光玄表微记》一卷，《十六观经疏刊正记》二卷，《请观音经疏阐义钞》二卷，
《涅槃玄发源机要记》二卷，《涅槃经疏三德指归》二十卷，《涅槃经百非钞》一
卷，《兰盆经摅华钞》二卷，《金刚锌显性录》四卷，《十不二门正义》一卷，

《新学系蒙》一卷，《闲居编》五十一卷。后有嘉祐五年，钱唐梵天寺十方讲院，了空大师浩肱，字仲辅编集校刻记。又宝祐癸丑玛瑙住山节庵元敬重刻跋（有云：元敬滥尸祖席，起废兴堕）。又淳祐戊申玛瑙住山元敬跋云："是编特孤山绪余耳。其抉掖宗教，诠释群经，有十疏别行于世云。"

又宋天竺忏主慈云大师，敕谥法宝大法师述，住持传天台教观五世法孙慈明大师慧观，重编《金园集》三卷。卷上为：《授菩萨戒仪式十科》、《授五戒法》、《示人念佛方法并悔愿文》、《修盂兰盆方法九门》。卷中为：《放生慈济法门》、《梁朝高僧放生文》、《施食正名》、《施食法》、《施食文》、《施食观想》、《答崔育村职方问》。卷下为：《诫酒肉慈慧法门》、《诫五辛篇》、《炽盛光道场念诵仪中诫劝檀越文改祭修斋疑疏文》、《改祭修斋决疑颂》、《野庙志》、《三衣辨惑篇》。后附目云：《金光明忏仪》一卷，《请观音消伏毒害三昧仪》一卷，《大弥陀忏仪》一卷，《小弥陀忏仪》一卷，《炽盛光忏仪》一卷，《僧伽大师礼赞文》一卷，《天台智者大师礼文》一卷，《释观音普门品偈文》（附智者疏末）、《往生略传》一卷、《注南岳思禅师心要偈》（亡本），《金光明经三章》（亡本），恐皆遵式所作也。

又如上述及重编《天竺别集》三卷。卷上为《金刚》等经及《南岳止观》等序，与《天台教观目录》。序无足观，盖遵式本无学问，虽理路跟着四明走（不得不跟，天分学力皆不及四明故），而依稀恍惚，无足可取。大约此人是斋公之雄耳。《教观目录》云："《法华玄义》十卷，《文句》十卷、《摩诃止观》十卷，《禅波罗蜜》十卷，《维摩玄义》五卷，《光玄》一卷，《光句》三卷，《菩萨戒疏》二卷，《法华次第》三卷，《观行品别行玄义》二卷，《观音品义疏》二卷，《观行品别行玄义》二卷，《观音品义疏》二卷，《观无量佛经疏》一卷，《金刚经疏》一卷，《请观音疏》一卷，《四教义》四卷，《小弥陀义记》一卷，《法华三昧仪》一卷，《四念处》四卷，《观心论》一卷，《方等忏仪》一卷，《觉意三昧》一卷，《修禅六妙门》一卷，《禅门口诀》一卷。以上七十六卷，智者说，圣朝新编入大藏。《涅槃玄》二卷，《涅槃疏》十八卷，《观心论疏》二卷，《国清百录》五卷，《智者别传》一卷。以上二十卷，章安撰，同入大藏内。《释签文句记》各十卷，《传弘决》十五卷，《维摩略疏》十卷、《维摩广疏记》六卷，《止观大意》一卷，《金刚錍》一卷，《止观义例》一卷。以上四十九卷，然师撰，同入大藏。《智论疏》二十卷，《仁王般若疏》二卷（今在日本）。《弥勒成佛经疏》五卷，《弥勒上生经疏》一卷，《释一切经玄义》一卷，《坐禅止观》一卷，《观心释一切经义》一卷，《五方便门》一卷，《七方便义》一卷，《一二三四身义》一卷，《七学人义》一卷，《般舟证相行法》一卷，《法门仪》一卷，《禅门要略》一卷，《禅门章》一卷，《杂观行》一卷，《入道大旨》一卷。以上四十一卷，智者说，今缺本。《三观义》二卷，《四悉檀》二卷，《四三昧义》一卷，《释二十五三昧》一卷，《六即义》一卷，《释十如是义》一卷，《如来寿量义》一卷。以上九卷，智者说，今参入大部。《维摩玄疏》二十八卷，《净土十疑论》一卷，《小止观》一卷，《观心食法》一卷，《观心诵经法》一卷，《观心十二部经义》一卷。以上三十三卷，智者说，其本现存，但不入藏。《八教大意》一卷，《南岳记》一卷，《天竺寺真观法师传》一卷。以上三卷顶师撰，缺本。《始终心要》一卷，《华严骨目》一卷，《授菩萨戒文》一卷，《涅槃后分疏》一卷，《止观文句》一卷，《观心诵经法记》一卷，《法华三昧补助仪》一卷，《方等忏补缺义》一卷。以上八卷，然师撰，除《补助仪》、《心要》、《文句》其本现存，余亡。"又《天台祖承记》，无非根据《付法藏传》而以龙树授慧文以下耳。卷中有《圆顿观心十法界图》及《释》及《装彩法则》。其圆中书一"心"字，外绘圆圈，圈中绘图，如畜生界绘马以为代表。此十圈外复以一大圈包之，即近世所通行者也。他则为《愿文》、《感应传》等。卷下有为《王钦若讲法华经题》、《摩诃止观义题》、《答王钦若问天台教书》、《天竺寺十方住持仪》、《别立众制》、《凡入浴室略知十事》、《纂示上厕方法》及疏赞等。虽无足观，而今日丛林规模及佛事，皆从此处出。又宋四明沙门释如吉编《重编天台诸文类集》，仅卷第十，标曰诸文习气类。乃将天台师徒著作中关于习气者，一一集录。体裁略如《读教记》，而广泛过之，不知其全面，无从评断。宋福唐飞山默子戒珠撰《别传心法议》一卷（残欠），详《宗门源流考》。又宋陈瓘撰《止观坐禅法要记》一卷，收于《佛祖统记》卷五十。又陈瓘撰《三千有门颂》一卷，如《玄赞记》录，尚知痒处。然是四明一流，故有云："彼迷一心具诸法，堕在通别次第中……惟一具字显今宗。"又明佛陇沙门真觉，解灵峰后学智旭较《三千有门颂略解》一卷。万历甲申自序云："……此颂言简意高理深旨备，行者幸以此为修心之要焉。"文云："岂同法界扩然太空哉，他宗法界之惟一清净。"又云："色心绝处中体现，是双遮。于一一法体皆具是双照。"可知全不知陈瓘之意，亦即全不知佛法也。通篇虽曰即一而三，即三而一，鹦鹉学舌，聊掇影响而已。后附莹中居士致明智法师书，有云："瓘屏迹丹丘，老病待尽。"庆元二年，四明楼钥题云："近世士大夫，用力不及前辈，只为学佛，仅能涉猎《楞严》、《圆觉》、《净名》等经及《传灯语录》以资谈辨。若唐之梁补阙诸公，本朝杨文公杨无为、张无尽及了翁辈，皆留心教观，深入其趣。读此颂，可知其所造之实……方在丹丘逆境尤多，而心地泰然。妙珣、了怡二沙门欲刊石以传之人，谨书其后。"又景定二年天台法照为四明学子可登，于月桂峰下题。又万历甲申，翰林编修教观弟子冯梦祯《有门颂略解》，序云："宋时天台之教盛行，无论僧徒，即号为士大夫者，类能言之。今相去仅四五百年，而海内淄流无能举天台一字一义者，况士夫乎？妙峰觉法师奋然为鸣阳孤凤几二十年。讲者或窃笑斥为异物，而法师益精其说，因请法师出《有门颂略解》行于世，以耸动今之士大夫，台教中兴在此一举。"又古吴后学智旭《刻三千有门颂解后序》云："唐荆溪、宋四明咸称中兴教主，故使居士宰官，同服甘露。梁肃，陈瓘，皆其人也。元明以来，此道不振，或有教无观，如贫数宝；或有观无教，以凡滥圣，神庙初年，妙峰老人，起而唱之，一齐众楚，传不胜咻。开之冯居士乃力请解《有门颂》以为士君子风。妙师辞达理莹遂使缙素翕然向化。于今又六十年，古板不可复睹。予念重辟草莱，实赖妙师、开之二大士力，故复校梓以报法恩。并附莹中上明智书，庶可互相发明……"嗟夫，智旭乃称真觉，其无识可知。

又宋东掖白莲与咸述《复宗集》二卷，佚上卷。下卷为《辨净土修证》，为三门：教证、方便、尘沙。尽系破斥《妙宗钞》、琰法师《净土修证仪》之义，亦抉山家教理者。然此人学力太浅，根本说不上。后云："绍兴辛未书于昆山慧聚寺普贤阁，白莲泽山叟与咸，愿与法界有情，同步金台上品。"

觉海遗珠集(戊)

目　次

觉海遗珠集（戊）

再续法华之部

（一）宋云间沙门可观述，山阴法孙智增证《山家义苑》二卷。卷上《双游》云："双游出《大经·鸟喻品》中，疏解难会，诸文遍用，以示圆即。从来讲家少有说者，相传唯永嘉诸前辈，多示说之，但少有义章。予尝苦心斯文，今辄考论。"又有叙破仁岳十谏诸文，又《金錍义十篇》，除破孤山显性外，又云："不变随缘者，此乃以他宗所用名义而示佛性，今此所斥知是贤首明矣。但破贤首，余者望风。相传他宗学者以今家四十二字对位为例，谓《大论》百卷中，虽无此文，九信略去不无，无情无佛性之文，今谓……（按：《涅槃》已有明文，何必定判权说，故呆）"又《总别》云："《指要》所谓事总别者，即总在一念，别分色心也。理总别者，即理造三千也。若云理总事别，此说自南屏以来前辈诸师辞而辟之，学者无不信受四明之道。前辈既往乖谬，复作以为独步。"又《辨岳师三千书》云："《书》曰，殊不了三千是所立之法，将所立之法作无住之本。璿师所破除无明有差别，但是具义而无即义，以不说差别法即一真故，诚哉是言也。辨曰：四明立无住之本有三千法者，以无住之本具所立之法，所立之法即无住本故。岂不闻良由理具，方有事用。所以事用一一即理，凡言即者者，会体而是不作二法相合而说。岳师登四明之门一纪，殊不知即具不可异途……予于山家一念三千苦心四明之学二十年矣。兹因山居，读岳师与广智书。又见广智答书迂而且疏，辄为略辨大体而已。"仁岳荒唐，辨之甚是，前评甚是，竹庵较仁岳尚好也。然学力天分亦不高，非人才也。卷六有《部教》、《定散》、《受戒普说》、《议盂兰五事》、《初焰正义》、《料简借别名通》。

又宋可观撰《竹庵草录》一卷（但欠初氏）。元禄四年，菩萨沙弥光谦、槃谭刻序云："宋竹庵观师所撰《草录》，此间不遍行久矣。余近获其古本于雒北大应一禅刹，亟登诸枣梨。惜其首蠹灭一纸，两处而脱数字。"《金刚经义》云："此经三十二分，相传梁昭明太子作此分节……若欲尽理，须依本论一十八住乃见经意。只如三十二分，如何名为应化非真？此如《事苑》，略曾对会，宜与第五分名两易可也……恰六十年为通此经，愧不能有所发明，寻句义而已。《事苑》、《通论》两书外偶随文收舍，又及此一十一篇，行年将八十五也。淳熙丙申秋草创。"《自答散出十问》云："贤首立教随经所说，但见枝叶，不推根本。教门公论不敢倘宗清凉和会以理为教。"《大教唯心》云："诸法体同性遍，何以局言唯心。此为顺迷，心为惑本，从近从要，故言唯心。真实诸法，法法皆唯，唯无外也。既而能唯，无不能造，何以故？诸法性本同故，才涉思量，便成剩法。唯义不成，直须分别，秋毫扫尽。智论所谓心行处灭，言语道断，世间言语诠显不及。宗教眼目不可不明，若有异见，魔波旬也。唯我四明，心观自得（按：说来不亲切）。"又《法华开权》、《止观拣境》、《普贤观十种境界》云："昔游学雪上，见老壁每日讲外，在本瑞阁撰《普贤观疏》。日抠衣辄诣问讯侍坐，伏见以……至诚力谏，尊意不从，疏成既行，无不唯唯。学者须知……"又《议十法界十如是》有圭峰何其粗哉之语。又《本立教意》云："早年窃读唐朝贤首宗教，清凉国师《华严新疏》，疏前义门援引诸家立教，余不暇论，唯见以贤首五教对会天台四教。每仰清凉荷负大教，才识如此，惜乎对会两宗立教不考两宗立教有所不同……天台立教规模广大（按：未说出所以然来）……"又《三藏教名》云："记得游学初年，先欲讨寻化法教名，于此三藏怏怏不决。伏读清凉《华严大疏》经前义门对辨玄教，照会宗教，方晓如此。"此人颇推崇清凉，异于其它台教宗徒，此亦一证据也。又《小本弥陀经五章》云："昔孤山圆法师为此经造疏，后净觉岳法师又造新疏……"又《劝修西方说》如《宗门源流考》，实甚荒唐，义学沙门，固无心得也。又《诸宗立祖》考《源流考》外，又云："贤首立祖去取不定，非所学宗，不敢议论。只如圭峰自见菏泽嫡孙道圆和尚，清凉又云毘卢藏能随我游者，其为汝乎？……（按：圭峰未见清凉此说谬）"又《受菩萨大戒请师》。《跋六即颂》云："右六即二颂乃在昔南屏臻法师亲承四明赞述《十六观疏妙宗钞》建立圆宗，引用《涅槃》声光召众，下至蚨蜍……"又《经体统要》、《金刚经三果正名》。统观上文，虽在山家方面，实无足观。据上评可知。又宋四明沙门法登述《圆顿宗眼》一卷，（前有绍熙甲寅于福严兰若涌泉阁下自序）有宗眼、原心、究性、明道、穷编、谈具、所传、三观、正宗、修性十门。除《宗门源流考》所录外，余皆为即事之理，即理之事，心遍三千，三千互彼，不二而二，二而不二等老套，岂知心要？实无足取。其学力根本当然说不上，可谓常徒亦够不上。

又法登有《议中兴教观》一卷，云："举世皆谓四明中兴天台教观，而不知所谓中兴也。或谓四明事理三千总别生身尊特，此莫非中兴之说乎？今谓不然。

《指要序》云：别理随缘，连代共迷，《指要》所以立也。大哉，非天竺孰能知之。是知别理随缘，乃中兴一家圆顿之教，立阴观妄显一家境观之道。只此二说乃中兴教观之主意也……山外一派宗天台者，咸谓贤首终教随缘，正同今家圆教随缘之义，挤陷本宗圆顿之谈，齐彼终教。四明从而辟之，以彼大乘终教随缘正同今家别义。又格彼顿教圆教既不谈具即义不成，亦是今家别义，方显今家所说圆顿，谈即具超过诸说。"

又宋四明石芝释宗晓《注三教出兴颂注》一卷。前有嘉泰元年寓南湖指光斋自序云："此颂自昔流传，而不知著述之者……"按：该颂仅十二句。前十句述佛、老、孔出生年月，后二句云："为报劳生稚子知，鼎分三足还归一。"《注》云："三宗大要，率以仁慈为本，传施为心，诚所谓何莫由斯道也。世人勿得以泯其迹，而致彼此之异。"该打该打！

又宋四明石芝沙门宗晓编，《施食通览》一卷。有嘉泰甲子序，及元禄辛未湖东安养律寺沙门戒山梓序，后有开禧改元乙丑，开封止庵林师文跋。内容则有：《拔救焰口陀罗尼经》等六种，南岳思大师《受食咒愿偈》二章，智者《观心食法》，遵式《救拔焰口经序》，及《施食正名》，智圆《出生图纪》及《施食文》等六篇，仁岳《施食须知》，及苏轼、陈舜俞、史浩、宗赜、杨锷诸人所撰文记赞等。

又宋达磨山沙门义铦述《不可刹那无此君》一卷。按：仅九颂，虽约三千三谛而言，如"三千三谛皆本无，境即观故能所忘，境观难思何所用，只要刹那虚妄融。妄心融处真亦忘，一牧了事随缘汉，无用心处愿行增，一超直入如来地，捏不能团劈不开，看来看去只成呆，若能亲到呆田地，三观元来是祸胎。"颇有宗门色彩。后附志云："《元亨释书》（十三年戒）泉涌寺《俊荷传》曰：山阴义铦述《不可刹那无此君》，赠荷。铦号朴翁，内外兼明，禅教并通，可谓会稽名士葛天民字无怀者也。睿山沙门秀云《不可刹那无此君纂注》曰……本按《瀛奎律髓》夏日载葛无怀诗曰，僧义铦字朴翁，以事还俗。葛其姓，无怀号也。今录《律髓》所载朴翁诗七首于此（略见《抱膝吟》）。

宋宗印撰《此峰教义》一卷，标曰三千章十科：一、出本文，二、辨二谛，三、明事理，四、简权实，五、显体用，六、述互具，七、譬喻，八、示别圆，九、对四土，十、判六即。乃对净觉而作也。此人实是可观一流。宋四明沙门柏庭善月述《山家绪余集》三卷。卷上《开权通论》十篇云：（开权者明如来出世大用五时化物之元意也。在昔先达未尝持论，辨论出近代诸师。其说有施开用与之意，权实同异之辨，未免乖张，不达化源。"），《声闻化源论》二篇，《索车三一义》三篇，《齐探经旨说》二篇（云："《法华疏记》有所谓齐探二领者，说者以为至难之义也……辨论至今，纷纷不已……"）、《三分正义》、《三分余义》、《三疑通说》、《部教大节义》、《无量义经》、《同异体论》、《方便品题原旨》、《龙女成佛权实文旨》、《四伏疑释难》、《六重本迹辨误》。卷中：《法华秘密例》、《三叠流变说》、《得得大要论》、《右违议》、《圆宗修性离合论》十篇，《性恶义》三篇，《六即义》、《六即余义》、《双游义》三篇，《圆断直说》。卷下：《三法纵横义》三篇，《秘密传不传义》、《置毒喻》、《论金光明题旨》、《判提谓经释难》、《识辩》三篇，《三藏菩萨断伏义》、《家家定颂说》、《涅槃五佛子回心义》（按：以上皆为教篇）。《观境真妄论》、《初论真妄大体》、《二论情智迷解》、《三论立教诠旨》、《四论解行殊致》、《五论宗徒建立》、《六论抉宗得旨》、《七论境观能所》、《八论文旨所归》、《九论阴境主否》、《十论旨归还源》、《心造文旨》、《三千总别义》、《十种境界义》、《示陀罗尼行位进否》、《授安心法议》、《香华体遍说》、《辅行普门品序略释》（按：以上皆为观篇）。实是研究后期天台学说之重要参考书，盖不惟材料充足而已。善月高出四明，已如上说，则其言皆可为正论也。

又宋沙门志磐述《宗门尊祖仪》一卷（出《佛祖统记》卷五十一）云："章安执笔，载为疏论，其道遂大明。法华、天宫继世讲演，嗣其法者唯左溪。左溪门下，独荆溪能承正统。自荆溪以来，用此道以传授者，则有兴道邃师、至行修师讲道不绝。会昌多难，教卷散亡。正定、妙说、高论（外琇、竦二法师）三世，唯传止观之论。迨乎螺溪，法运将泰。天假吴越求遗书于海东，于是教籍复还。宝云嗣兴，敷扬二纪，而四明法智，垂迹海隅。一家教部，昆陵师未记者，悉记之。四种三昧，人所难行者，悉行之。斯慈云之极言也。当是时有为异说者，如昭、圆诸师，世方指为山外。而法智独擅中兴教观之名。"

宋仙都门人普容录《台宗精英集》五卷，佚初卷。卷二有《声闻正义》、《楞枷三记》、《方等记相》、《分身会异》、《龙女成佛》、《秘密教义》、《不定教义》、《提谓摄属》、《三疑权实》、《阿难乞乳》。卷三有：《四种华严》、《教证二道》、《六种性习》、《十行横学》、《别向圆修》、《身子退位》、《三品尘沙》、《小乘忏重》、《所闻法体》、《能诠教体》、《别佛成道》、《玄文四序》。卷四有：《焦炷辨惑》、《借别名通》、《二即习气》、《口身尊特》、《事理二定》、《信相得益》、《光明定题》、《评经五说》、《六能辨惑》、《接正如佛》。卷五有：《寂光有相》、《四土横竖》、《教行五章》、《广略五章》、《心佛辩境》、《观经五章》、《定散二善》、《三科拣境》、《止观一

接》、《立阴正义》、《家家判颂》、《车体匹义》。正德五年乙未，东睿常照沙
门亮润真诣刻跋云："四明尊者非惟辩辟连代之异端，亦能防御后世之逆路。故
有若雪川之背宗，神智之破祖，竹庵之挟异见者，学者一见朱紫明自。惟仙都普
容法师，具卓特之见，负富胆之才学，依四明而不尽承用，遂著教义数卷，名曰
《台宗精英集》。润响获此于浓之长泷寺，读而谓法师学识超伦，议论浚发。其
依四明者固多所辅述，其建己见者，立足系发正说。客岁甲午吾轮王大王始董天
下，台宗之事，笃勤道学而自倡，尤精乎四明之谭。润献此书，亟命流通，惜佚
首卷。"余虽未详览，当知其不及善月远甚。然亦为研究后期台宗应参考之书
也。

又宋某某《台宗教观撮要论》，仅存卷三卷四。宝永元年，天台安乐兰若沙
弥觉潭刻序云："《教观撮要论》，未见全书，不详作者及其卷数。然其第四卷
末曰，先师顽空和尚《三千说》附，则其门人所著，而卷止于第四必矣。吾师尝
借此书于长安兴圣禅刹，写焉。乃叹曰：惜乎此书多所发挥，而佚失不完，日者
余于傍加国语付剞劂。"卷三有：《论诸部经王》、《论光明经王》、《论辅行引
大经明被接文》、《论声闻摄属》、《论三日喻文》、《论解谤别圆初心见佛》、
《论立识生法》、《论华严声闻有无》、《论玄文四序》、《论四种教证》、《论法
华教主》、《论签文四心同一行一缘》、《论当机结缘二众》、《论含中发习》、
《论三千余义》、《论中谛具法》、《论教部之义》、《论四教破性》、《论签文起
心之义》、《论隐实施权》。卷四有：《论光明玄题》、《论教行五章》、《论玄
文引寿量证经体文》、《论玄签指文例》、《论妙记释中止一城文》、《论妙记释
转法轮文》、《论三法无边》、《论玄序十德》、《论万乘数》、《论辅行十义评无
情佛性》、《论玄签称味味例》、《颂解金锌四十六问》、《首众南湖讲金光明玄
题》、《观经疏题》、《观音玄题》、《法华文句题》、《十不二门题》、《入广恩
祝圣讲题》、《先师顽空和尚三千说附》。按：该书解有四十段，而皆不长，乃
有《万乘数论》，实不足取。虽有宗门色彩，而似是套头。虽未详览，知当不足
以望善月项背，然教普容好也，故亦可为台宗后期学说之参考书籍。又其评贤首
曰："虽曰弘经，实暗经也。"大谬！

元天竺大圆觉教寺住持比丘自庆编述《增修教苑清规》二卷。至正七年甲子
金华黄溍序云："《天台教苑清规》，旧卷刻寘于上天竺之白云堂，后毁勿存。
今圆觉云外法师自庆，惧久将废坠，乃取故所藏本，重加诠次，正其舛误，补其
阙轶，而参考乎禅律之异同，为后学复刻焉……中土有佛法以来，僧多居律寺，
至百丈始别立禅居，此清规之所由作也……天台大师兼善毗尼，其后人亦因丛林

之日用而折中之，以匡持其教，今《教苑清规》是也。历岁滋久，诸方所守百丈遗法已互有不同，山家宜有不能与之尽合者，若夫通其便而以时措之，其致一也。"又同年灵石山登善庵主张书序云："往岁龙翔笑隐师校正《百丈清规》，定为九章。纲领粲然，将以救夫禅林之弊。今圆觉云外师复修《教苑清规》，折中古今，厘为十类，类以小序标表之。视白云堂旧所传，则加详焉……"又有同年住天竺灵山教寺比丘大安序。按：十类者：祝赞门第一，祈禳门第二，报本门第三，住持门第四，两序门第五，摄众门第六，安居门第七，诫劝门第八，真归门第九，法器门第十。后附志云："洪武丙子，僧录司右善世前住慈感讲寺绍宗募缘重刊。左善世前住北禅讲寺大佑，左阐教天禧讲寺住持溥洽劝缘助刊。上天竺讲寺住持如兰助缘。"又贞享元年，南溪沙门光谦《书后》云："明僧一如衔使本邦，寄此书于庐山寺中庵。从此相传，而人未遍知。余向在武城偶得一览，而谓虚张浪设，做于禅林之规，夜噉昏餐违于觉王之制，岂足以匡吾徒也。虽然，敢其可取，舍其可舍，则此书之行不无小补。"按：此书言制度尚详晰，颇可参考。

元虎溪沙门怀则述《天台传佛心印记》一卷，云："只一具字弥显今宗，以性具善，他师亦知，具恶缘了，他皆莫测。是知今家性具之功，功在性恶。若无性恶，必须破九界修恶显佛果性善……"余则为一念三千非遮非照，而遮而照等一类套头话。又云："荆溪而后，一家教观，光被四海。始则安史之乱，中因会昌废除，后因五代兵火，教藏灭绝，几至不传。螺溪访夫旧闻，网罗天下，钱王遣使高丽、日本，教观复还，再行江浙。传至四明，荆溪未记者记之，四三昧难行者悉行之，中兴此道……以至直指人心，见性成佛，乃指真心成佛。又有人云修证即不无，染污即不得，此乃独标清净法身，以为教外别传之宗（又有难相宗定性二乘）。"则此人实亦是大妄人，明幽溪沙门传灯注，清楞严比丘灵耀校《传佛心印记注》二卷。明天启七年丁卯，僧自恣后二月，传持天台教观比丘传灯，于楞严坛之不瞬堂序。皆系台宗套语，及"于日用见色闻声不能无分别，不可侈言教外别传不立文字"一类话。又元禄丁丑，天台山东溪沙门亮润大云《重刊引》云："传佛心印，唯吾天台一宗。第时运下衰，哲人长住，禅宗华严之徒，横议于外，异端曲见之士蔓延于内，赖有元初虎溪兴教大师出，深悟圆宗，力守祖业，著《天台传佛心印记》。其为书也，揭性恶之谈，点理教之致，甄即离于毫芒，辨圆别于隐微，明他宗异端之似是而非。尝吾妙立和尚大中兴此道，而深知他宗异端之为害，故每讲此书。于是此书盛行，而注解间出。然或丑陋乖违，无得作者本旨。顷于大藏中得无尽大师注读之，则消释详悉，理致深切，大发作者意。但有一二不稳者，乃全璧微瑕耳。于是付梓流通。"前附冯梦祯《源流图叙》云："说者谓九世二百年间，备众体而集大成，辟异端而隆正统者，惟法智一人而已。法智下传最伙，而广智、神照、南屏元为三宗，其学徒纷纷鼎盛矣。宋景定间，南湖磐公作《佛祖统记》，有《世系表》载传授源流颇具，而法智十数世以后竟泯泯无传……以今观我妙峰法师之为是得也。即谓之继法智而兴，谁曰不可……然草庵以失绪被斥，奈何。是不然，草庵如周室尚在，而吴越僭王，今则匹夫而有天下，谁得而议之？于是以磐公《世系图》而授之梓，名曰《天台教源流图》。"卷上云："虎溪得法于云梦允师，为南屏八代之的裔，四明九世之玄孙。尝撰《净土境观》及此记，最为精确，并入大藏……"卷下云："虎溪师出文虽明指禅宗，而引人言为证，不明指者，不欲直斥其讳也。据下文直引圭峰，则知此中多是《禅源诠》中之语。（按：此救非，盖一修证即不无之语，沩山语也）。盖禅宗创直指人心、见性成佛之旨，未尝见其有真心、妄心之分，故知皆是知解宗徒穿凿之过，非关古人事也。"按：传灯于禅宗之态度较可，而于贤首、法相之态度则一如怀则，硬以贤首为说真心生法，即而非具，法相宗说阐提不成佛。故虽较怀则少好，实根本说不上什么。冯梦祯何无识无聊如此也！平心论之，传灯犹不足以与智旭驰驱也。明天台山幽溪沙门传灯著《性善恶论》六卷，天启建元之初年阁笔故。天台山幽溪沙门无尽传灯，和南撰序于楞严坛东方之不瞬堂云："谈偏空者，治世之道乖。宗缘起者，涅槃之路隔……一言其有则万行因得以芬披，而至人之化导行。一言其妙则真如以之而寥廓，而凡夫之生死绝……第有非缘有，微性具无以建其宗。具非偏非微，十界无以尽其旨。修性由是以分，善恶之以辨，是故假托宾主以性善恶而立论焉。然以道该儒释，理别偏圆，各有攸归，曷容概举？世出世间之旨不得不霄壤以分庭，大小顿渐之宗，不得不云泥而立壶。言将六万，矢笔以记。"其后有九居士称弟子，具名云同校正。又天台门弟子香光居士王立毅，合十于圆伊室序云："武津性染翻《起信》惟净之旨，智者理毒阐《维摩》二即之谈，虽复以具立宗，而意主于观恶融通，任运摄善。妙宗建立揭恶缘了，谓胜他宗，山外诸师不得与焉。故谈台宗者，不难言具而难言恶也。西来一宗，指屎尿为法身，示荐取于声色，印合山家，宁尽鸟唧。然言前句外专待上根。至如天台一家，文字总持，如雨普润。大师此论更旁引曲证，原始要终设之以辨，赘之以辞，示之以事，系之以图。论成，而冠儒者颇用孔孟相微诘。余曰，儒者言性，宁渠皆善，相近不移，不隐然一性具耶？宣尼言具，邹孟言善；邹孟言善，姚江又言无善恶；而圣学愈明。如来言善，台衡言具，四明诸祖以及大师又具言善恶，而佛心弥畅。"卷一云："凡立八大科以发明之。一、真如不变十界冥伏门，谓诸佛众生自无始劫前，未有识心时，而真如妙心不迁不变，清净广大常住坚凝。《华严》称为一真法界清净法门，《法门》称为诸法实相，《起信》称为本觉。此本觉性具十界五阴实法依报国土，十界假名毫无亏欠。二、真如随缘十界差别门，谓法界圆融之体，真如不变之性，既具十界善恶之性，未随缘时居然不变，若随缘时而有十界染净之用。谓能随染造九法界，随净造佛法界。十种法界既是性具，又是能事，惟彰己能，何过之有？"已下又列十界差别之图，佛界现起，九界冥伏，乃至地狱界现起，九界冥伏之图，凡十一图。连前十界冥伏图，凡十二图。则传灯实是外道，毫不知四明以至天台之学说也。该打该打！卷二：明第三不变随缘无差而差门，以地、火、水、风、空、见、识七大，明不变随缘。又明第四随缘不变差而无差门，以冰水、器空、波水、月水、日火、风空、色空、金器、阳春十喻明。又明第五因心本具，毫无亏欠门。卷三明第六果地融通无所改门。凡五证，证后又列四科以验性恶法门之不虚，一究竟性恶法门，引仙豫王杀婆罗门第六事。二分真性恶法门，引调达善恶知识等事。卷四明三相似性恶法门，引舍利弗降六师等事。四观行性恶法门。卷五明第七随净圆修，全修在性门，依火、地、水、风、空、识、根七大以明。又明第八随净圆证，举一全收门，引婆须密女等事。卷六又引央掘魔罗等事。又云："性恶乃佛性异名……"总之，此人见解毫无是处，天台末流乃至如此，诚可痛心！

明克勤著《书》一卷，云："九月一日，瓦官教寺住持克勤再拜致书于延历堂上座主大和尚侍者……唐之大历间至兴道尊者，为十传。时传教大师由之得道，尝手录一家论疏以归。此日本传教之始也。唐末五代，兵起中原，大小部文悉燃于灾，列祖名刹多移于他宗，江南数郡赖镠而不改，如金陵瓦官亦非我宗所有。及镠之子忠懿王遣使，东求教藏而高丽观师奉以入朝。宋法智尊者，补续残简，搜访遗坠，蔚然中兴。法桥上士源信列疑难二十七，以寂照往问之。尊者随问而答，不审尚及存其手泽不？南渡宁宗之朝，后荷先于日传瑜伽密教入中国，谒北峰于杭灵山，亦尽通其旨。是皆一代伟人也。……今春正月望日，诏天下三宗硕德一千余员，建普度会于京之蒋山寺。众见瑞光烛天，雨五色之物，状如珠璘，帝大悦。天界白庵禅师以吾宗耆德，数召对经论称旨，乃复瓦官为天台教寺。众则推勤主之，盖前两年皇帝凡三命使者关西亲王皆自纳之。于时以祖来入朝称贺，帝召天宁禅寺住持祖阐，瓦官教寺住持克勤命曰：'朕三遣使于日本者，意在见其持明天皇。今关西之来，非朕本意，以其开禁，非僧不通。故欲命汝二人密以朕意往告之曰，中国更主建号大明，改元洪武，卿以诏来故悉于关西，今密次我二人告王知之。大国之民数寇我疆,王宜禁之。商贾不通,王宜通之。与之循唐宋故事,修好如初。'又命曰:'朕闻其君上下咸知奉佛敬僧,非汝僧不足以取信。彼有禅教僧欲访道中国,悉欲之来无禁。'即赐之三衣与十八净物之切于用者,又恐言语不通,选关东禅僧之在中国者,得东山长老椿庭寿公,中竺藏主权中巽公,命贰以行……况闻天台之山,国之首刹,为其首者必国族大姓。勤忄希以为同宗之人,苟肯为我济事,则是天台宗人能济两国之事……故于五月二十日,命舟四明。三日至岛,五日抵博多。及岸之日闻国命将出,师收关西之地为一家,自谓吾事不加力而济矣。不意使之留抵圣福,以衣贸食而翘足待命者,百余日矣。而犹宵然未报……尝闻和尚国之大姓,主人宰辅多所信服,伏望以勤之意闻之国王……为旧藏天台圣像一轴,乃前宋名匠之笔,虚堂禅师所赞。谨与书同进,疏论未全之目,具次别椿,悉望检内……克勤载拜,天宁祖阐附拜。今将天台教典亡教目,开具于后:南岳《大乘止观》二卷(宋咸平三年,日本照师当掉入中国,今后亡去不存)。《四十二字门》二卷,《无净行门》二卷,《三智观门》一卷,《次第禅要》、《释论玄》、天台《智度论疏》二十卷,《弥勒成佛经疏》五卷,《观心释一切经义》一卷,《弥勒上生经疏》一卷,《仁王疏》二卷,《禅门章》一卷(下去皆同)。《般若行法》、《杂观行》、《入道大旨》、《五方便门》、《七方便义》、《七学人义》、《一二三四身义》、《法门仪》、《禅门要略》、《弥陀经义疏》、《金刚经疏》、章安《八教大意》、《南岳记》、《真观法师传》,荆溪《止观梗要记》十卷,《涅槃后分疏》一卷(下同),《授菩萨戒文》、《止观文句》、《方等补阙仪》。右具在前,洪武五年九月,瓦官克勤具。天台传列祖,高祖龙树尊者……九祖荆溪尊者(已上名九祖)、十祖兴道尊者(日本传教大师最澄得法师)、十一祖至行尊者、十二祖正定尊者、十三祖妙说尊者、十四祖高论尊者、十五祖净光尊者、十六祖宝云尊者、十七祖法智尊者(已上通为十七祖)。南屏法师、慈辨法师、车溪法师、竹庵法师、北峰法师、剡源法师、云梦法师、湛堂法师、我庵法师、元璞法师(此即克勤之嗣法师也)。向高祖无畏论师以下,至元璞法师,通为二十七传。竹庵以前旁出,皆无传,惟北峰门下共十人中三二派令传中国,而剡源特盛,然宗旨规式,如出一门也。嗣祖比丘,克勤谨具。"后附云:"本按洪武五年壬子,当南朝长庆帝文中元年,北朝后圆融帝应安五年。时青莲院尊道亲王为天台座主。《闽书》百四十六曰,良怀遣其臣僧祖来奉表称臣。遣僧仲猷、克勤等八人护送还国,是为洪武四年。《图书编》五十曰,五年遣明州天宁僧祖阐、南京瓦官寺僧无逸开谕之。王遣使同二僧入贡。《高皇帝御集文集》(明太祖文集也)曰,我朝初复,中土必欲深交,是有克勤、仲猷二僧之行云云。《九灵山房集》曰，僧阐奉使得清泷石珠，求为铭。铭曰……《梦观集》曰，送勤、无逸使日本（富春释如兰编次）。《佛祖统记》曰：南屏梵臻（四明法嗣），慈辨从谏、车溪择卿、竹庵可观、北峰宗印（日本侍教者俊芿一人）、剡源觉先。《续佛祖统记》曰，云梦允泽、湛堂性澄、我庵本无。

明北天目蕅益沙门智旭重述《教观纲宗》一卷（原名《一代时教权实纲要图》，长幅难看。今添四教各十乘观改作书册题名）。按：列四门，一、通别五时论，化仪四教说，化法四教说。附转接同会借说。化法四教，一一皆以六即料简。后云："永嘉云……但依圆教直指人心，见性成佛，何用此葛藤为？答曰：六祖大师曰……临济云……永明大师云……"此人态度，如上已说是融通一派的也。《五时八教权实总图》与读教记少不同，如下：

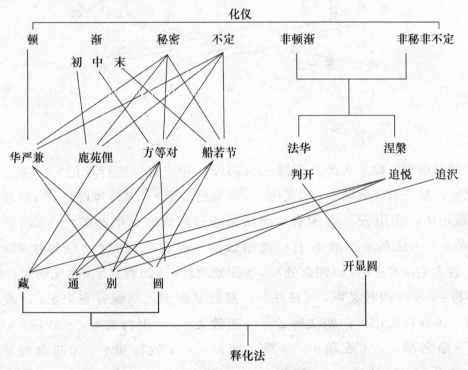

至于所诠，无非老套，而于初学无用，过简单也。又虽属融通一派，而此未及贤首家言。又无用于得意者，都是名相也。故此书不好不要。

又述《教观纲宗释义》一卷，乃解半字满字，生灭门不生灭门，八忍八智，四阿含、毗尼、阿毗昙，不思议二谛，十乘观法等四十种名相，更不要矣。且无发挥，太常徒了。

清嘉禾楞严讲寺灵耀全彰著《随缘集》四卷，分杂著、源流、尺牍三类。文不像文，信不像信，太不足观。然有《天溪和尚传》、《与径山化城寂照两常住修刻大藏书》等，或亦保存一部分史料。前有己未中元日于大树方丈自序。

※注：智旭曰：《四教仪》出而台宗晦，诚然诚然。

（二）高丽沙门谛观录《四教仪》一卷（缩印本），乃略述台宗名相，如五时、八教及二十五方便，十乘观法，犹不及《教观纲宗》也。

南天竺沙门蒙润集《天台四教仪集注》十卷（缩印本）。按：该书所注乃有："东流者，佛法自西而流东也"，"高丽，东夷国名"等，可知其无价值矣。《五时八教判释之图》，与《教观纲宗》及《读教记》又少不同，如次：

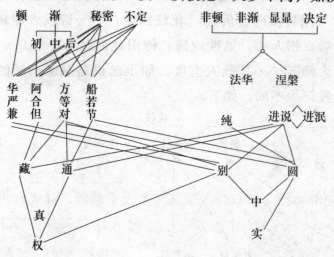

然注文所引，除三大部及荆溪三大部外，卷一有《别行疏记》，卷二有《观音玄记》，卷三有《大疏》、《义例》、《观音玄记》、《维摩疏》、《四教义》、《观经疏记》、南山云。卷四有：净法苑师云，清凉《华严疏》、《四念处》、《净名疏》、《法苑》。卷五有：孤山云，《观音玄记》、《法界次第》、《枙玄》。卷六有《枙玄》、《四念处》、《涅槃疏》、《四教义》、《光明句》。卷七有：《枙玄》、《四教义》、《补注》、慈恩基师云，《观音玄记》、《戒疏》。卷八有：《观音玄记》，如法师云，《四教义》、《别行玄》、《妙宗》、《仁王疏》、《净名疏》、《戒疏》、《净名略记》、《教行录》、《四念处》、《杂编》。卷九有：《妙宗》、《集解》、《四教义》、《观音玄记》、《光明记》、《补注释》、《光明文句》、《要旨》、《永嘉集》（钱氏因读永嘉集，至此不解，问于韶国师。国师指为台教中语，当问螺溪义寂法师。师奏海东盛行，遂求于高丽，观师赍教部来）。卷十有：《净名疏》、《妙宗》、《观经疏》、《光明记》、《义书》、《止观大意》。又此书列表甚多，除上录者外，又有可参考者为三照五味相成图，教部共不共，三苦依三受生，八苦名义，三假色心依正，单四见，六十二见两种不同，六十五见，百八见等。四谛惑使亲疏，上下五分与见思，三科开合，四谛粗细次第，四谛分对真俗，三藏四门，五停心诸文列次，六种五种治烦恼，三世十二因缘，释签成论三因四缘，辅行大论六因四缘名义，七贤立修观行相，中忍减缘行之图十六心，七圣位对果向等。以惑润生，次断，超断，俱舍三界七那含，色界九般，大论七般，约性果论退不退，信行法行，约性果辨非先退不退，时不时，当教三乘共位，三乘共借一教，三乘单借十地，菩萨借别一教，种姓，三忏功能，三忏属对三业三障。圆家五品拟三藏五停心，现在四信。

又宋永嘉沙门释从义撰《天台四教仪科解》三卷（续藏本，下同）。自序云："余治平四年科，于郡西之妙果而寄讲焉。明年夏，诸新学诸事文墨消释高丽观师所录《天台四教》，于时权以雪川之科分节文之起尽散集诸部法言，解释义之纲要。今熙宁九年居大云西院，讲训之余，考核雪川之科未为尽善，乃自出科文一贴，乃检校畴昔集解，颇有疏略，故重修饰亦为三卷。"此书虽略于解义，详于释名相，而其老腔调犹时时流露，可笑可笑。宽文己酉独师师蛮，于洛东东西轩跋云："《四教仪集解》者，观师撰之。神智记之，庆长年中，三井沙门亮宪僧正采记文而按本书之下，以便后学。印本之行于世者久矣，而文字之脱落等，不能无憾。播阳斑鸠教寺僧寂阿，于京师考点重镂版，梓成请跋于余。"

元苕溪沙门元粹述《天台四教仪备释》二卷，乃为约略《集注》而稍引别文而成，较《集注》简单，表亦较少（表亦全抄《集注》），当知其更无价值也。

又元蒙润排定《四教仪集注科》一卷，元统甲戌南天竺白莲华沙门蒙润自序云："《天台四教仪》者，实教门之要道也。自昔至今，注释者众，或略而不备，或博而太繁。矧又节去正文，但标初后，苟非精诵者，莫之能阅也。今集诸部之文，注于其下，将无便于披览者欤？其间一二与诸家异同者，盖述所闻于先德，非任胸臆也。若夫文末止修初乘观法，文虽简约，理亦备焉。"

又清灵耀节《四教仪集注节义》一卷。戊午浙江古清凉寺比丘灵耀自序云："云岗师之注《四教仪》文也。虽广集成言，而联络照映如一气呵成，后人科段琐碎，辨释云云祖意反晦。第玉师随文注释之外，另出手眼，所谓与诸家异同处义似未显。余从而科解之，名之曰节，盖惟解盘根错节，不事细碎也。且予从师二十稔，禀受八度为众讲说，今始七番，或将启帏咨闻，或于教部领会，书公同志尚亦爝火增辉。"又云："元天岸弘济师有《纪要》三卷，神智从义师有《集解》三卷，苕水玄粹有《备释三卷（据此则《集注》抄《备释》，而非《备释》抄《集注》也）……昔真观大师为天台旁出世家，当开皇十五年于灵隐凤凰岭龙井立精舍而居，创名南天竺，今玉师因之。白莲花即白莲庵，玉师《集注》之处。玉岗乃桐州思坦之孙，南屏支下人……藏师之四种之名，《统记》师破之固当。然磐师因观天上月，失却失中桡，自己注《华严》云，处入法界为时长于义有妨矣。次即释出有妨所以，《统记》师名志磐，广智支下人。磐师元无以时为寂之句，乃玉师足成其失也……六因四缘，天溪老人《备简》中委录……"按：此书所解实皆为不关痛痒之名相。又学力太差太差，何足以为解盘根错节乎？无聊该打！

又清比丘性权汇补辅宏记，清三宝弟子钱六庵订，天台嫡裔比丘谛闲编科参梓。《天台四教仪注汇补辅宏记》二十一卷，乾隆四十四年，比丘示三氏性权撰《天台四教仪注注辅宏记原序》云："《辅宏记》者，相传山家后嗣集而记之，所以辅弼《集注》。又曰《扶宗记》，惜不登梨枣。乾隆癸已得兹记，复获抄本《仪注注》，既先德集注标本，于是汇成十卷，题曰《注辅宏记》。方思精密重编，而双目损明。"又嘉庆二十一年，比丘仪润氏源洪，于武林苕上真寂精舍撰《辅宏记补订序》云："法智而后，绍之者南屏臻、从谏辨、车溪卿、宜翁观、元实印、佛光照、子庭训、东溟日、普智碍、天竺慧、东禅翁、百松觉、无尽灯、灵峰旭、旭师，灵峰一枝之始祖也。作阄祷佛得台宗焉。传之者苍晖晟、警修铭、履源洪、素莲珠、道来成。成师于灵峰为第六世，嗣子嗣孙，今皆分座诸方矣。方成师之讲法武林也，曾传富春单子华藏。单子淹通贤首、慈恩诸家，尝究西来大意，一夕闻虫声乃深悟。有颂云：促织促织，汝太饶舌，露冷风凉，声声泣血。单子有门人曰钱子伊庵，潜心内典，与余为方外交。嘱较《辅宏记补订》一书，间有一二损益处，钱子均采入焉。"又嘉庆二十一年丙子，武林三宝弟子钱伊庵《辅宏记补订自叙》云："《四教仪集注辅宏记》者，逸其名，余受之华藏单先生，继得示三氏《补注》于元如师，卒得绍昙上人《辨讹》于源洪师，皆释《仪注》之要书也。余翻阅删辑者，迨二十余遍，五载而订定。制聚珍字，盘勉成之。或问：子稟单传于曹溪，何尤汲流通此记？余笑曰：宗门运水搬柴皆西来意，于经论何独不然？且余闻诲于华藏先生矣，佛法东流，迄今繁衍者七宗（除三论），诸祖悉大悲为心，各开方便。其简偏圆，辨邪正，知病识药，应病授药，则莫如天台……若夫灵峰之言曰'《四教仪》出，而台宗晦'，殆有激焉。而为之辞，无烦余之置喙也。"又凡例云："示师所补，别加'补'字。补仍未畅，再参诸疏以备考，上加'备'字。示师于《辅宏记》上更加一'注'字，今仍删之，于记下加'补订'二字。示师抄本外，余复得集注标本，未识何师所录，故但加'有师标曰'四字。余如灵耀《节义》，天溪《备简》、《补遗》、《集注问答》，绍昙《集注辨讹》，义有当均采增入。"以上诸人尽是糊涂虫，至于今名，则据谛闲新刻缘起及凡例，乃谛闲所定也。按：该书卷首载有《读教记》之《时教图》而有说，可知。又云："传云法师，讳蒙润，字玉岗，海盐人。年十四，依舅古源师，授天台《止观》诸书，即了大意。源师寂，事竹堂，传师嗣焉。出世主海盐之当湖德藏，迁杭上演福、下竺诸刹。后居白莲庵，专修念佛三昧。逸叟云：余久欲发明《圆图序注》，不藏法侄持憩师讲录来，乃芟繁存要，附于《辅宏记》前。《圆图序注》乃云栖、憩西文所述，陶径逸叟复加删补，为素莲老人所珍藏。原本复有释此题玄义一篇，所判体、宗、用、教，勘非切要，故删。"卷一云："示三师讳性权，住武源集福院。遍抄汇补，勤苦累载，传法支派，未及备载……记：《通惠录》云，忠懿王因阅《永嘉集》，问韶国师……王慨然使高丽。高丽君敕僧谛观，报聘天台教部，还归中国。观至，禀学寂公。观探索大本，略出《四教仪》二卷。其上卷明一家判教立义，下卷明南北诸师宗途异计。后孤山师谓上卷词旨简要，可了一化大纲。下卷乃破斥古师，可缓。是以但行上卷也……志磐师似未分时处……"余则谅无可记，故未详览。呜呼，《四教仪》出，而台宗晦，《汇补记》出，而台宗没矣。

续涅槃之部

（一）婆薮槃豆作，元魏沙门达摩菩提译《涅槃论》一卷。按：此书译文太差，毫无段落，而太零碎，乃若《顺中论》也。除《玄赞记》所录外，又有涅槃名渐教，名顿教，四谛教乃至《般若》、《法华》亦名烦恼所污，亦名生死法。今说《涅槃》无来、无去、无生、无灭、无流动、无得失故。又云何舍生死如蛇脱故皮。要之，此书虽陈义不多，而亦应整理或重译。

（二）天亲菩萨造，陈世真谛三藏于广州译《涅槃经本有今无偈论》一卷。如《玄赞记》而后有云："诸行无常，是生灭法，生灭已，寂灭为乐。三藏阇黎解旨云：生者是未来世生，灭法是过去世已灭法也。生灭者是现在世也。现在摄生灭者，生而即灭故。寂灭为乐者，若灭法为乐，不然。为有现在灭是过去，已灭法为残，以有残故非乐。若灭现在生灭为乐，不然。为有未来生是现在世残故，有残故非乐。若能令未来应生法而不得生，乃可为乐耳。寂灭为乐，即其义也。"则此乃真谛所解，而为真谛门人所附也。

（三）天亲菩萨造，真谛三藏译《遗教经论》一卷。体裁如《十住婆沙》，仅可为讲说时之参考耳。此于此可知印度人造论，毕竟与中国人之造论者不同。盖印度的方面宽，中国的方面狭。宽故法门广大而易于言之无物，狭故一门深入而易于空洞寡要。其间各有得失，要当集此二种精神而融冶之，庶几可以为人天师也。

续三论家之部

（一）宋洌潭禅师晓月注《夹科慧达肇论序注》一卷，云："小招提寺者，在润州江宁县……只如嘉祐中，滕州东山明教禅师契嵩，进仁宗《正宗记》十二卷。寻敕令入译经院，印布天下。时医僧子昉富有衣钵，遂于苏台招集浅学禅律者，造作文字，毁谤禅宗，复命相识官人冠序刊之。"余如可记，虽有一二禅宗套语，而注四依菩萨，不知《涅槃论》之"欢喜地为初依，六地为二依，八地为三依，法云地为四依"，乃谓依人依法云云，可知其学识矣。又似未见元康疏。

（二）宋姑苏尧峰兰若沙门遵式，排定《肇论疏科》一卷。又《注肇论疏》六卷。熙宁甲寅南峰西庵，自序云："古今解释注疏颇多，取意求文，各随所见，推宗定教，曾无一家，遂令学者迷文宗途失旨。遵式幼从师授，虚己求宗，后因习学《华严》大宗，常睹清凉判释尽开五教，取法古师，权实之旨有归，行解之门可向，常恨此论人亡则难致使深宗固多乱辙。今则精研覃思，辄伸鄙作。"则非天竺忏主也。按：此书所诠虽是贤首及宗门套语，而运用尚熟，不致支蔓，故可参考，惜仍属义解一边耳。亦即常徒也。中颇有引元康疏文，似记元康之作，虽学力瞻博，史实较多，理路无此好也。

（三）又宋文才述《肇论新疏》三卷，云："……姚秦迄唐，二百余载，历贤首、清凉、圭山贤圣之僧，皆援之以断大义，独不为发挥其曲要，召方来。致令诸说凿柄纷纶，莫知所以裁之之正……（余如上）"按：此书理路一如遵式疏，而不及其披陈有致，寡陋固如上说，常徒更应定评之。

又述《肇论新疏游刃》三卷，乃释其所述疏者。总之，以上二人，虽于贤首宗言，应用尚熟（晓月尚不及此二人），似皆未得重心，故说皆觉隔膜不痛快。天台家之善月法师，似未见之于贤宗也。《会元记》作者，虽少可，然较之善月，犹逊一筹。

（四）明匡山沙门憨山释德清述《肇论略注》六卷，德清为融会贤首宗门一流之人（虽亦和会台宗，而贤首色彩浓），而少有所得。又较遵式疏简要，故应参考。后有万历岁次丁巳，华山法侄慧浸跋，无非捧场而已。再者上来诸家著述，只可隶于贤宗，而不能厕于三论宗也，应知。至于三论宗式微之故，实是其论过于单纯，不足以敌台、贤之五花八门也。

（五）《肇论疏》三卷，佚下卷。卷上先释《涅槃无明论》，次《不真空论》。卷中先释《般若无知论》，次《刘遗民问无知书》、《答刘隐士书》，后

《物不迁论》。而卷上标题曰：《涅槃无名论义记》上，《般若无名论义私记》下，《肇论疏》云者，续藏编者所安。卷上初佚一叶余有云："远法师云……远师云……支道林与高丽道人书云……徐广曰……远师云……光宅云……《周易》桑《法》云……什师论云……大亮师、爱师、旻师与文等同用此说……儒师、宗师、藏师等所用也……瑶师、诞师、云师等皆用此说。地论师有两说……什师注《维摩经入不二法门》云……道安法师《游疑略》云……生法师亦云……什师《实相论》引《往生品》云……远师云……《注》云，佛者何也，盖穷理尽性大觉之称也。至道灵玄妙绝常环，心不可以智知，形不可以象得。非无而不可为有，即是妙无，同万物之为而居，不为之域。处言数之内，止无言之乡，非有而不可为无，即是妙有。寂漠灵旷，物莫能得，不知所以名，环谓之觉。以此观者，乃名又佛……佛灵空者，空无等遍在诸物，佛亦如此，如虚空无异也。谁云虚空有去来，而云无去来者，约物而言，何者？法从空出，还归于空。法虽出入，空无异前也……旧解盛名，三家不同。一、光宅云……请问开善义……支道琳法师……睿师……第二、庄严云……第二、开善义云……《注》云……生法师云……埵法师……《注》云……《注》云……明佛果二谛摄不摄，略出四解：一、光宅云……二、庄严云……三、开善云……四、埵法师云……支道琳师《物有玄几论》云……《注》云……今先出异解，开善云……《注》云……法流汉地，贤者不少。今言盛者，支道林、竺僧弼、竺法汰、释道安、鸠摩罗什等，皆无三六说。唯竺道生执大顿悟云……肇师、埵师等执小顿悟……开善曾用此义。会稽东山寺名法花山寺，从此出于兴皇寺，讲导有声闻义上入堂言业靳都亭头，业靳谓语事也。都亭契头，有寻名灵喜寺，开善曾在彼寺道口有声闻与学士论志上，虽不在彼而云知其事尔者也。明三乘同观义，都喜宾奉法要……远师执异观为问，什师以同观为答……什师《实相论》云……顿悟两解不同，竺道生法师大顿悟云……用此义者什师《注》云……第二小顿悟者，支道琳法师云……弥天释道安云……远师云……埵法师云……肇法师亦同小顿悟义……判法身位，三家不同，一、《摄论》云……二、梁时三大法师并云……三、什师、肇师等云……谢康乐弁宗述生师顿悟云……什师云……又《注》云……若判惠者，四宗不同：一、埵师云……二、凭师云……三、亮师云……四、什师、肇师云……《注》云……《注》云……《注》云……开善本有义也……《注》云……《注》云……竺法温法师《心无论》云……支道琳法师《即色论》云……弥本释道安法师《本无论》云……庐山远法师《本无义》云……《注》云……《注》云……"卷中云："略说般若有四解：一、昆昙义有五般若……二、有二种……三、亦二。四、江南诸师解，亦二……求那法师偈云……安法师《般若略》云……什师未至汉地数论同异，未能辨正，唯什师译大乘经论及《成实论》，并三百余卷，为世轨则……远法师《昆昙序》云……《法苑》云……《龙树传》云……支道林云……支道林云……庐山中诸人问曰……远师《法性论》成后二章，始得什师所译《大品经》以为明证……远师云……是庐山义……什师《注》云……东宗云……河上云……"按：卷上后跋云："此疏惠达法师撰云云，未详之。"又贞和四年，读《肇论》了，仙光院《肇论述义》中，多引惠达言，其文悉合此疏。惠达撰无疑者哉。"卷十后跋亦尔，慧按：此书所诠之义，无后期三论学者固不论，不脱前期三论学者之浑论色彩亦不论，恐不足以尽肇师原意，而失之于不类耳。然其所存古义甚多甚多。前期三论家义，几于此可得，据上所录可知也。我国近日所流行之佛书，于六朝教义，荡焉无存，而此时期之人才甚多，影响后来最巨。如台、贤、三论，皆从彼来，设无辑佚之作，实负前贤。故后有暇，当辑成《六朝教义辑佚》一书，以发微旨，而植根基。所根据以辑者，除后期三论家章疏，台、贤家章疏，及此书《大乘大义章》、《大乘义章》等外，又应参考古代著述及敦煌残卷等。其内容则为成实师义，地论师义，什公门下义，什公同时诸贤义等。倘材料充足，约须二年能毕事。（倘敦煌残卷不及参考，则先辑易得之材料，以待后即续可耳）世乱如此，谁能助我？姑存条例以待后贤乎？悲夫，又上所录中《注》曰云云，当是什公《净名注》也。又慧达是陈时人，见元康疏，续藏云晋者谬。又续藏目录指此书，又云"《肇论吴中集解》"者，亦谬。盖《吴中集解》是赵宋净源所作，见文才疏。此书确是古解。又有《述义》为证，其为是慧达所作无疑，安可以《吴中集解》称之，故曰大谬也。

三续法华之部

（一）晋竺道生撰《妙法莲华经疏》二卷（又云《法华疏略疏》）。卷上云："夫微言幽赜，妙绝聆瞻，致使探玩者寡，抚哂者众。余少预讲末，而偶好玄□，但文义富博，聊于讲日疏录所闻，述记先言。又以元嘉九年春之三月，于庐山东林精舍又治定之，加采访众本，具成一卷。"按：该书文体确是六朝人作，则为竺道生撰无疑。惟诠殊少，又复疏陋，为可疑耳。至于句解，虽简单而甚漂亮，亦颇有援引，故此乃为《六朝教义辑佚》之重要材料也。

（二）胡吉藏撰《法华论疏》三卷，正德甲午台山本住沙门咸润刻序云："《法华论疏》者，嘉祥大师之所撰也。本山实藏具大僧正尝分会本论，兼加校订，许余请流通，因傍加国语，付剞劂氏。"卷上云："斯论译之甚久，而不盛传于世者，良有二焉。一、文旨简略前后似乱，粗寻之不见首尾故也。二、昔北土江南多以五时四宗而通斯教，并与论违。讲匠守于旧执，背圣信凡，故不传于世也。余讲斯经文疏用三种：一、用关河睿、朗旧宗，二、依龙树、提婆通经大意，三、采此论纲领以释《法华》。但昔三出经疏犹未解论文，今具释之……一乘是圆极之经，仍用此言斥北土四宗之说、江南五时之教也。以彼谓《涅槃》之经独满，《法华》等教犹半也……河西朗师云……"卷下云："昔北土江南五宗四时，正用复信上数之言，证《法华》犹是无常之佛……"按：每卷之末，皆有志云："日东天台后学沙门实观分会。"按：该书不过分疏文句而已，叙自破他皆无可观，过简略故。又其叙义仍是老套，毫无天台影响，故知天台末学之论，非而余前所论为是，盖此书之作又后于《统略》等也。上文可证。

（三）《法华经论述记》，仅有卷上，目录标作者名，仅一唐字。云："基公云……藏师云……基云……藏师云……藏师云……基师云……"按：该书尽是解释名相，毫未及义，文体则确是唐人之作。藏师云者，勘即吉藏疏。基公云云，或即窥基，则窥基又有《法华论》之注解也。则此书作者或是窥基门人，其作风颇与前者注《玄赞》者同也。

（四）唐沙门法宝述《一乘佛性究竟论》，仅有卷三，内容为《一乘显密章第六》、《佛性同异章第七》，共二章。其《显密章》谓：《法华》、《涅槃》等云，方便说三乘，究竟说一乘。《深密》云，密意说一乘者，一乘有二：《深密》、《摄论》等是密意一乘，如江河海等大小不同，流处各别，同水等故，密说为一。《法华》等是究竟一乘。此下又九门述异，及引文对显，《同异章》如《涅槃玄赞记》引。又云："《瑜伽》论真如所缘缘种子，《起信论》※（和会《起信》）内净熏习，唐《摄论》佛法界也。此等经论名异，义无别……问：理有何力，令有者定当成佛？答：《摄论》云，佛法界普为一切作证得因。《起信论》云，真如熏习，义有二种，乃至以有力，故能令众生厌生死苦等。"按：该书瞻博精晰，虽实是对于台宗非议（如《五百问论》、《金刚錍》等中之非议）之作，而毫无意气，款款然引经说理，举措裕如，其态度已可佩矣。岂若荆溪之小家气哉！则确为奘师门下之法宝大师作也。惜不完，仅见一卷，为可憾耳。其融会《起信》之说与奘门其余诸子大异，则此人诚眼高于顶哉！此所录虽不多，然可为《赖耶成玄史略》中之重要参考材料。

（五）宋云间沙门净岳撰《科金刚錍》一卷，有自序，无可录。又宋孤山沙门释智圆集《金刚錍文句科》一卷，亦有自序，亦无可录。

（六）宋永嘉继忠集《四明仁岳异说丛书》七卷，为《岳阇梨十谏书》一卷、《法智遗编解谤书》一卷，《岳阇黎雪谤书》一卷，皆为《妙宗》而发。《附法智遗编仁岳述别理随缘十门析难书》一卷，则仁岳救山外诸师之难《指要抄》也。如上应知。知礼述《释难抉宗记》一卷。则四明正山外诬广本《光玄》十门观心为伪座之非也。《附法智遗编仁岳述止疑书》一卷，则仁岳致书梵天润师，斥其难四明之消伏三用及性恶也。《附法智遗编仁岳述抉膜书》一卷，则仁岳致书梵天润师，救四明之《妙宗》，而斥其《指瑕》也。其诠叙述破之大略，如上可知。

（七）宋善月述《台宗十类因革论》四卷，造论所由如卷一云："有修性焉，有离合焉，有开废取体之义，有诸经异指之文，而莫能一之，故说者所以异也。异故宗极之道不著，此论所由述也。然则论之如何，必曰取天台荆溪、四明一家正传之统，合乎文理当然者以格彼异端，俾卒归于至当，是今十类大体也。"其内容卷一为《经体论第一》：总论篇上，别例中：法华开废取体例，离合法相辨体例，旁出涅槃五章例，诸经指体同异例，余论下，《经王论》第二：总篇上，别例中：法华释王部教例，光明经王文旨例，王体同异例，余论下《□□□□》，□□□（此总篇佚）别例中：随缘生法大体例，兼出二论玄识生法不同例，示随缘文义所出论疏例，约今别圆通示随缘例，因生法言无住本例，义涉性类二种例，余论下。卷二为《习气论第四》，总篇上，别例中：三惑正使名相例，约大小乘言习气不同例，圆住断习进否有无例，文指结习通别同异例，示正习断破文涉余义例，余论下。《观法论第五》，总篇上，别例中：三千大旨例上，三千论文例中，三千释疑例下，三种观法例，十乘观相例，四种三昧行法例，事理二观例，□□□□（此例佚失），观心观佛例，胜别三观兼余观相例，□□□□（此例佚失）。通相余论上，通相余论下，观境不二兼附余义例（此下佚失）。卷三为观法余论下。《二空论第六》，总篇上，别例中：示性相生法观相通别例，对教明观进否例，约观对谛破显不同例，圆论性相兼涉三境例，总相二空余义例，余论下。《被接论第七》，总篇上，别例中：通示接义有含中点示发习例，言接不接并接会同异例，对明玄及止观三接一接例，因辨涅槃被接可否例，兼出被接余义例，余论下。《教证论第八》，总篇上，别例中：教证大体例，四种教证例，初心知中例，圆修横学例，六种性习文涉教证例，散出诸文明教证余义例，余论下。卷四为《寿量论第九》，总篇上，别例中：四佛身相机见体用同异例，三身寿量身说不同例，诸身开合例，六能四句释量无量义，应相胜劣例，教主应相例，身土感应例，余论下。《四土论第十》，总篇上，别例中：

通示四土名相即离相摄例，别论寂光体相例，土教相对横竖例，四土各有净秽例，明方便土意生身例，兼出土教余义例，余论下。实与山家绪余集同一性质，唯此较彼更好耳。其义应知，故未详览，要之，此实为研究后期天台学说之重要材料也。又卷一云："别理随缘，永嘉齐、嘉乐玄、天台颖则难而非之，雪川则析而扶之，近代竹庵虽宗四明而独于此信所不及。余因议曰，彼难而非者，其于宗教固未尝及门，是不足与议也。委析如彼十门，其抉之者，固尝及门而未至堂奥也。所以始则承之，终则自畔其说，故虽辨析而不达深旨，终成迂阔之论，亦不暇委究也。其信所不及者，虽亦登堂奥矣，而以出入彼此惑于他家之说，故信不及尔。余当评之……其安国师者，虽是齐师所禀，至于立问之意，实与四明意合……孤山尝谓，四明有鲸吞《起信》之说，自是传为口实……"卷二云："唐复礼法师问偈，自昔答者不一。如《宗镜》、《假名》、《林间》、《草庵》诸录备出，今不暇评之。余亦尝答云：廓然寂体虚，寂照非起起，起处未全彰，何碍不止止。如此睡初困，正梦安求始，要有大觉人，达之亦何理。不患尔不知，所患不能所，存念同无念，无初唤作初。要知空劫始，无不离今时……"

再续华严之部

（一）宋□忠撰《五相智识颂》一卷，荣阳潘兴嗣序云："大华严藏流出无边万行，种种差别开方便门，以幻修幻，灵光微耀，六相俱空，此善财南游不思议境界也。有忠上人者，据是标泊以笔三昧幻出诸相……属予为序。"按：此书凡五十三颂，即每一参一颂下，每一颂后绘一像。前绘守护天等像，凡五十四像，惜缺。其颂文亦是宗门口气，与佛国颂及图体裁同，惟远不及佛国者耳。后有绍圣四年，知洪州张商英跋云："余顷阅《华严》，至德生童子、有德童女品，以清凉疏主、李长者论主义详之未谕。反复深思，忽自有省，作颂曰：妙意童真末后收，善财到此罢南游，豁后顿入昆卢藏，悔向他山见比丘。今因延庆老，携所画华严变相及五十二颂相示，因记前颂，笔于卷末，以足其意。"又集贤校理，黄庭坚一稽首云："钩工能画诸世间，十方三世唯心造，五十三门一关钮，我与善财同遍参。幻人梦入诸境界，一切学道真规短，菩提妙德生死心，重重影现大圆镜。"绍圣三年九月，佛印元老自云居访予，高安携以相示。眉山苏子由题云："予闻李伯时画此变相而未见也。伯时好学善楷书小篆，画为今世道子。忠师未识伯时而此画已自得其仿佛。当往从之游，以成此绝技耳。"绍圣丙子十月，卧龙庵佛印大师了元跋云："苏公谓忠师之笔仿佛李伯时，此特见其画耳。予谓忠师非画也，直欲追善才影迹，逍遥法界之间耳。后之览者，不起于座，自于觉城东际逆睹文殊象王回旋平生际会南求善友，遍历百城，旷劫之功，一时参毕。所谓开大施门于末法之时，画焉能尽之。"又有建长三年华严末叶沙门释心海跋，略。

（二）宋武林住惠因沙门希迪述《华严一乘教义分齐章集成记》，仅存卷一。宋嘉定戊寅，希迪自序云："贤首尊者作《一乘教义分齐》以示未悟，记释虽众，莫造其源。是以法真大师叹曰：嗟乎，宣政之来佛祖奥义、经论大旨，陆沉迨尽。耻贤首之业没世无闻，欲述自悟，大愿未终，奄然归寂，唯存《焚析薪》、《自答同教策》、《心经连珠记》盛行于世，遂使华严宗义学得以矜式。希迪无似滥制斯文，皆准大师乘教切当之说以为主意。前诸记销文指事，亦间用之，而教章之旨豁如也。故名其记曰集成尔。"此书大体，如序可知。文中盛引圭山，可知其为常徒无识，而不足观。然既是集成，故亦为研究后期贤首学说所应参考之书，惟仅存一卷，为可惜耳。

（三）宋晋水沙门净源刊正《华严还源观科》一卷。

（四）宋长水法孙智肱述《华严清凉国师礼赞文》一卷，序云："清凉始登贤首法席，传习《起信》等义，念学无常师负笈四方，复趋贤首绛帐，偶师迁化。师之门徒虽高甲宗、慧苑、慧英等辈续其余藻，皆不系先古。清凉遽发，慨然之叹，故别制新经疏及演义钞……每岁仲冬，诸方咸以贤首忌辰专致赞供，诸祖附列而已。噫，推功祖德，清凉当充独祭。近得瓯越的本传神，宗密、僧睿二法师拱侍香几，觌者畏爱，觅工传写。适三月初六日化旦，聊陈薄祃，略伸赞咏……"礼赞文而已，其学力据文可知，当不值一观。

（五）宋传华严教观沙门晋水净源集《华严普贤行愿修证仪》一卷，应知。

阿含之部

（一）苻秦三藏昙摩难提译《增一阿含经》五十卷，五十二品（江北本）。晋沙门释道安撰序云：※（按：僧祇律卅二，结集法（经）藏先《长阿含》，次中，次杂，后增一。又有所谓杂藏者，乃辟支佛、阿罗汉自说本行因缘也。更考《善见律毗婆沙》初。）"四阿含义同，《中阿含》首以明其旨，不复重序也。《增一阿含》者，比法条贯以数相次也。数终十，今加其一，故曰增一也。且数数皆增，以增为义也。其为法也，多录禁律，绳墨切厉，乃度世检括也。有外国沙门昙摩难提者，兜佉勒国人也。龆龀出家。孰与广闻，诵二阿含，温故日新，周行诸国，无土不涉。以秦建元二十年，来诣长安，外国乡人咸皆善之。武威太守赵文业求令出焉。佛念译传，昙嵩笔受，岁在甲申夏出，至来年春乃讫。为四十一卷，分为上下部。上部二十六卷，全无遗忘。下部十五卷，失其录偈也。余与法和共考正之。僧䂮、僧茂助校漏失，四十日乃了。此年有阿城之役，伐鼓近郊，而正专在斯业之中。全具二阿含一百卷，《鞞婆沙》、《婆和须蜜》、《僧伽罗刹传》，此五大经，自法东流，出经之优者也。四阿含四十，应真之所集也。十人撰一部，题其起尽，为录偈焉。惧法留世久，遗逸散落也。斯土前出诸经，班班有其中者，今为二阿含，各为新录一卷。全其故目，注其得失，使见经寻之差易也。合上下部，四百七十二经，凡诸学士撰此二阿含，其中往往有律语，外国不通与沙弥、白衣共视也。而今已后，幸共护之，使与律同，此乃兹邦之急者也。斯谆谆之诲，幸勿藐藐听也。广见而不知护禁，乃是学士通中创也。中本起康孟祥出，出大爱道品，乃不知是禁经。比丘尼法甚慊切，真割而去之，此乃是大鄙可痛恨者也。此二经有力道士乃能见，当以著心焉。如其轻忽，不以为意者，幸我同志，鸣鼓攻之可也。"按：余用此书为江北刻经处本，书末有《四种阿含经名义标译》云："《增一阿含》：律言，从一事至十事，从十事至十一事，集为增一。道安法师云……此经四分八诵，凡五十二品，总五百五十五经，八十万言，为五十卷。《长阿含》：律言集一切长经为长阿含。僧祇云，文句长者，集为长阿含。肇师曰，此《长阿含》四分四诵，合三十经以为一部。阿含秦言法归，盖是万善之渊府，总持之林苑。其为典也，渊博宏富蕴而弥广，明宣祸福贤愚之迹，剖判真伪异济之源，历记古今成败之数，墟域二仪品物之伦。道无不由，法无不在，譬彼巨海，百川所归。故以法归为名，开析修途，所记长远，故以长为目。玩兹典者，长迷顿晓；邪正难辨，显如昼夜；报应冥昧，照若影响；劫数虽辽，近犹朝夕；六合虽旷，现若目前。斯可谓朗大明于幽室，惠五目于众瞽，不阙户牖，而智无不周矣。以宏始十五年，罽宾三藏沙门佛陀耶舍共凉州沙门竺佛念译出，为二十二卷。《中阿含》：律言，集一切中经为中阿含。僧祇云文句中者，集为中阿含。此经四分五诵，共一十八品，总为二百二十二经，以东晋隆安元年十一月十七日，北天竺罽宾国沙门瞿昙僧伽提婆于东亭寺传梵为晋，至二年六月二十五日译讫。合五十万四千八百二十五字，分为六十卷。《杂阿含》：净法师曰，若经与伽陀相应者，此即名为相阿笈摩，旧云杂者取义也。律言，杂比丘、比丘尼、优婆塞、优婆夷，诸天杂帝释、杂魔、杂梵王，集为杂阿含。僧祇律云，文句杂者，集为杂阿含。所谓根杂、力杂、觉杂、道杂，如是比等名为杂。此经四分十诵，说事既杂，故无品次。以宋元嘉中，中天竺沙门求那跋陀罗于瓦官寺译出，为五十卷。《分别功德论》云，阿难思维契经大本义分四段，何者？文义混杂，宣当以事理相从，大小相次。第一、增益，次、名中，第三，名长，第四，曰杂。以一为本，次至十一，二二三随事增上，故名增益。中者，不大不小，不长不短，事处中适故曰中也。长者，说久远事，历劫不绝，本末源由，事经七佛、圣王七宝，故曰长也。杂者，诸经断结，难诵难忆，事多杂碎，喜令人忘，故曰杂也。《天台文句》云，《增一阿含》明人天目果，《长阿含》破邪见，《中阿含》明深义，《杂阿含》明禅定。"

（二）按：卷一迦叶鸣椎结习三藏之时，弥勒及诸菩萨亦在，同时劝请阿难述说遗教。又有云："时阿难说经无量，我今当为作三分，造立十经为一偈，契经一分律二分，阿毗昙经为三分。契经今当分四段，先名《增一》二名《中》，三名曰《长》多璎珞，《杂经》在后为四分，尊者阿难作是念，如来法身不败坏，永存于世不断绝，天人得闻成道果。或有一法义亦深，难持难诵不可忆，我今当集此法义，一一相从不失绪。亦有二法还就二，三法就三如连珠，四法就四五亦然，五法次六六次七，八法义广九次第，十法从十至十一，如是法宝终不忘，亦恒处世久存在。弥勒称善快哉说，人尊说六度无级。诸法甚深论空理，难明难了不可观。此菩萨德不应弃。阿难自陈有是念，菩萨之行愚不信，彼有牢信不狐疑，集此诸法为一分……以此方便了一法，二从二法三从三，四五六七八九十，十一之法无不了。从一增一至诸法，义丰慧广不可尽，一一契经义亦深，

※（至于《成唯识论》所云："一切有部《增一经》有阿赖耶等之名。"勘无文，恐是译文不达，西土存此名耳。考《史略》末）是故名曰增一含。如是阿含增一法，三乘教化无差别，佛经微妙极甚深，能除结使如流河。然此增一最在上，能净二眼除三垢……契经一藏律二藏，阿毗昙经为三藏，方等大乘义玄邃，及诸契经为杂藏。"又卷五之四意止即四念处也。乐痛、苦痛、不苦不乐痛即三受也。又卷十一云："供养父母获大功德，成大果报。若复有人，以父著左肩上，以母著右肩上，至千万岁，衣被饮食、床榻卧具、病瘦医药，即于肩上放屎尿，犹不能得报恩。比丘当知父母恩重，抚之育之，随时将护，不失时节。得见日月，以此方便，知此恩难报，是故当供养父母，常当孝顺，不失时节。"按：卷十四，度五比丘本事中之三转十二行者，即分别四谛分三次说也。（《杂含》十五无此详悉）初具名，次解义，后证成，三四得二十也。又此《增一经》中事实法要，为此土所应用者甚多。道安序云说律，天台《文句》云说人天因果，似皆不尽。盖《增一经》实大小乘教理之滥觞也。更应再阅。独惜译笔不佳耳。卷十五云："八日、十四日、十五日，四天王如次遣首辅臣、太子及自观察世间，具白帝释。设无作善者，皆

怀愁忧，惨然不悦，减诸天众，增益阿须伦众。反此则欢喜，故有三斋法，持八关斋。持八关斋者，命终生天。（余三经亦皆有此说。）"卷十八云："今日如来年已衰微，年过八十。"可知判《阿含》为小始，实不当理。又云："舍利弗、目犍连夏坐，意当取般涅槃……目犍连曰，今日世尊不久当取般涅槃，我不忍见世尊取般涅槃，然我身体极为疼痛，欲取般涅槃。"卷二十云："波斯匿王白世尊曰：'今此国界有大贼起，昨夜半兴兵擒获。今已坏贼功劳有在，欢喜踊跃，不能自胜，故诣来全拜跪觐省，设我昨夜不即兴兵者，则不获贼。'尔时，世尊告曰：'如是，大王！如王所说……王闻法已，白世尊言：'国事猥多，欲还所在。'世尊告曰：'宜知是时。'"可知为国杀贼，如来所许。又卷二十四记：生地狱时，狱卒持此罪人示阎罗王。阎罗王渐与彼人，私问其罪。问罪已，便敕狱卒往著狱中，狱卒以若干苦痛打此人。又卷三十五云："吾今年老，已向八十，不久当取灭度。今持法宝付嘱迦叶及阿难比丘，善念诵持，使不断绝，流布世间。"又卷三十六云："今日如来夜半在双树间，为无常力所牵，当取灭度。"又卷三十七云："我初学道时，年二十九。欲度人民故，二十五年在外道中学。"又卷四九云："闻诸比丘说，如来不久当取灭度，不过三月。当在拘夷那竭娑罗双树间。"卷末有云："十一法竟，二十五万首卢，其有八十万言，五百五十五闻如是一时也。"按：数终于十，而此言十一法（见《礼三宝品》，余似最多，仅以十数说法）。故曰增一，别无深义。

（三）东晋孝武及安帝，世隆安元年十一月至二年六月，了于东亭寺罽宾三藏瞿昙僧伽提婆译，道祖笔受《中阿含经》六十卷（新修本）。书末《后出中阿含经记》云："昔释法师于长安出《中阿含》、《增一》、《阿毘昙》、《广说》、《僧伽罗叉》、《阿毘昙心》、《婆须蜜》、《三法度》、《二众从解脱》《从解脱缘》。此诸经律，凡百余万言，并违本失旨，名不当实，依俙属辞，句味亦差，良由译人造次，未善晋言故使尔耳。会燕、秦交战，关中大乱，于是良匠背世故，以弗获改正，乃经数年。至关东小清，冀州道人法和、罽宾沙门僧伽提和招集沙门，俱游洛邑。四五年中研讲遂精，其人渐晓汉语，然后乃知先之失也。于是，和乃追恨先失，即从提和更出阿毘昙及广说也。自是之后，此诸经律渐皆译正。唯《中阿含》、《僧伽罗叉》、《婆须蜜》、《从解脱缘》未更出耳。会僧伽提和进游京师，应运流化，法施江左。于时晋国大长者、尚书令、卫将军、东亭侯、优婆塞王元琳，常护持正法，以为己任，即檀越也。为出经故，造立精舍，延请有道释慧持等义学沙门四十余人，施诸所安，四事无乏。又豫请经师僧伽罗叉，长供数年。然后乃以晋隆安元年丁酉之岁十一月十日，于扬州丹阳郡建康县界，在其精舍，更出此《中阿含》。请罽宾沙门僧伽罗叉令诵胡本，请僧伽提和转胡为晋，豫州沙门道慈笔受，吴国李宝、康化共书。至来年，戊戌之岁六月二十五日草本始讫。此《中阿含》凡有五诵，都十八品。有二百二十二经，合五十一万四千八百二十五字，分为六十卷。时遇国大难，未即正书。乃至五年辛丑之岁，方得正写，校定流传。其人传译，准之先出，大有不同。于此二百二十二经中，若委靡顺从，则惧失圣旨。若从本制，名类多异旧，则逆忤先习，不怙众情。是以其人不得自专，时有改本，从旧名耳。然五部异同，孰知其正。而道慈愚意怏怏，于违本故诸改名者，皆抄出注下。新旧两存，别为一卷，与目录相连，以示于后，将来诸贤令知同异，得更采访。脱遇高明外国善晋、胡方言者，访其得失，刊之从正。”则此记道慈所作也。又瞿昙僧伽提婆即僧伽提和，道祖应为道慈之讹矣。五诵者，初一日诵，有五品半，合六十四经。第一七法品有十经，第二业相应品有十经，第三舍利子相应品有十一经，第四未曾有法品有十经，第五习相应品有十六经，第六中阿含王相应品有十四经。分后七经属第二诵。第二日诵，名小土城诵，有四品半，合五十二经。第七中阿含长寿王品有十五经，第八秽品有十经，第九因品有十经，第十林品有十经。第三一日诵名念诵，有二品，合有三十五经。第十一大品有二十五经，第十二梵志品有十经。第四一日诵名分别诵，有三品半，合有三十五经。第十三梵志品有十经，第十四根本分别品有十经，第十五心品有十经，第十六双品有十经，分后五经属第五诵，故曰双品。第五日诵名后诵，有三品半，合有三十六经。第十七大品有十经，第十八晡利多品有十经，第十九利品有十一经。据此则应有十九品，非十八品也。若梵志品与梵志品合，大品应与大品合，则十七品，亦非十八品。殆合梵志品，不合大品欤?

（四）卷八云：“世尊告诸比丘，我今年老，体转衰弊，寿过垂讫，宜须侍者。”又卷十二云：“身坏命终，生阎王境界。阎王人收送诣王所白曰，此人本为人时，不孝父母等，唯愿处当其罪。于是阎王以初天使善问、善捡、善教、善诃，汝颇曾见初天使来耶……”据此可知，狱卒拘未死人而死，不可信。卷十三又释迦佛为弥勒受记，授以金缕织衣事。又卷十四云：“一时佛游拘尸城，住和跋单力士娑罗林中。尔时世尊最后欲取涅槃，告阿难曰：‘汝往至双娑罗树间，可为如来北首敷床，如来中夜当般涅槃……于时世尊将阿难至双树间，四叠郁多罗僧以敷床上，襞僧伽梨作枕，右胁而卧，足足相累，最后欲取般涅槃。”按：该经译笔，实无《增一》流利，颇有晦涩难读者，且颇不知省略之法。或是直译，故批评道安之译，然读时颇讨人厌矣。又该经所明无甚深义，谈人天因果之评，应加于此，谈深义应加于《增一》也。据此经义，目为小乘乃得，亦颇有如《增一》之言律仪者。又卷六十云："我闻如是，一时佛般涅槃后不久，阿难游王舍城，在竹林迦兰哆园。"则《阿含》记事，尽起讫矣。

（五）后秦弘始年，佛陀耶舍共竺佛念译《佛说长阿含经》二十二卷（初分、次分姑苏刻经处本）。长安释僧肇述序云："夫宗极绝于称谓，圣贤以之冲默。玄旨非言不传，释迦所以致教。是以如来出世，大教有三：约身口则防之以禁律，明善恶，则导之以契经；演幽微，则辨之以法相。然则三藏之作也，本于殊应，会之有宗，则异途同趣矣。禁律，律藏也，四分十诵。法相，阿毗昙藏也，四分五诵。契经，四阿含藏也。《增一阿含》四分八诵，《中阿含》四分五诵，《杂阿含》四分十诵。此《长阿含》四分四诵，合三十经以为一部……（如卅一页右）大秦天王，涤除玄览，高韵独迈，恬智交养，道世俱济。每惧微言翳于殊俗，以右将军使者、司隶校尉、晋公姚爽，质直清柔，玄心超诣，尊尚大法，妙悟自然，上特留怀，每任以法事。以弘始十二年岁次，上章阉茂，请罽宾三藏沙门佛陀耶舍出律藏一分四十五卷，十四年讫。十五年岁次，昭阳赤奋若，出此《长阿含》讫。凉州沙门佛念为译，秦国道士道含笔受。时集京夏名胜沙门，于第校定，恭承法言，敬受无差，蠲华崇朴，务存圣旨。余以嘉遇猥参听次，虽无翼善之功，而预亲承之末，故略记时事，以示来贤焉。"按：初分四经，二分十五经，三分十经，四分一经十二品，而未见分诵之文，或一分一诵也。

（六）卷二云："佛身疾生，举体皆痛，佛自念言，我今疾生举体，痛甚，而诸弟子悉皆不在。若取涅槃，则非我宜。今当精勤自力，以留寿命……佛告阿难，吾已老矣，年粗八十。譬如故车，方便修治，得有所至。吾身亦然，以方便力得少留寿。自力精进，忍此痛苦，不念一切想，入无想定。时我身安隐，无有恼患……佛言："止、止，波旬，佛自知时不久住也。是后三月，于本生处拘尸那竭娑罗园双树间，当取灭度。"又卷三云："尔时世尊入拘尸城，向本生处末罗双树间，告阿难曰：'汝为如来于双树间敷置床座，使头北首面向西方。所以然者，吾法流布，当久住北方。'"以下即叙大善见王事。据此可知，四阿含之结集，应非一时一人之事。盖事实有迭见诸经者，一时一人谁愿办此？又《文句》云：《长阿含》破邪见亦不确，《中阿含》中亦有数品破邪见者。要之，《四阿含》乃佛始终法化之杂集，法门驳杂，四经相同。不可定说某经主甲法门，某经主乙法门而判别之也。然《增一》实较《中阿含》之义广，则结集者根器、悟解不同之故也。又卷四云："尔时世尊在拘尸城双树间，临将灭度，告阿难曰：'汝入拘尸那竭城，告诸末罗，如来夜半于双树间，当般涅槃。'尔时世尊为须跋而说颂曰：'我年二十九，出家求善道，须跋我成佛，今已五十年（巴本作五十一年）……"以后即记大迦叶见佛足，分舍利等事。又卷七云："迦叶报言：'今我师世尊灭度未久。'婆罗门言：'世尊若在，不避远近，其当亲见，归依礼拜。今闻如来灭度，今即归依灭度如来及法、众僧。'"按：此段问难他世有无，作《世界边论》时，亦可参考。又卷八云："舍利子告诸比丘：'我等今者宜集法律，以防诤讼，使梵行久立。'"按：此下述一法乃至十法之名，皆舍利子说，而世尊印可之。又卷九十一法，乃至十十法亦尔。又卷十二，世尊欲降四天王幻伪虚妄之心，故结咒曰云云，以下又有四咒，乃为罗刹、修罗、诸天、五通婆罗门结者，而未说欲降云云。又按：实此《长阿含》破邪见多，可如《文句》所云，其它法门如《中阿含》，而无《增一》之深广也。又卷十八至卷二十二之五卷，为《世记经》。述天地成败，众生所居等，后应考。又按：此一经十二品为：《阎浮提洲品》、《郁单越品》、《转轮圣王品》、《地狱品》、《龙鸟品》、《阿须伦品》、《四天王品》、《忉利天品》、《三灾品》、《战斗品》、《三中劫品》、《世本缘品》。

（七）宋天竺三藏求那跋陀罗译《杂阿含经》五十卷，无序无跋（常熟刻本）。据标凡一千三百六十二经，诵分之说，乃无可考。其失译人名，今附奉录之《别译杂阿含经》十六卷，凡三百六十四经。卷一，二十一经为初诵第一，卷二，二十经为初诵第二，卷三，二十经为初诵第三，卷四，二十一经为初诵第四，卷五，二十三经为初诵第五。卷六，十五经，第五经以下为二诵第一，卷七，十经为二诵第二。自此以下，即无某诵第几之文。距十诵之说太远，则分诵竟不可考矣。至于此四经之异译，凡百四十余种，十九为一卷者，则单品之异译也。考《勘同录》可知，此不备明。

（八）卷二云："郁低迦修多罗如《增一阿含经》四法中说。"按：卷八初有标云："诵六入处品第二。"无，则以上七卷虽有杂说，而十之七八说五受阴义，如《玄赞记》，应为"诵五受阴品第一"矣。又卷九有一咒，谓说之，蛇毒不能中其身。又卷十云："如是我闻，一时有众多上座比丘住波罗捺国仙人住处，鹿野苑中。佛般泥洹未久。"按：此书中诸经虽多云从禅起问法、闻法或说法已坐禅，而未述禅相（如说支类等）、禅方便，似不可即谓为谈禅也。至其问答之法，如《经记》可悉。又卷十三，佛命富楼那至输卢那人间住，度于未度，安于未安。未涅槃者，令得涅槃。又卷十四云："我说有灭，则寂灭涅槃，而非漏尽阿罗汉。如绕井觅水，无绳无罐，如实见井水而不触身。"此如《涅槃》"雾中看花"之说也。又卷十六标云："杂因诵第三品之四。"卷十七标云："杂因

※（注：又卷二十八、二十九说安那般那）诵第三品之五。"卷十八标云："弟子所说诵第四品。"皆有。按：卷十七略谈禅相，然亦无非四禅八定而已。又卷二十三，佛记阿育王事甚详，乃一卷。又阿育王供养摩诃迦叶塔，或与《长阿含》龙华初会，弥勒见迦叶相冲突※按：《内学第一辑》，吕澂《杂阿含经刊定记》据《大论》八十五，分杂含为弟子所说佛所说分、五取蕴六处因缘相应分、道品分、结集分。又据《大论》三之九事，而判《杂含》为十颂。卷次及属，亦为之刊定，然与藏要本少异，疑不能尽也。《阿育王因缘经》与余意同，亦以为后人窜入。又考证其为因经有佚失，而以同人译本之《无忧王经》弥补其缺。于是杂含有《阿育王经》之名，而《无忧王经》反题缺本矣。大好。又有附论《杂含》为三乘共教，亦可参考。又《内学第二辑》，聂藕耕《杂含蕴诵略释》，亦可参考。然上文虽云，我欲供养佛诸大弟子之舍利，而仅指曰此舍利弗塔、此大目连塔。此大迦叶未言舍利，则迦叶之塔，或非舍利塔，则与待弥勒之言不致冲突矣。又卷二十四标云："第五诵通品第一。"同。又云："如来不久亦当过去。"卷二十五云："我今当以正法付嘱人天，诸天世人其摄受法者，我之教法则千岁不动。尔时世尊起世俗心时，人帝等知佛心念，来诣佛所。世尊告之曰，如来不久当于无余涅槃而般涅槃。"又卷中标云："阿育王施半阿摩勒果因缘经。"同。初无"如是我闻，一时佛在"之文，则此《阿含》之结集时已宴已。或此文后人所窜入也。又此中说律仪处亦甚多，尤以卷二十九、卷三十为多。又据卷三十四，置答（不答）亦因故作恼辞，非仅无记也。又自三十四卷以下，破邪见，明人天因果者，亦不少。总之，此经名杂，一切皆具，故曰三乘共经也。又卷三十五云："世尊涅槃时至，告阿难：'汝为世尊于双树间，敷绳床北首。如来今日中夜，于无余涅槃而般涅槃……尔时世尊诣双树间，于绳床上，北首右胁而卧。足足相累，计念明想，正念正智……尔时世尊即说偈言：'始年二十九，出家修善道，成道至于今，经五十余年'……须跋先般涅槃已，然后世尊般涅槃。"又四十一云："一时尊者大迦叶、阿难，住王舍城耆阇崛山中，世尊涅槃未久，时世饥馑，乞食难得。"又卷二四亦记，如来入无余涅槃事。按：藏要本《杂阿含经缘起诵》者，卷十一、十二也。其勘巴利本，每经皆标有经名，如卷十一第一经为《幼树经》，第二经为《大树经》等。则此译梵本或有所失，观于标诵之错落，可知。何以故？若梵本皆有标，何以不尽译？若无标，而为译者所添，何以不添全？故知是译者本梵本之错失，而译者耳。又内院学生所用《杂阿含》，记有十诵之名，为五取蕴诵第一，六处诵第二，缘起诵第三，食诵第四，谛诵第五，界诵第六，佛弟子所说诵第七，佛所说诵第八，念住等诵第九，八众诵第十。当是好事之所为，而非有所本也。何以故？此云五受阴，不应云五取蕴，一也。五取蕴等

诵皆佛所说，何能更立佛所说诵？二也。其缘起诵为卷十二、十四及十五初，与藏要本之为卷十一、十二者异，三也。故不足取，要之，分分分诵标经等，皆当考之梵、巴二本方可定也。

（九）阿罗汉婆素跋陀撰，苻秦沙门鸠摩罗佛提等译《四阿含暮抄解》二卷（常州本）。序云："阿含暮者，秦言趣无也。阿难既出十二部经，又采撮其要经至道法，为四阿含暮，与阿毗昙及律并为三藏焉。身独学士以为至德未坠于地也。有阿罗汉，婆素跋陀，抄其膏腴，以为一部，九品四十六叶。斥重去复，文约义真，可谓经之璎珰也。百行美妙，辩是与非，莫不悉载也。优奥深富，行之能事毕矣。有外国沙门，字因提丽。先赍诣前部，国秘之佩身，不以示人。其王弥第求得讽之，遂得布此。余以壬午之岁八月，东省先师寺庙于邺寺，令鸠摩罗佛提执梵，佛念、佛护为译，僧导、昙究、僧睿笔受，至冬十一月乃讫。此岁夏出阿毗昙，冬出此经。一年之中具二藏也，深以自幸。但恨八九之年，始遇斯经，恐韦编未绝，不终其业耳。近敕译人，直令转梵为秦，解方言而已，经之文质所不敢易也。又有悬数悬事，皆访其人，为注其下。时复以意消息者，为其章注修妒路者，其人注解引经本也。 ※按：《出三藏记·九》载此序文而云，未详作者。其有直言修妒路者，引经证，非注解也。"按：此序口气，是道安所作。又书题下志云："此土篇自题皆在首，是故道安为斯题。"称道安而不云法师等，系其下，则亦道安自加也。又按：该书非经藏而是论藏，非抄《阿含》之膏腴，而是解《阿含》之名相。然殊简朴，毫不支蔓，惜译文过晦，几不可读。读亦不明其意，实至足惜，后当怂恿善梵、巴者，重译之。又卷上末云："婆素跋，三法度二中间初度说尽。"又卷下云："婆素跋陀三法次二内受三度尽。"又卷下末云："婆素跋陀三法次三诵三法度尽，尽三法度记曰，听我说偈，偈千二百。"皆不知其意，或恐婆素跋陀更有著作也。又此书释诸名相，实甚精要简当，惜乎不可得而读也。后更考。

异部宗轮之部

（一）世友菩萨造，玄奘奉诏译《异部宗轮论》，窥基《述记》三卷（内院本）。卷上云："双林之后，百载以前，人无交竞之闻，法未纠纷之说。皆由饮光、庆喜、近执、满慈，内有五百应真，外亦万余无学，博闲三藏之旨，结集七叶之岩。时虽两处弘宣，然尚浑一知见。既斯众圣息化归真，亦贝叶传通，道终未替。次有尊者耶舍，庆喜门人，更召七百极果于吠舍离国，再集调伏，重整幽讹。浇舛虽生，淳和尚挹。渐复时移，解味圣少凡多。大天既捷辩争驰，群圣亦浚情竞发，遂使一味幽致，分成二十之宗……菩萨随缘利见极鉴幽微语，殊宗宗而津来哲，盖二十之天镜。昔江表陈代译名部执异论，详诸贝叶，校彼所翻，词或爽于梵文，理有乖于本义。彼所悟者，必增演之。有所迷者，乃剪截之。今我法师以唐龙朔二年七月，重译斯本。基虚簉译余随翻受旨，编为述记，家依法师，疏成十卷。学者怖其繁文，故但详其大旨，与别者，巨细而言，与旧同者，聊陈梗概……旧论说一百年已，更十六年……言世友者，梵云筏苏蜜多罗……论主四百年生，部在一百年余，相去既远，故言如是传闻也。"又论云：※（勘藏本云，时有上座龙象，东方多闻等出宣说五事，安立大众、上座二部。陈、秦二本大同，均无大天说）"无忧（按：即阿育王）王时，佛法大众初破，谓因四众共议大天五事不同，分为两部：一、大众部，二、上座部。"又《述记》谓："佛初入灭，七窟中二部结集，界内即有迦叶波，时为上座。布刺拏梅怛利曳尼子，此云满慈子，当结集阿毗达磨。邬波离，此云近执，当结集毗奈耶。阿难陀，此云庆喜，当结集素怛缆。界外亦有万数凡学。界内既以迦叶为上座部，界外无别标首，但总言大众，皆由未生怨王为大檀越。恐界内人多难可和合，所以两处弘宣。而人无异诤，法无异说。界内耆年至多，界外年少极多。乃至大天乖诤，昔时界外少年之僧，门人苗裔，共为一朋，名大众部，取昔为名。往昔界内耆旧之僧，共为一徒，名上座部，取结集时迦叶是也。此二乃根本诤起之先首。依《西域记》及《结集法传》、《大智度论》说各不同，如诸藏章说。"按：大众等四部本宗同义，颇与大乘义合，则不可以小乘目之，只可云其说有不足耳。上座部计较为另碎，合于大乘义者少，更考 [考下（八）]

（二）尊者舍利子说，唐玄奘奉诏译《阿毗达摩集异门足论》二十卷（常州本）。每卷末标题上皆有"说一切有部"五字。大正本之卷末标题则为："说一切有部集异门足论卷某"。卷一《缘起品》云："世尊一时游力士生处，至波波邑，住折路迦林。尔时世尊告舍利子：'吾今背痛，暂当寝息。汝可代吾为苾刍众宣说法要，勿空度也。'时舍利子默然受教，告苾刍众言：'此波波村离系亲子，其人命终未逾旬月。诸弟子辈两两结朋，诤论纷纭，互相凌蔑。各言法律我解非余，遂成多部，便共激论。诸有白衣，信彼法者，皆共瞋嫌毁而舍去。我等今应闻佛住世，和合结集法毗奈耶，勿使如来般涅槃后，世尊弟子有所乖诤。'"又云："无明云何？答：如《法蕴论》。"又"恶言云何？如《法蕴论》。恶友云何？亦如《法蕴论》"。又"善友如《法蕴论》"。又卷三云："欲界、色界、无色界等，如《法蕴论》。"余谓"如《法蕴论》"者尚多。按：

该论共十二品，初《缘起品》，末《赞劝品》，中为《一法品》乃至《十法品》。一法乃十法应知，全录太繁，皆系诠解名相，决择之法如《杂集》、《集论》。当是《集论》等，学其方法而作者也。※（小大之辩）要义如《玄赞记》，余皆如《集论》等之决择诠解，实亦不可以小乘目之也。亦只可云所说法不足耳。然在当时，已足对机，不必如后出之分疏也。则以后出诸书形之而目为小乘，是不知说法之方便也。善今日亦以所谓大乘之书为略已，则亦可以小乘目所谓大乘乎？不可也。又卷十云："如薄伽梵于《辩六界记别经》中说……如薄伽梵于《辩五蕴记别经》中说……如薄伽梵于《防诸漏记别经》中说……如薄伽梵于波罗衍拏起问中说……如世尊为持俱胝牛戒补剌拏说……"卷八云："如世尊《教颇勒窭那记经》中说……"又卷十二云："如来半月半月所说别《解脱戒经》……"又卷十三云："阿罗汉诸漏已尽，无复堪能故思断生命者。谓由彼因彼缘，故思断生命。阿罗汉诸漏已尽，故于彼因缘已永断已遍知。如断树根截多罗顶，令后有趣成不生法故，名阿罗汉诸漏已尽，无复堪能故思断生命。"又卷十六云："有二分障：一、烦恼分障，二、解脱分障，是多俱分。于此二分障心俱解脱，名俱分解脱补特伽罗。"又卷二十云："尔时舍利子告比丘众言，我与大众，皆共和合，亲对世尊已结集竟。诸比丘众皆应受持，为他演说，广令流布。佛灭度后，勿有乖违。尔时世尊知说法已讫，从卧而起，赞言：'善哉，汝今善能于此台观与比丘众和合，结集如来所说增一法门（按：此增一非十加一，应是一一递增，故曰增一也）。诸比丘众皆应受持读诵，舍利子说集异法门。'"据上所引，似尤不能充分证明，佛在世时已有经律论之记录。

（三）尊者大目犍连造，玄奘奉诏译《阿毗达摩法蕴足论》十卷（常州本），※又每卷末标目下，亦有"一切有部"四字，大正本同《集异门足》。大正本作十二卷。卷末有唐沙门靖迈制后序云："《法蕴足论》者，盖阿毗达摩之权舆，一切有部之洪源也。无上等觉入室之神足，摩诃目犍连之所制。欲使天镜常悬，法幢永树，众邪息蕃芜之望，诸子骋游戏之欢，而为此论也。是以佛泥越后，百有余年，叠启五分之殊，解开二九之异。虽各擅连城之贵，俱称照乘之珍。惟一切有部，卓乎迥秀。若妙高之处宏海，犹朗月之冠众星者，岂不以本弘基永者欤？至如八种犍度骛徽于发智之场，五百应真驰誉于广说之苑。斯皆挹此清波，分斯片玉，遂得驾群部而高蹈。矧乎《顺正理》以析疑，《显真宗》以剖惑，莫不镜此彝伦，鉴斯洪范。故使耆德婆薮屈我众贤，上坐幽宗见负弘致者也。题称阿毗达磨者，创二藏以简殊也。一切有部者，对十七以标异也。法蕴足者显此论之胜名也。能持自性轨范称法。法有积集，策聚为蕴。此论攸宗，法聚三七，皆与对法为依，故目之为足。三藏玄奘法师，以显庆四年九月十四日，奉诏于大慈恩寺弘法苑译讫。大慈恩寺沙门。释光笔受，靖迈饰文，同州澄城县钳耳智通勘定。"按：此书共二十一品，为《学处品》、《预流支品》、《证净品》、《沙门果品》、《通行品》、《圣种品》、《正胜品》、《神足品》、《念住品》、《圣谛品》、《静虑品》、《无量品》、《无色品》、《修定品》、《觉支品》、《杂章品》、※（《僧祇律》二三云："佛问比丘：'汝闻经否？'答：'诵。'诵何等经？'诵八敬祇经。'"或以证佛在世时，已有经。按：犹不足以证，（盖）背诵亦诵也。必如此下方可）《根品》、《处品》、《蕴品》、《多界品》、《缘起品》。虽亦为解释名相之作，而体裁大异《集异门足》。盖此于每品之初，先引"一时佛在某处"说一段，然后解释之也。（无"如是我闻"之言）。释经体也，未有如舍利子对众宣示之文，则大目犍连所写定者也，故标曰撰。此为佛在世已有结集之诚证。卷一云："有堕僧宝摄非得僧和敬，谓正学、勤策、勤策女、邬波索迦等已得见谛于未来果已能现观，有得僧和敬，非堕僧宝摄，谓比丘、比丘尼，未得见谛等者，俱应知，俱非谓勤策等未得见谛等者。"则居士僧类有条件者也。又《集异门足》有引《法蕴足》文，而《法蕴足》无引《集异门足》者，则《集异门足》应在《法蕴足》之后有也。又卷十云："《瓮喻经》中佛作是说……《教诲那地迦经》中佛说……《教诲颇勒窭那经》中佛说……《教诲莎底经》中佛说……《大因缘经》中佛说……《取蕴经》中佛说……《六处经》中佛说……《满月经》中佛说……《险坑经》中佛说……"有上明证成佛在世，已有论藏之记录，则此等经皆可证以为著录成文者矣。其它评论，如《集异门足》。

（四）迦旃延《施设论》七卷。宋西天译经三藏、朝散大夫、试光禄卿、传梵大师、赐紫沙门法护奉诏译（附）。大正本末标作者之名，则不知缩印本等之标名为迦多延那或迦旃延，据何书而说也。按：该论凡十四门，除第一门标云："对法大论中世间施设门第一"外，余皆标云："对法大论中因施设门第二"，乃至第十四。第一门无文有识云："按：释论有此门，梵本元阙。"不知所谓释论者，又何书也？卷一云："广如第三座中说。"更不知指何处也。又除第二、第七、第十三、十四门外，每门之初皆有总颂。又按：此中第二、第三门，问答转轮圣王诸宝现前之故。第四、第五门问答佛降生种种神迹之原因。第六门杂问答，二佛不并化，女人不成佛等。第七门问答贪瞋痴相状。第八问答死活秽气，及人畜昼夜见不见等，可为《世界边论·俗谛品》之参考。又第九门问答多睡眠、不多睡眠等之果报，暗钝不暗钝、有行无行、有慧无慧、失念多记念等。与予所解大合，亦可以为《俗谛品》之参考。※（参考）第十门问答山地草木殊相原因。第十一门问答化人，如《记》。第十二门问答大海诸事。第十三门问答神通修发所以，亦可为参考。第十四门问答风云雷雨之事，颇有与科学之说相合者（又《世起经》中说世界未成，有大云等，与星云之说合。以后似应罗举此等，总为一文，以明科学家所说，仅知一些表面。此表面佛法中亦说，而不以为究竟，更能进而讨论其所以然之故焉）按：该书体裁又与上二书不同，用问答法。而所问答者，皆契经以外之问题。乃与吾所拟定之《世界边论》之方法大相吻合，不可谓非奇特事也。此中更有一处，引经证成者焉。

附：藏本《因施设论》七卷十九节，胜友等译，载丹珠经解部，毘昙类之首。总题因施设论，别题第一节题曰：阿毘达摩施设论中因施设相蕴第一。第二节至第十八节题曰：阿毘达摩大论中因施设第几节。第十九节题曰：等觉独觉声闻所观阿毘达磨施设论因施设第十九节。

第一节说：如是我闻，一时佛在婆罗奈那斯，诸比丘等论议佛与轮王皆具三十二相无异，何故为人王法王不同。佛为辨解，有一大段经文。次即问人王法王，何因得三十二相中，足下安住相等，一一具问，文甚繁广。第二节缘起在舍卫城仍述佛语详说轮王七宝差别，再问轮宝何业等。第四段方向何故轮王得女宝耶。第三节至第七节，文首各有前嗢拕喃。第七节文首云，缘起在舍卫，佛说有三种法为内垢等。第八节至第十九节文首，各有嗢拕喃，或时经文云如说云云，再兴问答，与宋译同。

对勘宋译本：（一）宋译系此论中一部分，文不完全。（二）宋译缺此论之第一节全节，又缺第二节之前半。自问轮王何故得女宝起，又缺第十五节至第十九节。（三）宋译相同之部分，亦每节缺少前嗢拕喃。（四）宋译题世间施设门第一，全系误会。盖所缺仍为因施设也。世间施设别为一书，与此无关。

——以上吕澂考证——

（五）提婆设摩阿罗汉造，三藏玄奘奉诏译《阿毘达摩识身足论》十六卷。每卷之末皆标云"说一切有部识身足论卷第几"。按：该书共分六蕴：卷一至卷二初为《目乾连蕴》，卷二初至卷三为《补特伽罗蕴》，卷四及五为《因缘蕴》，卷六至十为《所缘缘蕴》，卷十一至十二为《杂蕴》，卷十三至十六为《成就蕴》。《目乾连蕴》乃破沙门目连说过去未来无现在无为有，及有无所缘心，谓缘过去，或缘未来。其意则谓三世皆有，了别色等故名识。由眼色等发生于识，识既生已，堕眼识等数，则不应说无所缘心。《补特伽罗蕴》乃以性空论者，破补特伽罗论者说谛义胜义补特伽罗可得可证，现有等有定有补特伽罗。又有我有情命者，生者养育士夫，由此故造业领受乐受、苦受，不苦乐受。性空论者，当即论主之说，如《记》。《因缘蕴》乃料简六识身三世为因差别，三性为因差别，结缚随眠、烦恼随烦恼，多少随增为因为缘。又料简十心及十五心，三性三界系未断已断，为因随眠增等。《所缘缘蕴》料简六识三界三性互缘，及了别之差别，四心十二心了别之差别，及随眠随增十心体及所缘已未断差别，十五心能缘随增差别，互了别之差别，随眠随增及三性差别。《杂蕴》料简六识身起离染差别，识法差别，增损诸根差别。又辨：色显形差别，心业及系果，三世受生灭差别。又六心缘三性法差别。又世俗智及灭尽定三界系空无愿无相。又十二心等无间生心差别，缘多少说为能缘差别。又解断善根五逆十恶，又解十二处及诸句。又内六处为缘，下中上差别。又十八界已断已遍知差别。又十二心三世名有已了别、今了别、当了别四句。《成就蕴》料简十二心互成就差别，互不成就差别，互舍成就得不成就差别，舍不成就得成就差别。又科简十心未断成就差别，已断不成就差别。又十二心互成就不成就多少。又善心现前，余善心等无间差别。十二心互舍成就得不成就，舍不成就得成就差别。按：该书前两蕴说为破立体可耳，后四蕴乃决择（分析）体，非破立体也。又其破立决择之方法及义，皆甚初浅幼稚，是诚印度学风博大而寡要之习惯也。又所破目犍连，非佛在世之大目连，似属于大众部者。所破补特伽罗论者，似亦有部之一支也。后更考。

（六）尊者世友造，玄奘译《阿毗达摩界身足论》三卷。沙门释基制《后序》云："界身足论者，说一切有部《发智》六足之一足也……至于《婆沙》八蕴，缺五蕴之幽趣。《发智》六足，无五足之玄文。余旨虽存，尚多纰缪。故使三秦匠彦，穿凿于异端（按：此似说肇师等混同老庄。）九土缁英，滞惑于真伪。我决师玄奘，欲使有宗俊颖不延颈于五天，对法雄杰怀慷慨于四主。遂以唐龙朔三年六月四日，于玉华宫八桂亭，终译此论。原其大体，颂有六千。后以文繁，或致删略，为九百颂，五百颂者。今此所翻，有八百三十颂。文遗广略，义离增减。尊者世友之所作也。基虚箧操觚，谬信函丈，承晖雕断，受旨执文。惟恐爱海波腾，玄源秘泄，瞩法舟之沦丧，故叙其时事云。"按：每卷末标目亦云："说一切有部界身足论卷某"。按：该论共二品，初《本事品》，解十大地法、十大烦恼地法、十小烦恼地法、五烦恼、五见、五触、五根、五法、六识身、六触身、六受身、六想身、六思身、六爱身之名。次《分别品》，分十六门。初门分别五受根与十地大法，乃至六爱身相应不相应。第二门分别六识身，第三门分别无惭无愧二法，与大地法等相应不相应。第四门至第十六门，受与三科相应，想不相应差别，想与三科相应，受不相应差别。受相应不信不相应，不信相应受不相应。如是展转乃至眼触所生爱相应，眼触所生受不相应等。论末云："如是略说，有十六门，若广说有八十八门。"按：如此分别，实太无足取。故此与《识身足论》，实无前三论好。以前三论解名立义，不甚支蔓，且处处犹能得重心也。（《施设论》虽无《法蕴法》、《集异门》有要义，然解事理能深入浅出，有理可趣也）此二论则唯务于拖沓噜嗦，几不知有重心矣。于此可知佛灭度后，其学风已大变矣。是故造论之法，应取前三论之章法。盖《识身足》之破立体未备。此论及《识身足》之决择体，太不着边际也。余意决择体应如《施设论》，（问答体述其相，决择体乃论其体也）破立体应如《长阿含》，释经法数二体《法蕴足》、《集异门足》自应依据。

（七）尊者世友造，玄奘译《阿毗达摩品类足论》十八卷，（常州本）异译有宋天竺三藏求那跋陀罗共菩提耶舍译《众事分阿毗昙论》十二卷。按：该论共分《辩五事》、《诸智》、《诸处》、《七事》、《随眠》、《摄等》、《千问》、《决择》八品。《辨五事品》解心、心所、色、不相应、无为五法之名。其心所法中，有诸所有智（十智）、诸所有见、诸所有现观。《辩诸智品》即以诸门分别十智。十智谓法、类、他心、世俗、苦、集、灭、道、尽、无生。《辩诸处品》以几有色几无色等二十三门，及明与蕴界等互摄分别十二处。《辩七事品》为：解三科十大地法、十八善地法、十大烦恼法、十小烦恼法、五烦恼、五触、五见、五根、五法、六识身、六触身、六受身、六想身、六思身、六爱身之名，及料简※（料简应皆改云分别）三科所摄相应。《辨随眠品》解随眠及十二随眠名，简释九十八随眠界系三断摄遍行等。又二十法随眠随增相应所缘差别，又于惟二十法、二十心、四十八心、三十六随眠、四十八无明亦尔。或类《识身足论》，未对勘文是否同也。《辩摄等品》先列所知法、所识法，乃至二十二根、九十八随眠，数百法之名。次解其名。此中有云："缘无所缘法云何？谓五识身及相应法，并缘色、无为、心不相应行、意识及相应法。"则亦所谓识无所缘，应被《识身足论》所破者也。然疑与所谓无缘有差别，更考。次以三科摄十智知六识识一切随眠随增，料简其差别。《辩千问品》乃以有色有见，乃至暴流非暴流之五十法门，分别《法蕴足》之学处，乃至界之二十门。二五得十，适成千门也。似无《辩摄等品》要，盖《摄等品》有解名而可略得其义也。然于此可证此论仅可为补充之说。《辩决择品》乃以三科摄十智等，抉摄有色无色。唯有色乃至九十八随眠，有为《摄等品》所有，有其非有，乃补足《摄等品》之文耳。《智论》六云："六分阿毗昙中，分别世处分，此之一是目犍连作。六分中初分八品，四品是婆须密菩萨作，四品是罽宾阿罗汉作。"六分即六足也。分别世处分，当即《法蕴足》。则此《决择品》非世友所作，得一良证矣。然则《千难品》亦在后，将亦非世友作耶？藏要本注云："《智论》云四品，不列品目，但次下即引文云，五戒几有色等，与今论《千问》、《随眠》、《诸智》三品文同。或者婆须旧作即此数品，而《千问》论，原为初品也。"此论颇有理，至此而有一问题可以解答，即目犍连之作《法蕴足》，及世友之作《品类足》，龙树确说不必要疑作者。其录四分（即四足），龙树云："是诸论议师所作，有人言佛有世时，※（又无著说《集异门》是舍利子说，则亦不必疑其作者矣）舍利弗解佛语，故作阿毘昙。后犊子道人等读诵，乃至今名为《舍利弗阿毘昙》。"则疑未确说也。故有疑非舍利弗、迦旃延等所作。然有一问题可以决定者，即此四分无论如何在龙树前出世者也。欧阳先生《品类足论品目》云："论藏体制各别不同，严核细辨而有其三。《显扬圣教论》佛了义经广辩法相，及诸弟子无倒法相。若字有如自共相显名摩呾理迦，即此法相分别无杂，名阿毘达摩。即此法相解释经义，名邬波第铄。此三体总。若再细分，又各有别。读《六足论》，而得其六。六体者何？一曰释经体，目犍连《法蕴足》是。此体释二十一经，而诠二十一法。先于论端之嗢拕南该摄法名，后则依法引经详释文句，而显法相。自学支净界，乃至蕴界缘起，有若《杂含》摄一切智尽。以其引经作释为邬波第铄，以其二十一法诠一切智为摩呾理迦，以其但显法相未遑分别，非即纯料阿毘达摩。二曰法数体，舍利子《集异门足》。此体结集佛说一法至十法增一法门。先于数前该嗢拕南，后递叙法而释文句，有若《增一阿含》，妙善法数。体即是摩呾理迦，于一法中分别含行。俨然毘昙而余法不然，亦非纯粹阿毘达摩。无著《显扬》由三种经摄一切佛语言事。一由《增十经》为《长阿含》十上，三由《集异门经》为《长含》众集。皆如来命舍利子说，即此论是。则此论者，赅法至广，而无著毘昙之所承袭欤？三曰问答义体，迦旃延《施设足》是。此体抉择经说，设为问答，以博其趣。初亦总颂，后引经问而递答其义。体即为邬波第铄，然以类聚，而有三门：曰世间施设门，曰因施设门，曰业施设门。丹珠悉备，以其类聚三门，体亦应为摩呾理迦，所大同于《法蕴足》者，彼引全经而诠大法，此节经句而谈细义耳。四曰破立体，天寂《识身足》是。此体前者二蕴破目犍连等，后有四蕴则以因缘等成立六识身。亦先以总嗢拕南列其法名，后以六识随其所法多句分别，体固是阿毘达摩，而法门未备，唯谈六识。五曰抉择体，世友《界身足》是。此体以《品类》七事于蕴界处，明摄相应，略不及详，抉而作论，分别广说，有八十八门。概略而谈亦门有十六，体固是阿毘达摩，而分别未备，唯摄相应。六分别体，世友《品类足》是。此体法门亦博，分别亦繁，集五足之大成，显毘昙之全体。后有作者无小无大，不越轨持。诚制作之慧轮，法林之智炬欤？毘昙四例，斯论者备。一、本事例，论五事、七事，列名释体，身体先陈，分别斯据此例是也。二、摄相应成就分别例。三、诸门分别例。《论智品》自类互摄三门分别。《处品》三科随眠转互摄三十门分别。《七事品》三科辩摄复辩相应。《随眠品》自类互摄七门分别，所缘相应义四句简。《摄品》增一法门之所分别也。于蕴处界智识随眠，辨其所摄。《千问品》一切智法门之所分别也。《法蕴》二十经摄一切智尽，而未遑分别。《千问》则一一各各以五十门简。大乘龙树学，凡于一法先以诸门分别，分总摄归空。其所分别一则曰如《千难品》，再则曰如《千问品》，是则《品类足》者，诸例悉备，毘昙之赅全。而《干问品》者，分别多门，又《品类》之至要者欤？四、抉择例，《论抉择品》抉彼《摄品》增一法门，而于唯本法者，详其所摄。四类具备，而其主要则在分别，故于此论称分别体。故于此论分别体称真正阿毘达磨体也。《品类足》后如《杂心》、《俱舍》，凡作者起，界根世业眠圣智定，体制组织无不例取于斯，小乘如是矣。大乘毘昙驯至《集论》，最后之作，义固各别，而体制组织亦莫不同。《集论》于本事例七事摄属五事，五事摄属三科。《集论》于摄相应成就例异门别诠，摄有十一，相应有六，成就则三。所例随异而能例不殊。《集论》于抉择例谛抉三科法抉相应，得抉成就，亦所例异，而能例不殊。大乘四例有如是矣。大乘六体亦莫不同。是故于释经体有《智论》、《地论》诸如是等。于法数体有《智论》诠一切法，用增一法门，有《瑜伽》内明用增一法门，诸如是等。于问答体，大则有《瑜伽》摄事于契经行处缘起食谛界菩提分。小则有《宝髻》、《四法》、《涅槃》、《长寿》诸如是等。于破立体有《中》、《百》、《唯识》诸如是等。于抉择体有《门论》抉《中论》（此误），《五蕴》抉《集论》（亦误），诸如是等。是则《品类足》者毘昙之先型，而六足者又凡论之先导者欤？佛时三论，粗具毘昙而已。佛后三论，驯至《品类》则括诸粗具，糅一全体（此大误）。是以如是其整密欤？论藏根本有如六论，应以尊号，应以领称，而乃沿习既久方便称足，盖由《发智》、《婆沙》自称身义裁制六论，以足名故也。龙树、无著之徒，无通身义毘昙事者。六论而外时则及于《舍利弗毘昙》。《舍利佛毘昙》，大众部所宗，有心性本净，无中有身，无为有九，诸如是等句义。体制组织，为问非问摄相应诸五大总分，与六论异。然其系属于分，亦蕴处界根业智烦恼菩提分等。分别为门，有四十三，与《品类论》未尝不同。更详说定有二百六十三，又详说人有七十四，则又六论所无，足补其缺者。毘昙之学斯其所尊等同六论欤？北方毘昙有如是矣。南方毘昙则有七论，一、法聚，二、分别，三、界说，四、人施设，五、说事，六、双对，七、发趣。其分别论分别为门，有一百二十二，与此六论罄无不同。是又毗昙之学一大资材也。毗昙体制略说如此，然作论多体，不独毗昙，又有毗勒。毗勒者，非见对色心诸所分别，而广比诸事，以类相从，亦迦旃延佛时创作，后得道人佛后严成也。《大智度论》叙其二门。初随相门，同相同缘说一例余。如说四念住，则菩提分全，如说自净其意，则诸心所全。次对治门，说病知药，说药知病。如说念处则知四例，如说三毒则知正道。此毗勒体悼，无其论真面不明。然即二门而求诸作，大则龙树诸论，小则《成实》一论，犹足知概。龙树立说，多不全彰，而常影显仿佛毗勒矣。若《成实·立论品》明明说有同相论门，如说一事，余同相事皆名已说。又如佛说心为轻躁，则为已说余心数法。此与毗勒有何殊哉？"慧按：《识身足一分》、《界身足》、《品类足》之体裁皆同。于中《品类足》最能尽量发挥，然其立论之范围不大，无非于所已立之名相中，扯来扯去而已。故只可为《法蕴足》、《集异门足》之补充，而不可谓为集毗昙之大成，或备毗昙所有之体。盖《法蕴足》、《集异门足》中已开此《品类足》等三书体裁之端，而未广用，故列法释经而皆不可为毗昙作法之金科玉历。然其犹能时见大本，实为毗昙体裁之核心，非若此三书之惟以释名及不惮烦之分别为事也。《施设论》之体裁，乃在解决问题，可为甚深抉择，（其抉择虽不至甚深，然趋向于甚深者，况说化等实甚深者乎）实毗昙体裁中之最最紧要者。故毗昙之作，名以《法蕴足》、《集异门足》之不离大本，及《施设论》之甚深抉择为中心方法，而副以《品类足论》等三书之方法，庶乎大备。故以《品类足》为毗昙之大成者，误也。至于专就一书而言，应以《施设论》为毗昙之正宗。盖惟此论，可为抉择体也。立毗昙之本义为抉择经义也。仅谓为问答体，就状貌说，未为当理。是故以《界身足》为抉择体，《品类足》为分别体，而不知方法实同，横分抉择、分别二门，益使人陷于迷闷。而不能分所谓抉择分别者，故应以《施设》为抉择体，而以《界身足》、《品类足》为分别体。至于所谓之毗昙四例，实不尽毗昙之例，乃分别体中之四例也。实与其上文之论六足体裁相抵触。况乎《辩抉择品》与《辩摄等品》同一方法，而一置之抉择例中，一置诸诸门分别例中，实不可解。故实不足取也。揆其立说之意，实原于子《智论》之《千问品》。然《智论》用其分别，非谓备毗昙之体了也。粉饰无鉴，吾谓欧阳先生有之。又《法蕴》等三论如记所寻，合于大乘，前已辩之。此外更未见其有，若唯识家辟有部之执，则其虽标有部之名，乃有部收入已宗以自重，而非顺有宗之执者也。《识身足》执有三世，心必有缘，自为有部宗执，而除此外更无所见。《界身足》、《品类足》虽分别瞻详，于《识身足》而实亦未见有部执著之说。则有部之执在此后方成也。独疑世友亲闻亲见部执，而立义未见涯岸门户，为可怪耳。则此

《品类》、《界身》二论，亦有部则入己宗以自重，而非顺有宗之执之书也。 则不可附世友于有部，明矣。既不可附于有部，则世友非立门户之狂徒，实有得之圣者。其著述也，非为标榜门户，而实就法披分也。 然其论中虽未立涯岸，亦未见有随顺大乘之文，只可云三乘共教。《智论》用其义，更以证也。又上《法蕴》等三论，亦得说云三乘共教。随顺大乘之说亦得说，盖较世友之书明白也。至于欧阳先生谓，昆昙应以此六为根本，为先导，则甚是，予意亦然。

（八）欧阳先生《异部宗轮论》序云："《异部宗轮论》叙前四百年北方之学，始于大众，终于经量。其事则二十部执，别别条文。其义则大众为大乘动机，有部为声闻住持。而东方犊子、正量，南方化地、法藏，北方饮光，西北经量者，皆裁制二部，转溃小流而转趣大海者也。斯固非因小而分河，实致大而遍穷蹊径也欤？何谓大众为大乘动机耶？入灭之年，王舍结藏，唯尊耆宿而摈后生。虽界外有别编，而历久无乖诤。百年之初，以人事因缘，有乞金十事。迦兰陀子于吠舍离次结律藏，东方跋耆多不赞同。嗣遂五事制颂，上座、大众卒以分离。论叙大众四十九义，为佛十五，菩萨六，四果八，皆超越常途逼真方等。又杂法十八，亦精细，则缺大意可观。盖界外《杂藏》皆大乘说，而《增一阿含》详度摄，则大类方广。述行化则率似希有，更陈本生本事，又都非常可怪之谈。根据滋多，树义斯畅，兼复青年，富思耆宿逼人，是以如是崛然欤？依经树义，依义制行，遂本优波离重制僧祇律，非独十事，不从新制。十诵学处，一百十条且复弃舍，便情存七十七。彼拘此解，彼严此疏，一一对观，见其宽大。是故以株守言，诚破制之罪无间之尤。若以胜进言，非夫产生部之母，而发趣大乘之父欤？《增一》首末详大天事（此当误），五事之发，乃号大天，古圣今贤名号同一，毋亦崇之者如天欤？彼《昆婆沙》乃谓大天恶努五逆，亦犹《僧祇》，谓因伽兰初制淫戒，毋亦抑之者如渊欤？内虽分一说、出世、鸡胤，外虽容多闻、说假、三山，然除多闻不足树帜，宗风所被虽五事，创分之上座，且变为五事旋合之雪山，大众之势，诚盛哉！何谓有部？为声闻住持耶？大乘人法双亡，声闻则无人有法。二三百年间，阿育王弘教四方，华氏城三集论藏。于时思想解网，昆昙初成，兼复大众势盛，无人有法之谈，诚不可以羁罕。守旧之辈惧坠先型，整理故义织成统绪之说，为一切有部。论叙其义五十有七。其如如来大长阿罗汉果，无甚奇特，一顺世情。其于诸法，三世皆实，三科皆有，无一隙虚假，是为法有之刊定，声闻之正宗也。《增一》序品说，先名《增》一，次名《中》，三名曰《长》，《杂》在后。悲愿行化者，自先《增一》大众以之，《瑜伽》摄事说蕴等相应名《杂阿含》，处中名《中》，广长名《长》，数名《增一》。禅观分别者，自先《杂含》有部以之（此亦误）。然悲愿者，大乘之事，其声闻本乘入在一切智，所谓分别三科缘起食谛菩提分法是也。有部而《杂含》是崇，则法以经藏而住持欤？新旧十诵毗奈耶杂事无量百千条文，迂回繁重，然迹其用意所推，如一着内衣，不可下详至十一事。其严悍充溢之精神实过量而不可几及。法已刊定为有，行宁一丝得苟，有部而止作特详，则法以律藏而住持欤？释迦以声闻为僧，精华在菩萨而迹象声闻（此大误）声闻体性人空法有。法有之说精悍庄严，极于一切有部，是则所谓真正声闻住持声闻者，非一切有部而谁欤？何谓诸部转溃小流，转趣大海耶？三四百年间，有部异流虽十一部，然能领袖不过有四：曰犊子、曰化地，《舍利弗毗昙》、《目犍连毗昙》之所传承也。曰饮光、曰经量，十二部经《譬喻部》之所开启也。犊子末流虽释一颂，分裂为四。而能发明，惟一正量。犊子、正量尊《舍利弗毗昙》，不遵《发智》。虽居东方受大众风移而不乐其法体疏略，虽出家于有部，而不喜其法界截然。是以犊子有非即离蕴之我，有前转至后之蕴。正量有表业别体之动，有过去不失之券，不同大众，不同有部。独殊思想，随顺世情，一时声教所被，几与二部列鼎而三，或将夺席。盖其立我虽觉卑靡，而其它义亦殊足观矣。有超出二部之论，必有超出二部之律，惜一《明了》不足探研也。《识身足论》立识因缘，先破目犍连，后破补特伽罗。补特伽罗为犊子部，目犍连为化地谈。法藏立五藏，惧化地不信，而云吾师采菽之言。化地尊目犍连过去未来无现在无为有而不直有部三世有，论叙二十四义，六同大众，除法不至后法，刹那灭即与有部尽量不侔。盖自大众以来，与有部相反未有如是之烈也。意精分别，兼重化行，朋制多山而兴供养，驯至法藏变本加厉。遂因是饮水分河，参考律藏，《十诵》二百五十七戒数为至严，《僧祇》二百一十八戒数为至宽。而化地《五分》界乎宽严，独详开制为二百五十一。其法藏《四分》则又视化地而偏宽大为二百二十七。除于塔婆增数十条，几等僧祇，少存有部。此土戒律独弘《四分》，毋亦取其宽大欤？饮光持论，惑以断道而灭，业以异熟而无。其律曰迦叶维，无我无受者，烦恼轻如尸，非若有宗过犹体在。然未经断熟，亦百劫仍存。斯固浸淫于譬喻诸经者，深且长欤？若夫经量则鸠摩罗多造九百论，直称譬喻师。不崇律，不遵论，而一准于经。论不皆佛说，律属于部执，经则圣言，微妙圆通，深不可测，故唯遵经。经量初起，虽本过去不失之业影响于犊子胜义之我，然几经探讨，遂弃我义，种子义生。种子精研，而龙树、无著之学璀璨光明于法界矣。是则经量者束四百年部执之终，开一千年大乘之始欤？统观十一部，既犊子以异有宗、大众，复正量以异犊子。既化地裁制有宗、大众，复正量以异犊子。既亿地裁制有宗大众，复正量以异犊子。既化地裁制有宗、大众，复法藏裁制化地，饮光主经而犹有律。经量主经并律俱无。经异边谈本摩诃衍，是非径路已绝而风云遂通欤？故用诸部非他，皆裁制二部，转溃小流而转趣大海者也。四百年部执，世友有论，七百年部执不可寂然。由经部而《成实》，由《成实》而《中》、《百》。由经部而《杂心》、《俱舍》，由《俱舍》而《唯识》。思想之迁流，陈义之弘富，昔有作者蔚然大观也。北方之学如是，南方之学亦然。二百年中有摩哂陀传教，三百年中有三藏结集。律则有铜铄，论则有法聚七种，部执则此论十八已相径庭。而更复前增王山、义成，后增分别说北道、大空、说空性、说因等部。若本《论事》而更搜诸籍，组织一论与此论侪，诚别转乾坤，开执胸次。"慧按：此序所述大都可取，惟其以有部为声闻住持为不可解耳。盖声闻之法执，执有空也。岂若有部之执三世等法耶？是故小乘（声闻）应分为二：一、果上声闻，即执有空者，乃至七地菩萨，亦可类入。二、相似声闻或解说声闻，即部执不通者。既可分二，不得淆相似声闻于果上声闻。※（且释迦成佛，不亦出家沙门乎？）迦叶、阿难、舍利弗、目犍连等皆果上声闻，（示现声闻则又一义）其所著述岂同有部之执耶？故有部等只可谓为相似声闻，实甚确当。相似声闻既不淆果上声闻，则三世等执亦不应混为守空寂之法执也。惟其不知此中有别，故有释迦以声闻为僧之说。夫迦叶等纵非有称为菩萨之明文，释迦会中菩萨皆自他方来，而揆其行事及所说义，皆菩萨也。若必强以为声闻，则所谓菩萨者据何说以定判耶？将以为随顺世俗，聚妻生子而谈佛法者为菩萨耶？是终属偏妄之见，不免门户诞慢之因。后更详。